不动产法律实务丛书

组织编写／宁波市律师协会
主　编／俞建伟
副主编／俞乾文

城市普通住宅

法　律　一　本　通

LAWS ON ORDINARY RESIDENCE IN URBAN AREAS
A COMPREHENSIVE GUIDE

俞建伟　俞乾文　王　榕
兰军华　周龙飞　嵇思涛 ／合著

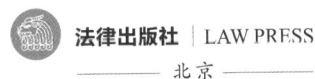

北京

图书在版编目(CIP)数据

城市普通住宅法律一本通/俞建伟等著. --北京：法律出版社，2024
（不动产法律实务丛书）
ISBN 978 - 7 - 5197 - 8758 - 5

Ⅰ.①城… Ⅱ.①俞… Ⅲ.①住宅－房地产法－研究－中国 Ⅳ.①D922.181.4

中国国家版本馆 CIP 数据核字（2024）第 023083 号

城市普通住宅法律一本通
CHENGSHI PUTONG ZHUZHAI FALÜ YIBENTONG

| 俞建伟 俞乾文 王 榕 著 | 责任编辑 慕雪丹 章 雯 |
| 兰军华 周龙飞 嵇思涛 | 装帧设计 汪奇峰 鲍龙卉 |

出版发行 法律出版社	开本 710毫米×1000毫米 1/16
编辑统筹 法商出版分社	印张 44.75　　字数 775 千
责任校对 赵明霞	版本 2024 年 9 月第 1 版
责任印制 胡晓雅	印次 2024 年 9 月第 1 次印刷
经　销 新华书店	印刷 三河市龙大印装有限公司

地址:北京市丰台区莲花池西里 7 号(100073)
网址:www.lawpress.com.cn　　　　　　　销售电话:010 - 83938349
投稿邮箱:info@ lawpress.com.cn　　　　　客服电话:010 - 83938350
举报盗版邮箱:jbwq@ lawpress.com.cn　　　咨询电话:010 - 63939796
版权所有·侵权必究

书号:ISBN 978 - 7 - 5197 - 8758 - 5　　　　　定价:168.00 元

凡购买本社图书,如有印装错误,我社负责退换。电话:010 - 83938349

俞建伟

1976年8月31日出生，浙江省宁波市象山县人。1997年从西北工业大学航天学院本科毕业，获工学学士，后获得法学学士与教育学硕士学位。1997—2010年，在宁波大学工作，获评副研究员职称，期间曾在法学院开设多门课程。2003—2010年，在浙江众信律师事务所任兼职律师。2010—2017年，在中国科学院宁波材料所从事科技合作与技术转移工作。2018—2019年，在宁波市律师协会工作，担任专职副秘书长。2020年起，到浙江合创律师事务所工作，重新开始律师执业，主要从事民商事与知识产权领域业务，并开展不动产领域与商业秘密领域的相关法律研究。现是宁波仲裁委员会仲裁员，被宁波大学聘为法学院兼职硕士生导师，并被相关政府部门聘为宁波市农业农村普法讲师团成员、宁波市既有住宅加装电梯专家、宁波市商业秘密领域专家人才库专家、宁波市知识产权纠纷调解专家、宁波市行政合法性审查服务研究中心实务专家等。独著的《民法典居住权制度的理论与实践》，牵头编写的《城市普通住宅法律一本通》与《农村土地与房屋法律一本通》由法律出版社出版。所管理运行的"不动产法律"微信公众号，已经发表300多篇普法文章。

俞乾文

中国政法大学法学硕士，中国民主促进会会员，现为浙江红邦律师事务所高级合伙人。主攻各类保险法律事务，无讼平台"保险向乾看"专栏作者。自2022年开始持续开展房屋买卖、宅基地等相关法律研究。

王　榕

1988年9月出生，浙江京衡（宁波）律师事务所副主任、高级合伙人，兼任宁波市律协江北分会副会长。2020年获宁波市律师行业优秀共产党员"甬律先锋"；2021年获宁波市优秀青年律师；2021年获宁波市律师行业《民法典》宣讲个人荣誉称号。主要从事民事商事案件的诉讼代理、企业常年法律顾问及专项法律顾问工作、刑事辩护等。

兰军华

2012年7月毕业于浙江理工大学，获法学学士学位。现为浙江共业律师事务所高级合伙人。主要业务方向为政府法律顾问、企业法律顾问以及住房领域争议解决，主理个人微信公众号"兰律匠行"，专注行政法实务，并在工程建设、住房保障、不动产登记等行政领域以及建筑房地产领域开展相关法律研究。2023年12月，入选宁波市名优律师人才库（行政领域"成长型"名优律师培育对象）。

周龙飞

宁波大学法律硕士研究生毕业，三级律师，现任浙江合创律师事务所青年律师工作委员会副主任，宁波市检察院人民监督员。2021年，获宁波市律师行业"甬律先锋、优秀党务工作者"荣誉称号；2023年，被宁波市委政法委、宁波市法学会确定为宁波市青年法学法律人才库成员。同年，入选2023年宁波市名优律师人才库"成长型名优律师"培育对象。

嵇思涛

无党派人士，现为北京天驰君泰（宁波）律师事务所权益合伙人、宁波市鄞州区政协委员、鄞州区新联会律知联副会长，同时担任工信部中小企业志愿服务专家、宁波市高层次人才法务专员，曾获宁波市优秀青年律师、宁波市优秀志愿者、宁波市大学生就业之星等荣誉。主要从事公司合规、争议解决和刑事辩护等业务，并开展不动产领域的相关法律研究。

序　　一

在当今中国,随着经济社会的持续发展,城镇化率、城市化率也逐渐提高,房地产业成为经济的支柱,不仅为社会提供了很多商品房,而且成为社会财富的主要组成部分。关注以房屋为主的不动产领域,不仅是法律人的业务发展需要,更是时代赋予法律人应承担的社会责任。

对于普通老百姓来说,最重要的是"衣、食、住、行"。其中"住"的问题尤其重要,只有安居才能乐业,住宅不仅对于生活很重要,而且还是普通家庭中最主要的财产。在日常生活中,我们都不可避免地要遇到房屋买卖、租赁、装修、物业、征收补偿、继承等事情,因此而引起的与房屋相关的纠纷也较多。而且,随着房地产市场的发展,由此产生的各种新情况也层出不穷,如商品房限购政策经常变化、二手房买卖过程中新出现的"带押过户"做法、已设立居住权的住宅买卖或出租是否受限、老旧小区住宅加装电梯有加速的趋势等,普通老百姓因房所困、为房所恼乃至谈"房"色变的情况经常出现。究其原因,与房屋相关的法律关系复杂、办理流程繁杂,老百姓想知道相关法律知识以解决现实问题,但需要有一定的法律知识基础才能明了。

《民法典》颁布实施以后,其中有些规范与此前的法律法规中的规范有所区别。与房屋相关的物权制度,有业主的建筑物区分所有权、共有制度、居住权、抵押权等;与土地相关的物权制度,有土地承包经营权、建设用地使用权、宅基地使用权、地役权、抵押权等;与房屋相关的典型合同,有房屋买卖合同、租赁合同、建设工程合同、承揽合同、物业服务合同、赠与合同、借款合同、保证合同、中介合同等;此外,在婚姻家庭、继承中与房产也有较密切的关系,如离婚中的共有房产分割、分家析产、房产的继承或遗赠等。总之,《民法典》的很多规范都与房屋、土地等不动产有密切的关系。所以,需要法官、律师及其他法律工作者向普通的人民群众普及相关法律知识与办理流程,让人民群众知道如何避免被"坑",所签订的协议比较公平、合理,一旦出现问题后知道如何处理,可以保护自己的合法权益。

随着新农村建设与乡村振兴,尤其是从2014年开始的农村土地征收、集体经营性建设用地入市、宅基地制度改革等三项试点工作,使得农村土地管理制度与此前有较大的区别。《农村土地承包法》《土地管理法》及其实施条例的修正,完善了农村土地承包经营权"三权"分置与宅基地"三权"分置的探索。如何合理利用农村闲置土地与闲置房屋,成为乡村振兴需要探索的一大难题。

浙江宁波是中国改革开放前沿,也是律师业发展高地,几位优秀律师敏锐注意到这种现实关切,用近两年的时间合作撰写了这两本普法书:《城市普通住宅法律一本通》《农村土地与房屋法律一本通》。这两本书从普通读者的角度出发,介绍了相关法律法规的规范与相关领域的基本知识、办理的流程步骤,提供相关的合同示范文本或参考文本,还分析了常见的一些相关法律问题,并提出律师的建议与注意事项,有很强的实用性。通过对一些典型案例的介绍与简单说明,用"以案说法"的方式进行普法,增强了可读性,便于读者理解。

这两本书的内容相当全面,包含了关于涉及房屋与土地法律问题的各个方面。我先翻阅了《城市普通住宅法律一本通》一书的目录,发现其中既有商品房购置、二手房买卖、房屋抵押、房屋租赁、物业服务、房屋征收与补偿、房产继承与遗赠等常见的内容,又有住宅装修、加装电梯、居住权、房产赠与与互换、共有房产处理等不常见的内容,读者可以根据需要选择所要阅读的内容,"总有一款适合你",不必全书都读。

这两本书定位为普法书,所以这不是一本教人如何"打官司"的书,而是一本教人怎么"避免打官司"的指引。书中内容以非诉为主,通过事前、事中的防范措施,能够把房屋买卖、租赁、抵押、物业服务等过程中的分歧尽量消除在起点,在根源上减少后期纠纷的产生,这种"上工治未病"的做法,符合普通读者的期待与普法的目的。

这两本书中选入大量的案例,所以可读性较好。由案号可见,书中选用的案例比较新,读者也可以根据案号到中国裁判文书网上查到相关案例的判决书或裁定书。而且有些案例是最高人民法院发布的指导案例,判决或裁定的典型案例,其指导意义显然比一般案例更强。

古人云:"瑕不掩瑜,百密一疏。"自然,书中也存在一些不足与遗憾。如书中选入的多数案例是各地基层法院判决的案例,属于一般裁判文书,相较于最高人民法院发布的指导性案例、公报案例而言,其裁判观点的权威性还不是很强,所以有些案例的典型性有所欠缺。有些案例判决也存在一定的争议,不同的法院有不同的判决,在实践中不乏结果差异较大甚至相反的判决。书中作者提出的个别观点也存在商榷之处,如物业服务企业安全保障义务的范围与责任承担,农村房屋买卖合同纠纷处理中对于合同无效后双方的过错责任承担比例及损失的计算,有些是作者的个人观点,并不是定论。当然从另一个角度来看,这也能够使读者在阅读时,把自己放进去,把自己的案情放进去,"活学活用",指导实践。同时,我们对作者对此书的可持续性的修订与完善更增加了期待。希望读者在阅读时进行把握。

我认为,律师应利用自己的专业知识与经验,帮助群众实现和维护自身合法权益。本书作者正是基于社会的需要,运用法律知识,从普通读者的视角,分析相关法律问题,为普通人普法,给予实实在在的帮助,帮助普通群众处理好与房屋、土地相关的法律问题。

这两本书既是普法书,也是法律实务书,不仅适合普通群众阅读,还适合法官、律师、基层法律工作者、人民调解员等群体在业务办理过程中借鉴,也适合法学专业学生作为参考,还可以作为给农村"法律明白人"的培训教材。

"路漫漫其修远兮,吾将上下而求索。"推进法治中国建设是法律人的职业追求。我们期盼更多的法律工作者投身到法治中国的事业中来，在全面推进依法治国、建设法治中国中大显身手，为强国建设、民族复兴贡献自己应尽的力量。

是为序。

中华全国律师协会监事长、
国浩律师事务所首席执行合伙人

2023 年 10 月

序 二

自2020年《民法典》颁布以来，全国各地都兴起了学习《民法典》的热潮。与《民法典》相关的普法书籍在此后也陆续出版，但大都是对《民法典》相关条文的解释，内容显得相对比较杂。此前关于房屋、土地的法学著作或普法书籍也较多，随着《民法典》的颁布及相关司法解释的修订，《城市房地产管理法》《农村土地承包法》《土地管理法》及其实施条例的最新修正，书中的有些内容已经过时，不再适合读者学习，否则可能产生误导后果。所以，我们希望有一些新的普法书籍能出版出来，帮助人民群众更好地学习《民法典》，在日常生活中能更好地运用法律知识。

我收到俞建伟律师发来的《城市普通住宅法律一本通》《农村土地与房屋法律一本通》两本普法书的书稿，看后觉得"耳目一新"，所以欣然同意为这两本书写序。

首先，书中介绍的一些内容颇具新意。如关于城市房屋的内容，常见的有关于房屋买卖、房屋抵押、房屋租赁、物业服务、房屋征收与补偿、房产继承与遗赠等内容，一般是各自成书，或者将几个内容放在同一本书中进行介绍。《城市普通住宅法律一本通》中不仅有以上这些常见内容，而且有既有住宅加装电梯、设立居住权、住宅装修、房产赠与与互换等不常见的内容。关于农村土地与房屋的普法书籍并不多，内容大多是关于土地承包经营、宅基地管理、集体土地征收等。《农村土地与房屋法律一本通》中不仅有土地承包经营、宅基地使用与管理、农村房屋买卖、农村房屋租赁、集体土地房屋征收与补偿等常见内容，还有土地经营权流转、集体经营性建设用地入市、地役权、农村房屋建造与装修、农村分户与分家析产、农村不动产抵押贷款等不常见的内容。这些不常见的内容让人看后觉得有种"新瓶装新酒"的感觉。在这两本书中，即使是常见的内容中也有一些有特色的内容，如商品房买卖中的特殊情况处理、二手房买卖中的特殊情况处理、房屋租赁中的特殊情况处理、物业服务中业主合法权益的保护、宅基地制度改革试点与"三权"分置探索、农村房屋买卖合同无效的处理、农村房屋征收中的特殊情况处理等，让人看后觉得有种"旧瓶装新酒"的感觉。总之，在这两本普法书中可以看到很多一般在学术著作中才会介绍的新内容。

其次，书中引用的相关法律法规与司法解释等内容比较新，选用的合同示范文本也较新。书中涉及相关法律知识，引用较多的是《民法典》中的相关规定，或《城市房地产管理法》《农村土地承包法》《土地管理法》等相关法律法规（最新修正版）中的内容，还有2023年6月28日发布的《无障碍环境建设法》中与加装电梯相关的内容。如果需要引用原《物权法》《合同法》中的相关规定，也进行了比较分析与说明，使得读者了解最新的法律规范。《民法典》颁布以后，最高人民法院在2020年年底颁布了一批司法解释，文中也是引用了相关司法解释中的最新规范。如最高人民法院在2023年4月20日发布的《关于商品房消费者权利保护问题的批复》，也选入"新建商品房购置"这一章中。此外，文中还选入2022年10月自然资源部公布的《不动产登记法（征求意见稿）》与2023年3月最高人民法院发布的《关于适用〈中华人民共和国民法典〉侵权责任编的解释（一）（征求意见稿）》中的相关内容。文中还介绍了一些省级高级人民法院发布的最新司法解释，如江苏省高级人民法院于2022年10月发布的《全装修商品房买卖合同装修质量纠纷案件审理指南》，广东省高级人民法院于2022年12月发布的《关于审理房屋买卖合同纠纷案件的指引》，该审理指南或指引经最高人民法院审查同意，对其他地方法院审理相关案件也有较大的参考价值与一定的指导意义。此外，书中还介绍了一些由政府部门发布的合同示范文本，并分析了合同签订过程中需要注意的事项。《民法典》颁布后，此前颁布的一些合同示范文本中的有些内容已不适合新的规范要求,部分内容需要进行修改,所以作者尽量选用最新的合同示范文本,如在《城市普通住宅法律一本通》中选用2023年版《浙江省商品房买卖合同(预售)》《浙江省商品房买卖合同(现售)》《浙江省存量房买卖合同》《浙江省房屋租赁合同》示范文本;在《农村土地与房屋法律一本通》中选用自然资源部办公厅、国家市场监督管理总局办公厅于2023年2月发布的《集体经营性建设用地使用权出让合同》《集体经营性建设用地使用权出让监管协议》示范文本(试点试行)。通过对最新法律规范与合同示范文本的介绍,使得这两本普法书的内容较新,读者可以从中受益。

再次,书中选用的案例比较新。在《城市普通住宅法律一本通》中有180余个案例,在《农村土地与房屋法律一本通》中有160余个案例,由案号可见,大多数是近几年发生或法院判决的案例,反映了法院审理相关案件的最新裁判规则。其中有些案例是最高人民法院判决或裁定的案例,如"商品房消费者权利保护及与其他权利的关系"中选用的两个典型案例是最高人民法院判决的案例,在"购房合同解除导致担保贷款合同解除的纠纷案例"中引用了最高人民法院作出的(2019)最高法民再245号民事判决书中的内容,说明房产商无法按期交房导致借款合同、抵押合同解除,剩余贷款应由房产商归还。在"房屋征收与补偿""集体土地房屋征收与补偿"中,因征收程序或补偿问题引起的行政诉讼案例,大都是选用经最高人民法院判决或裁定的典型案例,有较强的指导意义。此外,书中还选用了一些由最高人民法院发布的指导案例,可以作为各级法院审理类似案例的参考依据,权威性相对较高。

最后,书中还介绍了农村土地制度改革的最新进展情况。在《农村土地与房屋法律一本通》中,介绍了从2014年开始的农村土地征收、集体经营性建设用地入市、宅基地制度改革三项试点工作的最新进展情况与试点经验。并介绍了农村土地承包经营权"三权"分置与土地经营权流转的相关情况,还介绍了宅基地"三权"分置改革探索、宅基地有偿使用、宅基地使用权转让、宅基地的自愿退出与被收回等内容。如在规章方面，书中选入《农村宅基地管理暂行办法（征求意见稿）》中的一些内容。在"农村不动产抵押贷款"这一章中，介绍了土地经营权、农民住房财产权、农村集体经营性建设用地使用权抵押贷款等试点情况。可见，作者对我国农村土地制度改革的最新发展趋势有所把握，所介绍的内容也是比较新的。

两本书虽然定位为以普法为主，其中也有一些作者的独特观点。如在《城市普通住宅法律一本通》中，作者提出交付商品房出现层高不足的问题处理，建议当事人在房屋买卖合同中自己增加约定：如果交付房屋的层高未能达到合同约定的规划层高，参照关于面积差异方式处理；在加装电梯过程中，要注意不同业主的利益平衡，既要推动加装电梯工作、维护多数业主的利益，又要注意对不同意加装电梯的少数业主的合法权益保护，适当提高对其的经济补偿数额；根据居住权的设立方式不同，双方的权利与义务应有所区别，无偿设立的居住权合同准用赠与合同规则，有偿设立居住权可以参照适用房屋租赁合同规则。在《农村土地与房屋法律一本通》中，作者提出在农村土地制度改革中要重视对闲置宅基地和闲置住宅的盘活利用，保护农村村民的利益；在农村房屋买卖合同或宅基地使用权纠纷处理时，即使合同无效但双方对征收补偿利益的约定仍是有效，应按照诚信原则进行处理，对合同无效造成的损失计算，建议可以考虑按重新购置房屋价格计算损失；在对集体土地上所建的农村房屋征收时，征收部门不能以该房屋是违法建筑为由概不补偿，对村民依法取得的宅基地使用权应予以合理补偿，并提出对其他农村房屋征收的处理建议。

书中提供的一些合同参考文本大多是作者起草的合同，虽然与政府部门发布的合同示范文本相比，不及其规范、细致，但也有特定的借鉴参考价值。如居住权合同、地役权合同、装修承揽合同、农村住宅装修合同、农村房屋买卖合同、房屋互换合同、分家析产协议等是其他书中很少见的合同，有一定的稀缺性。

两本书共超过百万字的内容无疑是非常丰富的，但书中也存在一些遗憾与不足。如物业服务公司能否阻止业主封包阳台的相关纠纷，各地法院判决存在较大的差异，但书中只是选了其中一种案例，可能会让读者认为法院都是这种判决结果；如农村房屋买卖合同纠纷处理，对于合同无效后双方的过错责任承担比例及损失的计算，各地法院也有不同的判决，作者虽然对合同无效后的法律后果分析得较详细，但只是一家之言，而非定论。可能因为篇幅所限，书中对很多内容没有进行深入的讨论与分析，如《民法典》新设立的居住权制度可能会对房屋买卖、房屋租赁、房屋征收与补偿、法院执行工作等产生较大的影响，俞建伟在其所著的《民法典居住权制度的理论与实践》中有较深入的分析，但在这两本书中分析得并不多，感觉有点遗珠之憾。

这两本书的定位虽然以普法为主，但也有较多的理论内容与作者的分析观点。我认为，这两本书不仅适合作为普法书，也适合给律师们阅读并作为工具书。如在遇到相关案件时，律师可以翻阅一下相关内容，可能会帮助其理清思路，对案件有更为准确的判断。

律师写书很不容易，尤其是合作写书更不容易。我非常乐意将这两本由浙江律师所著的普法书推荐给广大读者！

是为序。

中华全国律师协会副会长、
浙江六和律师事务所首席合伙人

2023 年 10 月

本书主要法律、法规、规章、司法解释一览表

名称	性质	发布或开始实施时间	最新修订时间	简称
《中华人民共和国民法典》	法律	2020年5月28日		《民法典》
《中华人民共和国城市房地产管理法》	法律	1994年7月5日	2019年8月26日	《城市房地产管理法》
《中华人民共和国土地管理法》	法律	1986年6月25日	2019年8月26日	《土地管理法》
《中华人民共和国城乡规划法》	法律	2007年10月28日	2019年4月23日	《城乡规划法》
《中华人民共和国建筑法》	法律	1997年11月1日	2019年4月23日	《建筑法》
《中华人民共和国消费者权益保护法》	法律	1993年10月31日	2013年10月25日	《消费者权益保护法》
《中华人民共和国无障碍环境建设法》	法律	2023年6月28日		《无障碍环境建设法》
《中华人民共和国特种设备安全法》	法律	2013年6月29日		《特种设备安全法》
《中华人民共和国行政诉讼法》	法律	1989年4月4日	2017年6月27日	《行政诉讼法》
《中华人民共和国行政复议法》	法律	1999年4月29日	2023年9月1日	《行政复议法》
《中华人民共和国契税法》	法律	2020年8月11日		《契税法》
《中华人民共和国个人所得税法》	法律	1980年9月10日	2018年8月31日	《个人所得税法》

续表

名称	性质	发布或开始实施时间	最新修订时间	简称
《中华人民共和国印花税法》	法律	2021年6月10日		《印花税法》
《中华人民共和国土地管理法实施条例》	行政法规	1998年12月27日	2021年7月2日	《土地管理法实施条例》
《城市房地产开发经营管理条例》	行政法规	1998年7月20日	2020年11月29日	
《建设工程质量管理条例》	行政法规	2000年1月30日	2019年4月23日	
《物业管理条例》	行政法规	2003年6月8日	2018年3月19日	
《不动产登记暂行条例》	行政法规	2014年11月24日	2019年3月24日	
《住房公积金管理条例》	行政法规	1999年4月3日	2019年3月24日	
《特种设备安全监察条例》	行政法规	2003年3月11日	2009年1月24日	
《国有土地上房屋征收与补偿条例》	行政法规	2011年1月21日		《征补条例》
《中华人民共和国增值税暂行条例》	行政法规	1993年12月13日	2017年11月19日	《增值税暂行条例》
《中华人民共和国个人所得税法实施条例》	行政法规	1994年1月28日	2018年12月18日	《个人所得税法实施条例》
《不动产登记暂行条例实施细则》	部门规章	2016年1月1日	2019年7月16日	
《商品房销售管理办法》	部门规章	2001年4月4日		
《城市商品房预售管理办法》	部门规章	1994年11月15日	2004年7月20日	
《房地产广告发布规定》	部门规章	2015年12月24日	2021年4月2日	
《房地产经纪管理办法》	部门规章	2011年1月20日	2016年3月1日	

续表

名称	性质	发布或开始实施时间	最新修订时间	简称
《城市房地产抵押管理办法》	部门规章	1997年5月9日	2021年3月30日	
《个人贷款管理暂行办法》	部门规章	2010年2月12日		
《建筑工程施工许可管理办法》	部门规章	2014年6月25日	2021年3月30日	
《商品房屋租赁管理办法》	部门规章	2010年12月1日		
《住宅室内装饰装修管理办法》	部门规章	2002年3月5日	2011年1月26日	
《住宅专项维修资金管理办法》	部门规章	2007年12月4日		
《国有土地上房屋征收评估办法》	部门规范性文件	2011年6月3日		
《经济适用住房管理办法》	部门规范性文件	2007年11月19日		
《不动产登记操作规范（试行）》	部门规范性文件	2021年6月7日		
最高人民法院《关于审理商品房买卖合同纠纷案件适用法律若干问题的解释》	司法解释	2003年4月28日	2020年12月29日	《商品房买卖合同司法解释》
最高人民法院《关于审理城镇房屋租赁合同纠纷案件具体应用法律若干问题的解释》	司法解释	2009年7月30日	2020年12月29日	《房屋租赁合同司法解释》
最高人民法院《关于审理建筑物区分所有权纠纷案件适用法律若干问题的解释》	司法解释	2009年5月14日	2020年12月29日	《建筑物区分所有权司法解释》
最高人民法院《关于审理物业服务纠纷案件适用法律若干问题的解释》	司法解释	2009年5月15日	2020年12月29日	《物业服务纠纷司法解释》

续表

名称	性质	发布或开始实施时间	最新修订时间	简称
最高人民法院《关于适用〈中华人民共和国民法典〉继承编的解释（一）》	司法解释	2021年1月1日		《继承编的解释（一）》
最高人民法院《关于适用〈中华人民共和国民法典〉婚姻家庭编的解释（一）》	司法解释	2021年1月1日		《婚姻家庭编的解释（一）》
最高人民法院《关于适用〈中华人民共和国民法典〉物权编的解释（一）》	司法解释	2021年1月1日		《物权编的解释（一）》
最高人民法院《关于审理建设工程施工合同纠纷案件适用法律问题的解释（一）》	司法解释	2021年1月1日		《建设工程施工合同的解释（一）》
最高人民法院《关于适用〈中华人民共和国民法典〉有关担保制度的解释》	司法解释	2021年1月1日		《有关担保制度的解释》
最高人民法院《关于适用〈中华人民共和国民法典〉总则编若干问题的解释》	司法解释	2022年3月1日		《总则编若干问题的解释》
最高人民法院《关于人民法院办理执行异议和复议案件若干问题的规定》	司法解释	2015年5月5日	2020年12月29日	《执行异议和复议规定》
最高人民法院《关于适用〈中华人民共和国民法典〉时间效力的若干规定》	司法解释	2021年1月1日		
最高人民法院《关于办理申请人民法院强制执行国有土地上房屋征收补偿决定案件若干问题的规定》	司法解释	2012年3月26日		
最高人民法院《关于商品房消费者权利保护问题的批复》	司法解释	2023年4月20日		

续表

名称	性质	发布或开始实施时间	最新修订时间	简称
最高人民法院《关于适用〈中华人民共和国民法典〉合同编通则若干问题的解释》	司法解释	2023年12月5日		《合同编通则解释》
最高人民法院《关于修改〈民事案件案由规定〉的决定》	司法解释性质文件	2011年2月18日	2020年12月29日	《民事案件案由规定》

目 录

第一章 新建商品房购置 001
第一节 商品房的基本知识与购置流程 001
一、商品房的不同分类 001
二、与商品房相关的基本知识 004
三、购置商品房的一般流程 008
四、其他特殊类型的住宅 010
第二节 商品房买卖合同的签订 014
一、商品房预售合同与预约合同 014
二、商品房买卖合同的主要条款 018
三、商品房买卖合同中可能存在的隐患 021
四、购房者签订合同时需要注意的事项 028
第三节 商品房买卖合同的履行 031
一、定金处理与购房款支付 031
二、商品房的交房条件与验收 033
三、办理房屋所有权登记 038
四、购房者的消费者权益保护 043
五、购房者需要缴纳的税费 044
第四节 商品房买卖中常见的纠纷案例 045
一、商品房预约合同纠纷案例 045
二、商品房预售合同纠纷案例 049
三、商品房销售合同纠纷案例 052
四、与购房定金相关的纠纷案例 055
五、房产商逾期交房引起的纠纷案例 057
六、房屋面积或层高不符合约定引起的纠纷案例 061

七、房屋质量问题引起的纠纷案例　　063
　第五节　商品房买卖中的特殊情况处理与案例　　065
　　一、涉学区房的房屋买卖合同纠纷案例　　065
　　二、买房送车位或送绿地引起的纠纷案例　　068
　　三、全装修商品房买卖合同装修质量纠纷案例　　071
　　四、借名买房引起的合同纠纷案例　　072
　　五、房产商单方解除合同或主张合同无效的处理　　076
　　六、商品房消费者权利保护及与其他权利的关系　　080

第二章　二手房买卖　　087
　第一节　二手房的基本知识与买卖流程　　087
　　一、与二手房相关的基本知识　　087
　　二、二手房买卖的主要特点　　092
　　三、二手房买卖的一般流程　　095
　第二节　二手房买卖合同的签订　　097
　　一、二手房买卖合同的主要条款　　098
　　二、与时间节点相关的约定　　098
　　三、各类费用承担的约定　　105
　　四、室内设施设备的归属　　107
　　五、违约责任与合同解除条件　　108
　第三节　二手房卖出涉及的法律问题与案例　　111
　　一、二手房卖方的主要关注点　　111
　　二、买方的履约能力问题　　112
　　三、卖方要求售后回租的处理　　115
　　四、因买方原因导致的房屋买卖合同纠纷案例　　116
　　五、因其他原因导致的房屋买卖合同纠纷案例　　119
　第四节　二手房购入涉及的法律问题与案例　　122
　　一、二手房买方的主要关注点　　122
　　二、签约后存在卖方不履约的风险　　123
　　三、签约前后卖方对房屋进行处分　　126
　　四、买方可以要求办理预告登记　　130

五、因卖方原因导致的相关合同纠纷案例　　131

　第五节　二手房买卖中的特殊情况处理与案例　　137

　　一、已办理抵押登记房屋的转让　　137

　　二、已设立居住权房屋的转让　　141

　　三、法拍房购买风险及防范　　143

　　四、二手房买卖中"阴阳合同"的处理　　145

　　五、无权处分情况的处理　　148

　　六、一房多卖情况的处理　　152

　第六节　房屋买卖中介合同与相关纠纷案例　　156

　　一、《民法典》对中介合同的相关规定　　156

　　二、签订房屋买卖中介合同的注意事项　　156

　　三、中介机构的作用与对房地产经纪服务的规范　　160

　　四、中介机构的报酬请求权与委托人"跳单"情况处理　　163

　　五、二手房买卖中的中介合同纠纷案例　　165

第三章　购房办理抵押贷款　　170

　第一节　房屋按揭贷款　　170

　　一、房屋按揭贷款的基本知识　　170

　　二、购买商品房办理抵押贷款　　171

　　三、办理公积金贷款　　172

　　四、办理商业性贷款　　176

　　五、公积金贷款与商业性贷款的互转　　179

　第二节　房屋抵押合同与抵押登记　　181

　　一、房屋抵押权的设定　　181

　　二、房屋抵押合同的订立　　182

　　三、办理房屋抵押登记　　182

　　四、已作抵押房屋的占用与转让　　184

　第三节　还款方式与提前还款　　186

　　一、借款合同与借款人还款的方式　　186

　　二、办理提前还款的方式与流程　　189

　　三、不按时还款的法律后果　　190

四、特殊情况下如何处理借款　　　　　　　　　　　　　192
　第四节　相关合同纠纷处理与案例　　　　　　　　　　　　193
　　一、关于商品房买卖合同司法解释中的相关规定　　　　　193
　　二、关于担保制度司法解释中对于房屋抵押的规定　　　　195
　　三、无法按时还款的金融借款合同纠纷案例　　　　　　　197
　　四、无法办理贷款的房屋买卖合同纠纷案例　　　　　　　202
　　五、购房合同解除导致担保贷款合同解除的纠纷案例　　　206
　　六、抵押权纠纷与抵押合同纠纷案例　　　　　　　　　　211

第四章　住宅装修　　　　　　　　　　　　　　　　　　217
　第一节　住宅装修的流程与施工步骤　　　　　　　　　　　217
　　一、住宅装修的不同类型　　　　　　　　　　　　　　　217
　　二、住宅装修的主要流程　　　　　　　　　　　　　　　218
　　三、装修施工过程中的步骤　　　　　　　　　　　　　　220
　第二节　住宅装修中的法律适用　　　　　　　　　　　　　222
　　一、《民法典》中适用住宅装修的相关规定　　　　　　　222
　　二、司法解释适用于住宅装修合同纠纷处理　　　　　　　223
　　三、法律法规中关于住宅装修的规范　　　　　　　　　　224
　　四、部门规章中关于住宅装修的规范　　　　　　　　　　226
　第三节　住宅装修合同的签订　　　　　　　　　　　　　　227
　　一、使用装饰装修施工合同示范文本　　　　　　　　　　227
　　二、签订相对简单的装修承揽合同　　　　　　　　　　　230
　　三、签订定作合同时的注意事项　　　　　　　　　　　　235
　第四节　住宅装修过程中的注意事项　　　　　　　　　　　238
　　一、装修前及时告知物业服务企业　　　　　　　　　　　238
　　二、处理好与其他业主的相邻关系　　　　　　　　　　　239
　　三、住宅装修与房屋结构改造的关系　　　　　　　　　　239
　　四、装修中的物资材料采购　　　　　　　　　　　　　　241
　　五、装修完成后的验收与保修　　　　　　　　　　　　　242
　　六、装修完成后入住前的室内环境检测　　　　　　　　　243

第五节 住宅装修引起的纠纷案例 　244
　一、装修质量存在问题引起的纠纷案例 　244
　二、装修未按期完成引起的纠纷案例 　247
　三、装修材料不符合或不合格引起的纠纷案例 　248
　四、装修费用结算引起的纠纷案例 　250
　五、合同无效或解除引起的纠纷案例 　253
　六、项目定作引起的承揽合同纠纷案例 　255
　七、住宅装修中的相邻关系纠纷案例 　257

第五章　物业服务 　259
第一节　物业服务的基本知识与相互关系 　259
　一、与物业服务相关的基本知识 　259
　二、业主与物业服务企业的关系 　267
　三、业主与业主大会、业主委员会的关系 　269
第二节　建筑物区分所有权制度 　274
　一、《民法典》对建筑物区分所有权的规定 　274
　二、对建筑物区分所有权的理解 　277
　三、对共有部分的利用与维护 　281
第三节　物业服务合同中的相关法律问题 　285
　一、《民法典》对物业服务合同的规定 　285
　二、物业服务合同的性质与特点 　287
　三、物业服务合同的主要内容与注意事项 　289
第四节　业主合法权益的保护与案例 　301
　一、建设单位侵害业主的合法权益的处理 　301
　二、物业服务企业侵害业主的合法权益的处理 　304
　三、关于业主的撤销权与知情权 　307
　四、业主之间的共有关系与相邻关系 　312
　五、与业主相关的其他侵权纠纷的处理 　315
第五节　与物业服务相关的纠纷案例 　320
　一、涉物业服务企业履行安全保障义务的纠纷案例 　320
　二、涉业主交纳物业费的纠纷案例 　325

三、涉业主封包阳台或搭建阳光房纠纷案例　　330
四、涉未办理产权登记的车位归属或收益权纠纷案例　　334
五、涉业主安装电动汽车充电桩纠纷案例　　338
六、关于业主利益维护的其他类型纠纷案例　　342

第六章　老旧小区住宅加装电梯　　349
第一节　老旧小区住宅加装电梯的相关情况与适用规范　　349
一、老旧小区住宅加装电梯的必要性与重要性　　349
二、各地出台关于加装电梯的规范性文件　　351
三、《民法典》中可以参照适用的相关规范　　355
四、其他法律法规或上级文件的相关规范　　359

第二节　加装电梯的建设模式与经费筹措　　362
一、加装电梯的不同建设模式　　362
二、建设经费筹措与分摊比例　　363
三、政府提供补助经费与其他支持　　365
四、公积金申请提取与使用　　367
五、住宅维修专项资金等经费的申请与使用　　367

第三节　加装电梯需要办理的流程与注意事项　　368
一、申请前的准备工作　　368
二、通过加装电梯的决议与签订协议　　372
三、提出加装电梯申请　　377
四、审批通过后开工前的准备工作　　380
五、申请验收与使用中的注意事项　　383
六、委托维护与后续运行维护经费处理　　384

第四节　与加装电梯相关的纠纷案例　　387
一、同意加装电梯的业主向法院提起诉讼的案例　　387
二、不同意加装电梯的业主向法院提起诉讼的案例　　391
三、业主提起行政复议或行政诉讼案例　　393
四、业主与电梯安装施工企业之间的纠纷案例　　397
五、其他特殊类型的纠纷案例　　399

第七章　房屋租赁　402

第一节　《民法典》对租赁合同的规定与理解　402
　　一、《民法典》对租赁合同的规定　402
　　二、房屋租赁合同的法律特征　405
　　三、房屋租赁合同中的双方权利与义务　407
　　四、房屋租赁过程中相关法律问题分析　411

第二节　房屋租赁合同的签订　417
　　一、房屋租赁合同的一般条款　417
　　二、从出租人角度看合同中需要注意的内容　420
　　三、从承租人角度看合同中需要注意的内容　423
　　四、房屋租赁合同的参考文本　424

第三节　房屋租赁需要注意的事项　427
　　一、房屋出租人需要注意的事项　427
　　二、房屋承租人需要注意的事项　431
　　三、租赁合同无效的原因及处理　435
　　四、租赁合同提前解除的条件及处理　437
　　五、保障性住房租赁需要注意的事项　441

第四节　房屋租赁引起的常见纠纷案例　444
　　一、因出租人违约造成的房屋租赁合同纠纷案例　444
　　二、因承租人违约造成的房屋租赁合同纠纷案例　448
　　三、因租赁合同无效或提前解除引起的纠纷案例　452
　　四、与房屋租赁中介相关的合同纠纷案例　454
　　五、涉保障性住房的房屋租赁合同纠纷案例　456

第五节　房屋租赁中的特殊情况处理及纠纷案例　458
　　一、群租现象的规范与处理　458
　　二、已设立居住权的住宅出租问题　461
　　三、房屋出租后装饰装修的处理　465
　　四、非法建筑物出租的处理　468
　　五、房屋租赁后发生损害的责任承担　470

第八章　城市住宅设立居住权　473

第一节　《民法典》对居住权的规定与理解　473

一、《民法典》对居住权的规定 473
　二、对居住权制度的理解 474
　三、居住权的不同分类 478
第二节　居住权合同的签订 479
　一、居住权合同的一般条款 479
　二、居住权合同中需要注意的其他事项 482
　三、居住权合同的参考文本 483
第三节　以遗嘱方式设立居住权 491
　一、设立居住权的有效遗嘱的基本内容 491
　二、以遗嘱方式设立居住权的注意事项 492
　三、设立居住权的合格遗嘱建议格式 493
第四节　设立居住权需要办理登记手续 494
　一、办理居住权设立登记时的基本要求 495
　二、办理居住权设立登记的特殊情况处理 496
　三、办理居住权变更登记与预告登记 497
　四、办理居住权注销登记的基本要求 498
第五节　设立居住权需要注意的法律问题 499
　一、在住宅的部分区域上可以设立居住权 499
　二、与居住权人共同生活人的范围与权益 500
　三、无偿设立的居住权合同准用赠与合同规则 500
　四、有偿设立居住权可以参照适用房屋租赁合同规则 501
　五、合同提前解除与居住权消灭 502
第六节　与居住权相关的纠纷案例 504
　一、民事纠纷处理与为老年人设立居住权 504
　二、与居住权相关的离婚纠纷案例 508
　三、与居住权相关的继承纠纷案例 510
　四、与居住权相关的合同纠纷案例 512
　五、与居住权相关的其他纠纷案例 513

第九章　房屋征收与补偿 516
第一节　房屋征收与补偿的法律规范与基本流程 516

一、与房屋征收与补偿相关的法律法规　　　　　　　　516
　　二、房屋征收与补偿的基本知识　　　　　　　　　　　517
　　三、房屋征收与补偿的参与主体　　　　　　　　　　　519
　　四、房屋征收与补偿的基本流程　　　　　　　　　　　521
　第二节　房屋征收的范围确定与方案拟订　　　　　　　　523
　　一、房屋征收范围的确定　　　　　　　　　　　　　　523
　　二、旧城区改建中房屋征收的注意事项　　　　　　　　525
　　三、房屋征收补偿方案的拟订　　　　　　　　　　　　526
　　四、征求公众意见与社会稳定风险评估　　　　　　　　527
　　五、房屋征收决定的公布　　　　　　　　　　　　　　530
　第三节　房屋征收与补偿决定的实施　　　　　　　　　　532
　　一、被征收房屋的价值评估　　　　　　　　　　　　　532
　　二、被征收人对补偿方式的选择与相关费用补偿　　　　534
　　三、涉及住宅公房征收的补偿　　　　　　　　　　　　538
　　四、房屋征收补偿协议的内容　　　　　　　　　　　　539
　　五、房屋征收补偿决定的作出与公告　　　　　　　　　543
　　六、被征收人搬迁和补偿的顺序　　　　　　　　　　　544
　　七、申请法院强制执行的条件与程序　　　　　　　　　544
　第四节　房屋征收与补偿的法律责任与纠纷案例　　　　　547
　　一、房屋征收与补偿中的违法行为及法律责任　　　　　547
　　二、房屋征收程序问题引起的行政诉讼案例　　　　　　548
　　三、房屋征收补偿问题引起的行政诉讼案例　　　　　　553
　　四、房屋拆迁补偿合同履行问题引起的民事诉讼案例　　557
　　五、拆迁征收利益的分配与归属引起的民事诉讼案例　　562

第十章　房产赠与与房屋互换　　　　　　　　　　　　　566
　第一节　房产赠与　　　　　　　　　　　　　　　　　　566
　　一、《民法典》对赠与合同的规定　　　　　　　　　　566
　　二、家庭内部房产赠与的特点　　　　　　　　　　　　567
　　三、房产赠与的常见情形与法律效力　　　　　　　　　568
　　四、签订房产赠与合同时需要注意的事项　　　　　　　571

第二节　房产赠与时的注意事项 574
一、赠与人与受赠人的民事行为能力与意思表示 574
二、将不属于自己的财产或共有财产赠与他人的处理 576
三、赠与人与第三人的撤销权 578
四、赠与所附义务的处理 582
五、房产赠与与房屋买卖的比较 583
六、办理房产转移登记手续 585

第三节　与房产赠与相关的常见纠纷案例 586
一、离婚纠纷处理与房产赠与 586
二、赠与合同纠纷案例 587
三、附义务赠与合同纠纷案例 590

第四节　房屋互换 594
一、房屋互换的类型与法律后果 594
二、房屋互换合同的性质与法律参照适用 596
三、房屋互换合同参考文本 599
四、房屋互换后的转移登记与税费承担 602

第五节　房屋互换引起的纠纷案例 603

第十一章　共有房产处理 607
第一节　共有房产处理 607
一、《民法典》对共有制度的规定 607
二、共有的类型 608
三、共有的分割方式 610
四、共有房产分割的常见情形 612
五、签订共有房产分割协议需要注意的事项 615

第二节　共有房产处理时的注意事项 616
一、房屋的产权归属 616
二、房屋的价值确定 618
三、共有房产的份额比例 618
四、按份共有人的优先购买权 619
五、已购公有住房的分割 621

六、特殊房产使用权益的分割　　　　　　　　　　　　622
　第三节　与共有房产处理相关的常见纠纷案例　　　　　623
　　一、共有纠纷案例　　　　　　　　　　　　　　　　624
　　二、分家析产纠纷案例　　　　　　　　　　　　　　628
　　三、其他婚姻家庭纠纷案例　　　　　　　　　　　　630

第十二章　房产继承与遗赠　　　　　　　　　　　　　　　634
　第一节　房产继承　　　　　　　　　　　　　　　　　　634
　　一、《民法典》对继承的一般规定与继承的基本原则　　634
　　二、继承的类型与遗嘱的形式　　　　　　　　　　　　636
　　三、订立一份包括房产继承内容的合法遗嘱　　　　　　639
　　四、房产继承中的常见法律问题　　　　　　　　　　　646
　　五、房产继承中的办理程序问题　　　　　　　　　　　652
　第二节　房产继承中发生的常见纠纷案例　　　　　　　　657
　　一、继承纠纷与调解处理　　　　　　　　　　　　　　657
　　二、法定继承纠纷案例　　　　　　　　　　　　　　　658
　　三、遗嘱继承纠纷案例　　　　　　　　　　　　　　　661
　第三节　房产遗赠与遗赠扶养协议　　　　　　　　　　　664
　　一、《民法典》对遗赠的相关规定与理解　　　　　　　664
　　二、房产遗赠需要注意的法律问题　　　　　　　　　　666
　　三、《民法典》对遗赠扶养协议的相关规定与理解　　　669
　　四、签订一份合法有效的遗赠扶养协议　　　　　　　　671
　　五、遗赠扶养协议的效力认定与违约责任　　　　　　　673
　第四节　房产遗赠中发生的常见纠纷案例　　　　　　　　675
　　一、遗赠纠纷案例　　　　　　　　　　　　　　　　　676
　　二、遗赠扶养协议纠纷案例　　　　　　　　　　　　　677

主要参考文献　　　　　　　　　　　　　　　　　　　　679
后　记　　　　　　　　　　　　　　　　　　　　　　　682

第一章
新建商品房购置

第一节　商品房的基本知识与购置流程

一、商品房的不同分类

商品房，指的是由房地产开发企业（以下简称房产商或开发商）依法投资开发建设的、能够作为商品在市场上进行交易的各类房屋，包括住宅、商业用房以及其他建筑物。本书主要针对住宅进行分析。一般认为，商品房除了新建房以外，还包括存量房（又称二手房）。本章针对新建房进行分析，主要涉及的问题也是关于新建的商品房买卖，即房产商因出售商品房（包括销售商以房产商名义销售商品房，下同）与购房者之间形成的商品房买卖合同关系，与二手房买卖的相关法律问题将在第二章中介绍。以下根据商品房（主要是住宅）的不同分类，分别介绍相关基本知识。

（一）按照商品房的建造状态，可以分为期房、现房与准现房

期房，指的是在建的、尚未建成的、房产商在短期内不能交付的商品房。从销售的角度看，从房产商取得商品房预售许可证开始，直到登记机构办理初始登记并取得不动产权证书，这一期间房产商在市场上所预售的商品房被称为"期房"。在这一期间，购房者与房产商所签订的是商品房买卖合同（预售），又被称为"商品房预售合同"。

现房，指的是房产商已经建成并取得总产权证的商品房，购房者在与房产商签订商品房买卖合同后，即可办理交付入住并很快办理不动产权证书。购房者与房产商签订的是商品房买卖合同（现售），又被称为"商品房现售合同"。

准现房,指的是房屋尚未建成,但已基本封顶完工的商品房。准现房在本质上来说仍是期房,所以应适用期房的相关规定。

购买三种建造状态商品房的风险比较:因现房的结构、面积、质量以及其他配套设施都是现实可见的,且购房者能够即买即住并很快办理不动产权证书,购买风险最低;购买期房,存在房产商无法交房或逾期交房的风险,风险相对较高;与其他期房比较,准现房已基本完工,房型、楼间距以及小区的整体样貌等重要因素已经较清楚,无法交房的风险相对较低。

期房存在成为"烂尾楼"的风险。"烂尾楼"一般指的是已办理用地、规划手续,项目开工后,因房产商无力继续投资建设或陷入债务纠纷,停工一年以上的房地产项目。房产商已经将该房屋预售给购房者,但因为挪用资金或其他原因,导致无法继续建造完工,更无法办理竣工验收,房屋无法按期交付,购房者也无法办理不动产权证书。

期房销售模式是1954年从我国香港地区产生的。这种销售模式,对于房产商而言,可以快速实现资金回笼,对于购房者而言,可以减轻付款压力,所以受到各方欢迎。1980年,期房销售模式传入内地,由深圳开始试点并推广至全国。1994年通过的《城市房地产管理法》及同年颁布的《城市商品房预售管理办法》正式引入商品房预售制度,为此后我国的大规模建设与开展住房市场化改革起到积极的推动作用。目前,期房预售仍是商品房的主要销售模式。因期房销售容易产生"烂尾楼"等纠纷,所以国家鼓励现房销售。一般而言,现房销售的价格要比类似地段、面积的期房价格高。

(二)按照住宅的标准分类,可以分为普通住宅与非普通住宅

住宅是供生活居住使用的建筑物,是商品房的主要类型。住宅可以分为普通住宅与非普通住宅。

普通住宅又称普通标准住宅。根据《土地增值税暂行条例实施细则》(财法字〔1995〕6号)第11条第1款规定,普通标准住宅是指按所在地一般民用住宅标准建造的居住用住宅。高级公寓、别墅、度假村等不属于普通标准住宅。普通标准住宅与其他住宅的具体划分界限由各省、自治区、直辖市人民政府规定。

各地对普通标准住宅的划分界限具体标准主要是三条:住宅小区建筑容积率(如在1.0以上);单套建筑面积(如在120平方米或140平方米以下);实际成交价格低于同级别土地上住房平均交易价格的一定比例(如1.2倍或1.44倍以

下)。此外,为更好地控制房价,北京、上海等经济发达地区所制定的普通住宅标准中进一步明确了普通住宅的实际成交价格。

非普通住宅是相对于普通住宅而言的,没有同时满足当地政府规定的建筑容积率、单套建筑面积、成交价格等条件的居用型住宅即为非普通住宅。

此外,还有非住宅,指的是除了住宅以外的非居住用房屋,包括商业用房、办公用房、工业厂房以及仓库等。

购房者在商品房交易过程中要注意普通住宅、非普通住宅以及非住宅的区别,三者在交易税费的承担以及交易的程序上有一些差异。

(三)按照交付标准,可以分为毛坯房、简装房与精装房

商品房按照交付标准的不同,可以分为三类:毛坯房、简装房和精装房。

毛坯房,指的是房产商在房屋的基础上,安装好水和电,墙面地面仅做基础处理而未做表面处理。购买毛坯房的主要优点是:购房者可以根据个人喜好自定装修风格、方便检验房子的质量且性价比较高。所以,毛坯房是许多购房者的首选。

简装房,一般是房产商对墙面、地面等做了表面处理,并安装了地板或地砖,安装好水、电等必要设备,对卫浴、厨房、阳台等进行了必要的装修,但一般不包括家具与电器设备。一些经济适用住房或人才公寓,大多采取简装房交付方式。

精装房,主要是指房产商对房子进行了比较精细的装修,整个居室在空间设计、施工工艺、软装等方面经过了全面的考虑。精装房一般包括必要的家具与电器设备,购房者基本可以"拎包入住"。

对于想尽快入住或不愿花费精力在装修上的购房者来说,选择简装房或精装房比较合适。

我国房地产业在刚开始发展阶段,一般采取毛坯房交付方式。自2014年起,一些地方政府出台鼓励商品房精装修交付的政策。2016年后,全国精装修楼市的发展趋势开始从一线城市扩展到二线城市、省会城市,各地陆续出台关于住宅全装修、精装修交付的相关规定。如在2016年,浙江省人民政府办公厅发布了《关于推进绿色建筑和建筑工业化发展的实施意见》,提出"实现新建住宅全装修全覆盖。2016年10月1日起,全省各市、县中心城区出让或划拨土地上的新建住宅,全部实行全装修和成品交付,鼓励在建住宅积极实施全装修"。同年,浙江省人民政府办公厅还发布了《关于加快推进住宅全装修工作的指导意见》。商品房精装修交付已是大势所趋。

全装修住宅(或称全装房),指的是在住宅交付使用前,户内所有功能空间的固定面全部铺装或粉刷完毕,给水排水、燃气、通风与空调、照明供电以及智能化等系统基本安装到位,厨房、卫生间等基本设施配置完备,满足基本使用功能的住宅。全装房与精装房的含义基本相同,前者强调装修的范围,后者强调装修的程度。全装修的程度一般介于简装房与精装房之间,包括硬装部分但不包括软装部分(如家具、沙发、寝具、窗帘等)。

对比毛坯房,购买精装房可以减少入住后装修、等待时间较长等问题,减少精力和时间投入。有的楼盘,购买精装房可以把装修成本算入总房价办理按揭贷款,这样其实是减轻了一次性装修投入成本的压力。从目前精装房市场来看,大部分的精装房只完成硬装部分,而凸显风格的软装部分则由购房者后期自己完成。

此外,对于物业服务企业来说,因为房屋已经装修,因房屋装修带来的物业服务中的麻烦得以减少。同时,房屋装修影响周边邻居引起的纠纷也会相应减少。

精装房交付也存在一些问题,普遍存在样板房与实物不一致、不按规范施工、工艺偷工减料等问题,这些问题导致精装房交付后投诉率很高。

一旦购置商品房,即使在交付时发现存在装修中的质量问题,购房者也只能要求房产商承担违约责任并赔偿损失,而无法大幅改变已有的装修,也难以退房。所以,建议购房者一方面要选声誉好的房产商开发的楼盘,另一方面要在签订商品房买卖合同时特别留意,对装修材料的材质、等级、型号、品牌和数量等作出具体、明确的约定。

二、与商品房相关的基本知识

对于普通人来说,首次购置商品房是件人生大事,不仅意味着从此拥有自己的房产,还意味着要耗费大部分的前期积蓄,甚至要背负一二十年才能还清的贷款。所以,一般人对购房非常谨慎,往往要比较多处、斟酌多时才能下定决心。在购房之前,对商品房的基本知识有所了解,能够降低买房后又懊悔的风险。

(一)容积率

容积率,又称建筑面积毛密度。根据住房和城乡建设部颁布的《建设用地容积率管理办法》(建规〔2012〕22号)第3条的规定,容积率是指一定地块内,总建筑面积与建筑用地面积的比值。容积率计算规则由地方政府城乡规划主管部门依据国家有关标准规范确定。容积率实际体现了土地与其所承载的建筑之间的数量关系。在用地面积确定的情况下,承载的建筑面积越大,容积率越高。换言之,经批准的容积率越高,意味着该宗土地上的建筑面积越大。反之,承载的建筑面积越小,则容积率越低。

实践中,常见的容积率有:独立别墅为 0.2~0.5;联排别墅为 0.4~0.7;6 层以下多层住宅为 0.8~1.2;11 层小高层住宅为 1.5~2.0;18 层高层住宅为 1.8~2.5;19 层以上住宅为 2.4~4.5。

对于房产商来说,容积率决定土地成本在房屋建造中所占的比例。楼层数越高,总建筑面积越大,容积率越高,房产商的土地成本相对较小。相同地块,规划设计不同的容积率,会导致不同的地价。土地单价 = 土地总价 ÷ 土地面积,楼面地价 = 土地单价 ÷ 容积率。相较于单纯地看土地单价,更为科学的是结合容积率计算"楼面地价"。楼面地价反映出土地使用权的真实价格,更容易进行成本和收益的计算。所以,房产商一般会在容积率指标范围内尽量多地建造房屋。

对于购房者来说,容积率直接涉及居住舒适度。容积率越高,居住的人口密度越大,居住舒适度越低。在用地面积确定的情况下,容积率越高,意味着运动、休闲等公共设施空间相对减少,影响功能配套,还可能导致绿化面积空间受限。一般来说,所在区域容积率较低的房屋价格要高于相似地段容积率较高的房屋。

对于地方政府来说,容积率是国有土地使用权出让时必须要明确的指标,是影响该幅土地出让价格的重要指标。如果容积率较高,单位建筑面积的土地出让价格相对较低,但总价会较高。如果容积率较低,单位建筑面积的土地出让价格相对较高,但总价会较低。容积率并不能随意确定,需要受当地城市控制性详细规划的限制。

《建设用地容积率管理办法》第 4 条第 1 款规定:以出让方式提供国有土地使用权的,在国有土地使用权出让前,城市、县人民政府城乡规划主管部门应当依据控制性详细规划,提出容积率等规划条件,作为国有土地使用权出让合同的组成部分。未确定容积率等规划条件的地块,不得出让国有土地使用权。容积率等规划条件未纳入土地使用权出让合同的,土地使用权出让合同无效。第 5 条规定:任何单位和个人都应当遵守经依法批准的控制性详细规划确定的容积率指标,不得随意调整。确需调整的,应当按本办法的规定进行,不得以政府会议纪要等形式代替规定程序调整容积率。该管理办法还规定,国有土地使用权经出让或划拨,任何建设单位或个人都不得擅自更改确定的容积率。只有符合一些特殊情形,方可进行调整,而且调整容积率,需要符合严格的程序要求。该管理办法出台后,有效遏制了以前在房地产开发过程中某些地方政府部门擅自调整容积率、使得房产商因此获利但损害购房者利益的现象。

(二)层高与室内净高

《民用建筑设计统一标准》(GB 50352 – 2019)对层高是这样定义的:层高是指建筑物各层之间以楼、地面面层(完成面)计算的垂直距离,屋顶层由该层楼面面层(完成面)至平屋面的结构面层或至坡顶的结构面层与外端外皮延长线的交点计算的垂直距离。简单地说就是两个楼层的地面之间的高度。商品房的层高指的是上下相邻两层楼面或楼面与地面之间的垂直距离。

根据该标准,室内净高是指从楼、地面面层(完成面)至吊顶或楼盖、屋盖底面之间的有效使用空间的垂直距离。简单地说,就是从地面到天花板的高度。室内净高是层高减去楼板的厚度或结构层的高度之差,即室内净高 = 层高 – 楼板厚度(或者结构层的高度)。也就是说,层高与室内净高之间相差了一个楼板的厚度。一般楼房标准层楼板的浇筑混凝土厚度为 80 ~ 100 毫米,加上粉刷层即为 120 ~ 140 毫米,即层高与室内净高应该相差 120 ~ 140 毫米。

根据 2011 年 7 月 26 日住房和城乡建设部发布的《住宅设计规范》(部分失效)(GB 50096 – 2011)的规定,普通住宅层高宜为 2.80 米。卧室、起居室(厅)的室内净高不应低于 2.40 米,局部净高不应低于 2.10 米,且局部净高的室内面积不应大于室内使用面积的 1/3。利用坡屋顶内空间作卧室、起居室(厅)时,至少有 1/2 的使用面积的室内净高不应低于 2.10 米。厨房、卫生间的室内净高不应低于 2.20 米。厨房、卫生间内排水横管下表面与楼面、地面净距不得低于 1.90 米,且不得影响门、窗扇开启。

商品房的层高、室内净高不仅影响购房者居住的舒适度、房屋本身的实用功能,还对房价有一定的影响,因此,在订立商品房买卖合同时,一定要注意合同中关于层高的约定,避免条款陷阱。

(三)建筑面积、套内建筑面积与公摊面积

房屋的建筑面积指的是房屋外墙(柱)勒脚以上各层的外围水平投影面积,包括阳台、挑廊、地下室、室外楼梯等,具备上盖、结构牢固、层高 2.20 米及以上的永久性建筑面积。

2022年7月15日住房和城乡建设部发布的《民用建筑通用规范》(GB 55031 - 2022)(2023年3月1日起施行)规定：建筑面积应按建筑每个自然层楼(地)面处外围护结构外表面所围空间的水平投影面积计算。

通常情况下，房价是按照建筑面积收取的，物业服务费、取暖费等一般也是按照建筑面积收取的。套型建筑面积，又称销售面积，计算公式是：套型建筑面积＝套内建筑面积＋公摊面积。房屋所有权证书或不动产权证书所记载的房屋面积即套型建筑面积。

商品房的套内建筑面积，是指成套房屋的套内建筑面积。套内建筑面积是衡量所购商品房价值的指标，套内建筑面积越大，意味着所购商品房的专有面积越大，使用率越高。《民用建筑通用规范》规定：功能空间使用面积应按功能空间墙体内表面所围合空间的水平投影面积计算。功能单元建筑面积应按功能单元使用面积、功能单元墙体水平投影面积、功能单元内阳台面积之和计算。套内建筑面积由套内使用面积、套内墙体面积、套内阳台建筑面积三部分组成。其中，套内使用面积按照房屋的内墙面水平投影计算。套内墙体面积有共用墙和非共用墙两种，共用墙体的一半计入套内墙体面积，非共用墙体全部计入套内墙体面积。关于阳台建筑面积的计算，《民用建筑通用规范》规定：阳台建筑面积应按围护设施外表面所围空间水平投影面积的1/2计算；当阳台封闭时，应按其外围护结构外表面所围空间的水平投影面积计算，即封闭阳台整个算面积，开敞阳台算一半面积。

套内使用面积，指的是房间实际能使用的面积，不包括墙、柱等结构构造的面积。《民用建筑通用规范》规定：功能单元使用面积应按功能单元内各功能空间使用面积之和计算。套内使用面积计算，应符合下列规定：套内使用面积应包括卧室、起居室(厅)、餐厅、厨房、卫生间、过厅、过道、贮藏室、壁柜等使用面积的总和；跃层住宅中的套内楼梯应按自然层数的使用面积总和计入套内使用面积；烟囱、通风道、管井等均不应计入套内使用面积；套内使用面积应按结构墙体表面尺寸计算；有复合保温层时，应按复合保温层表面尺寸计算。需要注意的是，利用坡屋顶内的空间面积计算，按照《民用建筑通用规范》的规定，结构层高或斜面结构板顶高度小于2.20米的建筑空间，不应计算建筑面积。

公摊面积，指的是每套商品房按照公摊系数所分摊的公共建筑面积。公共建筑一般包括电梯井、管道井、楼梯间、垃圾道、变电室以及公共门厅过道等。

与以上面积相关的一个重要概念是"得房率"。得房率是买房时比较重要的指标,是套内可供住户支配、使用的建筑面积(不包括墙体、管道井等部分面积)与销售面积(套型建筑面积)的比率。计算公式为:得房率=套内使用面积÷套型建筑面积。得房率偏低,显然不实惠;而得房率很高,意味着公共部分的面积就很少,住户可能也会感到不舒适。一般多层住宅得房率为80%~85%,高层住宅得房率为70%~75%,办公楼得房率为55%~65%。

(四)对住宅楼是否安装电梯的要求

《住宅设计规范》(GB 50096-2011)规定,属下列情况之一时,必须设置电梯:7层及7层以上住宅或住户入口层楼面距室外设计地面的高度超过16米时;6层及6层以下住宅,但住户入口层楼面距该建筑物的室外设计地面高度超过16米时。并规定,12层及12层以上的住宅,每栋楼设置电梯不应少于两台,其中应设置一台可容纳担架的电梯。

2000年前,各地建造的商品房大多是6层及6层以下的多层住宅,主要是为了规避"必须设置电梯"的规定,降低建造成本,提高得房率。随着人们对居住条件要求的提高以及老龄化社会的到来,各地出现老旧小区内多层住宅加装电梯的发展趋势。

近年来,全国多个省市出台本地的住宅设计新规范。相比过去的标准,最新的变化是降低了住宅楼须设置电梯的层高要求。北京、上海、江苏、浙江等地的住宅设计新规范明确规定:4层及4层以上的住宅楼须设置电梯。如北京市最新版《住宅设计规范》明确规定,4层及4层以上的新建住宅建筑或住户入口层楼面距室外设计地面的高度超过9米的新建住宅建筑,必须设置电梯。这些新规旨在改善居民的居住环境,提高舒适度,以后新建的住宅将更注重品质和提高舒适度。同时也是为避免先建住宅后再加装电梯的情况发生。

三、购置商品房的一般流程

作为购房者,在购置商品房过程中需要经历以下几个主要阶段(有些阶段并不必然经历,如签订预约合同、办理抵押贷款):

1. 首先需要了解自己是否具备购房资格。近年来,各地都出台了一些关于商品房限购的政策,主要是针对一定区域内的商品房、此前已经在本市范围内购房的群体、非本地户籍居民等进行限制。各地的限购政策经常变化,所以购房者要事先了解当地相关限购政策,避免出现已签约但无法办理过户登记的情况。

2. 了解房源的基本信息。现在购置商品房大多通过期房预售方式,所以购房者要检验房产商是否具有预售资格,即是否有"五证":建设用地规划许可证、建设工程规划许可证、建设工程施工许可证、国有土地使用权证以及商品房预售许可证。其中最主要的是商品房预售许可证,因为要办理商品房预售许可证必须要前四项证书齐全,房产商有了商品房预售许可证意味着其也有了前四项证书。

3. 查验商品房的基本情况。如果是期房预售方式,无法进入室内实地考察,可以到楼盘的周围去了解情况,也可以仔细观看房产商提供的广告材料,了解该楼盘的建设规划情况,如容积率、得房率、车库、车位、幼儿园及小区内的其他配套设施等。还可以通过看样板房来了解房屋的套型与结构。如果是现房销售方式,则一定要实地考察,了解房屋内部的套型,室内的采光、通风情况,尤其是了解内部的结构,如部分非承重墙是否可以拆除,为以后的装修做好一定的准备。如果是精装房,则更应该仔细考察,尤其是装修风格是不是自己喜欢的类型,是否存在改造的可能。

4. 签订预约合同并交付定金。在期房预售方式中,房产商一般会让购房者在签订正式的商品房买卖合同前支付一定的定金。购房者应注意定金与订金、预付款的区别,防止"定金陷阱"。此外,购房者应在认购协议、意向书等预约合同中要求房产商明确签订正式商品房买卖合同的具体时间,及明确房产商违约应承担的责任。

5. 订立商品房买卖合同(现售)或商品房买卖合同(预售)。此时,一定要注意房产商是否取得了商品房预售许可证。如果没有取得预售许可证,购房者与房产商签订的商品房预售合同有可能会被认定为无效。现在一般是先网签购房合同,先将所购房屋的不动产权证编号传到网上备案,然后到规定的网站上去下载合同示范文本,需要填写双方协商确定的相关条款内容,在此基础上拉取带条码的正式版本,打印出来由双方签字盖章才能完成签约。

6. 办理商品房预售合同登记备案手续。需要注意的是,网签没有备案的法律效力,只能实现备案的管理效果。办理好购房网签后,房产商应当在签约之日起30日内持双方签字盖章后的商品房预售合同到当地的房地产管理部门办理合同备案登记手续。

7. 如果购房者需要办理公积金贷款或商业性贷款,则需要与住房公积金管理中心或者指定的银行签订商品房抵押贷款合同。为避免签订商品房买卖合同后无法办理贷款导致出现违约的情况,购房者需要事先了解自己可以办理公积金贷款的数额及是否具备办理贷款的资格条件。

8.办理交房、验房与收房。交房时,房产商需要向购房者提供房屋的"三书一证一表",即建设工程质量认定书、住宅质量保证书、住宅使用说明书、房地产开发建设项目竣工综合验收合格证以及竣工验收备案表。如果没有提供以上材料,购房者可以拒绝交付。购房者要仔细查看交付的房屋结构、面积、层高等是否与合同中的约定一致,房屋质量是否符合交付的基本要求。如果认为无异议,购房者在房屋交接单上签字表示认可,房产商交付钥匙。如果是精装房或全装房,购房者还要查验房屋的装修质量、所使用的材料、设施设备的品牌等是否符合合同中的约定。

9.办理产权转移登记,并领取不动产权证书。办理房屋所有权转移登记(简称产权转移登记,俗称过户登记)时,购房者需要缴纳相关的税费。

10.用贷款支付购房款的购房者在取得不动产权证书后,持该产权证到不动产登记机构办理房屋抵押登记,使房屋的抵押权产生法律上的效力。待贷款还清后,到不动产登记机构办理注销抵押登记。

四、其他特殊类型的住宅

除了商品房以外,还有一些特殊类型的住宅。一般称为"保障性住房"或"福利房"。商品房与福利房最大的不同之处在于,商品房可以按照市场价格在市场上自由交易(转让),而福利房大多没有完整的产权,交易时会受到购房资格等条件或政策的限制,不能在市场上自由交易。常见的福利房种类如下。

(一)经济适用住房

2007年11月,原建设部等七部门联合发布修订后的《经济适用住房管理办法》(建住房〔2007〕258号)。该办法第2条第1款明确规定:经济适用住房,是指政府提供政策优惠,限定套型面积和销售价格,按照合理标准建设,面向城市低收入住房困难家庭供应,具有保障性质的政策性住房。

国家对经济适用住房建设提供了很多支持与优惠政策,如经济适用住房建设用地以划拨方式供应。购买经济适用住房的个人向商业银行申请贷款,还可以提取个人住房公积金和优先办理住房公积金贷款。由于这类住房用地免收土地出让金,对各种经批准的收费实行减免征收,所以其建造成本低于普通商品房,相应地,经济适用住房的销售价格也低于相似地段的普通商品房,具有经济性和适用性的特点。

经济适用住房单套的建筑面积一般控制在60平方米左右。有些采取单独建设方式,整个小区都是经济适用住房;有些是在商品住房小区中配套建设经济适用住房。

经济适用住房由市、县级政府按限定的价格,统一组织向符合购房条件的低收入家庭出售。确定经济适用住房的价格应当以保本微利为原则。房产商实施的经济适用住房项目利润率按不高于3%核定;市、县级政府直接组织建设的经济适用住房只能按成本价销售,不得有利润。经济适用住房销售应当明码标价,销售价格不得高于基准价格及上浮幅度,不得在标价之外收取任何未予标明的费用。

经济适用住房管理实行严格的准入机制。申请购买经济适用住房的主体,应是城市低收入住房困难家庭,一般需要同时符合下列条件:(1)具有当地城镇户口;(2)家庭收入符合市、县级政府划定的低收入家庭收入标准;(3)无房或现有住房面积低于市、县级政府规定的住房困难标准。经济适用住房供应对象的家庭收入标准和住房困难标准,由市、县级政府根据当地商品住房价格、居民家庭可支配收入、居住水平和家庭人口结构等因素确定,实行动态管理,每年向社会公布一次。各地的申购条件根据本地的具体情况而定,具有一定差异。

经济适用住房供应实行申请、审核、公示和轮候制度。资格申请采取街道办事处(镇人民政府)、市(区)、县级政府逐级审核并公示的方式认定。经审核公示通过的家庭,由经济适用住房主管部门发放核准通知,注明可以购买的面积标准。然后按照收入水平、住房困难程度和申请顺序等因素进行轮候。符合条件的家庭,可以持核准通知购买一套与核准面积相对应的经济适用住房。购买面积原则上不得超过核准面积。购买面积在核准面积以内的,按核准的价格购买;超过核准面积的部分,不得享受政府优惠,由购房者按照同地段同类普通商品住房的价格补交差价。居民个人购买经济适用住房后,应当按照规定办理权属登记。不动产登记机构在办理权属登记时,应当注明经济适用住房、划拨土地。

因为土地性质是国有划拨用地,经济适用住房购房者拥有的是有限产权。其再次转让受到一定的限制,相关内容写入经济适用住房购买合同中,并明确相关违约责任。

此外,还有其他一些限制,如已经购买经济适用住房的家庭又购买其他住房,原经济适用住房由政府按规定及合同约定回购;已参加福利分房的家庭在退回所分得房屋前不得购买经济适用住房,已购买经济适用住房的家庭不得再购买经济适用住房;个人购买的经济适用住房在取得完全产权以前不得用于出租经营。

各地都制定了关于经济适用住房建设与销售的管理办法。以浙江省宁波市为例,2007年9月,宁波市人民政府发布了《宁波市市区经济适用住房销售管理办法》(甬政发〔2007〕87号);2009年1月,《宁波市市区经济适用住房上市交易缴纳土地收益等价款办法》发布。

（二）人才房

近年来,各地为了吸引高层次人才来当地创业创新,推出人才安居工程,建设一批人才房(或称人才公寓)。人才房也具有明显的福利性质。下面以2018年11月中共宁波市委组织部、宁波市住房和城乡建设委员会等六部门联合发布的《宁波市人才安居实施办法》(甬建发〔2018〕180号)为例,说明其中的主要内容。

1. 适用对象:人才安居的适用对象为列入宁波市人才分类目录且经认定的人才。

2. 安居方式:人才安居采取货币补贴和实物配置两种方式。货币补贴包括安家补助、购房补贴和生活安居补助。实物配置包括提供出租型、出售型人才安居专用房,实物配置视房源筹集情况接受申请。

3. 人才安居:高级及以上层次人才(包括其配偶及未成年子女)在宁波市无自有产权住房的,允许以家庭为单位购买首套住房。

4. 实物配置(人才房):各地按需筹集人才安居专用房,并制定具体的实物配置政策或方案。享受购房补贴的人才不再享受实物配置。

5. 人才房房源的筹集渠道:(1)商品住房项目中配建(含土地出让竞价溢价配建)。在新建商品住房项目中可按不超过5%比例配建人才安居专用房,土地出让过程中,竞价超过最高限价或一定溢价率,可转入竞配人才安居专用房。(2)在人才相对集中的产业园区、高教园区、功能区等区域集中建设。

6. 限制要求:财政性资金出资筹集(含商品住房项目配建)人才安居专用房不得擅自转租、转借。擅自转租、转借的,由人才安居专用房房源管理单位收回房屋,并取消其人才安居资格。

从2020年3月20日起施行的《宁波市人才安居专用房筹集管理办法(试行)》是《宁波市人才安居实施办法》的配套办法。该筹集管理办法规定:人才安居专用房房源的筹集渠道有商品住房项目中配建和政府集中建设两种,单套户型建筑面积一般控制在150平方米以内,主要用于高层次人才安居。

(三)共有产权房

共有产权住房是由政府投资或提供政策优惠,按照有关标准筹集建设,限定套型面积,限制使用范围和处分权利,实行政府与购房家庭按份共有产权,面向符合规定条件的无房家庭供应的保障性住房。

2021年6月国务院办公厅发布的《关于加快发展保障性租赁住房的意见》(国办发〔2021〕22号)明确提出"完善以公租房、保障性租赁住房和共有产权住房为主体的住房保障体系"。

下面以宁波市的做法为例进行说明。2022年1月25日,宁波市人民政府办公厅发布了《宁波市共有产权住房管理办法(试行)》(甬政办发〔2022〕2号)。该办法的主要内容如下。

1. 筹集建设房源渠道有三种:(1)以出让方式供应土地集中建设;(2)商品住房项目配建;(3)既有房源转用。

2. 销售价格:为抑制投资投机性购房,共有产权住房将按照市场价格进行销售。在建或交付未满1年的,市场销售价格参考相近时期、相邻地段商品住房项目销售备案平均价格;交付满1年的,市场销售价格参照相近时期、相邻地段存量住房小区平均交易价格。单套住房销售价格在上述市场销售价格的基础上,结合楼层、朝向、位置等因素,实行差价浮动。

3. 产权份额:共有产权住房的产权份额,由购房家庭与政府按比例共同持有。其中,购房家庭的产权份额,即购房家庭实际出资额占共有产权住房市场销售房款的比例,原则上不低于60%、不高于80%,同批次销售同一项目的产权份额相同;申请前12个月家庭人均可支配收入低于上年度当地城镇居民人均可支配收入的购房家庭,购买政府筹集建设的共有产权住房,可以自主选择持有不低于60%的产权份额。其余部分为政府产权份额,由政府指定的代持机构持有。

4. 申请条件:共有产权房的供应对象覆盖本地城镇户籍家庭和非本地城镇户籍家庭。申请购房家庭应当推举1名具有完全民事行为能力的家庭成员作为主申请人。年满28周岁的单身家庭户可以独立申请购买。

本地城镇户籍家庭的主申请人应具有共有产权住房供应行政区域城镇户籍连续满10年,或申请前12个月在当地连续缴纳社会保险且无补缴记录;非本地城镇户籍家庭的主申请人应在当地登记注册的单位稳定就业且正常缴纳社会保险,申请前5年在本市累计缴纳社会保险满36个月,申请前12个月在当地连续缴纳社会保险且无补缴记录。此外,上述主体都应满足以下两个条件:在本市无房屋(含申请前5年内交易登记的房屋);申请前12个月家庭人均年可支配收入低于上年度当地城镇居民人均可支配收入的150%。

5.付款方式:购房家庭可以自主选择一次性付款、住房公积金贷款、住房商业贷款及住房组合贷款等付款方式。

6.申请限制条件:购买过本市低收入家庭住房、经济适用住房、限价房、共有产权住房等保障性住房的,或者被列入严重失信名单的家庭,不得申请购买共有产权住房。符合条件的购房家庭,应当满足本市住房限购条件且只能购买一套共有产权住房。

7.上市转让:取得不动产权证书满10年的共有产权住房可以上市转让。购房家庭既可以通过购买政府产权份额,获得全部产权后上市转让;也可以与代持机构按照各自产权份额上市转让,分配总房款的相应部分,住房性质转为普通商品住房。

8.上市限制:取得不动产权证未满10年的共有产权住房,购房家庭产权份额不得上市转让,但有符合规定的特殊情形之一的,同时符合当地住房限售规定,经住房保障实施机构批准,代持机构可以按原购房价格与届时单套市场销售价格中的最低价格回购。

9.购买政府产权份额:为满足购房家庭拥有完整产权份额的愿望,同时促进住房保障资金良性循环使用,在规定的两个时间段,符合条件的购房家庭可以购买政府产权份额。

10.房源使用限制:在取得完全产权前,原则上不得擅自转让、赠与、出租、出借共有产权住房。

第二节　商品房买卖合同的签订

一、商品房预售合同与预约合同

(一)要约与要约邀请

要约、承诺方式是最为典型的合同订立方式。《民法典》第471条规定:当事人订立合同,可以采取要约、承诺方式或者其他方式。

实践中,要约与要约邀请往往存在一定混淆情形,乃至对双方当事人的实体权利产生重大影响。

根据《民法典》第472条的规定,要约是希望与他人订立合同的意思表示,该意思表示应当符合下列条件:(1)内容具体确定;(2)表明经受要约人承诺,要约人即受该意思表示约束。商品房买卖中的要约一般是指房产商、有意向购房者直接向对方发出订立商品房买卖合同的意思表示。

根据《民法典》第473条第1款的规定,要约邀请是希望他人向自己发出要约的表示。拍卖公告、招标公告、招股说明书、债券募集办法、基金招募说明书、商业广告和宣传、寄送的价目表等为要约邀请。商品房买卖中的要约邀请一般是指房产商发布的、面向不特定对象的销售广告和宣传资料等。

从上述法律规定及其列举情形可以看出,要约是旨在订立合同的具有法律意义的意思表示行为,行为人在法律上须承担责任;要约邀请则是当事人订立合同的预备行为,行为人在法律上无须承担责任。因此,要约邀请在性质上是一种事实行为,本身不具有法律意义。要约邀请和要约的主要区别在于,要约邀请面向不特定对象,不以直接缔结合同为目的;而要约面向特定对象,以直接缔结合同为目的。

要约的法律效力在于:一经受要约人承诺,合同即可成立。因此,房产商为了规避要约对其的约束,在商品房销售领域,往往在商业广告和宣传资料上作虚假宣传、不实广告,诱导消费者购房,而一旦发生纠纷,即以广告宣传是要约邀请为由,不愿意承担责任。

需要注意的是,根据《民法典》第473条第2款的规定,商业广告和宣传的内容符合要约条件的,构成要约。

(二)商品房预约合同

在商品房买卖中,双方在签订商品房买卖合同之前,有时会签订认购书、意向书等,就房屋的基本情况、价款计算、认购时间及签署商品房买卖合同的期限等内容初步达成协议。此类认购书、意向书在法律上一般被认定为具有预约合同的性质,不能直接作为商品房买卖合同。

在实践中,预约合同往往被冠以不同的形式和名称,除常见的认购书、意向书外,还有置业预算表、置业计划书、缔约确认单等。签订认购书等预约合同的主要原因在于房产商有事实或者法律上的障碍，暂时无法与购房者签订正式的商品房买卖合同。例如，房产商因未缴清土地出让金而未取得商品房预售许可证，因此不具备与购房者签订商品房预售合同的条件；房产商将土地使用权或在建工程抵押给银行还没有办理解除抵押手续，导致暂时无法办理房产证，所以只能与购房者签订认购书等预约合同。签订预约合同的目的在于保证将来双方依约签订特定房屋买卖的正式合同，即签订本约。通常情况下，房产商和购房者会在认购书等预约合同中约定签订正式商品房买卖合同的时间及条件。有签订本约的合意是预约合同的核心要件，也是预约合同的标志性特征。预约合同的法律效力在预约合同成立时产生，双方应遵循预约合同所确定的内容，诚实履行订立正式商品房买卖合同的义务。《民法典》第 495 条规定：当事人约定在将来一定期限内订立合同的认购书、认购书、预订书等，构成预约合同。当事人一方不履行预约合同约定的订立合同义务的，对方可以请求其承担预约合同的违约责任。

《商品房买卖合同司法解释》第 5 条规定：商品房的认购、订购、预订等协议具备《商品房销售管理办法》第 16 条规定的商品房买卖合同的主要内容，并且出卖人已经按照约定收受购房款的，该协议应当认定为商品房买卖合同。所以，如果认购书、意向书等协议包括商品房买卖合同的主要内容，且出卖人已经按照约定收受了部分购房款，该协议在性质上就可以被认定为本约，而非预约合同，可谓"名为预约、实为本约"。

（三）房产商预售商品房需要取得预售许可证明

商品房预售，是指房产商将正在建设中的商品房预先出售给买受人，并由买受人支付定金或者房价款的行为。

房产商销售商品房需要具备一定的预售资格和取得一定的预售条件。《城市房地产管理法》第 45 条第 1 款规定：商品房预售，应当符合下列条件：（1）已交付全部土地使用权出让金，取得土地使用权证书；（2）持有建设工程规划许可证；（3）按提供预售的商品房计算，投入开发建设的资金达到工程建设总投资的 25% 以上，并已经确定施工进度和竣工交付日期；（4）向县级以上人民政府房产管理部门办理预售登记，取得商品房预售许可证明。在以上条件中，最重要的是第四项条件。因为，只有满足前三项条件，房产商才能取得商品房预售许可证明。实践中，房产商预售商品房前要取得"五证"，其中最重要的是商品房预售许可证。行政法规《城市房地产开发经营管理条例》(2020年修订)中也有类似规定。

《商品房买卖合同司法解释》第2条规定:出卖人未取得商品房预售许可证明,与买受人订立的商品房预售合同,应当认定无效,但是在起诉前取得商品房预售许可证明的,可以认定有效。

(四)商品房预售合同的登记备案与网签

《城市房地产管理法》第45条第2、3款规定:商品房预售人应当按照国家有关规定将预售合同报县级以上人民政府房产管理部门和土地管理部门登记备案。商品房预售所得款项,必须用于有关的工程建设。

《城市房地产开发经营管理条例》第26条第2款规定:房地产开发企业应当自商品房预售合同签订之日起30日内,到商品房所在地的县级以上人民政府房地产开发主管部门和负责土地管理工作的部门备案。

商品房预售合同登记备案是一种行政管理手段。根据《商品房买卖合同司法解释》第6条的规定,除非当事人约定以办理登记备案手续为商品房预售合同的生效要件,否则办理商品房预售登记备案与否并不影响商品房买卖合同的效力。当然,购房者也不能仅凭已办理商品房预售登记备案主张自己对该商品房的所有权。根据《民法典》的相关规定,不动产物权自记载于不动产登记簿时发生效力。

办理商品房预售合同登记备案,除了在行政管理上存在便利之外,对于购房者在主张权利方面也有一定的有利影响。例如,办理合同登记备案后,如果房产商有"一房多卖"的行为,购房者能相对容易地证明房产商与后购房者在主观上存在过错,主张房产商与后购房者之间订立的合同无效,从而保护自己的合法权益。《商品房买卖合同司法解释》第7条规定:买受人以出卖人与第三人恶意串通,另行订立商品房买卖合同并将房屋交付使用,导致其无法取得房屋为由,请求确认出卖人与第三人订立的商品房买卖合同无效的,应予支持。

购房合同网签是房地产管理部门为了规范房产商规范销售房屋、实现信息互通共享、防止一房多卖而建立的一个网络化管理系统。网签前要求房产商已取得预售许可证,否则无法进行网签。国务院办公厅《关于促进房地产市场平稳健康发展的通知》(国办发〔2010〕4号)提出,进一步建立健全新建商品房、存量房交易合同网上备案制度,加大交易资金监管力度。首次以国务院文件的形式明确要求建立房屋买卖合同网签制度。商品房交易网签制度的全面实施和完善,有利于减少房屋买卖中产生的纠纷,降低房屋买卖风险,有效保护房屋买卖交易双方,特别是购房者的合法权益。

购房合同网签与预售登记备案在预防房产商"一房多卖"方面都具有一定的管理效果,但是网签并不具有合同登记备案的法律效力。登记备案是以网签为前提的,需要在网签之日起 30 日内办理。随着商品房交易网签制度的完善,商品房预售合同"网签备案"有逐渐替代原来的预售合同"登记备案"的趋势,即预售合同网签后不需要另行办理登记备案手续,网签备案起到登记备案的作用。需要注意的是,合同网签后会得到一个网签号,可以在互联网上查询到网签信息,已经网签过的商品房无法进行第二次网签。网签是可以协商撤销的,手续相对比较简单;而登记备案后房屋买卖合同已经生效,不能随意撤销。此外,网签不仅适用于新建商品房预售与销售,还适用于二手房交易,但合同登记备案是针对商品房预售的要求。

二、商品房买卖合同的主要条款

商品房买卖合同是买卖合同的一种类型,适用《民法典》第三编"合同"第九章"买卖合同"中的相关规定。如《民法典》第 595 条规定:买卖合同是出卖人转移标的物的所有权于买受人,买受人支付价款的合同。《商品房销售管理办法》第 3 条规定:商品房销售包括商品房现售和商品房预售。本办法所称商品房现售,是指房地产开发企业将竣工验收合格的商品房出售给买受人,并由买受人支付房价款的行为。本办法所称商品房预售,是指房地产开发企业将正在建设中的商品房预先出售给买受人,并由买受人支付定金或者房价款的行为。

《民法典》第 596 条规定:买卖合同的内容一般包括标的物的名称、数量、质量、价款、履行期限、履行地点和方式、包装方式、检验标准和方法、结算方式、合同使用的文字及其效力等条款。

《城市房地产开发经营管理条例》第 27 条规定:商品房销售,当事人双方应当签订书面合同。合同应当载明商品房的建筑面积和使用面积、价格、交付日期、质量要求、物业管理方式以及双方的违约责任。

《商品房销售管理办法》第 16 条规定:商品房销售时,房地产开发企业和买受人应当订立书面商品房买卖合同。商品房买卖合同应当明确以下主要内容:(1)当事人名称或者姓名和住所;(2)商品房基本状况;(3)商品房的销售方式;(4)商品房价款的确定方式及总价款、付款方式、付款时间;(5)交付使用条件及日期;(6)装饰、设备标准承诺;(7)供水、供电、供热、燃气、通讯、道路、绿化等配套基础设施和公共设施的交付承诺和有关权益、责任;(8)公共配套建筑的产权归属;(9)面积差异的处理方式;(10)办理产权登记有关事宜;(11)解决争议的方法;(12)违约责任;(13)双方约定的其他事项。

购房者与房产商签订的商品房买卖合同,现在一般是通过网签的办法,使用的是住房与城乡建设部门提供的商品房买卖合同(包括预售与现售)示范文本。2000年,住房城乡建设部和原国家工商行政管理总局就发布了《商品房买卖合同示范文本》(GF-2000-0171)。2014年4月,住房和城乡建设部和原国家工商行政管理总局发布了新版的《商品房买卖合同(预售)示范文本》(GF-2014-0171)、《商品房买卖合同(现售)示范文本》(GF-2014-0172)。从示范文本的目录中可见主要条款。

商品房买卖合同(预售)示范文本

目　　录

说　明

专业术语解释

第一章　合同当事人

第二章　商品房基本状况

第三章　商品房价款

第四章　商品房交付条件与交付手续

第五章　面积差异处理方式

第六章　规划设计变更

第七章　商品房质量及保修责任

第八章　合同备案、房屋交易、不动产登记

第九章　前期物业管理

第十章　其他事项

商品房买卖合同(现售)示范文本

目　录

说　明

专业术语解释

第一章　合同当事人

第二章　商品房基本状况

第三章　商品房价款

第四章　商品房交付条件与交付手续

第五章　商品房质量及保修责任

第六章　房屋登记

第七章　物业管理

第八章　其他事项

两份合同示范文本的主要差异在于:预售合同中有第五章"面积差异处理方式"与第六章"规划设计变更",这是现售合同中没有的内容;预售合同中的第八章"合同备案、房屋交易、不动产登记",在现售合同中为第六章"房屋登记";预售合同中的第九章"前期物业管理",在现售合同中为第七章"物业管理"。

各地结合当地的实际情况,根据国家2014年版商品房买卖合同示范文本,也推出了有一定特色的商品房买卖合同示范文本。如2018年2月6日,浙江省住房和城乡建设厅与原浙江省工商行政管理局制定了2018年版浙江省商品房买卖合同示范文本(包括预售和现售)。这两个合同示范文本在基本遵循国家2014年版商品房买卖合同示范文本的基础上,根据浙江省人民政府办公厅《关于加快推进住宅全装修工作的指导意见》的要求,根据推进住宅全装修的实际情况,对部分条款作出一定的修改,如《浙江省商品房买卖合同示范文本(预售)》中增加第1条"商品房性质",以区分为毛坯住宅、全装修住宅和其他类型商品房;在第2条"项目建设依据"中,要求写明分阶段领取施工许可证的全装修住宅装修部分的施工许可证号。

《民法典》颁布实施后,各地对商品房买卖合同示范文本也进行了一定的修订。如2023年4月28日,浙江省住房和城乡建设厅、浙江省市场监督管理局发布了2023年版《浙江省商品房买卖合同示范文本(预售)》(HT33/SF01 1-2023)、

《浙江省商品房买卖合同示范文本（现售）》（HT33/SF01 2－2023）、《浙江省存量房买卖合同》（HT33/SF01 3－2023）、《浙江省房屋租赁合同》（HT33/SF01 4－2023）示范文本（浙建〔2023〕1号）。该合同示范文本自2023年7月1日起施行，2018年版合同示范文本同时废止。两版合同示范文本比较，修改的内容较多。从修改的内容来看，修订后的合同示范文本更加有利于保护购房者的利益，尤其是对购房者作为商品房消费者的合法权益保护。而且相关内容修改或补充，结合了《民法典》及修订后的相关司法解释的规定，更加符合最新的立法精神。

但也存在一些遗憾，如在商品房买卖合同（预售）中一般会对层高有约定，但对层高不足的违约责任问题却没有约定。近年来，因层高不足引起的房屋买卖合同纠纷案件越来越多，而且大多是群体性案件。实务中，因为没有法律法规的规范，也没有相关的司法解释，导致法院在处理这类案件时存在较大的差异。有些法院参照面积不足的方式处理，也有些法院或仲裁机构却是酌定方式，对购房者的合法权益保护不利。笔者建议，在商品房买卖合同示范文本（预售）中第15条"面积差异处理"中第4款"双方自行约定"中可以增加：如果交付房屋的层高未能达到本合同约定的规划层高，参照本条关于面积差异方式处理。理由：层高不足会对购房者使用该房屋或以后转让该房屋带来较大的不利影响，所以房产商应承担相应的违约责任，参照面积差异方式处理比较合理。如果实际层高超过约定层高，却无法对购房者带来利益，反而可能会增加装修的费用，所以房产商不能要求购房者对超过约定层高的部分另外再支付费用。

三、商品房买卖合同中可能存在的隐患

政府相关部门在制定商品房买卖合同示范文本时，在平等维护买卖双方合法权利、明确双方义务的基础上，更注重对商品房消费者权益的保护，并对签订合同过程中容易忽视的问题进行提示，引导买卖双方对合同重要事项作出承诺和告知；对法律法规没有明确规定的事项，引导买卖双方自行约定，避免引发纠纷。但在实践中，购房者还是处于相对弱势的地位，多数购房者不具备专业的法律知识，对商品房买卖合同中存在的隐患没有充分重视。所以，有必要进行一定提示。考虑到目前主要是采取期房预售的方式，以下以2023年版《浙江省商品房买卖合同示范文本（预售）》（HT33/SF01 1－2023）为例进行分析。

（一）商品房价款及付款方式、期限

在该合同示范文本第三章"商品房价款"第8条"计价方式与价款"中需要注

意:通常情况下,商品房价款一般是按照建筑面积或套内建筑面积计算,两种情况有所区别,建筑面积比套内建筑面积要多出"公摊面积",所以按照套内建筑面积计价要比按照建筑面积计价的单价要高一些,通常要高出15%～30%。如果采取其他计算方式,如按照套计算(别墅情况常见),一般是"一房一价",需要特别加以留意。此外,购房者需要注意第2项规定:按照物业管理有关法规、规章规定,需要交纳新建物业专项维修资金的,交纳标准以相关部门确定并经当地政府批准后公布的标准为准。该款项未包含在商品房价款中,由出卖人统一代交,在商品房交付时向买受人收取。

在第9条"付款方式及期限"中需要注意:在付款方式上,除了少数购房者会采取一次性付款(房产商可能会对商品房价格有优惠),多数购房者选择的是分期付款方式或贷款方式。如果采取分期付款方式,需要在合同中明确各期的支付时间与金额。购房者要注意在付款期限前支付相应的款项,避免因逾期付款出现的违约责任。如果采取贷款方式付款,要明确是申请公积金贷款、商业贷款或公积金、商业组合贷款,购房者要提前了解自己是否申请贷款的条件,避免无法获得贷款而导致的尴尬与麻烦。合同中会约定剩余房款"由买受人申请贷款支付。买受人应当于_____年___月___日前向贷款机构提交贷款申请材料,办理贷款审批手续"。还要明确,如果在约定期限(_____年___月___日前)"贷款没有发放或者发放的贷款不足以支付剩余房款"时的处理方式,这是可以由双方协商确定的内容,通常可以约定:双方同意解除合同或继续履行合同,违约责任如何承担。这对购房者来说是比较容易忽视的内容,也是产生纠纷的主要原因之一。如果购房者无法获得贷款将无力购房,可以选择"解除合同",并将己方的违约责任尽量减轻,如果前期需要支付定金,可以争取尽量减少定金数额。

(二)购房者逾期付款责任

在该合同示范文本第三章第10条"逾期付款责任"中需要注意:除不可抗力外,买受人未按照约定时间付款的,需要承担违约责任。逾期付款的,买受人按日计算逾期应付款(是指依照约定的到期应付款与该期实际已付款的差额)的万分之____向出卖人支付违约金。从对购房者有利的角度看,该违约金比率越低越好,但也不宜过低,因为这一比例与房产商逾期交付的违约金比率相关,两个比率往往是相同的。所以将该比例定为0.1‰～0.3‰比较合适。此外,双方还可以在合同中约定买受人逾期付款超过____日后,出卖人有权解除合同。如果当事人同意选择该方式,从对购房者有利的角度来看,该日期应该越长越好,避免特殊原因导致无法及时付款的情况发生。还需要注意的是第2项规定:双方【是】【否】约定解除合同权行使期限。如选择【是】,出卖人依本条解除合同的,应在解除条件成就之日起____个月内行使,逾期不行使,解除权消灭。

如果房产商提出选择这两种方式以外的违约责任约定,往往是对购房者不利的,购房者可以予以拒绝;如果实在无法拒绝,也应尽量减少对自己不利的违约责任内容,如降低违约金数额或比率。

(三)对于定金的支付与后续处理

在商品房买卖合同或预约合同中,一般会约定定金条款。在该合同示范文本第9条"付款方式及期限"第1款的写法是:签订本合同前,买受人已向出卖人支付定金【人民币】【　】_____元(大写:___亿___仟___佰___拾___万___仟___佰___拾元整),该定金于【本合同签订】【交付首期房价款】【　】时【抵作商品房价款】【返还买受人】。

通常,房产商会在签订商品房买卖合同前要求购房者交付一定的定金,在交付首期房价款时抵作商品房价款,很少见到房产商愿意将定金返还买受人,除非该合同因特殊情况被解除或被认定为无效。而且定金的数额通常是房产商提出的,购房者一般是被动接受。作为购房者,除了知道"定金罚则"外,还要知道"定金的数额由当事人约定",即双方可以"讨价还价",并不是说房产商说了算,明白定金数额"不得超过主合同标的额的20%,超过部分不产生定金的效力"。一旦发生纠纷,合同中"既约定违约金,又约定定金的",当事人一方违约时,对方可以选择适用违约金或者定金条款。定金不足以弥补一方违约造成的损失的,对方可以请求赔偿超过定金数额的损失。

(四)商品房交付条件、手续与逾期交付责任

在该合同示范文本第四章第11条"商品房交付条件"中需要注意:商品房交付时,至少要符合两个条件:一是该商品房已取得建设工程竣工验收备案证明文件;二是该商品房已取得房屋实测测绘报告。该商品房为住宅的,出卖人还需提供住宅使用说明书和住宅质量保证书。如果是全装修住宅,还应当符合条件:该商品房已取得第三方专业检测机构出具的住宅分户空气质量检测合格报告。

第12条"商品房相关设施设备交付条件"对相关基础设施设备的交付条件约

定比较详细,需要注意的是对交付日期与违约责任的约定。房产商一般会将自己承担的违约金数额写得比较低,购房者不仅需要求其明确交付的具体日期,还要要求对其违约金数额不能写得过低。公共服务及其他配套设施应以建设工程规划许可为准,在确定的日期前达到相关标准。如果以上设施未达到上述条件的,应明确房产商的违约责任,写法如"未按时达到交付条件的,出卖人应继续履行合同并按日向买受人支付【人民币】【　　】元的违约金"。此外,还需要注意:关于本项目内相关设施设备的具体约定采取附件形式;全装修住宅内的装修和设备,如厨房、卫生间等在交付时可以正常使用。

在第13条"交付时间和手续"中非常重要的内容是:"出卖人应当在【　　】年【　　】月【　　】日前向买受人交付该商品房。"这是确定房产商是否逾期交付及需要承担的违约责任的主要内容,必须明确具体日期。

在商品房达到约定的交付条件后,出卖人应当提前至少10日将查验房屋的时间、办理交付手续的时间地点以及应当携带的证件材料的通知书面送达买受人。交付该商品房时,出卖人应当出示约定的证明文件。办理交付手续前,买受人有权对该商品房进行查验。查验该商品房后,如果买受人认可房屋质量,双方应当签署商品房交接单。

在第14条"逾期交付责任"中需要注意:除不可抗力外,出卖人未按照约定的时间将该商品房交付买受人的,需要承担违约责任。逾期交付的,出卖人按日计算向买受人支付全部房价款万分之____的违约金。需要特别注意的是:该违约金比率应当不低于买受人逾期付款的违约金比率。此外,双方还可以在合同中约定出卖人逾期交付超过【　　】日后,买受人有权解除合同。该期限应不多于买受人逾期付款时出卖人有权解除合同的期限或者与该期限相同,以体现双方的权利与义务对等。需要注意的是:买受人解除合同的,应当书面通知出卖人。出卖人应当自解除合同通知送达之日起15日内退还买受人已付全部房款(含已付贷款部分),并自买受人付款之日起,按照____%[不低于合同签订日相应期限的贷款市场报价利率(LPR)]计算给付利息;同时,出卖人按照全部房价款的____%向买受人支付违约金。买受人要求继续履行合同的,合同继续履行,出卖人按日计算向买受人支付全部房价款万分之____的违约金。还需要注意的是第2项规定:双方【是】【否】约定解除合同权行使期限。如选择【是】,买受人依本条解除合同的,应在解除条件成就之日起____个月内行使,逾期不行使的,解除权消灭。

如果房产商提出选择这两种方式以外的违约责任约定,往往是对房产商有利而对购房者不利的,购房者可以拒绝。

(五)对于面积差异、规划设计变更的处理

该合同示范文本第五章"面积差异处理方式"对"面积差异处理"的约定内容比较详细,购房者只需要选择其中一种方式。对于购房者来说,需要关注的是违约责任:买受人解除合同的,应当书面通知出卖人。出卖人应当自解除合同通知送达之日起15日内退还买受人已付全部房款(含已付贷款部分),并自买受人付款之日起,按照____%[不低于合同签订日相应期限的贷款市场报价利率(LPR)]计算给付利息。

实践中,买受人一般是选择不解除合同的。结果是:实测建筑面积大于预测建筑面积时,建筑面积误差比在3%以内(含3%)部分的房价款由买受人补足,超出3%部分的房价款由出卖人承担,产权归买受人所有。实测建筑面积小于预测建筑面积时,建筑面积误差比绝对值在3%以内(含3%)部分的房价款由出卖人返还买受人;绝对值超出3%部分的房价款由出卖人双倍返还买受人。

需要注意的是:如果根据第8条按照套内建筑面积计价的约定,建筑面积按照套内建筑面积计算;如果根据第8条按照建筑面积计价的约定,需要建筑面积、套内建筑面积误差比绝对值均在3%以内(含3%)的,根据实测建筑面积结算房价款;建筑面积、套内建筑面积误差比绝对值其中有一项超出3%时,买受人有权解除合同。

此外,建议购房者在第15条第4款"双方自行约定"要求写上:如果交付房屋的层高未能达到本合同约定的规划层高,参照本条关于面积差异方式处理。

在第六章"规划设计变更"中,对于规划变更或设计出现重大变更的情况,出卖人应当在变更确立之日起10日内将书面通知送达买受人。出卖人未在规定期限内通知买受人的,买受人有权解除合同。买受人应当在通知送达之日起15日内作出是否解除合同的书面答复。买受人逾期未予以书面答复的,视同接受变更。实践中,这种情况非常少见。买受人一般不会选择解除合同,除非该变更已经严重影响购房者的使用。如果买受人不解除合同,有权要求出卖人赔偿由此造成的损失,双方可以在合同中进行约定。

(六)对于房屋质量问题的处理

在该合同示范文本第七章第18条"商品房质量"对地基基础和主体结构约定

比较详细。需要注意的是对违约责任的约定:经检测不合格的,买受人有权解除合同。买受人解除合同的,应当书面通知出卖人。出卖人应当自解除合同通知送达之日起 15 日内退还买受人已付全部房款(含已付贷款部分),并自买受人付款之日起,按照＿＿%［不低于合同签订日相应期限的贷款市场报价利率(LPR)］计算给付利息。给买受人造成损失的,由出卖人支付【已付房价款百分之＿＿】【买受人全部损失】的赔偿金。因此而发生的检测费用由出卖人承担。

从购房者的角度考虑,应该将该比率定得高一些。双方可以约定如果买受人不解除合同的处理方式,尤其是房产商应承担的违约责任应明确。

对于存在其他质量问题的,一般是先"及时更换、修理";经过更换、修理,仍然严重影响正常使用的,买受人有权解除合同。

对于装饰装修及设备标准存在问题的违约责任,建议购房者选择"出卖人赔偿双倍的装饰、设备差价"的处理方式。

需要注意的是,第 18 条第 4 款中的关于室内空气质量、建筑隔声的规定:该商品房室内空气质量符合【国家】【地方】标准,标准名称:＿＿＿＿＿,标准文号:＿＿＿＿＿。该商品房为住宅的,建筑隔声情况符合【国家】【地方】标准,标准名称:＿＿＿＿＿,标准文号:＿＿＿＿＿。该商品房可能受到噪声影响的情况:＿＿＿＿＿,出卖人方已采取或者拟采取的防治措施:＿＿＿＿＿。

在第 19 条"保修责任"中明确:"商品房实行保修制度。出卖人应当对所售商品房承担质量保修责任。保修期从交付之日起计算。该商品房为住宅的,出卖人按照《住宅质量保证书》承诺的内容承担相应的保修责任。"

第 20 条"质量责任与担保"规定:为该商品房质量提供担保。出卖人不按照第 18 条、第 19 条约定承担相关责任的,由承担连带责任。关于质量担保的证明见附件七。出卖人在注销情形下,应按照法律、法规和有关政策的规定承担该商品房质量责任。

(七)对合同备案、办理预告登记、不动产登记等程序问题处理

在该合同示范文本第八章"合同备案、房屋交易、不动产登记"中作了一些修改与补充,需要引起重视,尤其是办理预告登记可以预防出现房产商"一房两卖"的情况。

第 21 条"预售合同网签备案"中明确:"出卖人应当自本合同签订之日起【30 日内】【＿＿日内】(不超过 30 日)到当地房产管理部门办理商品房预售合同网签

备案手续,并将本合同备案情况告知买受人。"

第22条"预售合同预告登记"中明确:"双方同意在办理完成商品房预售合同网签备案手续起【当日内】【＿＿日内】到当地不动产登记部门办理预售商品房预告登记。出卖人未按约定与买受人申请预售商品房预告登记的,买受人可以单方申请办理。"

第23条"房屋交易、不动产登记"的约定内容有:"(一)双方同意共同向房产管理部门和不动产登记部门申请办理该商品房交易手续和不动产登记。(二)因出卖人的原因,买受人未能在该商品房交付使用之日起【90日内】【＿＿日内】(不超过90日)完成该商品房的房屋交易手续和取得不动产权证的,双方同意按照下列第＿＿种方式处理:1.买受人有权解除合同。买受人解除合同的,应当书面通知出卖人。出卖人应当自解除合同通知送达之日起15日内退还买受人已付全部房款(含已付贷款部分),并自买受人付款之日起,按照＿＿%[不低于合同签订日相应期限的贷款市场报价利率(LPR)]计算给付利息。买受人不解除合同的,自买受人应当完成房屋交易手续和取得不动产权证的期限届满之次日起至实际全部完成房屋交易手续和取得不动产权证之日止,出卖人按日计算向买受人支付全部房价款万分之＿＿的违约金。2.＿＿＿＿＿＿。(三)因买受人的原因未能在约定期限内完成该商品房的房屋交易手续和不动产登记的,出卖人不承担责任。"

(八)要求将房产商的承诺写入合同中

在实践中,房产商为了销售房屋,会在销售广告或宣传资料中作出一些承诺,有些销售人员也会作出一些口头承诺,如买房子送装修、买房子送电器与家具、买房子送车位或车库、买低层房子送地下室或储藏室、一层住户可以将空地围起来做花园、保证能入读附近的名校等,但在房屋买卖合同中一般不写明这些内容,甚至会专门写上"任何口头承诺不作为本合同内容"或类似条款。购房者认为某些内容是决定自己是否选择购买该房屋的重要因素,如家长为了孩子能入读某名校才购置该房屋,应提出在合同中写明或要求房产商给出书面的承诺。如果房产商拒绝,购房者要谨慎决定是否要购买该房屋,因为该房屋的溢价部分往往是学区房因素产生的,今后如果孩子无法入读该学校就会陷入被动,无论是以此为理由要求退房,还是要求赔偿,都会有不少的障碍。

如果房产商采取"买房子送装修"或"买房子送电器与家具"等销售方式,购房者可以要求在合同中写明装修所用的材料或品牌、规格等,电器的品牌、规格等,家具的品牌、式样等,因为这些所谓的"赠送"往往隐含在房价之中,并非"无偿赠送"。如果购房者选择不要赠送方式,可以要求房产商相应降低房价。

如果房产商采取"买房子送车位或车库"或"买低层房子送地下室或储藏室"等销售方式,购房者可以要求在合同中写明位置与面积等,特别需要注意:是否可以办理产权登记?

如果房产商口头承诺"一楼住户可以将空地围起来做私家花园",这种承诺一般不会写入合同中,购房者不应相信类似承诺。除非,房产商一开始就围起来并交付给购房者。否则交付后,购房者将空地围起来做私家花园,往往会引起邻里纠纷,最后只能被迫拆除。

四、购房者签订合同时需要注意的事项

在购买商品房过程中,房产商或者销售商为了营销,一般不会主动向购房者提示风险。在这种情况下,购房者往往会忽视商品房买卖合同中存在的隐患与可能出现的风险,如因购房者原因导致银行贷款无法办理的风险较大,所以建议购房者在签订合同时注意合同中的相关内容,明确购房款的来源并了解自己能否办理贷款,确认不存在大的风险后,再签订合同并交付定金。以下以2023年版《浙江省商品房买卖合同示范文本(预售)》为例进行分析。

(一)购房者需要注意示范文本前面的"说明"(这是重要内容)

尤其是以下一些内容需要特别注意。

1.签订本合同前,出卖人应当向买受人出示《商品房预售许可证》及其他有关证书和证明文件。

2.本《合同示范文本》内容变更或补充后,双方不得以《合同示范文本》名义签订。

3.商品房出卖人应在使用商品房买卖合同格式条款(含补充协议格式条款)之日起30日内,将合同样本报核发其营业执照的市场监督管理部门备案。

4.签订本合同时,买卖双方合同主体资格应符合法律法规和房屋所在地的房地产管理规定。

5.出卖人应当就合同重大事项对买受人尽到提示义务。买受人应当审慎签订合同,在签订本合同前,要仔细阅读合同条款,特别是审阅其中具有选择性、补充性、修改性的内容,注意防范潜在的市场风险和交易风险。

6. 出卖人与买受人可以针对本合同文本中没有约定或者约定不明确的内容，根据所售项目的具体情况在相关条款后的空白行中进行补充约定，也可另行签订补充协议。

（二）购房者需要注意与"商品房预售"相关的约定

1. 如果是商品房预售合同，应在第 3 条"预售依据"中写明预售许可证号。

2. 因为购房者购买的是期房，所以有可能存在面积差异的情况。因此应在第 15 条"面积差异处理"中约定处理方式，一般的做法是约定：面积误差比绝对值在 3% 以内（含 3%）的，据实结算房价款；面积误差比绝对值超出 3% 时，买受人有权解除合同。

3. 因为购房者购买的是期房，所以有可能存在规划设计变更的情况。在第六章"规划设计变更"中，双方可以约定：对于因规划变更或设计出现重大变更的情况，买受人有权解除合同。如果买受人不解除合同，有权要求出卖人赔偿由此造成的损失。

4. 在第八章"合同备案、房屋交易、不动产登记"中，第 21 条"预售合同网签备案"与第 22 条"预售合同预告登记"是专门对期房买卖的情况规范的。

5. 房产商一般会选聘前期物业管理企业。应在第 24 条"前期物业管理"中明确物业服务费收费标准。需要注意的是：自房屋交付之日起，购房者开始交纳物业服务费。购房者不能以自己还没有实际入住为理由，拒绝支付物业服务费。

（三）购房者需要注意与"全装修住宅"相关的条款

该合同示范文本"专业术语解释"对"全装修住宅"的定义：在住宅交付使用前，户内所有功能空间的固定面全部铺装或粉刷完毕，给水排水、燃气、通风与空调、照明供电以及智能化等系统基本安装到位，厨房、卫生间等基本设施配置完备，满足基本使用功能的住宅。

需要特别注意的是，本次修订时新增的第 5 条"全装修商品住宅项目交付样板房情况"，这对处理全装修交付商品住宅引起的装修质量纠纷有重要的意义。此外，购房者还需要注意与"全装修住宅"相关的其他条款。

1. 在第 1 条"商品房性质"中，要明确该商品房为毛坯住宅、全装修住宅或其他类型商品房。

2. 在第 2 条"项目建设依据"中，如果全装修住宅对装修部分单独领取施工许可证,要写明装修部分的施工许可证号。

3. 在第 11 条"商品房交付条件"中明确,商品房是全装修住宅的,房产商需要提供该商品房已取得第三方专业检测机构出具的住宅分户空气质量检测合格报告等材料。

4. 在第 12 条"商品房相关设施设备交付条件"中需要明确全装修住宅内的装修和设备应达到的标准,尤其是厨房、卫生间交付时可以正常使用。

5. 在第 17 条"设计变更"中明确,全装修住宅因设计变更可能影响买受人所购商品房质量或使用功能情形的,出卖人应当在变更确立之日起 10 日内将书面通知送达买受人。出卖人未在规定期限内通知买受人的,买受人有权解除合同。

6. 在第 18 条"商品房质量"规定了"(三)装饰装修及设备标准"。规定装修、装饰所用材料的产品质量必须符合国家的、地方的强制性标准及双方约定的标准。不符合上述标准的,买受人有权要求及时更换、修理,或要求出卖人赔偿双倍的差价。

7. 在第 27 条"销售和使用承诺"中约定:全装修住宅不得对室内装饰装修部分拆分销售。

8. 合同签订后,出卖人不得通过要求买受人签订补充协议等形式降低或变相降低合同约定的装修标准、环保标准和保修标准。

(四)购房者还需要注意的其他一些细节

1. 如果有房产商出售(或赠送、出租)车位、车库或者停车设施,双方应另行约定作为附件。

2. 如果有房产商出售(或赠送、出租)储藏室、绿地或其他物业设施,双方应另行约定作为附件。

3. 在第 30 条"争议解决方式"中,双方可以选择解决方式,如果选择诉讼,应"依法向房屋所在地人民法院起诉";如果选择仲裁方式,应明确仲裁委员会的名称。注意:仲裁委员会前只有城市名,如上海、杭州、宁波等,没有"市"字。

此外,购房者还需要特别注意合同附件。有些房产商虽然按照合同示范文本填写主合同,但在后面会加上很多的附件,以附件的形式实际上改变主合同中的一些内容,往往是限制购房者的权利或免除、减轻房产商的责任,并说明"如果合同附件内容与主合同内容不一致,以合同附件内容为主"。如果购房者看到有类似的表述,需要特别注意,将合同附件中的一些内容与主合同中相关内容进行对照,要求房产商按照主合同的表述进行相应更改。

第三节 商品房买卖合同的履行

一、定金处理与购房款支付

在商品房买卖合同关系中,购房者的主要义务是按时、足额支付定金与购房款,这也是房产商的最大利益期待。按照《民法典》第509条的规定,当事人应当按照约定全面履行自己的义务。当事人应当遵循诚信原则,根据合同的性质、目的和交易习惯履行通知、协助、保密等义务。当事人在履行合同过程中,应当避免浪费资源、污染环境和破坏生态。

(一)定金的处理

在商品房买卖过程中,房产商往往会要求购房者支付一定数额的定金。需要注意的是:订金与定金在法律意义上差别很大。定金是法律术语,起到债的担保作用,其担保功能主要依靠"定金罚则"来实现。而订金并不是法律概念,在司法实践中一般被视为预付款。

《民法典》第586条规定了"定金担保":当事人可以约定一方向对方给付定金作为债权的担保。定金合同自实际交付定金时成立。定金的数额由当事人约定;但是,不得超过主合同标的额的20%,超过部分不产生定金的效力。实际交付的定金数额多于或者少于约定数额的,视为变更约定的定金数额。第587条规定了"定金罚则":债务人履行债务的,定金应当抵作价款或者收回。给付定金的一方不履行债务或者履行债务不符合约定,致使不能实现合同目的的,无权请求返还定金;收受定金的一方不履行债务或者履行债务不符合约定,致使不能实现合同目的的,应当双倍返还定金。

在商品房买卖过程中,为了确保购房合同的订立与以后房屋的交付,双方通常会在签订商品房买卖合同之前专门签订一个定金合同,或者房产商通过认购、订购、预订等方式向买受人收受定金,作为订立购房合同的担保。这种定金的性质为立约定金,如果因当事人一方的原因未能订立商品房买卖合同,应当按照法律有关定金的规定处理。定金之所以具有债权的担保功能,原因在于"定金罚则"

的惩罚性。需要注意的是,不可归责于双方的事由导致商品房买卖合同未能订立的,如政府政策的变化导致房产商未能取得房屋预售许可证,或者政府出台新的限购政策导致购房者无法购买房屋的,房产商只要将定金返还给购房者即可,双方都不承担违约责任,也不适用定金罚则的规定。

如果购房者与房产商订立认购书、意向书等预约合同是双方真实的意思表示,且不违反法律的强制性规定,则订购协议在双方之间产生法律约束力,购房者应按照预约合同约定的时间与房产商协商签订商品房买卖合同。如果此后购房者因为自身的原因拒绝与房产商协商订立商品房买卖合同,购房者应按照预约合同的约定承担相应的违约责任。如果此前购房者向房产商交付过定金,无权要求返还定金。

如果房产商违反预约合同的约定,因自身原因在约定的期限内拒不与购房者签订商品房买卖合同,应承担违约责任。如房产商将购房者此前已预定的房屋卖给他人,或者房产商觉得近期房价涨价较快、前期的房价定低了,所以提出购房者加价才同意正式签约的要求。在这种情况下,购房者可以要求房产商继续履行合同义务,并承担违约责任。如购房者前期支付了定金,可以要求房产商双倍返还定金。

此外,如果出现购房者与房产商因对商品房买卖合同的某些条款存在较大的分歧,无法协商一致导致无法签订房屋买卖合同,这不是可归责于哪一方的原因造成的,双方都不承担违约责任,房产商只要将定金返还购房者即可。

需要注意的是,在定金合同或定金条款中,除了定金的数额与支付期限外,还需要明确该定金以后是抵作商品房价款或者返还购房者。

(二)购房款的支付

按照《民法典》第628条的规定,买受人应当按照约定的时间支付价款。支付购房款是购房者的主要义务。

商品房的计价方式与价款、付款方式及期限、逾期付款责任等内容是当事人可以自行协商确定的内容。一旦确定并签约,当事人应按照合同的约定来履行义务。

《商品房销售管理办法》规定:商品房销售价格由当事人协商议定,国家另有规定的除外。商品房销售可以按套(单元)计价,也可以按套内建筑面积或者建筑面积计价。按套(单元)计价的现售房屋,当事人对现售房屋实地勘察后可以在合同中直接约定总价款。

在实践中，普通的商品房销售一般是按照建筑面积计价。别墅等特殊类型的商品房采取按套(单元)计价方式，也有部分商品房采取按套内建筑面积计价的方式。按套(单元)计价或者按套内建筑面积计价的，商品房买卖合同中应当注明建筑面积和分摊的共有建筑面积。

如果是全装修住宅，可以采取总价形式或分价形式。总价形式是指价格中包括了商品房价款与装修部分价款；分价形式是指将两种价款分别说明。

对于购房者来说，需要特别注意的是付款方式及期限，因为这是购房者在履行合同过程中容易产生违约行为的主要原因。付款方式主要有：(1)一次性付款。购房者应当在约定期限前支付该商品房全部价款。(2)分期付款。购房者应当在约定期限前分期支付该商品房全部价款，需要明确首期房价款与以后各期付款的数额与期限。(3)贷款方式付款。这是最常见的付款方式。除了明确首期房价款的数额与支付时间外，还要明确剩余房款的支付时间，由购房者申请贷款支付。为了确保能按时支付，合同中一般需要明确购房者在约定期限前向贷款机构提交贷款申请材料，办理贷款审批手续。有些是购房者自行办理贷款，有些是房产商协助办理贷款手续。考虑到存在购房者无法办理贷款或贷款数额不足以支付剩余房款的情况，所以在合同中需要约定出现这种情况如何处理，如房产商可以解除合同、继续履行合同并要求购房者支付违约金等。

需要注意的是，购房者要将购房款支付到房产商指定的银行账户中，并要求开具发票或收款证明。如果购房者将购房款支付到房产商工作人员的个人账户或其他账户，容易产生纠纷。这往往是房产商逃避预售资金监管的做法，可能会出现"烂尾楼"现象。

在合同履行过程中，购房者要注意按时、足额支付购房款，否则将损失很大。合同中都会约定"逾期付款责任"，如果购房者逾期支付应付款，将承担违约责任，至少要按日计算向出卖人支付逾期应付款一定比例的违约金。根据《商品房买卖合同司法解释》第11条的规定，买受人迟延支付购房款，经催告后在3个月的合理期限内仍未履行，出卖人可以解除合同。根据第13条的规定，逾期付款的，应按照商品房买卖合同的约定计算违约金数额；如果没有约定，可以按照未付购房款总额，参照中国人民银行规定的金融机构计收逾期贷款利息的标准计算。

二、商品房的交房条件与验收

按照《民法典》第601条的规定，出卖人应当按照约定的时间交付标的物。交付是指物的所有人按照法律的规定或合同的约定,转让其对标的物占有的行为。向购房者交付房屋是房产商的首要义务,也是购房者最大的利益期待。

在商品房预售合同中一般会有"商品房交付条件与交付手续"的相关约定。但大多数购房者并不具备相关的专业知识,所以无法在签订合同时对这些内容进行非常详细的约定,一般是按照房产商提供的合同文本签约,因而存在一定的隐患。下面主要介绍一些与商品房交付条件与验收相关的一般知识。

(一)商品房交付条件

《城市房地产管理法》第27条第2款规定:房地产开发项目竣工,经验收合格后,方可交付使用。《城市房地产开发经营管理条例》第30条规定:房地产开发企业应当在商品房交付使用时,向购买人提供住宅质量保证书和住宅使用说明书。住宅质量保证书应当列明工程质量监督单位核验的质量等级、保修范围、保修期和保修单位等内容。房地产开发企业应当按照住宅质量保证书的约定,承担商品房保修责任。《商品房销售管理办法》第30条规定:房地产开发企业应当按照合同约定,将符合交付使用条件的商品房按期交付给买受人。未能按期交付的,房地产开发企业应当承担违约责任。因不可抗力或者当事人在合同中约定的其他原因,需延期交付的,房地产开发企业应当及时告知买受人。第32条规定:销售商品住宅时,房地产开发企业应当根据《商品住宅实行住宅质量保证书和住宅使用说明书制度的规定》,向买受人提供住宅质量保证书、住宅使用说明书。

根据上述法律、行政法规、规章的规定,结合各地的实际情况,房产商在向购房者交付商品房时应提供房屋的"三书一证一表",即建设工程质量认定书、住宅质量保证书、住宅使用说明书、房地产开发建设项目竣工综合验收合格证以及竣工验收备案表。如果是全装修住宅,房产商还应提供第三方专业检测机构出具的住宅分户空气质量检测合格报告。具备了这些文件,才可以证明房产商具备了交房条件。作为购房者,在验收房屋时,一定要注意查验以上文件。

除了房屋整体符合交付条件外,还应注意相关设施设备也要符合交付条件。如基础设施设备,包括供水、排水、供电、燃气、电话通信、有线电视、宽带网络、供暖等,这些在建设工程竣工验收中一般可以解决,主要是办理开通手续。供水、排水、供电等由房产商负责办理开通手续并承担相关费用;其他一般是由购房者自行办理开通手续。如果购房者发现相关设施设备在约定交付日未达到交付条件,可以要求房产商继续履行合同义务并承担逾期交付责任。作为全装修住宅,至少其厨房、卫生间在交付时应可以正常使用,否则房产商也要承担逾期交付责任。

《商品房买卖合同司法解释》第 8 条规定:对房屋的转移占有,视为房屋的交付使用,但当事人另有约定的除外。房屋毁损、灭失的风险,在交付使用前由出卖人承担,交付使用后由买受人承担;买受人接到出卖人的书面交房通知,无正当理由拒绝接收的,房屋毁损、灭失的风险自书面交房通知确定的交付使用之日起由买受人承担,但法律另有规定或者当事人另有约定的除外。

通常情况下,房产商会依照双方所签订的商品房买卖合同中约定的期限,将符合交房条件的商品房交付给购房者使用。达到交付使用条件后,房产商应书面通知购房者办理交付手续,双方办理验收交接时,房产商应当出示规定的证明文件,并签署房屋交接单。在签署房屋交接单前,购房者有权进行验房。如果房产商不能提供相关的证明文件或者提供的证明文件不齐全,购房者可以拒绝交付,因此造成的延期交房的责任由房产商来承担。总而言之,房产商的交付义务不仅是将房屋钥匙交给购房者,而且是将具备交付条件的房屋交付给购房者,在购房者能够实际占有并使用的情况下,才能视为房产商完成了交付义务。

(二) 商品房的验收

商品房买卖合同中应约定房屋交付时间,具体到日期。房产商认为商品房达到交付条件后,应当在交付日期届满至少 10 日前将查验房屋的时间、办理交付手续的时间地点以及应当携带的证件材料的通知书面送达购房者。

在办理交付手续、签署房屋交接单前,购房者有权对该商品房进行查验,房产商不得将缴纳相关税费(住宅专项维修资金除外)或者签署物业管理文件作为买受人查验和办理交付手续的前提条件。

如果购房者认为地基基础和主体结构存在问题,可以拒绝交付,要求重新检验。即使购房者没有当场发现这些问题,此后也可以向工程质量监督单位申请重新核验。

如果在查验过程中,购房者发现存在其他质量问题,如屋面、墙面、地面渗漏或开裂,管道堵塞、门窗翘裂、五金件损坏、灯具、电器等电气设备不能正常使用,吊顶开裂、瓷砖剥落开裂、墙面剥落、开裂,地砖、地板起翘、开裂等,也可以拒绝接收、要求修复。总之,购房者在验收时要尽量仔细,发现问题并及时提出,房产商为能顺利交付,一般会尽快修复,如果逾期交付,将承担违约责任。

如果购房者在验收过程中发现房屋存在明显的质量问题,可以要求房产商承担修复责任,并承担修复费用,直至符合交房验收的条件。房屋质量问题导致逾期交付,房产商应承担逾期交付的违约责任,购房者可以按照合同的约定请求房产商支付违约金。

房屋主体结构质量不合格导致不能交付使用的,属于根本违约行为,房产商很难通过修复行为改变房屋的主体结构,在此情况下,购房者可以解除与房产商订立的商品房买卖合同,并要求其赔偿因此造成的损失。《商品房买卖合同司法解释》第9条规定:因房屋主体结构质量不合格不能交付使用,或者房屋交付使用后,房屋主体结构质量经核验确属不合格,买受人请求解除合同和赔偿损失的,应予支持。

如果购房者查验商品房后没有发现存在质量问题,双方应当签署商品房交接单,证明房屋交付完成,此后购房者可以实际占有并使用。

(三)商品房交付后的质量问题及保修期限

有些房屋可能存在隐蔽的瑕疵,在房屋的交付验收过程中很难被发现。在房屋交付使用后,购房者可能会陆续发现一些质量问题,这是更加常见的情况。如果房屋存在质量问题,购房者可以要求房产商承担修复责任,如果质量问题严重,可以要求退房并赔偿损失。

《城市房地产开发经营管理条例》第30条第3款规定:保修期内,因房地产开发企业对商品房进行维修,致使房屋原使用功能受到影响,给购买人造成损失的,应当依法承担赔偿责任。第31条规定:商品房交付使用后,购买人认为主体结构质量不合格的,可以向工程质量监督单位申请重新核验。经核验,确属主体结构质量不合格的,购买人有权退房;给购买人造成损失的,房地产开发企业应当依法承担赔偿责任。《商品房销售管理办法》第35条也作出类似规定。

《商品房买卖合同司法解释》第10条第2款规定:交付使用的房屋存在质量问题,在保修期内,出卖人应当承担修复责任;出卖人拒绝修复或者在合理期限内拖延修复的,买受人可以自行或者委托他人修复。修复费用及修复期间造成的其他损失由出卖人承担。

房屋质量问题导致购房者无法正常使用,根据《民法典》的相关规定,房产商应当按照合同的约定以及国家规定的质量标准进行修复,以达到可以安全使用的合格标准,并赔偿购房者因此遭受的损失。双方在商品房买卖合同中约定了损失的计算方法,应按照合同约定。如果双方未约定损失的计算方法,按照《商品房买卖合同司法解释》第 13 条的规定,违约金数额或者损失赔偿额可以参照以下标准确定:逾期交付使用房屋的,按照逾期交付使用房屋期间有关主管部门公布或者有资格的房地产评估机构评定的同地段同类房屋租金标准确定。

对于房屋的质量保修期如何计算的问题,根据《商品房销售管理办法》第 33 条的规定,房产商应当对所售商品房承担质量保修责任。当事人应当在合同中就保修范围、保修期限、保修责任等内容作出约定。保修期从交付之日起计算。商品住宅的保修期限不得低于建设工程承包单位向建设单位出具的质量保修书约定保修期的存续期;存续期少于《商品住宅实行住宅质量保证书和住宅使用说明书制度的规定》中确定的最低保修期限的,保修期不得低于该规定中确定的最低保修期限。在保修期限内发生的属于保修范围的质量问题,房产商应当履行保修义务,并对造成的损失承担赔偿责任。因不可抗力或者使用不当造成的损坏,房产商不承担责任。

《商品住宅实行住宅质量保证书和住宅使用说明书制度的规定》明确正常使用情况下各部位、部件的保修内容和最低保修期限分别是:屋面漏水,保修 3 年;墙面、厨房和卫生间地面、地下室、管道渗漏,保修 1 年;墙面、顶棚抹灰脱落,保修 1 年;墙面空鼓开裂、大面积起沙,保修 1 年;供热或供冷系统和设备保修 1 个采暖和供冷期;卫生洁具保修 1 年;灯具、电器开关保修 6 个月。保修期从房产商将竣工并验收的住宅交付用户使用之日起计算。保修期内发生保修范围之内的非人为损坏,由房产商免费维修,因商品房存在质量问题,保修单位进行维修时导致房屋的使用功能受到影响,购买人可以要求房产商承担赔偿责任。但要注意,住户不当使用或擅自改动结构,设备位置和不当装修等造成的质量损失,房产商不承担保修责任。

《建设工程质量管理条例》(2019 年修订)第 40 条第 1 款、第 2 款规定:在正常使用条件下,建设工程的最低保修期限为:(1)基础设施工程、房屋建筑的地基基础工程和主体结构工程,为设计文件规定的该工程的合理使用年限;(2)屋面防水工程、有防水要求的卫生间、房间和外墙面的防渗漏,为 5 年;(3)供热与供冷系统,为 2 个采暖期、供冷期;(4)电气管线、给排水管道、设备安装和装修工程,为 2 年。其他项目的保修期限由发包方与承包方约定。

需要特别注意的是,建设工程的保修期与房屋的质量保修期的计算时间点并不相同,建设工程的保修期,自竣工验收合格之日起计算;而房屋的质量保修期从交付之日起计算。

三、办理房屋所有权登记

(一)购房者可以要求办理预购商品房的预告登记

《民法典》第221条规定了"预告登记":当事人签订买卖房屋的协议或者签订其他不动产物权的协议,为保障将来实现物权,按照约定可以向登记机构申请预告登记。预告登记后,未经预告登记的权利人同意,处分该不动产的,不发生物权效力。预告登记后,债权消灭或者自能够进行不动产登记之日起90日内未申请登记的,预告登记失效。

预告登记是不动产登记的特殊类型,预告登记具有很强的法律约束力,可以有效保障将来实现物权。签订商品房买卖合同(预售)后,房产商会以各种理由表示暂时无法办理产权转移登记,原因通常是房产商还没有办理解押手续。为了预防房产商"一房多卖"或其他原因导致自己届时无法获得房屋所有权,购房者可以要求房产商办理预告登记。如果此后房产商拖延不协助办理不动产权证,购房者可以要求房产商交付房屋、办理产权转移登记,并要求承担相应的违约责任。

《不动产登记暂行条例实施细则》第85条规定:有下列情形之一的,当事人可以按照约定申请不动产预告登记:(1)商品房等不动产预售的;(2)不动产买卖、抵押的;(3)以预购商品房设定抵押权的;(4)法律、行政法规规定的其他情形。预告登记生效期间,未经预告登记的权利人书面同意,处分该不动产权利申请登记的,不动产登记机构应当不予办理。预告登记后,债权未消灭且自能够进行相应的不动产登记之日起3个月内,当事人申请不动产登记的,不动产登记机构应当按照预告登记事项办理相应的登记。

该实施细则第86条规定:申请预购商品房的预告登记,应当提交下列材料:(1)已备案的商品房预售合同;(2)当事人关于预告登记的约定;(3)其他必要材料。预售人和预购人订立商品房买卖合同后,预售人未按照约定与预购人申请预告登记,预购人可以单方申请预告登记。预购人单方申请预购商品房预告登记,预售人与预购人在商品房预售合同中对预告登记附有条件和期限的,预购人应当提交相应材料。申请预告登记的商品房已经办理在建建筑物抵押权首次登记的,当事人应当一并申请在建建筑物抵押权注销登记,并提交不动产权属转移材料、不动产登记证明。不动产登记机构应当先办理在建建筑物抵押权注销登记,再办理预告登记。

2020年6月,自然资源部、国家税务总局、中国银保监会联合发布《关于协同推进"互联网+不动产登记"方便企业和群众办事的意见》,指出:要全面实施预告登记。落实预告登记制度,率先实现网上办理,积极向房地产开发企业、房屋经纪机构延伸登记端口,进一步简化办理流程,缩短办理时间,便民利企,防止"一房二卖",维护购房人合法权益,协同防范金融风险,支撑强化税收征缴和房地产市场调控。对预售商品房全面开展预告登记,积极推进存量房预告登记,办理预告登记的在办理转移、抵押登记时,不再重复收取材料,缩短办结时限。不动产登记机构应当主动将预告登记结果推送银行业金融机构和税务部门,银行业金融机构应当依据预告登记结果审批贷款,预售商品房未办理预告登记和抵押预告登记的,银行业金融机构不得审批发放贷款。

2023年2月15日,宁波市发布《关于加快推进商品房不动产预告登记工作的通知》。其中明确"当事人购买预售商品房的,可按约定依法申请办理预购商品房预告登记,明确房地产开发企业有积极配合购房人办理不动产预告登记及预售商品房抵押预告登记的义务。房地产开发企业不申请办理预告登记的,购房人可根据合同约定单方申请"。对于全款购买预售商品房的,"购房人可自行办理预购商品房预告登记。对于按揭(含住房公积金贷款)购买预售商品房的,可由贷款银行开展预购商品房预告登记和抵押预告登记的组合登记"。

(二)商品房交付后90日内办理房屋所有权登记

《民法典》第209条第1款规定:不动产物权的设立、变更、转让和消灭,经依法登记,发生效力;未经登记,不发生效力,但是法律另有规定的除外。商品房买卖合同关系中,房产商的主要义务除了交付商品房以外,就是协助办理权属登记。

《民法典》第214条规定:不动产物权的设立、变更、转让和消灭,依照法律规定应当登记的,自记载于不动产登记簿时发生效力。根据该条规定,房屋所有权转移只有经过登记才发生物权效力。在登记机构将申请登记事项记载于不动产登记簿后,向权利人发放不动产权证书。不动产权证书是权利人享有该不动产物权的证明。

需要注意的是,没有办理房屋所有权登记,并不影响房屋买卖合同的效力。《民法典》第215条规定:当事人之间订立有关设立、变更、转让和消灭不动产物权的合同,除法律另有规定或者当事人另有约定外,自合同成立时生效;未办理物权登记的,不影响合同效力。

《城市房地产开发经营管理条例》第32条规定:预售商品房的购买人应当自

商品房交付使用之日起90日内,办理土地使用权变更和房屋所有权登记手续;现售商品房的购买人应当自销售合同签订之日起90日内,办理土地使用权变更和房屋所有权登记手续。房地产开发企业应当协助商品房购买人办理土地使用权变更和房屋所有权登记手续,并提供必要的证明文件。

《商品房销售管理办法》第34条规定:房地产开发企业应当在商品房交付使用前按项目委托具有房产测绘资格的单位实施测绘,测绘成果报房地产行政主管部门审核后用于房屋权属登记。房地产开发企业应当在商品房交付使用之日起60日内,将需要由其提供的办理房屋权属登记的资料报送房屋所在地房地产行政主管部门。房地产开发企业应当协助商品房买受人办理土地使用权变更和房屋所有权登记手续。

综上所述,如果房产商拖延不办,购房者可以请求房产商继续履行合同义务,交付房屋并办理房屋所有权登记。为了避免房产商"一房数卖"或者出现其他可能使购房者无法获得房屋所有权的风险,购房者应要求房产商尽快派人一起到不动产登记机构办理登记手续,或者先办理预告登记(通常是房产商还没有办理解押手续)。商品房买卖合同中都有关于办理房屋所有权登记期限的相关约定,如果房产商不按时配合办理登记,应当承担相应的违约责任。

(三)办理房屋所有权登记的程序与提交的材料

根据《不动产登记暂行条例》第14条的规定,因买卖申请不动产登记的,应当由当事人双方共同申请。第16条规定:申请人应当提交下列材料,并对申请材料的真实性负责:(1)登记申请书;(2)申请人、代理人身份证明材料、授权委托书;(3)相关的不动产权属来源证明材料、登记原因证明文件、不动产权证书;(4)不动产界址、空间界限、面积等材料;(5)与他人利害关系的说明材料;(6)法律、行政法规以及本条例实施细则规定的其他材料。不动产登记机构应当在办公场所和门户网站公开申请登记所需材料目录和示范文本等信息。第21条规定:登记事项自记载于不动产登记簿时完成登记。不动产登记机构完成登记,应当依法向申请人核发不动产权证书或者登记证明。

《不动产登记暂行条例实施细则》对办理房屋所有权登记的程序进行了细化规定。

提醒购房者办理不动产权证书需要注意的流程:(1)确定房产商已进行初始登记。通常情况下,在收房入住后的两三个月之后,可以向房产商询问办理初始登记的情况,也可以到本地的房地产交易信息网站进行查询。(2)到管理部门领取并填写房屋(地)所有权登记申请表。申请表填写之后需要房产商签字盖章。(3)拿测绘图(表)。可到房产商指定的房屋面积计量站申请并领取,或者带身份证直接到房产商处领取,也可以向登记部门申请对房屋面积进行测绘。(4)领取相关文件。包括购房合同、房屋结算单、总产权证复印件等。填写好的申请表需要请房产商审核并盖章。(5)缴纳公共维修基金、契税。公共维修基金一般由房产所在地区的小区办收取,部分城市已经开始由银行代收。契税缴纳凭证必须保存好,一旦遗失会影响办理不动产权证。(6)提交申请材料。(7)按照规定时间领取不动产权证。保存好管理部门给的领取不动产权证的通知书,并按规定时间领取。另外,在缴纳印花税和产权登记费、工本费时需仔细核对不动产权证的记载,尤其是面积、位置、权利人姓名、权属状态等重要信息。

提醒购房者申请办理不动产权证需要提供的资料:(1)房屋买卖合同原件及补充合同原件。(2)商品房销售统一发票原件。(3)房屋的行业测绘调查表及分层分户平面图原件。若房屋测绘报告为旧格式,则还需出具竣工验收单并填写房地产登记申请书,新格式只需提供房屋的外业测绘调查表及分层分户平面图原件。(4)契税缴纳凭证(契税缴款书)。(5)购房者个人的身份证明材料。如果购房者已婚,需要提供夫妻双方身份证复印件,原则上需校验原件;婚姻证明复印件,带原件校验;双方任何一方不能到场办理,则需提供私章;若委托第三方代办则需同时提供夫妻双方私章。如果购房者单身(必须本人到场,不可代办)需提供身份证复印件,带原件校验;户口簿或户籍证明复印件,带原件校验;单身声明具结书。购房者在本地则到民政局办理;购房者在异地则到公证处办理;购房者在国外则到大使馆办理。

需要注意的是,2015年前,不动产登记机构办理产权登记以后颁发的是房屋所有权证与土地使用权证。自2015年3月1日《不动产登记暂行条例》(已被修改)正式实施起,登记机构办理产权登记以后颁发的是不动产权证。但这并不意味着之前购房者所持有的房屋所有权证无效,也无须将此前已经持有的房屋所有权证更换为不动产权证书,两者均为有效的房屋产权证明。如果此后有涉及房屋产权变更或者转让行为,登记机关会将其更换为新的不动产权证。不动产权证相比以前的房屋所有权证,内容上更加详细,除了房屋所有权证原有的内容(如房屋所有权人、共有情况、房屋坐落等)之外,还增加了房屋使用年限和房屋取得价格,使交易更加透明化和明确化。

（四）房产商逾期办证需要承担违约责任

因为房屋所有权的转移以办完房屋所有权登记手续的日期为准，及时协助购房者办理房屋所有权登记也成为房产商的一种法定义务。

对于房产商逾期办证情况需要承担的责任，《商品房买卖合同司法解释》中有相关规定，该解释第14条规定：由于出卖人的原因，买受人在下列期限届满未能取得不动产权属证书的，除当事人有特殊约定外，出卖人应当承担违约责任：(1)商品房买卖合同约定的办理不动产登记的期限；(2)商品房买卖合同的标的物为尚未建成房屋的，自房屋交付使用之日起90日；(3)商品房买卖合同的标的物为已竣工房屋的，自合同订立之日起90日。合同没有约定违约金或者损失数额难以确定的，可以按照已付购房款总额，参照中国人民银行规定的金融机构计收逾期贷款利息的标准计算。第15条规定：商品房买卖合同约定或者《城市房地产开发经营管理条例》第32条规定的办理不动产登记的期限届满后超过1年，由于出卖人的原因，导致买受人无法办理不动产登记，买受人请求解除合同和赔偿损失的，应予支持。

司法实践中，双方争议的主要焦点为逾期办证的原因是否为"出卖人的原因"。关于出卖人原因致使购房者不能取得不动产权证书的违约责任，原则上是无过错责任。如果购房者未在合同约定期限内获得不动产权证书，表明出卖人未履行合同义务，除非其能证明非因自身原因致使购房者未获得不动产权证书。非出卖人原因的其他原因主要有二：一是登记机构不作为；二是购房者不配合履行相应的协助义务。因购房者原因导致逾期办证的，房产商虽然不需要承担违约责任，但仍应继续履行办证义务。

关于诉讼时效期间的起算时间，《第八次全国法院民事商事审判工作会议（民事部分）纪要》规定：买受人请求出卖人支付逾期办证的违约金，从合同约定或者法定期限届满之次日起计算诉讼时效期间。

需要注意的是，如果在商品房买卖合同中分别约定了逾期交房与逾期办证的双重违约责任，在房产商违约条件下，购房者可以同时主张。但是在同一商品房买卖合同关系下，逾期交房与逾期办证两种违约责任在时间上可能存在竞合，在个案中能否同时主张双重违约责任，需要结合合同中约定情况与案情进行个案分析，不能简单地判断。

四、购房者的消费者权益保护

在《消费者权益保护法》中虽然没有专门关于购房人合法权益保护的条款规定，但商品房显然是商品的一种，所以购房人也应享有该法第二章规定的"消费者的权利"，房产商也应承担该法第三章规定的"经营者的义务"。实践中，各地消费者保护协会都在受理因房屋质量、交付延迟问题等引起的消费者投诉事宜。

在各地制定的关于消费者权益保护的地方性法规中，也有一些专门关于购房人合法权益保护的条款规定。如《浙江省实施〈中华人民共和国消费者权益保护法〉办法》(2011年修正)中的相关规定：

第二十八条　房地产经营者应当严格执行有关商品房管理的法律、法规。经营者有下列行为之一的，应当根据消费者的要求负责退房，并承担其他民事责任：

(一)未取得预售许可证预售商品房的；

(二)将未经竣工验收(包括建筑工程质量验收和按规定必须的综合验收)合格的商品房交付使用的；

(三)商品房建筑面积、使用面积、结构、朝向、楼层、交付时间等违反合同约定的；

(四)未在约定时间内提供办理契税证、房屋所有权证和土地使用权证的所有材料，或者未在委托办理协议约定的时间内办妥上述证件的；

(五)小区绿化率、房屋间距、容积率等外部环境以及其他配套设施与承诺(包括构成要约的商业广告)不相符的，但因国家建设需要致使规划改变的除外。

前款第(三)项、第(五)项所列事项可以约定相应的误差幅度或者调整范围，并在商品销售合同中标明。商品房面积超过合同约定允许误差上限，消费者未要求退房的，经营者不得要求消费者支付超过部分面积的价款；商品房面积不足合同约定允许误差下限，消费者未要求退房的，经营者应当退回不足部分面积的价款，并按不足部分面积价款的一倍赔偿消费者的损失。

根据本条第一款规定退房的，遇价格下降时，按原价格退还房款；遇价格上涨时，按同类地段同类商品房标准的新价格退还房款。

第二十九条　商品房实行质量保修制度。在正常使用情况下，屋面防水工程、有防水要求的卫生间、房间和外墙面的防渗漏保修期不低于八年，其他部位的保修期限按国家规定执行；保修期限自商品房交付消费者之日起计算。

在保修期限内，发生地基下沉、房屋倾斜、墙体开裂等严重质量问题的，或者屋面、墙面、地面等部位发生质量问题经两次修理仍不能正常使用的,经营者应当根据消费者的要求按本办法第二十八条第三款规定负责退房并赔偿损失。保修期限内的维修费用(包括公共部位的维修费用)由经营者承担,不得使用物业维修专项资金。

因勘察、设计、施工承包人的原因致使商品房在合理使用期限内造成消费者人身、财产损害的,房地产经营者和负有责任的勘察、设计、施工承包人应当承担连带赔偿责任。

《江苏省消费者权益保护条例》(2020年修正)中的相关规定:

第三十八条　从事开发建设商品房的经营者,应当向消费者书面明示商品房的准确地址、建筑面积、套内建筑面积、建筑和装饰装修标准、质保期限、配套设施、交房日期、单价、总价、产权办理、前期物业管理等事项。

《上海市消费者权益保护条例》(2022年修正)中的相关规定:

第二十二条　经营者提供商品或者服务,应当用清晰明白的语言或者文字向消费者作出真实的介绍和说明,并就消费者的询问作出真实、明确的答复。……涉及商品房的,还应当告知或者出示权属证明、建筑结构、面积构成等。

五、购房者需要缴纳的税费

在商品房买卖过程中,需要缴纳一定的税费。因为本章主要介绍商品房购置,对于房产商需要承担的税费不加以分析,关注的是购房者即买受人所需要承担的税费,包括以下几种。

(一)契税

按照《契税法》的相关规定,房屋买卖、赠与、互换,需要缴纳契税,契税税率为3%~5%。

财政部、国家税务总局、住房城乡建设部《关于调整房地产交易环节契税营业税优惠政策的通知》(财税〔2016〕23号)第1条"关于契税政策"的规定:(1)对个人购买家庭唯一住房(家庭成员范围包括购房者、配偶以及未成年子女),面积为90平方米及以下的,减按1%的税率征收契税;面积为90平方米以上的,减按1.5%的税率征收契税。(2)对个人购买家庭第二套改善性住房,面积为90平方米及以下的,减按1%的税率征收契税;面积为90平方米以上的,减按2%的税率征收契税。家庭第二套改善性住房是指已拥有一套住房的家庭,购买的家庭第二套住房。(北京市、上海市、广州市、深圳市暂不实施此条规定,采用当地规定的契税税率3%。)

(二)印花税

依照《印花税法》及其所附《印花税税目税率表》以及国家税务总局《关于实施〈中华人民共和国印花税法〉等有关事项的公告》(2022年第14号)等规定,书立"房屋等建筑物和构筑物所有权转让书据"的单位和个人均系印花税(应税产权转移书据)的纳税人。《印花税税目税率表》产权转移书据税目中所称"转让",包括买卖(出售)、继承、赠与、互换、分割情形。"房屋等建筑物和构筑物所有权转让书据"属于"产权转移书据"税目。印花税税率为合同(协议)价款的0.5‰。应税产权转移书据的计税依据,为产权转移书据所列的金额,不包括列明的增值税税款。

财政部、国家税务总局《关于调整房地产交易环节税收政策的通知》(部分失效)(财税〔2008〕137号)规定,对个人销售或购买住房暂免征收印花税。

此外,购房者还需要缴纳过户登记费用:个人住房登记收费标准为每件80元;非住房房屋(如商铺)登记收费标准为每件550元,包含不动产权证工本费。应按照不动产登记机构公布的收费标准收取。

(三)房产税

购房者比较关心的是房产税。北京、上海、重庆、宁夏、陕西、厦门等地正在试点房产税,一般是:购置首套住房或人均60平方米内的,免征房产税。需要注意,房产税是财产的持有税,在购房时不需要缴纳,等购房后需要按年缴纳,但对于购买唯一普通住宅的购房者来说,无须担心,不受影响。

第四节 商品房买卖中常见的纠纷案例

一、商品房预约合同纠纷案例

《民法典》中与预约合同相关的是第495条的规定:当事人约定在将来一定期限内订立合同的认购书、订购书、预订书等,构成预约合同。当事人一方不履行预约合同约定的订立合同义务的,对方可以请求其承担预约合同的违约责任。

《商品房买卖合同司法解释》第5条规定：商品房的认购、订购、预订等协议具备《商品房销售管理办法》第16条规定的商品房买卖合同的主要内容，并且出卖人已经按照约定收受购房款的，该协议应当认定为商品房买卖合同。

《合同编通则解释》第6条规定：当事人以认购书、订购书、预订书等形式约定在将来一定期限内订立合同，或者为担保在将来一定期限内订立合同交付了定金，能够确定将来所要订立合同的主体、标的等内容的，人民法院应当认定预约合同成立。当事人通过签订意向书或者备忘录等方式，仅表达交易的意向，未约定在将来一定期限内订立合同，或者虽然有约定但是难以确定将来所要订立合同的主体、标的等内容，一方主张预约合同成立的，人民法院不予支持。当事人订立的认购书、订购书、预订书等已就合同标的、数量、价款或者报酬等主要内容达成合意，符合本解释第三条第一款规定的合同成立条件，未明确约定在将来一定期限内另行订立合同，或者虽然有约定但是当事人一方已实施履行行为且对方接受的，人民法院应当认定本约合同成立。该解释第7条规定：预约合同生效后，当事人一方拒绝订立本约合同或者在磋商订立本约合同时违背诚信原则导致未能订立本约合同的，人民法院应当认定该当事人不履行预约合同约定的义务。人民法院认定当事人一方在磋商订立本约合同时是否违背诚信原则，应当综合考虑该当事人在磋商时提出的条件是否明显背离预约合同约定的内容以及是否已尽合理努力进行协商等因素。该解释第8条规定：预约合同生效后，当事人一方不履行订立本约合同的义务，对方请求其赔偿因此造成的损失的，人民法院依法予以支持。前款规定的损失赔偿，当事人有约定的，按照约定；没有约定的，人民法院应当综合考虑预约合同在内容上的完备程度以及订立本约合同的条件的成就程度等因素酌定。

案例一：房产商未取得商品房预售许可证与购房者签订预约合同被认定为无效，购房者可以要求房产商返还已支付的购房款并赔偿损失。

再审案号为(2020)黑民再472号的预约合同纠纷案件（该案例是最高人民法院发布的人民法院案例库入库案例，以下简称入库案例）。案情简介：2014年6月19日，矫某（乙方）与绿地集团大庆置业有限公司（甲方，以下简称置业公司）签订"认购书"一份，约定认购面积、认购楼号、认购单价、认购总价，同时约定乙方承诺在签署认购书后3日内交齐其购买房屋首付款或全款。如未按规定日期交款，甲方有权将乙方已交付认购金全部扣除，房屋另行出售。当日，矫某交纳认购金136,783元，置业公司为矫某出具收据一份。因双方签订商品房"认购书"时置业公司未取得商品房预售许可证,故无法与矫某签订商品房买卖合同。后,矫某向法院提起诉讼。

黑龙江省大庆高新技术产业开发区人民法院作出(2017)黑0691民初470号民事判决:(1)解除矫某与置业公司签订的《商品房认购协议书》;(2)置业公司返还矫某购房款136,783元及利息(以136,783元为基数,按中国人民银行同期贷款利率,自2014年6月19日起计算至判决确定给付之日止);(3)驳回矫某的其他诉讼请求。

矫某提起上诉。黑龙江省大庆市中级人民法院作出(2018)黑06民终18号判决:驳回上诉,维持原判。

后,矫某向检察机关申诉,黑龙江省人民检察院提出抗诉。黑龙江省高级人民法院再审后认为,该案的争议焦点在于"认购书"性质、效力及有关责任负担三个问题:(1)关于"认购书"的性质。评判有关商品房买卖的合同为预约合同还是本约合同,关键在于辨析合同是否还存在法律或事实上的障碍,导致合同部分条款缺失或不确定的情形。如存在此类情形,一般应认定为预约合同;如果不存在此类情形,无论合同名称为何,则均应视为本约合同。该案中,双方签订的"认购书"性质应为商品房买卖预约合同。(2)关于"认购书"的效力。案涉"认购书"签订时,置业公司不仅尚未取得商品房预售许可证,而且小区建设项目立项、规划、施工等所有手续均未经审批。在此情形下,置业公司即面向社会,以签订"认购书"形式对外销售房屋、收取房款,从保障交易安全、维护社会公众利益原则,案涉"认购书"依法应当认定无效。(3)置业公司应承担何种责任。案涉"认购书"系属无效,且导致无效与矫某无关,全系置业公司单方所致。置业公司依法除应返还矫某交纳的认购金外,还应赔偿矫某因缔结"认购书"所遭受的损失。黑龙江省高级人民法院作出(2020)黑民再472号民事判决:(1)撤销二审判决主文;(2)变更一审判决主文第一项为:矫某与置业公司签订的《商品房认购协议书》无效;(3)维持一审判决主文第二项;(4)维持一审判决主文第三项,即驳回矫某的其他诉讼请求。

案例二:商品房预约合同签订后,房产商不积极办理商品房预售许可证,反而以不符合预售条件为由主张预约合同无效的,显然违背诚实信用原则,法院应驳回其诉请。

一审案号为(2022)豫1702民初8071号,二审案号为(2022)豫17民终4584号的确认合同无效纠纷案件(入库案例)。案情简介:2014年5月10日,张某(买受人)与某房地产开发有限公司(出卖人,以下简称房产公司)签订《房屋认购协议书》,约定:买受人所购买的商品房为出卖人所开发的商品房,房屋建筑面积约119.05平方米,按照建筑面积计价,单价为每平方米3638元,总房款为433,104元;按照工程分期付款,买受人应支付总房款的50%(含认购金),计22万元;待出卖人取得《商品房预售许可证》后,自出卖人通知之日起7日内,买受人应携带身份证件前往售楼处缴纳余款,签订《商品房买卖合同》,并缴纳相关部门规定的费用;买受人未在第三条约定的期限内与出卖人签订《商品房买卖合同》的,出卖人有权解除本协议书。出卖人解除本协议书,扣除买受人所认购房屋总房款的10%作为违约金,出卖人有权将该房另行出售给第三方……。协议签订后,张某依约支付房款22万元。双方签订《房屋认购协议书》时,房产公司未取得商品房预售许可证,后案涉房屋所在土地经竞拍被他人拍得。后,房产公司向法院提起诉讼,请求确认双方签订的《房屋认购协议书》无效。

房产公司认为,该认购协议书书名为预约实为本约,该认购协议书应认定为商品房买卖合同。根据《商品房买卖合同司法解释》第二条的规定,该协议应认定无效。

河南省驻马店市驿城区人民法院一审判决:确认原告房产公司与被告张某于2014年5月10日签订的《房屋认购协议书》无效。

张某提出上诉。河南省驻马店市中级人民法院审理后认为,判断商品房认购协议是预约合同还是本约合同,最根本的标准是当事人的意思表示,如当事人明确约定合同为预约合同,将来还要订立本约合同,即使预约合同内容具备本约合同的内容,也应认定为预约合同。房产公司与张某签订的《房屋认购协议书》对房屋位置、价款、付款方式、交房时间等进行了约定,具备了商品房买卖合同的主要内容,但《房屋认购协议书》第三条约定:待出卖人取得《商品房预售许可证》后,自出卖人通知之日起7日内,买受人应携带身份证前往售楼处缴纳余款,签订《商品房买卖合同》,并缴纳相关部门规定的费用。第八条约定:双方签订《商品房买卖合同》后,本协议自动终止。本协议终止后按双方签订的《商品房买卖合同》继续履行权利义务。从双方的上述约定来看,双方有明确将来订立本约的约定,应当尊重当事人的意思表示,即案涉《房屋认购协议书》属于预约合同。《房屋认购协议书》系双方当事人的真实意思表示,不违反法律、行政法规的强制性规定,合法有效。综上,房产公司以未取得商品房预售许可证为由请求确认案涉《房屋认购协议书》无效没有事实和法律依据,应当驳回其诉讼请求。二审判决:(1)撤销一审判决;(2)驳回房产公司的诉讼请求。

二、商品房预售合同纠纷案例

《城市房地产管理法》中与商品房预售相关的是第45条第1款规定:商品房预售,应当符合下列条件:(1)已交付全部土地使用权出让金,取得土地使用权证书;(2)持有建设工程规划许可证;(3)按提供预售的商品房计算,投入开发建设的资金达到工程建设总投资的25%以上,并已经确定施工进度和竣工交付日期;(4)向县级以上人民政府房产管理部门办理预售登记,取得商品房预售许可证明。

《商品房买卖合同司法解释》第2条规定:出卖人未取得商品房预售许可证明,与买受人订立的商品房预售合同,应当认定无效,但是在起诉前取得商品房预售许可证明的,可以认定有效。第6条规定:当事人以商品房预售合同未按照法律、行政法规规定办理登记备案手续为由,请求确认合同无效的,不予支持。当事人约定以办理登记备案手续为商品房预售合同生效条件的,从其约定,但当事人一方已经履行主要义务,对方接受的除外。

案例三:商品房预售合同签订后,房产商未依约按时交付商品房,应按照合同约定承担违约责任。当事人主张约定的违约金过高请求予以适当减少的,人民法院应当以实际损失为基础,兼顾合同的约定、履行情况、当事人的过错程度以及预期利益等综合因素,根据公平原则和诚实信用原则进行考量,作出认定。(该案是最高人民法院公报案例,所以有较大的指导意义)

一审案号为(2018)浙0281民初931号,二审案号为(2018)浙02民终2725号的商品房预售合同纠纷案件。案情简介:周某与余姚绿城房地产开发有限公司(以下简称绿城公司)于2014年10月22日签订商品房买卖合同,合同第9条约定,绿城公司应当在2016年9月30日前将绿城明园锦兰苑8幢2201室(以下简称案涉房屋)与两个附属车位交付周某使用。合同第10条约定,绿城公司逾期交房的违约责任不超过90日,自合同约定的最后交付期限的第二天起至实际交付之日止,绿城公司按日向周某支付已付房款0.2‰的违约金,合同继续履行;逾期超过90日后,周某有权解除合同,周某解除合同的,绿城公司应当自周某解除合同通知到达之日起30日内退还全部已付房款,并按累计已付购房款的10%向周某支付违约金。周某要求继续履行合同的,合同继续履行,自合同约定的最后交付期限的第二天起至实际交付日止,绿城公司按日向周某支付已交付房款0.5‰

的违约金。合同第 16 条约定,绿城公司承诺于 2016 年 12 月 30 日前取得土地、房屋权属证书,交付给周某,周某委托绿城公司办理产权转移登记。绿城公司不能在约定期限内交付权属证书,约定日期起 90 日内,绿城公司交付权属证书或登记证明的,按已付房价款的每日 0.1‰ 承担违约责任;约定日期起 90 日以后,出卖人仍不能交付权属证书或登记证明的,周某不退房,绿城公司自约定日期至实际交付权属证书或登记证明之日止,按日向买受人支付已交付房价款 0.2‰ 的违约金。周某后分两次共向绿城公司支付房款共计 2,193,799 元。

  2016 年 8 月 2 日,绿城公司完成房屋建筑工程竣工验收备案。2016 年 9 月 19 日,绿城公司通知周某于 2016 年 9 月 30 日办理交房手续。在交房过程中,周某发现存在多处质量问题。上述问题记载在住宅交付验收清单的"验收意见"一栏中,并在"验收意见"这栏中记载有"待处理好后再交房,其他验房步骤下次再验",周某在业主签名处签名。2017 年 12 月 26 日,绿城公司向周某发送关于再次提醒收房的通知书,通知周某于 2017 年 12 月 31 日前办理交房手续。但后来双方没有完成交房手续,周某向法院提起诉讼。

  浙江省余姚市人民法院审理后认为,《商品房买卖合同司法解释》第 11 条规定,对房屋的转移占有,视为房屋的交付使用,但当事人另有约定的除外。而依据双方签订的商品房买卖合同第 9 条约定绿城公司应当在 2016 年 9 月 30 日前将符合各项条件的商品房交付周某使用。第 12 条约定,商品房达到交付使用条件后,绿城公司应当书面通知周某办理交付手续,双方进行验收交接时,绿城公司应当出示合同约定的证明文件,并签署房屋交接单。在签署房屋交接单前,出卖人不得拒绝买受人查验房屋。商品房交付使用时,周某对房屋及装修质量,公共设施、设备质量提出异议的,绿城公司应当给予解释和说明,仍不能达成一致意见的,双方委托有相应资质的专业检测机构进行质量检测。检测结果为合格的,绿城公司书面通知的交付日期视为交付,检测单位提出返修意见的,绿城公司应当按要求返修,并承担赔偿责任。从双方之间的合同约定可见,双方约定也以房屋交接单的签署作为房屋交付。该案中双方均认可周某在 2016 年 9 月 30 日前往绿城公司办理交房手续,但在交付验收过程中周某指出房屋存在渗水,留存在绿城公司的案涉房屋交付验收清单记录了相应的验收意见,并记录有"待处理好后再交房,其他验房步骤下次再验"。故双方之间系在交房过程中因周某对质量有异议双方达成一致意见,即处理好相关问题后再行交付,并未变更以房屋交接单的签署作为房屋交付的合同约定。但绿城公司直至 2017 年 12 月 26 日才第二次书面通知周某办理交房手续。此前绿城公司一直未完成修复后再次交付房屋的书面通知义务。关于违约责任的承担,绿城公司认为双方约定的违约金明显过高,要求调至每日0.1‰,并且根据《商品房买卖合同》附件九"若绿城公司逾期交房,则绿城公司承诺取得土地、房屋权属证书的时间相应顺延,顺延期限与商品房交付的逾期期限相同,该期限内绿城公司不承担逾期办证的相应违约责任及赔偿责任"的约定,周某也无权要求绿城公司同时承担逾期交付土地、房屋权属证书的违约责任。对合同约定的违约金是否需要调整,法院综合考虑相关因素以及周某因绿城公司逾期交付房屋、逾期交付权属证书所造成的损失范围,认为将绿城公司承担的违约金从按日0.5‰、0.2‰分别计算至交付日调整至整体按周某已付房价款的10%计算违约金较为合理。所以,判决:(1)绿城公司于判决生效之日起10日内向周某交付案涉房屋,并于判决生效之日起30日内向周某交付案涉房屋的土地、房屋权属证书;(2)绿城公司按周某已付购房款2,193,799元的10%支付违约金219,379.90元,款于判决发生法律效力后10日内付清;(3)驳回周某的其他诉讼请求。

案例四:房产商宣传内容具体确定并对商品房买卖合同的订立以及房屋价格的确定有重大影响,构成要约。房产商交付的房屋或阳台层高不符合合同约定,构成违约。

案号为(2020)沪0114民初9117号的商品房预售合同纠纷案件(入库案例)。案情简介:2016年10月15日,武某(乙方)与碧桂园(上海)房地产开发有限公司(甲方,以下简称碧桂园公司)签订《商品房预售合同》一份,约定:乙方向甲方购买上海市嘉定区某路某弄某号某室房屋(以下简称案涉房屋),暂测房屋建筑面积为78.71平方米,建筑层高为2.9米,总房价款暂定为2,434,767元。合同约定:签订本合同后,甲方不得擅自变更该房屋的建筑设计。附件二,该房屋建筑设计及平面图,对案涉屋的露台进行了标示。合同签订后,武某支付了全部购房款,碧桂园公司则向武某交付了案涉房屋。后,武某以案涉房屋所在小区的设施、设备与碧桂园公司的前期宣传不符,且案涉房屋的阳台层高低于合同约定为由,向法院提起诉讼,要求碧桂园公司赔偿损失。

审理中查明:2018年10月,上海市嘉定区市场监督管理局向碧桂园公司作出行政处罚决定书:……经现场核实,碧桂园公司交付的上述楼盘内只有景观水池未查见有游泳池;使用电梯实际为三某电机上海机电电梯有限公司;地下室储藏空间和顶层开放式露台实际为毛坯交付;顶楼户型部分房间内未设置有飘窗。故当事人对外宣传视频内的效果图及文字说明中含有"嘉定少见的带游泳池高端社区""日本进口三某品牌""每户赠送约 8 平方米地下室储藏空间,顶层专享全开放式露台"及"每个卧室赠送一个飘窗"等内容为虚假。上述行为违反了《反不当竞争法》第九条第一款……责令当事人停止违法行为,消除影响,对当事人作出行政处罚罚款五万元。

上海市嘉定区人民法院审理后认为,商品房销售广告的性质在一般情况下属"要约邀请",当广告内容同时满足"开发商开发规划范围内的房屋及相关设施""具体确定"及"对合同订立及价格确定有重大影响"的,视为"要约",开发商违反该要约的,应认定为违约,需承担赔偿责任。碧桂园公司对于泳池、电梯所作的宣传内容具体确定,应当视为"要约"。碧桂园公司构成违约,应当赔偿损失。房屋层高与居住环境存在紧密联系,亦是房屋市场价格的参考因素之一。原、被告签订的预售合同中明确约定层高为 2.9 米,实际层高在 2.54 米左右,其行为已经构成违约,鉴于目前恢复至合同原层高已无法实现,故原告要求被告赔偿损失于法有据。所以判决:被告碧桂园公司赔偿原告武某因虚假宣传造成的损失 8000 元与阳台层高损失 16,000 元。

碧桂园公司提起上诉,后申请撤回上诉,上海市第二中级人民法院作出民事裁定:准许上诉人碧桂园公司撤回上诉。

三、商品房销售合同纠纷案例

《民法典》中规定违约责任的是第 577 条规定:当事人一方不履行合同义务或者履行合同义务不符合约定的,应当承担继续履行、采取补救措施或者赔偿损失等违约责任。

《商品房买卖合同司法解释》第 12 条规定:当事人以约定的违约金过高为由请求减少的,应当以违约金超过造成的损失 30% 为标准适当减少;当事人以约定的违约金低于造成的损失为由请求增加的,应当以违约造成的损失确定违约金数额。

《合同编通则解释》第 64 条规定:当事人一方通过反诉或者抗辩的方式,请求调整违约金的,人民法院依法予以支持。违约方主张约定的违约金过分高于违约造成的损失,请求予以适当减少的,应当承担举证责任。非违约方主张约定的违约金合理的,也应当提供相应的证据。当事人仅以合同约定不得对违约金进行调整为由主张不予调整违约金的,人民法院不予支持。该解释第 65 条规定:当事人主张约定的违约金过分高于违约造成的损失,请求予以适当减少的,人民法院应当以民法典第五百八十四条规定的损失为基础,兼顾合同主体、交易类型、合同的履行情况、当事人的过错程度、履约背景等因素,遵循公平原则和诚信原则进行衡量,并作出裁判。约定的违约金超过造成损失的百分之三十的,人民法院一般可以认定为过分高于造成的损失。恶意违约的当事人一方请求减少违约金的,人民法院一般不予支持。

案例五:商品房销售合同签订后,因房产商一方违约致使合同目的不能实现的,购房者可以解除合同。

一审案号为(2019)内06民初151号,二审案号为(2020)内民终522号的商品房销售合同纠纷案件(入库案例)。案情简介:2010年9月15日,鄂尔多斯市金山房地产开发(集团)有限责任公司(以下简称金山公司)与常某签订《房屋买卖协议》,双方约定:金山公司出售给常某的4号楼一半从地下室至地上每平方米均价为7000元,建筑面积6450平方米,总价款4515万元。金山公司在2011年1月30日前交付房屋,交付的水暖、电、排污、天然气具备使用功能。常某保证按时足额交付购房款,如迟延交付,由常某按应付购房款承担每日5‰的违约金;金山公司保证按约定交付房屋,如迟延交付,由金山公司按已付购房款承担每日5‰违约金。常某通过王某向金山公司支付购房款25笔,共计65,870,784元。后,常某向法院提起诉讼,要求解除常某与金山公司于2010年9月15日签订的商品房买卖合同,金山公司返还常某已支付的购房款4350万元及相应的利息,要求王某对此承担连带责任。

审理中查明,王某为金山公司股东。常某通过王某向金山公司支付购房款,双方当事人对王某代金山公司收取购房款的数额有争议。还查明,案涉项目4号楼及地下室项目取得国有土地使用权证、建设用地规划许可证、建设工程规划许可证、建设工程施工许可证、商品房预销售许可证。2018年8月3日,伊金霍洛旗住房和城乡规划建设局在鄂尔多斯日报发布公告,内容为:由金山公司建设开发的案涉项目4号楼及地下室项目,在竣工验收过程中有违反国家有关规定的行为。所以决定,废止已签发的《建设工程质量监督报告》,并责令其停止使用,重新组织竣工验收。

内蒙古自治区鄂尔多斯市中级人民法院一审判决:(1)确认常某与金山公司于2010年9月15日签订的房屋买卖协议解除;(2)金山公司返还常某购房款39,556,782元及利息;(3)驳回常某其他诉讼请求。

常某、金山公司均提起上诉。内蒙古自治区高级人民法院审理后认为：金山公司与常某签订的案涉房屋买卖协议第三条明确约定，金山公司在2011年1月30日前交付房屋，交付的水暖、电、排污、天然气具备使用功能。案涉4号楼及地下室不符合竣工验收备案条件，金山公司未按原报送且审批通过的图纸进行施工并在该项目竣工验收时提供虚假资料，相关行政主管部门已公告废止案涉房屋的《建设工程质量监督报告》，并责令金山公司停止使用，重新组织竣工验收。但直至该案诉讼发生，案涉房屋尚未重新组织竣工验收，不具备交付条件，不能正常使用。金山公司没有按《房屋买卖协议》的约定于2011年1月30日前交付具备正常使用功能的房屋，其违约行为致使常某签该合同的目的不能实现。所以，常某有权解除该合同。二审判决：（1）维持一审判决第一项；（2）撤销一审判决第二、三项；（3）金山公司返还常某购房款28,956,782元及利息；（4）驳回常某其他诉讼请求。

后金山公司申请再审，最高人民法院作出（2021）最高法民申3371号裁定：驳回金山公司的再审申请。

案例六：商品房买卖合同生效后，双方应按照约定全面履行义务，房产商应为购房者办理不动产权证书，并提供住宅质量保证书、住宅使用说明书。如果合同中约定的违约金比例明显过低，法院可以酌情予以调整。

案号为（2022）陕0431民初369号的房屋销售合同纠纷案件。案情简介：2013年10月11日，赵某（买受人）与陕西省文强建工集团有限公司（出卖人，以下简称文强公司）签订了商品房买卖合同书，约定单价为3358.76元/平方米，面积为107.48平方米，房屋总价为361,000元。合同中约定：出卖人应当在商品房交付使用后365日内，将办理权属登记需由出卖人提供的资料报产权登记机关备案。买受人不退房，出卖人按已付房价款的0.1%向买受人支付违约金。后，房屋交付，赵某已入住，文强公司已将契税缴纳至税务机关，但一直未向赵某提供房屋权属登记证书。所以，赵某向法院提起诉讼。

陕西省武功县人民法院审理后认为，依法成立的合同受法律保护，当事人应当按照合同约定全面履行义务。因该案被告在原告按照合同约定缴纳了全部费用后，未能按照合同约定向原告办理不动产权证书，已构成违约，故对原告要求被告为其购买的案涉房屋办理不动产权证书之诉请，法院予以支持。对于违约金，依据双方的约定，被告逾期未履行不动产权证书办理义务的，应按原告已付房价款的0.1%向原告支付违约金，该案总房款为361,000元，双方在合同中约定的违约金数额过低,法院根据以前处理过的同小区同类型案件,酌情予以支持。所以,判决:(1)被告文强公司于2022年10月31日前向原告赵某办理案涉房屋不动产权证书;(2)被告文强公司向原告赵某支付逾期办证违约金4000元;(3)被告文强公司向原告赵某交付住宅质量保证书和住宅使用说明书;(4)被告文强公司向原告交付契税收费发票;(5)驳回原告赵某的其他诉讼请求。

四、与购房定金相关的纠纷案例

《民法典》中与定金相关的是第586条、第587条、第588条规定。尤其是第587条关于"定金罚则"的规定:债务人履行债务的,定金应当抵作价款或者收回。给付定金的一方不履行债务或者履行债务不符合约定,致使不能实现合同目的的,无权请求返还定金;收受定金的一方不履行债务或者履行债务不符合约定,致使不能实现合同目的的,应当双倍返还定金。

《商品房买卖合同司法解释》第4条规定:出卖人通过认购、订购、预订等方式向买受人收受定金作为订立商品房买卖合同担保的,如果因当事人一方原因未能订立商品房买卖合同,应当按照法律关于定金的规定处理;因不可归责于当事人双方的事由,导致商品房买卖合同未能订立的,出卖人应当将定金返还买受人。

《合同编通则解释》第67条规定:当事人交付留置金、担保金、保证金、订约金、押金或者订金等,但是没有约定定金性质,一方主张适用民法典第五百八十七条规定的定金罚则的,人民法院不予支持。当事人约定了定金性质,但是未约定定金类型或者约定不明,一方主张为违约定金的,人民法院应予支持。当事人约定以交付定金作为订立合同的担保,一方拒绝订立合同或者在磋商订立合同时违背诚信原则导致未能订立合同,对方主张适用民法典第五百八十七条规定的定金罚则的,人民法院应予支持。当事人约定以交付定金作为合同成立或者生效条件,应当交付定金的一方未交付定金,但是合同主要义务已经履行完毕并为对方所接受的,人民法院应当认定合同在对方接受履行时已经成立或者生效。当事人约定定金性质为解约定金,交付定金的一方主张以丧失定金为代价解除合同的,或者收受定金的一方主张以双倍返还定金为代价解除合同的,人民法院应予支持。该解释第68条规定:双方当事人均具有致使不能实现合同目的的违约行为,其中一方请求适用定金罚则的,人民法院不予支持。当事人一方仅有轻微违约,对方具有致使不能实现合同目的的违约行为,轻微违约方主张适用定金罚则,对方以轻微违约方也构成违约为由抗辩的,人民法院对该抗辩不予支持。当事人一方已经部分履行合同,对方接受并主张按照未履行部分所占比例适用定金罚则的,人民法院应予支持。对方主张按照合同整体适用定金罚则的,人民法院不予支持,但是部分未履行致使不能实现合同目的的除外。因不可抗力致使合同不能履行,非违约方主张适用定金罚则的,人民法院不予支持。

案例七:购房者与房产商因签订商品房买卖合同无法达成一致,双方同意解除预约合同的,房产商应退还此前购房者交付的定金。

案号为(2022)新2701民初658号的定金合同纠纷案件。案情简介:2013年10月10日,原告王某向被告新疆博尔塔拉蒙古自治州泰源房地产开发有限责任公司(以下简称泰源公司)交付了1万元,泰源公司向王某出具收据,载明:"今收到王某交来诚意金壹万元。"2013年11月5日,王某(乙方)与泰源公司(甲方)签订了购房签约预定书,约定乙方购买甲方开发的位于某小区的一套住房,建筑面积50.1平方米,合计总房款为50.1万元。并约定:签订该协议时乙方须向甲方交纳购房定金1万元(不计利息)。如果乙方未及时与甲方签订商品房买卖合同或退房,即视为乙方违约或弃权,甲方有权将该房屋另行出售给他人,且乙方已交定金不予退还。甲方违约需在15日将收到的乙方已交房款退还乙方,并按银行同期利率给予计算。双方在签订商品房买卖合同时,乙方所交纳的定金可直接冲抵购房款但不计利息。后,双方因故没有签订商品房买卖合同。所以,原告王某向法院提起诉讼。

新疆维吾尔自治区博乐市人民法院审理后认为,原、被告双方签的购房签约预定书系双方真实意思表示,内容合法有效,双方当事人均应当予以遵守。该预定书属预约合同,但该合同并未对何时签订商品房买卖合同作约定。原告主张被告口头承诺在2014年工程竣工后签署,原告之后多次找被告签订购房合同,但被告不和原告签合同,但未向法庭举证。被告辩称,曾通知原告签署购房合同,但因房屋价格下降,原告自己不愿签订合同,但未向法庭举证。故,双方相互认为对方违约之意见,法院不予采信。根据当时情况,该案所涉购房签约预定书已无法继续履行,又鉴于双方均未证明自己并未违约,故原告王某主张解除购房签约预定书并退还预定书所涉定金1万元之请求,法院予以支持,对原告主张被告支付资金占用期间利息的请求,法院不予支持。所以,判决:(1)解除原告与被告于2013年11月5日签订的购房签约预定书;(2)被告泰源公司返还原告王某定金1万元;(3)驳回原告王某的其他诉讼请求。

案例八:因房产商的原因造成商品房无法按时交付,购房者可以解除认购书或房屋买卖合同,并要求双倍返还定金。

案号为(2022)赣1181民初257号的定金合同纠纷案件。案情简介:2014年8月24日,原告叶某与被告德兴市福泰房地产开发有限公司(以下简称福泰公司)签订了认购书,认购"福泰国际家居城"房号为1栋801号的住宅商品房一套,总建筑面积78.29平方米,认购单价4708元/平方米,房屋总价款368,589元。根据认购书约定,原告交纳了定金119,567元,被告向原告出具收据。后因被告的原因,该住宅楼诉讼时仍未能竣工,双方也无法签订商品房买卖合同。2018年6月,原告认购的商品房被案外人申请法院查封拍卖,已经进入强制执行程序。所以,叶某向法院提起诉讼。

江西省德兴市人民法院审理后认为,原、被告签订的认购书合法有效,对双方均具有约束力。认购书中约定的定金作为债权的担保,其数额由当事人自行约定,但不得超过主合同的20%,超过部分不产生定金的效力。现因被告原因不能实现合同目的,原告有权解除合同并要求被告双倍返还定金,超出主合同20%的部分,法院依法予以核减。所以,判决:(1)解除原告与被告签订的认购书;(2)由被告福泰公司双倍返还原告叶某定金共计193,285元;(3)驳回原告叶某的其他诉讼请求。

五、房产商逾期交房引起的纠纷案例

《商品房买卖合同司法解释》第11条第1款规定:根据《民法典》第563条的规定,出卖人迟延交付房屋或者买受人迟延支付购房款,经催告后在3个月的合理期限内仍未履行,解除权人请求解除合同的,应予支持,但当事人另有约定的除外。第13条规定:商品房买卖合同没有约定违约金数额或者损失赔偿额计算方法,违约金数额或者损失赔偿额可以参照以下标准确定:……逾期交付使用房屋的,按照逾期交付使用房屋期间有关主管部门公布或者有资格的房地产评估机构评定的同地段同类房屋租金标准确定。

《合同编通则解释》第9条规定:合同条款符合民法典第四百九十六条第一款规定的情形,当事人仅以合同系依据合同示范文本制作或者双方已经明确约定合同条款不属于格式条款为由主张该条款不是格式条款的,人民法院不予支持。从事经营活动的当事人一方仅以未实际重复使用为由主张其预先拟定且未与对方协商的合同条款不是格式条款的,人民法院不予支持。但是,有证据证明该条款不是为了重复使用而预先拟定的除外。该解释第10条规定:提供格式条款的一方在合同订立时采用通常足以引起对方注意的文字、符号、字体等明显标识,提示

对方注意免除或者减轻其责任、排除或者限制对方权利等与对方有重大利害关系的异常条款的,人民法院可以认定其已经履行民法典第四百九十六条第二款规定的提示义务。提供格式条款的一方按照对方的要求,就与对方有重大利害关系的异常条款的概念、内容及其法律后果以书面或者口头形式向对方作出通常能够理解的解释说明的,人民法院可以认定其已经履行民法典第四百九十六条第二款规定的说明义务。提供格式条款的一方对其已经尽到提示义务或者说明义务承担举证责任。对于通过互联网等信息网络订立的电子合同,提供格式条款的一方仅以采取了设置勾选、弹窗等方式为由主张其已经履行提示义务或者说明义务的,人民法院不予支持,但是其举证符合前两款规定的除外。

案例九:如果房产商逾期交房,应承担违约责任;但应考虑逾期交房的原因,如果存在不可抗力原因,应适当计算逾期的时间。

案号为(2022)豫0221民初2241号的商品房销售合同纠纷案件。案情简介:2018年12月17日,原告齐某(买受人)与被告杞县城市建设发展有限公司(出卖人,以下简称杞县城建公司)签订了商品房买卖合同,约定主要内容为:齐某购买杞县城建公司开发的某处商品房,建筑面积共115.41平方米,单价为3654.79元/平方米,总金额为421,800元;合同约定付款方式为按揭贷款,首付款171,800元,商品房交付期限为2019年12月31日前。并约定:除不可抗力外,出卖人未按照约定的时间将该商品房交付买受人的,逾期超过30日,买受人要求继续履行合同的,合同继续履行,出卖人按日计算向买受人支付全部房价款0.1‰的违约金。合同签订后,原告按约支付了首付款171,800元,余下部分以按揭贷款方式支付。后在工程施工期间,当地相关政府部门多次发布文件,因环境保护、大气污染防治管控,在管控期间被告停止施工;2020年春节期间,新冠疫情暴发导致停工停产,5月后各行业逐步复工复产。2021年6月6日,根据被告此前的通知,原告领取了购买房屋的钥匙,并进行实际占有使用。同日,被告为原告开具购房款发票一份,载明购房款金额为421,800元。后,齐某向法院提起诉讼。

河南省杞县人民法院审理后认为,原、被告签订商品房买卖合同后,原告依约足额向被告交付了购房款,但被告未按合同约定向原告交付经验收合格的房屋,被告应当按合同约定向原告支付逾期交房违约金。被告逾期交房部分是遵守政府部门大气污染防控的文件规定或相关行政命令,为确保大气污染防控效果及新冠疫情防治造成的,该部分停工时间应视为不可抗力,根据法院审判委员会意见,被告违约天数应从合同约定的开始时间计算到2021年4月30日,因不可抗力原因从违约天数中扣除300天。因被告已于2021年3月28日通知原告办理交房手续,且原告已于2021年6月6日领取了所购房屋钥匙,对所购房屋进行了实际占有,应视为原告对现有交房条件的认可,2021年4月30日应视为交房之日,此后的违约金不再计算。原告要求被告支付逾期交房违约金,因原告未提出解除合同的诉讼请求,法院按日0.1‰的标准计算违约金,具体数额以原告已交付房价款421,800元为基数,按日0.1‰的标准计算为42.18元/日,至2021年4月30日止,违约天数按185天计算。所以,判决:被告杞县城建公司向原告齐某支付逾期交房违约金7803.3元。

案例十:商品房买卖合同中分别约定了逾期交房与逾期办证的违约责任,但同时又约定房产商承担了逾期交房的责任之后,逾期办证的违约责任就不予承担的,应认定该约定属于免除开发商按时办证义务的无效格式条款,开发商仍应按照合同约定承担逾期交房、逾期办证的多项违约之责。(该案是最高人民法院公报案例,所以有较大的指导意义)

一审案号为(2014)甬余民初字第90号,二审案号为(2014)浙甬民二终字第470号的商品房销售合同纠纷案件。案情简介:2012年11月12日,周某、俞某(买受人)与余姚众安房地产开发有限公司(出卖人,以下简称众安公司)签订商品房买卖合同,约定:买受人购买悦龙湾E08-02的期房(以下简称案涉房屋),房款合计5,162,730元,买受人按其他方式按期付款;出卖人应当在2012年12月31日前,将符合各项条件的商品房交付买受人使用;出卖人如未按本合同约定的期限将该商品房交付买受人使用,逾期未超过90日,自本合同第9条约定的最后交付期限的第二天起至实际交付之日止,出卖人按日向买受人支付已交付房价款0.1‰的违约金。合同继续履行,逾期超过90日后,买受人有权解除合同,买受人要求继续履行合同的,合同继续履行,自本合同第9条约定的最后交付期限的第二天起至实际交付之日止,出卖人按日向买受人支付已交付房价款0.2‰的违约金;出卖人承诺于2013年3月31日前,取得约定的土地、房屋权属证书,交付给买受人,买受人委托出卖人办理产权转移登记,出卖人不能在前款约定期限内交付权属证书,双方同意按照下列约定处理,约定日期起30日内,出卖人交付权属证书或登记证明的,按已付房价款的1%承担违约责任。约定日期起30日以后,出卖人仍不能交付权属证书或登记证明的,买受人退房,出卖人在买受人提出退房要求之日起30日内将买受人已付房价款退还给买受人,并自约定日期起至实际退款日止,按日向买受人支付已付房价款0.3‰的违约金。买受人不退房,出卖人自约定日期起至实际交付权属证书或登记证明之日止,按日向买受人支付已交付房价款0.3‰的违约金;若出卖人逾期交房并承担了逾期交房违约责任的,则本合同第16条中出卖人承诺取得土地、房屋权属证书的时间相应顺延,顺延期限与商品房交付的逾期期限相同等。

合同签订后,俞某、周某依照合同约定将房屋价款5,162,730元支付给众安公司。2013年9月23日,俞某、周某至众安公司处就房屋的质量瑕疵问题进行交涉,众安公司的工作人员黄某在《悦龙湾E08-2号房产所在问题》上书写说明:房产公司承诺在将所有房屋质量问题解决之后再履行交房手续。至起诉之日,众安公司未与俞某、周某办理房屋交付手续,亦未向俞某、周某交付房地产权属证书。俞某、周某向法院提起诉讼。

浙江省余姚市人民法院经审理后认为,原告周某、俞某与被告众安公司签订的商品房买卖合同系双方当事人的真实意思表示,属有效合同,对当事人具有法律约束力。双方当事人应按照约定全面履行自己的权利义务。该案争议的两个焦点:一是案涉房屋的交付。《商品房买卖合同司法解释》第11条规定:对房屋的转移占有,视为房屋的交付使用,但当事人另有约定的除外。依据原、被告双方所签订商品房买卖合同的约定,商品房达到交付使用条件后,被告众安公司应当按照合同的约定以书面的方式通知原告方办理房屋交付手续,双方进行验收交接,并签署房屋交接单等。且在2013年9月23日,原告就案涉房屋的有关车库、地下室、进户门、阳台等方面的质量瑕疵问题至被告众安公司处交涉,被告方的工作人员在《悦龙湾E08-2号房产所在问题》上进行了说明,并提出整改意见(在2013年10月5日前整改完毕)。可见,双方事实上也认可案涉房屋尚未具备交付条件,该房屋亦未实际转移给原告方占有使用。法院认定被告众安公司尚未依照约定将案涉房屋交付给原告周某、俞某,故被告众安公司的逾期交付行为已构成违约。二是违约责任的承担。(1)原告俞某、周某认为被告应当承担逾期交房和逾期交付房产证、土地证的违约责任;被告众安公司认为是原告原因导致产权证无法过户,但未提供证据以证明系可归责于原告方的原因导致逾期交付房地产权属证书。依照合同约定,被告众安公司负有按时交房与按时交付权属证书的义务。被告以合同中的条款(补充协议第6条第2款)"若出卖人逾期交房并承担了逾期交房违约责任的,则本合同第十六条中出卖人承诺取得土地、房屋权属证书的时间相应顺延,顺延期限与商品房交付的逾期期限相同等"为由,认为即使认定被告逾期交房,那么逾期交付房地产权属证书时间也应当相应的顺延。该格式条款系被告方提供,其内容显然置原告方的利益于不顾,导致其权益处于不确定状态,免除了被告方按时交付房地产权属证书的义务,应当为无效,故被告众安公司不能因为双方有此条款的约定而免除其逾期交付权属证书的违约责任。(2)原告周某、俞某要求被告众安公司支付逾期交房的违约金以及逾期交付权属证书的违约金;被告众安公司认为,即使认定构成违约情况下恳请按照法律规定适当减少违约金。该案中,原告周某、俞某已按照合同约定将购房款全部支付给被告众安公司,为防止被告众安公司怠于履行其合同义务,敦促其及时履行交付房屋和交付房地产权属证书的义务,违约金仍应按照合同约定计算。所以,判决:(1)被告众安公司于本判决生效之日起30日内向原告周某、俞某交付案涉房屋;(2)被告众安公司于本判决生效之日起30日内向原告周某、俞某交付案涉房屋的房地产权属证书;(3)被告众安公司按原告周某、俞某已付购房款5,162,730元从2013年7月1日起按日0.2‰向原告周某、俞某支付逾期交房违约金至实际交付案涉房屋之日止(2013年7月1日至2014年1月1日,违约金为191,021.01元);(4)被告众安公司按原告周某、俞某已付购房款5,162,730元从2013年4月1日起按日0.3‰向原告周某、俞某支付逾期交付房地产权属证书违约金至本判决生效之日止(2013年4月1日至2014年1月1日,违约金为425,925.23元);(5)驳回原告周某、俞某的其他诉讼请求。

众安公司提起上诉。浙江省宁波市中级人民法院二审判决:驳回上诉,维持原判。

六、房屋面积或层高不符合约定引起的纠纷案例

案例十一:如果房产商交付的房屋面积与合同约定的面积存在差异,双方应按照合同的约定处理。面积误差比绝对值在3%以内(含3%)的,据实结算房价款;超出3%部分的房价款由出卖人承担,产权归买受人所有。

一审案号为(2022)鄂0703民初381号,二审案号为(2022)鄂07民终820号的房屋买卖合同纠纷案件。案情简介:2014年11月18日,张某与湖北华鹏房地产开发有限公司(以下简称华鹏公司)签订商品房买卖合同(预售),约定张某购买华鹏公司开发的某处一套商品房(以下简称案涉房屋),约定为面积103平方米,价款247,200元,华鹏公司应于2015年6月30日前交付房屋,并于房屋交付之日起365日内办理房屋所有权证书。合同约定,产权登记面积与合同约定面积发生差异,以最终测量面积为准,面积差异导致房款差异的多退少补。2014年12

月20日,该建设项目竣工验收合格。2016年8月18日,双方交付房屋,张某开始缴纳物业管理费用。案涉房屋实测权属面积为108.18平方米。因双方对该房屋面积差超过3%的部分的房价款不能达成一致,双方发生纠纷。张某未支付面积差价款,未按抵押贷款合同约定支付按揭贷款,华鹏公司承担抵押贷款担保责任代缴部分按揭贷款。张某向法院提起诉讼,华鹏公司提起反诉。

湖北省鄂州市华容区人民法院审理后认为,依法成立的合同,受法律保护。该案中,双方签订的商品房买卖合同(预售)是双方当事人的真实意思表示,不违反法律、行政法规的强制性规定,受法律保护。但张某至今未履行合同约定的付款义务,构成违约。当事人应当在合同中载明合同约定面积与产权登记面积发生误差的处理方式。该案中,案涉商品房面积误差以最终测量面积为准,即实测权属面积为108.18平方米中,超过合同约定面积103平方米的3%以外面积的房屋价款由华鹏公司负担,合同约定面积103平方米的3%即3.09平方米的房屋价款由张某承担。当事人应当遵守诚信原则,依法依约享受权利和履行义务。该案中,张某履行合同义务后,华鹏公司应当及时协助办理不动产权登记。所以,判决:(1)驳回张某的诉讼请求;(2)张某于本判决生效之日起30日内向华鹏公司补交超合同约定面积3%部分的房屋价款7416元;(3)驳回华鹏的其他诉讼请求。

张某提出上诉并提交新证据。湖北省鄂州市中级人民法院二审判决:(1)维持鄂州市华容区人民法院(2022)鄂0703民初381号民事判决第二项,即"张某于本判决生效之日起30日内向华鹏公司补交超合同约定面积3%部分的房屋价款7416元";(2)撤销鄂州市华容区人民法院(2022)鄂0703民初381号民事判决第一项、第三项,即"驳回张某的诉讼请求""驳回华鹏公司的其他诉讼请求";(3)华鹏公司向张某支付逾期办证违约金24.72元;(4)华鹏公司将办理权属登记需由其提供的资料报产权登记机关备案,协助张某办理案涉房屋的不动产权属登记手续;(5)驳回张某的其他诉讼请求;(6)驳回华鹏公司的其他反诉请求。

案例十二:商品房买卖合同签订后,房产商交付的住宅未达到合同约定的层高,应承担相应的违约责任。

案号为(2021)苏0602民初172号的房屋买卖合同纠纷案件。案情简介:2017年9月29日,陆某、朱某与江苏省苏建集团股份有限公司南通崇川分公司(以下简称苏建南通崇川分公司)签订了商品房买卖合同,约定购买苏建名都城24幢1201号房屋(以下简称案涉房屋),房屋面积为141.36平方米,房屋总价为3,048,711元,房屋层高为2.95米。陆某、朱某在验房过程中,发现房屋层高只有

2.9米,比合同约定层高少了0.05米,层高误差比例约为1.695%,房屋层高不符合合同约定。陆某、朱某向法院提起诉讼。

陆某、朱某认为,层高不足导致房屋的舒适性及使用功能的期待性均有较大影响,由于被告显然无法将房屋层高整改至符合合同约定,故原告主张参考商品房面积误差赔偿的法律规定,主张被告返还层高误差比例对应的购房款及利息,作为被告承担违约责任的损失赔偿。

被告江苏省苏建集团股份有限公司(以下简称苏建公司)、苏建南通崇川分公司承认两原告主张的事实,但认为,案涉房屋层高2.9米符合并超出法定标准,合同上记载的2.95米仅为笔误,房屋层高应以政府规划建设部门审批和房屋现状为准;1.695%的层高误差完全属于合理范围,而且没有证据证明该误差影响了原告使用房屋,两原告主张被告返还部分购房款没有合同依据。

江苏省南通市崇川区人民法院审理后认为,两被告承认原告在该案中主张的事实,故对原告主张的事实予以确认。原、被告签订的房屋买卖合同不违反法律、行政法规的禁止性规定,合法有效。原告已经支付相应购房款,被告应当交付符合合同约定的商品房。双方约定的层高虽符合住建部住宅设计规范,但实际层高低于合同约定层高,误差比例约为1.695%,可以认定为差异不大,购房人可以要求赔偿损失,损失的计算可以参照合同约定的房价乘以相应的误差比例予以确定。对于被告抗辩称合同约定的2.95米层高仅为笔误,因被告未能提供证据予以证明,故法院不予采信。被告苏建南通崇川分公司系被告苏建公司依法设立的分支机构,苏建公司应当对其分公司的债务承担共同清偿责任。所以,判决:被告苏建公司、苏建南通崇川分公司返还原告陆某、朱某层高误差对应的房价款51,675.65元。

七、房屋质量问题引起的纠纷案例

《商品房买卖合同司法解释》第9条规定:因房屋主体结构质量不合格不能交付使用,或者房屋交付使用后,房屋主体结构质量经核验确属不合格,买受人请求解除合同和赔偿损失的,应予支持。第10条规定:因房屋质量问题严重影响正常居住使用,买受人请求解除合同和赔偿损失的,应予支持。交付使用的房屋存在质量问题,在保修期内,出卖人应当承担修复责任;出卖人拒绝修复或者在合理期限内拖延修复的,买受人可以自行或者委托他人修复。修复费用及修复期间造成的其他损失由出卖人承担。

案例十三：**商品房存在房屋质量问题，房产商应及时修复并承担保修费用，在房屋维修期间影响购房者的正常使用或出租，房产商应承担相应的经济损失赔偿责任。**

一审案号为(2021)粤1502民初1424号，二审案号为(2022)粤15民终218号的商品房预售合同纠纷案件。案情简介：2017年12月17日，原告吴某（买受人）与被告汕尾市弘扬碧桂园房地产开发有限公司（出卖人，以下简称碧桂园公司）签订了商品房买卖合同（预售）及附件，约定吴某以1,154,821元向碧桂园公司购买某处的一套商品房。合同签订后，吴某向碧桂园公司支付了全部购房款。2019年12月25日，碧桂园公司以快递形式向吴某发出收楼通知书。吴某收到通知后前往查验该商品房时发现存在窗户无法关闭、墙壁鼓包、掉漆等问题，遂未办理收楼手续。此后，案涉房屋多次出现墙壁鼓包问题，因该问题始终未能得到解决，其后，碧桂园公司应吴某的要求对案涉房屋三个房间的墙面进行了铲掉重做。吴某于2020年9月14日办理了收楼手续。吴某收楼后又发现厨房面板石裂缝及厨房推拉门下面水管破裂漏水的质量问题。所以，吴某向法院提起诉讼。

广东省汕尾市城区人民法院审理后认为，吴某请求碧桂园公司承担未及时修复造成的房屋使用费，实际上是碧桂园公司在维修期间造成的案涉商品房的使用（租金）损失。因案涉商品房确实存在房屋瑕疵问题，碧桂园公司在房屋维修期间客观上也影响了吴某的正常使用或出租，对吴某的经济造成损失，故应对吴某所遭受的损失进行补偿。吴某收楼前的损失应按9个月的租金进行计算。对于吴某收楼后的损失，法院酌定按1个月计算。所以，判决：被告碧桂园公司向吴某支付房屋使用补偿金17,000元。

碧桂园公司提起上诉。广东省汕尾市中级人民法院二审判决：驳回上诉，维持原判。

案例十四：**房产商所售房屋存在质量问题，致购房者无法对房屋正常使用、收益，双方当事人对由此造成的实际损失如何计算未作明确约定的，人民法院可以房屋同期租金作为标准计算购房者的实际损失。（该案是最高人民法院公报案例，所以有较大的指导意义）**

案号为(2015)宁民再终字第28号的商品房预售合同纠纷案件。案情简介：2007年6月7日，李某（乙方）与南京市金陵置业发展有限公司（甲方，以下简称金陵公司）签订商品房买卖契约，约定乙方向甲方购买位于南京市江宁区的某处房屋。同年6月24日，金陵公司向李某交付了该房屋。2008年，李某向金陵公司报告该房屋存在质量问题。2010年3月18日,案外人某建筑公司针对该房屋出具了结构加固设计图、工程报价单,并于3月29日进场施工,施工期为8天。施工结束后,双方仍然存在争议,李某向法院提起诉讼。

该案经过南京市江宁区人民法院一审、南京市中级人民法院二审,后李某申请再审,江苏省高级人民法院指令再审。

南京市江宁区人民法院再审后认为,李某与金陵公司签订的商品房预售合同合法有效,双方均应按约履行。房屋质量问题致李某无法对案涉房屋使用、收益,金陵公司应该赔偿李某相关的租金及物业费损失。经江宁区人民法院审判委员会讨论决定,再审一审判决:金陵公司赔偿李某损失290,662.2元(其中租金损失270,559元,物业费损失20,103.2元)。

李某、金陵公司均不服再审一审判决,提起上诉。南京市中级人民法院作出再审二审判决:驳回上诉,维持原判。

第五节 商品房买卖中的特殊情况处理与案例

一、涉学区房的房屋买卖合同纠纷案例

现今社会普遍重视教育、父母加大对子女的教育投资的发展趋势使得众多购房者将是否属于学区房作为购买房屋时的一个重要考量因素,一旦房产商不能兑现其在销售广告中承诺的学区房,涉及同一地产项目的诉讼即有可能大量产生,形成"串案"。涉"学区房"已成为房屋买卖合同纠纷中的一种特殊情况。

房产商销售商品房,普遍会采用宣传广告的方式进行推广。商品房销售广告,是房产商获取客户、实现销售目的的典型方法。广告是否真实、客观,既关乎购房者的切身利益,也影响房产商的声誉。实践中,商品房销售广告不规范、不诚信的现象普遍存在,因此产生较多的纠纷,尤其是涉"学区房"的房屋买卖合同纠纷最为典型。

不规范的商品房销售广告种类繁多,常见的情况有:(1)交通位置类宣传不规范,如宣传项目距离某一地标或核心区域的直线距离较短,但在现实中通行需要较长时间;(2)教育、医疗、商业等周边环境类宣传不规范,最常见的是宣传项目是某知名学校的学区,或买房屋后孩子就可以就读某学校;(3)内部环境、配套设施类宣传不规范,如对小区绿化率的虚假提高,对每户车位比的不实宣传;(4)房屋

全装修、设备配置类宣传不规范,如交付房屋的实际装修质量与样板房存在较大的差异,承诺买一楼房屋送院落或一定面积的绿地。

《商品房销售管理办法》对商品房销售广告作了原则性的规定,房地产开发企业、房地产中介服务机构发布商品房销售宣传广告,应当执行《广告法》《房地产广告发布规定》等有关规定,广告内容必须真实、合法、科学、准确。房地产开发企业、房地产中介服务机构发布的商品房销售广告和宣传资料所明示的事项,当事人应当在商品房买卖合同中约定。《城市房地产开发经营管理条例》第25条规定,房地产开发企业不得进行虚假广告宣传,商品房预售广告中应当载明商品房预售许可证明的文号。《房地产广告发布规定》第4条规定,房地产广告,房源信息应当真实,面积应当表明为建筑面积或者套内建筑面积,并不得有下列内容:(1)升值或者投资回报的承诺;(2)以项目到达某一具体参照物的所需时间表示项目位置;(3)违反国家有关价格管理的规定;(4)对规划或者建设中的交通、商业、文化教育设施以及其他市政条件作误导宣传。

因此,根据上述法律法规规定,如果房产商在商业广告和宣传资料中对其开发的商品房和配套设施的说明非常具体、明确,买受人也是基于上述广告宣传才签订合同,则该广告内容构成要约。此亦符合《广告法》第4条第1款规定的精神,即广告不得含有虚假或者引人误解的内容,不得欺骗、误导消费者。

此外,需要注意的是,《商品房买卖合同司法解释》第3条规定:商品房的销售广告和宣传资料为要约邀请,但是出卖人就商品房开发规划范围内的房屋及相关设施所作的说明和允诺具体确定,并对商品房买卖合同的订立以及房屋价格的确定有重大影响的,构成要约。该说明和允诺即使未载入商品房买卖合同,亦应当为合同内容,当事人违反的,应当承担违约责任。

下面举两个涉"学区房"买卖的典型案例予以说明。

案例十五:房产商在销售广告和宣传资料中宣传的"学区房",对销售合同的订立及房屋价格的确定存在重大影响,应视为合同内容。如果房产商未能兑现宣传中的"学区房",则应承担违约责任。

一审案号为(2015)甬海民初字第374号,二审案号为(2016)浙02民终2201号的房屋买卖合同纠纷案件。案情简介:原告王某与被告宁波市房地产股份有限公司(以下简称宁房公司)于2013年签订商品房买卖合同及补充协议,案涉房屋所属的建设项目名称为"青林湾二期(5号地块)",案涉房屋的总价款为2,403,056元。合同第19条第5款、第6款约定:"本项目用地红线以外非出卖人规划开发范围,出卖人对建筑区划外的情况进行介绍或引用相关资料,仅具有参考作用,具体以实际实施的项目为准。买受人购买该商品房后,该商品房所在建筑区划外的环境、规划条件及土地利用情况发生变化与出卖人无关。"该地块的宣传推广名称为"青林湾6期·观瀚"。合同签订后,原告依约支付购房款。2014年3月20日,宁房公司向王某函寄交房通知书,因被告一直未能就案涉房屋是否属于学区房予以答复,原告未收房。同年4月22日,海曙区教育局发布招生政策,青林湾6期未被划入海曙外国语学校服务区。王某向宁房公司提出要求退房不成,后向法院提起诉讼。

审理中查明:2011—2013年,海曙区将被告所开发的青林湾楼盘划入海曙外国语学校服务区,但2014年因生源超出该校接纳范围,故教育局将青林湾6期划入宁波市实验学校学区。

宁波市海曙区人民法院审理后认为,被告宁房公司于2011年12月分别在当地报纸媒体上发布"青林湾6期·观瀚"的销售广告,在广告标题下方较为醒目位置分别印有"海曙区外国语学校学区房88平方米,3房2厅1卫103万元起"字样,上述广告的内容,是关于商品房相关配套设施的具体说明和允诺,对商品房买卖合同的订立以及房屋价格的确定有重大影响。因此,上述说明和允诺,应视为合同内容。合同第19条第5款、第6款中的内容,属免除己方责任、排除对方权利,应属无效。被告宁房公司提供的房屋不符合合同约定,构成违约,应承担违约责任。有关违约责任的承担,可根据违约所造成的损失、当事人的过错程度等情况综合予以确定。在原告未能举证证明其遭受的实际损失的情况下,结合双方当事人在订约、履约过程中的过错程度,酌定赔偿金额。所以,判决:被告宁房公司赔偿原告王某违约损失18,023元。

原、被告均提起上诉。宁波市中级人民法院审理后维持原判。

案例十六:房产商许诺"买房送学区名额"但未按照合同履行,购房者有权解除合同。

一审案号为(2019)浙0726民初7124号,二审案号为(2020)浙07民终1953号的房屋买卖合同纠纷案件(入库案例)。案情简介:2019年6月22日,浙江万固房地产开发有限公司(以下简称万固公司)与傅某1、傅某2签订《商品房买卖合同》,约定傅某1、傅某2购买案涉房屋,购房款121万元及税费10万元。6月25日,傅某1、傅某2办理房屋产权登记手续,并支付契税18,245元和不动产登记费80元。此前,万固公司曾在售楼活动中时使用"6月前买房,9月可入学"的宣传语,购房时销售员也作出同样承诺。但在购房后傅某1、傅某2被万固公司工作人员告知无法入读该学校。2019年8月22日,傅某1、傅某2就上述问题向所在地市场监管局投诉,要求退房或者补偿不能入学该校的损失和学区房附加值。经市场监管局调解,万固公司只愿意承担未能就读某县实验小学的损失93,600元,对于退房和补偿附加值的要求不能满足,双方未达成一致。所以,傅某1、傅某2向法院提起诉讼。

浙江省浦江县人民法院一审判决:(1)万固公司赔偿傅某1、傅某2损失93,600元;(2)驳回傅某1、傅某2的其他诉讼请求。

傅某1、傅某2提起上诉。浙江省金华市中级人民法院审理后认为,该案的争议焦点系傅某1、傅某2与万固公司之间签订的《商品房买卖合同》是否应当解除的问题。商品房的销售广告和宣传资料一般视为要约邀请,但在出卖人就商品房及相关设施所作的说明和允诺清楚、具体、明确,且对商品房买卖合同的订立以及房屋价格有重大影响的,则应认定为要约,对出卖人具有约束力。出卖人未实现许诺导致合同主要目的不能实现的,买受人有权解除合同并要求赔偿损失。该案售楼过程中,万固公司人员对购买案涉房屋后,傅某1、傅某2的外孙可以就读某县实验小学的承诺内容清楚、明确。傅某1、傅某2基于该承诺签订商品房买卖合同,系对承诺内容产生了信赖利益,承诺应视为要约,对万固公司具有约束力。现万固公司不能兑现承诺,已构成违约。且傅某1、傅某2购买案涉房屋的主要目的系考虑外孙入学问题,因万固公司违约行为导致合同主要目的不能实现,傅某1、傅某2有权解除合同。合同解除后,万固公司应将购房款121万元退还给傅某1、傅某2,并承担工程费8500元、税费12万元及相关利息损失。关于傅某1、傅某2主张其外孙不能入读某县实验小学的损失赔偿问题,根据该案的实际情况,法院酌定万固公司赔偿2万元。二审判决:(1)撤销一审判决;(2)解除傅某1、傅某2与万固公司之间的《商品房买卖合同》;(3)万固公司支付傅某1、傅某2购房款等款项共135万元,并赔偿其他损失2万元以及利息损失;(4)傅某1、傅某2将案涉房屋过户登记到万固公司名下;(5)驳回傅某1、傅某2的其他诉讼请求。

二、买房送车位或送绿地引起的纠纷案例

有些房产商为了销售房屋,会作出"买房子送车位""买一楼送绿地"等承诺,有些只是口头承诺没有写入房屋买卖合同中,或者在合同中写了相关内容,但意思表达也比较含糊,存在一定的歧义,容易产生纠纷。

《民法典》第274条规定:建筑区划内的道路,属于业主共有,但是属于城镇公共道路的除外。建筑区划内的绿地,属于业主共有,但是属于城镇公共绿地或者明示属于个人的除外。建筑区划内的其他公共场所、公用设施和物业服务用房,属于业主共有。

《民法典》第275条规定:建筑区划内,规划用于停放汽车的车位、车库的归属,由当事人通过出售、附赠或者出租等方式约定。占用业主共有的道路或者其他场地用于停放汽车的车位,属于业主共有。

在房屋交付时或在使用过程中,购房者发现,房产商所"赠送"的车位属于地下人防车位,无法办理产权登记;或是占用公共道路划设的地面车位,应属于区全体业主共有;有些在房屋买卖合同中名义上是"赠送"车位,实则有价,已经将相关费用计算入购房款中。

房产商所谓"买一楼送绿地"往往涉嫌虚假宣传,购房者无法单独使用一楼绿地,一楼绿地并非房产商所说的归属一楼业主私有,实际为业主共有的公共绿地。如果房产商口头承诺"一楼住户可以将空地围起来做私家花园",这种承诺一般不会写入合同中,购房者不应相信类似承诺。除非,房产商一开始就围起来并交付给购房者。如果交付后,购房者将空地围起来做私家花园,往往会引起邻里纠纷,最后只能被迫拆除、恢复原状,还可能会被有关部门处以罚款。

案例十七[①]:房产商以买房子送车位的形式进行销售,表面上车位是"赠送",**实则有价**。房产商提供的格式条款未遵循公平原则确定当事人之间的权利和义务,排除了购房者的主要权利,应当认定为无效条款。

案情简介:2013年3月8日,王某与某开发商签订合同,购买270平方米排屋一栋,总价1200万余元,合同的"附件三"中约定赠送地下车位两个,位置就在该房屋的地下进门处。2014年4月20日,王某与开发商就车位使用权转让事宜签订两份协议,确认王某对两个车位拥有使用权。后,该房屋一直空置着。2019年年初,王某打算装修入住,却发现两个车位被他人长期占据。物业公司告诉他,这两个车位已于2018年12月29日由开发商出售给了他人,售价52万余元。王某与开发商多次协商未果后,向法院提起诉讼。

[①] 参见《杭州男子1200万买了套房,送2个车位!6年后却发现车位被52万卖了法院终审判了!》,载微信公众号"杭州日报"2020年8月25日,https://mp.weixin.qq.com/s/kLKlB2W2p8bjgCTEnqpSnQ。

庭审时,开发商称,再度出售案涉车位是有理有据的。在2014年4月签订的那份协议中约定"如果王某未在10个工作日内在指定地点办理交接手续,那公司有权终止车位使用权协议,并追索一切损失。或者拖欠车位管理服务费或其他有关费用超过6个月的,公司亦可无条件收回车位"。因为王某未按照约定完成交接手续且5年内未交车位使用费6000元,所以开发商将车位以52万余元的价格出售给案外人并已实际交付使用。王某认为,此前因房屋结构和质量问题和开发商有过一些纠纷,导致没有及时交费,但他并不认可开发商据此收回车位的行为。

杭州市滨江区人民法院审理后认为,王某取得对案涉车位的占有系依生效合同取得,有合法的占有权。虽合同约定车位使用人拖欠车位管理服务费或其他有关费用超过6个月的,开发商有权终止协议、无条件收回车位。但王某取得车位的占有、使用权,实质系通过支付购房款的方式支付车位对价42万元,车位表面是"赠送",实则有价。虽然王某拖欠两个车位的管理服务费,但每年费用也只需总计支付1200元,开发商提供的格式条款显然并未遵循公平原则确定当事人之间的权利和义务,排除了原告占有、使用车位的主要权利,应当认定为无效条款。故判决确认原告王某有权占有、使用涉案车位。

开发商提起上诉。杭州市中级人民法院二审判决:驳回上诉,维持原判。

案例十八[①]:**小区绿地属建筑区划内的公共部分,原则上由业主共有,单个业主不能通过协议方式享有绿地的专有权,明示属于个人的除外。购房者在购买赠送绿地(花园)的商品房时,首先需了解绿地规划属性,该绿地是否经有关部门批准专属于特定房屋。**

案情简介:2018年1月初,李某夫妇到舟山市某楼盘看房,想买一套适合养老的房子自住。售楼处业务员了解李某夫妇的需求后,推荐了一楼房屋前附带绿地花园的户型,称花园使用权归一楼业主所有。李某夫妇对这个户型很满意,在签订商品房预售合同时,李某夫妇还与开发商签订了《一楼花园使用协议》,载明:"该幢一楼所属阳台外草坪花园使用权归一楼业主所有(无产权),该花园不属于小区公共绿化设施,花园外围由篱笆绿化带与小区公共绿化设施隔离。"

2020年1月,李某夫妇收到了交房通知。然而,在验房时,李某夫妇却发现,所购的一楼房屋阳台并未开设通往花园的通道。李某夫妇提出质疑,但开发商对

---

① 参见《买一楼送花园》结果送了个"寂寞",业主要求退房,法院:支持!》,载微信公众号"浙江天平"2021年4月24日,https://mp.weixin.qq.com/s/voGZALxn38KEgNojCCCn0g。

此含糊其词。李某夫妇觉得很气愤,拒绝交房。同年4月,李某向舟山市自然资源和规划局咨询案涉房屋外花园的使用权等事宜。该局答复称:"经现场踏勘、资料查询,你所描述区域的土地使用权为全体业主所有,同时,绿化区域通道建设将破坏小区公共绿地,根据相关法律法规任何人不得擅自破坏、改造小区公共绿地。"

李某夫妇与开发商多次协商未果后,向法院提起诉讼,要求退房退款。

舟山市普陀区人民法院审理后认为,双方关于一楼花园的约定,应当视为房屋买卖合同内容。开发商在未取得专属绿地审批及其他业主的同意下,向李某夫妇允诺公共绿地的专属使用权,致使该约定最终无法履行,应当承担违约责任。李某夫妇无法使用一楼花园,势必影响其对案涉房屋的整体评价和居住体验,其以合同目的不能实现为由要求解除购房合同符合法律规定,法院予以支持,判决双方解除商品房买卖合同,开发商退还李某夫妇购房款、车位费及相关利息共计190余万元。

开发商提起上诉。舟山市中级人民法院二审判决:驳回上诉,维持原判。

三、全装修商品房买卖合同装修质量纠纷案例

随着住宅产业现代化快速发展,商品房逐渐由毛坯房转变为全装修成品房,商品房买卖合同质量纠纷愈加集中在装修质量环节。江苏省高级人民法院在2022年发布了《全装修商品房买卖合同装修质量纠纷案件审理指南》,该审理指南经最高人民法院审查批准后发布,对其他地方法院审理全装修商品房买卖合同装修质量纠纷案件也有较大的参照价值与一定的指导意义。

下面举例予以说明。

案例十九:在房屋买卖合同中约定带装修交付商品房,如果房屋装修质量或交付时间不符合合同约定,房产商应承担整改与修补的责任,并赔偿因此给购房者造成的损失。

案号为(2020)粤0608民初3200号的商品房预售合同纠纷案件(入库案例)。案情简介:2017年10月6日,余某与佛山市高明富逸湾实业开发有限公司(以下简称高明富逸湾公司)签订合同,余某向高明富逸湾公司购买一套预售商品房,房屋带装修出售。合同约定购房款为1,241,503元;高明富逸湾公司应当在2019年6月30日前将已取得建设工程竣工验收备案证明文件且符合合同约定的商品房交付给余某使用;商品房交付期限届满仍未能交付的,余某同意继续履行合同,自

商品房交付期限届满日次日起至实际交付之日止,高明富逸湾公司按日向余某支付已交付房款万分之一的违约金。后,余某已全额支付了购房款。在合同履行期间,高明富逸湾公司取得案涉商品房的房屋面积测量成果报告书、竣工验收备案证明文件,并于2019年6月19日向余某邮寄收楼通知书。但截至2019年6月30日,高明富逸湾公司未完成案涉商品房的装修工程,余某未到高明富逸湾公司办理收楼手续。至2019年11月17日,余某仍向高明富逸湾公司反映案涉商品房装修存在的问题,11月18日,余某签署了《收楼确认书》。后,余某向法院提起诉讼,要求高明富逸湾公司向其支付逾期交房的违约金。

广东省佛山市高明区人民法院审理后认为,该案的争议焦点为:(1)高明富逸湾公司交付案涉商品房的条件是否包括完成装修工程。商品房预售合同对商品房应当具备的装饰装修及设备标准进行了明确、详尽约定的,应当认定商品房的交付条件包括装修工程的完成,在合同约定的交房日期届满时案涉商品房装修工程未完成的,买受人享有拒绝收楼的权利。装修工程已经完成,但是存在装修瑕疵的,在不严重影响正常居住的情况下,可认定案涉商品房已具备交付条件。法院认定,余某有权拒绝收楼,直至高明富逸湾公司交付已完成装修工程的案涉商品房时为止。(2)高明富逸湾公司应支付逾期交房违约金的截止日期。法院确认案涉商品房在买受人查验房屋之日实际交付,逾期违约金应计算至该日为止。按照合同的约定,高明富逸湾公司应支付逾期交房违约金,计算时间应从2019年7月1日起至2019年11月17日止。(3)关于未完成装修工程违约责任承担的认定。在约定带装修的商品房买卖合同中,如果出卖人未如约交付符合合同约定装修标准的房屋,应承担何种责任,取决于装修工程的进度:其一,如果在合同约定的交付期限届满时,装修工程未完工或未开始进行,则出卖人应当承担继续履行且支付延迟交付房屋违约金的违约责任;其二,如果买受人收房时,装修工程已完工,但存在质量问题,则可按照合同约定要求开发商采取及时更换、修理等补救措施,并赔偿相应损失。所以判决:被告高明富逸湾公司支付逾期交房违约金17,381.04元给原告余某。

四、借名买房引起的合同纠纷案例

"借名买房"是指房屋的实际出资人借用他人名义购房,并以他人名义登记房屋所有权的行为,房屋的实际出资人为事实购房人或者真正购房人,被借名之人为登记购房人。十多年来,借名买房引起的纠纷频发,究其原因主要在于:一方面目前房价仍持续维持在高位水平导致涉案利益巨大;另一方面在于我国部分城市的限购限贷政策收紧,迫使很多人不得不考虑寻找其他途径解决购房需求。除此之外,有些人还有为了享受特定购房优惠、隐藏真实的财产信息、减少税费等考虑。借名买房发生的原因、形式多种多样。

借名买房存在较大的法律风险,常见的表现:借名购买经济适用房等政策性房屋的,登记购房人反悔导致实际出资人无法取得房屋产权;借名购买普通商品房,登记购房人反悔不承认借名买房之事,或登记购房人死亡后,其继承人不了解、不承认借名之事;第三人(如配偶)对登记购房人转移房产给实际出资人的行为提出异议,要求确认该房产为夫妻共同财产;所购房产被登记购房人转让、抵押或者被法院强制执行。

借名买房的情况非常复杂,存在诸多法律风险。有的借名买房当事人,会通过协议来确定房屋产权归属,这种行为如果损害社会公众的利益,存在被确认无效的风险,还有可能导致当事人的财产损失。有的借名买房的名义购房人将房屋转卖,或者设定财产权利限制,导致实际出资人行使物权存在障碍,导致纠纷迟迟无法解决。而且,借名买房的双方大多相熟,待发生争议时,纠纷解决将更为棘手。所以建议相关人员应遵守相关的房屋管理政策,避免不必要的麻烦。

在司法实践中,法院在借名买房法律关系成立的认定中往往需要考虑多种情形,包括:书面或口头借名约定是否存在,无书面借名约定的合理性,首付款项及按揭还款由谁出资,购房合同、发票、不动产权证等全套材料由谁实际保管,标的房屋由谁实际居住或使用,水电燃气及物业管理等日常费用由谁实际支付,是否及时要求办理变更登记,等等。按照待证事实的证明标准需达到高度可能性的规定,法院最终裁判确认借名买房法律关系是否成立。

在借名买房引起的常见纠纷案例中,司法实践中争议较大的是规避限购政策类型借名买卖合同是否有效。观点有"合同无效说"和"合同有效说",以前的司法裁判更倾向于认定借名买房合同有效。最高人民法院作出的(2020)最高法民再328号民事判决书有较强的指导意义,该判决指出:借名人与出名人为规避国家限购政策签订的房产代持协议因违背公序良俗应认定无效,借名人依据规避国家限购政策的借名买房合同关系,不能排除人民法院对该房屋的执行……借名人为规避国家房屋限购政策而借名买房,有违公序良俗原则,故借名买房合同应认定为无效。

2022年12月15日,广东省高级人民法院发布的《关于审理房屋买卖合同纠纷案件的指引》第22条规定:借他人名义购买房屋,借名人请求确认房屋归其所有的,不予支持。借名人请求出名人(登记权利人)按照约定协助办理不动产转移登记的,可予支持,但借名人不具有购房资格的除外。出名人将房屋出卖给第三人,借名人以无权处分为由主张返还房屋的,不予支持。

下面举例予以说明。

案例二十[①]:借名买房人已过世,继承人作为原告向法院提起诉讼,法院按照原告所起诉的法律关系,结合房屋出资、购房票据及产权证书等材料情况,综合判断借名买房的真实性。如果实际出资人或实际权利人没有相关购房资格,即使借名买房客观存在,也无法取得房屋的所有权,只能要求退还款项。

案情简介:2013年,秦先生请姐姐秦女士帮助买房,房屋登记在秦女士名下,但是并没有将买房的事情告诉自己的配偶陈女士。2016年,秦先生因为心脏病突发抢救无效离世。陈女士在整理遗物时发现,秦先生生前多次向其姐姐秦女士汇款,查询了秦先生手机中的微信聊天记录后,发现了秦先生曾瞒着自己买房的事。秦先生去世后,陈女士与夫家还因继承纠纷产生过诉讼,诉讼中并未涉及该套房屋或者委托购房的款项,经过多次协商未果,陈女士向法院提起诉讼,要求解除秦先生与秦女士之间的委托合同,并要求退还购房款453万元。

陈女士称,在起诉前,其找秦女士多次协商,被告秦女士告诉自己,之所以一直未提及房子的事,是因为弟弟秦先生在生前就特意交代了她,买的房子是要给儿子秦某的,秦先生不希望陈女士知道这件事。秦女士打算等侄子秦某成年后,主动将房子交还给秦某。

秦女士辩称,第一,案涉房屋登记在秦女士及其配偶名下,与秦先生无关;第二,其确实收到过秦先生的汇款,但并非购房款,而是弟弟对姐姐多年帮助的回报。故不同意原告的诉讼请求。

北京市西城区人民法院经审理后发现,秦先生去世后,继承人并非仅有陈女士一人,故依职权追加了其他合法继承人作为案件的共同原告。该案中,双方争议的焦点是秦先生与秦女士之间是否就购房事宜形成了委托合同关系。

法院基于秦先生向秦女士转账的事实,综合考虑秦先生与秦女士之间的微信聊天记录、短信聊天记录以及陈女士与秦女士之间的通话记录,依法认定秦先生

---

① 参见《丈夫生前瞒着妻子借姐名买房,妻子要求退还453万房款,判了!》,载微信公众号"攀枝花市中级人民法院"2023年1月13日,https://mp.weixin.qq.com/s/WEdKnm3nPNgM6oxBhflHXQ。

于2013年曾委托秦女士在北京购房,并已经向秦女士支付了448.3万元的购房款,二人之间形成了委托合同关系。秦女士辩称涉案的转账系秦先生对其的赠与,但并未提供任何证据予以佐证,故对其辩称意见不予采纳。

最终,法院判决确认秦先生与秦女士之间的委托合同关系解除,并判令秦女士将购房款返还秦先生的合法继承人。

秦女士提起上诉。二审判决:驳回上诉,维持原判。

案例二十一:如果案涉房屋属于政策性保障住房,双方之间的借名购房合同违反了相关政策、法规的规定,应属无效。双方对合同的无效均负有过错,应当按照各自过错程度承担相应责任。

一审案号为(2020)京0106民初16287号,二审案号为(2020)京02民终10973号的合同纠纷案件。案情简介:王某与宋某系舅甥关系。2013年2月18日,北京某置业公司与王某签订商品房预售合同,约定王某购买某住宅楼(限价商品房)1104号房屋,预测面积60.83平方米,单价为9345元/平方米,总款为568,456元。2013年2月20日,宋某支付购房款568,456元。2014年8月20日,宋某支付住宅专项维修基金12,166元及契税5684.56元。2015年1月18日,宋某支付房屋所有权登记费80元。2015年1月14日,案涉房屋登记在王某名下,产权证原件由宋某保管。2013年2月20日,北京某置业公司与王某签订前期物业服务合同及临时管理规约。案涉房屋的物业管理费、垃圾清运费及供暖费为宋某支付。并且现案涉房屋由宋某使用,但未进行装修且未实际居住。双方均认可案涉房屋现价值为300万元。因双方就案涉房屋发生纠纷,宋某向法院提起诉讼。

北京市丰台区人民法院经审理后认为,相关政策、法规规定的限制上市交易期限内买卖已购经济适用住房,当事人主张买卖合同无效的,可予支持。该案中,宋某虽未提交双方书面的借名购房协议,但结合宋某、王某的亲属关系、房屋出资情况、房屋其他费用交纳情况、房屋占有情况及相关票证持有情况等因素,法院可以认定双方存在借名购房的合意并实际履行,双方形成了借名购房的法律关系。案涉房屋性质为限价商品房,购买于2013年,双方借名购房合同违反了相关政策、法规的规定,应属无效。双方基于无效协议取得的财产应予返还。王某应返还宋某已支付的购房款和与办理房屋产权相关的费用。双方均为完全民事行为能力人,对政策房购房指标不能转让均系明知,故对借名购房合同无效双方均有过错,应当按照各自过错程度承担合同无效的法律责任。现案涉房屋已增值,对宋某因购买该房屋产生的信赖利益损失,考虑到双方均负有过错以及双方存在亲属关系的事实,双方形成借名买房交易并非单纯以获利为目的,因此法院根据对房屋的自估价值,在扣除已付购房款的前提下,结合该案实际情况和双方过错程度,对宋某的损失予以酌定。故对宋某的诉讼请求,法院予以部分支持。所以,判决:(1)原告宋某与被告王某之间关于北京市某住宅楼1104号房屋口头借名买房协议无效;(2)被告王某于判决生效后7日内返还原告宋某购房款568,456元、住房专项维修基金12,166元、房屋所有权登记费80元、契税费5684.56元;(3)被告王某于判决生效后7日内赔偿原告宋某信赖利益损失1,458,926.4元;(4)驳回原告宋某的其他诉讼请求。

王某提出上诉。北京市第二中级人民法院二审判决:驳回上诉,维持原判。

五、房产商单方解除合同或主张合同无效的处理

签订房屋买卖合同后,双方应按照合同约定履行义务。因为房价波动的原因,经常出现一方实质违约或要求解除合同的情况,常见的是购房者不继续支付购房款,导致合同难以继续履行。同样,也会出现房产商单方解除合同或主张预售合同无效的情况。最高人民法院作出(2020)最高法民申6019号民事裁定书的裁判要旨:使用通知方式解除合同的权利属于享有法定或者约定解除权的当事人才能行使的权利,作为违约方,并不享有该单方通知解除权。如违约方认为合同的继续履行将给其自身造成重大损害而对其显失公平,则应当通过起诉的方式向法院提出解除合同的诉讼请求,违约方向守约方发送解除合同的通知,不能产生解除双方之间合同的法律后果,否则将鼓励恶意违约行为,有违交易的初衷,不利于经济秩序的稳定。

如果房屋升值巨大,房产商提出要求解除合同或不愿意履行合同约定的房屋交付义务,购房者如何保护自己的合法权益?这种情况在现实中比较常见,一般是按照《民法典》第584条的规定处理:当事人一方不履行合同义务或者履行合同义务不符合约定,造成对方损失的,损失赔偿额应当相当于因违约所造成的损失,包括合同履行后可以获得的利益;但是,不得超过违约一方订立合同时预见到或者应当预见到的因违约可能造成的损失。对此问题,最高人民法院民事审判第一庭编的《民事审判实务问答》第104页指出:在有效的房屋买卖合同履行过程中,出卖人拒绝履行合同导致买受人需要另行购买相类似的房屋,则其需要支付的另行购房成本就同其之前签约的购房成本之间存在明显的价值之差,此种房屋差价是违约方的违约行为造成的,可以作为守约方所遭受的损失。

《合同编通则解释》第 62 条规定:非违约方在合同履行后可以获得的利益难以根据本解释第六十条、第六十一条的规定予以确定的,人民法院可以综合考虑违约方因违约获得的利益、违约方的过错程度、其他违约情节等因素,遵循公平原则和诚信原则确定。该解释第 63 条规定:在认定民法典第五百八十四条规定的"违约一方订立合同时预见到或者应当预见到的因违约可能造成的损失"时,人民法院应当根据当事人订立合同的目的,综合考虑合同主体、合同内容、交易类型、交易习惯、磋商过程等因素,按照与违约方处于相同或者类似情况的民事主体在订立合同时预见到或者应当预见到的损失予以确定。除合同履行后可以获得的利益外,非违约方主张还有其向第三人承担违约责任应当支出的额外费用等其他因违约所造成的损失,并请求违约方赔偿,经审理认为该损失系违约一方订立合同时预见到或者应当预见到的,人民法院应予支持。在确定违约损失赔偿额时,违约方主张扣除非违约方未采取适当措施导致的扩大损失、非违约方也有过错造成的相应损失、非违约方因违约获得的额外利益或者减少的必要支出的,人民法院依法予以支持。

2022 年 12 月 15 日,广东省高级人民法院发布的《关于审理房屋买卖合同纠纷案件的指引》第 36 条规定:房屋买卖合同因当事人一方违约被解除的,守约方可以要求违约方赔偿房屋差价或者转售利益等可得利益损失。计算损失时,应当扣除因守约方未采取合理措施不当扩大的损失、守约方因对方违约而获有的利益以及取得可得利益需要支出的中介费、按揭费等必要费用,但不得超过违约方订立合同时预见到或者应当预见到的因违约可能造成的损失。

如果双方在合同中已约定固定的违约金,但该违约金远少于房屋差价,购房者又如何保护自己的合法权益?这种情况涉及《民法典》第 585 条第 2 款的适用问题,该款规定:约定的违约金低于造成的损失的,人民法院或者仲裁机构可以根据当事人的请求予以增加;约定的违约金过分高于造成的损失的,人民法院或者仲裁机构可以根据当事人的请求予以适当减少。《民事审判实务问答》第 105 页指出:约定的违约金是否低于造成的损失,属于事实认定问题,应由人民法院根据案件具体情况加以处理。当然,如果人民法院能够认定约定的违约金低于造成的损失,则可以适用《民法典》第 585 条第 2 款及相关司法解释的规定,对违约金予以调整,以房屋差价作为非违约方的损失,由违约方予以赔偿。

鉴于商品房预售的特殊性,我国法律法规对商品房实行行政许可的监管制度。《商品房买卖合同司法解释》第 2 条规定:出卖人未取得商品房预售许可证明，与买受人订立的商品房预售合同，应当认定无效，但是在起诉前取得商品房预售许可证明的，可以认定有效。可见，预售许可证明是针对商品房预售行为所作出的强制性规定。

实践中，经常出现房产商在办理商品房预售许可证前就与购房者签订认购书的情况，一般还会收取定金或购房款。后来，因为房价快速上涨，房产商以签约时未取得商品房预售许可证为由主张认购书无效，其实际上是不愿意继续履行合同义务。对此问题，《民事审判实务问答》第99页指出：既然作为预约合同的商品房认购书是出卖人和买受人双方为将来订立作为本约合同的商品房买卖合同所作的承诺，而非正式的商品房预售行为，作为法定的商品房预售行为强制性前提条件的商品房预售许可证明就不应认定为出卖人订立预约合同的前提条件，即房地产开发企业在取得商品房许可证前与买受人签订的商品房认购书等预约合同均为有效。广东省高级人民法院《关于审理房屋买卖合同纠纷案件的指引》第3条规定：就预售商品房签订的认购书、订购书等预约合同，出卖人未取得商品房预售许可证明的，不影响预约合同的效力。

此外，有些房产商以销售人员未经公司同意、擅自与购房者签订商品房买卖合同，合同上只有盖章没有而无人员签名，或者以合同上未加盖公司印章或加盖的印章不是备案印章等各种理由，主张该合同无效或对其不发生效力，企图不履行合同义务或者逃避违约责任。在《合同编通则解释》中进行了明确，具体见第22条规定：法定代表人、负责人或者工作人员以法人、非法人组织的名义订立合同且未超越权限，法人、非法人组织仅以合同加盖的印章不是备案印章或者系伪造的印章为由主张该合同对其不发生效力的，人民法院不予支持。合同系以法人、非法人组织的名义订立，但是仅有法定代表人、负责人或者工作人员签名或者按指印而未加盖法人、非法人组织的印章，相对人能够证明法定代表人、负责人或者工作人员在订立合同时未超越权限的，人民法院应当认定合同对法人、非法人组织发生效力。但是，当事人约定以加盖印章作为合同成立条件的除外。合同仅加盖法人、非法人组织的印章而无人员签名或者按指印，相对人能够证明合同系法定代表人、负责人或者工作人员在其权限范围内订立的，人民法院应当认定该合同对法人、非法人组织发生效力。在前三款规定的情形下，法定代表人、负责人或者工作人员在订立合同时虽然超越代表或者代理权限，但是依据民法典第五百零四条的规定构成表见代表，或者依据民法典第一百七十二条的规定构成表见代理的，人民法院应当认定合同对法人、非法人组织发生效力。

下面举一个典型案例进行说明。

案例二十二:房产商违反诚实信用原则,能够办理商品房预售许可证而未办理,并以在起诉前未取得商品房预售许可证为由请求确认商品房预售合同无效,企图获取较合同有效时更大利益的,显然违背诚实信用原则。

一审案号为(2018)陕0116民初2519号,二审案号为(2018)陕01民终8145号的确认合同无效纠纷案件(入库案例)。案情简介:2016年4月25日,西安市闻天科技实业集团有限公司(甲方,以下简称闻天公司)与李某(乙方)签订认购合同一份,由李某认购闻天公司开发建设的案涉项目商品房一套。合同签订当日,李某即向闻天公司交纳120.4万元购房款,闻天公司出具收据。2016年8月3日,西安市长安区住房保障和房屋管理局(以下简称长安房管局)对案涉项目进行检查,发现该项目未办理销售手续,涉嫌无证销售,遂作出处理决定:责令闻天公司停止一切销售行为及和房屋销售相关的广告宣传活动;立即进行企业经营整改,并对违规销售的房屋逐一清退;尽快办理相关建审手续。后,闻天公司仍未办理商品房预售许可证。2018年2月12日,闻天公司将李某起诉至法院,请求确认双方签订的认购合同无效。

诉讼中,2018年3月1日,长安区房管局因闻天公司在案涉项目未取得商品房预售许可证的情况下擅自违规销售,对闻天公司予以行政处罚,责令停止销售活动,补办许可证,并处罚款720,758元。同年3月5日,闻天公司缴纳罚款。另查明:截至2017年7月,案涉项目已取得土地使用权证、建设用地规划许可证、建设工程规划许可证、建筑工程施工许可证。案涉房地产项目于2016年5月动工建设,2017年5月工程主体封顶。

一审庭审中,李某认可双方当事人所签订的认购合同系事实上的房屋买卖合同。李某坚持认为合同有效,坚持要求闻天公司交房。

陕西省西安市长安区人民法院审理后认为,该案的争议焦点应为闻天公司和李某所签订的认购合同的性质。如案涉合同系商品房预售合同,则应适用《商品房买卖合同纠纷解释》(2003年)第2条之规定确认该合同为无效合同。因闻天公司在该案起诉前仍未取得商品房预售许可证,故双方签订的认购合同应为无效合同。所以,判决:闻天公司与李某于2016年4月25日签订的认购合同无效。

李某提起上诉。二审中查明:2018年6月8日,闻天公司取得商品房预售许可证。

陕西省西安市中级人民法院审理后认为,认购合同的名称虽为"内部认购合同",但合同对买卖双方当事人名称、商品房基本情况、商品房价款、付款方式、付款时间等内容进行了明确约定,合同内容已经具备了商品房预售合同的主要条款。在合同签订当日,李某即支付房屋总价款,闻天公司向李某出具收据,诉讼中闻天公司也没有对李某履行合同的行为提出抗辩,表明双方当事人同意对商品房预售合同实际履行。闻天公司与李某在诉讼中均认可认购合同实质是商品房预售合同。据此,案涉认购合同实质上是商品房预售合同,双方之间形成商品房预售合同法律关系。关于商品房预售合同法律关系的效力问题。首先,闻天公司在自身合同目的已经实现的情形下,非但不积极履行应尽的合同义务,面对房地产市场出现价格大幅上涨,反而主张合同无效的做法,显然违背诚实信用原则。闻天公司作为房地产开发企业,对房屋预售所需符合的条件应当是清楚的,对自身不办理商品房预售许可证即预售商品房行为的违法性应当是明知的。现闻天公司以自身原因造成的违法事实为由提起该案诉讼,真正目的在于获取超出合同预期的更大利益,闻天公司的行为显然与社会价值导向和公众认知相悖。为弘扬社会主义核心价值观,彰显司法公正,对此种行为不应予以支持。所以,二审判决:(1)撤销一审判决;(2)驳回闻天公司的诉讼请求。

六、商品房消费者权利保护及与其他权利的关系

近年来,房地产行业由于长期"高杠杆、高负债、高周转"的经营模式遭遇强监管而无法持续,陷入流动性紧张甚至资金链断裂的困局,并对市场产生了较强的溢出效应。一些房产商纷纷"爆雷",留下大量"烂尾楼"或已经盖好但还未办理产权登记的房屋,有些房产商进入破产程序解决。房地产企业破产案件中,最复杂的问题就是对不同类型的购房者如何区别对待、依法保护其权利的问题。

最高人民法院《关于商品房消费者权利保护问题的批复》(法释〔2023〕1号,2023年4月20日起施行)对人民法院在审理房地产开发企业因商品房已售逾期难交付引发的相关纠纷案件中涉及的商品房消费者权利保护问题,作出以下规定:"一、建设工程价款优先受偿权、抵押权以及其他债权之间的权利顺位关系,按照《最高人民法院关于审理建设工程施工合同纠纷案件适用法律问题的解释(一)》第三十六条的规定处理。二、商品房消费者以居住为目的购买房屋并已支付全部价款,主张其房屋交付请求权优先于建设工程价款优先受偿权、抵押权以及其他债权的,人民法院应当予以支持。只支付了部分价款的商品房消费者,在一审法庭辩论终结前已实际支付剩余价款的,可以适用前款规定。三、在房屋不能交付且无实际交付可能的情况下,商品房消费者主张价款返还请求权优先于建设工程价款优先受偿权、抵押权以及其他债权的,人民法院应当予以支持。"

最高人民法院这份批复,明确了购房者的两大优先权:房屋交付请求权、主张价款返还请求权。商品房消费者以居住为目的购买房屋并已支付全部价款,主张其房屋交付请求权优先于建设工程价款优先受偿权、抵押权以及其他债权的,这就要求房产商首先集中资源"保交房"。房屋交付请求权的行使需要满足三个条件:商品房消费者以居住为目的,一般适用于住宅,且不是为了投资;购买房屋并已支付全部价款,即使是只支付了部分房款,只要在一审法庭辩论终结前已实际付清尾款,同样适用;房屋要达到交付使用条件。在房屋不能交付且无实际交付可能的情况下,商品房消费者主张价款返还请求权优先于建设工程价款优先受偿权、抵押权以及其他债权的,这就要求房产商在无法交付房屋时应优先满足购房者退款的主张。价款返还请求权的行使有一个前提条件:房屋不能交付且无实际交付可能,比如彻底烂尾,实在是建不起来,购房合同的目的已经无法实现,这个时候只能解除合同,要求返还房款。此外,不论是付了多少购房款,都应当享受相应的优先权。

综合而言,在与"烂尾楼"相关的债权排序上,购房者的请求权是排在首位的,其次是建设工程价款优先受偿权,再次是抵押权,最后是其他债权也就是常说的普通债权。

建筑工程价款优先权优先于抵押权和其他债权。《民法典》第807条规定:发包人未按照约定支付价款的,承包人可以催告发包人在合理期限内支付价款。发包人逾期不支付的,除根据建设工程的性质不宜折价、拍卖外,承包人可以与发包人协议将该工程折价,也可以请求人民法院将该工程依法拍卖。建设工程的价款就该工程折价或者拍卖的价款优先受偿。《建设工程施工合同的解释(一)》第36条规定:承包人根据《民法典》第807条规定享有的建设工程价款优先受偿权优于抵押权和其他债权。

消费性购房者具有优先权,在一定条件下可以排除强制执行。《执行异议和复议规定》中有相关规定:

第二十八条 金钱债权执行中,买受人对登记在被执行人名下的不动产提出异议,符合下列情形且其权利能够排除执行的,人民法院应予支持:

(一)在人民法院查封之前已签订合法有效的书面买卖合同;

(二)在人民法院查封之前已合法占有该不动产;

（三）已支付全部价款,或者已按照合同约定支付部分价款且将剩余价款按照人民法院的要求交付执行;

（四）非因买受人自身原因未办理过户登记。

第二十九条　金钱债权执行中,买受人对登记在被执行的房地产开发企业名下的商品房提出异议,符合下列情形且其权利能够排除执行的,人民法院应予支持:

（一）在人民法院查封之前已签订合法有效的书面买卖合同;

（二）所购商品房系用于居住且买受人名下无其他用于居住的房屋;

（三）已支付的价款超过合同约定总价款的50%。

由上述规定可见,消费性购房者"超级优先权"是针对商品房预售不规范现象为保护消费者生存权而作出的例外规定,需要符合一定的条件。消费者交付购买商品房的全部或者大部分款项后,其对案涉房屋所享有的民事权益能够对抗建设工程价款优先受偿权而对房屋的强制执行。消费者生存权也优先于抵押权。所以,当消费性购房者的优先权与银行抵押权产生冲突时,应优先保护消费性购房者的权利。

2019年11月发布的《全国法院民商事审判工作会议纪要》(法〔2019〕254号,以下简称《九民纪要》)中"十一、关于案外人救济案件的审理"对此问题有比较详细的说明,具体见"125.【案外人系商品房消费者】""126.【商品房消费者的权利与抵押权的关系】"与"127.【案外人系商品房消费者之外的一般买受人】"。

下面举两个典型案例予以说明(最高人民法院判决书有较强的指导意义)。

案例二十三:消费者交付购买商品房的全部或者大部分款项后,其对案涉房屋所享有的民事权益能够对抗建设工程价款优先受偿权而对案涉房屋的强制执行。

一审案号为(2020)云民初38号,二审案号为(2021)最高法民终602号的案外人执行异议之诉案件。案情简介:2016年5月30日,许某、罗某(系许某之夫)与云南省润红房地产开发有限责任公司威信分公司(以下简称润红公司)签订商品房购销合同,约定许某、罗某向润红公司购买案涉房屋,合同总价款为396,230元。2016年4月5日,许某向润红公司支付购房款166,230元。2017年8月25日,许某对案涉房屋进行装修,并交纳了2017年8月至2020年5月的物管费,但未办理产权登记。

后,长青建设集团有限公司(以下简称长青公司)与润红公司因建设工程施工合同产生纠纷,法院于2016年6月6日作出(2016)云民初29号民事裁定,裁定查封、扣押、冻结润红公司价值5000万元的财产。后,法院查封案涉房屋。案外人许某提出执行异议被法院驳回。后,许某提起执行异议之诉。

云南省高级人民法院审理后认为,该案的争议焦点为,许某对于案涉房屋是否享有排除强制执行的民事权益。许某、罗某与润红公司就案涉房屋签订商品房购销合同早于案涉房屋被查封时间。许某在诉讼中先后提交两份威信县不动产登记中心出具的证明,能够证明许某在威信县无其他住房,其购房系用于居住需求。许某已就案涉房屋支付了166,230元,虽然尚未达到总价款的50%,但许某明确表示愿意将剩余价款按照人民法院的要求交付执行。因此,许某的执行异议符合《执行异议和复议规定》第29条的规定。所以,判决:云南省高级人民法院(2016)云民初29号民事案件执行中,在许某将剩余房款向执行部门全额交付的情况下,不得执行案涉房屋。

长青公司提起上诉。最高人民法院审理后认为,相较于抵押权和金钱债权等权利,工程价款优先受偿权处于优先顺位,但劣后于商品房消费者生存权。《执行异议和复议规定》第29条对于商品房买受人物权期待权的保护是对消费者生存权优先保护的进一步细化。《执行异议和复议规定》第29条本身也属于第27条规定的除外规定。根据上述规定,在已经支付全部或者大部分购房款的商品房消费者的生存权与建设工程价款优先受偿权发生冲突时,应优先保护商品房消费者的生存权。该案中,案涉房屋用途为住宅,许某购买案涉房屋系用于个人居住,属于上述规定中的商品房消费者,其已经支付一定购房款,并明确表示愿意将剩余价款按照人民法院的要求交付执行,其对案涉房屋所享有的民事权益能够对抗长青公司基于建设工程价款优先受偿权而对案涉房屋的强制执行。所以,判决:驳回上诉,维持原判。

案例二十四:如果购房者购买商品房,不是为了自己生活居住需要,不属于"消费者"的概念。在法院查封之前,购房者还没有合法占有案涉房屋,其对案涉房屋所享有的民事权益不能对抗对案涉房屋的强制执行。

一审案号为(2019)新民初21号,再审案号为(2020)最高法民终580号的案外人执行异议之诉案件。案情简介:2015年1月13日,孔某(购房者)与内蒙古中银房地产集团股份有限公司(房产商,以下简称中银公司)签订了6份商品房买卖合同。共计价款310万元;付款方式为合同签订当日一次性付清全款;商品房用途为:商业;房屋交付期限为:2015年5月1日前交付。合同签订当日,孔某向中银公司支付房款100万元。中银公司向其出具收据确认收到100万元及210万元承兑汇票。后,中银公司因与新盛公司(债权人)产生合同纠纷,经新盛公司申请,法院于2015年1月20日对中银公司名下呼国用(2008)第00137号土地使用权及位于内蒙古呼和浩特市赛罕区的相关房产办理了财产保全,查封范围包括20层1~25号房产,孔某所购买的6套房产包括在被查封的房产范围之内。后,孔某向法院提出执行异议,在异议被驳回后提起该案诉讼。

新疆维吾尔自治区高级人民法院审理后认为,该案中,孔某作为执行案外人以其对案涉被查封房屋享有所有权为由,主张停止相关诉讼保全查封和执行行为,故孔某应当就其对执行标的享有足以排除强制执行的民事权益承担举证证明责任。虽然孔某主张该案应适用《执行异议和复议规定》第29条的规定,但该条规定的是房屋消费者物权期待权的保护条件,是针对所购商品房用于自住且名下没有其他用于居住房屋的情形。该案中,双方合同明确约定"买受人的房屋仅作商业使用",且孔某一次性购买6套房屋的做法亦与其自行居住的主张相矛盾,故该案不具备适用第29条规定的条件。所以,判决:驳回孔某的诉讼请求。

孔某提起上诉。最高人民法院审理后认为,根据《执行异议和复议规定》第28条,孔某虽然与中银公司签订了书面商品房买卖合同并全额交付了购房款项,但在合同约定的交房时间2015年5月1日前,法院已对案涉房产采取了查封措施,在法院查封前孔某并未合法占有该房产,更未办理相关房产登记手续,不符合该条规定的情形,一审判决据此未支持孔某排除执行的诉讼请求,事实和法律依据充分,并无不妥。孔某与中银公司签订的商品房买卖合同约定,案涉房产用途为"仅做商业使用",并非用于居住。孔某上诉主张其购买上述房产系为了居住,该主张与商品房买卖合同载明的房屋用途矛盾,亦与其一次性购买6套房产的行为相矛盾,且二审庭审中,孔某称其经常居住地在宁夏回族自治区银川市,并非呼和浩特市,据此该案亦不符合《执行异议和复议规定》第29条规定的情形,孔某主张适用该条规定排除法院强制执行的上诉理由不能成立,法院不予支持。所以,判决:驳回上诉,维持原判。

通过上述案例,在开发商交房之前,购房者还未合法占有房屋时,所购房产被第三人通过法院查封或执行的情况下,购房者想要主张权利,排除法院执行,须满足《执行异议和复议规定》第29条之规定,所购房产用于居住且系唯一住房,并且已支付价款达到总价款的50%(也有部分案例,所付价款虽未达到总价款的50%,法院仍然支持排除执行),购房者可以尽快采取措施,向法院提起执行异议之诉,最大可能挽回损失。

最高人民法院2021年发布的第27批指导性案例中的第156号指导案例中明确了购房者提起执行异议之诉,《执行异议和复议规定》第28条和第29条都是可以适用的,只要符合其一,便可请求法院排除执行。

此外,探讨一种特殊情况:"工抵房"购房人(非直接向房产商购买商品房的购房人)是否享有商品房消费者同等权利?"工抵房"发生原因是房产商对建筑企业负有的债务,通过与建筑企业达成"以房抵债"约定,据此抵销债务。第三人向建筑企业购买上述抵债房屋,并与房产商签订商品房买卖合同。购房合同签订后房屋交付过户前,房产商因欠债而被强制执行,第三人购买的房屋被采取执行措施,或因房产商破产而无法交付过户房屋。此时,第三人作为购房者对房屋是否享有排除执行的权利,以及是否享有房屋交付请求权?

《九民纪要》第126条"商品房消费者的权利与抵押权的关系"规定:根据《最高人民法院关于建设工程价款优先受偿权问题的批复》第1条、第2条的规定,交付全部或者大部分款项的商品房消费者的权利优先于抵押权人的抵押权,故抵押权人申请执行登记在房地产开发企业名下但已销售给消费者的商品房,消费者提出执行异议的,人民法院依法予以支持。但应当特别注意的是,此情况是针对实践中存在的商品房预售不规范现象为保护消费者生存权而作出的例外规定,必须严格把握条件,避免扩大范围,以免动摇抵押权具有优先性的基本原则。因此,这里的商品房消费者应当仅限于符合本纪要第125条规定的商品房消费者。买受人不是本纪要第125条规定的商品房消费者,而是一般的房屋买卖合同的买受人,不适用上述处理规则。

如在案号为(2020)最高法民申4108号的案件中,最高人民法院认为:人民法院在审理执行异议之诉案件时,既要对执行标的享有实质民事权益的实际权利人依法进行保护,也要防止案外人与被执行人恶意串通规避执行。《执行异议和复议规定》第29条之规定之所以对消费者购房人的物权期待权特别保护,系基于消费者购房人的生存权优先的理念。而李某与通常意义上以居住为目的购买商品房的消费者不同,其因案外人拖欠其借款而约定以房抵债,随后于2012年12月20日与房产商就四套涉案房产签订四份《商品房买卖合同》,属于当事人在债务履行期限届满后达成以物抵债协议,李某并未实际支付购房款。因以物抵债属于原来金钱之债的履行方法,李某可以请求房产商履行该协议和交付房屋,但在房屋权属变更登记之前,李某不能基于案涉《商品房买卖合同》,形成优于其他债权的利益,并据此排除强制执行。

由以上分析可见,"工抵房"购房人不属于《执行异议和复议规定》第 29 条规定及最高人民法院《关于商品房消费者权利保护问题的批复》第 2 条、第 3 条规定项下的商品房消费者,其不享有与商品房消费者同等的物权期待权,也不享有《执行异议和复议规定》第 29 条规定的排除执行的权利以及房屋优先交付请求权、价款优先返还请求权。虽然"工抵房"购房人无上述权利,但其作为一般的房屋买受人享有要求房地产开发企业交付房屋的债权请求权。

第二章

二手房买卖

第一节 二手房的基本知识与买卖流程

一、与二手房相关的基本知识

在房屋买卖中,经常可以听到"二手房"的叫法。二手房,通常指的是已经不动产登记机构登记备案并发放不动产权证书、能够再次上市进行交易的房产。在购买二手房前,建议购房者(或称买受人)先了解关于二手房的基本知识。

(一)分户产权证

既然有"二手房",必然就有"一手房",区分这两种房屋的最常见标准是是否已经办理分户产权证。按照此标准,即使是未居住过的新房,已办理分户产权证后再进行交易的,就属于二手房;如果未办理分户产权证,则属于一手房。

分户产权证就是我们日常见到的,记载有分摊建筑面积、占用土地使用权面积的不动产权证书。分户产权证是相较于总产权证而言。总产权证指的是由房产商办理的不动产权证书,即房屋所有权的首次登记。《商品房销售管理办法》第34条规定:房地产开发企业应当在商品房交付使用前按项目委托具有房产测绘资格的单位实施测绘,测绘成果报房地产行政主管部门审核后用于房屋权属登记。房地产开发企业应当在商品房交付使用之日起60日内,将需要由其提供的办理房屋权属登记的资料报送房屋所在地房地产行政主管部门。房地产开发企业应当协助商品房买受人办理土地使用权变更和房屋所有权登记手续。

按照程序规定,在房地产项目竣工后,房产商向登记机构申请权属登记,登记机构向房产商颁发总产权证。而分户产权证是每套房子的权属证明,在办理总产权证后，通过房屋测绘，计算分摊建筑面积、占用土地使用权面积，再单独制作分户产权证。

在办理分户产权证后，该房产的交易就被纳入有效的监管范围内。如果因房屋买卖涉及房屋产权变更，需要办理房屋所有权转移登记（简称过户登记）才能生效，其交易过程受到法律的监督与保护。

（二）增量房、存量房与次新房

在二手房买卖中，我们经常听到增量房、存量房、次新房等名词，下面对这三个名词做简单介绍。

增量房俗称一手房，是指房产商投资建造、还没有办理分户产权证的商品房。通俗易懂的说法就是能增加现有房屋数量的房产。有些烂尾楼的楼盘，经过项目重整后竣工交付，虽然房屋已经比较老旧，但还是能办理房屋所有权首次登记，所以该房屋仍属于增量房。

存量房，又被称为二手房，是指国有土地上建设的已交付使用且已申领不动产权证的房屋。对于房产商预（销）售的商品房，一般不属于存量房屋。存量房从严格意义上来讲是存量资产，即通常所讲的"库存待售"的房产。存量房主要是产权已经归属自然人或非房产商的单位的房屋。

次新房属于二手房的一种类型，一般是指项目竣工交付在5年之内的房屋。次新房相较于其他二手房而言，外形较新，其房屋质量、小区环境也更好，有些房屋还未使用过，属于白坯房，与新房几乎一样；相较于新建商品房而言，配套设施更完善、物业服务也较好，大多可以马上入住。次新房在二手房市场中比较受购房者的青睐。

（三）二手房的不同来源与差异

因为房屋权属主体的多样，二手房来源的渠道也有多种。除房产商出售给个人，再由个人进行出售的商品房这一基础来源外，还包括单位出资建设后分配给职工的福利房、职工集资建设的单位集资房、单位购买后转售给职工的房屋、住房改革后的已购公有住房、满足上市条件的经济适用住房或共有产权房等。

不同来源的二手房在交易程序上也不尽相同。所涉及的限购政策、税费、价格等存在较大差异。所以在购买特殊来源的二手房时，购房者需要综合考虑，必要时可以向律师咨询或请律师协助办理。

如经济适用住房的二手房转让需要符合一定的条件。经济适用住房是一种具有社会保障性质的政策性住房，由政府提供政策优惠，限定套型和销售价格，按照合理标准建设，面向城市低收入住房困难群体供应。经济适用住房的用地采取划拨的方式，免收土地出让金，出售价格实行政府指导价，按保本微利的原则确定。根据《经济适用住房管理办法》（2007年修订）第30条第1款、第2款的规定，经济适用住房购房人拥有有限产权。购买经济适用住房不满5年，不得直接上市交易，购房人因特殊原因确需转让经济适用住房的，由政府按照原价格并考虑折旧和物价水平等因素进行回购。购买经济适用住房满5年，购房人上市转让经济适用住房的，应向政府交纳土地收益等相关价款，政府可优先回购；购房人也可以按照政府所定的标准向政府交纳土地收益等相关价款后，取得完全产权。如果购房者要购买的二手房是经济适用住房性质，首先要查一下是否处于限制上市交易期限，即已购经济适用住房是否满5年。具体起算时间，可以查看不动产权证书记载的登记时间。如果在签订合同时没有说明是经济适用住房，很有可能发生无法办理过户登记的情形。此时，购房者可以主张合同无效，出卖人除了要退还已收取的购房款外还要承担损失赔偿责任。所以，涉及经济适用住房的转让，要比一般商品房的办理手续、流程更加复杂，交易双方应尽到更加审慎的注意义务。

共有产权住房也属于保障性住房，是由政府投资或提供政策优惠，按照有关标准筹集建设，限定套型面积，限制使用范围和处分权利，实行政府与购房家庭按份共有产权的房屋。其二手房转让也有一定的限制，一般是规定取得不动产权证书后10年内不能上市转让。不过可以通过购买政府产权份额，获得全部产权后上市转让；也可以与代持机构按照各自产权份额上市转让，分配总房款的相应部分，住房性质转为普通商品住房。

已购公有住房又称房改房，是指城镇职工根据国家和县级以上地方人民政府有关城镇住房制度改革政策规定，按照成本价或者标准价购买的已建公有住房。已购公有住房的二手房转让时，需要特别注意土地的性质是否属于国有划拨性质。已购公有住房分为两类：一类是按照成本价购买的已购公房；另一类是按照标准价（优惠价）购买的已购公房。购买价格的高低将决定已购公房是否可以直接上市以及所补缴土地出让金的标准。如果是职工按照成本价购买的住房，产权归职工个人所有，出售该已购公房时，在补缴土地出让金或所含土地收益和按规定交纳有关税费后，收入归职工个人所有。如果是职工按照标准价购买的住房，职工仅拥有部分产权。产权比例按照售房当年标准价占成本价的比重确定。职工在出售该已购公房时,需要补足房价款转为完整产权后,方能按照房改成本价的政策上市出售。在转让已购公房时,当事人需按照法律法规和当地政策的规定办理各种手续。

产权人购买的普通商品房进行二手房转让时,一般不存在限制。但需要注意的是:如果该房屋是赠与、继承、遗赠所得,出卖人在承担税费方面存在一定的差异。如获赠或继承来的房屋以后再转让,个人所得税的适用税率为20%。如果交易双方此前对税费承担没有明确约定,在办理产权转移登记时,个人所得税应由出卖人承担。有些出卖人发现自己需要承担的税费很高,觉得不划算,要求解除合同,但买受人不同意解除,容易因此产生纠纷。

(四)二手房的主要特征

与新建商品房相比,二手房的特征明显,包括房屋内部结构传统,房屋质量一般,配套车位少,一般没有安装电梯,周边环境成熟,配套服务设施齐全,房屋价格相差较大。

一是二手房的内部结构往往比较传统。除次新房外,很多二手房房龄较长,如超过20年甚至30年。2000年前建造的住宅普遍存在面积较小(以60~100平方米为多)、套型不合理等特点,如客厅普遍较小或没有,卫生间只有一个。这种房屋内部结构普遍不受住户尤其是年轻人的欢迎,在装修时也很难改造。

二是二手房的质量一般低于新建商品房。2000年前建造的住宅以多层为主,即6层及以下的房屋。这类房屋一般采取砖混结构,即以小部分钢筋混凝土及大部分砖墙承重的结构。而且受当时物资条件限制,使用的钢筋数量也不多,如建筑物中竖向承重结构的墙一般采用砖或者砌块砌筑,楼板、屋面板采用预制板。在20世纪80年代建设的老旧小区中,很多房屋外墙驳落甚至已经成为危房,不适合居住。现在的房屋一般采用框架结构、剪力墙结构或框架剪力墙结构。常见的框架结构,是指由梁和柱以钢筋相连接而成,构成承重体系的结构。房屋墙体一般不承重,仅起到围护和分隔作用,所以这种墙体在装修时比较容易改造。

三是二手房的配套车位少。2000年前,我国的寻常家庭普遍还没有私家车,所以在城镇住宅小区中一般没有专门规划设计很多停车位,更没有配套的地下车库。所以,现在很多老旧小区是通过占用公共道路或绿地作为停车位,普遍出现道路变窄、绿地减少的情况,但还是仍无法满足居民的停车需求。而且人车没有分流，也存在一定的安全隐患。老旧小区的楼间距较窄，道路本就不宽，要改造成停车位也存在困难。这是很多年轻人不愿意租住老旧小区的主要原因之一。

四是二手房一般没有安装电梯。除部分7层以上的高层或小高层住宅外，6层及以下的多层住宅一般没有安装电梯。所以，在很多老旧小区改造中，加装电梯是主要的改造项目。但有些老旧小区不具备加装电梯的条件，或业主难以达成一致意见，导致加装电梯存在较多困难。一些已安装电梯的高层住宅，经过一二十年的使用后，存在部件老化、维护费用较高的情况，有一定安全隐患。如果要更新电梯，花费较大，所以也存在较大困难。

正是因为存在这些问题与不足，房龄较长的二手房很多是作为出租房或者过渡房，居住人等具备一定的经济条件后再购买新房，实现住房条件的改善。但二手房也有一些独特的优势，如周边环境成熟、配套的服务设施齐全、很多二手房是学区房等。

新建的住宅小区周围一般缺少配套服务设施，如学校、医院、商场等，环境成熟需要一定时间，一般是交付后再过三五年，随着居住人数的逐渐增加，相应的配套设施才逐步完善起来。房龄较高的二手房通常具有周边环境较成熟、配套设施较齐全的特点。如二手房大多位于老城区，周边的水、电、气、道路等基础设施建设完备，教育、医疗、购物等生活配套成熟。很多人喜欢这种生活环境，尤其是初到该城市生活的人员或在区域内工作的年轻人，往往会先租住这样的二手房，便于上下班或适应当地生活。所以，二手房往往比新建的商品房更容易出租，有一定的投资价值。

二手房的交易价格往往差异较大，受到的影响因素也较多，主要是房龄长短、所处的地段位置、装修状况、是不是学区房、近期是否可能被拆迁等。一套位置不佳、房龄较长、配套不齐全的二手房，可能价格较低，其主要的价值是等着以后该区域被拆迁征收。所以，传出某一区域近期可能会拆迁的消息，该区域的二手房挂牌价格往往会暴涨。一套地处市中心、房龄较短、装修较好的二手房，往往价格较贵，很多二手房的价格要超过位置比较偏远的新建商品房。如该二手房是学区房，价格更会明显提高。优质教育资源稀缺与家长对孩子教育重视的叠加，一些名校周围的房屋，价格普遍很高。很多人将购买二手的学区房作为投资，买入时为了孩子入学，等孩子升学后就将房子卖出，往往还能获得一定的升值收益。对于购房者来说，购买这种学区房需要先查清是否有名校的"学位"（通常与户籍相关），有些二手房虽然是学区房，但因为原产权人的子女仍在读，导致没有"学位"，即使购买也无法入读名校。此外,当地教育局发布的文件往往要求户籍迁入一段时间后才具备入读资格,所以如果为了孩子入学考虑要提前购入学区的二手房。总之,购房者购入二手房,需要考虑的因素较多,需要根据购买的主要目的(如生活居住、投资、孩子入学等)来综合判断该二手房是否值得购买。

二、二手房买卖的主要特点

房产商出售商品房与购房者之间形成的商品房买卖合同关系,一般被称为一手房买卖。与此比较,二手房买卖也具有一些相同的特点,如需要签订书面的房屋买卖合同,需要办理房屋交付手续并办理产权转移登记,等等。但两者也存在一些区别,以下为二手房买卖的主要特点。

(一)二手房买卖通常是现房买卖,房屋无法交付的风险较小

目前,我国的新建商品房一般是期房预售,存在难以交付的风险。而二手房买卖标的物通常是现房,所以一般不会发生无法交付的情况。除非卖方不履约,此时买方可以要求其承担违约责任。但在一些特殊情况下,二手房买卖也存在一定的风险,如交易标的物是在限制交易期内的经济适用住房或共有产权房、未取得其他共有人同意转让的共有性质房屋、未依法取得房屋所有权证或土地使用权证的房屋(如"小产权房")等,即使签订二手房买卖合同,也存在无法办理产权转移登记、合同无效的情况。此外,存在一种现实中常见的特殊情况,购房者从房产商处购得商品房后,在办理产权证之前,又与第三人签约将该房屋转让给第三人,要求房产商直接向该第三人交付房屋并办理产权转移登记手续。如果房产商同意并协助办证,相当于购房者将合同权利义务整体转让给该第三人,还是属于"一手房买卖";如果房产商不同意或无法直接办证,需要房产商先与购房者办理产权转移登记,再由购房者与第三人办理产权转移登记,后者属于"二手房买卖"。

(二)二手房买卖受政策影响较大,不确定因素较多

由于二手房的来源不同,所以有些房屋能否上市受政策影响较大。如《已购公有住房和经济适用住房上市出售管理暂行办法》(1999年建设部令第69号发布)第5条规定:已取得合法产权证书的已购公有住房和经济适用住房可以上市出售,但有下列情形之一的已购公有住房和经济适用住房不得上市出售:(1)以低于房改政策规定的价格购买且没有按照规定补足房价款的;(2)住房面积超过省、

自治区、直辖市人民政府规定的控制标准,或者违反规定利用公款超标准装修,且超标部分未按照规定退回或者补足房价款及装修费用的;(3)处于户籍冻结地区并已列入拆迁公告范围内的;(4)产权共有的房屋,其他共有人不同意出售的;(5)已抵押且未经抵押权人书面同意转让的;(6)上市出售后形成新的住房困难的;(7)擅自改变房屋使用性质的;(8)法律、法规以及县级以上人民政府规定其他不宜出售的。根据该办法第6条的规定,已购公有住房和经济适用住房所有权人要求将已购公有住房和经济适用住房上市出售的,应当向房屋所在地的县级以上人民政府房地产行政主管部门提出申请。经房地产行政主管部门审核,准予出售的房屋,才能由买卖当事人向申请办理交易过户手续,如实申报成交价格。并按照规定到有关部门缴纳有关税费和土地收益。此外,有些省市也制定了相应的管理办法,如《北京市已购公有住房和经济适用住房上市出售管理办法》(北京市人民政府令第40号)、《四川省已购公有住房和经济适用住房上市出售管理暂行办法》(四川省人民政府令第130号)。已购公有住房的土地性质一般属于国有划拨性质,出售已购公有住房时,相关方需要补缴土地出让金,土地出让金的金额标准依当年购房价格的不同而不同。如在北京等地,存在很多"央产房",即中央在京单位已购公有住房。"央产房"上市交易,需要满足一些基本条件。其上市交易需要办理规定的审批手续,相对比较复杂。"央产房"上市交易需要符合《关于印发中央在京单位已购公有住房上市出售管理办法的通知》(国管房改〔2003〕165号)、《关于在京中央单位已购公房上市出售有关问题的通知》(国机房改〔2012〕29号)等规定要求。此外,有些土地原来属于国有划拨的教学、科研用地性质,尤其是在2000年前后,高校扩招后新建了一批大学城、高教园区等,其中有一些国有划拨的土地用于建造教师宿舍或公寓。在此前房屋所有权与土地使用权分开办证的阶段,有些房屋可以办理房屋所有权证书,但没有办理土地使用权证书。这些房屋受限无法上市交易,对其如何处理存在一定争议。二手房价格评估与税费缴纳也受较多的政策性影响。所以,买卖特殊类型的二手房时,需要特别注意:能否上市交易、需要办理哪些手续、土地是出让还是划拨性质、是否需要补缴土地出让金或需要缴纳的税费情况等。

(三)二手房买卖中出卖人的附随义务与房产商作为商品房出卖人的附随义务明显不同

在一手房买卖中,房产商的主要义务是按时交付符合质量要求的房屋,其附随义务是协助购房者办理房屋所有权登记,在向购房者交付房屋的同时还需要提供住宅质量保证书、住宅使用说明书。在二手房买卖中,出卖人除了按时交付约定的房屋外,还要协助买受人办理产权转移登记,但一般不需要提供住宅质量保证书、住宅使用说明书。其附随义务中一般还有:移交室内设施设备与办理原户口迁移。除了白坯房外,室内一般有一些设施设备,如家电、家具、厨具等。有些买受人就是因为看上二手房内的装修,才决定购买的,这些设施设备一般也折价计算在总的房价中。如果出卖人提出要搬走现有的部分设施设备,一般在计算房价中会适当减少。所以,建议二手房买卖双方将留下一起移交的室内设施设备具体写明作为合同附件,最好是拍照留存,这样比较明确,不容易产生纠纷。此外,如果房屋是原所有权人实际生活居住,其往往会将户口登记在该房屋内。如果原所有权人迟迟不迁出该房屋内登记的户口,将影响买受人将其户口迁入。尤其是学区房买卖中,这是重要的影响因素,可能会决定买受人的子女能否入读该学区内的名校。所以,如果涉及学区房买卖,建议在合同中写明户口迁移的时间及不按时迁出的违约责任。二手房买卖中涉及较多的税费与中介费用承担,这是双方可以协商承担的。如增值税、契税、中介费用可以由一方承担或双方共同承担,个人所得税一般是卖方承担。

(四)二手房买卖中存在标的物权利瑕疵的情况较多

一手房买卖中可能存在的标的物权利瑕疵主要是房产商已将房屋办理抵押,导致无法办理产权登记手续。二手房买卖中可能存在的标的物权利瑕疵的情形较多,除已办理抵押外,还可能存在已设立居住权、已出租或被法院查封的情形。按照《民法典》第406条的规定,设立抵押的房屋也可以转让,但抵押人应及时通知抵押权人,抵押权人可以要求抵押人将转让所得的价款向抵押权人提前清偿债务或者提存。办理抵押贷款还没有还清的房屋也可以办理"带押过户",很多银行已经开办此业务。所以,设立抵押权已经不是房屋转让的主要限制因素,不需要先办理解押才能转让。但如在住宅上已设立居住权,将会实质影响买受人的使用,所以买受人一般会要求出卖人先办理居住权注销登记,或者出卖人将设立居住权期间的价值在房价中作相应减少。如采取居住权有偿设立形式,买受人也可以要求收取此后的房屋使用费用。房屋已出租的情况处理相对简单,因为按照"买卖不破租赁"原则,买受人要继续履行租赁合同所以可以要求收取此后的房租,或者要求出卖人与承租人协商提前解除租赁合同后再转让,所以买受人需要注意的是：出卖人应提前将出售房屋的情况告知承租人，承租人有权行使优先购买权。因为办理产权转移登记时需要缴纳较多税费，在二手房买卖中经常出现"阴阳合同"的情况；因为房屋涨价或其他原因的影响，"一房多卖"情况也较多。对于购房者来说，需要注意其中的风险，具体见本章第四节内容介绍。

三、二手房买卖的一般流程

本部分主要介绍的是二手房买卖的一般流程，其中贷款流程并不是必要程序。

（一）拟购房者看房

购房者看房，是为明确标的物的基本情况。想要挑选一套适合自己的好房子，需要考虑的问题会更多，如地段位置、楼层、房屋质量、装修情况、小区物业等，这些都是购房者关心的主要问题。所以在购房前，购房者一定要去实地考察一次，以判断房屋是否适合自己。

购买二手房时最好是看空房，因为空房没有家具、家电等物遮挡，可以清晰地看到整房的结构与质量。如果是已装修的房屋，在看的过程中要注意透过表面看内部，如看完墙纸看墙面，看墙面是否平坦，是否潮湿、龟裂，可以帮助了解是否有渗水的情况。墙角相较于墙面来说更为重要，墙角是承接上下左右结构力量的，如墙角出现严重裂缝时，漏水的问题也会随时出现。

（二）达成初步意向

如果购房者认为房屋基本符合自己的要求，有意向购买，可以通过中介机构联系卖方进行面谈，主要谈的内容是房屋的价格、是否支付定金、付款方式与时间、房屋交付时间等，可能还会涉及室内设施设备归属、户口迁移、税费与中介费用承担等相关事项。在这期间，一般会有讨价还价的过程，有时候需要多次面谈才能确定，中介机构在其中也可以发挥说合的作用。如双方就以上事项基本达成一致，可以由中介机构协助准备房屋买卖合同草稿；如未通过中介机构，可以双方拟定合同内容或一方起草后经另一方认可，也可以请律师起草合同或进行把关。

（三）买方交付定金

如果购房者确定购买意向，双方可以马上签订房屋买卖合同。但有时由于一些特殊情况，无法马上签订合同。如共有性质的房屋，需要得到其他共有人的一致同意;未取得完全产权的经济适用住房或共有产权房在上市前,需要获得相关部门的批准;如果房屋已出租,买方提出要求卖方先解除出租合同;买方拟采取贷款方式付款,要向银行提出贷款申请以确定能否获得贷款;买方提出需要与家人协商后才能最终确定是否购买。如果买方确定要购买,卖方就不能将此房再卖给第三人,房屋中介机构也要撤下该房屋的出售信息。所以,卖方一般会要求买方支付一定的定金,避免买方反悔。买卖双方可以签订定金合同,买方向卖方交付定金,或将该定金交给房屋中介机构保管。交付定金的行为在二手房买卖过程中有特殊意义,一方面可以约束买方在一定期限内与卖方签订正式的房屋买卖合同,另一方面可以约束卖方不再将房屋卖给第三人。而买方也会担心卖方因为房价上涨等原因不履约,或将房屋卖给第三人,此时买方可以要求卖方一起到登记机构办理预告登记手续。

(四)签订房屋买卖合同

双方确定合同的主要内容后,需要将相关内容用合同书的形式固定下来。各地住建部门会发布二手房买卖合同或存量房屋买卖合同示范文本以供选用,但一般不强制要求使用。二手房买卖,现在一般也采取合同网签的方式,中介机构会提供当地住建部门推荐的合同示范文本,双方签字后上传备案。如果当地存在限购政策,买方还需先向登记机构申请开具限购证明。

(五)买方支付首付款

房屋买卖合同中,一般会约定首付款支付的内容。在约定的时间内,买方向卖方支付该款项,卖方才会向买方交付房屋、协助办理产权过户。如此前买方已经交付一定的定金,定金也可以抵作价款。如买方担心卖方不履行合同义务,可以要求将该首付款交给中介机构保管,等办理产权转移登记后再由中介机构交付给卖方。

(六)交房验收

在合同中应约定双方交付房屋的时间与方式,可以在办理产权登记前也可以在此后交付房屋。在交付时,应由买卖双方与中介机构派人一起参加,必要时可以制作房屋交接单,由双方签字确认。买方主要检查室内设施设备情况是否符合合同约定,如果存在差缺,应告知买方;在查验符合合同约定的情况下,卖方向买方交付房屋钥匙、门禁卡等必要材料与房屋相关文书资料;如有需要,卖方应提供原所有权人的身份证复印件(说明用途并签名),买方可以办理水、电、燃气、有线电视、网络等使用费用结算与账户过户,并将房屋买卖情况告知小区物业服务企业,结清此前的物业服务费。

(七)办理过户登记

合同签订后,需要办理房屋所有权转移登记。中介机构一般会告知买卖双方准备好办理过户所需要的相关材料。在约定的时间,先缴纳相关税费,然后双方当事人凭完税凭证向不动产登记机构提交申请书及相关材料。如果提交的材料不足或存在问题,登记机构会告知需要补正的材料。登记机构审核后认为可以,要求申请人缴纳印花税和登记费、工本费,此后会发放通知书,买受人按通知领取不动产权证书即可。

(八)买方办理贷款与支付剩余房款

买方办理贷款与支付剩余房款并非必需项。买方办理按揭贷款后,银行会按照借款合同的约定向其放款,买方再将该款项转入卖方指定的银行账户中用于支付剩余的购房款。

如果采取贷款方式支付,买方作为借款人需要办理按揭贷款的相关手续,如贷款申请、审批、办理抵押、出具不动产登记证明(抵押)、银行放款等。贷款流程在本书第三章中介绍,此处不赘述。

此外,二手房买卖可以采取双方直接交易的模式。如杭州在"杭州市二手房交易监管服务平台"上线"个人自主挂牌房源"功能,售房者只需进行实名注册,就可以在线填写房屋信息、权属状况等基本信息,完成房源自主挂牌;而购房者可以在"挂牌房源公示"栏内查询个人自主挂牌房源和委托经纪挂牌房源,通过个人实际需求筛选价格、面积、户型、城区等条件,快速锁定房源,便于直接交易。

第二节 二手房买卖合同的签订

与商品房买卖合同有所不同的是,二手房买卖虽然也有合同示范文本,但买卖双方可以自己约定的内容更多、自治空间更大。而且,此类示范文本并不强制要求使用,在实际使用过程中,买卖双方既可以使用示范文本,也可以不按照示范文本、自行拟定合同条款,以体现特殊需求,登记机构也会予以备案并办理产权转移登记。

一、二手房买卖合同的主要条款

二手房买卖合同,指的是在二手房买卖过程中,出卖人与买受人签订的明确双方权利与义务关系的协议,是买卖合同的一种类型,所以应适用《民法典》合同编第九章"买卖合同"中的相关规定。

二手房买卖合同可以参考《商品房销售管理办法》第16条规定的"商品房买卖合同"明确主要内容。

对于二手房买卖合同,各地住房和城乡建设主管部门发布了一些示范文本。如2017年12月,浙江省住房和城乡建设厅、浙江省工商行政管理局联合发布了《浙江省二手房买卖合同示范文本》,以供当事人订立合同时参照使用。2015年12月,宁波市住房和城乡建设委员会、宁波市市场监督管理局也发布过《存量房屋买卖合同(示范文本)》以及《存量房屋买卖中介合同(示范文本)》。

《民法典》颁布实施后,各地对二手房(或称为存量房屋)买卖合同示范文本也进行了一定的修订。如在2023年4月28日,浙江省住房和城乡建设厅、浙江省市场监督管理局发布了2023年版《浙江省存量房买卖合同示范文本》(HT33/SF01 3-2023)。从修改的内容来看,新示范文本结合了《民法典》及修订后相关司法解释的规定。以下结合2023年版《浙江省存量房买卖合同示范文本》进行分析。

二、与时间节点相关的约定

在二手房买卖合同的订立及后续履行过程中,有一些时间节点非常重要,如定金交付的时间、购房款支付的时间、房屋交付的时间、办理过户的时间、原户口迁出的时间等。

(一)定金的数额与交付时间

定金,是指为了保证合同的订立或履行,合同当事人一方向另一方支付的金钱或其他有价物。房屋买卖合同中常见的"定金",是指为了确保合同的订立或履行,由买方预先支付给卖方一定数额的金钱作为担保。

定金条款或定金合同应采用书面形式，通常采取定金条款方式，作为商品房买卖合同的一个条款。如当事人口头约定定金数额并交付，定金合同也可表现为卖方出具的定金收据。

定金的数额由当事人约定，总额不超过房屋总价款的20%，超过的部分不具有定金的性质，应视为购房者的预付款。

定金合同从实际交付定金时成立。定金合同成立后，买方如果不按预约订立合同或者违约，无权要求卖方退还定金；卖方如果不按预约订立合同或者违约，应向买方双倍返还定金，这是"定金罚则"。

需要注意的是定金的交付时间，定金一般在签订房屋买卖合同前支付，其性质为订约定金。一旦双方签订房屋买卖合同，该定金一般会抵作价款。但双方往往此前只有口头约定，即使卖方出具收条，往往也比较笼统，如"今收到某多少钱"，或写作押金、订金的情况较多，这样比较容易出现纠纷。从卖方的角度考虑，一旦买方违约，自己将此款项认定为定金，予以没收；如果自己违约，则将款项认定为预付款，原额退还即可，不愿意双倍返还。从买方的角度考虑亦然，当事人往往都是从自己的利益角度出发考虑问题。所以，笔者建议：应在收条与定金条款中明确相关款项是"定金"性质，并明确定金的数额与交付时间，签约后抵作价款或收回。

(二) 购房款的交付时间与方式

在房屋买卖合同中，需要明确房屋的转让价格，一般是总价款的形式。房屋装修与室内设施设备的价值一般折价计入房屋的总价款中。

二手房的购房款交付方式有一次性支付、分期支付、贷款方式付款，其中以首付＋贷款方式支付的居多。

以2023年版《浙江省存量房买卖合同示范文本》中的相关内容为例说明。

第二条　房屋价格及税费

1. 买卖标的物为【整套房屋】【百分之＿＿＿的房屋份额】，该房屋总价为【人民币】【　】＿＿＿＿＿＿元(大写：＿＿亿＿＿仟＿＿佰＿＿拾＿＿万＿＿仟＿＿佰＿＿拾＿＿元整)。

2. 该房屋买卖产生的税费由合同当事人按照有关规定承担，具体约定见附件2。

第三条　付款方式及期限

（一）乙方按下列第____种方式向甲方支付房款：

1. 一次性付款：乙方应当于_____年____月____日前一次性支付全部房款【人民币】【　】_____元(大写：____亿____仟____佰____拾____万____仟____佰____拾____元整)。

2. 分期付款：乙方应当于_____年____月____日前支付首期房款【人民币】【　】_____元(大写：____亿____仟____佰____拾____万____仟____佰____拾____元整)。剩余房款按照下列约定支付：_____。

3. 贷款方式付款：【公积金贷款】【商业贷款】【公积金、商业组合贷款】【　】。

乙方应当于_____年____月____日前支付首期房款【人民币】【　】_____元(大写：____亿____仟____佰____拾____万____仟____佰____拾____元整)。剩余房款【人民币】【　】_____元(大写：____亿____仟____佰____拾____万____仟____佰____拾____元整)由乙方申请贷款支付。乙方应当于_____年____月____日前向贷款机构提交抵押贷款申请材料,办理贷款审批手续。____年____月____日前贷款没有发放或者发放的贷款不足以支付剩余房款的,按照下列约定处理：_____。

4. 其他方式：_____。

（二）房款资金监管(房屋所在地已实施存量房买卖房款资金监管的,双方应当作出选择)

双方已充分了解存量房买卖房款资金监管相关规定,并约定共同选择第____种方式：

1. 委托房屋交易管理机构监管,另行签订监管协议。交易管理机构名称为_____,资金监管银行为_____,监管账户名称为_____,账号为_____。

2. 委托房地产经纪机构代为监管,另行签订监管协议。房地产经纪机构名称为_____,资金监管银行为_____,监管账户名称为_____,账号为_____。

3. 委托公证机构代为监管,另行签订监管协议。公证机构名称为_____,资金监管银行为_____,监管账户名称为_____,账号为_____。

4. 委托律师事务所代为监管，另行签订监管协议。律师事务所名称为_____，资金监管银行为_____，监管账户名称为_____，账号为_____。

5. 双方自行交割房款，并承担相应的法律风险。甲方接收乙方支付房款的银行为_____，账户名称为_____，账号为_____。

6. _____。

在一次性支付方式付款中，应注意的主要事项包括明确约定房屋交付与办理过户登记的时间，坚持"一手交钱、一手交房"原则，必要时买方可以要求预留部分尾款，以预防不能按时过户产生的纠纷。

在用银行贷款方式付款时，应注意的主要事项包括明确约定买方办理贷款审批的时间节点，以及办理过户登记的前提条件和期限。从卖方的角度考虑，为了保险起见，最好在"合同的其他约定"中明确：如果买方无法办理贷款或者贷款金额不足，买方用现金补齐。

笔者建议：付款时间的约定应尽量明确，但也需要有一定的弹性。如一般不要具体约定银行贷款的放款日期，因为这个日期双方无法确定，但可以约定在贷款下发后____日内由银行直接将贷款作为第二笔购房款支付卖方。如果双方对于付款时间没约定或约定不明，双方可以订立补充协议；或在给对方必要准备时间的情况下，买卖双方可以随时履行。

（三）房屋交付时间与验收

房屋买卖合同订立后，买方的主要义务是按时支付房款，卖方的主要义务是及时腾退房屋并交房。如果卖方逾期不交房，则构成违约。

对于交房时间的约定通常有以下四种：第一种是约定具体的日期交房，这对买方相对有利；第二种是约定卖方收到全款后几日内交房，这对卖方相对有利；第三种是约定办理过户登记后几日内交房，需要明确办理过户登记的时间；第四种是约定卖方回租一段时间后再交付。

以2023年版《浙江省存量房买卖合同示范文本》中的相关内容为例说明。

> **第五条　房屋交付**
>
> 双方按照下列第____项方式交付房屋：
>
> (1)甲方应当于_____年____月____日前将该房屋交付给乙方。双方查验房屋后，以【签署交付证明】【甲方将房屋钥匙交付给乙方】作为房屋转移占有的标志。
>
> (2)其他方式：_____。
>
> [查验内容应包括但不限于：房屋腾空情况，房屋及装修、设备等情况，户口迁出情况，已发生的水、电、煤气、物业管理、租金等各项费用的付讫凭证，房屋钥匙。查验后双方签订《房屋交接单》(附件3)，甲方将房屋交付给乙方。]
>
> 甲方转让该房屋后，应当于【房屋交付前】【房屋交付后____日内】【_____年____月____日前】将相关情况告知物业服务人。

对于卖方而言，在买方付清购房款前就交房，存在买方此后无法按时付款的可能，所以应尽量延迟办理过户登记的时间。对于买方而言，交房意味着自己对房屋的占有与使用，所以尽量要求早交房。但买方要求早交房，往往卖方会要求其付清全部购房款或至少支付大部分款项。如采取一次性支付方式，且买方有经济实力可以全款购房，最好是采取一次性付清房款方式，同时要求交房并办理过户登记。如采取首付+贷款方式支付，买方需要以该房屋作为抵押去办理贷款的，应先办理过户登记，然后再交房，这样的做法双方会比较容易接受。

从平衡双方利益的角度考虑，建议一般采取全款付清或支付大部分款项后再交房。在合同中明确约定逾期交房的法律后果，如卖方未按照合同约定的时间过户并交付房屋，逾期超过一定期限的，买方有权要求解除合同并返还已付房款及相应的利息，同时要求卖方承担相应的违约责任。同时有必要约定房屋受损或灭失的风险自房屋交付日起转移给买方，在此之前房屋灭失损毁的风险由卖方承担。

房屋验收包括房屋的验收以及室内设施设备的验收。关于房屋，卖方可能存在私自改变房屋结构、私自搭建小阁楼、将阳台改成卧室等现象，对此买方应提前知道，至少在验收的时候要做到心里有数。关于室内设施设备，由于二手房一般已装修与使用过，所以在出售时，装修和设施设备通常是折价算入总价款中的。因此，应当在签订房屋买卖合同时，就将设施设备的品牌、数量及能否正常使用写清楚作为附件，交房时按照附件约定进行清点。

笔者建议:买卖双方应在交房验收后签署房屋交接单,这对卖方来说更具有必要性。签署房屋交接单意味着卖方已交付房屋,也意味着买方对房屋整体状况的认可,可以避免今后的纠纷。

附件3　房屋交接单

甲方:＿＿＿　乙方:＿＿＿,于＿＿＿＿年＿＿月＿＿日,就坐落于房屋履行交接手续完毕。

甲方(签字或者盖章):　　　　　乙方(签字或者盖章):

甲方代理人(签字或者盖章):　　乙方代理人(签字或者盖章):

签订时间:＿＿＿＿年＿＿月＿＿日

签订地点:＿＿＿＿＿

(四)办理过户登记的时间

办理过户登记的时间,买卖双方可以自行约定。如果买方通过贷款方式付款,一般会要求卖方先办理过户登记,从而协助买方从银行获得抵押贷款。

以2023年版《浙江省存量房买卖合同示范文本》中的相关内容为例说明。

第四条　房屋交易合同网签备案和不动产登记办理

1. 双方约定于＿＿＿＿年＿＿月＿＿日前按照有关规定向当地房屋交易管理部门办理房屋交易合同网签备案手续。

2. 双方约定于【＿＿＿＿年＿＿月＿＿日前】【网签合同备案后＿＿日内】按照有关规定向当地不动产登记部门办理房屋产权转移预告登记手续。双方或其中一方未按约定办理预告登记的,按照以下方式处理:＿＿＿＿＿。

3. 该房屋存在抵押情形的,双方约定实施【带押过户】【抵押权解除后过户】【　　】。实施抵押权解除后过户的,甲方应当于【房屋交付前】【办理不动产所有权转移登记前】【＿＿＿＿年＿＿月＿＿日】完成抵押权注销登记。实施带押过户的,按照有关部门规定办理。

4. 双方约定于【＿＿＿＿年＿＿月＿＿日前】【网签合同备案后＿＿日内】按照有关规定向当地不动产登记部门办理房屋产权转移登记手续。

在二手房买卖中,经常出现这样的情况,双方在签订房屋买卖合同后并不急于办理过户登记,而是先交房、等过一段时间之后再去办理过户登记。出现这种情况的原因往往是:卖方取得该房屋的所有权还不足两年,需要全额征收增值税,双方协商后进行避税。为保险起见,双方可以对房屋买卖合同进行公证,或买方要求对款项进行迟延交付。

房屋买卖合同签订后过较长时间才办理过户登记,会存在一些相应的风险,尤其对于买方而言,存在卖方不履行合同、要求加价、一房多卖、设立抵押权或居住权等风险。即使签订了房屋买卖合同,只要没有办理过户登记,就意味着房屋所有权并没有发生转移,卖方还可以对该房屋进行处分,从而影响买方的合法权益。

为了预防卖方在签约后、办理过户登记前对房屋进行不合理处分,可以在合同中约定:卖方不能对房屋进行出租、设立抵押权或居住权等行为,否则买方可以解除合同并要求卖方赔偿。保险起见,买方可以要求办理预告登记。办理预告登记后,未经买方同意,卖方不能再次转让该房屋或办理设立抵押权或居住权等登记。

房屋买卖合同合法有效,即使未办理过户登记,也不影响合同的效力。如果卖方不配合办理过户登记将构成违约,买方可以请求卖方继续履行合同、协助办理过户登记,法院应予支持。

笔者建议:(1)合同中对办理过户登记的时间应尽量明确,可以写明在具体日期前办理,或满足一定条件后几天内办理;(2)对于买方而言,在取得不动产权证前,最好不要付清全款,避免卖方收到款项后就拖拉不配合办理;(3)如根据合同约定无法在近期办理过户登记,买方可以要求卖方办理预告登记,并要求卖方尽早交房,取得对房屋的占有、使用权;(4)合同应约定卖方不配合或逾期办理过户登记的违约责任,约定适当的违约金。

(五)原户口迁出的时间及违约责任

关于原户口的迁出,买方需要特别关注。买方不仅要关注该房屋内的户口以及其具体信息,而且要要求卖方明确迁出户口的具体时间。

写法可以参照2023年版《浙江省存量房买卖合同示范文本》中的第6条第2款内容:甲方应当于【房屋交付】【_____年___月___日】前将原户口迁出。此外,在第7条"违约责任"第(三)2项规定:甲方未按照约定时间将原户口迁出的,应当向乙方支付【人民币】【   】____元的违约金;逾期超过____日未迁出的,按照以下第____种方式处理:(1)自期限届满之次日起,甲方应当按日计算向乙方支付全部已付款万分之____的违约金。(2)_____。

笔者建议:一是在合同中明确约定卖方及时迁出户口的义务应当包括迁出在房屋内的全部户口;二是就户口迁出的期限及逾期迁出户口的违约责任条款进行明确。

三、各类费用承担的约定

在二手房交易过程中,除购房款外,还有中介费、税费、办理过户登记费用等,双方可以在合同中约定这些费用的承担方式。此外,还应约定物业服务费用、水电燃气等使用费用的结清事宜。

(一)中介费承担

如果双方通过房屋中介机构进行二手房的买卖,双方应事先商量中介费用的承担并写入房屋买卖合同或中介合同。

二手房的中介费用实行市场调解价,一般为房屋成交价格的1%~3%。委托方(通常为卖方)可以在委托前与房屋中介结构协商确定中介费用,并写入中介合同。

对于中介费用的承担,可以采取三种方式:一是卖方承担;二是买方承担;三是双方各承担部分。其中各承担部分的做法比较常见,中介费承担的金额或比例应明确写入合同,以免以后发生纠纷。

(二)税费承担

二手房交易涉及的税费主要有增值税及附加、个人所得税、契税与印花税。其中,卖方需要承担的税费较多。

根据相关规定,买卖非个人自建住房,卖方需要缴纳增值税及附加与个人所得税。关于增值税及附加,购置普通住房未满2年的,全额征收增值税,税率为5%;购置普通住房满2年的,免征增值税。如果是非普通住房转让,则是全额征收增值税。增值税附加,按照相关法律法规规定的税率缴纳。

关于个人所得税,如果所购置房屋不满5年又上市交易或者虽然满5年但不是唯一住房,卖方应缴纳个人所得税,计征方式有两种:(1)税率为20%,按财产转让所得(本次交易价格－房屋原价－原缴纳契税－本次缴纳营业税－合理费用)计征;(2)未能提供原购房发票的,按已成交价格的1%征收。如果是家庭唯一住宅且购置时间已超过5年,可以免缴个人所得税;但其中任何一个条件不满足都须缴纳个人所得税。

2022年,财政部、税务总局联合发布《关于支持居民换购住房有关个人所得税政策的公告》(2022年第30号公告),为支持居民改善住房条件,明确自2022年10月1日至2023年12月31日,对出售自有住房并在现房出售后1年内在市场重新购买住房的纳税人,对其出售现有住房已缴纳的个人所得税予以退税优惠。

契税的纳税义务人是买方,基准税率为3%,优惠税率为1%~2%,均按照交易总额计征。根据财政部、国家税务总局、住房城乡建设部《关于调整房地产交易环节契税营业税优惠政策的通知》(财税〔2016〕23号)第1条"关于契税政策"的规定,个人购买家庭唯一住房(家庭成员范围包括购房者、配偶以及未成年子女),面积在90平方米及以下的,按1%缴纳契税;如果面积超过90平方米,按1.5%缴纳契税。如果是个人购买家庭第二套改善型住房,面积在90平方米及以下的,按1%缴纳契税;如果面积超过90平方米,按2%缴纳契税。其余情形按照基准税率3%计征。

依照《印花税法》及其所附《印花税税目税率表》,印花税税率为合同(协议)价款的0.5‰。应税产权转移书据的计税依据,为产权转移书据所列的金额,不包括列明的增值税税款。财政部、国家税务总局《关于调整房地产交易环节税收政策的通知》(财税〔2008〕137号)规定,对个人销售或购买住房暂免征收印花税。

虽然相关法律法规、部门规范性文件规定了相关税种的纳税义务人,但当事人在房屋买卖合同中可以自行约定因该房屋买卖所产生的税费的承担,也就是"约定优先"。如果在合同中没有约定或约定不明确,按照法律法规规定由双方各自承担税费。

(三)办理过户登记费用

办理过户登记费用:按照不动产登记机构公布的收费标准,个人住房登记收费标准为每件80元;非住房房屋登记收费标准为每件550元,包含不动产权证工本费。常见的做法是过户登记费由买方承担。

(四)其他费用结清

合同中还应约定物业服务费用、水电燃气等使用费用的结清事宜。写法可以参照 2023 年版《浙江省存量房买卖合同示范文本》中的第 6 条第 1 款相关内容：【房屋交付】【_____年___月___日】前产生的【物业服务费】【卫生费】【电费】【水费】【燃气费】【数字电视费】【网络费】【车位费】以及其他费用由甲方向相关单位结清，此后产生的费用由乙方承担。

完整的交付除了交房外，还应包括水、电、燃气、网络等费用支付账户的过户，物业服务费用、住宅专项维修基金的结清。

四、室内设施设备的归属

二手房买卖的房屋通常经过装修并使用，所以室内有一些设施设备。如果是已经固定连接在房屋上的地板、衣柜、窗帘架、灯具及水、电、热、燃气等管线与设施，一旦离开房屋不能独立使用且会大大减损其价值，所以在习惯上被认为是房屋的组成部分。如果是放置在室内的家具、沙发、电视机、冰箱、洗衣机等可移动设施设备，则一般不被认为是房屋买卖合同的必然组成部分，需要在合同中对其归属进行专门约定。

实践中，会出现争议的往往是在合同中没有进行约定或约定不明确，导致双方对该物的归属问题产生纠纷。如一套红木家具，可能价值数十万元，买方认为该红木家具应随房屋一起转让，所以比较划算；等实际交付时，发现该红木家具已被卖方搬走，卖方认为该红木家具没有写入合同约定的转让范围内，自己作为所有权人自然可以搬走。

为防止在二手房买卖合同履行过程中，各方因附属设备、装饰装修等物品产生纠纷，笔者建议：在合同签订时，通过清单的方式，事先厘清相关的内容，并作为合同附件。双方可以采取现场拍照的方式，以所拍照片作为以后办理交付时的依据。

房屋附属设施设备、装饰装修、相关物品清单

（一）房屋附属设施设备：

1. 供水：_____
2. 供电：_____
3. 供气：【天燃气】【煤气】：_____
4. 空调：【中央空调】【柜式空调____台】【壁挂式空调____台】：_____

5. 电视线:【无线】【数字】:_____

6. 电话:_____

7. 网络:_____

8. 其他:_____

(二)装修装饰情况:_____

(三)家具、电器等物品情况:_____

(四)关于该房屋附属设施设备、装饰装修等具体约定:_____

卖方(签章):　　　买方(签章):

日期:_____年___月___日

五、违约责任与合同解除条件

依法成立的房屋买卖合同受法律保护,对当事人有约束力,双方当事人均应按照合同约定,完全、及时地履行己方的权利与义务。合同中约定了违约责任,应按照违约责任条款承担继续履行、采取补救措施或者赔偿损失等违约责任。

(一)卖方违约的常见情形

1. 卖方没有处分权,如不是所有权人,或未取得共有产权人同意;

2. 卖方反悔不肯继续履行合同,如要求提高价款;

3. 卖方将房屋进行"一房多卖";

4. 卖方不按时交付房屋;

5. 卖方不配合办理过户登记;

6. 卖方不按约迁出原户口;

7. 卖方故意隐瞒与房屋相关的重要事项或对状况描述不实,如该房屋内曾发生凶杀案件,房屋已经出租或办理抵押;

8. 卖方没有按照约定注销此前已设立的抵押权、居住权;

9. 签约后卖方擅自对房屋进行不合理处分,如办理抵押、出租或设立居住权;

10. 签约后房屋被法院查封、拍卖,导致无法办理过户登记。

对于卖方违约的写法可以部分参照2023年版《浙江省存量房买卖合同示范文本》中第7条"违约责任"的相关内容。

(二)逾期交付责任

甲方(卖方)未按照约定时间交付房屋的,按照下列第____种方式处理:

1.按照逾期时间,分别处理[(1)和(2)不作累加]。

(1)逾期在____日之内,自约定的交付期限届满之次日起至实际交付之日止,甲方按日计算向乙方支付全部房款万分之____的违约金。

(2)逾期超过____日后,乙方有权解除合同。乙方解除合同的,应当书面通知甲方。甲方应当自解除合同通知送达之日起____日内返还乙方已付房款,并按照全部房款的百分之____向乙方支付违约金。乙方要求继续履行合同的,合同继续履行,甲方按日计算向买受人支付全部房款万分之____的违约金。

2._____。

(三)其他违约责任

1.双方签订该房屋买卖合同后,甲方不得就该房屋另行与第三方签订转让合同。甲方确需转让第三方的,应当书面通知乙方,并由甲乙双方协商一致解除合同。乙方同意解除合同的,甲方应当自解除合同通知送达之日起____天内退还乙方已支付的全部房款,并按照____%[不低于合同签订日相应期限的贷款市场报价利率(LPR)]利率付给利息,同时向乙方支付【总房价款____%】的违约金。乙方不愿解除合同的,_____。

2.甲方未按照约定时间将原户口迁出的,应当向乙方支付【人民币【   】____元的违约金;逾期超过____日未迁出的,按照以下第____种方式处理:

(1)自期限届满之次日起,甲方应当按日计算向乙方支付全部已付款万分之____的违约金。

(2)_____。

3.除本款第1条规定的情形外,因甲方的原因(如房屋涉及产权纠纷、债权债务纠纷、房屋被查封等),导致无法办理房屋网签备案手续或乙方无法取得房屋权属证书,甲方应当向乙方支付【人民币【   】____元的违约金,乙方有权解除合同。乙方解除合同的,应当书面通知甲方。甲方应当自解除合同通知送达之日起____天内退还乙方已支付的全部房款或根据有关协议约定房款退还乙方,并按照____%[不低于合同签订日相应期限的贷款市场报价利率(LPR)]利率付给利息;乙方不愿解除合同的,_____。

4._____。

5._____。

需要注意的是,该合同示范文本中对卖方违约情形的约定比较简单,如果读者是买方,建议适当扩充内容。如可以增加卖方将房屋"一房多卖"的违约情况处理相关内容。

(二)买方违约的常见情形

1.买方未按时、足额支付购房款;

2.买方无法办理贷款导致无法按时付款;

3.买方因限购无法办理过户登记。

对于买方逾期付款导致违约的写法可以参照2023年版《浙江省存量房买卖合同示范文本》中第7条"违约责任"的相关内容。

(一)逾期付款责任

乙方(买方)未按照约定时间付款的,按照下列第____种方式处理:

1.按照逾期时间,分别处理[(1)和(2)不作累加]。

(1)逾期在____日之内,乙方按日计算向甲方支付逾期应付款万分之____的违约金。

(2)逾期超过____日后,甲方有权解除合同。甲方解除合同的,应当书面通知乙方;乙方应当自解除合同通知送达之日起____日内按照累计应付款的百分之____向甲方支付违约金,房屋已经交付的返还房屋,同时甲方返还乙方已付全部房款。甲方不解除合同的,乙方按日计算向甲方支付逾期应付款万分之____[该比率不低于第(1)项中的比率]的违约金。

2._____。

(三)合同解除条件

合同解除分为:法定解除与约定解除。《民法典》第562条规定:当事人协商一致,可以解除合同。当事人可以约定一方解除合同的事由。解除合同的事由发生时,解除权人可以解除合同。

笔者建议:在合同中尽量明确合同的解除条件。除了合同示范文本中约定的逾期付款(或交付)超过一定期限后,卖方(或买方)有权解除合同。双方还可以约定在一些特殊情形下,一方可以解除合同,如买方无法办理贷款;买方因限购无法办理过户手续;卖方将房屋进行"一房多卖";签约后卖方擅自对房屋进行不合理处分;卖方故意隐瞒与房屋相关的重要事项或对房屋状况描述严重不实。

写法可以参照 2023 年版《浙江省存量房买卖合同示范文本》中第 1 条第 8 款的相关内容。

> 甲方对该房屋权利状况作如下承诺：
> （1）如该房屋有除甲方以外的共有人,甲方已经取得占份额 2/3 以上的按份共有人或者全体共同共有人同意,或者依照共有人的约定享有处分买卖标的的权利;
> （2）如该房屋存在共有人、承租人等优先购买权人,甲方已经书面通知优先购买权人,优先购买权人已经书面同意放弃优先购买权;
> （3）该房屋没有出卖给除乙方以外的其他人;
> （4）该房屋没有司法查封或者其他限制转让的情况;
> （5）不存在故意隐瞒房屋的抵押状况;
> （6）_____。
>
> 如该房屋权利状况与上述情况不符,导致不能完成不动产所有权转移登记,乙方有权解除合同。乙方解除合同的,应当书面通知甲方。甲方应当自解除合同通知送达之日起____日内返还乙方已付房款,并按照全部房款的百分之____向乙方支付违约金。

第三节 二手房卖出涉及的法律问题与案例

一、二手房卖方的主要关注点

在二手房买卖过程中,买卖双方的目的不同,关注点也会不一样。对于卖方（或称为出卖人）而言,其关注的核心点是找到一家靠谱的中介机构,以合适的价格,尽快把房子卖出去,顺利拿到房款。

（一）找中介

卖方可以自行卖房,如通过向各种房产交易平台上传信息进行挂牌出售;卖方也可以委托他人卖房,多数卖方会通过房屋中介机构予以挂牌出售。在确定中介机构后,卖方需要与中介机构签订委托合同(或称为中介合同),并明确委托方式。常见的委托方式主要有"一般居间服务"、"独家代理"以及"限时销售"。签约后,中介机构会派人实地考察二手房的情况,并与卖方协商挂牌价格。中介机构对市场行情比较了解也有经验,能初步估算出该房屋成交的合理价格。通常,中介机构也会给卖方一些建议,由卖方确定挂牌价格,也可以按照各个平台挂牌的市场价确定。如房屋目前是空置状态,卖方通常会将钥匙交给中介机构,便于中介机构工作人员带有意向购买者上门看房;如有人居住,卖方需要与实际居住人提前打好招呼,做好看房时的接待工作。

(二)卖出去

房屋的不动产属性决定其变现的时间成本会比一般的货物高,交易周期也会更长。多数卖方想要在短时间内把房子卖出去,尤其是对于需要卖旧房、买新房的人来说,尽快卖房是非常重要的,有时候会适当降价。如定价过高,可能导致无人问津的结果。如房屋暂时不着急出售,卖方可以在挂牌价格时定得稍微高一些,以后视情况调整价格。卖方也可以先确定一个心理价位,然后在此基础上适当增加,应留给买方在一定幅度内还价的空间。如迫切需要在短时间内将房屋出售,则房价应再做一些调整。

(三)拿到钱

卖方的最终目的是顺利拿到全部房款,既包括拿到定金与首付款,也包括按照合同约定的时间节点准时拿到相应房款。在实际操作中,买方会采取分期付款方式,卖方需要与买方商定各期付款时间与数额。如买方采取一次性付款方式,卖方一般会给予一定的折扣。如买方支付首付款后,其余房款需要用贷款方式支付,其付款时间往往与银行的放款时间相对应。如果采取抵押贷款方式,买方一般会要求先办理过户登记,然后办理抵押登记,等银行贷款后再付款。银行根据借款人(买方,抵押人)的指示付款,所以卖方最好能取得买方贷款银行的放款承诺。

二、买方的履约能力问题

买方(或称为买受人)的履约能力主要表现为按时支付购房款,除按时支付首付款外,还表现为能否按时办理贷款用于支付购房款。此外,还可能因买方限购而无法办理过户手续。

(一)签约后买方未按时付款

签约后,买方未按时付款,可能有多种原因:一种是买方原本就是打算通过办理银行按揭贷款方式支付,但是因为种种原因银行没有放款导致无法支付购房款;另一种是存在多房的连续买卖,常见的是改善型换房。一方将原有的房屋出售,双方约定了付款期限,卖方在没有实际收到全部购房款的情况下,又向他人购买房屋,原计划以别人支付的购房款作为自己买房的购房款,但后来没有按时收到原房屋的房款,导致自己没有钱支付新房的房款。当然还可能存在其他情形,如在房屋买卖合同签订后,买方的经济状况突然恶化,导致丧失付款能力。

从合同履行的角度分析,只要买方未按时付款,通常是构成违约的,除非卖方未按时交付房屋且合同中约定先交房、后付款,这也可能导致卖方在另一个房屋买卖合同关系中也构成违约。所以,卖方要注意签约后买方未按时付款风险的防范,做好预防准备。

笔者建议:(1)签订房屋买卖合同前卖方要先评估买方的付款能力,再决定是否与之交易,例如,要求买方提供相关银行存款或其他资产的证明,向银行或专业中介机构初步了解买方是否符合办理按揭贷款的条件;(2)在房屋买卖合同中明确约定如果买方没有按约履行付款义务的违约责任,要求买方承担因此对卖方造成的经济损失,即卖方需要承担的另一房屋买卖合同关系的违约金;(3)如买方采用分期方式付款且要求部分购房款于房屋过户后才予以支付,则要求买方在房屋过户前先将该部分购房款交由银行进行资金托管或由房屋中介机构代为保管,待房屋过户后再交付给卖方,从而保证卖方能取得该部分购房款。也可以由房屋中介机构提供担保服务,这样卖方会觉得比较有把握。

(二)签约后买方无法办理贷款

二手房交易流程花费时间较长且金额较大,所以买方往往不会在签订合同时就向卖方一次性付清全部购房款,而是采用分期付款或办理按揭付款的方式进行付款。交易过程中,买方在约定的期限内未办妥按揭手续的情形比较常见,包括买方未提供办理按揭贷款的所有材料、贷款申请未能获得银行审批通过或贷款申请金额未能足额获批,对于此类情形的处理,需要根据不同原因进行区分。

一是因为买方逾期办理按揭贷款,或者买方不符合办理贷款的条件。对此问题的处理,取决于买卖合同双方对于办理贷款的相关约定,如果合同约定的是办妥抵押贷款申请手续的时间,则按照时间点可直接判断买方是否违约,如果合同并未明确约定买方何时办妥抵押贷款申请手续,可按照银行办理贷款审批的手续和通常情形,预估买卖房屋当事人向银行提交申请办理贷款手续后经银行批准的合理期限,进而判断买方是否违约。

二是国家施行房产新政,买方因为政策调整无法办理贷款。这也要看合同约定,当国家实行房产新政,当事人已预见购房存在的商业风险,并在合同中对国家房贷政策变化导致不能办理贷款作出了承诺。这种情形不属于情势变更,不能解除房屋买卖合同。

当合同没有约定的情况,银行房贷政策调整是政府为加强房地产交易进行的政策调控,该调控政策何时出台以及具体内容如何,当事人签订房屋买卖合同时均不可预测。购房者确有证据证明其因银行房贷政策调整而无法履行付款义务,且合同没有明确约定即使购房者无法获得银行贷款也应继续履行合同义务的,可参照《商品房买卖合同司法解释》第19条的规定:商品房买卖合同约定,买受人以担保贷款方式付款,因当事人一方原因未能订立商品房担保贷款合同并导致商品房买卖合同不能继续履行的,对方当事人可以请求解除合同和赔偿损失。因不可归责于当事人双方的事由未能订立商品房担保贷款合同并导致商品房买卖合同不能继续履行的,当事人可以请求解除合同,出卖人应当将收受的购房款本金及其利息或者定金返还买受人,即"不可归责于当事人双方的事由"导致房屋买卖合同不能继续履行,当事人可以解除合同,买受人不承担违约责任。

笔者建议:对于卖方而言,按揭贷款发生在买方和银行之间,基于合同的相对性,买方能否贷到款,卖方是无法控制的。卖方能做的是,通过合同的约定,减少不确定性给己方带来的不利影响。比如在时间节点的确定上,尽可能地约定按揭办妥的时间,以此督促买方去及时办理按揭手续,在纠纷发生后也能够证明买方违约的事实。比如在情形的选择上,可以约定房贷政策变化导致不能办理按揭不属于情势变更,买方不能解除房屋买卖合同,由此导致无法按时支付购房款,需要承担违约责任。还可以约定贷款申请未能获得银行审批通过或贷款申请金额未能足额获批的救济措施等条款。

(三)签约后买方因限购无法办理过户手续

签约后买方因限购无法办理过户手续可以具体分为几种不同情形:第一种是

在合同签订时,实际出资人(买方)已明知自己没有购房资格。实际出资人的设想是:在办理过户前能取得购房资格,或者将房屋过户给有购房资格的第三人(借名买房)。对于卖方而言,按照协议履行即可,是否有购房资格是买方需要自己解决的问题。第二种是在合同签订时,买方故意隐瞒自己没有购房资格。在合同履行过程中,如果卖方有证据证明买方没有购房资格,可以行使不安抗辩权中止合同履行,并及时书面通知买方,要求其提供具有购房资格的证明。第三种是在合同签订时,买方具备购房资格,但在合同履行过程中,因为限购政策突然调整,买方失去购房资格。此时的处理,最大的争议是能否直接适用情势变更原则,司法实践一般认为不适用"情势变更原则",但可以适用"不可归责于双方当事人的事由"。在实际的处理过程中,仍旧需要区分是合同未按约履行导致遭遇限购还是合同正常履行导致遭遇限购。前者不适用"不可归责于双方当事人的事由",违约方应该承担相应的不利后果,后者由于购房资格是按约履行房屋买卖合同必备的前提性条件,一旦购房资格受限会直接导致整个房屋买卖合同无法继续履行。而双方在合同履行中都没有过错,任何一方可以请求解除合同,并要求返还定金与购房款。

笔者建议:卖方可以要求约定在签订买卖合同时买方具备购房资格,如果此后在合同履行过程中,买方未按约履行,或遭遇房地产调控新政,买方应承担违约责任。

三、卖方要求售后回租的处理

售后回租,是房屋买卖关系和房屋租赁关系在同一当事人之间的合一,基本模式是卖方出售房屋后,又以承租人的身份向买方租赁该房屋。

售后回租,往往是卖方有特殊的需求,如卖方为了改善住房条件,购买了新的住房,但暂时无法交付,又需要卖出原有住房,以所得的购房款来交付新住房的房款或用于装修用。由于存在时间差,所以卖方在卖出原有住房的同时提出要求售后回租,直至新购买的住房交付或者装修完成可以入住。还有些是卖方因为孩子入学的需要,虽然新住房已经交付,但距学校的距离较远,所以卖方需要在距离学校较近的小区中租赁住房便于接送孩子上下学,因为对原住房的环境比较熟悉,所以提出要求售后回租。或者是卖方因为清偿债务的需要,只能将原住房出售,将所得的购房款用来偿还债务,但因卖方无处居住,所以只能向买方提出要求租赁该住房。

对于买方来说,如果买方急于入住该房屋,显然卖方提出的售后回租不符合其购房目的。如果买方购买该房屋系用于投资、出租或者其另有住处,可以考虑同意卖方提出的售后回租的要求。

售后回租,对于卖方而言,可以通过出让房屋所有权换取资金,同时还可以继续有偿使用该房屋。对于买方而言,在取得房屋所有权的同时,还可以获得一部分的租金收益。相较于其他承租人而言,卖方可能会对该房屋更加爱惜。这是个对双方都有利的做法。

与售后回租的做法比较相似的是,双方签订房屋买卖合同但延迟房屋交付的时间。买方可能会担心卖方在此期间出现不愿意履约、加价或"一房多卖"等违约行为,所以要求先办理过户登记、可以晚些时间交付房屋。卖方一般会同意因此适当降低购房款,其中的差价相当于支付房屋租金。两种做法在本质上很相似:签订房屋买卖合同,办理过户登记;卖方继续占用该房屋一段时间,推迟实际交付时间。差异是:售后回租期间,双方是基于租赁合同的债权关系,卖方需要交付租金,一旦出现纠纷,应作为租赁合同纠纷处理;如果是延迟交付房屋,卖方虽然对买方给予购房款的优惠但不需要支付租金,一旦出现纠纷,应作为房屋买卖合同纠纷处理。

笔者建议:如果卖方提出售后回租的要求,买方根据自己的购房目的与可能存在的风险,考虑是否同意卖方的要求。如果卖方肯给予购房款较大优惠,买方也可以考虑先办过户登记、延迟交付房屋的做法。如果双方同意采取售后回租的方法,应签订书面形式的房屋租赁合同,明确租金、租期及相关内容。

四、因买方原因导致的房屋买卖合同纠纷案例

案例一:房屋买卖合同签订后,买方有依约支付购房款的义务。逾期付款构成违约,买方应承担相应的违约责任。在约定违约金过高的情况下,法院可以依法进行适当调整。

案号为(2020)浙0211民初523号的房屋买卖合同纠纷案件。案情简介:2019年9月,张某(甲方)与叶某(乙方)签订房屋买卖合同,约定甲方将一套房屋卖给乙方,成交价格为169.5万元,乙方在签订合同之日向甲方支付定金2万元,2019年9月10日前支付购房款63万元,剩余房款104.5万元由乙方办理银行按揭贷款支付。甲方同意于乙方付清房款时将房屋交给乙方。如乙方不能按约付清购房款,每逾期一天,应支付给甲方总房价的1‰的违约金。合同签订后,叶某

依约支付定金及首付款。2019年9月16日,叶某出具欠条,载明:剩余尾款104.5万元于2019年11月20日前付清。案涉房屋于2019年9月16日过户登记至叶某名下。2019年12月15日,张某(甲方)与叶某(乙方)签订补充协议,约定:甲方同意乙方剩余房款94.5万元于2020年2月20日前支付给甲方;原定支付时间2019年11月20日,日违约金按照房屋总房款169.5万元的1‰赔偿给甲方。乙方共计延期时间按90天计算。乙方需在2020年2月20日前支付违约金共计152,550元。2019年12月20日,张某(甲方)与叶某(乙方,叶父代)签订补充二次协议,约定如乙方在2020年2月20日前未付清1,097,550元,由叶父按时全额偿还给甲方。后,叶某、叶父未按约支付购房款,张某向法院提起诉讼。

宁波市镇海区人民法院审理后认为,该案中三方签订的房屋买卖合同合法有效,各方均应依约履行。合同签订后,原告已依约配合办理房屋过户手续,但被告叶某未依约付清购房余款94.5万元,且被告叶某在2019年9月16日出具欠条时明确余款于2019年11月20日前付清,后原告张某与被告叶某达成补充协议,约定余款于2020年2月20日前付清,但叶某仍未按约履行,叶某的行为属违约,原告要求被告叶某继续履行,支付购房余款94.5万元,法院予以支持。当事人约定的违约金超过造成损失的30%的,一般可以认定为原《合同法》第114条(注:对应《民法典》第585条)第2款规定的"过分高于造成的损失"。该案中,双方在合同中约定买方逾期付款后违约金的计算方式为总购房款的1‰×逾期天数,被告叶某、叶父提出违约金过高要求酌减,法院酌定叶某应付2019年11月21日至2020年2月20日逾期付款违约金101,700元,并酌定2020年2月21日起逾期付款违约金金额以总房价169.5万元为基数按年利率24%计算。关于被告叶父的责任承担问题,法院认为,叶父的行为属于债务加入,其应在1,097,550元的范围内对叶某的涉案债务承担连带责任。所以,判决:(1)被告叶某向原告张某支付购房款以及相应利息;(2)被告叶父在1,097,550元范围内承担连带责任。

案例二:买方明知或应知其不具备购房资格而签订房屋买卖合同,并最终因不具备购房资格导致合同不能履行,买方构成违约。

案号为(2021)浙0203民初13178号的房屋买卖合同纠纷案件。案情简介:崔某在购买房屋前未在当地缴纳过社会保险,不具备购房的资格。2021年6月13日,刘某、杨某(卖方)与崔某(买方)签订房屋买卖中介合同,约定案涉房屋成交总价为174.5万元,定金4万元于合同签订日支付给卖方,买方于2021年7月13日前支付首付款48.5万元,买方以贷款方式购买,拟贷款金额为122万元;买方承诺具备贷款资格和购房资质等并能开具购房证明,否则视为买方构成根本违约。关于违约责任:买方构成根本违约,卖方有权解除房屋买卖合同,没收买受方的定金或要求买受方支付房屋转让价20%的违约金。合同签订后,崔某交付定金4万元。后因崔某不具备购房资格,案涉房屋买卖合同未实际履行。所以,刘某、杨某向法院提起诉讼,要求解除房屋买卖合同,并要求崔某支付违约金。

崔某称,在签订房屋买卖合同前曾向房产中介公司说明其暂不具备在当地购房的资格,但该公司表示可以帮其解决购房资格问题。

宁波市海曙区人民法院审理后认为,该案中案涉房屋位于限购区域内,崔某作为买方,对其是否具备购房资格负有审慎注意义务,即便中介方表示可以解决其购房资格,亦不能免除其自身审慎注意义务。根据该案查明的事实,崔某明知其不具备宁波市购房资格而与刘某、杨某签订案涉房屋买卖合同,并最终因缺乏购房资格,合同不能履行,合同违约方为崔某,刘某、杨某要求解除合同的诉请,符合合同约定,即便刘某、杨某在合同签订时知晓崔某不具备购房资格,但双方当事人签订合同均是为实现涉案房产的交易,意思表示真实,不存在以假意掩盖真意的情形,而崔某由于自身原因无法解决购房资格在客观上导致合同无法履行,已构成违约。关于违约金金额,合同约定违约金过高,鉴于刘某、杨某未能举证证明其实际损失情况,结合2021年下半年宁波市房地产市场形势变化,刘某、杨某知晓崔某不具购房资格时间及双方协商合同解除过程等因素,酌情确定崔某应支付违约金10万元,扣除已付定金4万元,崔某尚应支付6万元。所以,判决:(1)解除刘某、杨某与崔某的房屋买卖中介合同;(2)崔某支付刘某、杨某违约金6万元。

案例三:因买方存在征信原因导致合同无法履行,不属于"不可抗拒的因素",因此导致银行无法放贷,买方不能当然免责。

案号为(2021)湘0503民初2116号的房屋买卖合同纠纷案件。案情简介:李某1、李某2夫妻(以下简称李某夫妻)将住房委托湘邵福家公司居间出售,湘邵福家公司后找到欲购买房屋的刘某、袁某夫妻,拟代表李某夫妻与其签订房屋买卖合同。湘邵福家公司的工作人员张某通过微信与其沟通买卖合同的条款。在微信沟通过程中,李某夫妻问询:"(买方)贷款有征信问题吗?"湘邵福家公司的工作人员未作答。当天下午,李某夫妻(甲方)委托张某与刘某、袁某夫妻(乙方)签订合同,湘邵福家公司作为居间方(丙方)亦在该合同上签名盖章。合同约定:房屋总价106.8万元,乙方于签署合同当天支付购房定金5万元给丙方,甲方同意定金暂由中介方监管,同时委托丙方向银行申请办理银行按揭,丙方将此定金在乙方付首付款时交与甲方;如因不可抗拒的因素贷款审核不通过,甲方将定金在银行通知10日内全部退还给乙方,甲乙丙三方均不负责任。合同中李某夫妻(甲方)的签名由张某代签。当天,刘某向湘邵福家公司转账定金5万元,同日,湘邵福家公司将定金中的2万元转给李某夫妻。

2021年4月14日,刘某、袁某夫妻向银行申请二手房按揭贷款,因两人征信问题未通过审批。后,湘邵福家公司于2021年4月23日向刘某、袁某夫妻退还定金3万元,并告知合同已经取消,2万元定金房东已收走。刘某、袁某夫妻向法院提起诉讼,要求李某夫妻退还2万元定金。

湖南省邵阳市大祥区人民法院审理后认为,三方在合同中约定:"如不可抗拒的因素导致乙方贷款审核不通过,甲方将定金在银行通知10日内全部退还给乙方。"关于合同中的"不可抗拒的因素"如何理解,法院认为,关于征信中已经发生的逾期状态,对于原告方来说不属于不可预见的客观事件,而是原告方的主观行为造成的后果,征信问题不能归类于"不可抗拒的因素"。但被告询问中介原告贷款是否有征信问题时,湘邵福家公司并未明确告知,在此情况下被告未继续追问也未对合同条款中的"不可抗拒的因素"要求湘邵福家公司进行解释说明,被告方在缔约过程中也存在一定过错,所以,酌情判令被告退还原告定金1万元。

五、因其他原因导致的房屋买卖合同纠纷案例

案例四:购买校舍改建小产权房的房屋买卖合同无效。合同无效的,当事人因合同取得的财产,应当予以返还。

案号为(2020)京0119民初3092号的房屋买卖合同纠纷案件(入库案例)。案情简介:2018年4月24日,王某(卖方)与吕某(买方)就签订《房屋买卖合同书》,约定王某将案涉房屋出卖给吕某,总售价为73万元,先行支付13万元,其余60万元后续分三次支付。合同签订当日,双方在案涉房屋的物业管理部门办理了小区《会员手册》更名手续,将《会员手册》中的王某变更为吕某,并将房屋的所有附属物品交给了吕某。2018年4月30日前,吕某按合同约定向王某支付了第一期购房款13万元。后,吕某向法院提起诉讼,要求确认其与王某签订的《房屋买卖合同》无效,并要求王某退还购房款13万元并支付资金占用期间使用费等。

北京市延庆区人民法院审理后认为,该案的争议焦点为校舍改建房买卖合同的性质和效力认定。吕某与王某签订的合同,就案涉房屋买卖事宜进行了明确、详细的约定,该合同载明了房屋坐落,约定了价款、支付时间、支付方式、交付事宜、违约责任等具体条款,符合房屋买卖合同的基本特征。案涉房屋所属建设用地系某学院经北京市人民政府批准划拨取得,且只限用于建设某学院某校区项目,建筑物性质均为教育用房、宿舍、食堂及配套设施,案涉房屋系由校舍改建而来,具有社会公共教育资源的属性。现王某与吕某对经校舍改建而来的案涉房屋进行买卖,改变了本应用于社会公共教育事业的划拨建设用地及其上校舍之用途,侵害了社会公共教育资源,损害了社会公共利益,违背了公序良俗,故王某与吕某签订的《房屋买卖合同书》应为无效,王某应返还吕某先行支付的购房款13万元。因合同无效产生的各种损失,双方自负责任。所以判决:(1)确认王某与吕某签订的《房屋买卖合同书》无效;(2)王某返还吕某购房款13万元;(3)驳回吕某的其他诉讼请求。

案例五:买方不满足房屋限购条件导致合同目的不能实现的,可以要求解除房屋买卖合同。双方对此均有过错的,也未举证证明其因案涉房产不能过户产生实际损失,任何一方不能因此获得赔偿。

案号为(2021)浙0113民初1267号的房屋买卖合同纠纷案件。案情简介:康某与周某原系朋友关系。2017年3月19日,蔡某(甲方)、康某(甲方的房屋共有人)与周某(乙方)签订售房合同约定:甲方将其位于杭州市余杭区某处的房屋及配套设施(以下简称案涉房屋)转让给乙方。房屋转让总价款687,280元。若一方违约,应向对方支付房款1倍的违约金加以房款10%的罚金的违约责任。后,周某向蔡某支付购房款618,552元。2020年9月29日,案涉房屋登记至康某名下。周某确认蔡某、康某已向其交付案涉房屋。

2021年1月25日,周某起诉至杭州市余杭区人民法院。2021年5月7日,在该案庭审中,周某诉请:解除原、被告双方签订的案涉个人售房合同等。蔡某、康某当庭表示同意解除案涉合同。

另查明:2017年3月2日,杭州市发布《关于进一步调整住房限购措施的通知》,原、被告均确认周某在签订合同时不符合房屋限购政策,且至今亦未能取得购房资格。

杭州市临平区人民法院审理后认为,该案中,由于被告周某不具有相应购房资格,无法获得案涉房屋所有权以实现合同目的,故周某在(2021)浙0110民初2232号案件的庭审中以不能实现合同目的等为由要求解除合同合法有据。该解除合同的通知已到达蔡某、康某处,并生效,故法院确认案涉合同于2021年5月7

日解除。关于蔡某、康某以周某迟迟不予办理过户手续为由要求其支付 68,728 元违约金的诉请。法院认为,案涉房产不能过户的原因为周某不符合杭州市房屋限购政策。该案中周某作为购房人,理应了解当地的房产限购政策,其对案涉房产不能过户结果的发生主观上具有过错;原告康某与被告周某原系朋友关系,也应知晓周某有可能不符合杭州市房屋限购政策,却仍与其签订案涉售房合同,对案涉房产不能过户结果的发生主观上亦存在过错。鉴于原、被告双方对案涉房产不能过户结果的发生主观上均存在过错,且原告亦未举证证明其因案涉房产不能过户所遭受的实际损失,故对两原告关于该项违约金的诉请,法院不予支持。判决:(1)确认两原告与被告签订的个人售房合同于 2021 年 5 月 7 日解除;(2)被告周某返还房屋;(3)驳回原告的其他诉讼请求。

案例六:在房屋买卖合同中没有写入关于学区房的约定,买方以学位被占用为由主张房屋买卖欺诈,难以获得法院支持。

案号为(2019)浙 0282 民初 12284 号的房屋买卖合同纠纷案件。案情简介:在房屋中介公司的居间下,孙某与胡某于 2019 年 8 月 23 日签订中介合同。2019 年 9 月 2 日,孙某与胡某又签订房屋买卖合同,约定胡某将案涉房屋以 81 万元的价格转让给孙某。同日,胡某将该房屋过户至孙某名下,购房款 81 万元已实际支付。孙某取得房屋后,发现房屋客厅东墙面木板后为空。经鉴定,案涉房屋客厅的东墙面墙体整体被拆除,但不会对房屋的结构安全产生影响。双方均称,案涉房屋系当地某知名实验小学的学区房。后,孙某以胡某故意隐瞒相关情况、自己受到欺诈为由,向法院提起诉讼。

浙江省慈溪市人民法院审理后认为,该案争议的焦点为:原、被告签订的案涉房屋买卖合同是否系原告受被告欺诈的情况下,违背原告真实意思的行为。原告孙某认为,被告胡某隐瞒了两个事实:(1)房屋客厅的东墙体被拆除;(2)被告儿子已就读当地某知名实验小学享受该房屋可享有的学籍名额,所以对原告构成欺诈。因案涉房屋并非被告装修,被告取得该房屋所有权后一直将房屋出租,其主观上并不存在刻意隐瞒房屋存在空心墙,并追求原告陷入错误认识而购买房屋的故意。关于原告主张被告隐瞒的第二个事实,并无事实依据。若"学位是否被占用"是原告购买案涉房屋与否的决定性因素,原告完全可与被告一同向相关部门进行核实,故即使原告存在错误判断,与其购房行为也不存在因果关系。案涉房屋系特定学校的学区房,虽然子女有资格就读该学校系原告购买该房屋的重要动机,但原、被告未在房屋买卖合同中就该内容作为合同条款进行约定。原、被告在房屋买卖合中介合同第6条第2项就出售方存在欺诈行为购买方有权撤销房屋买卖行为的事项进行了约定,而原告所主张的两个事实并未约定在该事项之中。二审判决:驳回原告孙某的诉讼请求。

第四节 二手房购入涉及的法律问题与案例

一、二手房买方的主要关注点

对于买方而言,其关注的核心点是挑选到符合条件的房屋,用合适的价格买到房屋,此外要筹到款,常用贷款方式。

(一)选房屋

对于买方而言,往往对购买二手房有自己的一般要求与特定要求。一般要求包括房屋产权、房屋质量等。一些二手房可能存在权利瑕疵,需要购房者特别小心,如存在非法建筑(如阁楼是自己搭建的未计入产权证)、房屋权属本身有争议、房屋为共有性质、房屋是经济适用住房或共有产权房等。一些二手房,因为建成年代较早,质量堪忧,已不适合居住,如管线老化、墙皮脱落、天花板渗水、厕所防水性差等。除非出于投资目的(如为了将来可能拆迁),一般不建议购买这种二手房。购房者的特定要求与购房目的相关,常见的有位置、户型、面积、落户、学区等。如位于某区域内的学区房,不超过多少价格或不低于多少面积的房屋,是否已经装修及装修质量如何,周边环境或配套设施如何等。如果是为了生活需要,会关注地段位置,会要求交通便利,上下班方便,周边环境成熟,买菜购物便利。如果是老年人居住,一般会选择楼层较低的房屋。如果是为了子女入学需要购买二手房,会对是否属于学区房有特殊的要求。

(二)筹到款

有些购房者因为积蓄有限但有买房的需要,所以选择购买价格相对便宜的二手房,这种情况在老年人、非本地的务工人员中比较常见,有些人选择的是一次性付款;有些人虽然目前积蓄不多,但认为自己今后的还款能力较强,所以采取贷款买房的方式,如刚工作不久的年轻人。对于一般购房者来说,明确买房的预算非常重要,要根据能筹到款的数额来选择适合自己的二手房,筹款主要途径是:积蓄、向亲友借款、父母的支持、银行贷款等。

(三)拿到房

买房的目的显然是拿到房,既包括房屋交付,又包括办理过户登记,房屋交付能够实现物理的使用效能,产权转移登记能够实现法律上的权属变更。房产交易复杂且金额较大,有时会出现意想不到的状况,导致出现违约行为或合同无效的情况。如买方因为征信问题无法办理贷款,导致无法支付剩余的款项;如经济适用住房还在限售期内,导致无法办理过户登记;房屋已出租或设立居住权,导致买方无法实际获得使用权。为避免以后可能出现的纠纷,建议双方当事人在签订房屋买卖合同时写清楚双方的权利与义务、违约情形的认定与违约金的计算方式、合同的解除条件等。

二、签约后存在卖方不履约的风险

买方在按时支付定金与购房款的情况下,需要关注的风险集中在能不能按时拿到房,其中存在卖方不履约的风险。卖方将房屋"一房多卖"的情形在本章第五节中介绍,此处不赘述。

(一)签约后卖方要求提高价款

在签订房屋买卖合同后、未办理产权转移登记前,因为房价上涨较快,卖方感觉自己很"吃亏",反悔不再履约或要求买方加价才能办理过户。无论卖方以何种理由提出要求加价,从根本上来说,都属于对合同内容的变更,在买方不接受的情况下,如果卖方不交付房屋或不配合办理过户登记,将构成违约。

如买方不接受卖方提出的加价要求,可以要求卖方继续履行合同,交付该房屋并配合办理过户登记。根据《民法典》第509条第1款的规定,当事人应当按照约定全面履行自己的义务。第580条第1款规定:当事人一方不履行非金钱债务或者履行非金钱债务不符合约定的,对方可以请求履行,但是有下列情形之一的除外:(1)法律上或者事实上不能履行;(2)债务的标的不适于强制履行或者履行费用过高;(3)债权人在合理期限内未请求履行。

如卖方已将该房屋卖给第三人且办理过户登记,在合同已经无法履行、买方无法取得房屋所有权的情况下,则买方可以解除合同并要求卖方承担违约责任。因房价上涨属于日常商品交易中的正常的商业风险,并不能构成卖方解除合同或不履约的适当理由。卖方悔约导致无法履行合同，使得买方遭受了损失，卖方应当向买方赔偿相当于房屋差价的损失，即买方重置相同房屋需要多支付的房款。

为预防卖方毁约或要求加价，笔者建议买方可以采取以下做法：一是适当提高定金额度。很多卖方以为：自己毁约只要向买方双倍返还定金即可，无须赔偿其他损失。如果定金的数额较少，会助长卖方毁约的可能性；如果定金的数额越多，就意味着会增加卖方毁约的成本，从而减少毁约的可能性。二是明确赔偿的计算方式。如赔偿的计算方式不明确，卖方会想方设法为自己的违约行为进行辩解，从而达到不赔或少赔的目的。所以，买方可以要求在合同或附件中明确约定，因卖方原因导致合同无法履行，除向买受人返还已付全部购房款外，卖方还需按照合同解除时的房屋增值价格赔偿买方房屋差价损失。三是买方可以要求办理预告登记，这样未经买方的同意，卖方不能将该房屋卖给第三人并办理过户登记。

（二）卖方不按时交付房屋

卖方不按时交房的情况具体可以区分为三种：第一种情况是卖方没有取得房屋所有权导致不能按时交房；第二种情况是卖方想通过不按时交房的方式人为设置障碍，实现不履约的目的；第三种情况是卖方只是名义上的房产登记所有权人，并非实际所有人。

对于第一种情况，即使未取得房屋所有权而签订的房屋买卖合同也应被认定为有效合同，如果此后卖方取得该房屋所有权，自然可以履约；若卖方一直未取得房屋所有权导致无法履行合同中的交付义务，则应当承担违约责任，买方可以解除合同并要求双倍返还定金或支付违约金，也可以要求赔偿因此遭受的损失。

对于第二种情况，卖方故意拒绝交房或者找理由不按照合同约定交房，同样构成违约，也应承担违约责任。买方还可以要求卖方继续履行交房义务并办理过户登记。

对于第三种情况，在"借名买房"中比较常见。如果买方在购房时是出于善意，且以合理的价格转让，不知道或不应知道卖方非实际所有人，可以要求卖方继续履行合同。如果因第三人的原因导致卖方无法履行合同中的交付义务，则卖方应当承担违约责任。

（三）卖方不配合办理过户登记

除上述风险外，还会出现卖方虽然将房屋已经实际交给买方占有使用，但因为未达到加价的目的或买方没有按时支付房款,所以卖方故意拖延,不及时配合买方办理过户手续的风险。对于这种情况,如果在合同中明确约定了办理过户登记的期限,买方可以督促卖方按约履行合同,必要时可以要求中介机构进行协调,这是最快的解决方式,但卖方有可能还是不配合或不参与协商,这种方式没有强制力。

如果在合同中没有明确约定办理过户登记的期限,买方已按约付款,在卖方明确表示不履行合同义务或合同履行期满卖方仍未履行合同,买方应及时向法院提起诉讼,要求卖方继续履行合同、强制办理过户登记,或要求解除合同并要求赔偿损失。

如在合同中没有明确约定办理过户登记的期限,买方也未按约付款,卖方不配合办理过户登记是正常现象,属于卖方行使先履行抗辩权或不安抗辩权。如买方希望卖方配合早点办理过户登记,应按照合同约定支付房款,如存在特殊困难需要迟付,应提供适当的担保,如由中介机构为买方提供担保。

(四)卖方不按约迁出原户口

二手房买卖时,房屋内的原户口迁移问题受到买方的普遍关注。《户口登记条例》第10条第1款规定:公民迁出本户口管辖区,由本人或户主在迁出前向户口登记机关申报迁出登记,领取迁移证件,注销户口。在卖方没有迁出户口的情况下,买方要求卖方迁出户口的请求不属于法院民事诉讼主管范围,即买方不能强制要求卖方迁出户口,但买方可以要求在合同中约定将及时迁移原户口作为卖方的义务。

无论原户口未迁出是否影响买方的户口迁入,只要卖方未按照合同约定履行义务即构成违约。双方可以在合同中约定相应的违约金。

2022年12月15日,广东省高级人民法院发布的《关于审理房屋买卖合同纠纷案件的指引》第34条规定:存量房屋的买受人起诉请求出卖人迁出户籍,不属于民事案件的受理范围。出卖人迁出户籍对房屋买卖合同的订立和房屋价格的确定有重大影响,买受人因出卖人拒不迁出户籍主张解除合同、赔偿损失的,应予支持。

(五)因特殊情况无法履约卖方拒绝退还定金

在房屋买卖合同中,定金起的是担保的作用,给付定金的一方不履行约定债务的,无权要求返还定金;收受定金的一方不履行约定的债务的,应当双倍返还定金。适用定金罚则以合同当事人一方存在过错为前提。不可抗力或无法预见的客观情势变化,导致房屋买卖合同不能签订或无法履行,属于不可归责于当事人双方的事由。"不可归责于当事人双方的事由"还表现为限购政策调整导致无法办理过户登记或贷款政策调整导致买方无法办理按揭贷款,若当事人均无过错,此时双方就互不承担责任。此种情况下,卖方应将定金原额返还买方。但在现实中,卖方一旦收取定金,即使出现特殊情况导致无法继续履约,也会找理由拒绝返还定金。

《商品房买卖合同司法解释》第4条规定:出卖人通过认购、订购、预订等方式向买受人收受定金作为订立商品房买卖合同担保的,如果因当事人一方原因未能订立商品房买卖合同,应当按照法律关于定金的规定处理;因不可归责于当事人双方的事由,导致商品房买卖合同未能订立的,出卖人应当将定金返还买受人。

三、签约前后卖方对房屋进行处分

签约前,卖方可能已对房屋进行处分,如出租、设立抵押权或居住权,这些行为对房屋买卖都会产生实质性的影响,卖方应提前告知买方,买方根据具体情况决定是否购买及协商转让价款的数额。对已办理抵押登记或设立居住权的房屋买卖问题在本章第五节中详细介绍,本部分只是简单提及,不进行详述。

房屋买卖合同签订并生效后,虽然还没有办理过户登记,但卖方应不能再对房屋进行实质性处分。实际上,个别卖方趁着房屋买卖合同已签订但还没有办理过户登记这一时间段,对房屋进行实质性处分,如出租、设立抵押权或居住权等。或突击迁入户口,等办理入学手续后再迁出户口,导致买方子女无法入读对口的学校,无法实现购房目的。虽然在合同中可能没有明确约定这些属于违约行为,但实质上是损害买方利益的处分行为,卖方应承担违约责任或侵权责任。

(一)卖方将房屋出租

如果在签订房屋买卖合同前房屋已经出租,按照"买卖不破租赁"原则,房屋在租赁期间发生所有权变动,不影响租赁合同的效力,即承租人可以要求买方继续履行租赁合同。但在现实中,往往会出现卖方为顺利将房屋出售,故意隐瞒此前已经将房屋出租且未到期的情况;或者房屋买卖合同签订后,卖方再将房屋出租,自己提前收取租金,甚至采取倒签租赁合同日期的方式造成既成事实。如果买方不接受,只能选择解除房屋买卖合同。如此,极有可能出现买方买了房子却无法入住的尴尬局面。

如此前房屋已出租,卖方在出售该房屋时,原承租人享有在同等条件下的"优先购买权",卖方应事先通知承租人行使优先购买权。如果卖方处理不当,可能会产生优先购买权引起的纠纷。

如买方在签订房屋买卖合同后才发现该房屋此前已出租,可以选择继续履行租赁合同,要求承租人此后直接向其交付租金,此前承租人已交付的押金也应由卖方交付给买方;也可以以卖方隐瞒房屋已出租的事实为由,要求解除房屋买卖合同并要求赔偿损失。

如卖方在签订房屋买卖合同后进行出租,显然会实质损害买方的利益,买方可以选择解除房屋买卖合同并要求赔偿损失。当然,买方也可以选择履行租赁合同,相当于对卖方处分行为的追认。如果卖方已收取租金或押金,买方可以要求卖方给付,该租金或押金应认作是卖方的不当得利。如果卖方与承租人之间签订的租赁合同存在租金明显不合理、租赁期过长等情况,买方可以双方存在串通行为为由主张租赁合同无效,或者要求卖方解除租赁合同,由卖方自行处理与承租人的纠纷。

笔者建议:买方在购房前一定要进行实地考察,了解房屋是否有人居住,现居住者的身份及是否出租等情况,再决定是否购买。如果买方拟购买已出租的房屋,应要求卖方提供租赁合同,并了解租金支付到何时、是否有押金、租期何时届满、承租人是否有提前退租的意向等,再决定买房的付款时间与办理过户登记的期限。为避免产生纠纷,双方应将房屋已租赁的基本情况写入房屋买卖合同。此外,买方可以让卖方提供一份该房屋承租人签署的书面声明,表明承租人承诺放弃行使优先购买权,或由卖方与承租人协商提前解除合同。

(二)卖方将房屋办理抵押登记

如果卖方想将已办理抵押登记的房屋进行转让,此前的常规做法是卖方先提前还贷、解除抵押后再办理过户登记。因为按照原《物权法》第191条的规定,在抵押期间,抵押人未经抵押权人同意,不得转让已办理抵押登记的房屋。如果抵押人经抵押权人同意转让抵押房屋,应当将转让所得的价款向抵押权人提前清偿债务或者提存。

根据《民法典》第406条第2款的规定,抵押人转让抵押房屋不需要得到抵押权人的同意,只要及时通知抵押权人即可。如果抵押权人认为抵押房屋转让可能损害抵押权的,可以要求借款人将转让所得的价款提前清偿债务、归还借款。

为了解决抵押房屋的转让问题，很多银行已经推出了个人住房"转按揭"服务。如果买方与卖方选择同一家银行办理商业性贷款手续，可在不注销原有抵押登记的情况下直接申请办理抵押权变更。很多地方的不动产登记机构也在优化办理流程，推出"带押过户"，是指设立抵押的房屋需要转让的，卖方无须先归还原有房贷就可以完成过户登记，买方可带押过户获取金融贷款。"带押过户"还可以适用于买卖双方向不同的银行办理贷款的情形，这样可以实现房屋转移、抵押权变更、抵押权转移"三合一"组合登记。

房屋买卖合同签订后，如果还没有办理过户登记，理论上，卖方是可以在房屋之上设立抵押的，虽然这种情况很少发生。如果因为房屋涨价等原因造成卖方不想再履行合同，其可以用设立抵押的方法来制造障碍，要求买方要么接受既成事实，要么同意解除合同。在办理过户登记之前，买方享有的是买卖合同下的债权请求权，卖方依然拥有对房子的处分权，卖方可以通过设置抵押权等物权，实现交易难以继续的效果。如买方接受既成事实，相当于为卖方的借款提供了抵押担保，不仅增加买方的权利负担，而且会直接影响其自己向银行办理按揭贷款。

笔者建议：买方可以在房屋买卖合同中要求卖方承诺，一旦其擅自将房屋办理抵押登记或产生债务问题导致房屋被法院查封，买方有权解除合同，并且要求卖方承担相应的违约金，赔偿买方因此遭受的全部损失，包括房屋差价、诉讼费用、律师费等。最好的解决方式是办理预告登记，这样未经买方同意，卖方无法办理抵押登记。

（三）卖方在房屋之上为他人设立居住权

买方购买住宅一般是为了居住，如果无法居住，就无法实现购房目的。如卖方故意隐瞒或没有事先告知房屋上已设立居住权的情况，等买方去办理房屋过户登记时才发现这种情况，买方可以卖方存在欺诈行为为由，要求解除房屋买卖合同，并要求卖方退还已经支付的款项并承担违约责任。

如卖方此前已经告知买方房屋上已设立居住权，给出的房屋转让价格比同类房屋的价格明显要低，而买方是以投资为目的、以较低价格购买二手房并不实际居住，则买方购买房屋的目的已达成，应该不会产生纠纷，也无须权利救济。买方在取得房屋产权后，应同意居住权人继续在房屋内生活居住，履行原居住权合同约定的义务。

居住权设立与所有权转让最可能出现冲突的情形应当发生在房屋买卖合同

签订后,产权转移登记完成前的阶段,如果卖方此时为他人设立了居住权,则会让买方处于非常被动的地位。虽然理论上买方依然可以获得房屋所有权,但是该所有权已经"空虚化",买方对房屋的预期占有、使用权实际上被剥夺,交易基础也不复存在。因此,这种情形下的纠纷,应当参照"一房两卖"的规则进行处理,买方可以解除合同并要求卖方承担违约责任。

笔者建议:买方应在签订房屋买卖合同前向登记机构查询一下该房屋上是否已经设立居住权。如果已经设立居住权,买方可以要求卖方自行解决问题(一般是先注销居住权)后再签订房屋买卖合同。预防卖方在签约后设立居住权,最好的解决方式是办理预告登记,这样未经买方同意,卖方无法为他人设立居住权。

(四)在房屋买卖合同中具体写法

具体写法可以参照 2023 年版《浙江省存量房买卖合同示范文本》中第 1 条第 2~4 款的相关内容。

2. 该房屋的抵押情况【无】【有】,抵押权人为_____,抵押金额为【人民币】【　　】元(大写:____仟____佰____拾____万____仟____佰____拾____元整),抵押权登记证号为_____,抵押期限自_____年____月____日起至_____年____月____日止,剩余未还抵押贷款为【人民币】【　　】元(大写:____仟____佰____拾____万____仟____佰____拾____元整)。

3. 该房屋的租赁情况【无】【有】,租赁期限自_____年____月____日起至_____年____月____日止。甲方应当根据相关法律规定履行通知承租人的义务,双方经协商一致按下列第____种方式处置租赁事项:

(1)该房屋所有权转移后,原租赁合同对乙方继续有效。甲方应当将承租人预付租金【人民币】【　　】元(大写:____仟____佰____拾____万____仟____佰____拾____元整)、押金【人民币】【　　】元(大写:____仟____佰____拾____万____仟____佰____拾____元整)转交给乙方。

(2)甲方应当于_____年____月____日前解除原租赁合同,并腾空房屋。

4. 该房屋的居住权情况【无】【有】,居住权期限自_____年____月____日起至_____年____月____日止。房屋权利状况信息为____。双方经协商一致,按照以下方式处置房屋居住权事项:_____。

四、买方可以要求办理预告登记

在二手房购入过程中,买方善用预告登记制度,可以有效降低卖方不履约、买方拿不到房的风险,而且可以预防卖方擅自进行设立抵押权或居住权等处分行为。

(一)预告登记制度

预告登记是指为了保全一项请求权而进行的不动产登记,该项请求权所要达到的目的,是保障购房者与出卖人之间将来发生的不动产物权变动。这是不动产登记的特殊类型。原《物权法》首次确立预告登记制度,《民法典》对此进行保留,第221条规定:当事人签订买卖房屋或者其他不动产物权的协议,为保障将来实现物权,按照约定可以向登记机构申请预告登记。预告登记后,未经预告登记的权利人同意,处分该不动产的,不发生物权效力。预告登记后,债权消灭或者自能够进行不动产登记之日起90日内未申请登记的,预告登记失效。

《物权编的解释(一)》第4条规定:未经预告登记的权利人同意,转让不动产所有权等物权,或者设立建设用地使用权、居住权、地役权、抵押权等其他物权的,应当依照《民法典》第221条第1款的规定,认定其不发生物权效力。

现实生活中,预告登记具有很强的法律约束力,可以有效保障将来实现物权,防止出现"一房多卖"现象。这一规定使卖方违背预告登记内容的处分行为无效,从而确保买方顺利获得不动产物权。

预告登记所登记的不是现实的不动产物权,而是将来发生不动产物权变动的请求权,即在预告登记有效期间,未经预告登记权利人同意,卖方的第二次处分行为无效。但是,在先购买者签订合同并实际占有的时间均发生在预告登记之前,因此其合同效力及占有行为均合法有效,应予保护。

(二)办理预告登记的注意事项

预告登记能够排除卖方将房屋过户给其他人的可能,保障购房者将来实现物权。在办理二手房预告登记的过程中,需要注意以下事项:

《不动产登记暂行条例实施细则》第87条规定:申请不动产转移预告登记的,当事人应当提交下列材料:(1)不动产转让合同;(2)转让方的不动产权属证书;(3)当事人关于预告登记的约定;(4)其他必要材料。第88条规定:抵押不动产,申请预告登记的,当事人应当提交下列材料:(1)抵押合同与主债权合同;(2)不动产权属证书;(3)当事人关于预告登记的约定;(4)其他必要材料。

在办理不动产转移(包括二手房买卖)预告登记的过程中,还需要注意:(1)办理预告登记要提出申请。依申请是不动产登记的法定原则,预告登记同样应当根据当事人的申请才能办理。办理二手房预告登记,要买卖双方当事人一起申请并办理。(2)预告登记是有期限限制的,要及时办理产权转移登记。办理预告登记后,债权消灭或者自能够进行不动产登记之日起90日内未申请登记的,预告登记会失效。其中的"债权消灭",根据《物权编的解释(一)》第5条的规定,包括预告登记的买卖不动产物权的协议被认定无效、被撤销,或者预告登记的权利人放弃债权。

(三)办理不动产预告登记的相关规定

从2020年开始,从国家到省、市,都在全力部署实施"商品房不动产预告登记"。

为保护二手房交易中买卖双方合法权益,防范交易风险,浙江省自然资源厅在2022年发出《关于推行二手房交易实施不动产预告登记的通知》,在全省推行二手房交易实施不动产预告登记。在二手房交易中,在未支付全款的情况下,买卖双方可先行办理转移预告登记,预告登记期间二手房无法再次交易或再次抵押,待全款付清房款后再办理预告登记转本登记,既可以避免"一房多卖",保护购房者权益,也可以确保购房者支付尾款,保障卖房者房款安全。

2023年2月15日,宁波市发布《关于加快推进商品房不动产预告登记工作的通知》。其中在二手房购买中,买方因按揭贷款(含住房公积金贷款)购买存量商品房的,"可由买卖双方和贷款机构共同申请办理存量商品房转移预告和抵押预告登记"。

五、因卖方原因导致的相关合同纠纷案例

案例七:因房价上涨,卖方选择故意违约,应承担违约责任。买方可以要求卖方赔偿房屋增值部分的损失。

案号为(2016)苏0506民初1939号的房屋买卖合同纠纷案件。案情简介:2015年12月7日,王某(甲方)与曹某(乙方)签订房屋买卖合同,约定王某将案涉房屋出售给曹某,成交总价共303万元。王某应于2016年3月10日注销他项权证。双方约定部分房款以办理按揭贷款方式付款,银行贷款下放后3个工作日内办理过户手续。如未按约按期履行合同,守约方有权要求违约方支付按照每日合同总价的 0.2‰ 支付违约金,并要求继续履行合同。如果守约方催促违约方履行合同 10 日内,违约方仍未履行合同,守约方有权解除合同,违约方应按总房款 10% 承担违约责任。合同履行中发生争议的,诉讼费、律师费由违约方承担。合同签订后,曹某支付王某定金 5 万元。2016 年 3 月 7 日,曹某发函给王某及中介公司,要求王某在 2016 年 3 月 10 日前注销涉案房产的他项权证,并于 2016 年 3 月 11 日协助曹某办理过户网签。王某拒收该函件。后,曹某向法院提起诉讼。

在审理中,法院委托评估公司对案涉房屋的价值进行鉴定。鉴定总价为 3,923,382 元。曹某预付鉴定费 27,102 元。此外,曹某支付律师费 71,200 元。证人邢某、朱某分别出具情况说明,主要内容:房屋价格上涨。王某要涨价,拒绝继续履行合同。

江苏省苏州市吴中区人民法院审理后认为,原、被告签订的房屋买卖合同合法有效。2016 年 3 月 5 日,被告王某通过中介向原告明确表示不再履行该房屋买卖合同,被告行为属于单方根本违约,原告作为守约方按合同约定有权解除合同。根据原告主张,法院确认原、被告就案涉房屋签订的房屋买卖合同解除,被告应当退还原告购房定金 5 万元。关于原告主张的损害赔偿问题,被告违约给原告造成损失的,损失赔偿额应相当于违约所造成的损失,包括直接损失和预期可得利益损失。涉案房产(含车库、固定装修及物品)经鉴定总价值为 3,923,382 元。该案合同履行中原告并无违约情形,根据鉴定意见,法院确定原告损害赔偿金额为 893,382 元。关于原告主张的律师费损失问题,根据合同约定,律师费应由违约方承担,法院予以支持。所以,判决:(1)原、被告于 2015 年 12 月 7 日签订的房屋买卖合同于 2016 年 3 月 23 日解除;(2)被告王某退还购房定金 5 万元;(3)被告王某赔偿原告曹某损失 893,382 元;(4)被告王某支付原告曹某律师费 71,200 元。

案例八:房屋买卖合同中对于交房时间有明确约定,且未约定以卖方收到贷款金额作为交房条件的情况下,卖方以未收到房款而拒绝交付房屋的行为构成违约,需要承担逾期交付的违约责任。

一审案号为(2020)粤 0605 民初 557 号,二审案号为(2021)粤 06 民终 10463 号的房屋买卖合同纠纷案件。案情简介:2020 年 4 月,吴某(出卖人、甲方)与李某(买受人、乙方)签订房屋买卖合同,约定甲方出售位于佛山市南海区某处的房屋(以下简称案涉房屋),成交价 240 万元;付款方式为:定金 5 万元,首付款

67万元在过户后当日支付,乙方拟贷款168万元支付其余房款;甲乙双方办理过户后并在甲方女儿所在学校六年级期末考试完毕7个工作日前办理物业交割手续;甲乙双方违约的,每逾期1日,违约方应按日计算向守约方支付房屋成交价款0.5‰的违约金。2020年6月1日,吴某确认收取首付款67万元。2020年6月3日,案涉房屋办理不动产转移登记至李某名下的手续。后,双方补充约定:如买方在2020年12月1日前不能付完剩余房款,从2020年12月1日起买方将无条件付给卖方(吴某)每月1800元,不满1个月按实际天数算。李某于2020年12月4日将80万元转账至吴某账户。后,李某以吴某逾期交付房屋为由向法院提起诉讼。

审理过程中,双方均确认李某于2020年4月办理贷款申请手续;2020年8月4日办理房屋交接。吴某女儿就读的某小学六年级暑假期末考试结束时间为2020年7月16日。

广东省佛山市南海区人民法院审理后认为,本案争议的焦点是:吴某是否应承担逾期交付违约责任。关于逾期交付的问题,首先,房屋买卖合同约定案涉房屋的交付时间为吴某女儿就读的某小学六年级暑假期末考试结束的7个工作日内,结合各方举证和陈述,吴某应于2020年7月27日前履行交付义务。李某、吴某于2020年8月4日正式办理房屋交接手续,故吴某应支付2020年7月28日至8月4日共8天的逾期交付违约金予李某。吴某虽辩称李某的贷款发放前吴某不具有交付房屋的义务,但大宗房屋交易与普通商品交易不同,应以双方订立的合同约定为履行权利义务的依据,吴某对交房时间的意见与合同约定不一致,且双方其后签订的补充协议仅为对李某所申请的贷款发放前作租金补偿的约定,并非变更交付时间。房屋买卖合同约定的逾期交付违约责任过高,综合吴某过错程度和李某实际损失,法院酌定以日0.2‰为宜,经核算为3840元。其次,李某、吴某就李某向吴某支付贷款发放前租金补偿签订补充协议,根据计算,李某应补偿232元予吴某。为避免诉累,上述李某、吴某就交付事宜各应付款项应进行抵扣。所以,判决:吴某支付逾期交房违约金3608元予李某。

李某提起上诉。广东省佛山市中级人民法院二审判决:驳回上诉,维持原判。

案例九:出卖人应承担对出卖房屋的权利瑕疵担保责任,向买受人交付具有完整权利的标的物,保证第三人对标的物不享有任何权利。在标的物权利瑕疵被清除之前,买受人推迟付款义务的履行而不构成违约。

一审案号为(2016)沪0109民初12824号,二审案号为(2016)沪02民终9503

号的房屋买卖合同纠纷案件(入库案例)。案情简介:贾某系位于上海市长春路某处案涉房屋的原产权人。2014年8月,贾某将案涉房屋出租给案外人叶某,租期自2014年9月1日至2019年8月31日。在出租期间,贾某于2015年6月27日与张某1、俞某、张某2(以下简称张某一方)签订了房屋买卖合同,以450万元的价格将案涉房屋出售。但贾某在签约时未明确告知张某一方案涉房屋的出租情况,房屋买卖合同相关条款中亦载明案涉房屋无租赁情况。房屋买卖合同签订后,张某一方先后向贾某支付了购房款合计160万元,剩余购房款290万元亦获银行审批通过。2015年7月20日,贾某以叶某在案涉房屋内实施非法"群租"为由,通知解除租赁合同,但叶某不予认可。2015年8月3日,贾某向上海市虹口区人民法院提起诉讼,请求确认其与叶某之间的房屋租赁合同解除。2015年8月4日,案涉房屋过户登记至张某一方名下。8月21日,贾某对案涉房屋内群租户进行了清退。8月23日,贾某将案涉房屋交付张某一方。8月31日,案外人叶某以其系合法承租人为由,强行进入案涉房屋,导致张某一方无法入住。张某一方遂通知贷款银行暂停向贾某支付购房尾款290万元。2016年1月8日,上海市虹口区人民法院作出一审判决,判令贾某与叶某之间的房屋租赁合同于2015年7月20日解除。叶某提出上诉,上海市第二中级人民法院二审判决驳回上诉。2016年6月3日,张某一方在得知上述判决并取得案涉房屋占有后,向贾某支付了购房尾款290万元。后,贾某向法院提起诉讼,要求张某一方支付迟延履行期间的违约金。张某一方辩称:因贾某签约时未告知案涉房屋存在租赁情况,导致案外人叶某占有房屋,张某一方未能按时入住,故推迟支付了购房尾款。

上海市虹口区人民法院一审判决张某一方支付贾某违约金391,500元。

张某提起上诉。上海市第二中级人民法院审理后认为,该案的争议焦点在于,张某一方中止付款的行为,是否构成迟延支付购房款的违约责任。根据双方签订的买卖合同及相关补充协议,出卖人贾某应当确保案涉房屋上不存在租赁关系,或者至迟应在案涉房屋交付之时将原租赁关系彻底清除。同时,出卖人就交付的标的物,负有保证第三人不得向买受人主张任何权利的义务。据此,在案涉房屋交付之后,贾某亦应保证第三人不得向作为案涉房屋买受人的张某一方主张租赁权利,且出卖人的瑕疵担保义务并不因其向买受人交付标的物而完成或消灭。该案中,贾某向张某一方交付案涉房屋时,贾某与叶某间租赁合同纠纷仍在审理之中,该租赁合同的效力尚未得到明确否定,贾某交与张某一方的案涉房屋之上仍然存在其与第三人的租赁合同关系。这与双方当事人关于"无租赁"的约定相违背,也违反了出卖人所应承担的权利瑕疵担保义务。买受人有确切证据证明第三人可能就标的物主张权利的,可以中止支付相应的价款。因此,在案外人叶某强行占有案涉房屋的情况下,张某一方随后通知银行暂时中止支付剩余房款的行为,不构成拒绝付款或迟延付款的违约责任。原审法院关于张某一方构成违约的认定错误,应予纠正。二审判决:(1)撤销一审判决;(2)驳回贾某的全部诉讼请求。

案例十[1]:买方采取贷款方式购买房屋,贷款评估环节是合同履行中的重要内容。如果卖方不配合评估导致买方无法办理贷款,买方可以解除房屋买卖合同并要求卖方承担违约责任。

案情简介:2019年3月12日,刘某与侯某签订房屋买卖合同,约定侯某将其所有的一套住宅出卖给刘某,房屋成交价格为89万元,房屋家具、家电、装饰装修及配套设施设备等作价11万元,总价100万元。合同约定,卖方应在接到中介方评估通知后5日内配合评估公司对房屋进行评估,并约定任何一方逾期履行约定义务超过15日的构成根本违约,应向对方支付相当于该房屋总价款的20%的违约金,且非违约方有权解除合同。2019年4月1日,双方办理了合同网签。但是在评估拍照环节,侯某没有配合,导致刘某、评估公司及中介机构两次上门评估拍照均未能进行。刘某提起仲裁,要求解除合同,并要求侯某退还首付款,支付违约金20万元及评估费、中介费若干。

仲裁庭审理后认为,侯某未按照协议约定配合评估公司完成房屋评估,逾期超过15日,构成违约,刘某基于合同行使约定解除权,并要求侯某承担相应违约责任,具备事实及法律依据。因此,支持了刘某的仲裁请求,要求侯某承担20万元的违约金。

案例十一:卖方在签订房屋买卖合同前未如实告知房屋内曾发生非正常死亡事件等相关情况,违反诚实信用原则,构成欺诈,买方可以要求撤销合同。

案号为(2021)粤0105民初3463号的房屋买卖合同纠纷案件。案情简介:2020年11月12日,刘某(买方)与汪某(卖方)签订存量房买卖合同,约定刘某向汪某购买位于广州市海珠区某处的房屋(以下简称案涉房屋),成交价格为127万元。合同签订后,刘某向汪某支付购房款共39万元。2020年12月19日,双方办

---

[1] 参见庆阳仲裁委:《房屋买卖中,卖方不配合评估导致买方无法办理贷款怎么办?》,载微信公众号"庆阳仲裁"2020年4月10日。

理房屋所有权转移登记手续,刘某为案涉房屋办理抵押登记,支付不动产登记费等费用。后,刘某获知案涉房屋内曾发生非正常死亡事件,所以向法院提起诉讼要求撤销房屋买卖合同并要求汪某退还购房款。

审理中,原、被告均确认案涉房屋未交付给原告,被告确认其知晓案涉房屋发生过命案。

广州市海珠区人民法院审理后认为,该案的争议焦点在于被告是否构成欺诈。判断被告是否构成欺诈,应当考虑以下要素:案涉房屋内发生命案是否属于重大瑕疵,被告对相关信息是否有披露义务,以及被告未披露的情况下原告购买案涉房屋是否违背其真实意思。首先,案涉房屋内曾发生故意杀人的犯罪事实。该情形因影响购房者的心理感受包括恐惧、忌讳等而造成房屋交易价值降低,与当事人在缔约时的真实意思表示不符,违背买受人对于房屋实际价值的期待,构成房屋的重大瑕疵,是影响买卖合同订立及履行的重大事项。其次,当事人行使权利、履行义务应当遵守诚实信用原则。被告在出售案涉房屋时,负有信息披露义务,对重大事项的披露是出卖人的义务,不能因买受人未主动询问而免除。最后,原告在起诉理由中表明如果知道房屋发生过凶杀案,是万万不会购买的,这是属于重大误解,严重违背真实意愿订立的合同。原告的心理认知符合普通大众对"凶宅"的认识评判,对原告表示其是在违背真实意思情况下订立合同的主张,法院予以采信。综上,法院认为被告未披露案涉房屋内发生非正常死亡事件,违反诚实信用原则,构成欺诈,所以,判决:(1)撤销原、被告签订的存量房买卖合同;(2)被告汪某向原告刘某返还购房款39万元;(3)被告汪某向原告刘某支付不动产登记费等费用;(4)原告刘某与被告汪某共同办理过户登记手续,将产权登记至被告汪某名下。

案例十二:卖方出售学区房后,再恶意占用"学位",应承担违约责任,赔偿因此给买方造成的损失。

案号为(2020)闽0203民初18846号的房屋买卖合同纠纷案件。案情简介:2020年4月13日,杨某1(卖方)与杨某2(买方)签订存量房屋买卖合同,约定:杨某1将厦门市思明区某处的房屋(以下简称案涉房屋)出售给杨某2,总房价940万元,同时约定杨某1应当在房屋所有权转移之日起30日内将原有户口迁出,如因杨某1原因未如期将与本房屋相关的户口迁出的,杨某1应当按日计算向杨某2支付全部已付款0.5‰的违约金,如不足以补偿杨某2的损失还应补足,等等。签约当日,杨某2向杨某1支付定金20万元。

2020年6月,杨某1将自己及儿子的户口迁入案涉房屋。同年9月25日,杨某1将自己及儿子的户口迁出,此时杨某1的儿子已入读当地知名的小学。

福建省厦门市思明区人民法院审理后认为,杨某1与杨某2签订的存量房屋买卖合同真实合法有效,双方均应依约全面履行。存量房市场中,买方愿意为学位未占用的住宅房屋支付更高对价,与之相应卖方则以带学位作为提高售价的砝码,户口和学位占用情况直接影响市场交易价格。根据合同关于户口的约定以及"学区房"交易习惯,足以认定双方约定的交易标的为户口和学位未占用的房屋、约定的购房总价为户口和学位未占用情况下的价格,杨某1应将未占用户口和学位的房屋交付并过户给杨某2。合同履行过程中,杨某1将自己及子女户口迁入案涉房屋并入学占用学位,根据现行招生政策案涉房屋6年内不再附着学位权益,案涉房屋客观上必然产生市场价值贬损。杨某1无法依约向杨某2交付并过户符合合同约定权益内涵的房屋,应当承担瑕疵履行违约责任。关于减少价款,参考证人证言、二手房中介网站反映的市场信息,结合当地市场交易习惯,法院酌情认定该案减少价款的金额为成交总价的4%即37.6万元。所以,判决:杨某1与杨某2关于案涉房屋买卖合同项下售房价款减少37.6万元(减少后总价款为902.4万元)。

第五节 二手房买卖中的特殊情况处理与案例

一、已办理抵押登记房屋的转让

普通人购买商品房一般是用于生活居住。但由于情况变化,所有权人可能会选择将房屋出租或转让,或者在保留原有住房的情况下购买改善型住房。随着住房二级市场的火爆与房价的提升,很多人想在未还清房贷的情况下,出售已办理抵押登记的房屋。

二手房买卖中最常见的场景是:卖方有按揭贷款需要提前还贷、买方也需要办理按揭贷款。此时涉及的是办理抵押登记的房屋买卖。按照原《物权法》第191条第2款的规定,抵押期间,抵押人未经抵押权人同意,不得转让抵押财产。但在现实中,很多抵押人无力提前归还借款,或者抵押权人不同意抵押房屋转让,所以在一定程度上限制了抵押房屋的转让。

对于卖方来说,此前的常规做法是提前还贷、注销抵押,先是自筹资金、或者要买方先付首付款甚至全部垫资用于提前还贷，等贷款还清后，再解除抵押（办理抵押权注销登记），然后办理过户登记。对于买方来说，则是办妥银行按揭预审批，等过户登记完成后，再设立抵押（办理抵押权设立登记），之后，银行放贷。

根据《民法典》第406条第2款的规定，抵押人转让抵押房屋不需要得到抵押权人的同意，只要及时通知抵押权人即可。所以，《民法典》实施以后，抵押房屋转让的情况将越来越多。当然，抵押人转让抵押房屋的，应当及时通知抵押权人。如果抵押权人认为抵押房屋转让可能损害抵押权，可以要求借款人将转让所得的价款提前清偿债务、归还借款。

为了解决抵押房屋的转让问题，很多银行已经推出了个人住房"转按揭"服务。转按揭，是指借款人出售作为抵押物的房屋，经贷款银行同意，由该房屋的买受人继续偿还出卖人未到期的借款。简言之，就是对仍处于按揭中的房屋进行再次买卖，由该房屋的买方继续偿还卖方的按揭贷款。买方需要符合商业性贷款的条件，按照相关规定向银行提出二手房抵押贷款的申请。实践中，买受人与出卖人一般会选择同一家银行办理商业性贷款手续，这样手续就比较简单，银行只要分别与买受人签订新的借款合同、与出卖人解除原借款合同即可，可在不注销原有抵押登记的情况下直接申请办理抵押权变更。

从办理不动产登记的角度来看，这种模式又被称为"带押过户"，是指设立抵押的不动产需要上市交易的，卖方不需要先归还原有房贷就可以完成过户登记，买方可带抵押过户获得金融贷款。

"带押过户"优化了二手房交易流程，对提振房地产市场有一定积极作用，有助于更好地满足刚性和改善性住房需求。对于卖方而言，不仅可以省下费用，还可以省下时间。在过去二手房交易模式下，需要卖方先筹集资金把银行贷款还清再过户，"带押过户"节省了卖方为提前还贷衍生出的过桥费及利息、担保费等。而且，"带押过户"减少了办事环节，缩短了交易时间，避免时间拖延出现的违约情形。

对于买方而言，购买已办理抵押的房产，是用自己的贷款偿还卖方的贷款。但在过户完成之前，权利处于不确定状态，如房屋被法院查封，将没办法过户。因此，买方应了解房屋的具体贷款信息，如原抵押合同约定"不得转让"或有其他限制转让条款，则可能无法办理"带押过户"。

此前的"带押过户"模式涉及买卖双方、银行、公证机构或担保公司等多方主体,交易环节复杂,要保障各个环节的顺畅,才能顺利完成过户交易。此外,买方还要关注房屋司法查封的情况。

有些地方在积极探索"带押过户"的做法完善,以提高二手房交易效率和便利度,降低二手房交易成本。如2023年1月5日,深圳市住房和建设局等六部门联合发布《深圳市推广二手房"带押过户"模式的工作方案》(深建房产〔2023〕1号),指出:二手房"带押过户"模式指存在抵押的房产,在不提前还清贷款的情况下,办理过户、重新抵押并发放新的贷款,实现用购房款还旧贷款(使用买方的购房资金来偿还卖方的银行贷款)。在二手房"带押过户"过程中,通过推行"顺位抵押"、二手房转移及抵押"双预告登记"等多种模式,优化业务流程,实现二手房交易更加高效、便捷。二手房交易过程中,买卖双方可选择适用二手房"带押过户"模式,交易房产需满足除原银行贷款抵押外没有设立其他抵押的条件。

2023年1月11日,浙江省自然资源厅等六部门联合发布了《关于深化多跨协同,推进二手房"带押过户"登记服务新模式的通知》(浙自然资规〔2023〕1号)。该通知规定,二手房"带押过户"登记一般是指在押房产在未解除原抵押状态下过户并办理相关登记手续,无须先还贷解押后再办理过户转移。"带押过户"的核心是免去提前筹款还贷解押环节,实现带抵押房产过户转移登记和抵押权登记手续同步办理。该通知要求:不动产登记机构要依据买卖双方和贷款银行、住房公积金管理部门申请,常态化提供"带押过户"登记服务。各银行机构响应二手房过户中的融资需求,主动参与"带押过户"业务落地实施。鼓励运用预告登记,引入第三方机构进行资金监管等制度保障安全。

2022年,宁波市部分区域开展的"五合一"试点,指的是在交易达成、合同网签后,卖方要办的两道手续和买方要办的两道手续,再加上买卖双方过户登记这道手续,一次性全部办理。此前试点办理的"带押过户"一般是在同一家银行办理,手续相对比较简单。新模式可以办理买卖双方的贷款机构为两家不同的银行的情况,这样需要打通银行之间的业务壁垒,优化不动产登记办理流程,实现房屋转移、抵押权变更、抵押权转移"三合一"组合登记。在新模式下,无须卖方筹款还贷,也无须买方将首付款支付给卖方,只要买卖双方与各自的贷款机构协商达成一致并签订相关协议,可在不注销原有抵押登记的情况下直接申请办理抵押权变更及抵押权转移登记业务。这样,买方贷款资金将直接打给原抵押银行和卖方,充分保障各交易主体的合法权益。由于采用组合登记,还能避免之前二手房过户中存在的交易风险。

2023年3月,自然资源部、中国银行保险监督管理委员会发布《关于协同做好不动产"带押过户"便民利企服务的通知》。该通知要求:各地要在已有工作的基础上,以"三个拓展"全面推进"带押过户":推动省会城市、计划单列市率先实现,并逐步向其他市县拓展;推动同一银行业金融机构率先实现,并逐步向跨银行业金融机构拓展;推动住宅类不动产率先实现,并逐步向工业、商业等类型不动产拓展,最终实现地域范围、金融机构和不动产类型"带押过户"全覆盖。

两部门要求各地结合本地实际,确定适宜的办理模式。尤其是买卖双方涉及不同贷款方的业务,鼓励各地积极引入预告登记,防止"一房二卖",防范抵押权悬空等风险,维护各方当事人合法权益,保障金融安全。

根据不完全统计,全国已有15个省份100多个地市开展了"带押过户",其中天津、山西、山东、江苏、浙江、福建、湖北等省市已经全面开展。各地在实践探索中,主要形成抵押权组合、新旧抵押权分段、抵押权变更等"带押过户"模式。

案例十三:房屋买卖合同履行期间,出卖人单方变更购房款支付方式导致抵押权不能涤除,买受人拒绝支付余款不构成违约。因此导致合同解除的,买受人有权向出卖人主张房屋差价损失等违约损失赔偿。

案号为(2020)苏0206民初25号的房屋买卖合同纠纷案件(入库案例)。案情简介:2019年8月,顾某与王某签订了房屋买卖合同,约定:王某购买顾某名下一套房屋,成交价为93万元,王某先行支付定金3万元以及部分购房款65万元,双方约定顾某向王某交付房屋并过户后,王某支付剩余房款,还约定了违约责任条款。合同未就先行支付部分房款的支付方式作明确约定。后王某共计支付5万元购房款(包含3万元定金)。顾某于2019年8月下旬将案涉房屋交付王某。2019年11月15日,双方曾约定前往银行归还案涉房屋的贷款,但顾某未赴约。11月18日,王某要求直接以购房款还贷,顾某不同意;顾某要求将购房款直接支付至其账户,王某未予同意。因双方就购房款支付方式发生争议,合同未再继续履行。2020年1月6日,顾某告知王某,双方房屋买卖合同解除。后,顾某向法院提起诉讼,王某提起反诉,双方都同意解除房屋买卖合同。

审理中查明:案涉房屋设立有两个抵押,一抵押债权金额为44.8万元,债务履行期限自2016年1月13日至2036年1月13日;另一抵押债权金额100万元,债务履行期限自2020年1月10日至2020年6月10日止。

江苏省无锡市惠山区人民法院审理后认为,案涉合同并未就65万元首付款的支付方式作具体的约定。结合双方出示的微信聊天记录等证据来看,可以认定双方对以购房款直接清偿顾某银行贷款以涤除抵押权的履行方式达成了合意。在案涉房屋存在抵押贷款的情况下,该种约定有利于保护买卖双方的交易安全和合同目的的实现,抵押权涤除亦为合同后续履行的前提基础。故双方就65万元首付款的支付方式,以微信交流的形式作出的约定,应作为双方合同的补充。王某按照双方约定的时间和中介前往银行,其提供的银行余额查询记录也证明其具有履行合同的能力和意愿,而顾某并未按约前往银行,在事后不再配合办理银行还贷手续,而是单方提出直接将款项汇入其账户的支付方式。顾某单方变更履行方式,且未提出任何担保措施担保其能够在取得购房款后及时涤除抵押权,以确保合同顺利履行,在此情况下,王某有权拒绝付款,其拒绝付款的行为并不构成违约。则顾某在2020年1月6日解除合同的通知不能发生解除的效力。顾某于2020年1月为案涉房屋设定了新的抵押,且于抵押到期后明确表示不予涤除,造成合同无法继续履行,该行为构成根本违约,应承担相应违约责任。鉴于合同已无法继续履行,故法院对顾某、王某要求解除合同的诉讼请求予以支持。合同解除后,顾某应向王某返还其取得的购房款。王某应向顾某返还房屋,法院确认合理搬迁期限为15日。王某还需向顾某支付从房屋交付后至实际返还日的占有使用费,按照双方确认的金额计算。王某主张违约损失包括房屋差价损失,王某和顾某商定了基准日,亦认可该基准日的评估市场价。则评估基准日价格与合同价的差价部分,应为王某的合理损失。所以判决:(1)顾某和王某签订的房屋买卖合同于本判决发生法律效力之日起解除;(2)顾某返还王某购房款5万元,并赔偿王某违约损失201,900元;(3)王某将案涉房屋返还顾某,并向顾某支付自2019年9月1日至实际返还日按照2200元/月计算的占有使用费;(4)驳回顾某的其他诉讼请求。

二、已设立居住权房屋的转让

《民法典》增设了居住权制度,即居住权人有权按照合同约定,对他人的住宅享有占有、使用的用益物权,以满足生活居住的需要。《民法典》中没有明确规定设立居住权的住宅是否可以转让,一般认为设立居住权的住宅可以转让。但因为居住权的存在,房屋的转让价值会有一定的减损。

房屋所有权人为他人设立居住权的住宅,一般是近期不准备转让的闲置房屋。但由于情况变化或者特殊原因,导致出现在居住权期限届满前需要或可能转让该房屋的情形。主要分为两类:(1)因为房屋所有权人的原因产生。如房屋所有权人因为经营状况恶化、发生经济困难或者其他情况,需要转让该房屋来偿还债务。(2)因为居住权人的原因产生。如居住权人已自己购房,所以没有继续居住的必要;居住权人因为生病长期住院或需要人照顾而住进养老院,没有继续占用该房屋的需要。

如因居住权人的原因产生,居住权人一般会主动提前搬离,愿意提前解除居住权合同,使得房屋能实现顺利转让。如果居住权人原并不想搬离,但因为所有权人拟转让房屋,并为居住权人设立新的居住权或提供一定的经济补偿,双方协商解除居住权合同后再转让。此外,在一些特殊情况下,会出现继续保留居住权并转让房屋的方式。如居住权人没有其他住处,也不同意所有权人提出的设立新的居住权或提供一定的经济补偿的要求。所有权人因为发生经济困难或者其他情况,迫切需要转让该房屋来偿还债务,只能采取这种转让方式,但应提前告知买方,房屋的转让价值可能会受到一定的减损。尤其是居住权期限不定期(到居住权人去世为止)或长期(如剩余的居住权期限在10年以上),房的转让价值受到的影响会较大,甚至不及市场价的一半;如果剩余的居住权期限较短(如不到3年),买方在知情后会接受但一般会要求房屋所有权人提供一定的价格优惠,如按照市场租金乘以剩余的居住权期限计算优惠幅度。必要时,双方可以要求不动产评估部门对房屋价值进行评估,作为转让定价的参考。

如买方在办理过户登记时才知道所购买的房屋上已设立居住权,卖方此前未告知但表示可以在近期处理好居住权注销登记,双方可以协商后继续履行合同。或者卖方愿意降低转让价格、买方也愿意接受该价格,双方可以变更合同内容或重新签订房屋买卖合同。

如卖方此前已经如实告知房屋上已经设立居住权的情况并愿意给予一定的转让价格优惠,买方也愿意接受,双方应履行房屋买卖合同。买方作为房屋新的所有权人,也是原居住权合同的继受人,应继续履行居住权合同。但如果卖方只是简单告知房屋上已设立居住权或隐瞒一些重要内容,而没有提供居住权合同,使买方产生重大误解,如居住权合同中记载是60平方米一大间,但卖方只告知是其中一小间,买受人可以存在重大误解为由,要求撤销房屋买卖合同,要求卖方退还已支付的款项。

如果居住权人配合所有权人进行一定的行为,如向买方表示近期与所有权人解除居住权合同,诱使买方与卖方签订房屋转让合同,但后来居住权人反悔不愿意解除居住权合同,并要求买受人继续履行居住权合同,导致买方无法实际入住,无法达到合同目的,买方可以第三方存在欺诈行为为由,要求撤销房屋买卖合同,要求卖方退还已经支付的款项。

笔者建议:居住权需要办理设立登记才生效,所以买方在签订房屋买卖合同前向登记机构查询一下房屋的登记情况即知。如已设立居住权,买方可以要求卖方自行解决问题后再签订合同,如先注销居住权;如果卖方的报价中已经考虑了因设立居住权带来的减值因素,买方也表示接受,应继续履行原居住权合同的义务。为确保自己的权益,买方可以要求卖方在房屋买卖合同中写明"卖方承诺本房产没有设立居住权,否则愿意向买方退还购房款并承担违约责任",或者要求房屋所有权人提供相似内容的书面承诺。

三、法拍房购买风险及防范

当债务人无法清偿债务时,债权人向法院申请强制执行,法院将登记在债务人名下的房屋进行拍卖,用拍卖所得偿还债权。在这一过程中进行拍卖的房屋就是"法拍房",即法院拍卖房产。

相较于一般的二手房,法拍房的实际成交价一般要低于市场价,此外在有些城市,可以避开限购政策,所以受到部分人的青睐。同时,法拍房也存在一些特有的风险。

(一)补缴费用风险

很多法拍房有拖欠物业服务费、取暖费、水电燃气费等情况,买受人补缴费用后才能使用该房屋。部分法拍房因长期无人居住拖欠物业服务费很久,产生了不菲的费用。相关费用欠缴情况一般可以在拍卖公告中查阅到,参拍人参加拍卖前一定要提前仔细阅读。

(二)难以交付风险

如果住房被拍卖,很多居住人不愿意搬离,需要法院强制执行。在有些法拍房内,住的是七八十岁的老年人,且没有其他住处,法院要强制执行也比较困难。在司法实践中,遇到法拍房内有人居住且拒绝搬离的情况,法院在强制执行时也会考虑各种社会因素,往往是困难重重。

(三) 无法迁入户口风险

在正常情况下,法拍房是可以办理落户的,但如果原居住人拒不迁出户口,往往也会比较麻烦,买受人只能寻求辖区公安机关的帮助。除户口无法迁入之外,部分学区房还有"学位"已被占用的风险,会影响买受人的子女入学,无法实现其购买法拍房的主要目的。

法拍房是优、缺点都很明显的二手房,价格比较便宜但风险较大。如果要参与竞拍,要特别注意。笔者建议:参拍人一定要先进入房屋进行现场考察,详细了解情况,尤其是观察是否有人居住及居住人的基本情况。如果公告中没有明确欠费情况,最好先去所在区域的物业服务企业或居委会处了解一下该房屋的欠费情况。此外,如果房屋的拍卖价格较高或存在的风险较大,参拍人可以聘请律师做尽职调查及相应的风险防控准备。下面以案为例予以说明。

案例十四:执行法院已完成拍卖程序并与买受人完成房屋交接,但第三人仍占用房屋拒不腾退,买受人有权提起排除妨害之诉。如果房屋在出租前即已设立抵押权,抵押权人实现抵押权发生了房屋的所有权变动,承租人无权向房屋受让人主张继续履行租赁合同。

一审案号为(2019)苏0214民初7289号,二审案号为(2020)苏02民终4382号的排除妨害纠纷案件。案情简介:无锡市梁溪区人民法院通过淘宝网司法拍卖平台拍卖坐落于无锡市某处房屋(以下简称案涉房屋),2017年12月25日,无锡铭通信机械制造有限公司(以下简称铭通信公司)以14,510,300元的最高价竞得。2018年1月17日,无锡市梁溪区人民法院作出执行裁定,裁定案涉房屋房屋所有权及相应其他权利归铭通信公司所有,铭通信公司可持该裁定书办理产权过户登记手续。2018年4月11日,铭通信公司将案涉房屋房屋过户登记至其名下。因案涉房屋被新吴区沐江南浴室(以下简称沐江南浴室)实际占用,铭通信公司向法院提起诉讼。

无锡市新吴区人民法院审理后认为,所有权人对自己的不动产或者动产,依法享有占有、使用、收益和处分的权利。2018年4月11日,铭通信公司通过司法拍卖程序将诉争房屋过户变更登记在其名下,自此铭通信公司为上述房屋的合法所有权人;江南浴室占用上述房屋损害所有权人铭通信公司的合法权益,由此产生纠纷,责任在江南浴室。无锡市梁溪区人民法院已经完成拍卖程序,且与铭通信公司完成案涉房屋的交接,现铭通信公司通过民事诉讼途径要求江南浴室搬出该案诉争房屋并交付给铭通信公司,不违反法律规定。江南浴室虽然举证其与华天公司之间的租赁合同以及华天公司与案涉房屋原所有权人之间的租赁合同,认为其有权继续承租案涉房屋,但根据相关法律规定,案涉房屋在出租前即已设立抵押权,抵押权人实现抵押权发生了案涉房屋的所有权变动,承租人无权向房屋受让人主张继续履行租赁合同,案涉房屋属于法拍房,抵押权人就房款优先受偿实现抵押权,故即使江南浴室提供的租赁合同真实有效,也是发生在案涉房屋的抵押权设定后,故买受人铭通信公司亦不受案涉房屋上原租赁合同的约束。关于铭通信公司主张江南浴室支付实际占有使用费的主张,按其实际完成所有权登记手续的时间点起算较为合适,法院酌定计算标准为650元/天,计算至实际返还之日止。所以,判决:(1)被告江南浴室搬出房屋并交付给铭通信公司。(2)江南浴室支付铭通信公司自2018年4月11日起至实际返还房屋之日止的实际占有使用费。

江南浴室提出上诉。江苏省无锡市中级人民法院二审判决:驳回上诉,维持原判。

四、二手房买卖中"阴阳合同"的处理

二手房房屋买卖中的"阴阳合同"现象,是指买卖双方至少签署了两份内容有所不同的房屋买卖合同。一般情况是:双方所签署的纸版合同为"阴合同",能体现双方的真实意思,合同中的价格也是真实的成交价格,双方按此合同实际履行;而用于提交备案的网签合同为"阳合同",不是双方的真实意思表示,其所显示的价格不是真实成交价格。买卖双方人为造成"阴阳合同"现象,主要是出于少缴纳税收、或提高按揭贷款额度等目的。

"阴阳合同"的签订,不仅破坏诚信原则,给双方当事人带来风险与隐患,而且会扰乱市场经济秩序、损害国家税收利益。近年来,随着房地产交易市场的快速发展,房屋交易领域"阴阳合同"的现象也越来越多,一方面是因为职能部门监管不够到位,另一方面是因为需要缴纳的税费差异明显,其中利益巨大。

整治规范房地产市场秩序是促进房地产市场平稳健康发展的重要举措,事关经济社会发展大局。近年来,国家持续加大房地产市场整治力度,切实维护人民群众合法权益,2016年,住房和城乡建设部等七部门发布《关于加强房地产中介管理促进行业健康发展的意见》,要求规范中介机构涉税服务。2018年,住房和城乡建设部等七部门发布《关于在部分城市先行开展打击侵害群众利益违法违规行为

治理房地产市场乱象专项行动的通知》,提出要整治房地产"黑中介"的违法违规行为,其中包括"为客户就同一房屋签订不同交易价款的'阴阳合同'提供便利,非法规避房屋交易税费"行为。2021年,住房和城乡建设部等八部门发布《关于持续整治规范房地产市场秩序的通知》,"协助购房人非法规避房屋交易税费"成为整治重点。

关于当事人签订"阴阳合同"的处理,主要集中在合同的效力问题上。《民法典》第146条规定:行为人与相对人以虚假的意思表示实施的民事法律行为无效。以虚假的意思表示隐藏的民事法律行为的效力,依照有关法律规定处理。第154条规定:行为人与相对人恶意串通,损害他人合法权益的民事法律行为无效。对于"阴阳合同"问题,有些地方法院出台过一些会议纪要或指引,如北京市高级人民法院在《关于审理房屋买卖合同纠纷案件若干疑难问题的会议纪要》(2014年12月16日发布)中认为,当事人在房屋买卖合同(包括双方已经签字的网签合同)中为规避国家税收监管故意隐瞒真实的交易价格,该价格条款无效,但该条款无效不影响合同其他部分的效力。当事人以逃避国家税收为由,要求确认买卖合同全部无效的,不予支持。广东省高级人民法院《关于审理房屋买卖合同纠纷案件的指引》(2022年12月15日发布)第14条规定:当事人在提交登记机构的房屋买卖合同中虚构交易价格,该价格条款无效。一方请求按照真实交易价格履行合同的,应予支持。当事人在提交登记机构的房屋买卖合同中虚构交易价格,税务机关按照真实价格核算或者追缴税费,导致交易税费增加,对增加部分税费的负担当事人不能协商一致的,一般由当事人按照法律规定负担。江苏省高级人民法院在《关于审理房地产合同纠纷案件若干问题的解答》(2018年2月24日发布)中认为,为避税、套取银行贷款等网签的房屋买卖合同属于双方通谋虚伪的意思表示,应认定为无效,以双方当事人实际履行的房屋买卖合同为准。由上可见,在对"阴阳合同"的法律效力进行判断时,最需要考量的是该合同是否符合合同当事人的真实意思。"阴合同"是双方真实意思表示,不违反法律法规规定,且是合同当事人实际履行的合同,应认定有效。"阳合同"中的价格条款为虚假价格,不是真实交易价格,并非双方真实意思表示,其目的是逃避税费、获得更多贷款,应认定无效。

在"阳合同"被认定为无效的情况下,涉及合同是全部无效或部分无效的问题。根据《民法典》第156条的规定:民事法律行为部分无效,不影响其他部分效力的,其他部分仍然有效。在网签合同(阳合同)中,除了转让价格外,还有合同当事人信息、房屋基本情况、付款方式、交付时间、过户登记约定等内容,即使不如"阴合同"的约定详细,但仍然能够体现主要权利与义务内容。在这些内容中,除了转让价格约定存在无效情形外,其他约定通常反映当事人的真实意思,在没有其他无效情形时,不应认定"阳合同"整体无效,而应仅就虚构的价格条款确认无效。

对此,本书提示:房屋买卖双方因避税签订"阴阳合同",风险极大,一旦产生纠纷,存在被法院认定合同无效的风险。如果双方对于无法办理过户均存在过错,均不承担违约责任。法院会判决要求双方继续履行"阴合同",但如案涉房屋已被卖方出售给第三人,买方可能无法获得房屋所有权并损失较大。在产生纠纷后,建议买方申请财产保全,查封案涉房屋,防止案涉房屋被一房多卖。即使房屋是基于"阳合同"完成房屋过户手续,一旦"阳合同"被认定无效或撤销后,该过户登记很有可能被撤销。如房屋买卖是基于"阳合同"完成过户,一旦被税务机关发现或被举报,买卖双方需要依法补税,还需要根据《税收征收管理法》相关规定承担行政处罚,甚至有根据《刑法》相关规定构成逃税罪的风险。下面以案为例予以说明。

案例十五:二手房网签备案合同没有高于非备案合同的效力,两份合同不一致时,应当以能反映买卖双方真实意思的合同为准。

案号为(2021)浙0421民初3562号的房屋买卖合同纠纷案件。案情简介:2021年1月10日,原告徐某、余某经中介介绍,与被告张某签订买卖居间协议。协议约定,案涉房屋总价款157万元;张某应于收到除尾款外的全部款项及交易中心出具的产权证后当日内交付;室内固定装修及固定设施设备一并转让,价格已包含在房款内,一并转让的家具家电及装饰品为:固定装修包含所有家具家电。2021年4月,原告徐某、余某与被告张某网签合同并进行备案,合同载明总房价为170万元,无房屋附属设施设备、装饰装修及相关物品。2021年9月2日,双方就案涉房产进行交接,确认张某已搬走部分物品。后,徐某、余某向法院提起诉讼。

浙江省嘉善县人民法院审理后认为,该案的争议焦点有二:(1)两份合同中哪一份是双方关于案涉房产买卖的真实意思表示;(2)被告是否构成违约,违约责任应如何承担。

关于争议焦点一。二手房网签备案合同系行政机关加强房产交易管理而采取的行政措施,法律、行政法规并未对其效力作出特别规定,法院仍应综合全案情况对合同载明的价款等作出判断。庭审中,双方均认可2021年1月10日签订居间买卖协议时对于房屋交易价格为 157 万元的约定是双方协商后的真实意思表示。房产属于价值较大的生活资料，无论买受人或出卖人在签订合同前必定对房屋各方面进行综合考虑，并且对影响房屋买卖的价格条款进行充分协商后才会作出购买（出售）与否的意思表示，一旦签订合同，不会轻易作出变更。网签合同较买卖居间协议价格提高了 12 万元，在并无证据证明存在协商变更或合同签订的基础条件出现了重大变化的情况下，原告主动加价，不符合常理。双方应按照买卖居间协议关于 157 万元的价款等约定履行各自的义务。

关于争议焦点二。该案中，根据买卖居间协议约定，被告应于收到除尾款外的全部款项及交易中心出具以原告为权利人的产权证的当日交付房屋，即被告应于 2021 年 5 月 28 日向原告交付房屋，实际被告在 2021 年 9 月 2 日交房，构成违约。双方买卖居间协议中约定随同转让的为"固定装修包含所有家具家电"，虽未制作清单，但根据一般理解，冰箱、沙发、餐桌椅等在家具家电范围内。现被告将房屋中部分家具家电拿走，故交付之房屋亦不完全符合合同约定。

被告逾期交房且交付房屋不符合合同约定条件，已构成违约。买卖居间协议未对迟延履行及履行协议不符合约定的违约责任作出约定，综合考虑原告因迟延交房产生的租金损失及搬走部分的家具家电价值，法院判决：被告张某赔偿原告徐某、余某损失 12,000 元。

五、无权处分情况的处理

无权处分所订立合同的效力问题，曾经是长期困扰实务界的一个疑难问题，合同有效、无效还是属于效力待定各方各抒己见。根据原《合同法》第 51 条的规定，无权处分定性为效力待定合同。原《物权法》第 106 条规定，从物权的角度，在适用无权处分时排除了善意取得的适用，并规定了善意取得的构成要件。《民法典》删除了原《合同法》第 51 条的内容，没有直接提及无权处分的处理，后在相关司法解释修改时也删除了相关内容。《民法典》物权编第 311 条保留了原《物权法》第 106 条的内容，同时在合同编第 597 条增加一款新的规定，这样的修改结果确保了物权人对标的物的所有权，也保护了善意买受人的权益，彰显了合同对当事人的约束力，有利于倡导诚信价值并维护交易安全。

《民法典》第 311 条规定：无处分权人将不动产或者动产转让给受让人的，所有权人有权追回；除法律另有规定外，符合下列情形的，受让人取得该不动产或者动产的所有权：(1)受让人受让该不动产或者动产时是善意；(2)以合理的价格转让;(3)转让的不动产或者动产依照法律规定应当登记的已经登记,不需要登记的已经交付给受让人。受让人依据前款规定取得不动产或者动产的所有权的,原所有权人有权向无处分权人请求损害赔偿。当事人善意取得其他物权的,参照适用前两款规定。第597条第1款规定:因出卖人未取得处分权致使标的物所有权不能转移的,买受人可以解除合同并请求出卖人承担违约责任。

此后颁布的《物权编的解释(一)》第14~18条、第20条对无权处分与善意取得进行了详细的规定:

第十四条 受让人受让不动产或者动产时,不知道转让人无处分权,且无重大过失的,应当认定受让人为善意。

真实权利人主张受让人不构成善意的,应当承担举证证明责任。

第十五条 具有下列情形之一的,应当认定不动产受让人知道转让人无处分权:

(一)登记簿上存在有效的异议登记;

(二)预告登记有效期内,未经预告登记的权利人同意;

(三)登记簿上已经记载司法机关或者行政机关依法裁定、决定查封或者以其他形式限制不动产权利的有关事项;

(四)受让人知道登记簿上记载的权利主体错误;

(五)受让人知道他人已经依法享有不动产物权。

真实权利人有证据证明不动产受让人应当知道转让人无处分权的,应当认定受让人具有重大过失。

第十六条 受让人受让动产时,交易的对象、场所或者时机等不符合交易习惯的,应当认定受让人具有重大过失。

第十七条 民法典第三百一十一条第一款第一项所称的"受让人受让该不动产或者动产时",是指依法完成不动产物权转移登记或者动产交付之时。

当事人以民法典第二百二十六条规定的方式交付动产的,转让动产民事法律行为生效时为动产交付之时;当事人以民法典第二百二十七条规定的方式交付动产的,转让人与受让人之间有关转让返还原物请求权的协议生效时为动产交付之时。

法律对不动产、动产物权的设立另有规定的,应当按照法律规定的时间认定权利人是否为善意。

第十八条 民法典第三百一十一条第一款第二项所称"合理的价格",应当根据转让标的物的性质、数量以及付款方式等具体情况,参考转让时交易地市场价格以及交易习惯等因素综合认定。

第二十条 具有下列情形之一,受让人主张依据民法典第三百一十一条规定取得所有权的,不予支持:

(一)转让合同被认定无效;

(二)转让合同被撤销。

《合同编通则解释》第19条规定:以转让或者设定财产权利为目的订立的合同,当事人或者真正权利人仅以让与人在订立合同时对标的物没有所有权或者处分权为由主张合同无效的,人民法院不予支持;因未取得真正权利人事后同意或者让与人事后未取得处分权导致合同不能履行,受让人主张解除合同并请求让与人承担违反合同的赔偿责任的,人民法院依法予以支持。前款规定的合同被认定有效,且让与人已经将财产交付或者移转登记至受让人,真正权利人请求认定财产权利未发生变动或者请求返还财产的,人民法院应予支持。但是,受让人依据民法典第三百一十一条等规定善意取得财产权利的除外。

2022年12月15日,广东省高级人民法院发布的《关于审理房屋买卖合同纠纷案件的指引》第9条规定:出卖人假冒房屋所有权人转让房屋,该合同对房屋所有权人没有约束力。买受人主张适用善意取得有关规定的,不予支持。第15条规定:夫妻一方擅自出卖共有房屋,买受人要求继续履行合同办理不动产转移登记的,人民法院应当依据《最高人民法院关于适用〈中华人民共和国民事诉讼法〉的解释》第七十三条的规定通知夫妻另一方作为共同被告参加诉讼。当事人也可以申请追加夫妻另一方作为共同被告参加诉讼。买卖合同因出卖人没有处分权不能履行的,人民法院应当依据《最高人民法院关于民事诉讼证据的若干规定》第五十三条的规定处理。买受人根据案件审理情况变更诉讼请求为解除合同、赔偿损失的,应予准许。但有下列情形之一的,可以判决合同继续履行:(一)夫妻另一方追认买卖合同的;(二)买受人举证证明夫妻另一方知道而未表示反对的;(三)买受人已经按照合同约定支付价款,并占有使用房屋,夫妻另一方未在合理期间内提出异议的;(四)存在其他情形,可以认定买受人有理由相信出卖房屋是夫妻双方共同意思表示的。夫妻一方擅自出卖登记在自己一方名下的共有房屋,已经办理不动产转移登记,另一方请求返还房屋的,依据善意取得的规定审查。

以上法律与司法解释中的相关规定为涉及卖方售房系无权处分的纠纷案

件,尤其是卖方将自己保管或登记在自己名义下的房屋出售、夫妻一方将夫妻共有的房产私自出售引起的纠纷案例处理提供了判决的依据。下面以案为例予以说明。

案例十六:夫妻中的一方出卖登记在其个人名下的夫妻共同财产,已经签订房屋买卖合同,但配偶另一方不同意出卖,买方有权要求卖方承担处分不能的违约责任,赔偿数额为房屋重置的差价。

案号为(2020)浙0212民初9655号的房屋买卖合同纠纷案件。案情简介:被告王某、洪某是夫妻关系。2016年8月2日,王某(甲方)与徐某(乙方)签订租房协议,协议约定在租房日起3年内,由乙方以67万元购买案涉房屋,一次性付款,并由甲方将房产权转让给乙方。后王某、洪某不愿意交付该房屋,所以徐某将王某诉至法院,要求将案涉房屋所有权变更登记至其名下。

在另案中,宁波市北仑区人民法院审理后查明:2017年9月3日,原告徐某向洪某提出要依据租房协议约定以67万元购买案涉房屋,洪某通过微信回复称不同意按67万元出售房屋。另查明:双方均认可,与原告徐某协商、制定协议内容均是由洪某负责。法院审理后认为案涉房屋"由于未经共有人洪某同意,王某欠缺处分权,另结合公平原则,原告要求将案涉房屋所有权变更登记至其名下的诉讼请求缺乏法律依据,法院不予支持"。现该判决已生效。案涉房屋登记在被告王某名下,权属证书显示的共有情况为"单独所有"。经评估案涉房屋在2019年8月21日的市场价值为166.7万元。

因徐某无法获得房屋所有权,所以向法院提起诉讼,要求王某、洪某赔偿因此遭受的损失。

宁波市鄞州区人民法院审理后认为,原、被告签订的租房协议第8条关于房屋买卖的条款,为有效条款。根据生效法律文书查明的事实,案涉房屋为被告王某与案外人洪某共同共有,被告王某出卖该房屋事先未经洪某同意,事后洪某也未追认,被告王某无单独处分权,致该合同履行不能。原告据此请求解除合同并请求被告承担违约责任,于法有据。关于赔偿损失的金额问题,差价款应属于原告的可得利益。该案中差价为99.7万元。关于原告徐某对损失的发生是否具有过错问题,原告作为不动产交易的购买方,基于对不动产登记的信赖,认为不动产登记所表征的物权即为真实的物权状态,原告对不动产物权登记的信赖应予保护,此为维护交易动态安全之必需。在房屋买卖合同的出卖人与不动产登记表征的所有权人一致的情况下,再要求购买人调查核实不动产登记所表征之物权与真实的物权状态是否一致,对购买方未免过苛,原告于此并无过错。所以,判决:(1)确认租房协议第 8 条关于房屋买卖的条款解除;(2)被告王某赔偿原告徐某房屋差价损失 99.7 万元。

六、一房多卖情况的处理

一房多卖,是指房屋所有权人先后与两个或以上的买受人就同一套房屋签订多份房屋买卖合同的行为。在一房多卖行为中,虽然存在多份房屋买卖合同,但房屋只有一套,因此出卖人只能将房屋所有权转移给其中一个买受人,导致其他买受人无法获得房屋所有权。

一房多卖现象在实践中常常以多种方式出现。这涉及两大法律问题:一是房产的归属问题;二是没有获得房产一方的救济问题。

卖方以同一房屋作为标的物签订多份房屋买卖合同,如果合同都是当事人自愿签署的,并且内容合法,没有违反法律法规的强制性规定,应当认定这几份合同都是合法有效的。当某一买受人已办理房屋过户登记时,其应享有房屋所有权。根据《民法典》第 209 条、第 210 条的规定,房屋所有权的转移,采取登记生效主义。如果房屋还没有办理过户登记,但某一买受人已办理预告登记时,该买受人可以要求办理过户登记。如果所有的买受人都没有办理房屋过户也没有办理预告登记手续,那么实际占有该房屋的人在产权归属认定上享有优先权。《第八次全国法院民事商事审判工作会议(民事部分)纪要》(2016 年 11 月 21 日发布)中"四、关于房地产纠纷案件的审理"中"(二)关于一房数卖的合同履行问题"规定:审理一房数卖纠纷案件时,如果数份合同均有效且买受人均要求履行合同的,一般应按照已经办理房屋所有权变更登记、合法占有房屋以及合同履行情况、买卖合同成立先后等顺序确定权利保护顺位。但恶意办理登记的买受人,其权利不能优先于已经合法占有该房屋的买受人。对买卖合同的成立时间,应综合主管机关备案时间、合同载明的签订时间以及其他证据确定。

如果签订房屋买卖合同后,卖方又将房屋出卖给第三人,要进行区别处理。如果第三人善意获得该房屋且已办理过户登记,买方无权要求卖方继续履行合同,但可以请求解除合同并要求卖方赔偿损失,损失可以按照房屋差价进行计算。

《合同编通则解释》第 14 条规定:当事人之间就同一交易订立多份合同,人民法院应当认定其中以虚假意思表示订立的合同无效。当事人为规避法律、行政法规的强制性规定,以虚假意思表示隐藏真实意思表示的,人民法院应当依据民法典第一百五十三条第一款的规定认定被隐藏合同的效力；当事人为规避法律、行政法规关于合同应当办理批准等手续的规定，以虚假意思表示隐藏真实意思表示的，人民法院应当依据民法典第五百零二条第二款的规定认定被隐藏合同的效力。依据前款规定认定被隐藏合同无效或者确定不发生效力的，人民法院应当以被隐藏合同为事实基础，依据民法典第一百五十七条的规定确定当事人的民事责任。但是，法律另有规定的除外。当事人就同一交易订立的多份合同均系真实意思表示，且不存在其他影响合同效力情形的，人民法院应当在查明各合同成立先后顺序和实际履行情况的基础上，认定合同内容是否发生变更。法律、行政法规禁止变更合同内容的，人民法院应当认定合同的相应变更无效。

如果第三人与出卖人恶意串通，应按照《民法典》第154条"行为人与相对人恶意串通，损害他人合法权益的民事法律行为无效"的规定处理。《商品房买卖合同司法解释》第7条规定：买受人以出卖人与第三人恶意串通，另行订立商品房买卖合同并将房屋交付使用，导致其无法取得房屋为由，请求确认出卖人与第三人订立的商品房买卖合同无效的，应予支持。最高人民法院《关于为促进消费提供司法服务和保障的意见》(法发〔2022〕35号)中也指出：出卖人出售房屋后又与第三人恶意串通，另行订立商品房买卖合同并将已出售房屋交付第三人使用，导致原来的买受人无法取得房屋的，人民法院应当依法认定出卖人与第三人订立的商品房买卖合同无效。

2022年12月15日，广东省高级人民法院发布的《关于审理房屋买卖合同纠纷案件的指引》第18条规定："出卖人就同一房屋签订多重买卖合同，在买卖合同均有效的情况下，买受人均要求继续履行合同的，一般应当按照下列情形分别处理：(一)先行办理不动产转移登记的买受人请求确认所有权已经转移的，应予支持；(二)均未办理不动产转移登记，先行办理不动产预告登记的买受人在预告登记有效期内请求继续履行合同的，应予支持；(三)均无上述履行行为，先行接收房屋的买受人请求继续履行合同的，应予支持；(四)均无上述履行行为，登记机构已经受理其不动产转移登记申请的买受人请求继续履行合同的，应予支持；(五)均无上述履行行为，先行办理网上签约或者商品房预售合同备案的买受人请求继续履行合同的，应予支持；(六)均无上述履行行为，先行依约支付价款的买受人请求继续履行合同的，应予支持；(七)均无上述履行行为，成立在先合同的买受人请求继续履行合同的，应予支持。恶意抢先办理不动产转移登记或者预告登记的买受人，不能优先于已经合法占有房屋的买受人。在房屋查封期间占有房屋的买受人,其权利不能对抗申请查封房屋的买受人。对买卖合同的成立时间,应当综合主管机关备案时间、合同载明的签订时间以及其他证据确定。人民法院在审理房屋买卖合同纠纷案件时,查明案涉房屋还存在其他买卖合同关系的,应当通知其他买受人作为第三人参加诉讼。原告的诉讼请求明显不能成立,或者案件争议焦点不涉及原告与第三人权利先后顺序的,可以不通知该第三人。"

下面以案为例予以说明。

案例十七:"一房多卖"引起的纠纷,卖方构成违约行为,在合同无法履行的情况下,买方可以要求卖方赔偿损失。房屋在价格评估期间增值价值,该部分损失属于可得利益损失。

案号为(2020)豫0104民初9830号的房屋买卖合同纠纷案件。案情简介:2017年6月5日,王某与刘某签订房屋买卖协议,约定刘某将其位于郑州市郑东新区某处的房屋出售给王某,转让价格81万元。王某先后支付66万元。刘某将案涉房屋交付王某,王某委托装修公司进行装修,并购置家电家具入住。

2013年5月28日,刘某就将案涉房屋卖给案外人刘某1,2019年的法院生效判决对此予以确认,并已强制执行。王某无法获得该房屋所有权,所以向法院提起诉讼。审理中,法院通过鉴定确定房屋装修剩余价值136,756元,室内物品重置价值76,407元,房屋在价格评估期间增值价值110,805元,评估费为18,000元。

郑州市管城回族区人民法院审理后认为,原告王某与被告刘某签订的房屋买卖协议合法有效。原告王某依照约定向被告刘某支付相应房款,被告已将案涉房屋实际交付原告使用。而被告刘某在2013年5月28日已将案涉房屋卖给了案外人刘某1,经法院生效判决确认并经强制执行,案外人刘某1已于2020年4月10日开始占有使用。被告事实上已构成"一房多卖",构成违约。现原告王某主张解除双方之间的房屋买卖合同,法院予以支持。被告违约导致原告王某无法获得房屋,王某有权请求刘某返还已经交付的购房款及利息,并赔偿因房屋买卖合同目的无法实现所遭受的损失。被告刘某应当返还原告王某已经交付的购房款,并就其违约行为给原告造成的损失进行赔偿。经评估房屋在价格评估期间增值价值110,805元,该部分损失属于可得利益损失,被告刘某应当予以赔偿。所以,判决:(1)解除原告王某与被告刘某签订的房屋买卖协议;(2)被告刘某退还原告王某购房款66万元,并支付利息;(3)被告刘某赔偿原告王某房屋装修剩余价值136,756元、室内物品重置价值76,407元、房屋增值价值110,805元。

案例十八：出现"一房多卖"现象，合同被认定有效。在卖方存在违约行为的情况下，买方有权解除合同并要求赔偿损失。如果房屋中介机构未对房源信息认真核查，存在一定的过错，也应承担一定比例的补充赔偿责任。

案号为（2020）浙0281民初5076号的房屋买卖合同纠纷案件。案情简介：2019年3月，经被告余姚市轩成房产中介服务部（以下简称轩成房产中介）居间，原告黄某与被告王某在2019年3月20日签订房地产转让契约，约定王某转让位于余姚市某处房屋一套（以下简称案涉房屋），房价共153.8万元，首付47.8万元，另外106万元为组合贷款；协议签订后，黄某支付定金5万元，约定交房时间为2019年4月20日前，若不能按期交房，则王某每天按已付金额的1‰计算违约金支付给黄某，合同还约定中介服务费为1.5万元。当日，黄某先后向王某支付定金5万元、购房款10万元。2019年3月25日，黄某与王某签订补充协议，确认黄某在2019年3月20日已支付王某15万元，并约定在3月25日再支付购房款15万元，以上30万元为黄某协助王某办理房产证的垫资，待王某拿到房产证后当天过户给黄某，上述30万元即转为首付款，黄某再支付被告王某17.8元，剩余106万元为组合贷款。该协议签订后，黄某当天向王某支付购房款15万元。案涉房屋系拆迁安置房，合同签订时产权未完成转移。但后来黄某因无法获得该房屋所有权，向法院提起诉讼。

2011年2月，王某等三人将案涉房屋卖给案外人胡某，后胡某向法院起诉，法院判决确认房屋转让合同合法有效，该判决已生效。

浙江省余姚市人民法院审理后认为，原告黄某与被告王某、轩成房产中介签订的房地产转让契约存在"房屋买卖合同"和"居间合同"两种法律关系，该契约不违反法律、法规的禁止性规定，应为有效合同。因案涉房屋在当事人签订契约时已被法院查封，还涉及一房多卖，原告已经无法实现合同目的，故原告要求解除房地产转让契约，合法有据。被告王某未如实说明案涉房屋的情况，导致合同无法履行，应双倍返还定金10万元、返还购房款25万元并赔偿利息损失。被告轩成房产中介作为专门从事房地产经纪活动、具有一定专业知识和风险意识的机构，应对房源信息承担基本核查义务；原告作为买方，未尽到审慎注意义务，也应承担相应的责任，因此法院酌定对购房款25万元中被告王某不能返还的部分由被告轩成房产中介承担70%的补充赔偿责任。所以，判决：(1)解除原告黄某和被告王某、轩成房产中介签订的房地产转让契约；(2)被告王某返还购房款25万元并赔偿原告利息损失；(3)被告王某返还原告黄某双倍定金10万元；(4)被告轩成房产中介对被告王某应返还的25万元购房款中不能返还的部分向原告黄某承担70%的补充赔偿责任。

第六节 房屋买卖中介合同与相关纠纷案例

一、《民法典》对中介合同的相关规定

《民法典》合同编第二十六章"中介合同"共有6条规范：

第九百六十一条　中介合同是中介人向委托人报告订立合同的机会或者提供订立合同的媒介服务，委托人支付报酬的合同。

第九百六十二条　中介人应当就有关订立合同的事项向委托人如实报告。

中介人故意隐瞒与订立合同有关的重要事实或者提供虚假情况，损害委托人利益的，不得请求支付报酬并应当承担赔偿责任。

第九百六十三条　中介人促成合同成立的，委托人应当按照约定支付报酬。对中介人的报酬没有约定或者约定不明确，依据本法第五百一十条的规定仍不能确定的，根据中介人的劳务合理确定。因中介人提供订立合同的媒介服务而促成合同成立的，由该合同的当事人平均负担中介人的报酬。

中介人促成合同成立的，中介活动的费用，由中介人负担。

第九百六十四条　中介人未促成合同成立的，不得请求支付报酬；但是，可以按照约定请求委托人支付从事中介活动支出的必要费用。

第九百六十五条　委托人在接受中介人的服务后，利用中介人提供的交易机会或者媒介服务，绕开中介人直接订立合同的，应当向中介人支付报酬。

第九百六十六条　本章没有规定的，参照适用委托合同的有关规定。

二、签订房屋买卖中介合同的注意事项

中介合同从本质上说，是一种委托合同。房屋买卖中介合同与普通的委托合同不同的是：(1)房屋买卖中介合同一般是卖方与中介机构签订。虽然买方看房时也接受了中介机构的服务，或者与卖方分担了中介服务费用，但买方一般不会与中介机构签约。特殊情况下，也有买方与中介机构签约，如买方委托中介机构寻找特定区域的学区房。(2)中介机构的主要工作是向委托人(通常是卖方)报告订立合同的机会或者提供订立合同的媒介服务，如对外发布房源信息、带有意

向的客户上门看房等，为了促进交易达成，中介机构也会为买方提供一定的服务，如报告订立合同的机会。(3)中介合同是双务、有偿的合同。买卖双方可以约定由一方承担中介费用，也可以约定双方各承担一半中介费用。

二手房买卖在有房屋中介机构参与的情况下，各方往往会签订房屋买卖中介合同。房屋买卖中介合同其中有大量内容与二手房买卖合同是相似的，所以我们选取中介合同中特有的一些内容说明签订房屋买卖中介合同的注意事项：

1. 需要重点关注作为合同其中一方当事人中介机构的主体信息，建议在审查相关材料的基础上，完整列明中介机构的基本信息，包括地址（住所地）、统一社会信用代码、法定代表人或负责人、经办人姓名、联系电话、身份证号、经纪人资格证号等。

2. 中介机构的服务内容是中介合同的主要内容，建议具体、明确地写清楚中介机构在房屋买卖过程中需要承担的义务，包括需要为买方做些什么，需要为卖方做些什么。

3. 中介机构的主要权利是收取中介费用。中介费用的收取标准，各地一般有参考值，可以在参考值的基础上协商确定。中介费用的负担，是由一方承担或双方分别负担属于可协商的事项。

4. 相较于中介机构，二手房买卖双方一般存在专业上的弱势，也往往存在信息上的不对称，所以要求中介机构恪守职业道德，全面履行合同的义务。可以在中介合同中约定相关内容，如在合同签订时，中介机构应当将知道的房地产权属情况和交易风险如实告知买受人。房屋交付时，中介机构应到场协助做好房屋交付事宜。如果中介机构不履行合同，应承担违约责任，赔偿因此造成的经济损失。

因为二手房交易有一定专业性的要求，尤其是涉及按揭贷款等情况，买卖双方请中介机构参与，花钱可以省事，而且比较保险。二手房买卖在涉及中介机构参与的情况下，各方往往会签订房屋买卖中介合同。本书提供一份房屋买卖中介合同参考文本，供读者参考。

房屋买卖中介合同（参考文本）

卖方（甲方）：_____

买方（乙方）：_____

（自然人应写明姓名、身份证号码、联系方式等）

中介方（丙方）：_____

甲、乙、丙三方在平等、自愿、协商一致的基础上，就甲方卖房、乙方买房、丙方中介事宜，订立本合同。

第一条 房地产状况

房产情况(具体内容)：_____。

对上述房屋及附属用房的产权或使用权限制条件等应当说明的情况：_____。

对房屋结构改造应当说明的情况：_____。

乙方可以依法查询该房屋的安全信息档案。

土地情况(具体内容)：国有土地使用权人____，权证号_____，使用权类型为【国有出让/国有划拨】，其他情况说明：_____。

第二条 中介服务内容

一、丙方为甲方提供以下【经纪/咨询/代办手续/】房地产中介服务：_____。

二、丙方为乙方提供以下【经纪/咨询/代办手续/】房地产中介服务：_____。

第三条 费用及支付

三、房屋价款和其他价款总计人民币____元(大写：_____)。其中：房屋价款____元，房屋装修、设施等价款____元。

房款的收付对象、收付方式和时限约定如下：_____。

四、丙方所收取的买卖中介服务费应当符合法律、法规和政府行政主管部门的规定。

丙方收取买卖中介服务费的项目、收费标准，及其甲方、乙方的承担方式、支付方式和时限约定如下：_____。

五、甲、乙方应当缴纳税费的项目、标准(如有新标准出台，按新标准执行，多退少补)，及其承担方式、支付方式和时限约定如下：_____。

六、丙方代办有关手续的收费项目、收费标准，及其承担方式、支付方式和时限约定如下：_____。

第四条 房屋交付

七、上述房屋及附属【用房/设施/物品/证件/】的交付约定如下：_____。

八、上述房屋交付前所发生【水/电/燃气/网络/】等费用的结清及时限约定如下：_____。

九、实施物业管理的上述房地产交付前的物业管理服务费用，按以下第____种方式约定：

1. 由甲方承担,并向乙方提供最后一次物业管理服务费用交费凭据;

2. 由乙方承担。

第五条 权利义务及违约责任

十、甲方对上述房地产状况所提供的情况必须真实,证件合法有效。甲方应当将房屋主体承重结构、设计合理使用年限和房屋结构改造等情况如实告知乙方。

十一、乙方对上述房地产状况已经了解,并已实地察看,且已核查相关证件。

十二、丙方对上述房地产状况已经了解,并已实地察看,且已核查相关证件。

十三、本合同签订时,丙方应当将知道的房地产权属情况和交易风险如实告知乙方。房屋交付时,丙方应到场协助做好房屋交付事宜。

第六条 违约责任

十四、除乙方、丙方原因外,甲方违约不能履行合同的,本合同签约受害方有权按以下方式得到赔偿,并追偿因甲方过错造成的经济损失：_____。

十五、本合同履行期间,除甲方、丙方原因外,乙方违约不能履行合同的,本合同签约受害方有权按以下方式得到赔偿,并追偿因乙方过错造成的经济损失：_____。

十六、本合同履行期间,除甲方、乙方原因外,丙方违约不能履行合同的,应承担违约责任。本合同签约受害方有权按以下方式得到赔偿,并追偿因丙方过错造成的经济损失：

1. 丙方故意隐瞒提供房地产中介服务有关重要事实或向甲方、乙方提供虚假情况的,应向合同受害方退还所收取的全部中介服务费,并按约定中介服务收费额的____%赔偿合同受害方；

2. 丙方利用提供房地产中介服务事项的机会,为自己谋取不正当利益的,应向合同受害方退还所收取的全部中介服务费;

3. 丙方违反有关法律、法规和政府规定,违背诚实信用原则,或与他人恶意串通,损害本合同签约他方利益的,按本条第1项约定处理;

4.丙方未按合同约定履行应尽义务或履行义务失责的,应承担相应的法律责任。

第七条　其他事项

十七、本合同履行期间,丙方应将约定提供服务的履行情况及时告之甲方、乙方,甲方、乙方对丙方的履约应提供必要的帮助,并在签约之日起____日内应丙方要求提供办理产权过户、银行按揭等所需相应证件及资料。

甲方、乙方有权对丙方履约情况进行查询、督促。

十八、丙方未征得甲方、乙方书面同意,将约定提供的服务事项委托其他房地产中介机构的,由此增加的费用和造成的法律责任由丙方承担。丙方未经甲方、乙方同意,擅自改变房地产中介服务事项内容、要求和标准的,所增费用由丙方承担,丙方仍须按合同约定的要求履约。

十九、本合同履行期间,任何一方需变更本合同的,应及时书面通知其他签约方,征得其他签约方同意后,签订变更协议。

二十、本合同履行中发生争议,各方可协商解决;协商或调解不成的,可以向房屋所在地的人民法院起诉。

二十一、本合同未尽事宜,各方可另行签订补充协议。

二十二、本合同一式三份,各方各执一份,具有同等效力。各方签字盖章后生效。

(如果有合同附件,应列明)

甲方(签章):

乙方(签章):

丙方(签章):

签订日期:_____年___月___日

三、中介机构的作用与对房地产经纪服务的规范

(一)房屋中介机构的作用

房地产经纪(俗称房屋中介)行业是一个新兴行业,随着我国房地产市场的发展而逐渐发展起来。我国的房地产经纪主要从事二手房买卖与房屋租赁中介服务,尤其是在二手房买卖中发挥着独特的作用。房屋中介机构能够为委托人分担事务、省去麻烦,而且能更好地促成二手房交易。

在发达国家,房地产行业基本上已从以新房开发和交易为主的开发时代进入以二手房交易为主的后开发时代,他们的房地产市场几乎是存量房市场,房地产经纪行业在其中发挥重要的作用。在我国,房地产市场经过20多年的快速发展,已出现明显的减缓势头,逐渐进入后开发时代,二手房交易量有明显增加的趋势,在北上广深等一线城市中表现得更加明显,从2009年起就超过新房的交易量。

由于存在信息不对称,买方很难直接找到合适的二手房房源,卖方则很难知道潜在的购买者。房屋中介机构掌握较多的房源信息,而且有丰富的经验,能够帮助双方达成买卖意向、签订合同。由于二手房交易周期长、涉及金额大,在交易过程中,无论是买方或者卖方,都有自己的顾虑,如果还涉及办理抵押贷款,往往需要几个月甚至半年以上的时间才能办成。一些房屋中介机构看准了双方在交易过程中存在的顾虑,在居间促成交易达成协议这一基本服务以外,又推出了协助申请贷款服务与担保服务。中介机构接受买卖双方的共同委托,以中间保证人的身份为双方在二手房交易过程的房款给付、产权交接等事项提供担保,这些服务受到买卖双方的欢迎。

关于找房屋中介机构,笔者建议:第一,要找有信誉、有实力的房屋中介机构;第二,要订立书面合同,详细写明委托人的要求,如卖方确定的最低销售价格,买方对房屋的特定要求;第三,在合同中约定房屋中介机构的违约责任;第四,各方均应按照诚信原则履行合同。

(二)卖方对房屋中介机构的委托方式

卖方与中介机构签订的中介合同中应明确委托方式,常见的委托方式主要有:(1)一般居间服务。由买卖双方各自登记,由中介机构进行配对介绍。卖方可以将房源信息提供给多家中介机构,进行登记并对外发布,潜在的买方看到房源信息,通过中介机构联系卖方并看房。但因为该房源信息在多处发布,很难辨别买方在哪个平台上获得房源信息,有可能出现该买方联系了多个中介机构看房但看到了同一套房屋的情况。卖方通过广撒网的方式,虽然在理论上可以增加交易的机会,但随之而来的是各类的滋扰也会增加。(2)独家代理。指的是卖方将房屋只委托给某一家中介机构进行代理销售,所以卖方一般只将房屋钥匙交给该中介机构保管并负责看房事宜。一般情况下,中介机构会优先向潜在的客户推荐独家代理的房源。(3)限时销售。指的是卖方与中介机构商定委托期限,在该期限内由该中介机构独家代理,卖方一般会限定最低销售价格。但如果超过期限房屋仍旧没有售出,该中介机构就失去独家代理权。如果合同有约定,中介机构还需要向卖方支付一定的违约金。这种委托方式对中介机构的要求较高,佣金率也相对较高,采取风险收费方式。如果卖方制定的最低销售价格较高,成交难度较大,中介机构可能就不会接受这种委托方式。

(三)房屋中介机构可以提供担保服务

房屋中介机构可以接受买卖双方的共同委托,以中间保证人的身份为双方在二手房交易过程的房款给付、产权交接等事项提供担保服务。在二手房交易中引入第三方担保,能够有效分散交易风险,提升交易的安全性。居间担保服务的内容为:中介机构基于二手房买卖合同,保证买方及时向卖方付清房价款,保证卖方积极配合买方进行产权变更,中介机构向买卖双方额外收取一定量的中保费用,一旦买卖双方中的一方不能如约履行合同义务,另一方在追究对方违约责任的同时,也可以要求中介机构承担保证责任。其服务的程序包括以下方面:(1)中介机构接受买卖双方的共同委托,与他们签订居间中介担保合同。(2)买卖双方向中介提供必要的担保依据,如二手房买卖合同正本、产权证原件、身份证明等。(3)卖方将与产权证相关的证明都留给中介机构。(4)买方应在正式变更登记前,将全部房款或剩余尾款打入中介机构指定账户。如果买房需要办理房贷并非一次性付款时,应将首付款存入中介机构指定的账户,等银行同意房贷申请放款后,将贷得款项再存入中介机构账户。(5)双方到不动产登记机构办完产权变更手续,买卖双方及中介机构三方共同确认无问题以后,中介机构将全部的代收款项交给卖方,卖方将房屋钥匙交给买方。

(四)对房地产经纪服务的规范

住房和城乡建设部等三部门联合发布的《房地产经纪管理办法》(2016年修正)第3条规定:房地产经纪,是指房地产经纪机构和房地产经纪人员为促成房地产交易,向委托人提供房地产居间、代理等服务并收取佣金的行为。第7条第1款规定:房地产经纪机构,是指依法设立,从事房地产经纪活动的中介服务机构。第14条规定:房地产经纪业务应当由房地产经纪机构统一承接,服务报酬由房地产经纪机构统一收取。分支机构应当以设立该分支机构的房地产经纪机构名义承揽业务。房地产经纪人员不得以个人名义承接房地产经纪业务和收取费用。第16条第1款规定:房地产经纪机构接受委托提供房地产信息、实地看房、代拟合同等房地产经纪服务的,应当与委托人签订书面房地产经纪服务合同。第 17 条规定:房地产经纪机构提供代办贷款、代办房地产登记等其他服务的,应当向委托人说明服务内容、收费标准等情况,经委托人同意后,另行签订合同。

有些地方制定了关于房地产中介服务的地方性法规或规章。如《宁波市房地产中介服务条例》(2004 年 7 月修正)第 2 条第 1 款规定:房地产中介服务,是指房地产中介服务机构(以下简称中介服务机构)为他人提供房地产咨询、房地产经纪、房地产价格评估的经营服务活动。第 10 条第 1 款规定:除简单的咨询业务外,中介服务机构向当事人提供房地产中介服务,应当与当事人签订房地产中介合同。第 11 条规定:中介服务机构应当对中介服务活动中涉及的房地产的合法性、真实性进行审查。中介服务机构应当将知道或应当知道的合同双方当事人的资信状况、履约能力、房地产权属等情况如实告知委托方和合同他方,法律、法规另有规定的除外。第 19 条对中介服务机构和中介人员在房地产中介服务活动中的行为进行了规范。

2023 年 4 月 27 日,住房和城乡建设部、市场监管总局联合发布了《关于规范房地产经纪服务的意见》(建房规〔2023〕2 号),主要是为了解决部分房地产经纪机构存在利用房源客源优势收取过高费用、未明码标价、捆绑收费、滥用客户个人信息等问题。

四、中介机构的报酬请求权与委托人"跳单"情况处理

(一)委托人应按约定支付报酬费用

房屋中介合同是典型的居间合同,也是双务、有偿的合同。中介机构通过其所掌握的房源信息,帮客户寻找合适的房源、带客户看房、约业主谈判、签合同、协助办理过户登记、贷款、交付等。在这过程中,中介机构需要付出一定的时间成本与机会成本。如果交易达成,交易当事人应按合同约定支付报酬。即使对报酬没有约定或者约定不明确,也不是无偿服务,应根据中介机构付出的劳务合理确定报酬。

按照《民法典》第 963 条的规定,如果中介机构促成合同成立,委托人应当按照约定支付报酬。对中介人的报酬没有约定或者约定不明确,可以根据中介人的劳务合理确定。第 964 条规定,中介人未促成合同成立的,不得请求支付报酬;但是,可以按照约定请求委托人支付从事中介活动支出的必要费用。

中介机构收取报酬(或称为中介费用)的判断节点是是否促成合同成立。如果双方签订房屋买卖合同,委托人就应当按照约定支付报酬。即使之后合同因故被解除,除非中介机构存在过错,委托人不能要求中介机构返还已经收取的报酬。为避免纠纷,房屋买卖合同中可以对于合同解除导致的中介费用承担问题进行约定,如约定一方违约应承担双方应支付的所有中介费用。

对于中介机构来说,获取报酬的前提是已履行合同义务,基本的要求是报告订约机会或者提供订立合同媒介的义务。如根据《民法典》第962条"中介人应当就有关订立合同的事项向委托人如实报告"的规定,如果中介人故意隐瞒与订立合同有关的重要事实或者提供虚假情况,损害委托人利益,不得请求支付报酬并应当承担赔偿责任。

(二)委托人"跳单"情况的处理

"跳单",又名"跳中介",指的是卖方或买方已与中介机构签订中介合同,中介机构已经按照协议履行合同义务,但其中一方或者双方为规避或减少支付中介费的义务,跳过中介机构而私自签订房屋买卖合同的行为。根据《民法典》第965条的规定,委托人在接受中介人的服务后,利用中介人提供的交易机会或者媒介服务,绕开中介人直接订立合同的,应当向中介人支付报酬。

认定"跳单"的构成要件有四个:一是委托人接受中介人的服务。委托人和中介人之间成立真实有效的中介合同,实践中,房产中介机构会与委托人签订合同,如看房确认书、不动产代售协议、委托书等,但是无论其合同名称如何,只要符合中介合同的本质,满足合同成立的条件即可。二是委托人利用中介人提供的交易机会或媒介服务。中介人需向委托人提供有用的信息或相关服务,如果中介人没有履行约定的义务,则就失去认定"跳单"行为的基础,那么委托人便享有自由选择权,可以任意选择其他房产中介而不构成"跳单"。三是委托人绕开中介人直接订立合同。只有当委托人存在避开原中介人通过其他方式与第三人进行交易的行为,才有可能认定委托人存在"跳单"行为。四是委托人利用的中介服务与其合同订立之间有因果关系。

"跳单"主要有两种情形:其一为委托人跳过中介人与第三人达成交易;其二为委托人另行寻找委托中介人完成缔约。第一种情形中,中介人只需证明其在房屋信息与媒介服务中所起作用,而在第二种情形中涉及多人,若合同最终订立是多方中介人的努力成果,他们提供的服务相互影响,此时中介人的中介服务行为不太可能是"唯一的"原因,其原因性认定标准就降低为共同原因,仅需证明其提供的服务对委托人合同成立有帮助即可。

一旦构成"跳单"行为,委托人应当向中介人支付报酬。《民法典》第965条规定首次将"跳单"行为上升到法律层面,保障中介人的权益,同时对于违背契约精神的行为进行严格规制。作为房屋交易的卖方或买方,可以选择委托中介人,也可以自行交易,但如果此前已经委托中介人,且利用中介人提供的交易机会或媒介服务,买卖双方就应该依法支付中介费用。

五、二手房买卖中的中介合同纠纷案例

案例十九:房屋中介机构促成双方签订房屋买卖合同,后因买卖中一方的原因导致合同解除,房屋中介机构可以继续主张中介费用。如果中介机构未全部完成协助义务,中介费用可以适当调整。

案号为(2021)浙0203民初7472号的中介合同纠纷案件。案情简介:2020年11月7日,原告宁波中宁百通房产代理有限公司(丙方,中介方,以下简称中宁百通公司)、被告胡某(甲方,卖方)、案外人何某(乙方,买方)签订房屋买卖中介合同,约定:乙方向甲方购买一处房屋,转让总价为244万元;定金5万元,甲方、乙方委托丙方在银行贷款预审通过后5个工作日内办理过户手续;丙方的中介服务费,甲方支付24,400元,乙方支付39,040元,丙方为甲方和乙方提供居间服务,且促成签订本合同,如遇甲方或乙方原因致使本合同终止解除,丙方有权依法收取上述中介服务费;除乙方、丙方原因外,甲方违约不能履行合同的,本合同签约受害方有权以以下方式得到赔偿,并追偿甲方过错造成的经济损失:以双倍定金返还乙方,甲方和乙方的中介费由甲方承担,并承担由此给乙方和丙方造成的其他经济损失等内容。后,双方签订房屋买卖合同,但案涉房屋未完成交易,胡某与何某均未向中宁百通公司支付中介费。所以,中宁百通公司向法院提起诉讼要求胡某支付中介费用。

2021年3月,何某向法院提起诉讼,要求解除合同并要求胡某双倍返还定金。后何某与胡某达成调解协议,确认合同解除,胡某向何某返还定金5万元,并赔偿何某损失3.5万元。

宁波市海曙区人民法院审理后认为,中介合同中,中介人促成房屋买卖合同成立的,委托人应当按照约定支付报酬。该案中,原、被告双方均确认虽案涉合同中约定被告需支付的中介费为24,400元,但如案涉房屋按约完成交易,被告只需支付原告中介费5000元;而根据合同约定何某作为买方在房屋交易完成后需支付原告中介费39,040元,但原告陈述其并未有减免何某的中介费,故根据双方陈述及合同约定,如案涉房屋按约完成交易,则原告可实际收取的中介费应为44,040元。现被告与何某签约后又解除合同,导致原告无法就后续的贷款、房屋交接等诸多事宜协助完成。考虑原告已实际促成被告与何某之间的买卖合同的签署,中介合同已经成立等事实,另考虑到原告虽然未全部完成中介协助义务,但系被告未继续履行合同违约造成,中介费酌定为3万元。所以,判决被告胡某向原告中宁百通公司支付中介费3万元。

案例二十:买受人利用中介机构提供的交易机会或媒介服务,后通过其他中介机构或者直接与交易方订立房屋买卖合同,属于"跳单"行为,应向该中介机构承担违约责任。

一审案号为(2020)沪0114民初14365号,二审案号为(2021)沪02民终342号的居间合同纠纷案件(入库案例)。案情简介:2020年1月,上海中原物业顾问有限公司(以下简称中原公司)向周某推荐了数套房屋,并于13日带周某及其母亲江某看了案涉房屋,当日即与周某签署了《看房确认书》。约定如周某与出售方签订买卖合同(无论通过何种渠道成交),应按该房地产售价的2%支付"报告居间报酬",且实际成交后需另行支付2%的"媒介居间报酬"。2020年1月15日,周某的母亲与案涉房屋卖方在某房产经纪事务所的居间下签约成交,约定各付佣金总房价款(414万元)的1%。后,中原公司向法院提起诉讼,要求周某支付案涉房屋售价2%的佣金及利息。

审理中,周某称其并非实际成交人,认可其母亲最终选择某房产经纪事务所成交是因为其佣金较低。

上海市嘉定区人民法院审理后认为,二手房买卖中,委托人(买方或卖方)在与中介人建立中介合同关系后,利用该中介人提供的交易机会或媒介服务,通过其他中介人或者直接与交易方订立房屋买卖合同,应向该中介人承担违约责任。在认定是否构成"跳单"的审查中,应充分考虑中介合同履行的信息不对称的特点,从衡平各方利益的角度,综合作出判断。"跳单"的构成要件:1.委托人接受了中介人的服务,这是认定是否构成"跳单"的前提条件;2.委托人利用了中介人提供的信息机会或者媒介服务,这是判断委托人的行为是否构成"跳单"的核心要件;3.委托人绕开中介人直接订立合同,这是"跳单"行为的表现形式。该表现形式主要有以下三种:(1)不通过中介,委托人直接与合同相对方签约;(2)委托方通过其他报价更低的中介方与合同相对方签约;(3)委托方将信息透露给亲朋好友,以亲朋好友的名义与合同相对方签约。法院根据双方举证及查明事实,有理由相信周某在接受了某物业顾问公司的服务后,为了减少支付佣金,利用中原公司提供的交易机会,绕开中原公司另行委托他人成交,构成"跳单"行为,周某应向某物业顾问公司支付佣金。所以判决被告周某支付原告中原公司佣金2万元。

周某提起上诉。上海市第二中级人民法院二审判决驳回上诉,维持原判。

案例二十一:中介机构在没有取得独家代理权的情况下,不能要求买卖双方只能通过自己进行房屋买卖。买卖双方在此过程中,有权对中介机构进行比较和选择,选定一家中介公司来促成房屋买卖合同,不属于"跳单"行为。

一审案号为(2009)虹民三(民)初字第912号,二审案号为(2009)沪二中民二(民)终字第1508号的居间合同纠纷案件(入库案例)。该案判决经最高人民法院审判委员会讨论通过,后作为指导性案例发布,所以有较高的指导意义。案情简介:2008年下半年,案涉房屋原产权人李某到多家房屋中介公司挂牌销售案涉房屋。2008年10月22日,上海某房地产经纪有限公司带陶某看了该房屋;11月23日,上海中原物业顾问有限公司(以下简称中原公司)带陶某之妻曹某看了该房屋;11月27日,中原公司带陶某看了该房屋,并于同日与陶某签订了房地产求购确认书。该确认书第2.4条约定,陶某在验看过该房地产后六个月内,陶某或其委托人、代理人、代表人、承办人等与陶某有关联的人,利用中原公司提供的信息、机会等条件但未通过中原公司而与第三方达成买卖交易的,陶某应按照与出卖方就该房地产买卖达成的实际成交价的1%,向中原公司支付违约金。当时,中原公司对该房屋报价165万元,而某房地产顾问公司报价145万元,并积极与卖方协商价格。2008年11月30日,在某房地产顾问公司居间下,陶某与卖方签订房屋买卖合同,成交价138万元。后陶某向某房地产顾问公司支付佣金1.38万元。中原公司认为陶某利用中原公司提供的房屋销售信息,故意跳过中介,私自与卖方直接签订购房合同,违反房地产求购确认书的约定,属于恶意"跳单"行为,所以向法院提起诉讼,请求判令陶某按约支付中原公司违约金1.65万元。

陶某辩称:案涉房屋原产权人李某委托多家中介公司出售房屋,中原公司并非独家掌握该房源信息,也非独家代理销售。陶某并没有利用中原公司提供的信息,不存在"跳单"违约行为。

上海市虹口区人民法院一审判决:被告陶某向原告中原公司支付违约金1.38万元。

陶某提出上诉。上海市第二中级人民法院审理后认为,中原公司与陶某签订的房地产求购确认书属于居间合同性质,其中第2.4条的约定,属于房屋买卖居间合同中常有的禁止"跳单"格式条款,其本意是为防止买方利用中介公司提供的房源信息却"跳"过中介公司购买房屋,从而使中介公司无法得到应得的佣金,应认定有效。根据该条约定,衡量买方是否"跳单"违约的关键,是看买方是否利用了该中介公司提供的房源信息、机会等条件。如果买方并未利用该中介公司提供的信息、机会等条件,而是通过其他公众可以获知的正当途径获得同一房源信息,则买方有权选择报价低、服务好的中介公司促成房屋买卖合同成立,而不构成"跳单"违约。该案中,原产权人通过多家中介公司挂牌出售同一房屋,陶某及其家人分别通过不同的中介公司了解到同一房源信息,并通过其他中介公司促成了房屋买卖合同成立。因此,陶某并没有利用中原公司的信息、机会,故不构成违约。所以,二审判决:(1)撤销一审判决;(2)中原公司要求陶某支付违约金1.65万元的诉讼请求,不予支持。

案例二十二:中介机构在居间过程中的不作为违反如实报告义务的,应赔偿购房者的税费损失。

一审案号为(2021)沪0114民初24087号,二审案号为(2022)沪02民终5071号的中介合同纠纷案件(入库案例)。案情简介:王某是房屋买受人,上海菁英房地产经纪有限公司(以下简称菁英公司)是中介人。2020年12月30日,王某在菁英公司的居间下与出卖方签订了网签合同。签约前,王某已经告知其是家庭购房,其本人并无购房资格,配偶裴某有购房资格。2021年3月23日,买卖双方去办理过户手续时,因签约的买方仅有王某一人,而其并无购房资格,导致过户未成。3月25日,王某及其妻子裴某与卖方重新签订了网签合同,并完成了后续交易。然因2021年1月22日开始实施的沪建房管联〔2021〕48号文件《关于促进本市房地产市场平稳健康发展的意见》调整了增值税征免年限,将个人对外销售住房增值税征免年限从2年提高至5年。因第二次网签时间在该新政实施之后,王某、裴某为案涉房屋交易多支付增值税和附加税合计264,999.98元。王某向法院提起诉讼,要求菁英公司返还已付部分居间费并赔偿上述多支付的税费损失、律师费损失。菁英公司则反诉要求王某支付剩余居间费并支付逾期付款违约金。

审理中,双方确认王某已告知菁英公司其社保不符合上海市购房条件,其妻子裴某社保符合,且家庭名下无房。菁英公司自认就案涉房屋交易,向卖方收取佣金7万元。

上海市嘉定区人民法院审理后认为,如实报告义务是中介人的主要义务。在房屋买卖居间过程中,中介人应当全面履行忠实义务和勤勉义务,将就有关订立合同的重要事项向委托人全面、如实报告。中介人如实报告义务的范围应包含忠实义务和勤勉义务所要求报告的与交易相关的重要事项。违反上述义务的行为方式既包含故意隐瞒和提供虚假信息,也应包含知道或应当知道而未尽职告知的不作为。中介人需要具备相应的专业知识和从业资格,故对缔约相关事项的告知与一般交易中当事人的告知义务有更为专业化的要求。该案中,菁英公司作为专业的中介机构,接受王某的委托为其购买房屋提供居间服务,菁英公司应当为王某的购房活动提供专业的指导并如实告知与购房相关的信息,其中包括对于购房资格的审查。菁英公司在居间过程中未履行中介人的如实报告义务,存在过错,应对王某由此产生的实际损失承担赔偿责任。具体赔偿金额应考虑购房人实际损失、双方过错程度、对损害后果的原因力大小、居间协议的实际履行情况、中介人收取的佣金金额等因素后予以判定。同时,因其促成合同成立,故王某应向其支付剩余佣金。所以判决:菁英公司赔偿王某税费损失18万元,王某支付菁英公司佣金3.9万元。

菁英公司提出上诉。上海市第二中级人民法院二审判决驳回上诉,维持原判。

第三章 购房办理抵押贷款

第一节 房屋按揭贷款

一、房屋按揭贷款的基本知识

因为房屋的价格普遍较高,所以在购房时,购房者经常会采取分期付款的方式,这样可以减轻一次性付款带来的压力。采取先付首付款并办理按揭贷款的方式来分期支付,这是国际上比较通行的购房付款方式,这样可以刺激住房消费与住房金融的发展。

在购买商品房时,我们经常听到一个相关的名词叫"按揭贷款"。这个词是由"按揭"与"贷款"两部分构成,既有联系又有区别。"按揭"一词与"卖楼花"一样,也是来源于香港的一种房地产领域的专有名词,是英文"mortgage"的粤语音译,指以房地产等实物资产或有价证券等作抵押,获得银行贷款并按合同分期付清本息,贷款还清后解除抵押。按揭买房指的是购房者用预购的期房或现房作为抵押物,从银行获得贷款用于支付购房款,按照合同约定的还款方式与期限向银行分期还款,银行按照利率收取利息的买房方式。按揭房是指购房者通过按揭方式购买、贷款尚未还清的商品房。贷款买房一般指的是购房者用已经拥有产权的不动产作为抵押物或银行认可的其他担保方式(如保证、质押),向银行申请贷款,用银行贷款支付购房款,再由购房者向银行还本付息的买房方式。

无论按揭买房还是贷款买房都是向银行贷款,并按照合同的约定向银行偿还贷款。如果不履行到期债务,根据《民法典》及相关法律的规定,银行可以通过拍卖、变卖抵押物或质押物所得的价款优先受偿。两者的主要区别在于,用于抵押的房屋可能不同。按揭的抵押物一般应是所购房屋,如果是期房要先办理抵押权的预告登记,等房屋实际交付后转为抵押权登记。而贷款的抵押物还可以是抵押人已拥有产权的其他房屋,或其他人提供的抵押物(如父母用自己的房屋作为子女办理贷款的抵押物),此外购房者可以用信用贷款来支付购房款。例如,购房者欲购买 A 商品房,与房产商签订房屋买卖合同并支付了首付款之后,将 A 商品房作为抵押物向银行申请贷款支付购房款的方式就是按揭买房。如果购房者是出于投资目的或改善型购房,将拥有产权的 B 房屋作为抵押物,从银行获得贷款,以此来支付 A 商品房的购房款,这种购房方式也是贷款买房。我们常见的是第一种方式,所购房屋和贷款抵押物是同一套房屋,一般称为"按揭贷款"。

二、购买商品房办理抵押贷款

(一)购买商品房办理抵押贷款

购房者购买新建商品房或二手房(通称购房),既可以办理住房公积金贷款(以下简称公积金贷款)也可以办理商业性个人住房贷款(以下简称商业性贷款),或者办理组合贷款。个人住房贷款由商业银行提供的,就是通常所说的商业性贷款。只要购房者一次性支付一定比例的首付款,并以所购买的房屋作为抵押物或提供其他形式的担保,就可以向银行申请商业性贷款。公积金贷款是由各地的公积金管理中心委托商业银行发放的政策性贷款。对于享有公积金待遇的购房者来说,选择公积金贷款较为经济划算,整体利率明显低于商业性贷款。各地可以发放的公积金贷款都有贷款额度上限,在购房款支付首付后的余额超过这一限度时,购房者需要就差额部分向商业银行申请商业性贷款进行补足,于是便形成了前两种贷款相组合的个人住房组合贷款。

(二)购买期房办理贷款需要房产商提供阶段性担保

如果购房者向房产商购买的是现房,与购买二手房相似,办理贷款的手续比较相似。下面主要介绍购买期房时的一种特殊情况:因为购房者购买的是期房,购房时还没有交付房屋,所以暂时无法办理抵押登记手续,只能是预告登记,存在一定的不确定性。如以后房屋无法按时交付,出现烂尾现象,那么贷款人可能会受到很大的损失,所以为了防范贷款风险,各地住房公积金管理中心作为贷款人会要求房产商为购房者办理公积金贷款提供阶段性担保。

如《宁波市住房公积金贷款管理暂行办法》(甬房公委〔2007〕5 号)第 7 条规定:购买商品房的,该房地产开发企业须为购房人作阶段性担保。第 20 条规定:

购买商品房期房或现房的,在管理中心审核批准且借款人办理完相关贷款手续之后放款。期房或现房贷款的,由开发商代办房屋他项权证,并在负责送交管理中心或受委托银行保管之前,由开发商承担阶段性连带保证责任。

2019年6月19日,宁波市住房公积金管理委员会发布了《宁波市开发企业新建楼盘申请住房公积金个人住房贷款合作办法(试行)》(甬房公委〔2019〕4号)。其中,第4条规定:申请合作条件。开发企业为其新建楼盘的购房人提供阶段性连带保证责任担保,应同时符合下列条件:(1)新建楼盘已取得商品房对外预售许可资格;(2)开发企业已开设新建楼盘商品房预售资金监管账户且规范使用监管账户资金;(3)开发企业具有担保能力且企业及其法定代表人信用良好;(4)开发企业已建立住房公积金制度;(5)开发企业及其股东同意为其新建楼盘的购房人申请公积金贷款承担阶段性担保。第8条规定:开发企业新建楼盘申请办理公积金贷款业务时,其房屋(建筑工程主体)应当结顶。第11条规定:开发企业承担阶段性担保的期限,为公积金中心(公转商贴息贷款为承办银行)贷款发放当日至公积金中心或承办银行收妥不动产抵押登记证明止。

(三)购买二手房可以通过中介机构办理贷款

与向房产商购买商品房有所区别的是,购房者购买二手房往往需要经过中介机构办理。在办理按揭贷款时,也经常需要中介机构的协助。《宁波市住房公积金贷款管理暂行办法》第37条规定:购买二手房,通过中介公司的,应在管理中心确定的中介公司范围内办理;不通过中介公司的,应在公积金业务受委托银行办理。

在二手房交易过程中,房产中介机构可以在居间促成交易达成协议这一基本服务以外,提供协助申请贷款服务与担保服务。中介机构协助购房者申请贷款,可以使购房者省去很多办理程序上的麻烦,而且中介机构的经验可以帮助购房者更好地判断自己能否贷到款及贷款的数额,并决定是否购买房屋。

三、办理公积金贷款

国务院发布的行政法规《住房公积金管理条例》(国务院令第710号,2019年修订)规定:住房公积金,是指国家机关、国有企业、城镇集体企业、外商投资企业、城镇私营企业及其他城镇企业、事业单位、民办非企业单位、社会团体及其在职职工缴存的长期住房储金。职工个人缴存的住房公积金和职工所在单位为职工缴存的住房公积金,属于职工个人所有。住房公积金应当用于职工购买、建造、翻建、大修自住住房,任何单位和个人不得挪作他用。

公积金贷款,是指各地住房公积金管理中心运用住房公积金,委托由当地住房公积金管理委员会指定的商业银行(以下简称受委托银行),向购买、建造、翻建、大修自住住房的住房公积金缴存人(以下简称借款人)发放的政策性低息贷款。《住房公积金管理条例》第26条规定,缴存住房公积金的职工,在购买、建造、翻建、大修自住住房时,可以向住房公积金管理中心申请住房公积金贷款。住房公积金管理中心应当自受理申请之日起15日内作出准予贷款或者不准贷款的决定,并通知申请人;准予贷款的,由受委托银行办理贷款手续。住房公积金贷款的风险,由住房公积金管理中心承担。第27条规定,申请人申请住房公积金贷款的,应当提供担保。

很多地方根据《住房公积金管理条例》制定了本地的住房公积金贷款管理办法等规范性文件,如《浙江省住房公积金个人住房贷款操作规定(试行)》(浙建〔2014〕10号)和《宁波市住房公积金贷款管理暂行办法》(甬房公委〔2007〕5号)。以下以《宁波市住房公积金贷款管理暂行办法》为例进行说明。

(一)公积金贷款的对象与条件

《宁波市住房公积金贷款管理暂行办法》第7条规定:公积金贷款对象是已按规定缴存住房公积金,具有完全民事行为能力的在职职工,并须符合下列条件:(1)具有本市常住户口或本市有效居留身份;(2)申请贷款时,正常连续缴存住房公积金1年(含)以上;(3)购买自住住房取得房产证后1年以内;建造、翻建自住住房取得房产证后3个月以内;大修自住住房竣工后3个月以内;(4)购买自住住房,首付款不低于购房总款的30%;(5)有稳定的经济收入,个人信用良好,具有按时偿还贷款本息的能力;(6)同意以贷款所购买、建造、翻建、大修的房产价值全额作为抵押。购买商品房的,该房地产开发企业须为购房人作阶段性担保;(7)申请第二次住房公积金贷款的,须还清首次住房公积金贷款;(8)管理中心规定的其他条件。各地的规范性文件中对公积金贷款对象与条件的规定大同小异。需要注意的是,申请住房公积金贷款需要核查个人征信情况,若大数据无法获取相应数据,需提供个人信用报告:借款人及共同借款人授权受理人员从中国人民银行个人征信系统查询个人信用情况材料。

(二)公积金贷款的贷款额度、期限及利率

《宁波市住房公积金贷款管理暂行办法》第三章规定了"贷款额度、期限及利率"。第8条规定了"贷款额度":贷款额度应根据借款人的"可贷额度",在规定的"最高贷款额度"内,由管理中心依借款人的贷款条件确定。可贷额度的计算公式:可贷额度＝借款人及参与计算贷款额度人员的缴存基数之和×贷款系数×12个月×贷款(计算)期限。公式中贷款系数为40%。在最高贷款额度以内,购买商品房不高于总房款的70%,购买二手房或购房取得房产证1年内不高于总房款的60%,建造、翻建、大修自住住房不高于评估价的40%。可贷额度测算时,借款人离法定退休年龄不到20年的,可适当放宽贷款计算期限,最长不超过5年,同时须符合贷款期限的规定。最高贷款额度,由市公积金管委会确定。

第9条是关于"贷款期限"的规定:(1)购买自住住房,贷款期限最长不超过20年;建造、翻建、大修自住住房,贷款期限最长不超过10年;同时贷款期限均不超过房屋剩余的国家规定使用年限;(2)贷款期限最长为借款人办理贷款时至法定退休年龄的工作年限;(3)在组合贷款中,商业性贷款期限应与公积金贷款期限相同,且需同步发放贷款。

第10条是关于"贷款利率"的规定:贷款利率执行中国人民银行的有关规定。贷款期限在1年(含1年)以内的,实行合同利率,遇法定利率调整,不分段计息;贷款期限在1年以上的,遇法定利率调整,于次年1月1日开始,按相应利率档次执行新的标准。

《住房公积金管理条例》第6条规定:住房公积金的存、贷利率由中国人民银行提出,经征求国务院建设行政主管部门的意见后,报国务院批准。因为住房公积金的贷款利率要明显低于商业性贷款利率,所以购房者在购房时会首选公积金贷款,在不符合申请条件时才会选择商业性贷款,或在公积金贷款数额不足时会考虑使用两种贷款方式组成的组合贷款。

中国人民银行可以通过调整公积金贷款利率来调控房地产市场。如自2022年10月1日起,下调首套个人住房公积金贷款利率0.15个百分点,5年以下(含5年)和5年以上利率分别调整为2.6%和3.1%。第二套个人住房公积金贷款利率政策保持不变,即5年以下(含5年)和5年以上利率分别不低于3.025%和3.575%。

各地政府经常通过调整公积金贷款额度来调控房地产市场。2022年5月31

日,宁波市住房和城乡建设局、市住房公积金管理委员会等部门联合发布《关于支持刚性和改善型住房需求的通知》(甬建发〔2022〕56号)。该通知规定:职工按规定连续缴存住房公积金满2年,首次申请住房公积金贷款购买家庭首套自住住房的,最高贷款额度由60万元/户提高至100万元/户。购买改善型第二套自住住房等其他情形申请住房公积金贷款的,最高贷款额度由40万元/户提高至80万元/户。按国家生育政策生育二孩或三孩家庭住房公积金最高贷款额度在上述基础上再上浮20%。

(三)办理公积金贷款需要提交的材料

《宁波市住房公积金贷款管理暂行办法》第12条规定:管理中心或受委托银行受理借款人贷款申请,借款人应如实填写贷款申请书,并提供以下材料:(1)借款人和符合条件参与计算贷款额度的配偶、子女、父母的身份证、婚姻证明、户籍证明;(2)有关借款人的经济收入(含连带还款人的经济收入)或偿债能力证明;(3)购房合同,首付30%以上的购房款收据;(4)购买二手房或购房取得房产证1年内的,应提供房屋所有权证、土地使用权证和契税证;建造、翻建自住住房的,需提供房屋所有权证、土地使用权证、房产评估报告和县级及以上规划、建设等行政管理部门同意建造、翻建住房的证明;大修自住住房的,需提供房屋所有权证、土地使用权证、房产评估报告以及所在地房管或城建部门的证明;(5)保证人出具的贷款承诺保证书;(6)管理中心要求的其他材料。

(四)申请公积金贷款的办理流程

借款人(购房者)申请公积金贷款一般需要以下流程:

1. 先到当地住房公积金管理中心(以下简称住房公积金中心或管理中心)咨询关于公积金贷款的相关政策,了解自己的贷款额度。领取住房公积金贷款申请表,了解需要提交的材料。

2. 填写公积金贷款申请表,并按照管理中心要求提供必要的材料。《宁波市住房公积金贷款管理暂行办法》第11条规定:申请住房公积金贷款,借款人应向管理中心或受委托银行提出申请;购买住房所在地与借款人公积金缴存地不一致的(仅限于本市行政区域内),应向缴存地管理中心提出申请。

3. 管理中心受理材料并进行贷款审批。《宁波市住房公积金贷款管理暂行办法》第13条规定:贷款的审批。管理中心或受委托银行对借款人就贷款的有关事宜实行面谈制度,并形成面谈笔录。对借款人的申请,管理中心应在10个工作日内,作出准予贷款或者不准予贷款的决定,特殊情况经管理中心领导批准可延长5个工作日,并由管理中心或受委托银行通知借款人。第19条规定:管理中心或受委托银行对借款人提交的申请资料的真实性、合法性须进行审核和评估。委托银行办理贷款业务的,受委托银行应当对借款人提交申请资料的真实性、合法性负责。管理中心作出贷款审批的,要明确贷款额度及年限。

4.签订借款合同与抵押合同。《宁波市住房公积金贷款管理暂行办法》第14条规定:贷款合同的签订。借款人、管理中心、受委托银行三方应当共同签订书面借款合同,或管理中心委托受委托银行与借款人签订书面借款合同。一般的做法:房屋买卖双方当事人到房屋所在地的不动产登记机构办理产权转移登记手续,借款人持已办理的不动产权证及契税完税凭证到管理中心,由管理中心出具贷款承诺书,到指定银行签订借款合同、抵押合同等贷款文件。

5.办理抵押登记。借款人去不动产登记机构办理房屋抵押登记并领取不动产登记证明(抵押权)(以前是房屋他项权证)。《宁波市住房公积金贷款管理暂行办法》中相关规定:购买商品房期房或现房的,在管理中心审核批准且借款人办理完相关贷款手续之后放款。购买二手房或建造、翻建、大修自住住房的,借款人应办妥抵押登记手续,由管理中心或受委托银行代领并保管房屋他项权证后放款。购买自住住房1年以内申请贷款的,借款人应办妥抵押登记手续,由管理中心或受委托银行代领并保管房屋他项权证后放款。借款人以共有产权作抵押的,须征得其他共有人的同意,并签订抵押合同,办理抵押登记。

6.发放贷款。贷款手续全部办妥以后,由管理中心将贷款资金通过银行直接划转到指定的、已开立的账户,用于支付购房款。《宁波市住房公积金贷款管理暂行办法》第24条规定:贷款资金的划付一般采用转账方式。办理商品房贷款的,由受委托银行按借款合同的约定,将资金划转到开发商在受委托银行开立的账户;办理二手房、建造、翻建、大修自住住房和购房1年内贷款的,将资金划转到借款人或买卖双方约定的受委托银行开立的账户。

四、办理商业性贷款

商业性贷款,是指贷款人向借款人发放的用于购买自用普通住房的贷款。贷款人发放个人住房贷款时,一般会要求借款人提供担保。借款人到期不能偿还贷款本息的,贷款人有权依法处理其抵押物或质押物,或由保证人承担偿还本息的连带责任。

根据原中国银行业监督管理委员会 2010 年 2 月发布的《个人贷款管理暂行办法》的相关规定,贷款人,指的是中国境内经中国银行保险监督管理委员会批准设立的银行业金融机构。个人贷款,是指贷款人向符合条件的自然人发放的用于个人消费、生产经营等用途的本外币贷款。

(一)办理商业性贷款的对象与条件

《个人贷款管理暂行办法》第 11 条规定:个人贷款申请应具备以下条件:(1)借款人为具有完全民事行为能力的中华人民共和国公民或符合国家有关规定的境外自然人;(2)贷款用途明确合法;(3)贷款申请数额、期限和币种合理;(4)借款人具备还款意愿和还款能力;(5)借款人信用状况良好,无重大不良信用记录;(6)贷款人要求的其他条件。

商业性贷款与公积金贷款的对象与条件比较,主要差异在于:(1)申请公积金贷款时,需要正常连续缴存住房公积金 1 年(含)以上。办理商业性贷款则不需要此条件。(2)申请第二次住房公积金贷款的,须还清首次住房公积金贷款。而办理商业性贷款无此要求,只要具有还贷能力,可以同时贷款购买两套及以上的住房。(3)申请公积金贷款时,以贷款所购买、建造、翻建、大修的房产价值全额作为抵押。而办理商业性贷款的担保形式多样,可以抵押、质押或保证。两者有很多共同点,如强调贷款对象要具有完全民事行为能力,有稳定的经济收入,尤其需要注意的是:无论公积金贷款还是商业性贷款,都强调贷款对象"借款人信用状况良好,无重大不良信用记录"且"具备还款意愿和还款能力",即不能存在信用上的污点,如不按时归还信用卡借款、被法院强制执行后列入"失信人"(俗称老赖)等。如果出现这种情况,极有可能会被银行拒绝贷款,这是购房者签订购房合同后无法办理贷款的常见原因。

(二)商业性贷款的贷款期限与利率

在贷款利率的规定上,商业性贷款有一定的弹性。商业性贷款比公积金贷款的利率明显要高,而且经常在变动,就是俗称的"随行就市",随着基准利率的变化而调整。而且,各家商业银行的贷款利率也存在一定的差别。购房者可以在购房前比较一下各家商业银行的商业性个人住房贷款利率,在有条件的情况下,尽量选择一家利率较低的商业银行办理贷款,可以减少购房的费用支出。

2019年8月前,中国人民银行规定了存贷款基准利率,商业银行按照此基准利率适当浮动来执行。2019年8月25日,中国人民银行发布公告,从2019年10月8日起,新发放的商业性个人住房贷款利率将以最近一个月相应期限的LPR(贷款市场报价利率)为定价基准加点形成(加点可以为负值)。LPR经常发生变动。如中国人民银行授权全国银行间同业拆借中心公布,2023年1月20日LPR为:1年期LPR为3.65%,5年期以上LPR为4.3%。与半年前的LPR比较有所降低,可以一定程度上减轻商业性贷款借款人的费用。

商业性贷款与公积金贷款比较,在贷款额度上相对比较宽松。公积金贷款有一定的福利性,所以各地公积金管理委员会都规定了公积金贷款的"最高贷款额度",根据首次购房还是二次购房、购买商品房或二手房、家庭中未成年子女人数等不同情况有所区别。而且政府为了调控房地产市场,经常会对"最高贷款额度"作出相应的调整。

商业性贷款的贷款额度主要与抵押物的价值相关。如果抵押物的价值很高,如别墅、面积很大的豪宅,能获得贷款的额度相对较高;如果是普通的住宅,能获得贷款的额度相对较低。实践中,商业银行一般会对抵押物进行价值评估,然后在抵押物价值的一定范围内确定贷款额度。这样做是为了保证贷款的安全性,即使以后借款人无力归还借款,商业银行可以通过诉讼申请法院强制执行后在抵押物的拍卖或变卖后获得的价款中优先受偿,不至于受到很大的损失。而且,这样的贷款额度不至于出现因房价明显降低而导致大面积的购房者宁可弃房也不愿还贷款的现象的出现。

(三)申请商业性贷款的办理流程

《个人贷款管理暂行办法》中相关规定明确了申请商业性贷款的办理流程。

1.提交材料。借款人以书面形式提出个人贷款申请,并按照贷款人的要求提供能够证明其符合贷款条件的相关资料。

2.贷款调查。贷款人受理借款人贷款申请后,应对个人贷款申请内容和相关情况的真实性、准确性、完整性进行调查核实,形成调查评价意见。尤其是重点关注调查人的尽职情况和借款人的偿还能力、诚信状况、担保情况、抵(质)押比率、风险程度等。贷款人认为必要时,可以与借款人进行面谈。通过电子银行渠道发放低风险质押贷款的,贷款人至少应当采取有效措施确定借款人真实身份。

3.风险评价。贷款人对借款人的贷款风险评价应以分析借款人现金收入为基础,采取定量和定性分析方法,全面、动态地进行贷款审查和风险评估。在贷款调查与风险评价的基础上,贷款人决定是否批准个人贷款申请,并及时告知借款人。

4. 签订合同。如果贷款人同意进行贷款,应与借款人签订书面借款合同,需担保的应同时签订担保合同。贷款人一般要求借款人当面签订借款合同及其他相关文件,但通过电子银行渠道办理的贷款除外。

5. 办理抵押。借款人应按合同约定去不动产登记机构办理抵押物登记手续,贷款人应派人参与。如果贷款人委托第三方办理,应对抵押物登记情况予以核实。

6. 发放贷款。合同生效并办理抵押物登记手续后,贷款人应按合同约定及时发放贷款。通常的做法是,由贷款人将贷款资金发放至借款人在贷款人处开设的账户,由借款人自主支付给二手房的出卖人,或以转账方式将资金划转到开发商在银行开立的账户。

7. 贷后管理。贷款人会定期跟踪分析评估借款人履行借款合同约定内容的情况,并作为与借款人后续合作的信用评价基础。如果借款人未按合同承诺提供真实、完整信息和未按合同约定用途使用、支付贷款,贷款人可以要求提前收回贷款及追究其违约责任。

8. 分期还款。借款人应按照借款合同约定,分期归还借款及利息。如果借款人未按照借款合同约定偿还的贷款及利息,贷款人应进行提醒或催讨;如果多次催讨未果,贷款人可能会采取诉讼方式。贷款人作为抵押权人有权依法处理抵押的房产并享有优先受偿权。

五、公积金贷款与商业性贷款的互转

(一)公转商贴息贷款

有时候,会出现住房公积金管理中心管理的资金不多的情况,难以满足购房者申请公积金贷款的需求。这时候,为发挥住房公积金制度的作用,满足职工刚性和改善型购房需求,可以开展住房公积金个人住房贷款转商业性个人住房贴息贷款业务(以下简称公转商贴息贷款)。公转商贴息贷款,是指住房公积金中心在资金流动性相对不足时,由商业银行按照住房公积金中心审批的贷款额度和住房公积金贷款利率,向借款人发放商业性个人住房按揭贷款,并由住房公积金中心按月给予商业银行利息差额补贴,待住房公积金中心资金流动性相对充足时,再将商业性贷款转回住房公积金贷款。公转商贴息贷款实质上是公积金贷款与商业性贷款之间的转换,先将购房者本可以获得审批的公积金贷款以商业性贷款形式发放,但购房者只要承担公积金贷款的利息,其他由住房公积金中心给予商业银行利息差额补贴,待以后时机合适再将商业性贷款转回公积金贷款形式。

2015年6月29日,宁波市住房公积金管理委员会等五部门发布《宁波市住房公积金个人住房贷款转商业性个人住房贴息贷款管理暂行办法》(甬房公委〔2015〕5号)。该办法第3条规定:公转商贴息贷款适用对象为购买自住住房申请住房公积金贷款的申请人,且应同时符合住房公积金贷款和商业性贷款条件。符合住房公积金贷款条件的申请人,可自愿选择申请公转商贴息贷款或申请住房公积金贷款轮候。其他的主要规定:公转商贴息贷款申请经住房公积金中心和承办银行审批后,借款人(含抵押人、保证人)需按规定与住房公积金中心、承办银行签订相关借款合同。公转商贴息贷款项下的房屋抵押权人为住房公积金中心和承办银行。公转商贴息贷款利差金额为借款人的住房公积金借款金额按照商业性贷款利率与住房公积金贷款利率计算的利息差额。商业性贷款利率水平按照不高于中国人民银行宁波市中心支行统计的住房公积金贷款业务承办银行上一季度商业性贷款平均利率执行。贴息期限为公转商贴息贷款转回住房公积金贷款或公转商贴息贷款结清之日止。当存贷款比率低于85%且资金流动性相对充足时,住房公积金中心可视实际情况,将公转商贴息贷款余额分批转回住房公积金贷款。公转商贴息贷款转回住房公积金贷款后,借款人根据住房公积金借款合同的约定履行还款义务。

(二)商转公贷款

商业性贷款也可以在符合一定条件下转为公积金贷款(以下简称商转公贷款)。2022年5月31日,宁波市发布《关于支持刚性和改善型住房需求的通知》,在6月27日发布的"宁波公积金贷款新政权威答疑"中明确:商转公贷款须同时符合下列条件:(1)商业个贷余额全部转为公积金贷款的,借款人为贷款房屋的产权人或产权共有人(仅限于配偶、父母、子女);商业个贷余额部分转为公积金贷款的,借款人应为原商业个贷的借款人;(2)申请商转公贷款时,商业个贷尚未结清,且已办妥所购住房的《房屋他项权证》;(3)符合贷款地公积金中心贷款的其他条件。商转公贷款的已付资金条件:购买首套自住住房的,或名下有一套住房并已结清相应住房贷款(含住房公积金贷款和商业贷款)购买第二套改善型自住住房的,不低于购房总款的40%;名下有一套住房尚未结清商业住房贷款,购买第二套自住住房的,不低于购房总款的60%,且贷款利率不低于同期首套住房公积金贷款利率的1.1倍。将商业性贷款转组合贷款,采取类似的做法,并需要符合相应的条件。

第二节 房屋抵押合同与抵押登记

一、房屋抵押权的设定

《民法典》第394条规定了抵押权的定义:为担保债务的履行,债务人或者第三人不转移财产的占有,将该财产抵押给债权人的,债务人不履行到期债务或者发生当事人约定的实现抵押权的情形,债权人有权就该财产优先受偿。前款规定的债务人或者第三人为抵押人,债权人为抵押权人,提供担保的财产为抵押财产。

在实践中,除了购买商品房办理贷款外,在向银行办理其他贷款(如消费贷款)或民间借款时,或者为他人借款提供担保的,也可以用房屋作为抵押物。房屋等建筑物可以抵押,前提是该房屋是合法建筑,违法建筑因为无法办理产权证,所以也无法办理抵押登记。如果房屋还没有办理产权登记或被依法查封、扣押,也不得抵押。

在办理组合贷款时,在该房屋上实际设定了两个抵押权。部门规章《城市房地产抵押管理办法》第9条规定:同一房地产设定两个以上抵押权的,抵押人应当将已经设定过的抵押情况告知抵押权人。抵押人所担保的债权不得超出其抵押物的价值。房地产抵押后,该抵押房地产的价值大于所担保债权的余额部分,可以再次抵押,但不得超出余额部分。

对于抵押权设定后的法律效果,《民法典》进行了明确的规定。具体见第410条规定:债务人不履行到期债务或者发生当事人约定的实现抵押权的情形,抵押权人可以与抵押人协议以抵押财产折价或者以拍卖、变卖该抵押财产所得的价款优先受偿。协议损害其他债权人利益的,其他债权人可以请求人民法院撤销该协议。抵押权人与抵押人未就抵押权实现方式达成协议的,抵押权人可以请求人民法院拍卖、变卖抵押财产。抵押财产折价或者变卖的,应当参照市场价格。第413条规定:抵押财产折价或者拍卖、变卖后,其价款超过债权数额的部分归抵押人所有,不足部分由债务人清偿。

二、房屋抵押合同的订立

《民法典》第400条规定：设立抵押权，当事人应当采用书面形式订立抵押合同。抵押合同一般包括下列条款：(1)被担保债权的种类和数额；(2)债务人履行债务的期限；(3)抵押财产的名称、数量等情况；(4)担保的范围。

《城市房地产抵押管理办法》第25条规定：房地产抵押，抵押当事人应当签订书面抵押合同。第26条规定：房地产抵押合同应当载明下列主要内容：(1)抵押人、抵押权人的名称或者个人姓名、住所；(2)主债权的种类、数额；(3)抵押房地产的处所、名称、状况、建筑面积、用地面积以及四至等；(4)抵押房地产的价值；(5)抵押房地产的占用管理人、占用管理方式、占用管理责任以及意外损毁、灭失的责任；(6)债务人履行债务的期限；(7)抵押权灭失的条件；(8)违约责任；(9)争议解决方式；(10)抵押合同订立的时间与地点；(11)双方约定的其他事项。

在购买商品房办理抵押贷款时，抵押合同一般是银行提供的合同文本，购房者几乎没有要求更改格式条款内容的机会。对于购房者来说，需要了解抵押合同的主要内容，避免出现违约的情况。

需要注意以下几个主要事项：(1)以预购的期房作为贷款抵押的，购房者须提交生效的商品房预售合同。(2)如果以现房作为贷款抵押，银行一般会要求抵押人办理房屋价值的评估，这与贷款的额度有密切关系。如果贷款的额度较小，银行觉得风险很小，也可以不要求办理房屋价值评估。《城市房地产抵押管理办法》第22条规定，设定房地产抵押时，抵押房地产的价值可以由抵押当事人协商议定，也可以由房地产价格评估机构评估确定。(3)银行通常会要求抵押人办理房屋保险，避免出现因自然灾害或意外原因造成房屋灭失或严重毁损，导致债务人无法归还借款情况的出现。《城市房地产抵押管理办法》第23条规定：抵押当事人约定对抵押房地产保险的，由抵押人为抵押的房地产投保，保险费由抵押人负担。抵押房地产投保的，抵押人应当将保险单移送抵押权人保管。在抵押期间，抵押权人为保险赔偿的第一受益人。第29条规定：抵押权人要求抵押房地产保险的，抵押当事人应当在抵押合同中载明。(4)如果银行对抵押人对房屋的处置有特殊要求，如限制抵押人出租、转让抵押房地产或者改变抵押房地产用途，抵押当事人也应当在抵押合同中载明。

三、办理房屋抵押登记

根据《民法典》第402条的规定，商品房等不动产作为抵押物的，应当办理抵押登记。抵押权自登记时设立。需要注意的是第397条规定的"房地一并抵押规则"：以建筑物抵押的，该建筑物占用范围内的建设用地使用权一并抵押。以建设用地使用权抵押的，该土地上的建筑物一并抵押。抵押人未依据前款规定一并抵押的，未抵押的财产视为一并抵押。

根据《不动产登记暂行条例》第14条的规定，因买卖、设定抵押权等申请不动产登记的，应当由当事人双方共同申请。办理抵押登记后，不动产登记机构此前向申请人颁发的是房屋他项权证，2016年后核发的是不动产登记证明（抵押权）。

《不动产登记暂行条例实施细则》第四章第九节专门规定"抵押权登记"，其中与购买商品房的抵押登记相关的主要内容有：

第六十六条 自然人、法人或者其他组织为保障其债权的实现，依法以不动产设定抵押的，可以由当事人持不动产权属证书、抵押合同与主债权合同等必要材料，共同申请办理抵押登记。抵押合同可以是单独订立的书面合同，也可以是主债权合同中的抵押条款。

第六十七条 同一不动产上设立多个抵押权的，不动产登记机构应当按照受理时间的先后顺序依次办理登记，并记载于不动产登记簿。当事人对抵押权顺位另有约定的，从其规定办理登记。

第六十八条 有下列情形之一的，当事人应当持不动产权证书、不动产登记证明、抵押权变更等必要材料，申请抵押权变更登记：

（一）抵押人、抵押权人的姓名或者名称变更的；

（二）被担保的主债权数额变更的；

（三）债务履行期限变更的；

（四）抵押权顺位变更的；

（五）法律、行政法规规定的其他情形。因被担保债权主债权的种类及数额、担保范围、债务履行期限、抵押权顺位发生变更申请抵押权变更登记时，如果该抵押权的变更将对其他抵押权人产生不利影响的，还应当提交其他抵押权人书面同意的材料与身份证或者户口簿等材料。

第六十九条 因主债权转让导致抵押权转让的，当事人可以持不动产权证书、不动产登记证明、被担保主债权的转让协议、债权人已经通知债务人的材料等相关材料，申请抵押权的转移登记。

第七十条 有下列情形之一的，当事人可以持不动产登记证明、抵押权消灭的材料等必要材料，申请抵押权注销登记：

（一）主债权消灭；

（二）抵押权已经实现；

（三）抵押权人放弃抵押权；

（四）法律、行政法规规定抵押权消灭的其他情形。

第七十八条　申请预购商品房抵押登记，应当提交下列材料：

（一）抵押合同与主债权合同；

（二）预购商品房预告登记材料；

（三）其他必要材料。预购商品房办理房屋所有权登记后，当事人应当申请将预购商品房抵押预告登记转为商品房抵押权首次登记。

预购商品房贷款抵押，是指购房者在支付首期房价款后，由贷款银行代其支付其余的购房款，将所购商品房抵押给贷款银行作为偿还贷款履行担保的行为。办理预购商品房贷款抵押的，商品房开发项目必须符合房地产转让条件并取得商品房预售许可证。需要注意的是，签订商品房预售合同后，办理的先是预购商品房抵押预告登记，等房屋实际交付并办理不动产权证后，还需要将其转为商品房抵押权首次登记。办理预告登记的法律效果是：预告登记生效期间，未经预告登记的权利人书面同意，处分该不动产权利申请登记的，不动产登记机构应当不予办理。预告登记后，债权未消灭且自能够进行相应的不动产登记之日起3个月内，当事人申请不动产登记的，不动产登记机构应当按照预告登记事项办理相应的登记。

四、已作抵押房屋的占用与转让

已作抵押的房地产，一般由抵押人占用与管理。抵押人在抵押房地产占用与管理期间应当维护抵押房地产的安全与完好。抵押权人有权按照抵押合同的规定监督、检查抵押房地产的管理情况。

房屋抵押不影响此前已签约的租赁关系，房屋抵押后经过抵押权人同意也可以出租。《民法典》第405条规定：抵押权设立前，抵押财产已经出租并转移占有的，原租赁关系不受该抵押权的影响。《城市房地产抵押管理办法》第21条规定：以已出租的房地产抵押的，抵押人应当将租赁情况告知抵押权人，并将抵押情况告知承租人。原租赁合同继续有效。第37条第2款、第3款规定：经抵押权人同意，抵押房地产可以转让或者出租。抵押房地产转让或者出租所得价款，应当向抵押权人提前清偿所担保的债权。超过债权数额的部分，归抵押人所有，不足部分由债务人清偿。

与以前抵押房屋转让需要得到抵押权人明确同意的规定有明显区别的是,《民法典》第406条规定:抵押期间,抵押人可以转让抵押财产。当事人另有约定的,按照其约定。抵押财产转让的,抵押权不受影响。抵押人转让抵押财产的,应当及时通知抵押权人。抵押权人能够证明抵押财产转让可能损害抵押权的,可以请求抵押人将转让所得的价款向抵押权人提前清偿债务或者提存。转让的价款超过债权数额的部分归抵押人所有,不足部分由债务人清偿。

2021年4月6日,自然资源部发布的《关于做好不动产抵押权登记工作的通知》(自然资发〔2021〕54号)中指出:保障抵押不动产依法转让。当事人申请办理不动产抵押权首次登记或抵押预告登记的,不动产登记机构应当根据申请在不动产登记簿"是否存在禁止或限制转让抵押不动产的约定"栏记载转让抵押不动产的约定情况。有约定的填写"是",抵押期间依法转让的,应当由受让人、抵押人(转让人)和抵押权人共同申请转移登记;没有约定的填写"否",抵押期间依法转让的,应当由受让人、抵押人(转让人)共同申请转移登记。约定情况发生变化的,不动产登记机构应当根据申请办理变更登记。《民法典》施行前已经办理抵押登记的不动产,抵押期间转让的,未经抵押权人同意,不予办理转移登记。

抵押权不能单独转让但可以随着主债权而转让。《民法典》第407条规定:抵押权不得与债权分离而单独转让或者作为其他债权的担保。债权转让的,担保该债权的抵押权一并转让,但是法律另有规定或者当事人另有约定的除外。《城市房地产抵押管理办法》第37条第1款规定:抵押权可以随债权转让。抵押权转让时,应当签订抵押权转让合同,并办理抵押权变更登记。抵押权转让后,原抵押权人应当告知抵押人。第38条规定:因国家建设需要,将已设定抵押权的房地产列入拆迁范围的,抵押人应当及时书面通知抵押权人;抵押双方可以重新设定抵押房地产,也可以依法清理债权债务,解除抵押合同。

《民法典》第408条规定了对抵押权的保护:抵押人的行为足以使抵押财产价值减少的,抵押权人有权请求抵押人停止其行为;抵押财产价值减少的,抵押权人有权请求恢复抵押财产的价值,或者提供与减少的价值相应的担保。抵押人不恢复抵押财产的价值,也不提供担保的,抵押权人有权请求债务人提前清偿债务。《城市房地产抵押管理办法》第39条规定:抵押人占用与管理的房地产发生损毁、灭失的,抵押人应当及时将情况告知抵押权人,并应当采取措施防止损失的扩大。抵押的房地产因抵押人的行为造成损失使抵押房地产价值不足以作为履行债务的担保时,抵押权人有权要求抵押人重新提供或者增加担保以弥补不足。抵押人对抵押房地产价值减少无过错的,抵押权人只能在抵押人因损害而得到的赔偿的范围内要求提供担保。抵押房地产价值未减少的部分,仍作为债务的担保。

第三节　还款方式与提前还款

一、借款合同与借款人还款的方式

无论是办理公积金贷款还是商业性贷款,借款人与贷款人之间都要签订书面的借款合同。差异在于:商业性贷款是借款人与银行之间签订借款合同;公积金贷款,可以是借款人、管理中心、受委托银行三方共同签订书面借款合同,也可以是管理中心委托受委托银行与借款人之间签订借款合同。应适用《民法典》第十二章"借款合同"的相关规定。主要内容包括:

第六百六十七条　借款合同是借款人向贷款人借款,到期返还借款并支付利息的合同。

第六百六十八条　借款合同应当采用书面形式,但是自然人之间借款另有约定的除外。借款合同的内容一般包括借款种类、币种、用途、数额、利率、期限和还款方式等条款。

第六百六十九条　订立借款合同,借款人应当按照贷款人的要求提供与借款有关的业务活动和财务状况的真实情况。

第六百七十条　借款的利息不得预先在本金中扣除。利息预先在本金中扣除的,应当按照实际借款数额返还借款并计算利息。

第六百七十一条　贷款人未按照约定的日期、数额提供借款,造成借款人损失的,应当赔偿损失。借款人未按照约定的日期、数额收取借款的,应当按照约定的日期、数额支付利息。

第六百七十二条　贷款人按照约定可以检查、监督借款的使用情况。借款人应当按照约定向贷款人定期提供有关财务会计报表或者其他资料。

第六百七十三条　借款人未按照约定的借款用途使用借款的,贷款人可以停止发放借款、提前收回借款或者解除合同。

第六百七十四条 借款人应当按照约定的期限支付利息。对支付利息的期限没有约定或者约定不明确，依据本法第五百一十条的规定仍不能确定，借款期间不满一年的，应当在返还借款时一并支付；借款期间一年以上的，应当在每届满一年时支付，剩余期间不满一年的，应当在返还借款时一并支付。

第六百七十五条 借款人应当按照约定的期限返还借款。对借款期限没有约定或者约定不明确，依据本法第五百一十条的规定仍不能确定的，借款人可以随时返还；贷款人可以催告借款人在合理期限内返还。

第六百七十六条 借款人未按照约定的期限返还借款的，应当按照约定或者国家有关规定支付逾期利息。

第六百七十七条 借款人提前返还借款的，除当事人另有约定外，应当按照实际借款的期间计算利息。

第六百七十八条 借款人可以在还款期限届满前向贷款人申请展期；贷款人同意的，可以展期。

因为办理房屋抵押贷款，签订的借款合同基本上是住房公积金中心或银行提供的合同文本，内容大多是格式条款，除非购房者不办理贷款，否则没有选择的机会，所以本书不加以详细分析。

在个别条款上，借款人有一定的选择权，如还款的方式，应该在借款人与贷款人在借款合同中进行约定。如果采取公积金贷款方式，还应符合公积金贷款的相关管理规范。如《宁波市住房公积金贷款管理暂行办法》第五章"贷款偿还"规定：

第十五条 贷款本息偿还方式，分为到期一次性归还贷款本息和按月归还贷款本息。贷款期限在一年以内（含一年）的，采用到期一次性归还贷款本息；贷款期限在一年以上的，采用按月归还贷款本息，并从贷款发放的次月起，由贷款人委托各受委托银行在约定的银行账户上扣划。

第十六条 借款人按月归还贷款本息的，可在以下两种还本付息方式中任选一种，一经确定在合同履行期内不作变动。

（一）等额本息还款方式，即每月以相等额度偿还贷款本息，其计算公式为：

$$每月等额偿还贷款本息 = 贷款本金 \times 月利率 + \frac{贷款本金 \times 月利率}{(1+月利率)^{还款总月数} - 1}$$

（二）等额本金还款方式，即每月等额偿还贷款本金，贷款利息逐月递减，其计算公式为：

$$每月递减还款额 = \frac{贷款本金}{贷款期月数} + (贷款本金 - 已归还本金累计额) \times 月利率$$

商业性贷款的还款方式基本与上述方式相同,很少出现到期一次性归还贷款本息的情况,基本上是按月归还贷款本息。借款人按月归还贷款本息的,选择何种还本付息方式,要根据各人的不同情况进行选择。对于年龄不大尤其是工作不久的年轻人来说,选择等额本息还款方式比较合适,前期因为抚育孩子等日常花销较大,收入相对不高,还款能力也不强;后面收入增加,支出减少,还款能力也会相应提高,这样还款的压力就不会很大了。对于年龄较大尤其是临近退休的人员来说,选择等额本金还款方式比较合适,前期有稳定的收入,还款能力也较强,可以多还一些;等后面退休后收入减少,还款能力也变弱,还款的数额也相应减少。

借款人在借款期限内,可以选择自动划扣或按期到贷款的银行营业网点还款两种方式。实践中,出于方便的需要,大多数借款人会选择自动划扣方式还款。如果采取自动划扣还款方式,借款人在与银行签订借款合同时,还要与银行另外签订个人住房贷款月均还款委托代扣协议,并指定用于还款的银行账户,保证每月划扣前将不低于还款额度的款项存入该银行账户中。如果借款人逾期还款或卡内存款不足以划扣,须及时补缴,如果超过一定期限后,借款人仍未按约定还款,银行可能会根据合同约定采取催讨措施。如果采取等额本息还款方式,借款人对每月还款数额比较清楚,所以不会因为记错数额而导致卡内存款不足而违约;如果采取等额本金还款方式,每月的还款数额是不同的,借款人容易记错还款额,可能会因卡内存款不足而出现违约情况,需要借款人予以重视。

此外,很多人会选择提取住房公积金的方式来归还贷款。如果是归还公积金贷款,相对比较简单,借款人办理授权手续由住房公积金中心直接按月扣划即可,不足部分由借款人存入约定的银行账户,由住房公积金中心委托各受委托银行扣划。

如果用提取住房公积金的方式来归还商业性贷款,手续相对比较复杂。以前的做法是:借款人按月申请提取住房公积金,然后存入约定的银行账户,再由银行扣划。为了便民,各地住房公积金中心开展偿还商业性个人住房按揭贷款委托提取住房公积金业务(以下简称商贷委提业务)。商贷委提业务,是指取得商业性个人住房按揭贷款的缴存职工与住房公积金中心签订委托协议后,在贷款结清前的每个月,委托住房公积金中心将其住房公积金账户余额中,不大于上月已归还贷款本息额的住房公积金,直接划入借款人的指定银行卡内。商贷委提业务的办理条件:(1)与住房公积金中心签约的办理商业性个人住房按揭贷款的商业银行;(2)签约时无逾期贷款发生;(3)签约时住房公积金账户处于正常缴存状态的职工及其配偶、父母、子女。符合条件的职工办理商贷委提业务时,需提供身份证、借款合同、还贷卡,到住房公积金中心办事大厅或延伸网点面签委托书。配偶、父母、子女共同办理委托提取业务的,另需提供本人身份证及关系证明。缴存职工如有多笔住房按揭贷款(含公积金贷款、组合贷款、商贷),在同一时期只能选择其中一笔办理委托提取。因此,职工只有在公积金委提业务解除后,方可申请商贷委提签约。住房公积金贷款(含组合贷款)额度与职工住房公积金账户余额挂钩。如职工近期计划申请住房公积金贷款,应及时到住房公积金中心办理商贷委提终止业务。

二、办理提前还款的方式与流程

《民法典》第677条规定:借款人提前返还借款的,除当事人另有约定外,应当按照实际借款的期间计算利息。所以,借款人提前归还贷款是可以的,一般不视为违约行为,除非借款合同中对此有特别约定。

《宁波市住房公积金贷款管理暂行办法》第17条规定:借款人提前偿还贷款,须申请并经管理中心或受委托银行同意,按下列规定办理:(1)借款人可提前偿还全部或部分贷款,提前还贷前应先归还当期的本金和利息;(2)组合贷款的借款人提前偿还部分贷款的,由借款人自主选择还贷品种;(3)借款人提前偿还部分贷款的,还款额应在万元以上,提前还贷后原贷款利率档次不变,剩余还款期限和月还款额重新计算确定,并签订借款补充合同。

以贷款方式购买房屋的,借款人在支付一定期限的贷款后(不同的银行在期限要求上有所不同),可以向银行或住房公积金中心提前还款,已经计提的利息不再返还。

提前还款主要有三种方式:一是保持等额本息还款方式,缩减还款期限。如原来是贷款期限20年,每月还款约6000元,现在借款人的收入增加,想提前还款,这样也可以减少贷款利息的支出,选择提前还款,将贷款期限缩短为10年,每月还款需要约10,000元,这是比较常见的提前还款的情况。二是缩减还款本息,保持还款期限不变。类似上述情况,借款人获得一笔较大的收入,将部分借款提前归还,保持贷款期限还是20年,但每月还款减少至约4000元。三是同时缩减还款本息及期限。类似上述情况,借款人获得一笔较大的收入,大部分借款可以提前归还,将贷款期限缩短为 10 年,每月还款减少至约 3000 元。此外,借款人还可以一次性提前归还借款。

需要注意的是,借款合同中一般有提前还款的条款。借款人在拟提前还款前,要留意提前还款是否需要支付违约金的特别约定。通常商业性贷款的借款合同会对最低还款额有约定(通常是万元以上),提前还款要提前若干天(一般是 15 天)向银行提出申请,但银行只会在每月还款的那天扣除提前归还的本金。

如果借款人提前偿还部分贷款,主要是办理预约还款与准备贷款文件程序,并签订借款补充合同,提前还贷后原贷款利率档次不变,剩余还款期限和月还款额重新计算确定。如果提前还清全部贷款,还需要注意办理退保和解除抵押程序。借款人提前还款的全部流程包括以下几个方面。

1. 预约还款。在借款合同存续期内,贷款发放满一定期限后,借款人可以向银行或住房公积金中心书面申请提前归还部分或全部借款。银行办理此项业务需要 2~7 个工作日。各家银行对于提前还款的规定有所不同,所以借款人应在决定提前还款前了解一下银行的操作流程,按照要求提出申请。

2. 准备文件。借款人如果想提前还款,一般要在电话或书面申请后,携带本人的身份证、借款合同到银行办理审批手续。如果是归还全部借款,在银行计算出剩余贷款额后,借款人存入足够的钱来提前还款。如果是归还部分借款需要签订借款补充合同,新的利息标准将在新的一年开始时计算。因此,即使要提前还款,借款人也要把握好时机,尽可能选在新利息生效前一年的年末提出。借款人按借款合同约定清偿全部贷款本息的,借款合同终止履行。

3. 办理退保。银行在办理商业性个人住房贷款时,一般会要求借款人在办理房屋抵押的同时办理一个保险。保障事项主要在于借款人身故或身残失去还款能力时,由保险公司代为清偿。

4. 解除抵押。借款人在办理贷款时,银行一般会要求办理房屋抵押登记。如果借款人还清所有借款的话,一定不要忘记解押这一环节。借款合同终止后,银行应向借款人出具贷款本息清偿证明,退还抵押物的不动产登记证明(抵押权)(或房屋他项权证)。借款人要携带房产证、贷款本息清偿证明、不动产登记证明(抵押权)去不动产登记机构办理办理房屋抵押注销登记。

三、不按时还款的法律后果

在购房之初,购房者一般会就借款额度、借款期限、月还款数额等根据自己的实际情况作出规划,按照通常情况,是可以按时还款的。但还是有可能因为一些特殊情况的发生,如失业、生病、经商失败等原因导致出现经济上的困难,而影响按时还款。

在借款合同中,都会对借款人无法按时还款的情况作出约定,明确借款人需要承担的违约责任。通常情况下,如果借款人在一定期限内(一般在6个月内)未按时还款,除了要补足应该归还的本金与利息外,还要承担相应的罚息;如果逾期时间较长,银行可能会向法院提起诉讼,要求当事人承担相应的违约责任。

银行与住房公积金中心都会有相应的贷款风险管理。如《宁波市住房公积金贷款管理暂行办法》第六章专门规定了"贷款风险管理"。一旦出现借款人未按借款合同约定还款的情况,银行会采取电话、短信、信函、上门等方式催讨。连续3个月未偿还贷款本息的,银行应当上门催讨并发律师函;连续6个月以上未偿还贷款本息的,银行应当依法向法院起诉。

《宁波市住房公积金贷款管理暂行办法》规定了"违约责任"。如借款人不按约定偿还贷款本息的,管理中心可按借款合同约定或国家有关规定,向借款人计收逾期贷款利息。借款人有下列情形之一的,管理中心或受委托银行可提前收回贷款本息:(1)借款人累计6个月未偿还贷款本息的;(2)借款人提供虚假文件和资料,骗取贷款的;(3)借款人在还款期内违反《住房公积金管理条例》规定停缴住房公积金的;(4)借款人未将抵押物的房屋他项权证在规定时间内送交管理中心或受委托银行保管的;(5)借款人未经管理中心同意,擅自将抵押物再次抵押或拆除、出售、转让、赠与,不承担住房维修、保管、保证抵押物完好无损责任的。管理中心或受委托银行决定提前收回贷款本息的,应当书面通知借款人。

对抵押房屋的处理需要遵循法定的程序:银行或住房公积金中心通过仲裁、诉讼等方式催讨借款,在裁定书、判决书生效后,申请法院强制执行,法院将借款人抵押的房屋折价或者以拍卖、变卖方式处理,所得价款用来清偿贷款。处分抵押房屋所得价款支付处理费用和缴纳有关税费后,清偿贷款本息及相关费用。如有剩余,应退还借款人;如仍不足以清偿贷款本息,贷款人有权向借款人追索。

如果是商业性贷款,还可以采取质押、保证等其他担保方式。如果采取质押方式,出质人和质权人必须签订书面质押合同,应按照相关规定办理登记手续。如果借款人无法按时还款,债权人通过仲裁、诉讼等方式催讨借款,然后申请法院强制执行,法院处分质物,其价款不足以偿还贷款本息的,贷款人有权向债务人追偿;其价款超过应偿还部分,贷款人应退还出质人。如果采取保证方式,保证人与债权人应当以书面形式订立保证合同,银行一般会要求保证人承担连带保证责任。

四、特殊情况下如何处理借款

(一)借款人在借款期限内死亡的借款处理

很多银行办理商业性贷款对借款人的年龄有一定的限制,主要是考虑借款人是否有偿还贷款本息的能力。

实践中,多数人会选择贷款买房,由于贷款的周期比较长,所以借款人有可能会在借款期限内因生病或意外去世。那么剩余的房贷在借款人去世后如何处理成为引人关注的问题。

其借款的处理应根据继承人的意愿分为两种情况:

1. 有继承人的,愿意继承该房屋,房屋抵押贷款的债务也由该继承人承担,继续还贷。《民法典》第1161条第1款规定:继承人以所得遗产实际价值为限清偿被继承人依法应当缴纳的税款和债务。超过遗产实际价值部分,继承人自愿偿还的不在此限。抵押房屋的借款人有继承人的,该继承人在继承其遗产的同时也要承担归还贷款的义务。

2. 如果继承人放弃继承其遗产,其房屋抵押贷款的债务也不需要代还。《民法典》第1161条第2款规定:继承人放弃继承的,对被继承人依法应当缴纳的税款和债务可以不负清偿责任。如果继承人结算被继承人生前的税款和债务后,发现其遗产还不够归还债务的,继承人可以选择放弃继承其遗产,也就不必继续偿还债务。

在继承人放弃继承遗产,或者借款人没有合法继承人的情况下,银行会将抵押的房屋委托拍卖机构进行拍卖或进行变卖,用所得的价款偿还借款。就是还存在不足,银行也不再追究;如果还有多出的部分,继承人也没有权利再进行继承。

(二)抵押房屋因意外毁损的借款处理

在发生地震、洪水、山体滑坡、海啸等自然灾害或火灾等意外情况时,房屋有可能会倒塌或严重毁损,借款人还有继续偿还借款的义务,不能以此为由终止还款。根据《民法典》的相关规定,借款人与贷款人签订借款合同后形成的是债权债务关系,不会因为抵押房屋的倒塌或严重毁损而消失。但一旦房屋倒塌或严重毁损,借款人往往会失去还款能力,贷款人也因为无法处置抵押物获得债务清偿。所以,以房屋作为抵押办理贷款的,贷款人一般会要求借款人在合同签订前办理房屋保险。而且在抵押期内,保单由贷款人保管。这样一旦房屋因自然灾害或意外情况倒塌或严重毁损,借款人可以获得保险赔款,可以用保险赔款支付借款。在没有购买任何保险的情况下,只能由该房屋所有权人自行承担房屋毁损的损失。但从救助的角度,政府通常会给予受灾群众一定的补偿,如在 2008 年"汶川大地震"中大量房屋倒塌,后来这些抵押房屋贷款购房的受灾群众也都得到妥善安置,重建家园。

第四节 相关合同纠纷处理与案例

一、关于商品房买卖合同司法解释中的相关规定

根据最高人民法院在 2020 年 12 月最新修改的《民事案件案由规定》,与贷款买房相关的诉讼案由主要有,房屋买卖合同纠纷:商品房预售合同纠纷;商品房销售合同纠纷;借款合同纠纷:金融借款合同纠纷;保证合同纠纷;抵押合同纠纷。

以上各种纠纷都是合同纠纷,所以应适用《民法典》第三编"合同"的相关规定,即除了第一分编"通则"以外,还有第九章"买卖合同"、第十二章"借款合同"与第十三章"保证合同"的相关内容。

此外,《商品房买卖合同司法解释》中的相关规定是各级法院处理与贷款买房相关的纠纷的主要依据。其中,相关的主要规定有:

第一条 本解释所称的商品房买卖合同,是指房地产开发企业(以下统称为出卖人)将尚未建成或者已竣工的房屋向社会销售并转移房屋所有权于买受人,买受人支付价款的合同。

第十九条 商品房买卖合同约定,买受人以担保贷款方式付款、因当事人一方原因未能订立商品房担保贷款合同并导致商品房买卖合同不能继续履行的,对方当事人可以请求解除合同和赔偿损失。因不可归责于当事人双方的事由未能订立商品房担保贷款合同并导致商品房买卖合同不能继续履行的,当事人可以请求解除合同,出卖人应当将收受的购房款本金及其利息或者定金返还买受人。

第二十条 因商品房买卖合同被确认无效或者被撤销、解除,致使商品房担保贷款合同的目的无法实现,当事人请求解除商品房担保贷款合同的,应予支持。

第二十一条 以担保贷款为付款方式的商品房买卖合同的当事人一方请求确认商品房买卖合同无效或者撤销、解除合同的,如果担保权人作为有独立请求

权第三人提出诉讼请求，应当与商品房担保贷款合同纠纷合并审理；未向法院提起诉讼请求的，仅处理商品房买卖合同纠纷。担保权人就商品房担保贷款合同纠纷另行起诉的，可以与商品房买卖合同纠纷合并审理。

商品房买卖合同被确认无效或者被撤销、解除后，商品房担保贷款合同也被解除的、出卖人应当将收受的购房贷款和购房款的本金及利息分别返还担保权人和买受人。

第二十二条　买受人未按照商品房担保贷款合同的约定偿还贷款，亦未与担保权人办理不动产抵押登记手续，担保权人起诉买受人，请求处分商品房买卖合同项下买受人合同权利的，应当通知出卖人参加诉讼；担保权人同时起诉出卖人时，如果出卖人为商品房担保贷款合同提供保证的，应当列为共同被告。

第二十三条　买受人未按照商品房担保贷款合同的约定偿还贷款，但是已经取得不动产权证书并与担保权人办理了不动产抵押登记手续，抵押权人请求买受人偿还贷款或者就抵押的房屋优先受偿的，不应当追加出卖人为当事人，但出卖人提供保证的除外。

此外，最高人民法院发布的《全国民事审判工作会议纪要》（法办〔2011〕442号）中"关于房地产纠纷案例"中指出：关于在民事审判中贯彻落实房地产调控政策的问题。房屋买卖合同约定以按揭贷款方式付款，买受人以房贷政策变化不能办理按揭贷款导致无履约能力为由，请求解除合同，并要求出卖人返还所收受的购房款或定金的，经审查，买受人的确因房贷政策变化而不能办理约定的按揭贷款，对其请求可予支持。

2022年12月15日，广东省高级人民法院报最高人民法院审查同意后发布的《关于审理房屋买卖合同纠纷案件的指引》第11条规定："出卖人为套取贷款与他人签订虚假的房屋买卖合同，应当依据民法典第一百四十六条第一款的规定，认定买卖合同无效。金融机构知道或者应当知道房屋买卖合同虚假，仍然与买受人签订房屋担保贷款合同的，该贷款合同亦属虚假，应当认定无效。贷款合同关系实际存在于金融机构与出卖人之间，合同效力依据民法典第一百四十六条第二款的规定处理。"第30条规定："当事人约定以办理房屋担保贷款作为付款方式，出卖人拒绝配合办理担保贷款，买受人符合下列情形之一的，可以认定合同符合继续履行的条件：（一）已经依约付清购房款，或者同意在合理期限内一次性付清全部购房款且有充分证据证明其有履行能力的；（二）已经取得银行贷款承诺函，且贷款银行在诉讼中明确表示同意按照承诺函发放贷款的。转让抵押房屋的，人民法院应当同时依据本指引第十六条的规定处理。"第33条规定："商品房买卖合同约定因买受人未能按时向贷款银行偿还贷款本息，出卖人根据贷款合同约定向贷款银行承担保证责任后，有权解除商品房买卖合同，买受人主张该条款为无效格式条款的，不予支持。出卖人承担保证责任后请求解除商品房买卖合同、返还房屋、赔偿损失或者支付违约金的，人民法院应当以出卖人所受实际损失为基础，兼顾合同的履行情况、房屋现值、当事人的过错程度以及预期利益等综合因素，根据公平原则和诚实信用原则，妥善认定合同解除的后果，避免因合同解除导致双方利益显著失衡。"

二、关于担保制度司法解释中对于房屋抵押的规定

《有关担保制度的解释》第三部分"关于担保物权"中有"担保合同与担保物权的效力"的一般规定，其中与房屋抵押关系密切的相关内容是第44条第1款规定：主债权诉讼时效期间届满后，抵押权人主张行使抵押权的，人民法院不予支持；抵押人以主债权诉讼时效期间届满为由，主张不承担担保责任的，人民法院应予支持。主债权诉讼时效期间届满前，债权人仅对债务人向法院提起诉讼，经人民法院判决或者调解后未在民事诉讼法规定的申请执行时效期间内对债务人申请强制执行，其向抵押人主张行使抵押权的，人民法院不予支持。

此外，还有专门关于"不动产抵押"的规范，具体内容如下：

第四十六条 不动产抵押合同生效后未办理抵押登记手续，债权人请求抵押人办理抵押登记手续的，人民法院应予支持。

抵押财产因不可归责于抵押人自身的原因灭失或者被征收等导致不能办理抵押登记，债权人请求抵押人在约定的担保范围内承担责任的，人民法院不予支持；但是抵押人已经获得保险金、赔偿金或者补偿金等，债权人请求抵押人在其所获金额范围内承担赔偿责任的，人民法院依法予以支持。

因抵押人转让抵押财产或者其他可归责于抵押人自身的原因导致不能办理抵押登记，债权人请求抵押人在约定的担保范围内承担责任的，人民法院依法予以支持，但是不得超过抵押权能够设立时抵押人应当承担的责任范围。

第四十七条 不动产登记簿就抵押财产、被担保的债权范围等所作的记载与抵押合同约定不一致的，人民法院应当根据登记簿的记载确定抵押财产、被担保的债权范围等事项。

第四十八条 当事人申请办理抵押登记手续时，因登记机构的过错致使其不

能办理抵押登记,当事人请求登记机构承担赔偿责任的,人民法院依法予以支持。

第四十九条 以违法的建筑物抵押的,抵押合同无效,但是一审法庭辩论终结前已经办理合法手续的除外。抵押合同无效的法律后果,依照本解释第十七条的有关规定处理。

当事人以建设用地使用权依法设立抵押,抵押人以土地上存在违法的建筑物为由主张抵押合同无效的,人民法院不予支持。

第五十条 抵押人以划拨建设用地上的建筑物抵押,当事人以该建设用地使用权不能抵押或者未办理批准手续为由主张抵押合同无效或者不生效的,人民法院不予支持。抵押权依法实现时,拍卖、变卖建筑物所得的价款,应当优先用于补缴建设用地使用权出让金。

当事人以划拨方式取得的建设用地使用权抵押,抵押人以未办理批准手续为由主张抵押合同无效或者不生效的,人民法院不予支持。已经依法办理抵押登记,抵押权人主张行使抵押权的,人民法院应予支持。抵押权依法实现时所得的价款,参照前款有关规定处理。

第五十一条 当事人仅以建设用地使用权抵押,债权人主张抵押权的效力及于土地上已有的建筑物以及正在建造的建筑物已完成部分的,人民法院应予支持。债权人主张抵押权的效力及于正在建造的建筑物的续建部分以及新增建筑物的,人民法院不予支持。

当事人以正在建造的建筑物抵押,抵押权的效力范围限于已办理抵押登记的部分。当事人按照担保合同的约定,主张抵押权的效力及于续建部分、新增建筑物以及规划中尚未建造的建筑物的,人民法院不予支持。

抵押人将建设用地使用权、土地上的建筑物或者正在建造的建筑物分别抵押给不同债权人的,人民法院应当根据抵押登记的时间先后确定清偿顺序。

第五十二条 当事人办理抵押预告登记后,预告登记权利人请求就抵押财产优先受偿,经审查存在尚未办理建筑物所有权首次登记、预告登记的财产与办理建筑物所有权首次登记时的财产不一致、抵押预告登记已经失效等情形,导致不具备办理抵押登记条件的,人民法院不予支持;经审查已经办理建筑物所有权首次登记,且不存在预告登记失效等情形的,人民法院应予支持,并应当认定抵押权自预告登记之日起设立。

当事人办理了抵押预告登记,抵押人破产,经审查抵押财产属于破产财产,预告登记权利人主张就抵押财产优先受偿的,人民法院应当在受理破产申请时抵财产的价值范围内予以支持,但是在人民法院受理破产申请前一年内,债务人对没有财产担保的债务设立抵押预告登记的除外。

此外,《九民纪要》第四部分规定"关于担保纠纷案件的审理",其中有"关于担保的一般规则",其中第59条第1款规定:【主债权诉讼时效届满的法律后果】抵押权人应当在主债权的诉讼时效期间内行使抵押权。抵押权人在主债权诉讼时效届满前未行使抵押权,抵押人在主债权诉讼时效届满后请求涂销抵押权登记的,人民法院依法予以支持。

此外,还有专门关于"关于不动产担保物权"的规范。第60条规定:【未办理登记的不动产抵押合同的效力】不动产抵押合同依法成立,但未办理抵押登记手续,债权人请求抵押人办理抵押登记手续的,人民法院依法予以支持。因抵押物灭失以及抵押物转让他人等原因不能办理抵押登记,债权人请求抵押人以抵押物的价值为限承担责任的,人民法院依法予以支持,但其范围不得超过抵押权有效设立时抵押人所应当承担的责任。

第62条规定:【抵押权随主债权转让】抵押权是从属于主合同的从权利,根据"从随主"规则,债权转让的,除法律另有规定或者当事人另有约定外,担保该债权的抵押权一并转让。受让人向抵押人主张行使抵押权,抵押人以受让人不是抵押合同的当事人、未办理变更登记等为由提出抗辩的,人民法院不予支持。

三、无法按时还款的金融借款合同纠纷案例

虽然购房者会在贷款购房时,对以后如何还款进行了规划,但还是可能因为一些特殊情况的发生,如失业、生病、经商失败等原因导致出现经济上的困难,无法按时还款。在这种情况下,借款人(购房者)需要承担相应的违约责任。其法律后果一般是:归还所欠的本金与利息外,还要承担相应的罚息(逾期贷款利息);如果无法归还借款,其抵押的房屋可能会被拍卖或变卖;如果采取其他担保方式,质押物可能会被处置,或债权人要求保证人承担保证责任。这种案例比较常见,案由是金融借款合同纠纷。

商品房预售合同中,购房人在银行办理按揭贷款时,其所购房屋通常还不具备办证条件,继而贷款银行也无法在放款时获得正式的房屋抵押权证。由此,银行为降低其贷款风险,通常要求房产商为购房人的贷款向银行提供阶段性保证责任。关于担保期限的合同约定一般表述为"自保证合同生效之日起至办理完毕抵押房屋的产权证及抵押物登记手续,并将抵押物的抵押登记证明交于贷款银行之

日止"或其他类似表述。通过相关合同条款可以看出,房产商的保证期间要以购房人为贷款银行办理完毕抵押权证作为结束的标志。在抵押登记办理完成后,银行可以通过抵押权来保障债权实现,房产商的保证责任也因此免除。

下面举例予以说明。

案例一[①]:借款人利用住房公积金贷款购房,应按照合同约定每月定期还款。如果借款人拒不履行还款义务,住房公积金管理中心可以依法向法院申请强制执行。

案情简介:2009年11月,黄某向长沙市住房公积金管理中心申请贷款25万元用于购买自住房屋;2015年起,黄某开始出现贷款逾期,长沙市住房公积金管理中心多次电话、上门催收,其断断续续偿还几笔后又开始拒不还款。2019年,长沙市住房公积金管理中心以黄某长期拖欠住房公积金贷款应还款且严重违反合同约定为由,向长沙市芙蓉区人民法院提起诉讼。法院判决黄某于判决生效之日起10日内偿还其欠款及罚息,如其未履行上述金钱给付义务,长沙市住房公积金管理中心有权行使抵押权,依法申请法院处置黄某名下住房。后,长沙市住房公积金管理中心依法向法院申请强制执行。2020年12月10日,长沙市芙蓉区人民法院宣布,对黄某拘留15日、罚款5000元,并立即启动房屋拍卖程序,黄某意识到自己违法行为的严重后果,立刻将逾期欠款偿还至法院专案账户中。这是长沙市首起住房公积金贷款不还款被法院强制执行的案例。

案例二:借款人购买二手房,并将该房屋作为抵押物向银行贷款支付购房款,应按照合同约定每月定期还款。如果借款人拒不履行还款义务,银行对此抵押物在担保范围内有优先受偿权。

案号为(2022)浙0205民初1993号的金融借款合同纠纷案件。案情简介:2021年4月6日,郭某与案外人签订了存量房屋买卖合同,购得位于宁波市鄞州区某小区的一套商品房,合同金额430万元,采取分期付款方式。郭某已支付129万元购房款。2021年5月6日,郭某与某银行签订了个人二手房按揭抵押借款合同。郭某以该房屋作为抵押物,向某银行借款301万元,贷款利率为年5.40%;采取等额本息还款方式,还款日为每月15日。同日,双方办理了房屋抵押登记手续。2021年5月8日,某银行已向郭某实际发放了贷款301万元。刚开始前几个

---

① 参见长沙公积金中心:《长沙首例!住房公积金贷款不还款被法院强制执行》,载微信公众号"政法频道"2020年12月19日。

月,郭某还能按照合同约定按时归还本息。但从 2022 年 1 月开始,郭某没有继续还款。某银行曾向郭某寄送授信逾期催收提示函,但此后郭某没有反馈。于是,某银行向法院提起诉讼。

宁波市江北区人民法院审理后认为,原告某银行与被告郭某之间成立合法有效的借款合同法律关系,被告郭某未按期偿还借款本息,已构成违约,应承担相关的法律责任。原告有权要求被告郭某偿还已到期的借款本金及利息、罚息和按借款合同约定提前收回未到期借款。被告郭某对上述债务以其所有的房地产提供抵押担保,且已办理了抵押登记手续,抵押权依法设立,原告有权就抵押房地产在合同约定的所有债权范围内行使抵押权。所以判决支持原告某银行提出的主要诉讼请求(包括律师代理费),对郭某所有的位于宁波市鄞州区某小区的房产进行折价或以拍卖、变卖上述抵押物所得价款优先受偿。

案例三:预告登记权利人是否就抵押财产享有优先受偿权,主要审查是否办理建筑物所有权首次登记、预告登记是否失效两个要件。房产商提供阶段性保证责任,应对购房人的债务承担连带清偿责任。

一审案号为(2021)皖 1122 民初 4028 号,二审案号为(2022)皖 11 民终 231 号的借款合同纠纷案件(入库案例)。案情简介:2019 年 3 月 21 日,中国农业银行股份有限公司来安县支行(贷款人,以下简称农业银行来安支行)与张某(借款人、抵押人)、来安裕山房地产开发有限公司(保证人,以下简称裕山公司)签订了一份《个人购房担保借款合同》,合同约定:张某为购买某处房产,向农业银行来安支行按揭贷款 53 万元。本合同下的担保方式为阶段性保证+抵押,裕山公司提供阶段性保证担保,阶段性保证自借款发放之日起至办妥以贷款人为抵押权人的抵押登记手续后两年之日止,为借款人的债务承担连带保证责任。张某以案涉房产向农业银行来安支行按揭贷款提供抵押担保,并办理了商品房抵押预告登记。合同约定了因借款人、担保人违约致使贷款人采取诉讼方式实现债权的,借款人、担保人应当承担贷款人为此支付的律师费等费用。2019 年 4 月 3 日,农业银行来安支行出具的《借款凭证》载明:放款金额 53 万元,贷款期限 30 年,执行利率 5.88%,逾期利率 8.82%,借款人张某。2020 年 9 月 4 日,裕山公司为案涉房产办理了建筑物所有权首次登记,但至今房产未办正式抵押登记手续。后张某违约未按时归还贷款本息。农业银行来安支行向法院提起诉讼,并为此支付律师费 1000 元。

安徽省来安县人民法院审理后认为,案涉《个人购房担保借款合同》第 35 条约定阶段性保证人承担保证的期限是:办妥以贷款人为抵押权人的抵押登记手续后两年,系对阶段性保证期限作出了特别约定。而该案中,案涉房屋并未办理正式抵押登记手续,故裕山公司应当对张某的借款及利息承担连带清偿责任。关于农业银行来安支行是否享有优先受偿权的问题。预告登记权利人是否就抵押财产享有优先受偿权,主要审查是否办理建筑物所有权首次登记、预告登记是否失效两个要件。人民法院在认定预告登记失效中90日起算点时,应从预告登记权利人知道或应当知道能够进行抵押登记之日起计算。该案中,案涉房屋所有权已完成首次登记,亦不存在预告登记失效等情形,农业银行来安支行作为案涉房屋预告登记权利人,农业银行来安支行应对案涉房屋享有优先受偿权,但是农业银行来安支行并未就该部分提出诉讼请求,系其对自己民事权利的处分,法院不予调整。所以判决:(1)张某偿还农业银行来安支行借款本金519,190元及相应的利息;(2)裕山公司对张某上述借款及利息承担连带清偿责任;(3)张某、裕山公司支付农业银行来安支行律师费1000元;(4)驳回农业银行来安支行的其他诉讼请求。

裕山公司提起上诉,安徽省滁州市中级人民法院二审判决驳回上诉,维持原判。

案例四:银行为降低其贷款风险,通常要求房产商为购房人的贷款向银行提供阶段性保证责任。因房产商未按时交付房屋原因导致未能办理房屋产权登记与抵押登记,应承担连带清偿责任。

一审案号为(2023)浙0205民初2254号之二,二审案号为(2023)浙02民终6088号的金融借款合同纠纷案件。案情简介:2019年10月17日,渤海银行股份有限公司宁波分行(贷款人,以下简称渤海银行宁波分行)与宁波国建房地产开发有限公司(保证人,以下简称国建公司)签订了《个人住房按揭贷款合作协议》。2019年10月17日,双方签订了《个人房屋按揭贷款最高额保证合同》。合同约定:贷款人向符合贷款人贷款条件的购房人(借款人)提供个人房屋按揭贷款。贷款人发放的个人住房贷款单笔金额最高不超过所购住房全部价款的70%,贷款期限最长不超过30年。保证人不可撤销地及无条件地同意作为借款人的保证人提供连带责任保证。合同所担保的债务为自2019年10月17日至2021年10月17日,因贷款人向借款人提供借款合同项下的购房贷款而形成的本金总金额不超过人民币壹亿陆仟万元的债务。合同项下的每笔贷款的保证期间为贷款发放之日起至贷款人取得所购房屋不动产权登记证明之日。2019年10月20日,朱某(买受人)与国建公司(出卖人)签订了《商品房买卖合同(预售)》,约定:买受人向出卖人购买位于宁波市奉化区某小区的一套商品房,建筑面积为 117.1 平方米,单价为每平方米 15,666.36 元,总价款为 1,834,531 元。付款方式:买受人应当于 2019 年 10 月 20 日前支付首期房价款 554,531 元。剩余房款 128 万元由买受人申请贷款支付。2019 年 10 月 31 日,渤海银行宁波分行(贷款人、抵押权人)与朱某、孙某(借款人)签订了《个人一手房按揭抵押借款合同》。贷款金额为 128 万元,贷款期限自 2019 年 10 月 31 日起至 2049 年 10 月 31 日止,并明确采取等额还本付息方式。同日,渤海银行宁波分行按照合同约定向朱某、孙某发放贷款 128 万元。刚开始阶段,朱某、孙某能按照合同约定按时归还本息。从 2022 年 2 月开始,开始出现逾期现象。2022 年 11 月后,朱某、孙某停止还款。后,渤海银行宁波分行以朱某、孙某、国建公司为被告向法院提起诉讼。

  审理中查明,案涉房产还没有办理房屋产权证,所以无法办理不动产登记证明(抵押权),该房产已被法院预查封。

  浙江省宁波市江北区人民法院审理后认为,该案双方争议的焦点主要有:(1)案涉借款是否属于被告国建公司提供的最高额担保范围内。渤海银行宁波分行与国建公司签订的《个人房屋按揭贷款最高额保证合同》第 2.3 条约定,国建公司承担的是阶段性担保,保证期间是贷款发放之日起至贷款人取得所购房屋不动产登记证明之日。截至目前,案涉房屋尚未交付,无法办理房屋不动产权登记,因此仍在保证期间之内。(2)是否因原告渤海银行宁波分行未办理预告抵押登记而减轻被告国建公司之责任。《最高人民法院关于适用有关担保制度的解释》第 52 条规定,当事人办理抵押预告登记后,预告登记权利人请求就抵押财产优先受偿,经审查存在尚未办理建筑物所有权首次登记的情形,人民法院不予支持。参照该条规定之精神,抵押权预告登记不等同于抵押权登记,即使原告渤海银行宁波分行办理了抵押权预告登记仍然不能直接享有对案涉房屋的优先受偿权。另外,根据《不动产登记暂行条例实施细则》第 88 条的规定,办理抵押登记应提供不动产权证,故是否办理预告登记并不直接影响抵押登记的实现,而是否办理过户则直接影响抵押登记的实现,也就是说,即使原告办理了抵押预告登记,但是案涉房屋一直未办理不动产权证,也仍无法成功办理抵押登记。开发商保证责任的终结是完成抵押登记,而其中关键是房产过户,原告渤海银行宁波分行对过户并无协助义务,过户登记乃开发商与购房人之间的权利义务关系内容,故因开发商与购房人之间未能及时完成过户导致贷款银行无法办理抵押登记,开发商理应按照合同约定承担保证责任。因此,未办理抵押预告登记并不直接导致国建公司承担更多的责任,其仍应在合同约定的范围内承担保证责任,而不能仅因未办理预告抵押登记而减轻责任。所以判决:(1)朱某、孙某归还渤海银行宁波分行借款本金1,226,789.3元及相应的利息、复息、罚息;(2)朱某、孙某赔偿渤海银行宁波分行律师费损失2.5万元;(3)国建公司对前述第(1)项、第(2)项所涉债务承担连带清偿责任,其承担保证责任后有权向朱某、孙某追偿。

国建公司提起上诉。浙江省宁波市中级人民法院二审判决驳回上诉,维持原判。

四、无法办理贷款的房屋买卖合同纠纷案例

商品房买卖合同签订后,购房者向房产商缴纳了定金与首付款,然后向银行申请购房贷款。但现实中,可能会出现购房者向银行申请贷款被拒绝的情况,这对购房者来说是非常棘手的事情。接下来该如何处理?能不能退房?定金与首付款能不能退?违约责任怎么算?

首先,应明确未能办理按揭贷款的法律责任。可以分为以下三种类型:(1)房产商原因造成。如房产商手续不齐全,银行认为房产商缺乏保证能力,房产商未入围银行按揭贷款库。(2)购房者自身原因造成。如购房者提供的资料不齐备,购房者或者共同借款人存在征信问题,购房者被人民法院限制高消费,购房者还款能力不足,贷款额度达不到合同约定的贷款金额。(3)存在不可归责于房产商与购房者双方的事由。如各地出台的限购政策调整,导致房贷政策变化不能办理按揭贷款。在二手房买卖中,还可能存在因出卖人的原因导致无法办理贷款的情况,其性质与房产商原因造成无法贷款相似。

其次,要分析未能办理按揭贷款的法律后果。要根据《商品房买卖合同司法解释》第19条的规定并结合"过错责任"予以综合分析。分为以下情况:(1)因房产商原因导致无法办理贷款,并导致商品房买卖合同不能继续履行的,购房者可以要求解除商品房买卖合同,房产商则应返还首付款,并对合同解除产生的违约金、损失承担赔偿责任。(2)因购房者自身原因导致无法办理贷款,并导致商品房买卖合同无法继续履行,房产商可以要求解除商品房买卖合同,并要求购房者按照合同约定承担违约金、赔偿损失。在实践中,房产商会在合同中写明银行贷款未能办理按照全额付款的条款,房产商亦可以不主张解除合同而要求购房者全额付款或者分期付款。(3)因不可归责于双方的原因导致无法办理贷款,并导致商品房买卖合同无法履行,购房者和房产商均有权要求解除商品房买卖合同,合同解除后,房产商应当返还购房者已付的购房款本金及其利息或者定金。购房者和房产商均无须承担违约责任。

对于购房者来说,因自身原因无法办理贷款,该如何处理?笔者提供以下补救的建议:(1)重新提交贷款申请。如果问题出在购房者自身原因,如果可以补救,建议增加首付款数额,减少贷款的申请金额,将资料准备齐全后再向银行申请贷款。(2)换贷款银行。不同的银行有不同的放贷政策,在这家银行申请贷款失败,并不代表申请其他银行的贷款也会失败,每家银行审批贷款的严格程度不一样,说不定在放贷政策较为宽松的银行就可以成功贷到款。(3)找担保公司。如果购房者的资质确实不太好,但自己特别想要购买这套房子,那么可以考虑找担保公司为自己作贷款担保。需要注意的是,这种方式涉及的费用会比直接到银行贷款费用高。因为担保公司除了需要借款人支付手续费外,还需要支付担保费、利息等费用。

无论哪一种原因导致无法办理贷款,商品房买卖合同无法履行只能解除,购房者此前支付的首付款都应该退还,区别仅在于购房者是否需要承担违约责任。如果是房产商的原因造成无法办理贷款,购房者不仅可以退房,还可以要求房产商赔偿损失。如果是因为购房者自身的原因造成,只能由自己承担违约责任。如果前期支付的是定金,按照"定金罚则",因购房者自身的原因导致无法办理贷款又导致商品房买卖合同解除,房产商可以不退还定金。

下面结合具体案例分别说明。

案例五[1]**:因房产商原因导致购房者无法办理贷款,购房者可以解除商品房买卖合同,要求退还已付购房款并支付利息。**

案情简介:2016年6月7日,原告刘某与被告某房产公司签订商品房买卖合同(预售),主要内容:刘某购买被告开发的某花园小区房屋一套(以下简称案涉房屋),总价款为60万元;签订合同前,买受人已支付房款23万元,余款37万元申请贷款支付;出卖人应当在2017年12月31日前交付该商品房;出卖人应当自合同签订之日起30日内办理商品房预售合同登记备案手续,并将本合同登记备案情况告知买受人。后,该地产公司未办理案涉合同登记备案导致刘某办理贷款未获批准,所以刘某向法院提起诉讼。

---

[1] 参见李景山:《因开发商未办理备案导致购房人无法获批按揭贷款,购房人可否解除商品房买卖合同?》,载微信公众号"公司法律风险防范"2021年3月2日。

法院审理后认为,原、被告签订的商品房买卖合同(预售)合法有效,双方均应按约履行各自的义务。根据商品房买卖合同(预售)第19条预售合同登记备案约定,被告应当自合同签订之日起30日内即2016年7月6日前办理商品房预售合同(预售)登记备案手续,但截至法庭辩论终结前,被告仍未将案涉房屋备案至刘某的名下,被告显属违约,且商品房买卖合同(预售)未办理登记备案手续而导致刘某的按揭贷款申请不能通过,故刘某不能办理按揭贷款的原因不能归责于刘某,而系被告的原因导致。所以,判决:(1)解除刘某与被告签订的商品房买卖合同(预售);(2)被告向刘某返还购房款23万元并支付利息。

案例六[1]:购房者因自身原因无法办理按揭贷款,无权解除房屋买卖合同。

案情简介:2017年7月,邓某向浙江省海盐县某房产公司购买房屋一间,总价20万元。合同签订后,邓某当日就支付10万元。但是,余款10万元,却因邓某个人存在不良征信记录,多次向银行申请贷款遭到拒绝。邓某没有能力一次性支付剩余房款,向房产公司提出解除合同,房产公司不同意。同年11月,邓某以无能力支付剩余房款为由将房产公司诉至法院,请求判令解除与该房产公司的房屋买卖合同。

海盐县人民法院审理后认为,邓某未能办理按揭贷款是其存在不良征信记录所致,而征信问题系合同签订前邓某自身失信原因所致,并非合同成立后所发生的无法预见的变化,而根据《商品房买卖合同司法解释》的规定,在因房产商原因或不可归责于购房者或房产商原因的情况下,购房者才有权解除合同。因此,该案中邓某的诉讼请求不符合相关的法律规定。后经法院调解,双方达成和解协议。

笔者建议:欲通过按揭贷款支付房款的购房者,一定要事先查一下自己的征信记录,了解自己是否符合办理按揭贷款的条件,以免造成经济损失。

案例七[2]:购房政策变化导致买受人无法办理贷款导致合同难以履行的,当事人可以解除房屋买卖合同。

案情简介:2016年,原告张先生与被告李女士签订了房屋买卖合同。后在合

---

[1] 参见《【以案说法】因自身原因无法办理按揭贷款,买房人无权解除房屋买卖合同》,载微信公众号"海盐法院"2018年4月28日。

[2] 参见公益栏目:《买房遇新政,无法按期获贷款》,载微信公众号"云南律师英才团队"2017年1月26日。

同履行过程中,2016年9月30日北京市住建委等部门出台实施了新的购房调控政策,导致张先生购房首付款比例需上调至50%,无法按期获得相应贷款,购房新政实施前后,其资金缺口达到了90余万元,无法继续履行合同,张先生向法院提起诉讼,要求解除合同,并要求李女士退还10万元购房定金。

北京市海淀区人民法院审理后认为,鉴于张先生购房需通过贷款方式支付部分购房款,而北京市2016年9月30日出台实施的购房新政,导致已拥有1套住房的张先生购房的首付款比例不得低于50%,直接导致张先生需另行自筹90余万元购房款,给张先生的履约能力造成了重大影响,同时,李女士也没有充分证据证明张先生具备充分的履约能力。在此种情况下,符合双方房屋买卖合同中约定的有关新政导致合同无法履行而双方互不承担违约责任的约定。最后,法院判决支持了张先生的全部诉讼请求。

以案释法:购房新政属于国家宏观政策,对房屋买卖合同的影响不能达到导致合同根本不能履行的程度,因此无法构成不可抗力,在当事人约定以按揭贷款方式支付部分购房款的情况下,购房新政中有关贷款首付款比例提高、对特定对象暂停办理贷款等政策,也不必然导致购房者无法履约或继续履约对一方当事人显失公平,所以通常也不属于情势变更。此类案件,应当结合案件具体情况,区分以下情形:第一,如果购房新政对购房者的履约能力产生重大影响,合同继续履行存在重大困难,如首付款比例提高导致资金缺口巨大,则购房者可以以无法按期办理贷款为由请求解除合同,出卖人应当退还定金和已付购房款,若出卖人因此有损失,可要求买受人分担;第二,如果购房新政对购房者的履约能力没有重大影响或出卖人有证据证明其有充分履约能力的,购房者据此要求解除合同,属于违约,需承担违约责任。

案例八[①]:政策变更导致买受人暂时无法办理贷款并不必然导致合同解除,出卖方可以要求买受人继续履行合同。

案情简介:被告聂某与刘某系夫妻。2014年1月26日,聂某向某房产公司出具相关房屋的认购书,并支付定金3万元。同年4月16日,双方签订商品房买卖合同及合同补充协议,聂某随后将首付款付清。同年10月31日,该公司依约将房屋交付给聂某夫妻装修使用。但因政策性原因,聂某剩余的10万元购房款未能顺利按揭,但聂某夫妻仍坚持要求该公司等按揭贷款,也迟迟未付余款。此后,

---

[①] 参见武平法院:《政策变更致无法贷款!武平法院:判交余款并付违约金》,载微信公众号"武平生活"2020年4月24日。

该公司向法院提起诉讼。

福建省武平县人民法院审理后认为，聂某与某房产公司之间的商品房买卖合同及补充协议合法有效，双方当事人均应按照合同约定履行各自的义务。该案中，某房产公司虽未提供证据证明其已书面直接向聂某发出不能按揭并要求其补足余款的通知，但作为买受人，聂某对10万元的剩余购房款还未支付是明知的，且聂某将交付的房屋装修使用已达4年之久。按交易习惯，聂某在交房时应当知道因政策性原因剩余购房款不能办理按揭贷款。根据《商品房买卖合同司法解释》(2003)的相关规定，聂某行使合同解除权归于消灭，应支付剩余购房款10万元。对于违约金计算问题，法院认为，某房产公司起诉之日视为向聂某通知之日。依合同补充协议约定，自起诉之日起10日为宽限期，从2019年4月26日至5月25日按日利率0.04%计算违约金，从2019年5月26日起至款清日止按月利率2%计算违约金。所以，法院判决：聂某夫妻向某房产公司支付购房款10万元及相应违约金。

五、购房合同解除导致担保贷款合同解除的纠纷案例

在办理按揭贷款业务时，尤其是期房预售情况下，银行为了缓释风险，会就购买的商品房办理抵押预告登记以及让房产商提供阶段性保证担保，有些银行还会让房产商按照贷款金额提供一定比例的保证金质押担保。这其中，涉及三方主体——购房者（借款人）、房产商和银行。其中的法律关系较为复杂，至少包括：(1)房产商与购房者之间的商品房买卖合同关系；(2)借款人（购房者）与银行之间的借款合同关系；(3)房产商与银行之间的保证担保关系（阶段性保证担保）和保证金质押担保关系；(4)购房者与贷款银行之间的抵押预告登记关系。

（一）商品房买卖合同解除后，担保贷款合同能否被解除

根据《商品房买卖合同司法解释》第20条的规定，一旦商品房买卖合同被解除，导致商品房担保贷款合同（以下简称担保贷款合同）的合同目的不能实现的，当事人可以请求解除担保贷款合同。需要注意的是，商品房买卖合同和担保贷款合同之间并非主合同和从合同的关系。因此，商品房买卖合同无效或被解除，并不必然导致担保贷款合同无效或被解除。当事人请求解除担保贷款合同的法理基础在于担保贷款的"合同目的不能实现"。

(二)解除担保贷款合同,违约金由哪一方承担

根据《商品房买卖合同司法解释》第21条第2款的规定,担保贷款合同被解除的,出卖人(房产商)应当将收受的购房贷款和购房款的本金及利息分别返还担保权人(银行)和买受人(购房者)。所以,解除担保贷款合同的,若银行主张违约金,则应由房产商承担该部分违约责任。需要说明的是,根据合同的相对性,鉴于担保贷款合同的签约主体系购房者和银行,根本而言,银行有权向购房者主张违约责任。上述司法解释之所以要求房产商承担违约责任,完全是出于"减轻诉累"的考虑。

(三)解除担保贷款合同后,购房者已支付的月供(购房款的部分)由谁返还?剩余的贷款本金、利息由谁偿还

根据《民法典》第566条第1款的规定:合同解除后,尚未履行的,终止履行;已经履行的,根据履行情况和合同性质,当事人可以请求恢复原状或者采取其他补救措施,并有权请求赔偿损失。由上可知,担保贷款合同被解除后,当事人有权请求"恢复原状"。因此,合同解除后,将发生返还月供、剩余贷款本金及利息等问题。

关于剩余贷款本金及利息的返还问题。担保贷款合同解除后,担保权人有权要求偿还剩余的贷款本金及利息。鉴于担保贷款合同的签约主体系购房者和银行,因此,银行有权要求购房者偿还该部分款项。但是为避免诉累,最高人民法院已出具相应司法解释,规定银行有权向房产商主张该部分贷款本金及利息。

关于购房者已支付月供的返还问题。虽然担保贷款合同的签约主体为购房者和银行,且月供的实际收取人也是银行,但是鉴于银行并无违约行为,因此购房者要求银行返还月供在法理上是说不通的。房产商负有将收取的购房贷款本金及利息返还给银行的义务,在购房者已支付部分月供的情况下,房产商得以免除该部分的返还义务(实质已由购房者承担),因此,购房者有权要求房产商返还已支付的月供。

(四)银行的诉讼地位问题

根据《商品房买卖合同司法解释》第21条第1款的规定,当事人一方请求解除商品房买卖合同时,银行(担保权人)可以作为有独立请求权第三人向法院提起诉讼请求,应当合并审理;银行也可以就担保贷款合同纠纷另行向法院提起诉讼。

应将该案与商品房买卖合同纠纷合并审理。

下面举三个案例予以说明。

案例九①：房产商违约导致房屋买卖合同解除，购房者可以要求解除贷款合同。

案情简介：刘某、姜某贷款购买了坐落于海阳市某小区的房屋，价款57万元，并与该小区开发商海阳市某置业有限公司（以下简称开发商）签订了商品房买卖合同。按照合同约定，刘某作为借款人，某农商行作为贷款人，姜某作为担保人签订了个人住房借款合同，刘某在某农商行处借款22万元，姜某作为保证人提供连带责任保证，同时，刘某、姜某以涉案房产为此提供抵押担保。后开发商逾期交房，该商品房买卖合同经仲裁解除。因购房贷款本息偿还责任等问题，刘某、姜某与银行及开发商产生分歧，所以向法院提起诉讼。

山东省海阳市人民法院审理后认为，商品房买卖合同被确认无效或者被撤销、解除，致使商品房担保贷款合同的目的无法实现，当事人请求解除商品房担保贷款合同的，应予支持。商品房买卖合同被确认无效或者被撤销、解除后，商品房担保贷款合同也被解除的，出卖人应当将收受的购房贷款和购房款的本金及利息分别返还担保权人和买受人。据此，涉案商品房买卖合同已经被裁决解除，按揭贷款合同的目的已无法实现，当事人请求解除个人住房借款合同，要求第三人开发商赔偿已偿还的借款本息，符合上述法律规定，法院予以支持。合同解除后，尚未履行的，终止履行；已经履行的，根据履行情况和合同性质，当事人可以请求恢复原状或者采取其他补救措施，并有权请求赔偿损失。刘某、姜某为涉案借款交纳了担保费3740元，现开发商违约导致借款合同解除，该担保费系刘某、姜某的直接损失，开发商应予赔偿。所以，判决：（1）解除原、被告之间个人住房借款合同；（2）开发商赔偿原告刘某、姜某已偿还的贷款本息（自2020年12月25日起至判决生效之日止）；（3）开发商赔偿原告刘某、姜某已支付的金融担保费用3740元及利息损失。

案例十：房产商违约导致房屋买卖合同解除，购房者要求解除贷款合同，可以向贷款的银行要求返还前期已经支付的贷款及利息。

案号为（2022）豫1002民初1661号的合同纠纷案件。案情简介：2018年1月

---

① 参见海阳市人民法院：《因开发商违约导致房屋买卖合同解除，购房者能否要求解除贷款合同？》，载微信公众号"山东高法"2022年4月29日。

2日,原告程某与许昌市嘉和置业有限公司(以下简称嘉和公司)签订商品房买卖合同,约定程某购买许昌市某小区的一套商品房,总金额747,727元。付款方式为银行按揭,程某需支付首付款224,727元,余款办理银行按揭贷款手续。2018年1月15日,中国农业银行股份有限公司许昌魏都支行(贷款人,以下简称农行魏都支行)与程某(借款人)签订个人购房担保借款合同,约定借款金额523,000元,借款用于购买案涉房屋,借款期限30年,自2018年2月1日至2048年1月31日,执行利率5.98%。合同签订后,农行魏都支行于2018年2月1日发放贷款,程某于2018年3月20日至2021年10月20日依约偿还贷款本息,共支付贷款本息226,970.05元。后,因为嘉和公司无法按期交付房屋,程某向法院提起诉讼。许昌市建安区人民法院于2021年7月6日作出(2021)豫1003民初1708号民事判决:(1)解除原告程某与被告嘉和公司签订的商品房买卖合同;(2)解除原告程某与被告嘉和公司、被告农行魏都支行签订的个人购房担保借款合同;(3)被告嘉和公司向原告程某返还购房首付款224,727元及利息;(4)被告嘉和公司向农行魏都支行返还购房款523,000元及利息。上述判决作出后,嘉和公司不服,提起上诉。许昌市中级人民法院二审判决:驳回上诉,维持原判。农行魏都支行于2022年2月28日就上述判决向许昌市建安区人民法院申请强制执行。此外,程某个人信用报告显示:案涉贷款为逾期状态。

后,程某再次向法院提起诉讼,要求被告农行魏都支行返还购房贷款本金及利息,并将原告在银行系统的贷款状态予以消除,消除征信影响。

河南省许昌市魏都区人民法院审理后认为,人民法院生效裁判文书已经判令案涉贷款本金523,000元及利息由案外人嘉和公司返还被告农行魏都支行,被告收取的贷款本息226,970.05元应返还原告程某。合同因违约解除的,解除权人可以请求违约方承担违约责任。该案中合同解除系嘉和公司违约导致,被告并无违约情形。合同解除后,已经履行的,根据履行情况和合同性质,当事人可以请求恢复原状或采取其他补救措施。被告应按生效裁判文书确定的内容,与原告解除贷款合同,将案涉贷款状态予以消除,并消除因此给原告带来的征信影响,确保原告后续不因案涉贷款合同受到影响。所以,判决:(1)被告农行魏都支行返还原告程某贷款本息226,970.05元;(2)被告农行魏都支行消除与原告程某签订的个人购房担保借款合同的贷款状态及征信影响;(3)驳回原告程某的其他诉讼请求。

案例十一：房产商无法按期交房导致借款合同、抵押合同解除，剩余贷款应由房产商归还。

案号为(2019)最高法民再245号的金融借款合同纠纷案件，再审是由最高人民法院作出的民事判决书，所以有特别的示范意义，可以作为各级法院审理类似案例的参考依据。案情简介(一审法院认定事实)：2015年8月12日，王某1与青海市越州房地产开发有限公司(以下简称越州公司)签订商品房预售合同，以147,953,124元的价格购买越州公司开发的西宁市城东区某处的商业用房，交付时间为2015年10月30日前。王某1首付73,983,124元，剩余7397万元按揭贷款。2015年8月14日，王某1、王某2、王某3与中国建设银行股份有限公司青海省分行(以下简称建行青海分行)、越州公司签订借款合同，约定：王某1等三人向建行青海分行借款7397万元，借款期限为2015年8月25日至2025年8月25日；担保方式为抵押加阶段性保证，保证期间为本合同保证条款生效之日起至抵押登记办妥且抵押财产的他项权利证书、抵押登记证明文件正本及其他权利证书交由贷款人核对无误、收执之日止，抵押财产为西宁市城东区某处的商业用房，抵押财产价值147,953,124元。同日，王某1与建行青海分行、越州公司签订房地产抵押合同(在建工程/预购房)(以下简称抵押合同)，约定：王某1以其购买的位于西宁市城东区某处的房屋为前述贷款提供抵押担保；抵押贷款期限自2015年8月25日起至2025年8月25日止；越州公司应按预售合同约定期限向王某1交房，交房时须经建行青海分行书面同意；越州公司不按期交房而间接影响建行青海分行利益时，越州公司应代替王某1承担赔偿建行青海分行损失的责任。2015年8月18日，建行青海分行取得案涉房屋他项权利证书。王某1合计向越州公司支付73,983,124元。建行青海分行于2015年8月21日分8笔向越州公司支付7397万元。

后因越州公司未按照约定期限交付房屋，致使案涉商品房预售合同解除。根据(2017)青民初13号民事判决及(2017)最高法民终683号民事判决，前述商品房预售合同、借款合同、抵押合同均已解除，截至2017年3月21日，王某1累计偿还贷款本金9,170,995.81元、利息6,095,047.89元，尚欠建行青海分行贷款本金64,799,004.19元。

后，建行青海分行向法院提起诉讼，要求王某1等三人与越州公司共同偿还贷款本金及赔偿相关损失。西宁市中级人民法院作出一审判决：驳回建行青海分行的诉讼请求。

建行青海分行提起上诉。青海省高级人民法院二审判决:(1)撤销西宁市中级人民法院(2018)青01民初151号民事判决;(2)王某1等三人偿还建行青海分行贷款本金58,546,649.55元、律师代理费466,876.2元,并以贷款本金58,546,649.55元为基数按年利率支付资金占用损失(每日10,107.43元),至实际清偿之日止;(3)驳回建行青海分行的其他诉讼请求。

王某1等三人向最高人民法院申请再审。最高人民法院作出(2019)最高法民申527号民事裁定,提审该案。最高人民法院审理后认为,该案再审争议焦点为,案涉借款合同解除后王某1等三人应否承担剩余贷款的还款责任。裁判要旨:(1)因出卖人(房产商)未按照约定期限交付房屋,致使案涉商品房预售合同解除,借款合同、抵押合同因合同目的无法实现亦被解除,应由出卖人将收取的购房贷款本金及利息返还担保权人(贷款银行)和买受人(购房者),而买受人不负有返还义务。(2)案涉借款合同相关格式条款要求购房者在既未取得所购房屋亦未实际占有购房贷款的情况下归还贷款,明显不合理地加重了购房者的责任,该格式条款无效,对购房者不具有拘束力。(3)该案涉及商品房买卖合同和商品房担保贷款合同双重法律关系,房产商违约不能交房导致各方合同解除,但却实际占有使用购房者支付的首付款及银行的按揭贷款;银行依据合同约定既享有抵押权,又同时享有对房产商、购房者的债权;购房者未取得房屋,却既支付了首付款,又需偿还按揭贷款。若按合同约定的权利义务关系处理,则在购房者对合同解除无过错的情况下,仍要求其对剩余贷款承担还款责任,明显不合理地加重了其负担,各方权利义务失衡,有违公平原则。再审判决结果:(1)撤销青海省高级人民法院(2018)青民终199号民事判决;(2)维持西宁市中级人民法院(2018)青01民初151号民事判决。

六、抵押权纠纷与抵押合同纠纷案例

实践中,除了购房时用所购的房屋作为抵押物进行贷款外,房屋抵押还有两种情况:(1)用自己已有的房屋作为抵押物向他人借款;(2)用自己已有的房屋作为抵押物为别人向银行贷款或向第三人借款提供担保。

根据最高人民法院在2020年12月最新修改后的《民事案件案由规定》,与抵押相关的第三级案由有:"担保物权纠纷"下的"抵押权纠纷","合同纠纷"下的"抵押合同纠纷"。下面分别举例予以说明。

案例十二：抵押权人应当在主债权诉讼时效期间行使抵押权；未行使的，人民法院不予保护。抵押人在主债权诉讼时效届满后请求涂销抵押权登记的，人民法院予以支持。

案号为（2022）鲁0687民初5118号的抵押权纠纷案件。案情简介：2007年1月8日，程某作为借款人与海阳市东村农村信用合作社海东路分社（以下简称信用社）作为贷款人签订借款合同，借款金额30万元，期限自2007年1月8日至2009年1月8日，用途是本合同项下借款的担保方式为最高额抵押。同日，黄某4、张某作为抵押人、信用社作为抵押权人与程某作为债务人签订最高额抵押合同，抵押人自愿为债务人自2007年1月8日起至2012年1月8日止，在抵押权人处办理约定的各类业务实际形成的债权的最高余额30万元提供担保。黄某4以其自有的、位于海阳市某处的房产（以下简称案涉房屋）办理了抵押登记。2009年12月26日，黄某4又为程某作为借款人提供最高余额5.4万元的担保，并以案涉房屋再次办理了抵押登记。2012年6月3日，信用社向黄某4发送担保人履行责任通知书，黄某4在担保人处签字；此后，信用社再未采取其他方式向程某和黄某4主张过权利。2017年2月，黄某4死亡，黄某4父母已去世，其法定继承人分别是：妻子张某、女儿黄某1、大儿子黄某2和小儿子黄某3。信用社后改制为山东海阳农村商业银行股份有限公司（以下简称海阳农商银行）。2022年12月，原告张某、黄某1、黄某2、黄某3向法院提起诉讼，请求确认被告海阳农商银行对案涉房屋的抵押权消灭。

关于借款合同的履行，海阳农商银行称，借款人程某于2018年4月17日将本金还清，欠息177,439.32元；在借款逾期后，未起诉过借款人程某和抵押人黄某4。

山东省海阳市人民法院审理后认为，案涉两份借款合同和最高额抵押合同均合法有效，且办理了抵押权登记，法院确认抵押权设立。因案外借款人长期未履行完还款义务，被告并无证据证明曾向借款人主张过权利，导致主债务诉讼时效已过，被告虽于2012年6月3日以担保人履行责任通知书的形式向抵押人主张过权利，但之后在长达10年之久的时间内并无证据证明再次主张过，导致向抵押人主张权利的诉讼时效已过。根据《民法典》第419条与《有关担保制度的解释》第44条的规定，如被告向抵押人主张权利，人民法院不予保护，也就是说，黄某4可以不再承担担保责任，抵押权应归于消灭，消灭后方能发挥物的流通效用。被告长时间不行使权利，导致案涉房屋一直处于抵押状态，不仅不利于保护当事人的合法权益,也不利于发挥物的流通效能。故原告作为抵押人黄某4的权利承受人,请求确认抵押权消灭,于法有据,法院予以支持。所以,判决:(1)确认被告海阳农商银行对案涉房屋的抵押权消灭;(2)被告海阳农商银行于本判决生效后10日内协助原告张某、黄某1、黄某2、黄某3办理抵押权注销手续,并返还案涉房屋的不动产权属证书。

案例十三:案涉房屋登记在债务人名下,债务人用案涉房屋作为抵押物向别人借款,亦未向抵押权人披露过案涉房屋系夫妻共有财产,并办理了抵押登记手续。债务人配偶虽未在借款合同和抵押合同上签字,但对此未提出异议。法院会认定办理抵押登记的行为合法有效,抵押权人善意取得了对案涉房屋的抵押权。

案号为(2022)京0106民初7467号的抵押权纠纷案件。案情简介:2018年9月4日,借款人马某、王某与出借人历某签订借款合同,约定借款金额150万元,借期3个月,月息1.7%。同日,抵押人马某与抵押权人李某签订主债权及不动产抵押合同,约定马某以北京市丰台区某处房屋(以下简称案涉房屋)抵押给李某,担保范围本金及利息金额250万元。2018年9月10日办理了抵押登记。后因马某、王某未按约还款,李某将二人诉至法院,法院于2021年7月20日作出(2021)京0106民初7782号民事判决书,认定李某委托历某代其向马某、王某出借150万元,并以马某名下的案涉房屋抵押担保,因二人尚欠部分本息,判决二人于判决生效后10日内偿还李某借款1,290,881.8元及利息,李某有权就马某名下的案涉房屋折价或者拍卖、变卖价款优先受偿。马某、王某未履行该生效判决,李某申请法院强制执行。2022年3月1日,法院发出腾退公告。

2022年3月14日,曹某向法院提起诉讼,请求确认马某将案涉房屋抵押给李某的行为无效。

审理中查明,曹某与马某于1987年3月登记结婚,于2020年12月协议登记离婚,离婚协议书记载:两人自愿协议离婚,子女已成年,婚后共同财产案涉房屋归曹某所有,婚后无共同债权债务。

北京市丰台区人民法院审理后认为,马某、王某与历某签订借款合同,及马某与李某签订主债权及不动产抵押合同,系合同双方当事人的真实意思表示,不违反国家法律、行政法规的强制性规定,应为合法有效。马某以其个人名下的房产进行抵押,并办理了抵押登记手续,说明符合抵押登记要求,对于李某个人而言,不应过于苛刻,马某亦未向李某披露过抵押房产系夫妻共有,且该房产所有权人登记为马某一人,故李某与马某办理抵押登记的行为属善意行为,应为合法有效。

马某与李某就房屋抵押按照法律规定办理的抵押登记,故该抵押权已经设立,李某善意取得了对案涉房屋的抵押权,现曹某要求确认马某将案涉房屋抵押给李某无效,缺乏法律依据,法院不予支持。所以,判决:驳回曹某的诉讼请求。

案例十四:担保合同是主债权债务合同的从合同。主债权债务合同无效的,担保合同无效,但是法律另有规定的除外。主合同借款合同尚未生效,担保物权已无存在基础。如果主债权消灭,担保物权也应随之消灭。

案号为(2022)沪0115民初10512号的抵押合同纠纷案件。案情简介:原告缪某1、钱某系原告缪某2的父母。以上三原告与被告尹某经案外人田某介绍认识。2019年5月23日,原、被告签订房产抵押借款合同,约定:借款人(抵押人):缪某1、钱某、缪某2(以下简称甲方)、出借人(抵押权人)尹某(以下简称乙方)。双方订立如下协议:甲方向乙方借款金额为55万元整。双方约定房产权利价值为250万元整。借款抵押期限:自2019年5月23日起至2019年8月23日止(按实际收到借款日起算),借款90天,到期一次性全额归还,如借款提前全额归还,利息自行协商。甲方以位于上海市浦东新区某处、建筑面积为56.17平方米的房屋(以下简称案涉房屋)作为抵押,向乙方提供担保,并于本合同签订后,到区房地产交易中心办理抵押登记手续。乙方在不动产登记证明(抵押权)办妥后3天内将借款全额支付甲方。合同签订后,原、被告办理了抵押登记手续,并于2019年5月25日取得不动产登记证明(抵押权)。但,三原告未从被告尹某处得到借款。所以原告向法院提起诉讼,要求尹某配合原告办理注销抵押权登记手续。

审理中,被告辩称其是案外人田某所涉刑事案件受害人之一,不可能再同意借款给田某,并且被告亦未胁迫、威胁过原告,原告系自愿将案涉房屋抵押给被告。

上海市浦东新区人民法院审理后认为,自然人之间的借款合同,自贷款人提供借款时生效。抵押权因担保债权存在,债权消灭的,抵押权也应归于消灭。根据原、被告签订的房产抵押借款合同,被告应在不动产登记证明(抵押权)办妥后3天内将借款全额支付原告。现原告陈述被告未实际提供约定的借款,被告对此亦予以认可。被告虽辩称已履行借款给付义务,即案涉房屋的抵押权是担保其与原告缪某2、案外人田某之前借款的意见,但原告对此不予认可,现被告提供的证据亦不足以证明其主张,故法院难以采信。法院认为,被告未按房产抵押借款合同约定向原告提供55万元借款的行为,致使涉案的主合同借款合同尚未生效,故抵押权已无存在基础,据此,原告主张被告配合原告办理抵押权注销手续的诉讼请求于法有据,法院予以支持。所以,判决:被告尹某于判决生效之日起 10 日内配合原告缪某 1、钱某、缪某 2 办理注销案涉房屋的抵押手续。

案例十五:债务人不履行到期债务或者发生当事人约定的实现抵押权的情形,抵押权人可以抵押财产折价或者以拍卖、变卖该抵押财产所得的价款优先受偿。

一审案号为(2022)辽 1481 民初 2227 号,二审案号为(2022)辽 14 民终 3065 号的抵押合同纠纷案件。案情简介:被告龚某 1、翟某是夫妻关系,被告龚某 2 是两人之子。2018 年 3 月 30 日,龚某 1、翟某向张某借款,并签订房屋借款抵押合同,载明:出借人张某(甲方),借款人龚某 1、翟某(乙方)。(1)双方商定,案涉抵押房屋总金额评估价值为 38 万元整。(2)办理房产抵押登记提供借款依据;案涉抵押房屋位于兴城市某处,面积为 119 平方米。(3)借款数额为人民币 35 万元整。(4)借款期限为 2018 年 3 月 30 日至 2018 年 6 月 29 日。(5)借款利息为月利 3 分。张某在出借人处,龚某 1 在借款人处,翟某在共有人处签名按印确认。同日,龚某 1 出具了一张收条,载明:收到张某现金人民币 35 万元。同日,张某、龚某 1、翟某及龚某 2 一起到兴城市国土资源局不动产登记中心办理抵押登记。2021 年 3 月 4 日,张某以与龚某 1、翟某、龚某 2 间民间借贷纠纷为由诉至法院,法院在审理过程中,经主持调解,双方自愿达成协议如下:(1)龚某 2 于 2021 年 6 月 1 日给付张某 20 万元,于 2021 年 8 月 1 日给付张某 20 万元;(2)其他无争议。法院作出民事调解书予以确认。履行期限届满后,因龚某 2 未履行调解协议内容,张某于 2021 年 8 月 10 日向法院申请执行,法院作出执行裁定,以双方达成和解,需长期履行为由,终结案件的执行。

后,张某向法院提起诉讼,请求依法确认张某对龚某 1、翟某位于兴城市某处的案涉抵押房屋享有优先受偿权。

辽宁省兴城市人民法院审理后认为,该案的争议焦点是:(1)案涉房屋借款抵押合同是否合法有效。张某、龚某 1、翟某所签订的房屋借款抵押合同是基于意思自治原则设立的抵押担保法律关系,不违反法律、行政法规的强制性规定,合法有效,法院予以确认。同时,当地不动产登记中心依该案全部当事人的申请,在审核后作出的不动产抵押登记,该登记行为系对当事人借款抵押行为的行政确认,抵押权已依法设立,权利人享有对物的担保的优先受偿权。(2)张某在借款金额 35 万元主债权已经民事调解书确认后能否就抵押权另行向法院提起诉讼。抵押权属于担保物权,本身并不适用诉讼时效制度,但为了防止抵押权人怠于行使抵押权，充分发挥抵押财产的经济效用，抵押权人应在主债权诉讼时效期间内行使抵押权，实质在于明确抵押权人应在主债权受到法律保护的期间内行使抵押权。该受到法律保护的期间，在主债权未经生效裁判确定之前，为主债权诉讼时效期间。当主债权经诉讼程序被生效裁判确定后，此时主债权固然不存在诉讼时效问题，但裁判生效后，主债权不一定就能实现，在债务人未主动履行的情况下，还存在执行问题。只要当事人在申请执行期间内对债务人申请强制执行，就应视为抵押权人在主债权受到法律保护的期间内行使了权利，抵押权人的权利仍应得到保护。换言之，在主债权经生效裁判确认后，此时的主债权受到法律保护的期间不再是诉讼时效期间，而是申请执行期间。具体到该案，双方当事人在达成调解协议并经该院确认后，在执行程序中虽以双方达成和解为由终结执行，但张某在两年内仍可申请恢复执行，故张某本诉并未超过该期间，其所主张的抵押权应予保护。所以，判决：确认张某对龚某1、瞿某提供的坐落于兴城市某处的案涉抵押房屋，在40万元债权额范围内对抵押物拍卖、变卖所得价款享有优先受偿权。

第四章
住宅装修

第一节　住宅装修的流程与施工步骤

一、住宅装修的不同类型

住宅室内装饰装修,是指住宅竣工验收合格后,业主或住宅使用人对住宅室内进行装饰装修的建筑活动。为了便于表述,本书将"住宅室内装饰装修"简称为"住宅装修"。

按照装修的程度,一般可以分为简装与精装两种类型。简装,指的是简单装修,基本能满足生活的需要,但相对比较简陋。精装,指的是精细装修,电器设备基本齐全。

按照装修工程的承包方式,可以分为全包、半包、包清工等方式。全包,指的是承包人采取包工包料方式,就是承包人不仅负责实际施工,而且按照发包人(装修人,下同)的要求提供装修所需要的各种材料并进行部分项目的定作;半包,指的是承包人采取包工、部分包料方式,发包人提供部分材料,一般是地板、瓷砖、油漆、涂料、木材等主要材料,装修用的其他辅料由承包人购买,部分项目如橱柜、淋浴房、家具、楼梯、门、防盗窗等可以由发包人自己另外定作;包清工,指的是承包人采取包工方式但不负责备料(劳动工具除外),所以装修所需的设备与材料都由发包人自行购置。在包工计算费用方式中,有些约定按照装修的项目明确具体标准进行计算,有些采取按照实际工作天数的方式进行计算,也有些按照装修面积按每平方米多少元单价计算的包干方式。

按照装修施工人员的不同,可以分为整体全包与分项承包的方式。整体全包,常见的情况是将一套住宅的装修工程整体发包给某一装修公司或包工头,由其组织相关人员进行施工,有些包工头本身也是施工人员之一。装修人只与装修公司或包工头之间签订装修合同或承揽合同,不与具体的施工人员之间发生承揽关系。如果装修中发生质量问题,装修人也是与装修公司或包工头交涉,一般不直接与施工人员直接交涉;如果发生装修公司或包工头拖欠施工人员报酬的情况,也是由其自行解决;装修人按照合同约定支付工程费用,不直接向施工人员支付报酬费用。装修公司或包工头经常会将部分项目如橱柜、淋浴房、家具、楼梯、门、防盗窗等交给第三方去定作完成,形成新的承揽关系,但装修人与该第三方之间不构成承揽关系,该第三方也不能向装修人直接要求支付费用。但要注意:如果装修公司或包工头将装修工程项目的全部或主要工作交给第三方完成,将形成转包,一旦发生纠纷,法院一般会认定转包行为无效。此外,有些业主在装修时采取分别将水电、泥工、木工、油漆等工程项目发包给不同的工匠,然后分别结算费用,这种分项承包的方式,在法律上是装修人与不同的施工人员形成不同的承揽关系。分项承包中,同样存在包工包料、包工部分包料、包工不包料等承包方式。

总之,实践中住宅装修的承包方式比较多样,具体要按照合同内容进行确定。有些简单的装修项目或定作事项,双方经常采取口头方式,一旦发生纠纷,往往难以明确内容,导致费用结算时存在不同的理解。所以,在住宅装修时尽量要签订书面形式的合同,并细化装修的项目、材料规格与质量,费用结算的标准及支付期限等条款。

二、住宅装修的主要流程

业主或者住宅使用人(以下简称装修人)在装修前,应先了解一下装修的主要流程。根据实践经验,下面以装修人委托装修公司进行设计与装修为例进行说明。

1. 调查比较。在装修之前,装修人可以多进行一些调查,如在网上查找自己喜欢的装修风格,到同事或朋友家中去实地查看;通过了解别人的装修经验,避免自己"踩坑",如一些不实用、不易清理的项目可以不用;通过比较,基本明确自己对住宅装修的基本想法,如选择简装还是精装,选择色彩简单还是复杂,选择田园清新风格还是奢华高贵风格等。

2. 沟通需求。装修人把自己想要装修房子的需求,通过沟通与交流,告诉设计师,这样才能使设计师了解需要设计装修成为什么样的风格,并了解装修人的详细需求。如果对房屋的整体布局在现有布局结构基础上有所变动,装修人要提前告诉设计师,让设计师帮助参谋是否可行。如果将预定的卫生间进行位置变动,不仅涉及下水管道移动,而且可能会对楼下的住户产生影响,造成相邻关系纠纷。如果将地面打薄,以后可能会产生渗漏情况,也会对楼下的住户产生较大的影响。这些可能需要变动的内容,都需要装修人与设计师进行沟通交流。

3. 上门量房。设计师在初步了解装修人的需求之后,装修公司要派人上门进行量房,了解房屋的结构,尤其是梁、柱与承重墙的位置,了解房屋各个厅与室、卫的面积,方便设计师进行房屋的装修设计和之后的家具主材的选购等。通过测量,明确装修过程涉及的面积,特别是贴瓷砖、铺地板、刷墙面漆、贴壁纸等所需要的面积。

4. 设计方案。在获得拟装修房屋的基础数据之后,设计师就需要按照装修人的需求来制订设计方案,而且在制订过程中需要与装修人进行继续沟通、多次交流,因为设计方案的内容,需要贯穿整个装修流程。合理的设计尤其是整体布局、风格展现,决定着以后装修人对住宅装修的满意度,所以这一步是非常重要的。如果装修人提出要打掉现有墙面,需要先明确该墙面是否为承重墙,如果是承重墙可能要破坏结构,设计师一般会告诉装修人这种想法不可行。如果装修人对设计方案提出异议,设计师要进行解释说明。如果装修人提出要修改部分内容,设计师应按照装修人的意见进行适当修改,不能固执己见。

5. 选定材料。在较大的装修公司中,一般会有自己的装修材料展厅;如果是较小的装修公司,一般也会准备相关的材料样品簿。在基本确定结构设计、水电设计等方案后,装修人可以在展厅或样品簿中选择主材以及辅材,确认选择材料的规格、颜色、品牌、价格等详细信息,避免出现在装修过程中所使用的材料不一致的情况。

6. 审核确认。在装修人完成选材之后,设计师需要与装修人进一步确认所选择的辅材和主材,必要时可以提出建议。在此基础上,装修公司提供装修预算表与装修效果图,让装修人根据自己的预算来确定装修项目,形成装修清单,避免在装修过程中出现很多增项或漏项的情况。如果装修公司提供的预算超过自己的预期或承受能力,装修人可以适当删减项目或降低标准,如将真皮沙发改成布艺沙发、将贴壁纸改为刷墙面漆。此外,装修人可以对照装修效果图,看是否为自己想要的风格,必要时可以要求设计师进行一定的调整。

7. 签订合同。在确定设计方案与费用及支付方式后,装修人与装修公司需要签订装修合同,建议使用相关政府部门推荐的合同示范文本,如《浙江省家庭居室装饰装修施工合同(示范文本)》。合同一旦签订后,将产生法律效力。所以,装修人应对合同中的内容进行详细了解,避免出现合同陷阱的情况,如交付的是定金还是订金,材料的规格、品牌是否明确,装修公司承诺的优惠是否已经写入合同。装修合同不需要办理备案手续。

8. 施工交底。在正式装修之前,需要相关人员到装修现场进行装修项目确认,其中包括装修人、设计师、工头(现场负责人)、装修施工人员等,由这些人员进行必要的确认与沟通交流。有时候,装修人还需要在装修现场举行一些开工仪式。

9. 施工流程。施工交底之后,就会开始正式装修,水电改造、泥工工程(包括防水)、贴砖工程、木工工程、油漆工程、成品安装等相继进行,每个项目的完成都需要进行一定的验收。在施工过程中,装修人可以随时到现场观看了解装修进度,确认所使用的材料是否与所选择的一致。下一部分详细介绍。

10. 验收整改。装修工作主体完成后,装修人需要对整个房屋的装修进行验收,包括对开关插座是否可以按启、水管的水流是否正常、墙面是否开裂、鼓包,瓷砖是否空鼓等事项进行逐一排查。如果发现存在与设计不符或质量问题,应及时向装修公司提出并要求整改,最好是采取书面方式提出。在整改完成前,一般不支付剩余款项;在整改完成后,装修人进行再次验收,直至认可为止。

11. 软装搭配。装修完成之后,装修人就可以让预订的沙发、床等可移动的家具进场,并根据装修风格来搭配窗帘、灯具及灯饰的安装,这些软装一定要与墙面、地板等相匹配,这样整体看起来才会美观协调,并显示风格。此外,装修人应进行环境检测,防止装修污染对空气造成影响、损害身体健康。

12. 后续服务。装修完成后,像墙面漆、防水等工程,都是有相应的保修期限的。如果在这段时间出现问题(人为损坏除外),装修人可以要求装修公司提供免费修复服务。装修人可以要求在合同中约定质量保证金,等保修期限到期后再支付。

在装修人将装修工程发包给包工头或由不同的工匠分项承包的情况下,很多流程可以简化,但还是应重视施工前的调查比较、沟通交流、审核确认等环节,所签订的装修合同应尽量明确、细化,此外还要重视装修完工后的验收与整改修补。

三、装修施工过程中的步骤

将装修工作发包给装修公司去完成,装修人一般也要参与装修的施工过程,到现场去观看了解装修进度，确认所使用的材料是否与所选择的一致。所以，装修人有必要了解装修施工过程中的步骤。

1. 主体拆改。进入装修施工阶段，主体拆改是最先上的一个项目，主要包括拆墙、铲墙皮、换窗等，就是先把工地的基本框架搭起来。

2. 水电改造。主体拆改后，要进行水电路改造，主要是进行水、电、燃气、排气管道等的预埋工作，水管和电线尽量选择质量较好的产品，以免增加后期的维修成本。施工时，要留意开发商预留的上水口、油烟机插座的位置，便于以后安装水槽与油烟机安装。水、电、管线隐蔽工程完成后，装修人要进行阶段性的验收。

3. 泥工工程。主要是对墙体进行重砌、防水处理等工作，对各个墙面进行平整度检查。泥工过程中，防水是最重要的环节，而且是最初始的环节，所以必须选择较好的防水涂料，确保不渗不漏。在水路改造完成之后，最好紧接着把卫生间的防水做了。厨房一般不需要做防水。并对卫生间、阳台做防水测试。如果可能，要对房子的外墙进行多重防水处理，以免外墙渗水，导致壁纸发霉或墙皮掉落。

4. 瓷砖铺贴。贴砖实际上是泥工工程的一部分，其中涉及以下三个环节的安装：一是过门石、大理石窗台的安装。过门石的安装可以和铺地砖一起完成，也可以在铺地砖之后，大理石窗台的安装一般在窗套做好之后，工人会顺手把大理石和窗套用玻璃胶封住。二是地漏的安装。地漏是家装五金件中第一个出场的，因为它要和地砖共同配合安装，所以应尽早买好地漏。三是油烟机的安装。油烟机是家电第一个出场的，厨房墙地砖铺好之后，就可以考虑安装油烟机了。安装完油烟机之后，就可以进行橱柜的测量。

5. 木工工程。主要是对房子的吊顶、各种衣柜储物柜的制作，建议选做板材的材料一定要环保，做衣柜这些家具时，一定要提前确定好尺寸。衣柜、储物柜建议到顶，避免以后积灰难以清扫。

6. 油漆工程。主要是对墙面进行腻子粉刷、乳胶漆、家具上漆等。如果准备贴壁纸，只需要在计划贴壁纸的墙面做基层处理，无须刷面漆。在涂刷油漆的时候要注意保持室内的湿度，以免造成墙壁表面有麻点或者小颗粒的现象。为保证墙面的牢固度，可以在腻子内加墙基膜，这样可以防止墙面掉粉。

7. 设备安装。包括厨卫吊顶安装、橱柜安装、木门安装、地板安、铺贴壁纸、开关插座安装、灯具安装、五金洁具安装、窗帘杆安装等。需要注意的一些细节：在厨卫吊顶的同时，最好把厨卫吸顶灯、排风扇、浴霸等同时装好；橱柜要提前预订，在上门安装的同时,一起安装好水槽(可以不包括上、下水件)和燃气灶,如果已通气,可以在燃气灶装好之后进行试气;木门要提前一个多月测量完成并预约安装,装门的同时要安装合页、门锁、地吸等五金件;地板需要提前预订,并让销售商上门测量需要安装的面积,地板安装之前最好让厂家上门勘测一下地面是否需要找平或局部找平,安装之前铺装地板的地面要清扫干净并要保证地面的干燥,地板安装后还要安装踢脚线;铺贴壁纸之前,墙面上要尽量干净,最好对地板做一下保护;开关插座、灯具、上下水管件、卫浴挂件、晾衣架、窗帘杆、抽水马桶等五金洁具要提前准备好,安装前后顺序关系不大。在安装开关插座的时候,先不要安装面板,以免墙纸施工时把开关面板刮伤。

8. 软装进场。在软装进场前,应对房屋进行一次彻底的清扫,尤其是需要放置家具的地面。家具不宜过早订购,等瓷砖铺贴后,对房屋内的尺寸比较清楚后再根据需要订购家具,选择合适的家具尺寸。家装的最后一步,已由装修转为装饰了,包括窗帘的安装都属于家居配饰环节。买窗帘,最好是在订好家具之后,以免产生风格冲突。家居配饰还包括一些绿色植物、挂墙画、摆设工艺品等。

9. 家电进场。装修人可以根据生活需要,订购空调、冰箱、彩电等家电,等装修完成后即可进场安装。需要注意的是:要预留冰箱的安放位置,避免出现预定的冰箱较大但安放位置不足的尴尬,而且新买的冰箱安放后要静置至少 1 天后才能通电,否则可能损坏;现在很多家庭不再装彩电,但要预留投影仪的投影位置,可以在需要的时候观影;安装分体式空调前,要想好外挂压缩机的安装位置,室内部分主要是钻孔与挂机的位置;如果采取家用中央空调,应提前预订并安装,在安装吊顶前应安装好管线。如果在住宅中安装地热,要在安装地板前提前埋好有关管线,所以需要在安装开始前就预订并由安装公司派人上门测量。

第二节 住宅装修中的法律适用

一、《民法典》中适用住宅装修的相关规定

对于装饰装修合同性质的认识,首先,明确其属于承揽合同,所以应适用《民法典》合同编第十七章"承揽合同"中的规范。其次,《民事案件案由规定》将装饰装修合同纠纷列于"建设工程合同纠纷"项下,所以也可以判断装饰装修合同的属性为建设工程合同,所以也可以适用《民法典》合同编第十八章"建设工程合同"

的相关规范。因建设工程合同也属于承揽合同的一种类型,所以《民法典》第808条规定:本章没有规定的,适用承揽合同的有关规定。

第十七章"承揽合同"中的规范与住宅装修的关系都比较密切。第十八章"建设工程合同"的部分规范与住宅装修有较密切的关系。

在处理装饰装修合同纠纷时,需要注意的两种特殊情况:

1. 如果出现价款支付纠纷,不宜使用工程折价或拍卖形式。一般承揽合同不适用《民法典》第807条关于承包人就工程价款优先受偿的规定。装饰装修工程一般不具备折价或者拍卖条件,因为装修工程一旦完成,装修材料就添附到房屋相关部位中,所以很难分离。如果强行分离,往往会造成价值严重受损,所以也不宜采取工程折价或拍卖形式。如果有些设施设备可以分离,如家具、沙发、电器等,可以折抵工程款。

2. 要区分主要工作与辅助工作,转包行为无效,但部分项目交由第三方定作应是有效的。实践中,即使将住宅装修工程交由装修公司承包,一些专门的项目如防盗门、防盗窗、橱柜、淋浴房、楼梯等,很多也是交给其他的专门单位或个人定作,会被认定是"辅助工作交由第三人完成"。但如果承包人将整个住宅装修工程或主要部分交给其他人去完成,会被认定是"转包",该行为无效;也可以按照《民法典》第772条第2款规定的"承揽人将其承揽的主要工作交由第三人完成的,应当就该第三人完成的工作成果向定作人负责;未经定作人同意的,定作人也可以解除合同"。

二、司法解释适用于住宅装修合同纠纷处理

《建设工程施工合同的解释(一)》主要是针对一般的建设工程施工合同纠纷。因为住宅装修工程,不需要办理规划许可证、不需要经过招标、没有专门机构进行监理、对承包人(装修施工人)没有资质的要求,所以装饰装修合同纠纷只能部分适用该司法解释的相关条款进行处理。

需要特别说明的是,一般的建设工程施工项目,对承包人的建设资质会有要求,如果承包人未取得建筑业企业资质或者超越资质等级、没有资质的实际施工人借用有资质的建筑施工企业名义等,其所涉的建设工程施工合同会被认定无效;但在住宅装修中,发包人对承包人(装修施工人)一般没有装修资质的要求,实践中很多住宅装修是承包给自然人(俗称包工头)的,所以很少发生承包人缺少装修资质而导致住宅装饰装修合同被认定为无效的情况,但对于未经装修人同意的

转包行为一般会被认定为无效。

重庆市高级人民法院、四川省高级人民法院联合发布的《关于审理建设工程施工合同纠纷案件若干问题的解答》中对"装饰装修合同的承包人不具备相应的施工资质是否影响合同效力?"问题的解答:装饰装修工程可以分为工业装饰装修工程和家庭居室装饰装修工程。工业装饰装修工程的承包人应当具备相应的施工资质,不具备相应的施工资质或者超越资质等级所签订的装饰装修合同应当认定为无效。家庭居室装饰装修工程的承包人不具备相应的施工资质的,不影响装饰装修合同的效力,但装修活动涉及变动建筑主体和承重结构,或者法律、法规要求承包人应具备相应施工资质的除外。通常情形下,家庭居室装饰装修工程的装修对象应为住宅用房,商服用房、办公用房等非住宅用房的装修不属于家庭居室装饰装修工程。家庭居室装饰装修工程主体应为业主或者住宅使用人,建设单位为进行成品房销售而实施的批量住宅装修一般不属于家庭居室装饰装修工程。

三、法律法规中关于住宅装修的规范

《建筑法》中与住宅装修直接相关的规范只有两条:

第四十九条　涉及建筑主体和承重结构变动的装修工程,建设单位应当在施工前委托原设计单位或者具有相应资质条件的设计单位提出设计方案;没有设计方案的,不得施工。

第七十条　违反本法规定,涉及建筑主体或者承重结构变动的装修工程擅自施工的,责令改正,处以罚款;造成损失的,承担赔偿责任;构成犯罪的,依法追究刑事责任。

2019年国务院令第714号发布的《建设工程质量管理条例》的相关规定适用于装修工程。该条例第2条第2款规定:本条例所称建设工程,是指土木工程、建筑工程、线路管道和设备安装工程及装修工程。

第四章"施工单位的质量责任和义务"也适用于对承包人(装修施工人)的要求,如第28条规定:施工单位必须按照工程设计图纸和施工技术标准施工,不得擅自修改工程设计,不得偷工减料。施工单位在施工过程中发现设计文件和图纸有差错的,应当及时提出意见和建议。

第六章"建设工程质量保修"第40条规定:在正常使用条件下,建设工程的最低保修期限为:(1)基础设施工程、房屋建筑的地基基础工程和主体结构工程,为设计文件规定的该工程的合理使用年限;(2)屋面防水工程、有防水要求的卫生

间、房间和外墙面的防渗漏,为5年;(3)供热与供冷系统,为2个采暖期、供冷期;(4)电气管线、给排水管道、设备安装和装修工程,为2年。其他项目的保修期限由发包方与承包方约定。建设工程的保修期,自竣工验收合格之日起计算。第41条规定:建设工程在保修范围和保修期限内发生质量问题的,施工单位应当履行保修义务,并对造成的损失承担赔偿责任。

住宅装修周期长、金额高、争议多,一直是消费投诉的热点、难点。为此,消费者权益保护法律法规中也有关于住宅装修的规范。《消费者权益保护法》将装饰装修也纳入受该法保护的"服务"范围,在第23条规定:经营者提供的机动车、计算机、电视机、电冰箱、空调器、洗衣机等耐用商品或者装饰装修等服务,消费者自接受商品或者服务之日起6个月内发现瑕疵,发生争议的,由经营者承担有关瑕疵的举证责任。

在各地制定的关于消费者权益保护的地方性法规中也有一些专门关于住宅装修的条款规定。

《浙江省实施〈中华人民共和国消费者权益保护法〉办法》(2017年修订)第21条规定:住宅装修经营者应当与消费者订立书面合同,明确施工期限、施工质量、施工费用、质量保证方式、违约责任等内容;由经营者提供装修材料的,应当书面约定材料的名称、品牌、规格、型号、等级和价格等。

《四川省消费者权益保护条例》(2007年修订)第37条规定:从事家庭装饰装修业的经营者,应当与消费者以书面合同的形式约定装饰、装修内容,明确相互权利与义务。因经营者违反合同约定,消费者要求重作、返工的,应当重作、返工,并由经营者承担全部费用;造成工期延期的,应当承担违约责任。经营者对装饰、装修工程,应当自工程竣工验收交付之日起两年内予以免费保修。

《江苏省消费者权益保护条例》(2017年制定)第39条规定:从事住宅装饰装修的经营者,应当与消费者订立书面合同,约定装饰装修工程的项目、施工方案、标准、期限、质量、价格、室内环境检测指标、保修内容、保修期限、质量要求和质量验收方式、施工安全责任、违约责任等内容;经营者提供装饰装修材料的,还应当书面约定材料的名称、规格、价格、环保和安全指标、等级等,材料应当经消费者验收、认可。从事住宅装饰装修的经营者,应当保证质量,不得偷工减料。提供的装饰装修材料应当符合国家规定的环保要求。因经营者的原因需要返工、重作的,经营者应当免费返工、重作。装饰装修工程的质保期限自工程竣工验收合格之日起不少于2年,有防水要求的厨房、卫生间和外墙面等部位的防渗漏质保期限不少于5年。质保期限内因维修产生的费用由经营者承担。

四、部门规章中关于住宅装修的规范

2002年3月建设部令第110号发布的部门规章《住宅室内装饰装修管理办法》是一部专门规范住宅装修的规范性文件,2011年1月住房和城乡建设部令第9号对该办法进行了修改。下面择要予以说明,具体在本章第四节中分别予以说明。

在第一章"总则"中第2条明确规定:本办法所称住宅室内装饰装修,是指住宅竣工验收合格后,业主或者住宅使用人(以下简称装修人)对住宅室内进行装饰装修的建筑活动。

在第二章"一般规定"中第5条规定了装修人影响建筑结构和使用安全的禁止行为;第6条规定了未经批准装修人不得有的行为;第10条规定:装饰装修企业必须按照工程建设强制性标准和其他技术标准施工,不得偷工减料,确保装饰装修工程质量。

在第三章"开工申报与监督"中第13条规定:装修人在住宅室内装饰装修工程开工前,应当向物业管理企业或者房屋管理机构(以下简称物业管理单位)申报登记。非业主的住宅使用人对住宅室内进行装饰装修,应当取得业主的书面同意。

在第四章"委托与承接"中第22条规定:承接住宅室内装饰装修工程的装饰装修企业,必须经建设行政主管部门资质审查,取得相应的建筑业企业资质证书,并在其资质等级许可的范围内承揽工程。第23条规定:装修人委托企业承接其装饰装修工程的,应当选择具有相应资质等级的装饰装修企业。

在第五章"室内环境质量"中第26条规定:装饰装修企业从事住宅室内装饰装修活动,应当严格遵守规定的装饰装修施工时间,降低施工噪音,减少环境污染。第29条规定:装修人委托企业对住宅室内进行装饰装修的,装饰装修工程竣工后,空气质量应当符合国家有关标准。装修人可以委托有资格的检测单位对空气质量进行检测。检测不合格的,装饰装修企业应当返工,并由责任人承担相应损失。

在第六章"竣工验收与保修"中第30条规定:住宅室内装饰装修工程竣工后,装修人应当按照工程设计合同约定和相应的质量标准进行验收。验收合格后,装饰装修企业应当出具住宅室内装饰装修质量保修书。

《建筑工程施工许可管理办法》第 2 条规定：工程投资额在 30 万元以下或者建筑面积在 300 平方米以下的建筑工程，可以不申请办理施工许可证。在《住宅室内装饰装修管理办法》第 44 条中也有类似规定。但在实践中，很少有住宅装修工程申请办理施工许可证。

第三节　住宅装修合同的签订

一、使用装饰装修施工合同示范文本

《民法典》第 789 条规定：建设工程合同应当采用书面形式。第 795 条规定：施工合同的内容一般包括工程范围、建设工期、中间交工工程的开工和竣工时间、工程质量、工程造价、技术资料交付时间、材料和设备供应责任、拨款和结算、竣工验收、质量保修范围和质量保证期、相互协作等条款。

《住宅室内装饰装修管理办法》第 24 条规定：装修人与装饰装修企业应当签订住宅室内装饰装修书面合同，明确双方的权利和义务。住宅室内装饰装修合同应当包括下列主要内容：(1)委托人和被委托人的姓名或者单位名称、住所地址、联系电话；(2)住宅室内装饰装修的房屋间数、建筑面积，装饰装修的项目、方式、规格、质量要求以及质量验收方式；(3)装饰装修工程的开工、竣工时间；(4)装饰装修工程保修的内容、期限；(5)装饰装修工程价格，计价和支付方式、时间；(6)合同变更和解除的条件；(7)违约责任及解决纠纷的途径；(8)合同的生效时间；(9)双方认为需要明确的其他条款。

各地住房和城乡建设部门制定了一些装饰装修施工合同示范文本。本书以 2021 年 7 月浙江省市场监督管理局、浙江省消费者权益保护委员会、浙江省建筑装饰行业协会联合发布的《浙江省家庭居室装饰装修施工合同(示范文本)》为例进行说明，该合同文本是在《民法典》实施后制定，所以写法相对较新，可供借鉴。

因篇幅所限，《浙江省家庭居室装饰装修施工合同(示范文本)》具体内容略。下面提醒装修人在签约时需要注意的一些重点内容：

1. 签约前，发包方(甲方)应查验承包方(乙方)的企业法人营业执照，乙方应为经市场监督管理部门核准登记的企业，合同应加盖与企业法人营业执照一致的公章或合同专用章，合同中需要写明乙方的统一社会信用代码。在协议中最前面"合同当事人"下要明确"现场施工负责人"与联系方式。

2. 在第 1 条"工程概况和造价"中要明确"装饰施工地址"与"住宅结构",在第 4 项"装饰施工内容"中应正确、扼要说明主要工序。具体内容可以列于附件一《装饰施工内容表》。

3. 要在第 1 条第 5 项中明确"工程承包方式",双方在以下承包方式中选择其一:(1)乙方包工、包料;(2)乙方包工、部分包料,甲方提供部分材料;(3)乙方包工、甲方包料;(4)乙方以每平方米____元单价包干。如果乙方提供材料,要在附件四《工程主材报价单》中写明;如果甲方也提供材料与设备,要在附件三《甲方提供材料、设备表》中予以明确。乙方提供的材料、设备,应提前通知甲方验收。未经甲方验收及不符合工程报价单要求的,不能使用。

4. 第 1 条第 6 项中的"合同总价款"是预算造价,而且是含税价款。该价款应是双方对设计方案、工程价格确认后的金额。竣工结算总价的增减幅度在没有项目变更时不应超过合同总价款的5%。经双方约定增项后的结算总价不应超出原合同价的10%。乙方应在合同报价中列出详细的应收费项目与收费标准。双方依照设计施工图纸合理确定工程预算造价,可结合当地实际情况考虑人工幅度差,具体见附件二《工程预算清单》。合同签订生效后,如甲方确认变更施工内容、变更材料,该部分的变更价应当按实计算。

5. 要明确施工工期。装修施工过程中拖工期是很常见的现象,所以要在合同中明确工程逾期交付的违约责任。工期的写法是:工程开工日期____年____月____日,竣工日期____年____月____日,总工期____天。

6. 第 3 条"施工图纸"中,双方可以约定施工图纸的提供方式:甲方自行设计并提供施工图纸,或甲方委托乙方设计施工图纸。如果委托装修公司,一般不再另外收取设计费用。如果甲方委托其他单位设计,要向施工单位进行设计交底、处理有关设计问题和参加竣工验收。施工图纸一式二份,双方各一份,作为以后验收的主要依据。

7. 第 12 条"工程款支付方式"中要明确付款时间与方式。装修一般是采取分期支付的方式。

8. 装修人需要特别注意的是,工程款应交入协议约定的乙方公司账户或乙方加盖公章形式出具的书面指定的收款账户。实践中,有些装修人将款项直接转账或用网上支付方式交付给乙方的项目经理或现场施工负责人,这样的做法不仅不规范,而且存在很大的隐患,容易产生纠纷。一旦产生纠纷,乙方可能不会承认收到过该款项。甲方按约付款,乙方应向甲方开具并提供税务统一发票,需要在协议第12条第6项中明确是先付款后开票,还是先开票后付款。

9. 工程验收合格后,乙方应向甲方提出工程款结算单。如果甲方接到工程款结算单后觉得有异议,应及时向乙方提出异议。具体见附件八《工程结算单(决算)》。请注意协议中第12条第3项的约定:工程验收合格后,乙方应向甲方提出工程款结算单,甲方收到工程款结算单后____日内既未提出异议也未予确认的,乙方应再次催告甲方确认,甲方接到催告后____日内仍未提出异议,即视为同意,并向乙方结清工程余款。

10. 第13条"违约责任"应是双方都要特别注意的,并适当填写。作为装修人来说,要重点关注以下三点承包人可能违约的情况:(1)因乙方原因致使工程质量不符合约定的,甲方有权要求乙方在合理期限内无偿修理或者返工。经过修理或者返工后,造成逾期交付的,乙方应当承担违约责任。(2)因乙方原因造成工程逾期交付的,每逾期1天,乙方应承担违约责任,违约金可以按每天____元计算,也可以合同总价款的一定比例计算(一般不少于每日0.5‰)。逾期超过一定时间(如30天以上),甲方有权要求解除合同。(3)乙方提供的材料、设备是假冒伪劣产品的,应按材料、设备价款的双倍赔偿甲方。装修人也要遵守合同约定,常见的违约情况:甲方未按合同约定时间付款的,不仅工期顺延,而且要支付违约金;未按约定对隐蔽工程、竣工工程进行验收,乙方可以顺延工程竣工和交付日期,并有权要求赔偿停工、窝工等损失;工程未办理验收、结算手续,甲方提前使用或擅自入住,由此造成无法验收并产生损失的,由甲方负责。

11. 除了合同正文以外,双方当事人尤其要重视合同附件,往往主要内容是在附件中。合同附件上均应有甲乙双方的签名及具体签署日期。需要说明的是,该示范文本特别强调:签订合同前,乙方应至少提前3天,向甲方提供拟签合同文本及合同附件一至附件四,确保甲方能详细阅读了解合同条款。

合同附件有:

附件一:《装饰施工内容表》;

附件二:《工程预算清单》;

附件三:《甲方提供材料、设备表》;

附件四:《工程主材报价单》;

附件五:《工程项目变更单》;

附件六:《工程质量验收单》;

附件七:《工程保修单》;

附件八:《工程结算单(决算)》。

二、签订相对简单的装修承揽合同

《民法典》第771条规定:承揽合同的内容一般包括承揽的标的、数量、质量、报酬、承揽方式,材料的提供,履行期限,验收标准和方法等条款。

在住宅装修中,如果是将装修工程发包给装修公司,建议采用以上的《浙江省家庭居室装饰装修施工合同(示范文本)》,该合同示范文本比较全面,规定的内容也对消费者相对比较有利。但如果将装修工程发包给自然人(包工头),或分项发包给不同的工匠采取包工不包料的方式,可以采用内容相对简单的装修承揽合同,附件也可以部分省略。以下是本书提供的一份装修承揽合同参考文本。

装修承揽合同(参考文本)

委托方(甲方):_____

承揽方(乙方):_____

(自然人要写明姓名、身份证号码、联系方式等内容)

根据《民法典》、《消费者权益保护法》以及有关法律、法规规定的原则,结合本项目的具体情况,双方经友好协商同意,就乙方承揽甲方的住宅装饰装修工程事宜订立本合同并共同遵守。

一、工程概况

(一)装修的住宅系甲方合法所有。甲方承诺有权对该住宅进行装饰,否则由此而产生的一切后果由甲方承担。

(二)施工地址:_____市_____区(县)_____街道____小区____幢____号(单元)____楼____室。

(三)住宅结构:房型____,建筑面积____平方米,套内施工面积____平方米。(按照不动产登记证书填写)

(四)施工内容:可以在合同中简明、清楚地说明主要工序。或采取附件方式,在《装饰施工内容表》中注明。

二、工程承包方式

双方商定采取下列第____种承包方式：

1. 乙方包工、包料；

2. 乙方包工、包部分辅料,甲方提供装修主要材料；

3. 乙方包工、甲方包料；

4. 乙方以每平方米____元单价包干方式。

三、施工图纸(如果没有施工图纸,本条可以不写)

双方商定施工图采取下列第____种方式提供：

1. 甲方请人设计并提供施工图纸,在约定的开工日期前____天内提供；甲方协调设计单位向乙方进行设计交底、交流并参加竣工验收。

2. 甲方委托乙方找人设计施工图纸,设计费(大写)_____元,由甲方支付(此费用不在工程价款内)。(也可以约定设计费用包括在工程价款内,乙方不再收取设计费用)

施工图纸一式二份,甲乙双方各持一份,作为本合同的附件。

四、工程款项

(一)双方约定并依照设计施工图纸合理确定工程预算造价,可结合当地实际情况考虑人工幅度差,具体见乙方提供的合同附件《工程预算表》。

(二)工程款(含税)总价款:____元(大写:_____元)。

合同总价款是双方对设计方案、工程价格确认后的金额。在没有项目变更时,实际结算价格增减幅度不应超过合同总价款的10%。

合同签订生效后,如甲方确认变更施工内容、变更材料,该部分的变更价应当按实计算。

(三)甲方应按约及时付款,甲方支付每笔费用后____日内,乙方向甲方开具正规的增值税普通发票。(也可以合在一起开一张发票；如果甲方不需要发票,可以要求乙方出具收条)

五、工程款支付方式

(一)工程款分期支付,分别为:_____。(可以适当修改,如装修后一次性支付；如果有定金,可以单列定金条款)

1. 合同签订后____天内(或开工前____天),甲方先支付工程款的____%,人民币(大写):____元；

2.工程过半、油漆工进场前,甲方再支付工程款的____%,人民币(大写):_____元;

3.施工完成、竣工验收后____天内,甲方再支付工程款的____%,人民币(大写):_____元;

4.剩余的工程款项____元作为质量保证金,竣工验收后1年内,如果没有质量问题,甲方全部支付。(如果乙方不同意,可能要删除)

(二)工程验收合格后,乙方应向甲方提出工程款结算单,结算时以双方确认的实际工程量为准。

(三)甲方接到工程款结算单后____天内既未提出异议也未予确认的,乙方应再次催告甲方确认,甲方接到催告后____天内仍未提出异议,即视为同意,并向乙方结清工程余款。

(四)工程款支付到乙方指定的以下账户:(如果乙方是自然人,可以支付到其个人账户中)

开户行:_____。

账　号:_____。

户　名:_____。

六、施工时间

(一)工程开工日期_____年____月____日,竣工日期_____年____月____日,总工期____天。

(二)施工期间如果因为疫情或特殊天气原因,导致无法正常施工,工程时间顺延。

(三)施工期间如果因为甲方提出变更施工内容或未及时提供装修材料等原因而造成待工,工程时间顺延。

七、开工前的准备

开工前双方共同检查房屋内的水、电、电视、电话、网络、下水管道等线路是否畅通;墙体、窗台有无渗水漏水;室内物品是否完好。要做好相关的现场记录,双方签字认可后,甲乙双方各持一份。

八、甲方的主要工作

(一)开工前____天,为乙方入场施工提供条件,包括搬清室内家具、陈设或将室内不易搬动的家具、陈设归堆、遮盖,并做好保护措施,以不影响施工为原则。

（二）如果需要办理施工许可证，由甲方负责办理。

（三）向小区物业管理部门报备或向有关部门申报登记。办理施工手续及施工人员出入证手续，并支付有关费用。但应当由乙方自行办理的手续除外。

（四）将小区物业管理部门关于居室装饰装修的有关规定告知乙方，并由乙方现场负责人签字确认。

（五）甲方应将进入房屋的相关钥匙交乙方保管，工程交付时由乙方及时退回给甲方。

（六）提供符合施工要求的水源、电源等必备条件。

（七）协助协调因施工而发生的与周围邻居及相关管理机构之间的关系。

（八）不得要求乙方拆动室内承重结构。如需要拆改原建筑的非承重结构、燃气管道、设备管线等，负责到有关部门办理相应的审批手续。

（九）应及时提供应由甲方提供的装修材料、设备。（可以附件形式列明）

（十）参与工程质量和施工进度的监督，负责对乙方采购的材料进场验收、工程主要节点验收和工程竣工验收。

（十一）按约定支付工程款和结算工程款。

九、乙方的主要工作

（一）与设计单位进行设计交底并交流，对施工图纸不清楚之处要及时向甲方提出建议，拟订施工方案和计划交甲方审定确认。

（二）乙方指派为现场施工负责人，负责本合同的履行。（如果乙方是自然人，一般即为现场施工负责人，可以不写）

（三）乙方应提供相应的装修材料。（可以附件形式列明，应写明材料的名称、规格、等级、价格等）

（四）施工中严格执行安全施工规范、防火规定、施工规范及质量标准，按期保质完成工程。

（五）保护好已有保护措施的室内家具、陈设。不得随意更改燃气管道、水表前管道和电表前管线。保证居室内上、下水管道的通畅。

（六）未经甲方同意或有关部门批准，不得随意拆改原建筑物结构及各种设备管线。

（七）严格执行有关施工现场管理的规定，不得扰民及污染环境。保证施工现场的整洁，工程完工后负责清扫施工现场。

（八）因工程施工而产生的垃圾，由乙方负责运出施工现场，并负责将垃圾运到小区物业管理部门指定的地点，清运费用由____方承担。

（九）对于施工过程中的有关事项(如材料的进场、隐蔽工程的验收、竣工验收等)需要甲方确认的，应当及时通知甲方并给予其必要的准备时间。

（十）工程竣工未移交甲方之前，负责对现场的设施和工程成品进行保护。

（十一）对于竣工验收中发现的问题，应及时进行返工、重作。

十、工程验收和标准

（一）按照合同约定的质量要求，施工图纸作为验收标准。

（二）水、电、管线隐蔽工程完成后，乙方应及时通知甲方进行验收。

（三）工程竣工后，乙方应通知甲方及时组织验收。验收通过的，双方办理验收移交手续；如果验收不通过，甲方有权拒收，乙方承担返工及延期交付的责任；如果工程未经验收，甲方就入住，视为验收合格。

（四）工程保修期按照有关法律法规的规定，自竣工验收合格双方签字之日起。乙方对装修部位应至少在1年内予以保修。在保修期内发生问题，除因甲方使用或保管不当等原因而造成质量问题的以外，由乙方负责修复。

（五）对短期检验难以发现质量缺陷的项目，由双方另外协商解决办法。保修期至少为1年。

十一、违约责任

（一）甲方未按合同约定付款的，每逾期1天，按逾期未付款的____%支付违约金。

（二）由于乙方原因逾期竣工的，每逾期1天，乙方按甲方已付款的____%向甲方支付违约金。

（三）甲方未办理有关手续，强行要求乙方拆改原有建筑承重结构及共用设备管线，由此发生的损失或事故(包括罚款)由甲方负责并担责任。

（四）乙方擅自拆改原有建筑承重结构或共用设备管线，由此发生的损失或事故(包括罚款)，由乙方负责并承担责任。

（五）甲方提供的材料、设备不合格而影响工程质量，其返工费用由甲方承担，工期顺延。

（六）甲方采购供应的装饰材料、设备，均应用于本合同约定的住宅装饰，未经甲方同意，乙方不得挪作他用。如乙方擅自挪作他用，按挪用材料、设备价款的双倍补偿给甲方。

（七）乙方提供的材料、设备是假冒伪劣产品的，应按材料、设备价款的双倍赔偿甲方。

（八）因乙方的原因造成装修工程存在质量问题或装修材料不合格，乙方应当免费返工、重作，并赔偿因此给甲方造成的损失。经过修理或者返工后，造成逾期交付的，乙方应当承担违约责任。

十二、合同争议的解决方式

如果因合同履行发生纠纷，双方可以协商或者调解解决。如果协商、调解不成，任何一方可以向房屋所在地的人民法院向法院提起诉讼。

十三、其他

（一）本合同一式两份，甲、乙双方各执一份，自双方签字、盖字后生效。合同附件为本合同的组成部分，具有同等的法律效力。

（二）本合同签订后，乙方不得将本装修工程进行转包。如果擅自转包，甲方有权提前解除合同，因此造成的损失由乙方自行承担。如果乙方需要定作部分项目，应事先得到甲方的同意。

（三）因乙方原因在施工过程中造成的人身伤害事故，由乙方自行负责。

（四）本合同签订后，若双方需要修改内容，经协商一致后，可签订补充协议。

甲方(签章)：

乙方(签章)：

签订日期：＿＿＿＿＿＿＿年＿＿＿月＿＿＿日

（合同附件可以采取表格形式，附件上均应有甲、乙双方的签名及具体签署日期。具体内容略）

三、签订定作合同时的注意事项

除了签订装修合同以外，在住宅装修时可能还要签订一些定作合同。在装修中，必然有部分项目是需要定作的，差异无非承包人去定作还是装修人自己去定作。如淋浴房，一般由卫浴加工企业专门制作；厨房的橱柜，一般也需要专门定制；家具可以由木工制作，但木门、衣柜移门等需要定作。定作人(承包人或装修人)与承揽人之间构成承揽关系，但一般不会签订内容详细的定作合同，通常的做法是：承揽人开张订货单，上面写清楚产品名称、规格、颜色、价格等内容，并要求定作人支付一定数额的定金。需要提醒装修人的是：很多定作项目是需要丈量尺寸的，自己丈量的数据不一定准确而且不全，最好是让承揽人派人来上门丈量尺寸，一旦发生尺寸不符合、无法安装的情况，装修人可以要求退货、重作。

如果是合同涉及的金额较大，最好要签订书面形式的定作合同。定作合同也是承揽合同的一种，所以应适用《民法典》对"承揽合同"的相关规范。

本书提供一份比较简单的定作合同参考文本，供读者参考。

定作合同（参考文本）

定作人（甲方）：

承揽人（乙方）：

（自然人要写明姓名、身份证号码、手机号等内容）

甲方委托乙方加工制作，经双方协商订立本合同：

一、加工产品的基本情况

（一）加工产品的要求：如尺寸大小、规格、颜色、所用材料等；

（二）加工产品的数量：如几台、几套，有些需要分别明确要求；

（三）加工产品的质量：可以简单描述；

（四）其他要求：＿＿＿＿＿＿。

二、定作方式

双方可以协商定作的方式，如包工包料、包工部分包料、包工不包料等方式。如果由承揽人部分包料，应明确包料的范围。

三、材料的提供

（一）应明确材料的名称、规格、等级、数量、质量等；

（二）材料由乙方提供（也可以由甲方提供；如果由乙方提供原材料，甲方可以要求进行检验）；

（三）如果是甲方提供材料，应明确提供的时间。

四、技术资料、图纸（如果没有图纸，本条可以不写）

（一）如果甲方提供技术资料、图纸，应明确提供的时间；

（二）如果甲方委托乙方设计，应明确是否单付设计费用；

（三）技术资料、图纸应作为合同附件，并用作验收的标准；

（四）如果甲方要求保密，乙方应当严格遵守，未经甲方许可不得留存复制品或者技术资料、图纸。

五、价款（或报酬）及支付方式

（一）可以明确价款或报酬的总额或计算方式，注意要用大小写；

（二）如果有变化，可以按照工程完成后的结算单计算价款；

（三）如果分期支付，应明确每期支付的时间与数额，有些是采取预付一些款项的方式，如果没有明确是定金，应作为预付款；

（四）定作付款的通常做法是先付部分定金，交付时一次性付清余款，定金一般是抵作价款；如果需要甲方交付定金，应明确定金的数额与支付时间；需要注意的是：定金不得超过主合同标的额的20%，超过部分不产生定金的效力；

（五）明确是否开具发票或收据，一般是付款的同时开发票。

六、交付的时间和地点

（一）应明确交付的时间，应明确如果延期如何处理；

（二）应明确交付的地点，如是否要上门安装。

七、验收标准和方法

（一）按照合同约定的质量要求、图纸和样品作为验收标准；

（二）验收方法一般是表面查看。对短期检验难以发现质量缺陷的定作物或项目，应当由双方协商，在合同中约定保修期限；

（三）保修期限内发生问题，除甲方使用、保管不当等原因而造成质量问题的以外，应由乙方负责修复或退换。

八、违约责任

（一）甲方的主要违约情况是逾期付款与提供材料不符合要求；

（二）乙方的主要违约情况是逾期交付、数量不足、加工产品存在质量问题或提供材料不符合要求(包括不合格)。

需要注意：《民法典》第783条规定，定作人未向承揽人支付报酬或者材料费等价款的，承揽人对完成的工作成果享有留置权或者有权拒绝交付，但是当事人另有约定的除外。

> 九、合同解除条件
>
> 需要注意:《民法典》第787条规定,定作人在承揽人完成工作前可以随时解除合同,造成承揽人损失的,应当赔偿损失。
>
> 十、自行约定的内容
>
> 有些内容可以根据加工产品的具体情况自行约定,如包装要求及费用负担、运输办法及费用负担等。
>
> 十一、其他(合同的生效、纠纷的处理、合同的附件等)
>
> (最后是签字、盖章部分与附件,具体内容略)

第四节　住宅装修过程中的注意事项

一、装修前及时告知物业服务企业

《民法典》第945条第1款规定:业主装饰装修房屋的,应当事先告知物业服务人,遵守物业服务人提示的合理注意事项,并配合其进行必要的现场检查。

《物业管理条例》第52条也有类似规定:业主需要装饰装修房屋的,应当事先告知物业服务企业。物业服务企业应当将房屋装饰装修中的禁止行为和注意事项告知业主。第45条规定:对物业管理区域内违反有关治安、环保、物业装饰装修和使用等方面法律、法规规定的行为,物业服务企业应当制止,并及时向有关行政管理部门报告。有关行政管理部门在接到物业服务企业的报告后,应当依法对违法行为予以制止或者依法处理。

可见,在住宅装修时,业主要处理好与物业服务企业的关系,主要是装修前要及时告知。

对此,《住宅室内装饰装修管理办法》第三章"开工申报与监督"中有比较详细的规范,如第13条规定:装修人在住宅室内装饰装修工程开工前,应当向物业管理企业或者房屋管理机构申报登记。第14条规定了申报登记应当提交的材料,但在实践中很少落实,一般是物业服务企业将业主提供的相关情况进行登记。

在实践中,装修过程中的投诉很多是由装修施工人引起的,如在中午休息时开响声很大的电锯、进行钻孔,影响周围邻居的休息引起投诉;将建筑垃圾放在楼道影响通行或随意放置在楼下的过道;等等。发生这种情况,物业服务企业应及时联系业主,让业主告知承包人、装修施工人要注意的事项,也可以到现场检查进行制止。总之,业主与物业服务企业在装修过程中要互相配合,业主要提前告知、物业服务企业要及时提醒,使得装修工作顺利进行。

二、处理好与其他业主的相邻关系

业主与业主之间的关系主要是相邻关系,所以装修过程中产生的纠纷应适用《民法典》物权编第七章"相邻关系"的相关规范,尤其是第288条规定:不动产的相邻权利人应当按照有利生产、方便生活、团结互助、公平合理的原则,正确处理相邻关系。

在实践中,常见的与装修相关的相邻关系纠纷有:将共同过道的一部分擅自占为己用,装修后包起来成为专有部分;改变卫生间的设置,将卫生间设在他人的厨房或卧室之上;将没有防水要求的房间或阳台改为卫生间、厨房;将地面的一部分打薄,扩大层高,可能会造成渗漏的风险;擅自封闭阳台或搭建阳光房;将空调外挂机设在靠近邻居的窗户的位置;等等。

《住宅室内装饰装修管理办法》第15条第2款规定:装修人对住宅进行装饰装修前,应当告知邻里。在装修过程中,必然会对其周围及楼上、楼下的住户产生一定的影响,尤其是噪声扰民与建筑垃圾堵塞通道等方面的影响。所以,建议装修人在装修前以书面方式告知周围邻居,可以在单元入口处贴告示的方式,说明情况,获得周围邻居的谅解,并留下联系方式。如果有周围邻居投诉,应及时处理,必要时可以对承包人、装修施工人提出注意事项,或要求暂停施工。如果觉得周围邻居的要求不合理,可以请物业服务企业或业主委员会出面进行调解,尽量避免与周围邻居发生直接冲突。

需要注意的是,《住宅室内装饰装修管理办法》第11条规定:装饰装修企业从事住宅室内装饰装修活动,应当遵守施工安全操作规程,按照规定采取必要的安全防护和消防措施,不得擅自动用明火和进行焊接作业,保证作业人员和周围住房及财产的安全。第12条规定:装修人和装饰装修企业从事住宅室内装饰装修活动,不得侵占公共空间,不得损害公共部位和设施。

三、住宅装修与房屋结构改造的关系

在住宅装修中,最常见的问题是房屋结构改造,可能会出现房屋质量与安全问题。所以,装修人需要对房屋结构改造予以特别重视。

《建筑法》第49条对此有专门规定：涉及建筑主体和承重结构变动的装修工程，建设单位应当在施工前委托原设计单位或者具有相应资质条件的设计单位提出设计方案；没有设计方案的，不得施工。

住宅装修一般不会涉及建筑主体变动，但可能会涉及承重结构变动。有些业主认为房屋所有权既然是属于自己的，自己就可以任意处置，所以在不清楚是否是承重墙、柱的情况下，就很随意地让装修施工人员打掉部分墙面或柱、进行结构改造。这样做显然会破坏结构，严重的话会造成安全问题。如果有周围邻居因此投诉，可能会被"责令改正，处以罚款"；"造成损失的，承担赔偿责任"，造成安全事故的，可能会被追究刑事责任。所以，在装修时，尽量不要去动屋内的柱子（一般是承重柱），在不清楚墙面是不是承重墙的情况下，也可以试着敲下一小部分，如果是空心砖砌成，应不是承重墙，如果是混凝土浇筑而成，一般是承重墙，不能破坏。此外，配重墙一般也不能进行破坏。如果确有改变结构的需要，也要在施工前委托原设计单位或者具有相应资质条件的设计单位提出设计方案，根据设计方案进行改造。没有设计方案的，不得擅自施工。

《住宅室内装饰装修管理办法》对此有详细的规范。该办法第5条规定：住宅室内装饰装修活动，禁止下列行为：(1)未经原设计单位或者具有相应资质等级的设计单位提出设计方案，变动建筑主体和承重结构；(2)将没有防水要求的房间或者阳台改为卫生间、厨房间；(3)扩大承重墙上原有的门窗尺寸，拆除连接阳台的砖、混凝土墙体；(4)损坏房屋原有节能设施，降低节能效果；(5)其他影响建筑结构和使用安全的行为。本办法所称建筑主体，是指建筑实体的结构构造，包括屋盖、楼盖、梁、柱、支撑、墙体、连接接点和基础等。本办法所称承重结构，是指直接将本身自重与各种外加作用力系地传递给基础地基的主要结构构件和其连接接点，包括承重墙体、立杆、柱、框架柱、支墩、楼板、梁、屋架、悬索等。

第6条规定：装修人从事住宅室内装饰装修活动，未经批准，不得有下列行为：(1)搭建建筑物、构筑物；(2)改变住宅外立面，在非承重外墙上开门、窗；(3)拆改供暖管道和设施；(4)拆改燃气管道和设施。本条所列第1项、第2项行为，应当经城市规划行政主管部门批准；第3项行为，应当经供暖管理单位批准；第4项行为应当经燃气管理单位批准。

第7条规定：住宅室内装饰装修超过设计标准或者规范增加楼面荷载的，应当经原设计单位或者具有相应资质等级的设计单位提出设计方案。

第8条规定：改动卫生间、厨房间防水层的，应当按照防水标准制订施工方案,并做闭水试验。

第9条规定:装修人经原设计单位或者具有相应资质等级的设计单位提出设计方案变动建筑主体和承重结构的,或者装修活动涉及本办法第6条、第7条、第8条内容的,必须委托具有相应资质的装饰装修企业承担。

需要注意的是,《浙江省家庭居室装饰装修施工合同(示范文本)》第13条"违约责任"中的两项约定,与房屋结构有密切关系,可以区分甲方(发包人)与乙方(承包人)的责任:乙方擅自拆改房屋承重结构或共用管线和设施,由此发生的损失或事故(包括罚款),由乙方负责并承担责任。甲方未办理有关手续,强行要求乙方拆改原有房屋承重结构或共用管线和设施,乙方应拒绝施工。乙方未拒绝施工而发生损失或事故(包括罚款)的,乙方应承担连带责任。

2023年5月,发生黑龙江省哈尔滨市租户装修私拆承重墙、广东省肇庆四会市业主在未取得施工许可的情况下打穿墙体等事件,引发社会关注。为了遏制城市房屋室内装饰装修违法违规行为,提高相关人员和责任主体对房屋装饰装修的法律意识和安全意识,保障装饰装修质量安全和居住安全,住房和城乡建设部于2023年6月发布了《关于进一步加强城市房屋室内装饰装修安全管理的通知》,进一步明确装修活动中涉及各方和各相关部门的责任。如强化装修人责任。要求房屋所有人、使用人签订装饰装修管理服务协议,禁止有影响建筑主体和承重结构的行为。装修人及装饰装修企业要承担因违法违规装饰装修造成的整改拆除和恢复工程等相关费用。同时,加强装饰装修企业管理。装饰装修企业要严格按照工程建设强制性标准和其他技术标准施工,确保人员和房屋安全。不得超越资质等级承揽业务。对存在擅自施工变动建筑主体和承重结构等行为的,将视情节给予罚款、停业整顿、吊销资质证书等处罚,并记入企业信用档案,同时依法处罚负有责任的相关从业人员。

四、装修中的物资材料采购

在装修过程中,很让装修人纠结的是装修材料的选购。如果采取包工包料方式,装修人可以省下很多购买材料的时间与精力,而且团购的价格比市场上的价格可能更优惠,但有些装修公司可能会以次充好,甚至使用不合格产品,让装修人既花大钱又很恼火,等发现问题后又很难修补了。所以,笔者采取包工包料方式,建议在装修合同中写清楚装修材料的品牌、规格、质量、颜色等内容,便于以后对照验收,此外要经常地到现场监督,避免施工人员偷工减料或以次充好。如在刷油漆前,要看到符合约定的油漆到位并当场打开,过后收回空油漆桶。

如果采取包工、部分包料方式,一般是主要的装修材料由装修人自行购置,装修人可以提前与施工人员沟通需要的数量、规格等要求,列好清单后去购置,按照自己喜好与装修的预算情况购买相应的材料。这种方式,装修人会比较放心,但往往会出现买少了需要跑多趟、买多了不好退的情况。所以,在购买材料时,最好与销售商谈好可以退换,或者由销售商派人上门丈量面积、确定数量及规格,如地板、瓷砖、油漆等。

如果采取包工不包料方式,装修人往往需要花费较多的精力在购买装修材料上,虽然自己觉得放心但其实不省钱,很有可能会被销售商"忽悠",买的材料价高质次。所以,建议装修人邀请施工人员一起到市场上购买材料,按照施工人员的建议分别购买,这样会省下很多时间。否则,一旦买回来后发现不适用,还需要跑多趟。

五、装修完成后的验收与保修

《住宅室内装饰装修管理办法》第六章"竣工验收与保修"对此进行了详细规定。该办法第 30 条规定:住宅室内装饰装修工程竣工后,装修人应当按照工程设计合同约定和相应的质量标准进行验收。验收合格后,装饰装修企业应当出具住宅室内装饰装修质量保修书。物业管理单位应当按照装饰装修管理服务协议进行现场检查,对违反法律、法规和装饰装修管理服务协议的,应当要求装修人和装饰装修企业纠正,并将检查记录存档。第 31 条规定:住宅室内装饰装修工程竣工后,装饰装修企业负责采购装饰装修材料及设备的,应当向业主提交说明书、保修单和环保说明书。第 32 条规定:在正常使用条件下,住宅室内装饰装修工程的最低保修期限为 2 年,有防水要求的厨房、卫生间和外墙面的防渗漏为 5 年。保修期自住宅室内装饰装修工程竣工验收合格之日起计算。

如果装修人将装修工程发包给自然人(包工头)或者将不同项目分别找人装修,很难达到如此规范的要求,但在验收时一定要仔细。如果发现问题,可以要求修补。如浴室中铺贴瓷砖工程,完工要试一下看是否防水,至少要蓄水 1 天以上时间;还要看浴室内找平是否做得好,水能否顺利流入地漏中;水电工程完成后安装好开关插座与灯具,要试一下每个开关,测试搭线是否正确;油漆工程完成后,要摸一下墙面是否平整、是否有凹凸感、是否会掉色。但有些项目可能一时无法检测出来,如墙面的渗水,往往要几个月才能发现,等雨季过后才知道严重情况。

所以，建议双方在合同中写明出现质量问题的处理与违约责任，要留部分（一般是5%～10%）工程款作为质量保证金，当保修期限到期后没有发生渗漏情况，装修人才付清尾款。

由于住宅装修存在质量问题或装修材料不符合或不合格产生的纠纷较多，不仅是消费者投诉的热点，而且是装饰装修合同纠纷中最常见的情况。消费者权益保护法律法规将住宅装修纳入保护范围。

2021年8月，上海市消保委牵头，上海市室内装饰行业协会等9家专业机构和住宅装饰装修企业共同编制了《住宅装饰装修质量验收规范》团体标准，这是中国首个从消费者需求端制定的团体标准。该团体标准从消费者角度出发，针对室内装饰装修过程中水电、泥木、涂装、竣工四大重要验收节点的验收要求和验收方法制定规范，指导消费者便捷直观地参与装修验收的各个环节，及时发现施工质量问题，有针对性地沟通解决问题。该标准中的多项质量指标高于国家现有标准要求，为消费者维护合法权益提供有力依据和保障。同时，该标准还倡导在室内装饰装修工程中实行绿色施工、优先选用绿色材料。如果消费者对住宅装修的程序与标准不清楚，可以参照《住宅装饰装修质量验收规范》团体标准内容。

六、装修完成后入住前的室内环境检测

现在，大家对室内环境质量越来越重视。确实，发生过有些孩子入住新房后患白血病等重症的情况，各地新闻媒体时有报道。所以，笔者建议：在房屋装修后，一般要空置1年后才能入住。如果急着要入住，至少也要过一个夏天。在此期间，要保持房间通风，衣柜、橱柜等尽量打开，有利于有害气体的挥发；如果可能，在房间内放一些植物，如吊兰、芦荟等，可消除家中的甲醛污染，净化空气；还可以放一些炭包，可以吸收湿气与有害气体。如果业主觉得不放心，可以请检测机构到家里来检测室内环境与空气质量情况，达标后再入住。

《住宅室内装饰装修管理办法》第五章"室内环境质量"中也有比较详细的规定。第26条规定：装饰装修企业从事住宅室内装饰装修活动，应当严格遵守规定的装饰装修施工时间，降低施工噪音，减少环境污染。第27条规定：住宅室内装饰装修过程中所形成的各种固体、可燃液体等废物，应当按照规定的位置、方式和时间堆放和清运。严禁违反规定将各种固体、可燃液体等废物堆放于住宅垃圾道、楼道或者其他地方。第28条规定：住宅室内装饰装修工程使用的材料和设备必须符合国家标准，有质量检验合格证明和有中文标识的产品名称、规格、型号、生产厂厂名、厂址等。禁止使用国家明令淘汰的建筑装饰装修材料和设备。第29条规定:装修人委托企业对住宅室内进行装饰装修的,装饰装修工程竣工后,空气质量应当符合国家有关标准。装修人可以委托有资格的检测单位对空气质量进行检测。检测不合格的,装饰装修企业应当返工,并由责任人承担相应损失。

此外,该办法第37条还规定了"法律责任":装饰装修企业自行采购或者向装修人推荐使用不符合国家标准的装饰装修材料,造成空气污染超标的,由城市房地产行政主管部门责令改正,造成损失的,依法承担赔偿责任。

第五节 住宅装修引起的纠纷案例

一、装修质量存在问题引起的纠纷案例

案例一:住宅装修工程存在质量问题,负责装修的企业负有维修的责任和义务。因未及时维修给业主居住使用造成影响,负责装修的企业应当承担赔偿责任。维修期间造成的损失,可以根据装修协议的履行情况并参照同类地段房屋租金的计算标准计算。

案号为(2013)杭西民初字第2499号的承揽合同纠纷案件。案情简介:2010年12月31日,原告王某与被告杭州金地中天房地产发展有限公司(以下简称金地中天公司)签订商品房买卖合同,约定王某购买金地中天公司开发的某小区104室房屋(以下简称案涉房屋)。后,王某(甲方)又与被告中天建设集团有限公司(乙方,以下简称中天建设集团)、金地中天公司(丙方)签订房屋装修协议书。2012年10月28日,王某在与金地中天公司有关人员办理案涉房屋装修工程交接手续时,对房屋装修存在的问题书面提出了意见。此后,经多次维修,2013年8月16日,王某又在房屋意见反馈单中提出多处需要维修或整补意见,有关交接人员签署"以上问题一周解决"的意见。同年8月25日,王某出具"此房现有问题都已维修完成"的意见,并接收案涉房屋。后,王某向法院提起诉讼。

杭州市西湖区人民法院审理后认为,该案讼争双方签订的商品房买卖合同及房屋装修协议书应认定有效,具有法律约束力,双方均应依约履行。双方当事人的主要争议焦点在于:(1)案涉房屋装修工程是否存在质量问题。法院认为,案涉房屋装修工程在双方办理交接手续时确实存在一定的质量问题。(2)两被告的责任应如何承担。法院认为,合同中违约金的约定适用于装修工程未完成的情形,

案涉房屋装修工程在办理交接时虽然存在一定的质量问题,但由于双方对装修工程的具体质量要求以及验收标准并无相应约定,而且存在的质量问题并无证据证明达到了严重影响正常居住使用不能交付的程度。因此,不能就此认定被告中天建设集团未按协议约定完成案涉房屋的装修工程。故法院对王某要求两被告按装修协议承担违约金的诉讼请求不予支持。但两被告对案涉房屋装修工程存在的质量问题负有维修的责任和义务,两被告未及时予以维修客观上给王某居住使用案涉房屋造成一定的影响,维修期间因此给王某造成的损失中天建设集团应当承担赔偿责任,金地中天公司作为装修质量的保证人应承担连带责任。维修期间王某因此所受的损失,法院根据装修协议的履行情况并参照同类地段房屋租金的计算标准,酌情确定。所以,判决:(1)中天建设集团赔偿王某损失19,667元;(2)金地中天公司对中天建设集团上述应支付的款项承担连带责任;(3)驳回王某的其他诉讼请求。

案例二:在住宅装修过程中存在质量问题或提供的装修材料不符合合同约定,装修公司应承担相应的违约责任,包括赔偿返工费用损失、房屋租赁费用损失等。

一审案号为(2017)浙0212民初4824号,二审案号为(2018)浙02民终908号的装饰装修合同纠纷案件。案情简介:俞某系王某之母。2016年12月29日,王某、俞某(甲方)与宁波仁韵建筑装饰工程有限公司(乙方,以下简称仁韵公司)签订住宅装饰装修施工合同,约定:甲方委托乙方对位于宁波市鄞州区某小区的一套房屋进行装饰施工;承包方式为部分承包;工程总价款79,000元;凡由乙方供应的材料、设备,乙方应交甲方验收,如不符合设计、施工要求或者规格有差异,应禁止使用。如已使用,对工程造成的损失由乙方负责;因乙方原因致使工程质量不符合约定的,甲方有权要求乙方在合同期限内无偿修理或者返工。经过修理或者返工,造成逾期交付的,乙方应当承担违约责任;因乙方原因逾期交付的,每逾期1天,乙方应赔偿给甲方50元。同日,双方另行签订补充协议,约定:合同中乙方采购的一切施工材料的规格、等级必须全部为正品、一等品,不得以次品充当。王某、俞某于同日支付了首期工程款7900元。仁韵公司编制了涉案室内装饰工程预算书,其中在说明的第15条载明:公司按预算标注品牌选购材料,并符合产品质量要求。后在实际施工过程中,仁韵公司实际采用的部分装修材料与合同约定不符合。2017年4月2日,王某、俞某因对施工选用材料及工艺不满向仁韵公司提出整改意见,但双方协商未果。后,王某、俞某向法院提起诉讼,仁韵公司提出反诉。

审理中查明:2017年5月13日,王某、俞某与朱某签订房屋租赁合同一份,约定:由王某、俞某承租朱某的房屋;月租金2000元;租期1年。朱某出具收条,载明收到13,520元。

宁波市鄞州区人民法院审理后认为,王某、俞某与仁韵公司之间签订的涉案合同真实、合法、有效,双方均应严格按约履行。该案的争议焦点如下:(1)涉案合同是否符合解除条件及解除时间。在施工前双方就施工材料品牌、规格、型号等均进行了明确约定,仁韵公司自行编制的预算书中亦就此进行记载,其承诺按预算标注品牌选购材料,但在实际施工中,仁韵公司也自认对部分材料的品牌、型号、规格进行了更改,但因没有证据证明经王某、俞某同意,故仁韵公司的行为确有与合同相悖之处。王某、俞某自起诉时起主张解除合同,仁韵公司于2017年5月24日提起反诉并同意解除合同,故法院认为,合同于2017年5月24日解除。(2)违约金及赔偿损失数额的计算依据。该案中,根据双方签订的施工合同约定,当合同解除时,违约方需支付总价款10%的违约金,即7900元,故对王某、俞某要求仁韵公司支付违约金7900元的主张,法院予以支持。关于返还工程款,现场已经完工的内容及工程量虽未经双方确认,但根据预算书的粗略计算已远不止7900元,对该项诉请不予支持。同时,因工程质量不符合约定客观上给王某、俞某造成返工费用损失。庭审中,经法院释明,王某、俞某不要求就返工费用进行鉴定,双方均同意按预算书上的施工单价及面积结算。(3)该案是否适用《消费者权益保护法》关于惩罚性赔偿的规定。法院认为,所换材料均有正规品牌,并非伪劣产品,仅在施工中缺少与业主的充分沟通,且王某、俞某未提供充分证据证明其对工程质量造成实质性影响,不属于以次充好,故不认定为欺诈,不适用《消费者权益保护法》的惩罚性赔偿。(4)已完工的工程价款如何认定。仁韵公司在反诉请求中主张已完工部分的工程价款,但不申请鉴定,因工程未经业主验收确认,工程量难以核定,且已完工部分中包括不符合合同约定之处,该部分工程价款难以从中区分,故仁韵公司的反诉主张因缺乏充分证据,法院不予支持。所以,判决:(1)王某、俞某与仁韵公司于2016年12月29日签订的住宅装饰装修施工合同及补充协议于2017年5月24日解除;(2)仁韵公司支付王某、俞某违约金7900元;(3)仁韵公司赔偿王某、俞某返工费用损失12,000元;(4)仁韵公司补偿王某、俞某房屋租赁费用损失2000元;(5)驳回王某、俞某的其他本诉诉讼请求;(6)驳回仁韵公司的反诉诉讼请求。

王某、俞某提起上诉。浙江省宁波市中级人民法院二审判决:驳回上诉,维持原判。

二、装修未按期完成引起的纠纷案例

案例三:装修合同签订后,装修公司未在合同约定的期限内完成施工义务,应承担相应的违约责任。装修的业主在催告后可以提前解除合同,并可以要求装修公司赔偿因此造成的损失或支付违约金。

案号为(2021)浙0203民初12381号的装饰装修合同纠纷案件。案情简介:2021年3月,原告王某、被告宁波徽润装饰工程有限公司(以下简称徽润公司)签订住宅装饰装修施工合同,约定被告对原告的一套房屋进行室内装修,工期自2021年3月23日起至2021年6月22日止。工程总价款为62,000元,费用分期付款。并约定,因乙方(徽润公司)原因造成逾期交付的,每逾期1天,乙方赔偿甲方(王某)50元。2021年3月21日,双方确认了案涉房屋装修项目的具体清单,其中工程类最终协议价为52,000元,同时确认案涉房屋装修包括家具家电,家具家电的最终价为10,790元。合同签订后,王某依约支付全部工程款及家具家电款4800元,合计55,800元。徽润公司进场施工至2021年8月,但工程未按期完工。

审理过程中,原告认可被告已完工的部分工程量及购置的家电共计45,299.49元,并同意将该款从被告应返还原告的款项中扣除。另查明,原告与被告法定代表人杨某签订租赁合同,约定由杨某承租案涉房屋,租金为2500元/月。

浙江省宁波市海曙区人民法院审理后认为,涉案的房屋装修合同是双方的真实意思表示,双方均应按约履行。被告未在合同约定的期限内完成施工义务,应承担相应的违约责任。被告自2021年8月离场,经原告多次催促后亦未能继续履行合同,故原告要求解除合同,法院予以准许。原告起诉时已明确表示要求解除合同,该诉状法院于2021年10月28日送达,故应认定双方的合同关系于送达日解除。原告要求被告返还未能完工部分的工程款及未购置的家电家具款共10,500.51元,法院予以准许;对原告提出的以10,500.51元为基数,自合同解除日至被告实际返还日止支付利息的诉请,法院亦予以准许。原告要求被告支付违约金,又提出同时支付租金损失。对原告的合理诉求法院予以支持,但支付违约金与赔偿损失不能并用。该案中,在签订涉案的装饰装修合同时,原告与被告的法定代表人杨某签订租赁合同,故该案的违约金调整至2500元/月;涉案合同于

2021年10月21日解除，考虑到涉案合同的装修部分仅剩一些扫尾工作，原告需再添置些家电家具并重新招租，故法院认定违约金应计算至合同解除后2个月，合计15,415元。所以，判决：(1)确认原告王某与被告徽润公司签订的住宅装饰装修施工合同于2021年10月28日解除；(2)被告徽润公司应返还原告王某工程款及家电家具款共计10,500.51元，并支付利息损失；(3)被告徽润公司支付原告王某违约金15,415元；(4)驳回原告王某的其他诉讼请求。

案例四：签订装修合同后，装修人向装修公司支付定金，装修公司因自身原因未履行合同，应承担违约责任，双倍返还定金。

案号为(2021)浙1023民初395号的承揽合同纠纷案件。案情简介：2019年10月27日，原告赵某与被告天台县新丝路装饰工程有限公司(以下简称新丝路公司)因房屋装修事宜达成一致，签订设计协议书、整装协议书。协议中约定："如现任经理周某调动，甲方可自由选择继续合作或者有权退回定金壹万元，定金退还合同自动作废，乙方无条件退回甲方定金。"赵某以微信转账的方式将定金1万元支付给新丝路公司的法定代表人周某。后，赵某发现该公司已人去楼空，合同上签字的设计师也已离职，协议无法继续履行。赵某要求周某返还定金未果。所以，赵某以新丝路公司、周某为被告向法院提起诉讼。

浙江省天台县人民法院审理后认为，原告赵某与被告新丝路公司签订的设计协议书、整装协议书合法有效。合同签订后，被告向原告出具定金收据收到定金1万元，现被告构成根本违约，故对原告要求被告双倍返还定金的诉讼请求予以支持。原告要求被告周某共同承担责任，法院认为，与原告发生合同关系的是新丝路公司。该公司为自然人投资的有限公司，具有独立的法人资格，周某系公司法定代表人，履行的是公司职务行为，故原告要求周某共同承担责任，缺乏事实和法律依据。所以，判决：由被告新丝路公司返还原告赵某人民币2万元。

三、装修材料不符合或不合格引起的纠纷案例

案例五：装修合同中对装修材料的品牌与质量标准等有明确约定的，装修公司提供的装修材料不符合合同约定或不合格，无权要求装修的业主按照合同约定的价款支付费用。

一审案号为(2017)浙0212民初8937号，二审案号为(2017)浙02民终4067号的装饰装修合同纠纷案件。案情简介：2017年3月13日，岑某为位于宁波市鄞州区某小区的房屋装修，向鄞州红星美凯龙瑞格建材商行(以下简称瑞格商行)

订购原装进口布鲁斯特墙纸 11 款,总价 25,100 元,岑某支付定金 5100 元。瑞格商行将墙纸安装完毕后,岑某发现大部分墙纸并非布鲁斯特品牌,而是 WALLQUEST 品牌墙纸(共 7 款),遂向瑞格商行提出异议,并不愿支付尾款。瑞格商行称 WALLQUEST 品牌墙纸是布鲁斯特公司代理品牌,属于布鲁斯特公司。后,瑞格商行向法院提起诉讼,请求岑某支付价款 20,450 元。

宁波市鄞州区人民法院审理后认为,案件争议的焦点为瑞格商行提供的 WALLQUEST 品牌墙纸是否符合销售单中载明的"原装进口布鲁斯特"要求。首先,瑞格商行没有提供布鲁斯特公司系 WALLQUEST 品牌墙纸代理商的原始授权文件或凭证,布鲁斯特公司是否是 WALLQUEST 品牌墙纸的代理商无法认定;其次,即使布鲁斯特公司有权代理销售 WALLQUEST 品牌墙纸,WALLQUEST 品牌墙纸也不属于布鲁斯特公司,不能称之为布鲁斯特品牌墙纸,岑某选购布鲁斯特墙纸,看中的是布鲁斯特品牌的质量和价值,不能为其他品牌替代;最后,瑞格商行作为经营者,负有向岑某讲明其选购的墙纸是布鲁斯特公司代理的 WALLQUEST 品牌的义务,以便岑某作出是否选购的决定,但瑞格商行将代理品牌作为自有品牌进行销售,在岑某向瑞格商行强调墙纸要扫码查询、以防假货的情况下,瑞格商行仍未讲明,并在销售单上注明"原装进口布鲁斯特"字样,让岑某放心订购,作为消费者,自然无法知晓布鲁斯特公司还在代理销售其他品牌墙纸,误以为选购的是布鲁斯特品牌墙纸。综上所述,瑞格商行提供的墙纸中,7 款 WALLQUEST 品牌墙纸不符合约定,故对其要求岑某支付价款的请求,不予支持。所以,判决:驳回瑞格商行的诉讼请求。

瑞格商行提起上诉。宁波市中级人民法院二审判决:驳回上诉,维持原判。

案例六:装修合同或其附件中对装修材料的品种、规格、型号、等级、质量等有明确约定的,负责装修的人员提供的装修材料不符合合同约定或在施工过程中存在明显不当行为,应按合同约定承担相应的违约责任。

一审案号为(2018)浙 0105 民初 12193 号,二审案号为(2019)浙 01 民终 9061 号的装饰装修合同纠纷案件。案情简介:王某(乙方)与陈某(甲方)于 2016 年 3 月 21 日签订房屋装修合同,约定:承包方式为半包;工程期限 75 天;合同总价款为 4 万元,采取分期支付方式;乙方提供的材料、设备,必须与所供的材料明细表中的品种、规格、型号、等级、质量、计量标准及数量相符,经甲方签字认可后再行使用;等等。合同签订后,王某开始进场施工,陈某向王某支付了工程款 12,000 元。施工过程中,因王某使用的油漆及石膏板品牌与约定的不一致,陈某提出异议,后王某将石膏板品牌更换成约定的品牌。后王某施工不当导致水管被捅破,发生漏水、渗水的情况,王某与陈某因此产生争议,陈某亦未再向王某支付后续款项。2016年5月初,王某撤场。后,王某向法院提起诉讼。

杭州市拱墅区人民法院审理后认为,该案双方签订的房屋装修合同,系双方当事人的真实意思表示,合法有效。根据双方于2016年3月21日签订的房屋装修合同的约定,工程总价款为4万元。关于王某未完成的工程量,除了王某自认的未完成工程量7276元外,还有柜子里面的油漆未喷、灶台台面未做。结合王某已完成的工程量情况以及房屋装修合同中关于款项支付的约定,陈某还应支付王某第二笔工程进度款12,000元。至于40%的尾款,因王某并未完成全部工程即撤场,陈某有权不予支付。虽然陈某未按约支付第二笔工程款,按合同约定应承担相应的违约责任,但因王某在施工过程中存在不当行为,如使用了与约定品牌不一致的油漆、施工不当导致水管破裂漏水等情况,且未经陈某同意即擅自撤场,其本身亦有过错,故对王某主张的违约金,法院不予支持。所以,判决:陈某支付王某工程款12,000元。

陈某提起上诉。浙江省杭州市中级人民法院二审判决:驳回上诉,维持原判。

四、装修费用结算引起的纠纷案例

案例七:双方因装修合同履行发生纠纷,对装修费用结算存在争议,可以申请工程造价鉴定,法院按照鉴定结果来进行工程款项结算与责任认定。

一审案号为(2020)浙0191民初999号,二审案号为(2020)浙01民终8252号的装饰装修合同纠纷案件。案情简介:2019年6月24日,涂某(甲方)与浙江省海巨装饰工程有限公司(乙方,以下简称海巨公司)签订装修施工合同,约定乙方承包甲方居室室内装修工程。施工项目量详见合同附件装修工程预算书。发生工程量变更的,以实际工程量结算为准。工程承包方式为包工包料。工程开工日期为2019年6月24日,正常竣工日期为2019年11月24日,非正常竣工日期双方商定进行。工程总造价约55万元,按合同标准进行包干。采取分期支付方式。合同签订后,涂某三次合计支付32万元。其间,涂某曾向海巨公司催促施工进度。2020年2月20日,涂某向海巨公司寄送律师函,以海巨公司构成根本违约为由,要求解除装修施工合同。后,涂某向法院提起诉讼,海巨公司提起反诉。

审理过程中,涂某申请对案涉房屋装修施工的已完工工程造价进行司法鉴定。鉴定机构出具的鉴定结果为:(1)基础设施无争议部分鉴定造价为110,129

元;(2)基础设施有争议部分鉴定造价为5600元;(3)空调设备安装鉴定造价为39,167元;(4)地砖、墙砖部分鉴定造价为29,510元;(5)阳光棚玻璃及铝合金窗部分鉴定造价为72,151元;(6)双方现场补充并认可部分鉴定造价为2211元;(7)现场已到场未安装材料部分鉴定造价为4482元;(8)异议后增加部分鉴定造价为743元。另查明,海巨公司系一人有限责任公司,股东为戴某。

杭州经济技术开发区人民法院审理后认为,涂某与海巨公司签订的装修施工合同对双方具有法律约束力。合同签订后,涂某依约支付了第一期工程款22万元,在合同约定的正常竣工日期即将届至前即2019年11月13日支付了工程款10万元。其间,涂某曾向海巨公司催促施工进度。但是,海巨公司并未举证证明其在合同约定的期限内及时完成相应的装修工程,案涉工程至一审时未完工。涂某主张海巨公司拖延施工进度致使工期严重延误,构成根本违约,其据此解除合同有相应依据,可予支持。海巨公司应当返还其已收取但未完工部分的工程款及相应的利息损失,根据海标工程管理有限公司出具的《工程造价鉴定报告书》及《鉴定报告书的情况说明》,法院确定海巨公司应当返还工程款56,007元。关于涂某主张的工期延误损失,根据该案实际情况,法院酌定为6000元。海巨公司系一人有限责任公司,戴某作为股东未举证证明公司财产独立于股东自己的财产的,应当对海巨公司的上述债务承担连带清偿责任。同时,海巨公司主张涂某违约不能成立,其要求涂某继续履行合同及赔偿违约金的反诉请求缺乏依据,不予支持。所以,判决:(1)涂某与海巨公司于2019年6月24日签订的装修施工合同于2020年2月21日解除;(2)海巨公司返还涂某工程款56,007元及利息损失;(3)海巨公司支付涂某工期延误损失6000元;(4)海巨公司支付涂某鉴定费4000元;(5)戴某对上述第(2)、(3)、(4)项承担连带清偿责任;(6)驳回涂某的其他诉讼请求;(7)驳回海巨公司的反诉请求。

海巨公司提起上诉。浙江省杭州市中级人民法院二审判决:驳回上诉,维持原判。

案例八:对于装修过程中存在的材料差错问题及费用的结算,应按照装饰装修合同的约定来处理,装修公司对质量问题应承担相应的违约责任。

一审案号为(2019)浙0281民初2706号,二审案号为(2019)浙02民终3276号的装饰装修合同纠纷案件。案情简介:2017年6月3日,原告徐某(甲方)与余姚市匠心装修设计服务部(乙方)签订了设计包合同、家装施工包合同,原告委托被告承建该房屋的装饰装修工程,工程施工面积200平方米,工程期限120日,标准工程金额90,800元,个性化工程金额105,500元。同日,双方又签订了家装名品包合同,约定名品包的构成包括室内门、整体橱柜、厨房水槽(带龙头组合)、地板、卫浴五金、卫浴洁具、集成吊顶、瓷砖。价格为71,500元,服务包为11,699元,最终确认价格为87,500元。上述合同签订后,双方在工程造价清单上确认工程总造价为300,826.18元,优惠17,026.18元,最终价格为283,800元。徐某于2017年5月9日支付了设计费定金10,000元,后又分四期支付工程款共计267,000元。余姚市匠心装修设计服务部于2017年6月4日对案涉房屋进行了装修,装修后向原告徐某出具了减少项目的结算单,确认减少项目折后价为27,660元,增加项目为2307元,结算后应退还原告徐某13,553元。案涉房屋装修后,未经竣工验收,原告徐某于2018年5月1日入住。后,徐某向法院提起诉讼。

审理中查明:余姚市匠心装修设计服务部为个体工商户,经营者为被告王某,在2018年1月22日办理了工商注销登记。

浙江省余姚市人民法院审理后认为,原告徐某与被告经营的余姚市匠心装修设计服务部之间签订的设计包合同、家装施工包合同、家装名品包合同合法有效。余姚市匠心装修设计服务部被注销后,合同产生的相关债权债务应由经营者即被告王某承担。对原告认为被告未经原告确认后擅自施工且设计人员无专业设计经验要求撤销签订的设计包合同,并要求退还设计费用10,000元以及赔偿造成的损失10,000元,被告抗辩设计图纸打印后经原告确认,图纸在施工工地,只是没有原告签字。根据原告提供的微信记录来看,其应当收到过设计师的图纸,且多次提出过修改意见,故设计图纸应当得到过原告的确认。原告在订立合同时不存在法定可撤销的情形,原告也未提交设计不足造成损失的证据,故对原告的该项诉讼请求,不予支持。对原告诉请将6个木门更换成原告挑选的FC-2Z型号的康e木门,被告抗辩确实弄错了木门的型号,但是经过原告认可后将木门装上。对此,被告未提供证据证明经过原告的认可,故对其抗辩意见不予采纳。对原告诉请被告退还多收取的施工费用13,553元,按原告已交纳费用总价267,000元为基数每天1‰标准支付逾期违约金24,030元,被告未提供证据证明实际减少项目的计算依据,故对原告要求被告返还多收取的13,553元,予以支持。原告未能按照合同约定时间支付相应的工程款,根据合同约定可以相应顺延工期,但顺延工期时间双方并未约定。另合同中约定:施工过程中或工程竣工后,原告如自行搬进入住或擅自加门、加锁或启用新的门锁装置,视为验收合格。被告虽未对案涉房屋进行工程验收,但原告于2018年5月1日已经入住,应当视为工程验收合格。故对原告要求被告承担违约金的诉讼请求,不予支持。所以,判决:(1)被告王某对房屋内的6扇木门更换为FC-2Z型号的康e木门,并修补卫生间平顶的集成吊顶;(2)被告王某返还原告徐某工程款13,553元;(3)驳回原告徐某的其他诉讼请求。

徐某提起上诉。宁波市中级人民法院二审判决:驳回上诉,维持原判。

五、合同无效或解除引起的纠纷案例

案例九: 住宅装修领域与建设工程领域一样,也存在较多的转包现象,如果转承包人无装修资质,其双方签订的合同会被认定为无效。合同无效,因该合同取得的财产应当予以返还。不能返还或没有必要返还的,应当折价补偿。

案号为(2019)浙0681民初1317号的承揽合同纠纷案件。案情简介:被告杭州南宇装饰工程有限公司诸暨分公司(以下简称南宇诸暨分公司)系被告杭州南宇装饰工程有限公司(以下简称南宇公司)设立的分公司。2018年3月,南宇诸暨分公司将其承接的部分房屋装修装饰工程转包给原告邵某施工,原告为此向被告南宇公司支付了项目经理质保金5000元。至2018年6月,经原告与被告南宇诸暨分公司结算,被告尚欠原告工程款为137,278元。后,原告经催要无果,遂向法院提起诉讼,要求两被告支付承揽费137,278元,并返还保证金5000元。

浙江省诸暨市人民法院审理后认为,被告南宇诸暨分公司将其承接的房屋装饰装修工程承包给无资质的原告施工,双方间的承揽关系违反法律规定,法院确认无效。合同无效,因该合同取得的财产应当予以返还。不能返还或没有必要返还的,应当折价补偿。因被告南宇诸暨分公司系被告南宇公司设立的分公司,无独立法人资格,故应由被告南宇公司对南宇诸暨分公司在前述合同中的义务承担直接责任。鉴于原告已完成的装修工作已物化于装修工程中,无法予以返还,故可由被告南宇公司按其分公司与原告间结算的工程欠款金额予以折价补偿。另被告南宇公司应返还原告邵某工程质量保证金5000元。所以,判决:被告南宇公司应返还原告邵某保证金5000元,并支付原告邵某装修工程折价补偿款137,278元,合计142,278元。

案例十: 在装修合同履行过程中,双方发生争议导致合同无法继续履行,一方可以根据合同的约定解除条件提前解除合同。如果合同解除是因一方原因造成,违约方应赔偿因此给对方造成的损失。

一审案号为(2017)浙0212民初8805号,二审案号为(2018)浙02民终4589号的装饰装修合同纠纷案件。案情简介:2016年10月15日,陈某(甲方)与宁波

爱家十杰装饰设计有限公司(乙方,以下简称十杰公司)签订了住宅装饰装修施工合同。约定乙方为甲方房屋进行室内装修施工,承包方式为产品装修包装,产品型号为 A4L,工期为 2016 年 11 月 3 日至 2017 年 2 月 15 日;工程总价款为 187,048 元,采取分期付款方式;本工程由甲方、乙方、设计方及监理单位共同验收,工程未办理验收、结算手续,甲方提前使用或擅自动用该工程成品或自行入住由此造成无法验收或损失的,由甲方负责(甲方入住则视为验收合格)。作为合同附件的工程预算书对各项费用进行了标注。合同签订后,陈某方提出要求变更装修方案。2016 年 10 月 24 日,十杰公司将变更后的设计图纸发送至陈某,陈某方表示"OK",同时提出"卫生间移门要带锁的移门"。最后的装修现状与变更后的设计图纸吻合。合同签订前,陈某已支付定金 1000 元及设计费 2500 元。合同签订后,陈某分别于 2016 年 10 月 17 日及 12 月 4 日支付了 56,000 元和 35,000 元。2016 年 11 月 1 日,十杰公司、陈某、设计方及监理单位一并进行水电工程验收。监理单位在水电验收单上填写了意见,并盖章确认。合同履行过程中,双方协商原约定由十杰公司提供的部分成品由陈某自行购买,工程量亦有增减。经十杰公司核算,工程量减少部分为 47,305 元,增加部分为 7856 元。春节前施工暂停。之后,陈某更换钥匙。2017 年 4 月 13 日,十杰公司向陈某发送收款提醒函。2017 年 6 月 8 日,十杰公司向陈某发送律师函,通知解除合同。后,十杰公司向法院提起诉讼。

宁波市鄞州区人民法院审理后认为,该案中,双方对合同解除均无异议。主要的争议焦点为:(1)陈某尚应支付十杰公司多少工程款。根据合同约定,装修工程款应据实结算。针对十杰公司提交的结算明细,陈某对工程量无异议,但对 A4 套餐中的管理费、利润、人工费及部分单价有异议。法院核实后扣减费用,陈某应付工程款为 130,652.77 元(不含尾款)。扣除陈某已付 94,500 元,陈某尚应支付十杰公司工程款 36,152.77 元。(2)十杰公司已施工部分的工程款是否具备付款条件。陈某在未验收情形下更换新钥匙,也拒绝将新钥匙交给十杰公司,导致收尾工作及验收无法进行。陈某已实际入住使用了案涉房屋,故房屋装修质量应视为合格。故,对于十杰公司已施工部分,陈某应该按约支付对应工程款。至于未施工项目及收尾款项,已在工程款中予以扣减。(3)十杰公司主张停工违约金是否合理合法。陈某连续两次逾期付款,十杰公司有权主张停工违约金。但十杰公司主张的违约金计算期间过长,法院予以纠正。十杰公司主张的违约金标准符合合同约定,且该标准(100 元每天)并未超过装修施工每天的人工费、管理费等支出,较为合理,法院予以支持。法院认定十杰公司停工违约金为 3000 元。(4)十杰公司主张的合同解除违约金是否合理合法。合同解除责任在于陈某逾期付款及拒不交付房屋新钥匙,故陈某应承担合同解除的违约金。法院认为,违约金应以实际损失为基础,以不超过实际损失的 30% 为限。前述已经支持了十杰公司的停工损失违约金,故此处仅支持逾期付款利息损失。所以,判决:(1)解除十杰公司与陈某于 2016 年 10 月 15 日签订的住宅装饰装修施工合同;(2)陈某支付十杰公司工程款 36,152.77 元,并支付停工违约金 3000 元并按照中国人民银行同期同档次贷款基准利率的 130% 支付 36,152.77 元的逾期付款利息损失(自判决确定的履行之日起次日开始计算至工程款付清之日时止)。

陈某提起上诉。宁波市中级人民法院二审判决:驳回上诉,维持原判。

六、项目定作引起的承揽合同纠纷案例

案例十一:在住宅装修过程中,装修人就一些专门项目与第三方发生承揽合同(包括定作合同)关系。如果承揽人交付的工作成果不符合质量要求,装修人可以合理选择请求承揽人承担修理、重作、减少报酬、赔偿损失等违约责任。

一审案号为(2021)浙 0206 民初 2301 号,二审案号为(2021)浙 02 民终 3464 号的定作合同纠纷案件。案情简介:2017 年 2 月,宁波市镇海区骆驼熊浪德胜门窗店(以下简称熊浪门窗店)经案外人汪某(其系房屋装修施工方)介绍,为刘某别墅内的阳光房、铝合金门窗、电动门窗等提供定作,定作款 34,000 元,其中阳光房单价 560 元/平方米。在定作过程中,刘某增加了二楼露台阳光房、天井电动天窗定作项目,增加定作款 9000 元。前述定作款合计 43,000 元。熊浪门窗店完成定作项目后,位于刘某房屋内地下室的天井阳光房(面积为 7.3 平方米)与另一小阳光房(面积为 3.8 平方米)出现漏水。经熊浪门窗店维修后,问题未得到解决,刘某遂对两个阳光房进行了重做。因刘某没有支付款项,熊浪门窗店向法院提起诉讼。

宁波市北仑区人民法院审理后认为,刘某与熊浪门窗店就阳光房等定作事宜达成的口头协议合法有效。该案中,双方虽无书面合同,但熊浪门窗店已向刘某履行了定作阳光房、木纹转印、扶手、电动天窗等定作义务,刘某应当及时支付相应款项。在交付的定作成品中,位于房屋内地下室的天井阳光房(面积为 7.3 平方米)与另一小阳光房(面积为 3.8 平方米)存在瑕疵且熊浪门窗店未予修缮完成,导致刘某需自行对前述两个阳光房进行重做,故对瑕疵定作品所涉定作款计

6216元应当予以扣除。刘某称熊浪门窗店工期存在延期,由于双方并未签订书面合同对工期进行约定,法院不予采信;因双方对付款期限无明确约定,故熊浪门窗店主张的利息宜从起诉之日起计算。综上,刘某应当支付相应减少后所应付的定作款即36,784元及相应逾期付款的利息。所以,判决:刘某应支付熊浪门窗店定作款36,784元及利息。

刘某提起上诉。宁波市中级人民法院二审判决:驳回上诉,维持原判。

案例十二:负责装修施工的人员将承揽的辅助工作交由第三人完成,应当就该第三人完成的工作成果向装修的业主负责。装修完成后,负责装修的人员应按照承揽合同约定向该第三人支付相应的费用;如果存在装修质量问题,该第三人应承担相应的违约责任。

一审案号为(2020)浙0603民初4718号,二审案号为(2020)浙06民终3257号的承揽合同纠纷案件。案情简介:2018年9月23日,原告高某、被告周某签订阳光房及门窗安装合同,约定由高某为周某负责1102室阳光房及门窗的安装施工,双方在合同中对具体要求进行了约定,合同总价92,658元,七折后约定按63,200元结算,合同签订预付30%预付款,完工后经周某验收后一次性付清余款。合同履行过程中,高某另应业主的要求增加安装淋浴房2个,计价7000元。现高某履行安装义务后,业主已经入住,但周某仅支付其中的30%预付款18,960元。周某以高某的安装存在质量问题、未按约进行验收为由拒绝支付余款51,240元,所以高某向法院提起诉讼。

另查明,高某自认部分安装的确存在质量问题,包括漏水、玻璃反装、玻璃弄花等,并明确表示同意维修处理。

浙江省绍兴市柯桥区人民法院审理后认为,高某、周某之间的承揽关系主体适格,内容未违反国家相关法律、法规的禁止性规定,合法有效。该案的主要争议焦点有二:(1)双方合同内容除书面合同约定的阳光房及门窗外,是否还包括高某主张的补充房门及2个淋浴房。对补充的内容,双方确未形成书面的合同,但根据现有证据,微信记录显示1102室业主单独就2个淋浴房的要求与高某进行了沟通,并约定价格为7000元,同时该业主要求高某及时告知周某;现场照片显示确实安装了淋浴房,且周某对照片真实性予以认可;同时周某自认其与业主之间系整个房屋的装修合同关系,其与业主之间也已经进行结算,故可以认为2个淋浴房亦属于高某、周某的承揽合同范围之内。而高某主张的补充房门,仅凭高某单方书写的补充协议不足以认定,故不认为补充房门属于双方承揽合同范围之内。综上,法院认为双方承揽合同总金额为70,200元。(2)周某付款的条件是否成就。双方书面合同确实明确约定,完工后经周某验收后一次性付款,该案中,双方对于不进行验收的责任各执一词。法院经审理查明,高某的安装确实存在部分质量问题,但高某明确表示愿意维修处理。法院明确判令周某支付相应的货款,并未免除高某因其安装存在一定质量问题而产生的维修义务或赔偿义务等,双方可另行协商处理或由周某另行主张。所以,判决:周某应支付给高某承揽报酬51,240元。

周某提起上诉。浙江省绍兴市中级人民法院二审判决:驳回上诉,维持原判。

七、住宅装修中的相邻关系纠纷案例

案例十三:业主在住宅装修时可能会影响周围的邻居,产生相邻关系纠纷。如果因装修影响邻居的生活,对邻居造成损害,该邻居可以提出恢复原状、排除妨害、消除危险等物权请求权。

一审案号为(2021)辽0104民初10465号,二审案号为(2022)辽01民终1995号的相邻关系纠纷案件。案情简介:原告宋某与被告高某系居住在楼上楼下的邻居。高某于2021年6月对其房屋进行装修,将房屋进户门口尺寸扩大、顶棚排布电线、墙壁钻孔安装通向室外的排气管并安装了地热管线。后,宋某向法院提起诉讼。

沈阳市大东区人民法院审理后认为,高某在装修房屋时在墙壁上钻孔安装通向室外的排气管,该排气管位于宋某家窗户下方,影响宋某正常开窗通风,给宋某的生活带来不便,依照法律规定,对于宋某要求高某将排气管拆除并将该处墙壁恢复原状的诉讼请求,法院予以支持。宋某主张高某将房屋进户门口尺寸扩大、顶棚排布电线及安装地热管线的行为对宋某的房屋造成安全隐患并影响其采暖,但未提供相关证据证明其主张,故对于宋某要求高某恢复进户门、共用楼板、供暖结构并赔偿损失8000元的诉讼请求,法院不予支持。所以,判决:被告高某将安装在沈阳市大东区某处房屋墙壁上的排气管拆除,并将此处墙壁恢复原状。

宋某提起上诉。辽宁省沈阳市中级人民法院二审判决:驳回上诉,维持原判。

案例十四：业主在住宅装修时将卫生间进行改动,将卫生间设置在楼下厨房、卧室等房间之上,容易造成漏水的安全隐患,而且会对楼下住户的心理造成影响,有违公序良俗,也严重影响其生活起居。对于这种非正常的改建行为,法院要求其恢复原状。

案号为(2020)粤0106民初4952号的相邻关系纠纷案件。案情简介:原告邓某、谢某是夫妻,住广州市天河区某小区的1201房;被告梁某是其楼上的业主,住1301房。2017年11月28日,原告知晓被告正在装修1301房,并对房屋进行了改造,其将卫生间改到了卧室的位置,即被告改造的厕所位于原告卧室床头正上方。原告向广州市东建物业管理有限公司珠江嘉苑管理处(以下简称管理处)反映情况并要求被告停止施工、恢复原状,其后原告多次投诉、信访但未果。所以,邓某、谢某向法院提起诉讼。

被告梁某辩称:我方装修完毕后,管理处工作人员上门检查,并与我方就卫生间的改建问题进行沟通,后我方依照管理处的要求把马桶的位置平移了20厘米,装修工程完工后至诉讼时尚未入住,并不清楚改建后的卫生间下方对应1201房的何部位。

广东省广州市天河区人民法院在审理过程中,组织双方当事人对1201房及1301房进行现场勘查。法院审理后认为,首先,梁某确有改动1301房原竣工结构中的卫生间的位置,致使1301房现卫生间区域位于1201房的客卧上方。其次,经现场测试,在1201房客卧内可听到1301房卫生间马桶冲水的声音,房屋内卧室区域系供居住使用人休息的场所,上述声音确会影响1201房的居住使用人对房屋的正常使用。最后,管理处亦向梁某发出通知要求梁某就1301房卫生间部位恢复原状。综上所述,梁某对1301房的改建确已影响邓某、谢某对1201房的正常使用。所以,判决:被告梁某将1301房的卫生间恢复原状。

第五章 物业服务

第一节 物业服务的基本知识与相互关系

一、与物业服务相关的基本知识

国务院颁布的《物业管理条例》(2018年修订)第2条规定,物业管理,是指业主通过选聘物业服务企业,由业主和物业服务企业按照物业服务合同约定,对房屋及配套的设施设备和相关场地进行维修、养护、管理,维护物业管理区域内的环境卫生和相关秩序的活动。现在一般将"物业管理"称为"物业服务",突出其服务性质。此外,随着情况变化,现实生活中越来越多出现"业主自行管理"的情况。所以,物业服务,应指的是业主通过选聘物业服务企业,由业主与物业服务企业按照物业服务合同约定,或者由业主自行对物业管理区域内的房屋及其配套设施、设备和相关场地进行维修、养护、管理,维护相关区域内的环境卫生和秩序的活动。

(一)物业服务中常见的主体

1. 业主

业主的概念来自我国的香港特别行政区。《香港建筑物管理条例》第344章第2条规定,业主是指所有权人。随着内地房地产市场的发展与市场化程度日益提高,业主这一称谓传入内地,逐渐成为物业产权者的代名词,并为法律法规所承认。

《物业管理条例》第6条第1款规定:"房屋的所有权人为业主。"原《物权法》第六章规定了"业主的建筑物区分所有权",根据第70条的规定,业主等同于建筑物专有部分的所有权人。后在《民法典》第271条中作出相同内容的规定。根据上述规定,依法享有建筑物区分所有权的权利主体是业主。

为了适应审判实际,《建筑物区分所有权司法解释》(2020年修正)第1条规定,依法登记取得或者依据《民法典》第229条至第231条规定取得建筑物专有部分所有权的人,应当认定为《民法典》第二编第六章所称的业主。基于与建设单位之间的商品房买卖民事法律行为,已经合法占有建筑物专有部分,但尚未依法办理所有权登记的人,可以认定为《民法典》第二编第六章所称的业主。《物业服务纠纷司法解释》(2020年修正)中也多处出现"业主",其含义应与上述司法解释相同。

《不动产登记暂行条例》于2015年3月施行后,不动产登记机构颁发的是不动产权证书,权利人为不动产权利人。因此,使用"不动产权利人"指代业主比"房屋的所有权人"更加确切。

2. 物业使用人

在《物业管理条例》中多次出现"物业使用人"这一概念。其中第41条规定:业主与物业使用人约定由物业使用人交纳物业服务费用的,从其约定,业主负连带交纳责任。第47条规定:物业使用人在物业管理活动中的权利义务由业主和物业使用人约定,但不得违反法律、法规和管理规约的有关规定。物业使用人违反本条例和管理规约的规定,有关业主应当承担连带责任。

《物业服务纠纷司法解释》第4条规定:因物业的承租人、借用人或者其他物业使用人实施违反物业服务合同,以及法律、法规或者管理规约的行为引起的物业服务纠纷,人民法院可以参照关于业主的规定处理。《建筑物区分所有权司法解释》第16条规定:建筑物区分所有权纠纷涉及专有部分的承租人、借用人等物业使用人的,参照本解释处理。专有部分的承租人、借用人等物业使用人,根据法律、法规、管理规约、业主大会或者业主委员会依法作出的决定,以及其与业主的约定,享有相应权利,承担相应义务。

由上可见,物业使用人在物业服务关系中的法律地位,类似业主。按照一般的理解,物业使用人是指除业主之外实际使用房屋的其他人,通常是指建筑物专有部分的承租人、借用人及其他实际使用人。因为《民法典》新设立了居住权制度,所以物业使用人还应包括居住权人。

3. 物业服务人

在《物业管理条例》中多次出现"物业服务企业"。按照一般的理解,物业服务企业是指为物业管理区域内的房屋及其配套设施、设备和相关场地进行维修、养护、管理的经营主体。物业服务企业应当具有独立的法人资格。原《物权法》第81条第1款规定：业主可以自行管理建筑物及其附属设施，也可以委托物业服务企业或者其他管理人管理。《民法典》第937条第2款进一步明确规定："物业服务人包括物业服务企业和其他管理人。"需要注意的是，此处的"人"不是指"自然人"，而是指民法意义上的民事主体。物业服务人通常是物业服务企业，也可以是业主为了自行管理小区物业而成立的企业法人或其他非法人组织。

《物业服务纠纷司法解释》中采用的是"物业服务人"这一概念。《建筑物区分所有权司法解释》中则用的是"物业服务企业或者其他管理人"这种说法，所指的应是同一民事主体。为便于大家理解，本章内容基本统一使用"物业服务企业"这一称谓。

4. 建设单位

通常而言，建设单位是指住宅、办公、商业等工程建设项目的开发建设主体，在工程项目竣工交付给买受人之前，往往称为业主单位。结合《民法典》第939条、第940条，《城市房地产管理法》第29条、第30条规定，按照一般理解，建设单位是指在依法取得国有土地使用权的住宅性质土地上进行房屋建筑和市政基础设施开发建设的企业法人，通常称之为房地产开发企业、房产商或开发商。建设单位不仅是前期物业服务合同的签订主体，而且与此后的物业服务也有密切关系。

需要注意的是，《建筑物区分所有权司法解释》中第17条规定：本解释所称建设单位，包括包销期满，按照包销合同约定的包销价格购买尚未销售的物业后，以自己名义对外销售的包销人。

5. 业主大会

业主大会指的是由一个物业管理区域内的业主按照法律规定要求组成的议事机构。与传统的房产管理比较，其基本特点是业主自治自律。《民法典》第280条第1款规定：业主大会或者业主委员会的决定，对业主具有法律约束力。可见，业主大会、业主委员会是业主自治管理组织的表现形式，其决定对业主产生法律效力。

6. 业主委员会

按照《民法典》《物业管理条例》的相关规定，业主委员会是业主大会的执行机构，由业主大会会议选举产生，业主大会可以更换业主委员会成员。业主委员会应执行业主大会的决定事项,履行相关职责。需要注意的是,"选聘和解聘物业服务企业或者其他管理人"是由业主共同决定的事项,通过业主大会的形式作出决定,业主委员会只能"代表业主与业主大会选聘的物业服务企业签订物业服务合同",不能自行作出选聘和解聘的决定。此外,业主委员会还要"及时了解业主、物业使用人的意见和建议,监督和协助物业服务企业履行物业服务合同"。

(二)物业服务中常见的区域或部位

1.物业管理区域

物业管理区域,即物业服务企业所管理的区域,它与小区所在区域不一定完全吻合,如一个规模较大的住宅小区可能会划分出若干个物业管理区域,若干个规模较小的住宅小区可能整合划进一个物业管理区域。《物业管理条例》第9条第2款规定:物业管理区域的划分应当考虑物业的共用设施设备、建筑物规模、社区建设等因素。具体办法由省、自治区、直辖市制定。

物业管理区域通常由物业所在地县级物业主管部门会同街道办事处、乡镇人民政府根据物业的共用设施设备配置、建筑规模、社区建设等因素划分。非住宅物业与住宅物业拥有共同的配套设施设备的,非住宅物业应当纳入该住宅小区物业管理区域。以《宁波市住宅小区物业管理条例》(2021年修订)为例,该条例第二章共有8个条文对物业管理区域相关内容进行了细化规定,包括划分、调整物业管理区域的细化程序,同时强调划分原则"规划优先、功能完善、物权清晰、相对集中、便于管理"。

2.物业管理用房

物业管理用房是指由建设单位按照规定在物业管理区域内必须配置,并提供给物业服务企业使用的物业服务人员办公用房和物业管理经营用房。

《物业管理条例》第37条规定:物业管理用房的所有权依法属于业主。未经业主大会同意,物业服务企业不得改变物业管理用房的用途。第38条第1款规定:物业服务合同终止时,物业服务企业应当将物业管理用房和本条例第29条第1款规定的资料交还给业主委员会。各地根据实际情况,就有关物业管理用房的配置要求进行细化,仍以《宁波市住宅小区物业管理条例》为例简要说明。该条例第11条规定:物业管理区域内应当依照下列规定相对集中配建物业管理办公用房、物业管理经营用房:(1)物业管理办公用房(包括物业服务用房、业主委员会办公用房)按照物业管理区域地上总建筑面积的3‰配置;其中,业主委员会办公用房由物业主管部门会同自然资源和规划部门根据物业管理区域的建筑规模确定，最低建筑面积为20平方米；(2)物业管理经营用房按照物业管理区域地上总建筑面积的4‰配置。居家养老服务用房、居民文化体育活动用房等配套用房建设依照相关法律、法规规定执行。

3. 共用部位

共用部位，是建筑物专有部分以外的共有部分，是指物业管理区域内属于全体业主或者单幢物业的业主、物业使用人共同使用的公共门厅、楼梯间、电梯间、管道井、设备间、过道、值班保安室、公共停车位、房屋承重结构、户外墙面、屋面和道路、场地、绿地等部位。

4. 共用设施设备

共用设施设备，是指物业管理区域内属于全体业主或者单幢物业的业主、物业使用人共同使用的供水箱、水泵、排水管道、窨井、化粪池、垃圾箱(房)、电梯、楼道照明设施、小区道路照明设施、安全防范智能系统、避雷装置、单元防盗门、文化体育设施和区域围护等设施设备。

5. 社区配套用房

根据住房和城乡建设部发布的《城市居住区规划设计标准》(GB 50180 - 2018)第2.0.10条规定，社区服务设施是指居住区内对应人口规模配套建设的生活服务设施，主要包括托幼、社区服务及文体活动、卫生服务、养老助残、商业服务等设施。社区服务设施主要表现为各类用房，我们通常称之为社区配套用房或者社区用房，如社区居委会办公用房(社区服务中心)、卫生服务站、警务室、文化活动室、居家养老服务用房、幼儿园、托育所、对外开放的公厕等，其建设资金来源、产权归属和使用管理方式等并无统一规定。实务中常见做法是，社区配套用房由住宅小区建设单位负责建设，建成后按照国有建设用地使用权出让合同的约定移交属地街道(乡镇政府)，配合办理相关产权事宜。民政主管部门负责社区配套用房的监督使用，日常管理由属地街道(乡镇政府)负责。在有些地方规范性文件中，对一些养老服务设施的配套建设比例进行了明确，如地方性法规《浙江省社会养老服务促进条例》(2015年通过，2021年修正)第14条第1款规定：新建住宅小区应当按照社会养老服务设施建设规划和省规定的社会养老服务设施配套建设标准，建设居家养老服务用房，并与住宅同步规划、同步建设、同步验收、同步交付使用。《宁波市居家养老服务条例》(2018年颁布实施)第13条第1款、第2款规定：新建住宅小区的居家养老服务用房按照每百户(不足百户的，按照百户计)不少于 20 平方米建筑面积标准配建,与住宅同步规划、同步建设、同步验收、同步交付使用。城乡规划部门在审查建设项目设计方案时,应当征求民政部门的意见。已建成住宅小区的居家养老服务用房按照每百户不少于 15 平方米建筑面积标准配建,未达到配建标准的,区县(市)人民政府应当以社区为单位,通过购置、置换、租赁等方式,统筹配置居家养老服务用房。老年人比较集中的社区应当适当提高配建标准。

(三)物业服务中常见的费用类型

1. 物业服务费

物业服务费,简称物业费,是指物业服务人按照物业服务合同约定,在物业管理区域内从事房屋及配套设施设备和相关场地的日常管理、维护保养、绿化养护、环境卫生保洁、公共秩序维持以及安全防范协助等服务,向业主或物业使用人所收取的费用。

"服务费用的标准和收取办法"应是物业服务合同的主要内容。按照《民法典》第 944 条第 1 款的规定,业主应当按照约定向物业服务人支付物业费。物业服务人已经按照约定和有关规定提供服务的,业主不得以未接受或者无须接受相关物业服务为由拒绝支付物业费。也就是说,如果房屋已经交付、物业服务人已经提供了物业服务,即使业主没有实际入住,也应该缴纳物业费,不能以自己未接受或无须接受相关物业服务等理由拒绝交纳。

2. 车位管理费

车位管理费,一般是指物业服务企业为业主自有的产权车位提供环境卫生保洁、停放秩序管理、通风照明等设施设备日常运行维护等服务,由机动车停车位所有权人交纳的费用。有些物业服务企业以车位(库)物业服务费的形式收取。

《民法典》第 275 条第 1 款规定:建筑区划内,规划用于停放汽车的车位、车库的归属,由当事人通过出售、附赠或者出租等方式约定。第 276 条规定:建筑区划内,规划用于停放汽车的车位、车库应当首先满足业主的需要。这类停车位的日常管理服务由物业服务企业提供,业主应当为此支付相应的服务费。

3. 停车服务费(停车费)

停车服务费,就是人们常说的停车费,是指物业服务企业按照物业服务合同约定,对物业管理区域内规划用于停放机动车的公共停车位,或者占用业主共有的道路及其他场地设置的停车位进行经营和维护管理,向停放者收取的费用。根据《民法典》第275条第2款的规定：占用业主共有的道路或者其他场地用于停放汽车的车位，属于业主共有。此外，《建筑物区分所有权司法解释》第6条规定：建筑区划内在规划用于停放汽车的车位之外，占用业主共有道路或者其他场地增设的车位，应当认定为《民法典》第275条第2款所称的车位。

因此，物业服务企业在日常服务过程中收取的该类停车费用，其本质属于利用物业共用部位、共用设施设备产生的收益，除维护车辆停放场地及设施设备有效使用和停车管理的必要开支外，物业服务企业应当按照物业服务合同的约定或者业主大会决定，将停车费用于补充物业专项维修资金或者用于物业管理的其他需要。

4. 住宅物业保修金

住宅物业保修金，是指建设单位按照规定向物业所在地的区（县、市）住房和城乡建设主管部门交存的，作为保修期内住宅物业质量维修费用保证的资金。该笔资金属于建设单位所有，作为其在保修期内按规定向业主履行保修义务的保证。

《浙江省物业管理条例》（2009年修正）第50条第2款规定：建设单位在物业竣工验收前，应当一次性向所在地县级物业主管部门交纳物业建筑安装总造价2%的保修金，存入指定银行，作为物业维修费用保证。《宁波市住宅小区物业管理条例》第47条有类似规定，同时明确：物业保修金交存、使用管理的具体办法，由市人民政府根据国家和省有关规定另行制定并公布。宁波市人民政府于2022年9月5日发布《宁波市住宅物业保修金管理办法》（甬政发〔2022〕46号），规定了该市住宅小区物业保修金的交存、使用、退还等内容。根据该办法的相关规定，在物业保修范围和保修期限内，当出现建设单位不履行保修责任，或者因歇业、破产等原因无法履行保修责任等情形时，业主委员会、村（居）民委员会或者业主可以作为保修请求人向物业所在地保修金管理机构申请启动使用保修金。

5. 住宅专项维修资金

住宅专项维修资金，是指专项用于住宅共用部位、共用设施设备保修期满后的维修、更新和改造的资金。根据《民法典》第278条第1款规定，"筹集建筑物及其附属设施的维修资金""使用建筑物及其附属设施的维修资金"是需要全体业主共同决定的事项。第281条第1款规定：建筑物及其附属设施的维修资金，属于业主共有。经业主共同决定，可以用于电梯、屋顶、外墙、无障碍设施等共有部分的维修、更新和改造。

《物业管理条例》第53条规定:住宅物业、住宅小区内的非住宅物业或者与单幢住宅楼结构相连的非住宅物业的业主,应当按照国家有关规定交纳专项维修资金。专项维修资金属于业主所有,专项用于物业保修期满后物业共用部位、共用设施设备的维修和更新、改造,不得挪作他用。专项维修资金收取、使用、管理的办法由国务院建设行政主管部门会同国务院财政部门制定。2007年,原建设部、财政部发布了《住宅专项维修资金管理办法》。各地也发布了关于住宅专项维修资金管理的规范性文件,如2010年12月宁波市人民政府以政府令第182号发布了《宁波市物业专项维修资金管理办法》,后经2017年12月、2023年2月两次修订完善。

值得注意的是,住宅专项维修资金与住宅物业保修金,两者的归属、使用期限、使用程序及条件等存在诸多不同,但它们都是服务于住宅物业相关维修事宜,为维护业主正常居住权益起到重要作用。

(四)物业服务中常见的车位类型

住宅小区停车位主要有以下三种类型:

一是开发商可以通过出售、出租或赠与等方式约定归属的规划车位。

该类车位就是人们常说的产权车位。鉴于车位产权登记目前尚无统一规定,各地操作不一,此处我们所称"产权车位"并非指有产权证的车位,而是指开发商取得合法销售许可证明后有权通过出售、出租或赠与等方式自由处分给住宅小区业主的车位,该类车位可以通过办理产权登记形式确认所有权人,也可以通过土地出让规划条件、商品房买卖合同等形式确认为某个主体所有。这类车位往往在地下室,日常生活中也称地下车位。

二是依照规定占用业主共有道路或者其他场地用于停车的"公共车位"。

这类车位指的是,当物业管理区域内规划停车位无法满足业主需求时,经业主大会决定,可以按照有关规定占用业主共有的道路或者其他场地设置停车泊位,但不得影响日常交通和消防车辆通行。这类车位一般位于地面,且不办理产权登记手续,也通常称之为地面停车位或者地上车位。

《民法典》第275条第2款规定:占用业主共有的道路或者其他场地用于停放汽车的车位,属于业主共有。《浙江省物业管理条例》第41条规定:经业主大会同意,在物业管理区域内设置临时停车位的,不得影响其他车辆和行人的正常通行,不得损坏绿地等共用部位、共用设施设备,不得阻碍消防通道。《宁波市住宅小区物业管理条例》第 14 条规定:物业管理区域内规划用于停放机动车的车位、车库不能满足业主、物业使用人需要的,经业主大会决定,可以按照有关规定占用业主共有的道路或者其他场地设置停车泊位,但不得影响日常交通和消防车辆通行。业主委员会持业主大会书面决定,请求协助、指导划定前款规定的停车泊位、行车路线和消防车通道标识的,公安机关交通管理部门、消防救援机构应当予以配合。

由上述规定可知,住宅小区拟利用业主共有部位设置停车泊位的,需组织召开业主大会,通过业主大会表决决定是否设置停车位、设置在何处、产生收益如何利用等事项。现实生活中,物业服务企业经业主大会授权管理上述车位事宜,包括请求有权机关协助停车位划线、收费备案等事项,物业服务企业从中收取必要的日常管理费。也有部分物业服务企业未经业主大会授权,擅自将共用部分出租经营,此种情况属于无权处分。业主委员会可以物业服务企业侵权为由要求物业服务企业停止侵害、恢复原状并赔偿损失。

三是平时用于停车的人防工程,简称"人防车位"。

《人民防空法》(2009 年修正)第 18 条规定,人民防空工程包括为保障战时人员与物资掩蔽、人民防空指挥、医疗救护等而单独修建的地下防护建筑,以及结合地面建筑修建的战时可用于防空的地下室。当前住宅小区建设,除异地建设之外,一般要求在住宅小区内配建可用于人民防空作用的地下工程,该地下工程平时由开发商自行或者委托物业服务企业用作停车位。申言之,人防车位只是人防地下工程的用途表现之一,人民防空工程不得出售、附赠,平时用于停车的,应当向全体业主开放。

但实践中,很多人防车位被建设单位"以租代售"的方式处理了,即建设单位或其委托的物业服务企业与业主签署长期的车位租赁协议,一次性或分期收取租金,实际上是变相出售人防车位,与《人民防空法》规定相违背。为此,部分地方立法明确规定,人防车位出租的,租赁合同期限不得超过 1 年,期限届满后重新调整租赁关系。

除此之外,现实生活中我们还会经常看到各类机械车位。这类机械车位常用于医院、商业综合体等由单一产权主体所有或者运营管理的物业管理区域。住宅小区内使用机械车位的情况,目前并不多见,鉴于此,机械车位不在本节讨论范围。

二、业主与物业服务企业的关系

业主与物业服务企业之间的关系应是物业服务合同法律关系。根据《民法典》第939条的规定,无论是建设单位与物业服务人订立的前期物业服务合同,还是业主委员会与业主大会依法选聘的物业服务人订立的物业服务合同,都对业主具有法律约束力。

在合同关系中,最主要的是明确合同当事人的权利与义务关系。

(一)业主的主要权利与义务

《物业管理条例》第6条第2款规定了业主在物业管理活动中享有的权利,其中与物业服务企业相关的权利有:(1)按照物业服务合同的约定,接受物业服务企业提供的服务;(2)监督物业服务企业履行物业服务合同;(3)对物业共用部位、共用设施设备和相关场地使用情况享有知情权和监督权;(4)监督物业共用部位、共用设施设备专项维修资金的管理和使用。第7条规定了业主需要履行的义务,其中与物业服务企业相关的义务有:(1)遵守物业管理区域内物业共用部位和共用设施设备的使用、公共秩序和环境卫生的维护等方面的规章制度;(2)按照国家有关规定交纳专项维修资金;(3)按时交纳物业服务费用。

此外,《民法典》第286条第1款规定了业主的守法义务:业主应当遵守法律、法规以及管理规约,相关行为应当符合节约资源、保护生态环境的要求。对于物业服务企业或者其他管理人执行政府依法实施的应急处置措施和其他管理措施,业主应当依法予以配合。第945条规定了业主的事先告知义务:业主装饰装修房屋的,应当事先告知物业服务人,遵守物业服务人提示的合理注意事项,并配合其进行必要的现场检查。业主转让、出租物业专有部分、设立居住权或者依法改变共有部分用途的,应当及时将相关情况告知物业服务人。

除了以上权利义务外,双方可以在物业服务合同中进行细化与补充相关内容的约定,如约定物业服务费用的交纳标准、时间与方式;约定物业水电分摊比例;约定电梯安全使用与管理的要求等。这些内容与业主的义务承担也有密切的关系。

(二)物业服务企业的主要权利与义务

物业服务企业的主要权利就是报酬请求权。根据《民法典》第944条的规定,物业服务企业已经按照约定和有关规定提供服务的,可以要求业主按照物业服务合同的约定支付物业费。如果业主逾期不支付物业费,物业服务企业可以催告其在合理期限内支付;合理期限届满仍不支付的,物业服务企业可以向法院提起诉讼或者申请仲裁,但不得采取停止供电、供水、供热、供燃气等带有"强制"性质、对业主正常生活带来较大影响的方式来催交物业费。

《民法典》第942条第1款规定了物业服务企业的主要义务,主要是三个方面:(1)维护和经营管理物业服务区域内共有部位和共有设施设备;(2)维护物业服务区域内的基本秩序;(3)保护业主的人身、财产安全。第943条规定了物业服务企业的报告义务,应当定期将服务的事项、负责人员、质量要求、收费项目、收费标准、履行情况,以及维修资金使用情况、业主共有部分的经营与收益情况等以合理方式向业主公开并向业主大会、业主委员会报告。

对于物业服务企业的权利与义务的理解,也可以见《物业管理条例》第四章"物业管理服务"与第五章"物业的使用维护"的相关内容。如第43条规定:物业服务企业可以根据业主的委托提供物业服务合同约定以外的服务项目,服务报酬由双方约定。按照第44条的规定,物业服务企业接受供水、供电、供气、供热、通信、有线电视等单位委托代收钱款费用的,不得向业主收取手续费等额外费用。

此外,需要注意物业服务合同的转委托。根据《民法典》第941条的规定,物业服务企业可以将物业服务区域内的部分专项服务事项委托给专业性服务组织或者其他第三人,并就该部分专项服务事项向业主负责,即允许专业性委托,如水电维修、墙皮粉刷等;但物业服务企业不得将其应当提供的全部物业服务转委托给第三人,或者将全部物业服务支解后分别转委托给第三人,即不允许类似建设工程领域的转包或违法分包的做法。

业主与物业服务企业之间产生的纠纷是比较常见的,案由大多是物业服务合同纠纷,本书将在本章第五节中结合相关案例进行分析。

三、业主与业主大会、业主委员会的关系

根据《民法典》第277条第1款第1句的规定,业主可以设立业主大会,选举业主委员会。住宅小区的第一主体应当是业主,即业主对于小区内各项公共事务具有决定权,相应的议事机构即为业主大会,业主大会决议通过的事项由业主委员会予以执行。关于业主与业主大会、业主委员会的关系,一般可以理解为代表关系,即业主大会、业主委员会作为业主自治管理组织,业主大会对内集合全体业主的意思作出决议;业主委员会执行业主大会作出的决定,并对外代表全体业主与相关政府部门进行沟通、与物业服务企业签约,也可以向法院提起诉讼或应诉。

（一）业主与业主大会、业主委员会相关的主要权利与义务

《物业管理条例》第6条第2款规定了业主在物业管理活动中享有的权利,其中与业主大会、业主委员会相关的有:(1)提议召开业主大会会议,并就物业管理的有关事项提出建议;(2)提出制定和修改管理规约、业主大会议事规则的建议;(3)参加业主大会会议,行使投票权;(4)选举业主委员会成员,并享有被选举权;(5)监督业主委员会的工作;(6)对物业共用部位、共用设施设备和相关场地使用情况享有知情权和监督权;(7)监督物业共用部位、共用设施设备专项维修资金的管理和使用。

第7条规定了业主需要履行的义务,其中与业主大会、业主委员会相关的有:(1)遵守管理规约、业主大会议事规则;(2)执行业主大会的决定和业主大会授权业主委员会作出的决定;(3)按照国家有关规定交纳专项维修资金。

（二）业主大会

1. 关于业主大会的指导单位

《民法典》第277条第2款规定:地方人民政府有关部门、居民委员会应当对设立业主大会和选举业主委员会给予指导和协助。《物业管理条例》第10条第1句规定:同一个物业管理区域内的业主,应当在物业所在地的区、县人民政府房地产行政主管部门或者街道办事处、乡镇人民政府的指导下成立业主大会,并选举产生业主委员会。《宁波市住宅小区物业管理条例》第5条第3款规定:镇(乡)人民政府、街道办事处应当按照规定的职责,将物业管理纳入本级社区治理工作体系,建立健全工作制度,明确工作职责,指导、监督本辖区内物业管理活动,并承担应急物业服务等职责。第19条规定:物业管理区域具备法律、法规规定的业主大会成立条件的,所在地的镇(乡)人民政府、街道办事处,应当及时指导业主成立业主大会筹备组,筹备成立业主大会。这一规定有助于避免过去经常出现的相互推诿现象发生,更有助于扭转物业管理领域在过去普遍存在的"看得见的无权管""有权管的看不见"这一尴尬局面。

2. 成立业主大会的前置条件

《民法典》第277条规定:业主可以设立业主大会,选举业主委员会。业主大会、业主委员会成立的具体条件和程序,依照法律、法规的规定。地方人民政府有关部门、居民委员会应当对设立业主大会和选举业主委员会给予指导和协助。住

房和城乡建设部发布的《业主大会和业主委员会指导规则》(建房〔2009〕274号)第8条规定:物业管理区域内,已交付的专有部分面积超过建筑物总面积50%时,建设单位应当按照物业所在地的区、县房地产行政主管部门或者街道办事处、乡镇人民政府的要求,及时报送下列筹备首次业主大会会议所需的文件资料:(1)物业管理区域证明;(2)房屋及建筑物面积清册;(3)业主名册;(4)建筑规划总平面图;(5)交付使用共用设施设备的证明;(6)物业服务用房配置证明;(7)其他有关的文件资料。

3.业主大会的表决程序

根据《民法典》第278条第2款的规定,业主大会具体落实表决程序时,应当由专有部分面积占比2/3以上的业主且人数占比2/3以上的业主参与表决。涉及决定有关"筹集建筑物及其附属设施的维修资金""改建、重建建筑物及其附属设施""改变共有部分的用途或者利用共有部分从事经营活动"事项的,应当经参与表决专有部分面积3/4以上的业主且参与表决人数3/4以上的业主同意。涉及决定其他事项的,应当经参与表决专有部分面积过半数的业主且参与表决人数过半数的业主同意。

业主大会会议可以采用集体讨论的形式,也可以采用书面征求意见的形式。实践中,为了方便广大业主及时有效地行使业主权利、参与物业管理活动,有些地方立法明确规定业主可以通过线上方式表决。如《宁波市住宅小区物业管理条例》第25条规定:业主大会会议可以采取线下或者线上书面征求意见、集体讨论等形式召开。鼓励在市物业管理综合信息平台上以网络会议方式组织召开业主大会会议。市物业管理综合信息平台应当免费提供业主大会会议系统供业主使用。

4.业主人数及专有部分面积的计算方法

为了使表决更具有合理性,还需要明确业主人数及专有部分面积的计算方法。《业主大会和业主委员会指导规则》第23条规定:业主大会确定业主投票权数,可以按照下列方法认定专有部分面积和建筑物总面积:(1)专有部分面积按照不动产登记簿记载的面积计算;尚未进行登记的,暂按测绘机构的实测面积计算;尚未进行实测的,暂按房屋买卖合同记载的面积计算;(2)建筑物总面积,按照前项的统计总和计算。第24条规定:业主大会确定业主投票权数,可以按照下列方法认定业主人数和总人数:(1)业主人数,按照专有部分的数量计算,一个专有部分按一人计算。但建设单位尚未出售和虽已出售但尚未交付的部分,以及同一买受人拥有一个以上专有部分的,按一人计算;(2)总人数,按照前项的统计总和计算。一些省、自治区、直辖市或有立法权的较大的市往往也会制定关于物业管理的地方性法规,如《宁波市住宅小区物业管理条例》第18条规定了有关业主人数、专有部分面积的计算规则。

5.议事规则与管理规约

根据法律、法规的规定,首次业主大会会议应当审议通过业主大会议事规则、管理规约。

《物业管理条例》第18条规定:业主大会议事规则应当就业主大会的议事方式、表决程序、业主委员会的组成和成员任期等事项作出约定。住宅小区成立业主大会、业主委员会,是小区自治的具体表现,而议事规则代表了自治的规则化。

《物业管理条例》第17条规定,管理规约应当对有关物业的使用、维护、管理,业主的共同利益,业主应当履行的义务,违反管理规约应当承担的责任等事项依法作出约定。管理规约应当尊重社会公德,不得违反法律、法规或者损害社会公共利益。管理规约对全体业主具有约束力。《民法典》第279条第1句规定,业主不得违反法律、法规以及管理规约,将住宅改变为经营性用房。第286条第1款规定,业主应当遵守法律、法规以及管理规约。由此可见,小区物业管理规约类似于公司的章程,属于业主自治范畴内的业主行为规范要求,只要发生在本小区内的行为,无论是业主、物业使用人、物业服务企业还是进入本小区的其他主体,均应当予以遵守。

(三)业主委员会

《物业管理条例》中有对业主委员会的主要规范,如第10条规定:同一个物业管理区域内的业主,应当在物业所在地的区、县人民政府房地产行政主管部门或者街道办事处、乡镇人民政府的指导下成立业主大会,并选举产生业主委员会。但是,只有一个业主的,或者业主人数较少且经全体业主一致同意,决定不成立业主大会的,由业主共同履行业主大会、业主委员会职责。第16条规定:业主委员会应当自选举产生之日起30日内,向物业所在地的区、县人民政府房地产行政主管部门和街道办事处、乡镇人民政府备案。业主委员会委员应当由热心公益事业、责任心强、具有一定组织能力的业主担任。业主委员会主任、副主任在业主委员会成员中推选产生。第19条第1款规定:业主大会、业主委员会应当依法履行职责,不得作出与物业管理无关的决定,不得从事与物业管理无关的活动。第20

条规定:业主大会、业主委员会应当配合公安机关,与居民委员会相互协作,共同做好维护物业管理区域内的社会治安等相关工作。在物业管理区域内,业主大会、业主委员会应当积极配合相关居民委员会依法履行自治管理职责,支持居民委员会开展工作,并接受其指导和监督。住宅小区的业主大会、业主委员会作出的决定,应当告知相关的居民委员会,并认真听取居民委员会的建议。

根据《物业管理条例》第15条的规定,业主委员会作为业主大会的执行机构,其应履行以下职责:(1)召集业主大会会议,报告物业管理的实施情况;(2)代表业主与业主大会选聘的物业服务企业签订物业服务合同;(3)及时了解业主、物业使用人的意见和建议,监督和协助物业服务企业履行物业服务合同;(4)监督管理规约的实施;(5)业主大会赋予的其他职责。此外,业主委员会应当做好业主大会会议记录。

(四)关于业主委员会的诉讼主体资格

对于业主委员会的诉讼主体资格问题(包括原告主体资格和被告主体资格),因法律法规未就此作出明确规定而有不同的理解,但实践中一般认为应赋予业主委员会诉讼主体资格。

首先,业主大会、业主委员会作为业主自治管理组织,但是否属于法律规定的"基层群众性自治组织"范围,存在较大的争议。《民法典》第96条规定:本节规定的机关法人、农村集体经济组织法人、城镇农村的合作经济组织法人、基层群众性自治组织法人,为特别法人。第101条第1款规定:居民委员会、村民委员会具有基层群众性自治组织法人资格,可以从事为履行职能所需要的民事活动。法律并没有明确将业主委员会作为"基层群众性自治组织",所以在司法实践中一般不予认定为特别法人,而是归类为非法人的其他组织。

其次,《民法典》第280条第2款规定,"业主大会或者业主委员会作出的决定侵害业主合法权益的,受侵害的业主可以请求人民法院予以撤销"。若业主对业主委员会作出的决定提起撤销权之诉,显然要以业主委员会为被告。《民法典》第286条第2款规定:"业主大会或者业主委员会,对任意弃置垃圾、排放污染物或者噪声、违反规定饲养动物、违章搭建、侵占通道、拒付物业费等损害他人合法权益的行为,有权依照法律、法规以及管理规约,请求行为人停止侵害、排除妨碍、消除危险、恢复原状、赔偿损失。"很显然,如果不赋予业主委员会原告主体资格,以上请求难以实现。

再次,根据《物业管理条例》的规定,业主委员会是业主大会的执行机构,根据业主大会的授权对外代表业主进行民事活动,所产生的法律后果由全体业主承担。业主委员会选举产生后应向相关机关予以备案,同时刻制相应印章,以业主委员会出面参加诉讼活动既有权利来源,也有必要的形式要件。

最后,业主大会作为议事和决议机关,主要通过会议方式开展工作,不属于常设性机构,一般也没有统一登记规则,以业主委员会作为诉讼主体更为合适。需要补充说明的是,有些地方已经开始探索实行业主大会统一社会信用代码证管理制度,如《宁波市住宅小区物业管理条例》第 28 条第 2 款规定,业主大会依法成立并办理备案手续后,由有关单位发放统一社会信用代码证,相关具体的实施办法仍在研究制定中。

第二节　建筑物区分所有权制度

一、《民法典》对建筑物区分所有权的规定

在现代社会中,建筑物越来越向多层或高层趋势发展,普通的购房者一般只能购买其中的一部分,形成一幢不可分割的建筑物的不同部分由多人共有的结果,不同的民事主体就其购买的房屋享有单独的所有权,此种所有权形式被称为建筑物区分所有权。建筑物区分所有权制度作为一项重要的物权制度,因直接关系到业主的切身利益而备受关注。在《民法典》物权编第二分编中,专门有第六章"业主的建筑物区分所有权",共 17 个条文,具体内容如下:

第二百七十一条　业主对建筑物内的住宅、经营性用房等专有部分享有所有权,对专有部分以外的共有部分享有共有和共同管理的权利。

第二百七十二条　业主对其建筑物专有部分享有占有、使用、收益和处分的权利。业主行使权利不得危及建筑物的安全,不得损害其他业主的合法权益。

第二百七十三条　业主对建筑物专有部分以外的共有部分,享有权利,承担义务;不得以放弃权利为由不履行义务。

业主转让建筑物内的住宅、经营性用房,其对共有部分享有的共有和共同管理的权利一并转让。

第二百七十四条　建筑区划内的道路,属于业主共有,但是属于城镇公共道路的除外。建筑区划内的绿地,属于业主共有,但是属于城镇公共绿地或者明示

属于个人的除外。建筑区划内的其他公共场所、公用设施和物业服务用房,属于业主共有。

第二百七十五条　建筑区划内,规划用于停放汽车的车位、车库的归属,由当事人通过出售、附赠或者出租等方式约定。

占用业主共有的道路或者其他场地用于停放汽车的车位,属于业主共有。

第二百七十六条　建筑区划内,规划用于停放汽车的车位、车库应当首先满足业主的需要。

第二百七十七条　业主可以设立业主大会,选举业主委员会。业主大会、业主委员会成立的具体条件和程序,依照法律、法规的规定。

地方人民政府有关部门、居民委员会应当对设立业主大会和选举业主委员会给予指导和协助。

第二百七十八条　下列事项由业主共同决定:

(一)制定和修改业主大会议事规则;

(二)制定和修改管理规约;

(三)选举业主委员会或者更换业主委员会成员;

(四)选聘和解聘物业服务企业或者其他管理人;

(五)使用建筑物及其附属设施的维修资金;

(六)筹集建筑物及其附属设施的维修资金;

(七)改建、重建筑物及其附属设施;

(八)改变共有部分的用途或者利用共有部分从事经营活动;

(九)有关共有和共同管理权利的其他重大事项。

业主共同决定事项,应当由专有部分面积占比三分之二以上的业主且人数占比三分之二以上的业主参与表决。决定前款第六项至第八项规定的事项,应当经参与表决专有部分面积四分之三以上的业主且参与表决人数四分之三以上的业主同意。决定前款其他事项,应当经参与表决专有部分面积过半数的业主且参与表决人数过半数的业主同意。

第二百七十九条　业主不得违反法律、法规以及管理规约,将住宅改变为经营性用房。业主将住宅改变为经营性用房的,除遵守法律、法规以及管理规约外,应当经有利害关系的业主一致同意。

第二百八十条　业主大会或者业主委员会的决定,对业主具有法律约束力。

业主大会或者业主委员会作出的决定侵害业主合法权益的,受侵害的业主可以请求人民法院予以撤销。

第二百八十一条　建筑物及其附属设施的维修资金，属于业主共有。经业主共同决定，可以用于电梯、屋顶、外墙、无障碍设施等共有部分的维修、更新和改造。建筑物及其附属设施的维修资金的筹集、使用情况应当定期公布。

紧急情况下需要维修建筑物及其附属设施的，业主大会或者业主委员会可以依法申请使用建筑物及其附属设施的维修资金。

第二百八十二条　建设单位、物业服务企业或者其他管理人等利用业主的共有部分产生的收入，在扣除合理成本之后，属于业主共有。

第二百八十三条　建筑物及其附属设施的费用分摊、收益分配等事项，有约定的，按照约定；没有约定或者约定不明确的，按照业主专有部分面积所占比例确定。

第二百八十四条　业主可以自行管理建筑物及其附属设施，也可以委托物业服务企业或者其他管理人管理。

对建设单位聘请的物业服务企业或者其他管理人，业主有权依法更换。

第二百八十五条　物业服务企业或者其他管理人根据业主的委托，依照本法第三编有关物业服务合同的规定管理建筑区划内的建筑物及其附属设施，接受业主的监督，并及时答复业主对物业服务情况提出的询问。

物业服务企业或者其他管理人应当执行政府依法实施的应急处置措施和其他管理措施，积极配合开展相关工作。

第二百八十六条　业主应当遵守法律、法规以及管理规约，相关行为应当符合节约资源、保护生态环境的要求。对于物业服务企业或者其他管理人执行政府依法实施的应急处置措施和其他管理措施，业主应当依法予以配合。

业主大会或者业主委员会，对任意弃置垃圾、排放污染物或者噪声、违反规定饲养动物、违章搭建、侵占通道、拒付物业费等损害他人合法权益的行为，有权依照法律、法规以及管理规约，请求行为人停止侵害、排除妨碍、消除危险、恢复原状、赔偿损失。

业主或者其他行为人拒不履行相关义务的，有关当事人可以向有关行政主管部门报告或者投诉，有关行政主管部门应当依法处理。

第二百八十七条　业主对建设单位、物业服务企业或者其他管理人以及其他业主侵害自己合法权益的行为，有权请求其承担民事责任。

二、对建筑物区分所有权的理解

(一)建筑物区分所有权的"三元论说"

"一物一权"是传统物权法理论中的一项基本原则,建筑物区分所有权的出现,是对该传统理论的突破,是"一物一权"原则或物的一部分不能成为独立权利主体一般原则的例外。围绕对建筑物区分所有权的认识和界定,理论界形成了众多的观点和学说。从其形成以及发展的过程来看,主要有"一元论说""二元论说""三元论说"。其中,"三元论说"观点出现相对较晚,其主要倡导者是德国美因兹大学的贝尔曼教授,又被称为"最广义区分所有权说"。现行《德国住宅所有权法》就采取了该学说。该学说认为,建筑物区分所有权包括区分所有建筑物专有权、共有权与成员权三要素,即区分所有权人受让区分所有权时,必然同时取得专有部分所有权、共有部分持份权和成员权三种权利。"三元论说"在本质上揭示了建筑物区分所有权所固有的本质性,有助于调整区分所有权中的个人和团队之间的矛盾并协调其相互关系,成为当今学界的通说。

从《民法典》第271条的规定来看,业主的建筑物区分所有权主要包括其对建筑物专有部分的所有权,对建筑物区划内的专有部分以外的共有部分享有的共有权和共同管理的权利,也就是说,我国的立法也采取了三元论观点。具言之:第一,业主对建筑物(包括住宅、经营性用房)专有部分有所有权,可以依法占有、使用、收益和处分,与传统民法中所有权的完整权能范围完全一致。第二,业主对建筑区划内的共有部分享有共有权,即业主对共有部分如电梯、过道、楼梯、水箱、外墙面等享有共有的权利。此外,关于建筑区划内的道路(属于城镇公共道路的除外)、绿地(属于城镇公共绿地或者明示属于个人的除外)及其他公共场所、公用设施和物业服务用房等,都属于业主共有。第三,业主对建筑区域内的共有部分的共同管理权。

(二)业主专有权的范围界定及行使权利限制

1.业主专有权的范围界定

业主对建筑物专有部分享有专有权,至于如何界定该专有部分,通说认为应当以具有构造上的独立性和使用上的独立性作为标准。由于专有部分的范围即专有权的客体所涉及的具体内容过于繁杂,无法用简练的文字予以高度概括,所以在《民法典》等法律中均未作出明确规定。为了适应审判实务需要,《建筑物区分所有权司法解释》第 2 条规定："建筑区划内符合下列条件的房屋,以及车位、摊位等特定空间,应当认定为民法典第二编第六章所称的专有部分:(一)具有构造上的独立性,能够明确区分;(二)具有利用上的独立性,可以排他使用;(三)能够登记成为特定业主所有权的客体。规划上专属于特定房屋,且建设单位销售时已经根据规划列入该特定房屋买卖合同中的露台等,应当认定为前款所称的专有部分的组成部分。本条第一款所称房屋,包括整栋建筑物。"

上述司法解释的规定,除了采纳通说认为的具有构造上的独立性和使用上的独立性标准外,还增加了一个"能否登记成为特定业主所有权的客体"这一要件。按照这一规定,在我国司法审判实务中,判断某一房屋或者特定空间是否构成专有部分,是看其是否同时具备前述的三个条件。如违法建筑,虽然在物理上具备构造上的独立性和使用上的独立性,但是不能成为法律上的专有部分,不动产登记机构不会为违法建筑办理登记手续。

2. 业主专有权的行使限制

业主对其建筑物专有部分享有专有权,其表现形式为占有、使用、收益和处分的权能,如可以用于自住,或者出租使用,甚至转让等。但业主行使专有权时并不是无限制的,需要遵守《民法典》第 272 条"业主行使权利不得危及建筑物的安全,不得损害其他业主的合法权益"的规定。对此可以从以下两方面来理解:

第一,作为建筑物专有部分的权利人,业主负有不得危害建筑物安全的义务。业主的各专有部分紧密地堆砌于同一幢建筑物上,各业主之间对整幢建筑物的安全与维护形成了共同的利害关系。所以,业主不得有以下两类行为:一是对建筑物的不当损毁。例如,业主对自己专有部分的墙壁进行改建,增设或者移除飘窗,从而损害整个建筑物的外观形象,或者对自己室内的下水道进行改装,从而造成排水堵塞,影响其他业主使用,侵权人除了及时停止侵权、恢复原状外,还要向被侵害人赔偿损失。二是对建筑物的不当使用。不当使用的行为主要包括不合理使用自己专有部分,改变专有部分本来的用途或使用目的等。如在自己室内大量存储爆竹等危险性物品,将可能造成火灾,危害其他业主的安全。又如将住宅改变用途,开设经营性棋牌室,造成对周围邻居的影响。

第二,作为建筑物专有部分的权利人,业主负有不得损害其他业主合法权益的义务。如在自己室内大量饲养犬类等宠物,不仅会有卫生方面的问题,而且会影响周围邻居的休息;经常在室内开派对,到很晚还在播放大功率的音响,势必会影响他人的安宁与正常的生活休息等。这种情况又体现为相邻关系,其他业主可以要求其停止侵害、排除妨碍、消除危险、恢复原状、赔偿损失。

(三)业主共有权的权利义务

《建筑物区分所有权司法解释》第 3 条规定:"除法律、行政法规规定的共有部分外,建筑区划内的以下部分,也应当认定为民法典第二编第六章所称的共有部分:(一)建筑物的基础、承重结构、外墙、屋顶等基本结构部分,通道、楼梯、大堂等公共通行部分,消防、公共照明等附属设施、设备,避难层、设备层或者设备间等结构部分;(二)其他不属于业主专有部分,也不属于市政公用部分或者其他权利人所有的场所及设施等。建筑区划内的土地,依法由业主共同享有建设用地使用权,但属于业主专有的整栋建筑物的规划占地或者城镇公共道路、绿地占地除外。"上述第 2 项中其他"场所及设施等",包括小区游泳池、健身场所及健身设施、物业管理用房等。

业主对共有部分享有的共有权,也包括占有、使用、收益和处分的权利,但在实际生活中涉及较多的主要是使用权和收益权。对于行使共有部分使用权的方式,各国一般将其共有部分之使用区分为共同使用和轮流使用两种。按照共有部分的使用功能,对共有部分能够同时使用的可以共同使用,如通道、楼梯、小区游泳池等;对于不能同时使用的,可以轮流使用,如小区健身设施、文化娱乐设施等。需要注意的是,《建筑物区分所有权司法解释》第 4 条规定:业主基于对住宅、经营性用房等专有部分特定使用功能的合理需要,无偿利用屋顶以及与其专有部分相对应的外墙面等共有部分的,不应认定为侵权,但违反法律、法规、管理规约,损害他人合法权益的除外。

对共有部分的收益权是指共有部分所有权人享有的取得因共有部分所生利益的权利。共有部分的收益如:物业管理经营用房对外出租所得的租金,利用共有道路设置的车位所得的停车费,小区墙面或电梯内设置广告所得收益,利用小区内公共场地设立通信基站所得的租金等。具体如何使用这些收益,还要依据相关法律、法规和建筑区划管理规约的规定。例如,《民法典》第 283 条规定:建筑物及其附属设施的费用分摊、收益分配等事项,有约定的,按照约定;没有约定或者约定不明确的,按照业主专有部分面积所占比例确定。

业主对共有部分享有的共有权,可以说既是业主的权利,某种意义上也是业主基于共有权而产生的应予注意和履行的义务,要相应地承担对共有部分的共负义务。业主对共有部分如何承担义务,也要根据相关法律、法规和建筑区划管理规约的规定。如根据《民法典》第 286 条第 2 款的规定,业主不得对共有部分有任意弃置垃圾、排放污染物或者噪声、违章搭建、侵占通道等行为。根据《民法典》第 273 条第 1 款的规定,业主对共有部分既享有权利又需要承担义务,且不得以放弃权利为由不履行义务。如业主不得为了拒绝支付共有财产维护维修的费用,而表示放弃对共有财产的权利,也不得以自己未实际使用等为由而拒绝支付费用。又如业主不得以自己很少或不使用电梯为由,不交纳电梯维修费用;在集中供暖的情况下,不得以冬季不在此居住为由,不交纳暖气费用。

(四)底层院落(绿地)归属问题

实践中,我们经常会遇到这种情况:房地产开发商与买受人签订商品房买卖合同或补充协议约定,位于底层商品房窗前、建有合围设施、由买受人专有使用的院落(绿地),连同底层商品房一起向买受人出售。然而,按照《民法典》第 274 条的规定:建筑区划内的绿地,属于业主共有,但是属于城镇公共绿地或者明示属于个人的除外。要使绿地专属于个人,需要符合相关条件,即上述条文所表述的"明示属于个人"。那么如何理解"明示属于个人"呢?

最高人民法院民事审判第一庭主编的《民事审判实务问答》第 4~5 页中对此问题的解答:要符合"明示"这一条件,必须具备下列要素:一是窗前绿地规划必须经过规划部门事先批准。如果商品房规划已经有关部门批准而窗前绿地没有报批,或者报批后未经批准,或者开发商与底层业主私下达成窗前绿地专有使用权买卖协议后未补办规划批准手续,都不能认定窗前绿地专有使用权买卖合同有效。二是开发商或销售商在出售商品房时,必须通过广告、合同或者其他有效方式向其他业主明示窗前绿地属于底层业主专有(独占)使用。也就是说,开发商或者销售商必须有证据证明,在销售商品房时,其他业主知道或者应当知道窗前绿地按照规划和合同约定属于底层业主专有使用。

需要注意的是,第一,窗前绿地一般与底层商品房一同取得,一同移转让与。实践中业主之间转让窗前绿地的,只要该绿地符合上述条件,且转让手续合法,则该转让行为应当认定为有效。第二,底层业主取得的窗前绿地权利,仅仅是专有使用权,而不是所有权。因为城市土地归国家所有,业主对建筑物所依附的土地以及窗前绿地只享有使用权而不具有所有权,业主只对绿地上的植物享有所有权。第三,窗前绿地不得妨碍建筑区内公共道路、公共场所、公用设施及物业服务用房等有关公用事业的建设和使用。第四,窗前绿地的土地专有使用权费用及绿地维护费用应单独计算,由专有(独占)使用绿地的业主承担,其他区分所有权人不承担此项费用。

(五)业主对共有部分的共同管理权

业主对专有部分以外的共有部分享有共同管理的权利,如业主可以自行管理建筑物及其附属设施,也可以委托物业服务企业或者其他管理人管理;业主还可以成立业主大会,选举业主委员会。

《民法典》第278条通过列举的方式规定了业主共同管理权的范围及成员权的行使、决议的通过及表决能力的大小等问题。该条规定也设置了业主共同决定事项进行表决的前提性条件,即所有建筑区划内需由业主共同决定的事项,无论是较为重大的事项(第6~8项),还是一般性的、常规性的事项(第1~5项),都应当由专有部分面积占比2/3以上的业主且人数占比2/3以上的业主参与表决。这与原《物权法》第76条对此问题的规定相比,属于新增加的规定,更加规范了业主表决的程序,降低了业主表决同意人数及专有部分面积占比的要求,更加强调了业主的参与度和业主自治,维护了业主的表决权,充分体现了民主原则。

根据《民法典》第278条的规定,筹集建筑物及其附属设施的维修资金,改建、重建建筑物及其附属设施,改变共有部分的用途或者利用共有部分从事经营活动,属于较为重大的事项,不能由参与表决的业主以简单多数的表决形式作出决定。根据《民法典》第278条第2款的规定,对以上较为重大的事项应当经参与表决专有部分面积3/4以上的业主且参与表决人数3/4以上的业主同意。

对于其他事项,如制定和修改业主大会议事规则,制定和修改管理规约,选举业主委员会或者更换业主委员会成员,选聘和解聘物业服务企业或者其他管理人,使用建筑物及其附属设施的维修资金,应当经参与表决专有部分面积过半数的业主且参与表决人数过半数的业主同意。

此外,该条第9项是"有关共有和共同管理权利的其他重大事项"。对此,《建筑物区分所有权司法解释》第7条规定:处分共有部分,以及业主大会依法决定或者管理规约依法确定应由业主共同决定的事项,应当认定为《民法典》第278条第1款第9项规定的有关共有和共同管理权利的"其他重大事项"。

三、对共有部分的利用与维护

现实生活中,建筑物共有部分一般由物业服务企业提供日常管理与维护,有些共有部分可以用作经营,产生的收益应归属全体业主,物业服务企业则收取必要的服务费用,或者物业服务企业扣除必要的成本后将剩余收益转入专项维修资金账户、用于业主大会决定的其他用途等。《物业管理条例》第27条规定:业主依法享有的物业共用部位、共用设施设备的所有权或者使用权,建设单位不得擅自处分。第49条第2款规定:物业服务企业确需改变公共建筑和共用设施用途的,应当提请业主大会讨论决定同意后,由业主依法办理有关手续。第50条第1款规定:业主、物业服务企业不得擅自占用、挖掘物业管理区域内的道路、场地,损害业主的共同利益。由上可见,如果建设单位、物业服务企业或者其他管理人等擅自占用、处分业主共有部分,改变其使用功能或者进行经营性活动,权利人有权依法向人民法院请求排除妨害、恢复原状、确认处分行为无效或者赔偿损失。

（一）利用共有部分应遵循法定程序

共有部分一般包括共有部位和共有设施设备。利用共有部分的主体包括业主、业主委员会以及物业服务企业,实践中以物业服务企业利用为多。根据《民法典》第278条第2款的规定,"改变共有部分的用途或者利用共有部分从事经营活动"属于业主共同决定的较为重大的事项之一,应当经参与表决专有部分面积3/4以上的业主且参与表决人数3/4以上的业主同意。

实践中,因为老旧小区原来配建的停车库或停车位较少,导致小区内停车困难,所以很多小区将公共道路的两侧或者其他场地划作停车位。总体上这是件有利于小区居民的好事。物业服务企业也可以从中分得一定的收益,所以积极性较高。但需要注意的是:根据《民法典》第275条第2款的规定,占用业主共有的道路或者其他场地用于停放汽车的车位,属于业主共有。物业服务企业不能擅自实施,尤其是需要改变绿地、道路等场地的用途,小区业主大会通过相关决议后,物业服务企业接受委托才能实施改造。

共有部分的用途具有法定性,原则上不得改变。《物业管理条例》第49条第1款规定,物业管理区域内按照规划建设的公共建筑和共用设施,不得改变用途。但是实践中,有时业主因为有特殊的原因需要改变共有部分的用途,如小区游泳池因为疏于管理、使用率较低导致蚊虫滋生,经业主大会讨论通过后改为儿童游乐场。对于共有部分改变用途,根据《物业管理条例》第49条第2款规定,业主依法确需改变公共建筑和共用设施用途的,应当在依法办理有关手续后告知物业服务企业;物业服务企业确需改变公共建筑和共用设施用途的,应当提请业主大会讨论决定同意后,由业主依法办理有关手续。因为共有部分用途的改变将会对业主行使权利产生重大影响,所以必须要谨慎,需要经过业主大会讨论、遵循法定程序后才能作出决定。

利用共有部分除了应遵循法定程序,还需要注意的是法律法规有一定的限制。如《物业管理条例》第50条规定:业主、物业服务企业不得擅自占用、挖掘物业管理区域内的道路、场地,损害业主的共同利益。因维修物业或者公共利益,业主确需临时占用、挖掘道路、场地的,应当征得业主委员会和物业服务企业的同意;物业服务企业确需临时占用、挖掘道路、场地的,应当征得业主委员会的同意。业主、物业服务企业应当将临时占用、挖掘的道路、场地,在约定期限内恢复原状。

(二)利用共有部分产生收益应依法处理

利用共有部分从事经营,如将部分物业管理用房出租用于开设超市、蔬菜店,利用小区会所开设经营性的健身房等,其所得收益处理是业主们比较关心的重要问题。根据《民法典》第282条的规定,物业服务企业利用业主的共有部分产生的收入,在扣除合理成本之后,属于业主共有。按照《物业管理条例》第54条的规定:利用物业共用部位、共用设施设备进行经营的,应当在征得相关业主、业主大会、物业服务企业的同意后,按照规定办理有关手续。业主所得收益应当主要用于补充专项维修资金,也可以按照业主大会的决定使用。

《宁波市住宅小区物业管理条例》第17条规定中,将"物业管理经营用房、停车收费泊位等共有部分的经营方式、经营收益的用途和分配,以及财务管理主体和相关管理制度"也作为需要业主共同决定的事项。第54条规定:物业服务企业应当按照物业服务合同的约定,定期将物业服务费、水电分摊费、专用车位管理费和由其经营管理的物业共用部位、共用设施设备的收益及使用等收支明细情况向业主委员会报告,并每年定期在物业管理区域内公共信息宣传栏等显著位置向全体业主公布,接受业主监督。经业主大会决定由业主委员会自行经营管理物业共用部位、共用设施设备的,业主委员会应当每年定期在物业管理区域内公共信息宣传栏等显著位置向全体业主公布收支明细情况。业主对公布的收支明细情况有异议的,物业服务企业或者业主委员会应当予以答复和说明。业主可以要求业主委员会对收支情况组织进行审计。业主委员会应当按照物业服务合同的约定或者业主大会的决定组织进行审计,并向全体业主公布审计结果。审计所需费用在物业共用部位、共用设施设备的经营收益中支出。

其他一些规范性文件中也有对利用共有部分产生收益如何处理的规定。如地方政府规章《杭州市老旧小区住宅加装电梯管理办法》第28条第1款规定:老旧小区住宅加装的电梯投入使用后,相关业主可以利用电梯投放商业广告收入等资金用于电梯的维护保养、改造维修、检验检测。

(三)物业共有部分的维修与养护

物业服务企业应按照物业服务合同的约定和住宅小区内相关部位、设施的使用性质,妥善维修养护、清洁、绿化和经营管理物业服务区域内的业主共有部分,系主要职责之一。实践中,物业服务企业有义务建立健全物业共用部位、共用设施设备运行状况的检查维护制度,加强对电梯、消防、建筑幕墙、户外广告设施、墙外挂设空调室外机等设备安全状况的日常巡查,发现问题及时处理。如相关问题属于保修期限和保修范围的问题,物业服务企业应及时通知、督促建设单位履行保修责任;如属于供水、排水、供气、供热、通信、有线电视等管道、管线及其配套设施设备问题,物业服务企业应及时通知、督促相关专业单位组织维修;如属于物业服务企业管理的物业共用部位、共用设施设备的问题,物业服务企业应按照物业服务合同的约定,及时组织维修。

物业维修养护涉及费用支出的问题,往往会涉及维修资金问题。如果住宅小区尚在保修期限内,该维修资金往往由建设单位承担;如果已过保修期,该维修资金由全体业主或者部分业主共同承担。前者涉及物业保修金,后者涉及专项维修资金。实践中,有关专项维修资金和物业保修金的申领与使用一般由物业服务企业出面申请,由业主委员会按照业主大会通过的决议按有关程序办理。

1. 物业保修金的使用与退还

在物业保修期内,建设单位不履行保修责任或者因歇业、破产等原因无法履行保修责任的,物业服务企业可以经业主委员会的授权后申请启动使用保修金。物业保修金启用后,建设单位需及时补足。

保修期满后,建设单位有权向物业行政主管部门申请退还该笔保修金。以浙江省的做法为例,建设单位申请退还该笔保修金需要满足以下条件:一是住宅物业交付之日起满8年;二是将拟退还保修金事项在相关的物业小区内予以公示后无异议的。若建设单位因歇业、破产或出现其他情形,致使单位不存在,设区的市、县物业主管部门应当进行公示,公示期为 30 天。公示期满无异议的,其原交存保修金本息余额,转入同一物业区域物业专项维修资金。

2. 住宅专项维修资金的使用

根据《住宅专项维修资金管理办法》第 22 条、第 23 条的规定,结合各地实践做法,住宅专项维修资金的使用,一般遵照以下程序办理:(1)物业服务企业根据维修和更新、改造项目提出使用建议,并提出专项维修资金使用方案和使用预算;(2)专项维修资金列支范围内专有部分占建筑物总面积 2/3 以上的业主且占总人数 2/3 以上的业主讨论通过使用建议;(3)物业服务企业持经审核的资金使用方案和资金使用预算及其他规定材料,向维修资金管理机构申请划拨专项维修资金;(4)维修资金管理机构根据申请进行核准,并按照核准使用额度的部分(并非全额)划转至申请单位;(5)工程竣工后,凭业主委员会或社区居民委员会,或者其委托专门机构审核的工程决算及工程质量验收合格证明,经维修资金管理机构核实后拨付应付费用的剩余款项。

第三节　物业服务合同中的相关法律问题

广义上的物业服务合同分为两类:一类是业主委员会经授权与业主大会依法选聘的物业服务企业签订的普通物业服务合同,也称为狭义上的物业服务合同;另一类是发生在前期物业管理阶段,由建设单位与其依法选聘或者通过招投标形式确定的物业服务企业签订的前期物业服务合同。该两种物业服务合同均对业主有法律约束力。由于前期物业服务合同除在签订主体、签订时间上有所特殊之外,其他内容与业主委员会名义签订的普通物业服务合同并无明显不同。为使行文简便,本节统称为物业服务合同,不单列前期物业服务合同。

一、《民法典》对物业服务合同的规定

《民法典》合同编第二十四章专门规定了"物业服务合同",共 14 条,内容如下:

第九百三十七条　物业服务合同是物业服务人在物业服务区域内,为业主提供建筑物及其附属设施的维修养护、环境卫生和相关秩序的管理维护等物业服务,业主支付物业费的合同。

物业服务人包括物业服务企业和其他管理人。

第九百三十八条　物业服务合同的内容一般包括服务事项、服务质量、服务费用的标准和收取办法、维修资金的使用、服务用房的管理和使用、服务期限、服务交接等条款。

物业服务人公开作出的有利于业主的服务承诺，为物业服务合同的组成部分。

物业服务合同应当采用书面形式。

第九百三十九条　建设单位依法与物业服务人订立的前期物业服务合同，以及业主委员会与业主大会依法选聘的物业服务人订立的物业服务合同，对业主具有法律约束力。

第九百四十条　建设单位依法与物业服务人订立的前期物业服务合同约定的服务期限届满前，业主委员会或者业主与新物业服务人订立的物业服务合同生效的，前期物业服务合同终止。

第九百四十一条　物业服务人将物业服务区域内的部分专项服务事项委托给专业性服务组织或者其他第三人的，应当就该部分专项服务事项向业主负责。

物业服务人不得将其应当提供的全部物业服务转委托给第三人，或者将全部物业服务支解后分别转委托给第三人。

第九百四十二条　物业服务人应当按照约定和物业的使用性质，妥善维修、养护、清洁、绿化和经营管理物业服务区域内的业主共有部分，维护物业服务区域内的基本秩序，采取合理措施保护业主的人身、财产安全。

对物业服务区域内违反有关治安、环保、消防等法律法规的行为，物业服务人应当及时采取合理措施制止、向有关行政主管部门报告并协助处理。

第九百四十三条　物业服务人应当定期将服务的事项、负责人员、质量要求、收费项目、收费标准、履行情况，以及维修资金使用情况、业主共有部分的经营与收益情况等以合理方式向业主公开并向业主大会、业主委员会报告。

第九百四十四条　业主应当按照约定向物业服务人支付物业费。物业服务人已经按照约定和有关规定提供服务的，业主不得以未接受或者无需接受相关物业服务为由拒绝支付物业费。

业主违反约定逾期不支付物业费的，物业服务人可以催告其在合理期限内支付；合理期限届满仍不支付的，物业服务人可以向法院提起诉讼或者申请仲裁。

物业服务人不得采取停止供电、供水、供热、供燃气等方式催交物业费。

第九百四十五条 业主装饰装修房屋的,应当事先告知物业服务人,遵守物业服务人提示的合理注意事项,并配合其进行必要的现场检查。

业主转让、出租物业专有部分、设立居住权或者依法改变共有部分用途的,应当及时将相关情况告知物业服务人。

第九百四十六条 业主依照法定程序共同决定解聘物业服务人的,可以解除物业服务合同。决定解聘的,应当提前六十日书面通知物业服务人,但是合同对通知期限另有约定的除外。

依据前款规定解除合同造成物业服务人损失的,除不可归责于业主的事由外,业主应当赔偿损失。

第九百四十七条 物业服务期限届满前,业主依法共同决定续聘的,应当与原物业服务人在合同期限届满前续订物业服务合同。

物业服务期限届满前,物业服务人不同意续聘的,应当在合同期限届满前九十日书面通知业主或者业主委员会,但是合同对通知期限另有约定的除外。

第九百四十八条 物业服务期限届满后,业主没有依法作出续聘或者另聘物业服务人的决定,物业服务人继续提供物业服务的,原物业服务合同继续有效,但是服务期限为不定期。

当事人可以随时解除不定期物业服务合同,但是应当提前六十日书面通知对方。

第九百四十九条 物业服务合同终止的,原物业服务人应当在约定期限或者合理期限内退出物业服务区域,将物业服务用房、相关设施、物业服务所必需的相关资料等交还给业主委员会、决定自行管理的业主或者其指定的人,配合新物业服务人做好交接工作,并如实告知物业的使用和管理状况。

原物业服务人违反前款规定的,不得请求业主支付物业服务合同终止后的物业费;造成业主损失的,应当赔偿损失。

第九百五十条 物业服务合同终止后,在业主或者业主大会选聘的新物业服务人或者决定自行管理的业主接管之前,原物业服务人应当继续处理物业服务事项,并可以请求业主支付该期间的物业费。

二、物业服务合同的性质与特点

(一)物业服务合同的概念

物业服务合同这一称谓源于生活实践,即物业服务企业为业主提供对房屋建筑物及其附属设施的维修养护、环境卫生和相关秩序的管理维护等物业服务,业主按照一定标准支付物业服务费等费用,双方商议有关物业服务收费标准、物业服务质量标准、双方权利义务等内容而达成的协议。在《民法典》出台前,专门规定物业服务合同相关内容的行政法规系国务院发布的《物业管理条例》,该条例第34条规定:业主委员会应当与业主大会选聘的物业服务企业订立书面的物业服务合同。物业服务合同应当对物业管理事项、服务质量、服务费用、双方的权利义务、专项维修资金的管理与使用、物业管理用房、合同期限、违约责任等内容进行约定。

原《合同法》并没有将物业服务合同进行专门规范,所以彼时物业服务合同的概念并无法律依据支撑,归属于"无名合同"。《民法典》将物业服务合同正式纳入典型合同之列,成为"有名合同"。根据《民法典》第937条的规定,物业服务合同是物业服务人在物业服务区域内,为业主提供建筑物及其附属设施的维修养护、环境卫生和相关秩序的管理维护等物业服务,业主支付物业费的合同。物业服务合同属于典型的民事合同,所以《民法典》合同编中第一分编"通则"内容可以直接适用于物业服务合同。

(二)物业服务合同的性质

对于物业服务合同的性质,理论界存在多种学说。如委托合同说,认为物业服务企业接受业主委托后提供相应劳务活动,业主支付物业费,符合委托合同特征。也有人持服务合同说,认为物业服务企业提供的是一种专业的、社会化的有偿服务,不同于委托合同中的"委托事项"。但更多的人持混合合同说,认为其涵盖了委托合同、服务合同、承揽合同等特征。物业服务合同之所以这么复杂,主要源于其法律关系客体所包含的项目比较复杂,包括房屋共用部位、共用设施设备的维修、养护与管理,物业管理区域内环境卫生及其他公共秩序、消防、交通等协管事项服务,物业装饰装修管理服务,业主支付物业服务费等,将其归类于委托合同、承揽合同等任何一类合同均会产生较大争议,《民法典》将其单列作为"典型合同"则显得尤为必要,在实践中遇到具体问题应优先适用该部分具体规定。

(三)物业服务合同的特点

通过以上内容的分析可知,物业服务合同遵循普通合同的一般原则,如双方当事人系平等民事法律关系,合同内容系双方意思自治协商一致的结果等。但物业服务合同更多的是具有与委托合同、代理合同、承揽合同等其他相近类型合同

明显不同的特点:

1. 物业服务合同主体不能单纯依照合同外观形式进行判断。该主体形式上一般是物业服务企业与小区业主委员会,但是业主委员会系依照法律规定获得授权后以其名义与业主大会选聘的物业服务企业订立合同,合同实际主体应是物业服务企业与全体业主。部分业主将房屋出租、出借予他人,此时"他人"成为物业使用人,根据《物业服务纠纷司法解释》第4条的规定,对于因物业的承租人、借用人或者其他物业使用人实施违反物业服务合同引起的纠纷,人民法院可以参照关于业主的规定处理。可见,物业服务合同对除业主以外的其他物业使用人也具有一定的约束力。

2. 物业服务合同内容较"杂"。我们以物业服务企业提供的物业服务为例进行说明,该类服务既有财产属性,也有人身属性,如提供小区保安、保洁、养护、绿化,维护物业服务区域内的基本秩序,采取合理措施保护业主的人身、财产安全等。换言之,合同目的涉及对业主生活的保障,具有明显的综合性。物业服务企业可以将部分专项服务事项委托给专业性服务组织或者其他第三人,但不免除物业服务企业本身对业主应承担的法律责任。业主的义务相对简单,主要是支付物业服务费及其他合同约定的费用。

3. 物业服务合同应当采用书面形式。这意味着未明确写入合同的内容不能成为物业服务合同的一部分。除了双方签署的书面合同之外,物业服务企业单方作出的有利于业主的服务承诺也可以视为合同的一部分。换言之,如果现实生活中,物业服务企业单方作出不利于业主的要求,该类要求不能约束业主,对业主而言系无效事项。如为了美观需要,在物业服务合同及管理规约均无明确约定的情况下,物业服务企业要求业主按照统一样式安装防盗窗或防盗门,业主可以不遵守该要求。

4. 物业服务期限一般应根据合同约定执行。物业服务期限届满后,业主大会没有依法作出续聘或者解聘的决定,物业服务企业继续提供物业服务的,原物业服务合同继续有效,但是服务期限为不定期,合同当事人可以随时解除不定期物业服务合同,但是应当提前60日书面通知对方。

三、物业服务合同的主要内容与注意事项

(一)物业服务合同的主要内容

《民法典》第938条第1款规定,物业服务合同的内容一般包括服务事项、服

务质量、服务费用的标准和收取办法、维修资金的使用、服务用房的管理和使用、服务期限、服务交接等条款。具体介绍如下：

1.服务事项，是指物业服务企业在服务期限内为业主提供的具体服务内容，包括房屋建筑及其附属设施、共用部位、共用设施设备的日常管理与维护,卫生保洁工作,安全管理服务等。

2.服务质量,是指物业服务企业根据相应的服务等级及物业服务费收费标准，对其所提供的物业服务事项应当达到的标准。具体标准可以参见中国物业管理协会制定的《普通住宅小区物业管理服务等级标准（试行）》（中物协〔2004〕1号发布）。

3.服务费用的标准和收取办法,是指物业服务企业提供合同约定的服务事项后向业主收取相关物业服务费用的具体标准和方式。物业服务费的标准目前存在政府指导价与市场调节价两种定价模式,其收费方式包括包干制和酬金制。包干制是指由业主向物业服务企业支付固定物业服务费用,盈余或者亏损均由物业服务企业享有或者承担的物业服务计费方式。酬金制是指在预收的物业服务资金中按约定比例或者约定数额提取酬金支付给物业服务企业,其余全部用于物业服务合同约定的支出,结余或者不足均由业主享有或者承担的物业服务计费方式。实践中,物业服务费用采用包干制的住宅小区居多。

4.维修资金的使用。主要是对住宅专项维修资金如何使用进行约定,本章第一节已作过介绍,此处不再赘述。

5.服务用房的管理和使用。主要是对物业管理用房（包括物业管理办公用房和经营用房）日常管理和使用作出约定,本章第一节已作过介绍,此处不再赘述。

6.服务期限。物业服务合同有效期一般与其服务期限同步,该期限由合同双方主体通过自愿、平等、公平等原则协商一致后确定,考虑到物业服务事项的复杂性与服务体系的稳定性,建议该类期限不宜过短,一般而言3~5年较为合理,且起止日期必须具体确定。

7.服务交接。《民法典》第949条规定:物业服务合同终止的,原物业服务人应当在约定期限或者合理期限内退出物业服务区域,将物业服务用房、相关设施、物业服务所必需的相关资料等交还给业主委员会、决定自行管理的业主或者其指定的人,配合新物业服务人做好交接工作,并如实告知物业的使用和管理状况。第950条规定:物业服务合同终止后,在业主或者业主大会选聘的新物业服务人或者决定自行管理的业主接管之前,原物业服务人应当继续处理物业服务事项,并可以请求业主支付该期间的物业费。《物业管理条例》对物业管理资料的移交问题亦作出了明确规定。

实务中,物业服务合同的内容比上述法条列举的内容要细得多。

(二)签订物业服务合同的注意事项

由于物业服务合同使用频率高,涉及物业服务企业以及广大业主的切身利益,所以多数省、市住建部门制定了适用于当地的物业服务合同示范文本。《民法典》颁布实施后,各地对物业服务合同示范文本也进行了一定的修订。我们以厦门市建设局发布的《厦门市物业服务合同(示范文本)》作为范例,该文本内容比较详细,具有较高的参考意义,而且是在《民法典》颁布后制定的,具有现实意义。需要说明的是:示范文本原则上不应具有强制性,文本空格处真正体现了合同双方意思自治的内容。

以下是《厦门市物业服务合同(示范文本)》主文目录和合同附件目录。

厦门市物业服务合同(示范文本)

主文目录

第一章　定　义

第二章　物业项目基本情况

第三章　物业项目移交

第四章　物业服务内容及标准

第五章　物业服务收费

第六章　住宅专项维修资金

第七章　物业水电分摊

第八章　电梯安全使用管理

第九章　双方权利义务

第十章　合同的变更、解除、续约与终止

第十一章　违约责任

第十二章　不可抗力和突发事件

第十三章　争议解决方式

第十四章　附　则

> **合同附件目录**
>
> 附件一：规划平面图
>
> 附件二：物业构成细目表
>
> 附件三：物业共用部位、共用设施设备细目表
>
> 附件四：物业服务企业利用物业共用部位、共用设施设备进行经营的管理费用标准表
>
> 附件五：物业使用禁止性行为的管理
>
> 附件六：物业管理服务标准
>
> 附件七：共有停车位经营管理委托协议
>
> 附件八：共用部位的维修和更新、改造范围
>
> 附件九：共有设施设备的维修和更新、改造范围
>
> 附件十：水电费公摊计算方式
>
> 附件十一：物业承接查验协议
>
> 附件十二：管理规约
>
> 附件十三：其他附件

下面结合物业服务合同示范文本的主要内容，说明相关注意事项。

1. 物业管理区域及内部构成明细是否全面且清晰

这是关于住宅小区的基本情况，示范文本第二章和第三章中作出相关约定。第二章主要围绕物业项目基本情况展开，此处内容相对宏观，如物业类型、建筑面积、四至坐落以及物业服务管理用房情况等内容；第三章主要围绕物业项目移交内容展开，包括物业档案、物业服务档案、房屋及配套设施的产权清单、相关财务账册及其他资料（兜底性条款）。需要注意的是，该章还专门设置了一条用于约定物业承接前历史遗留问题或者其他重大事项的内容。

该两章内容于业主而言的启示在于：小区内有关物业项目的诸多资料基本掌握在物业服务企业中，若今后业主涉及物业相关纠纷，完全可以通过合法途径向物业服务企业调查收集相应材料；如物业服务合同对历史遗留问题或者其他重大事项作出了相应约定，则今后该物业服务企业可以以建设单位或者此前物业服务企业未完全履行到位、存在历史遗留问题等为理由行使抗辩权。

以下为示范文本中该两章具体内容（含附件）（备注：甲方系小区业主委员会，

乙方系物业服务企业,下同)。

第二章 物业项目基本情况

第二条 物业项目基本情况

(一)项目名称:＿＿＿＿＿＿＿＿

(二)物业类型:

【多层住宅】【高层住宅】【经济适用住房】【别墅】【办公】【商业】

其他:＿＿＿＿＿＿＿＿

(三)项目坐落位置:厦门市＿＿＿区＿＿＿路＿＿＿号。

总占地面积:＿＿＿平方米;总建筑面积:＿＿＿平方米,其中:多层住宅＿＿＿平方米,高层住宅＿＿＿平方米,经济适用住房＿＿＿平方米,别墅＿＿＿平方米,办公＿＿＿平方米,商业＿＿＿平方米,地下室面积＿＿＿平方米,绿化面积＿＿＿平方米。

(四)物业管理区域四至:

东至:＿＿＿＿＿＿＿＿＿＿;

南至:＿＿＿＿＿＿＿＿＿＿;

西至:＿＿＿＿＿＿＿＿＿＿;

北至:＿＿＿＿＿＿＿＿＿＿。

(五)物业项目规划平面图详见附件一。

(六)物业管理区域的物业构成细目详见附件二。

(七)甲乙双方同意并确认,位于本合同项下的物业管理区域内,但未列在本合同附件二物业构成细目表格中的物业,由乙方提供了物业管理服务的,该部分物业的业主或物业使用人应当按照本合同所列物业费标准向乙方支付物业费。

第三条 甲方应于＿＿＿＿年＿＿月＿＿日前向乙方提供物业管理用房。甲方向乙方提供的物业管理用房应为具备水、电、网络、通风、采光等基本使用功能和条件的能够独立使用的房屋;若甲方向乙方提供的物业管理用房不符合前述条件的,乙方有权拒绝接收,并要求甲方另行提供符合条件的物业管理用房。

物业管理用房建筑面积____平方米,位于____【号楼】【幢】【座】____层____单元____号。(注:物业用房为多处时,双方可自行增加以上内容。)

物业管理用房属全体业主所有,乙方在本合同期限内有权无偿使用物业管理用房,但不得擅自改变物业管理用房的用途,亦不得以任何方式(包括但不限于出租、出借、共用、出售或者抵押等)处分物业管理用房。

乙方应本着谨慎的态度妥善使用甲方无偿提供的物业管理用房,因乙方使用不当或人为损坏导致物业管理用房毁损或者灭失的,乙方应承担修复责任,并赔偿由此造成的全部损失。

第三章 物业项目移交

第四条 乙方承接物业时,甲方应当会同乙方对物业共用部位、共用设施设备及相应档案进行查验,并按规定向乙方移交物业服务所必需的相关资料。

甲乙双方办理物业查验、移交手续时,对查验移交中发现的问题及相应解决办法应采用书面方式予以确认。

若出现原物业服务企业或其他管理人拒绝配合查验或者移交物业服务所必需的相关资料等情形而导致物业查验、移交手续无法办理的,甲方应负责协调解决;协调不成的,乙方有权拒绝承接物业。

第五条 甲方应于本合同生效之日起____日内向乙方提供并移交下列物业档案、物业服务档案、房屋及配套设施的产权清单等资料:

(一)物业档案

1. 竣工验收资料:包括建筑建设工程规划总平面图,竣工总平面图,单体建筑、结构、设备的竣工图,配套设施、地下管网工程竣工图、竣工验收合格证等资料。

2. 技术资料:包括供水、供电、供气、供热、通信、有线电视等供用合同(协议)、消防设施合格证、电梯准用证、机电设备出厂合格证和保修卡、保修协议,共用设施设备安装、使用、维护和保养技术资料。

3. 物业质量保修文件和使用说明文件。

4. 物业服务所必须的其他资料,包括建筑区划的规划建设有关资料,有关房屋产权权属的资料,工程验收的各种签证、记录、证明等。

5. _____。

(二)物业服务档案

1. 代收代缴的水电分户表的读数及公摊水电费明细。

2. _____。

(三)房屋及配套设施的产权清单(包括业主名称、建筑面积、联系方式等)。

(四)专项维修资金、机动车停车位(库)物业服务费、机动车停车位(库)停放服务费、利用物业共用设施所得收益等余额和财务账册。

(五)其他资料

1. _____

2. _____

3. _____

第六条 乙方承接物业前发生的遗留问题以及涉及业主共有和共同管理权利的其他重大事项约定如下:

1. _____

2. _____

3. _____

附件一:规划平面图

附件二:物业构成细目表

2. 物业服务内容和标准是否明确

示范文本第四章专门约定物业服务企业可以住宅为小区提供哪些物业服务及其标准。如果业主对物业服务企业提出建议和意见,可以关注一下物业服务企业是否及时、全面地履行合同约定的义务。

以下为示范文本第四章具体内容(含附件)。

第四章 物业服务内容及标准

第七条 本物业管理区域物业管理服务实行项目负责人制度。

乙方更换项目负责人的,应于更换之日起七日内在本物业管理区域内的显著位置公示。

经业主大会决定要求乙方更换项目负责人的,乙方应于收到甲方书面通知之日起＿＿＿日内更换项目负责人。

第八条 乙方提供的物业服务包括以下主要内容:

(一)根据相关法律、法规和规章的规定制订物业服务方案,编制物业服务工作计划并组织实施。

(二)妥善使用和保管甲方移交的物业档案资料。

(三)负责本物业共用部位的日常维修、养护和管理(本物业共用部位细目详见附件三)。

(四)负责本物业共用设施设备的日常维修、养护和管理(本物业共用设施设备细目详见附件三)。

(五)负责本物业停车位(库)、电梯、变配电房、发电机房、消防设施等设施设备的日常安全管理。

(六)负责环卫保洁、垃圾分类等公共卫生维护,包括物业共用部位、公共区域和相关场地的垃圾分类投放、清洁卫生、垃圾清运及雨、污水管道的疏通等。

(七)负责本物业公共园林、景观及设施的绿化、养护和管理。

(八)车辆停放管理。

(九)物业装饰装修管理。

(十)为业主接收邮件、快递提供便利。

(十一)维护本物业管理区域内的公共秩序并协助做好安全防范工作。

(十二)物业使用禁止性行为(详见附件五)的管理。

(十三)其他物业管理服务事项:

1.＿＿＿＿＿＿＿＿＿＿

2.＿＿＿＿＿＿＿＿＿＿

3.＿＿＿＿＿＿＿＿＿＿

第九条 乙方应当按照双方协商一致的物业管理服务标准(详见附件六)提供物业管理服务。

第十条 乙方应在物业管理区域内的显著位置公示乙方企业营业执照、项目负责人姓名及联系方式、服务项目及内容、服务标准、收费标准、收费依据、履行情况、专项维修资金使用情况、业主共用部位的经营与收益情况、物业服务投诉电话及价格举报电话以及根据相关法律法规的规定应当公示的信息,并接受全体业主的监督。

上述公示信息如有发生变更的,乙方应于变更后____日内向全体业主进行公示。

除本条第一款所约定的公示信息之外,乙方还应当根据相关法律法规的规定,向业主公示物业服务过程中应当公示的信息。

乙方可以通过移动通信或者网络等电子信息方式将物业公示信息告知全体业主。

附件三:物业共有部位、共有设施设备细目表

附件五:物业使用禁止性行为的管理

附件六:物业管理服务标准

3. 业主需要交纳的费用是否清楚

实践中,除了物业费之外,业主还需要交纳停车费、产权车位管理费、住宅专项维修资金等费用。

以下为示范文本涉及费用的具体内容。

第十三条 甲乙双方决定采用包干制方式收取物业费的,乙方向业主或物业使用人收取固定的物业费,该固定的物业费由乙方物业服务成本、法定税费和乙方合理利润构成。

(一)物业费按照建筑面积计算,具体标准如下:

[多层住宅]:_____元/平方米·月;

[高层住宅]:_____元/平方米·月;

[别　　墅]:_____元/平方米·月;

[公　　寓]:_____元/平方米·月;

[办 公 楼]:_____元/平方米·月;

[商业物业]:_____元/平方米·月;

[露天机动车停车位]:_____元/月·个;

[车库车位]:_____元/月·个;

[独立车库]:_____元/月·个;

_____物业:_____元/平方米·月。

以上标准【不包含】【包含】公共水电公摊费。

（二）乙方物业服务成本由以下部分构成：

1. 物业服务人员的工资，包括按规定提取的工会经费、职工教育经费等福利费，依法应当由乙方为物业服务人员交纳的社会保险费用和住房公积金等。

2. 物业共用部位、共用设施设备的日常运行、维护保养和年度安全检测费用（不包括保修期内应当由建设单位履行保修责任而支出的修理费，也不包括应当由专项维修资金支出的物业共用部位、共用设施设备修理、更新、改造和按规定需由相应资质的维护保养机构负责的维护保养等费用）。

3. 绿化工具购置费、补苗费、农药化肥费等绿化养护费（不包括应当由建设单位支付的种苗种植费和前期维护费）。

4. 物业管理区域清洁卫生费用，包括购置清洁工具费、消杀防疫费、化粪池清理费、管道疏通费、清洁用料费、二次供水水箱清洗消毒费等。

5. 物业管理区域秩序维护费用，包括器材装备费、安全防范人员的人身保险费及服装费等。

6. 物业共用部位、共用设施设备及公众责任保险费用。

7. 正常的物业管理活动所需的办公用品费、交通费、房租、水电费、通讯费等办公费用。

8. 乙方在管理多个物业项目情况下，为保证相关的物业服务正常运转而由各物业服务小区分摊的管理费用。

9. 乙方固定资产折旧。

10. 经乙方同意的以下其他费用项目：

【　　】_____

甲、乙双方同意并确认，若法律法规、规章或者政府文件对物业服务企业的服务成本有新的规定的，双方同意按照新的规定进行调整。

第二十一条　业主应当按照规定交纳或续交住宅专项维修资金。

业主未及时交纳或者续交住宅专项维修资金的，甲方应督促业主及时交纳或者续交。

业主未及时交纳或者续交住宅专项维修资金所造成的法律后果由业主承担。

第二十二条　业主交纳的住宅专项维修资金属于业主所有，并应用于本物业管理区域内的共用部位和共用设施设备在保修期满后的维修和更新、改造。

乙方应按规定使用住宅专项维修资金，不得挪作他用，若乙方出现挪用住宅专项维修资金的情况，应当返还全部挪用资金，并按照同期全国银行间同业拆借利率赔偿相应的损失。

本条所指共用部位的维修和更新、改造详见附件七。

本条所指共用设施设备的维修和更新、改造详见附件八。

第二十三条　经业主大会决定，本物业管理区域内的日常专项维修资金按以下标准向业主收取，并主要用于保修期满后物业共用部位、共用设施设备的修理、更新、改造以及按照规定须由相应资质的维护保养机构负责的维护保养，不得挪作他用。

（收费标准写法参考第十三条第一款，具体略。）

4.物业服务企业或者业主违约应如何承担违约责任

对于物业服务企业的违约行为，业主有权要求支付违约金、限期整改甚至解除物业服务合同并要求其撤出物业管理区域等。对于业主拒交或者迟延交纳物业费的违约行为，物业服务企业可以催告业主在合理期限内支付，合理期限届满仍不支付的，物业服务企业可以向法院提起诉讼或者申请仲裁。但物业服务企业不得采取停止供电、供水、供热、供燃气等方式催交物业费。

以下为示范文本涉及违约责任的具体内容。

第五十三条　甲方违约责任

（一）因甲方原因导致乙方不能完成物业服务内容或物业服务内容无法达到约定标准，乙方有权要求甲方在一定期限内解决，该期限内因乙方不能完成物业服务内容或物业服务内容无法达到约定标准所产生的法律责任由甲方承担；甲方逾期未解决的，每逾期一日，应按_____的标准向乙方支付违约金；逾期超过____天仍未解决的，且该违约导致乙方对于物业管理区域不能有效提供物业管理服务的，乙方可以解除本合同；由此给乙方造成损失的，甲方应承担损失赔偿责任。

（二）乙方已向甲方提出需要维修或处理事项的申请，但由于甲方不配合所产生的不良后果（包括政府主管部门的处罚）概由甲方承担；若由此给乙方造成损失的，甲方应承担损失赔偿责任。

（三）业主或者物业使用人逾期交纳物业费的，应当自逾期之日起按应缴费用的____%的标准按日向乙方支付违约金。

（四）业主、物业使用人违反本合同的约定，实施妨害物业服务及侵权行为的，应当承担恢复原状、停止侵害、排除妨碍、赔偿损失等相应的民事责任。

（五）业主或物业使用人在装修房屋过程中损坏共用设施设备、污染共用部位的，由该业主或物业使用人负责修复；该业主或物业使用人不进行修复处理，乙方有权代为处理，所需费用由该业主或物业使用人承担。

（六）除本合同另有约定之外，乙方根据本合同第四十五条之约定解除合同的，甲方应按照_____的标准向乙方支付违约金。

（七）_____

第五十四条　乙方违约责任

（一）乙方不能完成本合同约定的服务内容和标准的，甲方有权要求乙方在合理期限内进行整改，乙方逾期未完成整改的，每逾期一日应按_____的标准向甲方支付违约金；乙方逾期超过____日仍未完成整改的，甲方除可以要求乙方按前述标准支付违约金之外，还有权解除本合同；若因此给甲方、业主或物业使用人造成损失的，应向甲方、业主或物业使用人承担损失赔偿责任。

（二）乙方擅自提高物业服务收费标准的，对超出标准的部分，业主、物业使用人有权拒绝交纳；已经收取的，乙方应返还已收取的超出标准部分的费用。

（三）乙方擅自停止物业服务的，甲方有权要求乙方继续履行，并采取补救措施，并要求乙方按_____的标准向甲方支付违约金；乙方擅自停止物业服务超过____日的，甲方除可以要求乙方按前述标准支付违约金之外，还有权解除本合同；若因此给业主或物业使用人造成损失的，乙方应当承担损失赔偿责任。

（四）乙方违反本合同约定，擅自改变物业管理用房的用途的，甲方有权要求乙方在指定期限内改正，并要求乙方支付违约金____元；乙方擅自改变物业管理用房所得收益应归甲方所有，并优先用于物业管理区域内物业共用部位、共用设施设备的维修、养护；乙方逾期仍未改正的，甲方有权解除本合同，并要求乙方支付违约金____元(该处违约金金额应当大于前处违约金金额)。

(五)乙方在本合同解除或者到期后的合理期限内拒不撤出本物业服务区域的,甲方可以要求乙方在延长期限内撤出物业区域,乙方逾期仍未撤出的,每逾期一日应当按照_____的标准向甲方支付违约金;若因此给业主或物业使用人造成损失的,乙方应当承担损失赔偿责任。

(六)乙方未按法律、法规、规章的规定或本合同约定向甲方或甲方指定主体移交业主共有资金、资料和物品的,每逾期一天应当按照_____的标准向甲方支付违约金。

(七)除法律法规的规定或者有关国家机关要求之外,乙方擅自将业主信息用于物业管理活动之外的,应当按_____的标准向甲方支付违约金,若因此给业主造成损失的,乙方应当向该业主承担损失赔偿责任,若乙方行为涉嫌违法犯罪的,乙方应承担相关法律责任。

(八)乙方未按本合同第四十一条之约定履行义务的,甲方有权要求乙方在指定期限内完成整改;乙方在指定期限内未完成整改的,每逾期一天,应按_____的标准向甲方支付违约金。

(九)除本合同另有约定之外,甲方依照本合同第四十四条之约定解除合同的,乙方还应按照_____的标准向甲方支付违约金。

(十)_____。

第四节　业主合法权益的保护与案例

《民法典》第287条规定了"业主合法权益的保护":业主对建设单位、物业服务企业或者其他管理人以及其他业主侵害自己合法权益的行为,有权请求其承担民事责任。在现实中,建设单位、物业服务企业、业主大会、业主委员会或其他业主都有可能侵犯业主的合法权益。

一、建设单位侵害业主的合法权益的处理

《物业管理条例》第三章"前期物业管理"中对"建设单位"的相关行为进行了规范,如第21条规定:在业主、业主大会选聘物业服务企业之前,建设单位选聘物业服务企业的,应当签订书面的前期物业服务合同。第23条规定:建设单位应当

在物业销售前将临时管理规约向物业买受人明示,并予以说明。物业买受人在与建设单位签订物业买卖合同时,应当对遵守临时管理规约予以书面承诺。第24条规定:国家提倡建设单位按照房地产开发与物业管理相分离的原则,通过招投标的方式选聘物业服务企业。住宅物业的建设单位,应当通过招投标的方式选聘物业服务企业;投标人少于3个或者住宅规模较小的,经物业所在地的区、县人民政府房地产行政主管部门批准,可以采用协议方式选聘物业服务企业。第25条规定:建设单位与物业买受人签订的买卖合同应当包含前期物业服务合同约定的内容。第27条规定:业主依法享有的物业共用部位、共用设施设备的所有权或者使用权,建设单位不得擅自处分。第29条规定:在办理物业承接验收手续时,建设单位应当向物业服务企业移交相关资料。第30条规定:建设单位应当按照规定在物业管理区域内配置必要的物业管理用房。第31条规定:建设单位应当按照国家规定的保修期限和保修范围,承担物业的保修责任。此外,第41条第2款规定:已竣工但尚未出售或者尚未交给物业买受人的物业,物业服务费用由建设单位交纳。

在实践中,建设单位侵害业主的合法权益的常见情况有:(1)前期物业服务合同约定的期限过长,如10年;(2)建设单位擅自处分属于业主的物业共用部位、共用设施设备、物业管理用房的所有权或使用权;(3)建设单位未按照国家规定,承担物业的保修责任。

对于上述第一种情况,《民法典》第940条有明确规定:建设单位依法与物业服务人订立的前期物业服务合同约定的服务期限届满前,业主委员会或者业主与新物业服务人订立的物业服务合同生效的,前期物业服务合同终止。《物业管理条例》第26条也有类似规定。

对于上述第二种情况,《物业管理条例》第57条规定:违反本条例的规定,建设单位擅自处分属于业主的物业共用部位、共用设施设备的所有权或者使用权的,由县级以上地方人民政府房地产行政主管部门处5万元以上20万元以下的罚款;给业主造成损失的,依法承担赔偿责任。与此同时,《建筑物区分所有权司法解释》第14条也相应规定:建设单位、物业服务企业或者其他管理人等擅自占用、处分业主共有部分、改变其使用功能或者进行经营性活动,权利人请求排除妨害、恢复原状、确认处分行为无效或者赔偿损失的,人民法院应予支持。属于前款所称擅自进行经营性活动的情形,权利人请求建设单位、物业服务企业或者其他管理人等将扣除合理成本之后的收益用于补充专项维修资金或者业主共同决定的其他用途的,人民法院应予支持。行为人对成本的支出及其合理性承担举证责任。此外,业主委员会可以代表全体业主提出诉讼。

对于上述第三种情况,虽然在《物业管理条例》中没有明确规范,但在建筑法律法规中有相关规定。如《建筑法》第62条规定:建筑工程实行质量保修制度。建筑工程的保修范围应当包括地基基础工程、主体结构工程、屋面防水工程和其他土建工程,以及电气管线、上下水管线的安装工程,供热、供冷系统工程等项目;保修的期限应当按照保证建筑物合理寿命年限内正常使用,维护使用者合法权益的原则确定。具体的保修范围和最低保修期限由国务院规定。第75条规定:建筑施工企业违反本法规定,不履行保修义务或者拖延履行保修义务的,责令改正,可以处以罚款,并对在保修期内因屋顶、墙面渗漏、开裂等质量缺陷造成的损失,承担赔偿责任。《房屋建筑工程质量保修办法》第14条规定:在保修期限内,因房屋建筑工程质量缺陷造成房屋所有人、使用人或者第三方人身、财产损害的,房屋所有人、使用人或者第三方可以向建设单位提出赔偿要求。建设单位向造成房屋建筑工程质量缺陷的责任方追偿。

此外,《物业管理条例》第56条规定了对住宅物业的建设单位未通过招投标的方式选聘物业服务企业或者未经批准,擅自采用协议方式选聘物业服务企业的行政处罚;第58条规定了对建设单位、物业服务企业不移交有关资料的行政处罚;第61条规定了对建设单位在物业管理区域内不按照规定配置必要的物业管理用房的行政处罚。这些行为也侵害业主的合法权益,只是在实践中不太常见。

《建筑物区分所有权司法解释》第14条第1款规定:建设单位、物业服务企业或者其他管理人等擅自占用、处分业主共有部分、改变其使用功能或者进行经营性活动,权利人请求排除妨害、恢复原状、确认处分行为无效或者赔偿损失的,人民法院应予支持。

以下案例主要涉及建设单位擅自占有使用共有部分而侵害业主的合法权益,业主委员会经授权提起民事诉讼,其中要求对被占有的共有部分恢复原状、赔偿损失的诉求,一审法院和二审法院观点不同。

案例一:建设单位擅自占有使用全体业主共有部分,业主委员会有权作为原告向法院提起诉讼,并要求建设单位恢复原状、赔偿损失。

一审案号为(2018)鄂0591民初240号,二审案号为(2018)鄂05民终2384号的所有权纠纷案件。案情简介:华翔世纪城小区是由湖北三峡华翔集团有限公司(以下简称华翔公司)开发建设,由小区业主民主选举设立世纪城业主委员会。

该小区2号楼、3号楼、4号楼一层架空层由华翔公司占有使用,或出租予第三人,租赁期限为5年,从2013年8月20日起至2018年8月19日止,年租金为7万元。该小区业主认为,上述区域属于小区公共场所,其所有权应属于全体业主共同所有,华翔公司的行为严重侵害了全体业主的合法权益。故该小区业主大会通过决议授权世纪城业主委员会起诉华翔公司。后来,世纪城业主委员会向法院提起诉讼。

湖北省宜昌市三峡坝区人民法院审理后认为,世纪城业主委员会经小区业主合法选举产生,并经行政主管部门备案,具有民事诉讼主体资格,是该案适格原告。华翔世纪城小区2号楼1、2、3单元一层规划为架空绿化活动场地的场所、3号楼1单元规划为架空绿化活动场地的场所、4号楼4单元一层的场所,不属于建设单位或者任何业主的专有部分,也并非市政公用部分及其他权利人所有部分,故上述部分应当属于全体业主共有。华翔公司的行为构成侵权,应当返还上述场所,但是否属违法建筑及应否拆除,属行政管理范畴,不属该案解决事项,故不予支持原告要求恢复原状及赔偿损失的诉讼请求。所以,判决:(1)确认华翔世纪城小区2号楼1、2、3单元一层、3号楼1单元一层、4号楼4单元一层归华翔世纪城小区全体业主共有;(2)华翔公司腾退上述房屋并交还全体业主使用。

原、被告均提出上诉。湖北省宜昌市中级人民法院审理后认为,根据《建筑物区分所有权司法解释》(2009)第14条第1款的规定,建设单位或者其他行为人擅自占用、处分业主共有部分、改变其使用功能或者进行经营性活动,权利人请求排除妨害、恢复原状、确认处分行为无效或者赔偿损失的,法院应予支持。因此,二审判决:(1)撤销一审判决第二项;(2)变更一审判决第一项为确认华翔世纪城小区2号楼1、2、3单元一层规划为架空绿化活动场地的场所、3号楼1单元规划为架空绿化活动场地的场所、4号楼4单元一层的场所归华翔世纪城小区全体业主共有,华翔公司腾退上述场所并交还华翔世纪城小区全体业主使用;(3)华翔公司将以上场所恢复原状;(4)华翔公司赔偿华翔世纪城全体业主从2013年8月20日起至2017年8月19日止的损失24万元,并赔偿从2017年8月20日起至上述场所返还时止,按5000元/月计算的损失;(5)驳回华翔世纪城小区业主委员会的其他诉讼请求。

二、物业服务企业侵害业主的合法权益的处理

《民法典》中涉及物业服务企业侵害业主的合法权益方面的规范主要有以下

规定。第941条第2款规定：物业服务人不得将其应当提供的全部物业服务转委托给第三人，或者将全部物业服务支解后分别转委托给第三人。第942条第1款规定：物业服务人应当按照约定和物业的使用性质，妥善维修、养护、清洁、绿化和经营管理物业服务区域内的业主共有部分，维护物业服务区域内的基本秩序，采取合理措施保护业主的人身、财产安全。第949条规定：物业服务合同终止的，原物业服务人应当在约定期限或者合理期限内退出物业服务区域，将物业服务用房、相关设施、物业服务所必需的相关资料等交还给业主委员会、决定自行管理的业主或者其指定的人，配合新物业服务人做好交接工作，并如实告知物业的使用和管理状况。原物业服务人违反前款规定的，不得请求业主支付物业服务合同终止后的物业费；造成业主损失的，应当赔偿损失。

《物业管理条例》中涉及物业服务企业侵害业主的合法权益方面的规范主要有以下规定。第37条规定：物业管理用房的所有权依法属于业主。未经业主大会同意，物业服务企业不得改变物业管理用房的用途。第38条规定：物业服务合同终止时，物业服务企业应当将物业管理用房和本条例第29条第1款规定的资料交还给业主委员会。物业服务合同终止时，业主大会选聘了新的物业服务企业的，物业服务企业之间应当做好交接工作。第44条规定：物业管理区域内，供水、供电、供气、供热、通信、有线电视等单位应当向最终用户收取有关费用。物业服务企业接受委托代收前款费用的，不得向业主收取手续费等额外费用。第58条、第59条以及第62条分别对物业服务企业不移交有关资料的行为、将一个物业管理区域内的全部物业管理一并委托给他人以及未经业主大会同意擅自改变物业管理用房的用途的行为规定了相应的行政处罚。

除了《民法典》《物业管理条例》等法律法规之外，最高人民法院司法解释中也有部分内容涉及物业服务企业对业主合法权益侵害如何救济的规定。如《建筑物区分所有权司法解释》第14条规定：建设单位、物业服务企业或者其他管理人等擅自占用、处分业主共有部分、改变其使用功能或者进行经营性活动，权利人请求排除妨害、恢复原状、确认处分行为无效或者赔偿损失的，人民法院应予支持。属于前款所称擅自进行经营性活动的情形，权利人请求建设单位、物业服务企业或者其他管理人等将扣除合理成本之后的收益用于补充专项维修资金或者业主共同决定的其他用途的，人民法院应予支持。行为人对成本的支出及其合理性承担举证责任。《物业服务纠纷司法解释》第2条规定：物业服务人违反物业服务合同约定或者法律、法规、部门规章规定，擅自扩大收费范围、提高收费标准或者重复收费,业主以违规收费为由提出抗辩的,人民法院应予支持。业主请求物业服务人退还其已经收取的违规费用的,人民法院应予支持。第3条规定:物业服务合同的权利义务终止后,业主请求物业服务人退还已经预收,但尚未提供物业服务期间的物业费的,人民法院应予支持。

通过梳理上述法律、司法解释的相关规定,我们可以看出,在日常生活中,物业服务企业侵害业主合法权益的情形是比较多的。其中大多数情况已经存在法律规制,但由于法律规范的滞后性与社会经济的快速发展,出现了部分没有明确规范的情况,业主个人信息保护就是其中一个典型问题。《民法典》第一次比较系统地规定了有关个人信息保护方面的法律规则,在第四编人格权编中还专门列章规定"隐私权和个人信息保护",其中第1034条第1款、第2款规定:自然人的个人信息受法律保护。个人信息是以电子或者其他方式记录的能够单独或者与其他信息结合识别特定自然人的各种信息,包括自然人的姓名、出生日期、身份证件号码、生物识别信息、住址、电话号码、电子邮箱、健康信息、行踪信息等。2021年11月1日,《个人信息保护法》正式施行,这是一部专门保护个人信息的特别法,细化了很多法律规则。最高人民法院也专门出台了《关于审理使用人脸识别技术处理个人信息相关民事案件适用法律若干问题的规定》(法释〔2021〕15号),及时应对日趋增多的涉及个人信息保护方面的纠纷。该解释第1条第3款规定:人脸信息属于《民法典》第1034条规定的"生物识别信息"。第10条规定:物业服务企业或者其他建筑物管理人以人脸识别作为业主或者物业使用人出入物业服务区域的唯一验证方式,不同意的业主或者物业使用人请求其提供其他合理验证方式的,人民法院依法予以支持。

此外,有些关于物业管理的地方性法规也对此进行了规范。如《杭州市物业管理条例》第50条第2款规定,物业服务人不得强制业主、非业主使用人通过提供人脸、指纹等生物信息方式进入物业管理区域或者使用共有部分,不得泄露在物业服务中获取的业主、非业主使用人个人信息,不得强制业主、非业主使用人购买其提供或者指定的商品或者服务,不得侵害业主、非业主使用人的人身、财产权利。

2022年11月14日,宁波市镇海区人民法院通报一起"个人信息保护案"。[①]这是《民法典》施行以来宁波市首例个人信息保护案件。

---

① 参见《不同意"人脸识别"而将物业告上法庭,镇海法院判决宁波市首例个人信息保护案件》,载微信公众号"宁波镇海法院"2022年11月14日。

案例二:有些物业服务企业安装了"人脸识别"开门系统,这涉及小区业主人脸信息的录入,是典型的个人信息授权使用法律问题。如果将人脸识别作为出入物业服务区域的唯一验证方式,业主或者物业使用人可以请求物业服务企业提供其他合理验证方式。

案情简介:原告余某是宁波市镇海某小区住户,该小区于年初安装了"人脸识别"开门系统。余某作为住户,小区物业采集了他的面部特征信息。7月,余某将小区物业告上法院,他认为人脸识别技术存在个人信息保护方面的安全隐患,要求物业删除其人脸识别面部特征信息,同时要求像以前一样将单元门敞开,以便自由出入。

宁波市镇海区人民法院审理后认为,针对物业服务企业而言,在对小区业主识别门禁系统录入人脸信息时,应当征得业主或者物业使用人的同意,对于不同意的业主或者物业使用人,小区物业应当提供替代性验证方式,不得侵害业主或物业使用人的人格权益和其他合法权益。针对余某等类似业主而言,任何自由都不是绝对的自由,是有限度的自由,行使个人自由时不能损害其他人的利益。如果将单元门敞开,会造成安全隐患,进而可能侵害单元其他住户的权利,如果余某一定要解除单元门禁,则必须得到全体住户的一致同意。所以,判决:物业公司于判决生效之日起5日内删除原告余某被采集的面部特征信息,驳回余某的其他诉讼请求。

三、关于业主的撤销权与知情权

(一)业主撤销权

1.业主撤销权的法律依据

《民法典》第280条规定:业主大会或者业主委员会的决定,对业主具有法律约束力。业主大会或者业主委员会作出的决定侵害业主合法权益的,受侵害的业主可以请求人民法院予以撤销。可见,业主行使撤销权的对象应限于业主大会或业主委员会作出的决定,且该决定侵害了业主合法权益。换言之,如果业主起诉行使撤销权的对象并非业主大会或者业主委员会作出的决定,法院不予支持。如浙江省宁波市鄞州区人民法院就曹某诉鄞州区某小区业主委员会撤销权纠纷案作出的(2018)浙0212民初6751号民事判决书中指出:小区业主委员会作出的业委会通知(2018)1号、关于拟终止前期物业服务等事宜的函、小区业主委员会执行秘书招聘公告及小区专项资金管理情况核查报告四项通知,内容欠妥且没有跟进措施,可能引发业主与物业企业的矛盾,但从内容看均不是最终决定,仅是暂时性的建议,目的在于避免造成原告等的经济损失,未侵害业主权益也未造成原告的损失,不在业主撤销权的范畴中。

2.业主撤销权的行使期限

业主撤销权属于法定的一种撤销权。《民法典》第199条规定:法律规定或者当事人约定的撤销权、解除权等权利的存续期间,除法律另有规定外,自权利人知道或者应当知道权利产生之日起计算,不适用有关诉讼时效中止、中断和延长的规定。存续期间届满,撤销权、解除权等权利消灭。结合《民法典》第152条以及《建筑物区分所有权司法解释》第12条之规定,业主应当在知道或者应当知道业主大会或者业主委员会作出决定之日起一年内行使撤销权。如果业主未在上述期限内及时向法院主张撤销权,法院将不支持业主的诉讼请求。

3.业主行使撤销权的理由

业主有权以业主大会或者业主委员会作出的决定侵害其合法权益,或者违反法律规定的程序为由,向法院请求撤销。其中,"法律规定的程序"具体包括业主大会或者业主委员会会议的形式,召开前的通知程序,作出决定前的表决程序等,相关内容在本章第一节、第二节有所介绍,此处不再赘述。

下面结合具体案例予以说明。

案例三:在表决事项违法的情况下,少数业主有权通过行使业主撤销权对抗"多数决"。在判断业主大会的决定是否符合法律规定的程序以及是否侵害业主的合法权益,需要把握表决程序审查中的"规则性与灵活性",实现实体权益受损审查中的"合法性与容忍性"。

案号为(2020)沪0112民初36110号的业主撤销权纠纷案件(入库案例)。案情简介:邹某1、胡某、邹某2系上海市闵行区某小区业主,该小区2017年11月30日经业主大会会议讨论通过的《业主大会议事规则》第10条(业主大会表决形式)载明:"已送达的表决票,业主在规定的时间内不反馈意见或者不提出同意、反对、弃权意见的,视为反馈有效票中多数业主的意见。视为同意或者反对的,不适用于差额选举业主委员会或差额选聘物业服务企业等情形"。2020年8月4日,该小区业委会在小区公告栏张贴《小区建筑垃圾池改造及河边人行步道太阳能灯安装实施方案的公示》,内载:根据业主大会议事规则第十条规定,已送达的表决票,业主在规定时间内不反馈意见或者不提出同意、反对、弃权意见的,视为反馈有效票中多数业主的意见。2020年8月12日,该小区业委会张贴《关于召开小区业主大会的公告》。其中,小区业主大会小区建筑垃圾池改造及河边人行步道太阳能灯安装表决票中的表格部分,与上述公示内容一致。2020年9月2日,闵行某小区业委会公示《小区业主大会关于小区建筑垃圾池改造及河边人行步道太阳能灯安装会议决定的公告》,公告载明小区全体业主所持投票权数共703票,总计发放703张表决票。2020年8月28日上午9:30、9月1日下午13:30先后在小区3号楼二楼会议室公开计票和复核,将表决情况予以公告:小区案涉楼栋西侧原建筑垃圾堆放点位(无改造费用):已表决的同意票数(人数361人、专有部分建筑物面积38660平方米);已表决的不同意票数(人数5人、专有部分建筑物面积509平方米);已表决的弃权票数(人数10人、专有部分建筑物面积987平方米);已表决的废票数(人数76人、专有部分建筑物面积8018平方米);未参与表决视作(人数203人、专有部分建筑物面积21417平方米);同意总数(人数564人、专有部分建筑物面积60077平方米);同意百分比(人数80.2%、专有部分建筑物面积81.0%)。关于河边人行步道太阳能灯安装的表决情况为:已表决的同意票数(人数389人、专有部分建筑物面积41039平方米);已表决的不同意票数(人数44人、专有部分建筑物面积4642平方米);已表决的弃权票数(人数21人、专有部分建筑物面积2217平方米);已表决的废票数(人数40人、专有部分建筑物面积4221平方米);未参与表决视作(人数203人、专有部分建筑物面积21417平方米);同意总数(人数592人、专有部分建筑物面积62456平方米);同意百分比(人数84.2%、专有部分建筑物面积84.2%)。通过以上表决,该小区业主大会依据《上海市住宅物业管理规定》第18条作出决定:(一)确定小区楼栋西侧为建筑垃圾堆放点位。(二)同意河边人行步道太阳能灯安装。

邹某1、胡某、邹某2认为《议事规则》违反民主程序,根据《议事规则》得出的选票结果对其不利,表决事项明显不公平,故未参与投票案涉表决事项的表决过程中,将选票保留于己处,未予投票。三人先后通过信访渠道向政府部门反映案涉建筑垃圾堆放点事宜。后镇政府就案涉建筑垃圾堆放点涉嫌损坏绿化一案予以立案。2020年7月7日,镇政府向上海某物业管理有限公司出具《责令改正通知书》,要求"恢复原样"。后,邹某1、胡某、邹某2向法院提起诉讼,要求撤销确定小区案涉楼栋西侧为建筑垃圾堆放点位的决定。

上海市闵行区人民法院审理后认为,该案的主要争议焦点为:案涉业主大会决定是否符合法律规定的程序以及是否侵害三原告的业主合法权益。业主大会作出的涉及小区业主公共利益的决定应当限于法律、法规规定的范围并遵守法律、法规规定的程序。业主大会或者业主委员会作出的决定侵害业主合法权益或者违反了法律规定的程序的,受侵害的业主可以请求人民法院予以撤销。业主行使撤销权应当在知道或应当知道业主大会或业主委员会作出决定之日起一年内行使。关于案涉决定是否符合法律规定的程序。从现有证据来看,被告在作出案涉表决过程中,通过发放表决票书面征求业主意见,且送达、回收表决票等程序并不存在违反法律规定的情形。但就计票情况来看,该小区总计发放选票703票,根据选票统计表计算,"小区建筑垃圾池改造(二选一)"的统计选票总数却为709票;而"河边人行步道太阳能灯安装"的统计选票总数则为697票。故,案涉两项决定事项存在6票的计票误差,闵行某小区在实际计票过程中已存在统计偏差后再行复核计票的情况,然其最终计票结果仍存在错误,可见其计票程序存在明显问题,从而难以保证其计票结果的真实性。据此法院认定案涉业主大会的决定尚不符合法律规定的程序。关于案涉决定是否侵害三原告的合法权益。该案在行政机关已认定案涉建筑垃圾堆放点已违反地方性法规《上海市绿化条例》第37条,并责令限期改正恢复原样的情况下,闵行某小区欲通过业主自治权将其合法化,违背公序良俗,亦与普通人最朴素的正义观相悖,业主自治权应有其合法的边界。案涉决定通过多数人的"同意"来剥夺了案涉建筑垃圾堆放点附近的包括原告在内的少数业主,就影响其居住环境的周边绿化被合法保护的权益。所以判决:撤销上海市闵行区某小区业主大会于2020年9月2日作出的确定小区案涉楼栋西侧为建筑垃圾堆放点位的决定。

(二)业主知情权

1. 业主知情权的法律依据

《民法典》第943条规定了物业服务人信息公开义务:物业服务人应当定期将服务的事项、负责人员、质量要求、收费项目、收费标准、履行情况,以及维修资金使用情况、业主共有部分的经营与收益情况等以合理方式向业主公开并向业主大会、业主委员会报告。《物业管理条例》第6条在列举业主权利时,明确业主"对物业共用部位、共用设施设备和相关场地使用情况享有知情权和监督权"。上述规定明确了物业服务企业应当主动履行相关公开义务,此系业主知情权的法律依据之一。《民法典》第280条第1款规定:业主大会或者业主委员会的决定,对业主具有法律约束力。既然该类决定对业主具有约束力,那么该类决定必然需要对业主予以公开。第281条第1款第3句规定:建筑物及其附属设施的维修资金的筹集、使用情况应当定期公布。此系业主知情权的另一个法律依据。

2. 业主知情权的行使范围

业主知情权依法应受到保护，但业主亦应在法律规定的范围内合理合法行使其相应权利。

关于业主知情权的行使范围，《建筑物区分所有权司法解释》第13条规定：业主请求公布、查阅下列应当向业主公开的情况和资料的，人民法院应予支持：（1）建筑物及其附属设施的维修资金的筹集、使用情况；（2）管理规约、业主大会议事规则，以及业主大会或者业主委员会的决定及会议记录；（3）物业服务合同、共有部分的使用和收益情况；（4）建筑区划内规划用于停放汽车的车位、车库的处分情况；（5）其他应当向业主公开的情况和资料。以上情况或者资料属于日常生活中比较常见的，实践中业主要求公布或者查阅的资料由物业服务企业或者业主委员会所掌握的，且与全体业主或者以幢、单元为单位的部分业主利益相关的，物业服务企业或者业主委员会均应依法保障业主的知情权。需要特别指出的是，前述规定的第5项载明业主知情权的内容包括"其他应当向业主公开的情况和资料"，该条规定的设置意义在于保证规范的周延性，避免存在漏洞。

在现实生活中，由于共有部分及管理事项具有不同的形态，业主知情权的义务主体或者信息载体亦不尽相同，如不对业主知情权的范围加以限制，将因披露范围过大而导致披露主体成本过高，负担过重。而且，业主知情权的行使必须受到合理的限制，防止发生业主以知情权谋取不正当权益，或故意扰乱业主委员会等义务主体正常的管理活动，从而对其他业主的合法权益造成实质损害。

3. 业主知情权的表现形式

关于业主知情权的表现形式，应当以查阅权为宜。为有效行使查阅权，业主享有利用摄像、录影或者其他技术手段进行复制的权利，在查阅过程中，相关义务主体负有协助义务，但因使用复制手段而产生的复制费用及其他必要合理成本应由复制方自行承担。

下面结合具体案例予以说明。

案例四[①]：业主依法对相关内容享有知情权与监督权，物业服务企业或者业主委员会应依法保障业主的知情权。如果义务主体拒绝提供应向业主公开的情况和资料，权利受损害的相关业主可以向法院提起民事诉讼，要求公开。

案情简介：2014年，某物业公司与某地产公司签订协议，由物业公司为市区泉

---

① 参见《业主知情权纠纷案例》，载微信公众号"邳州市物业管理行业协会"2021年12月20日。

秀路某小区提供物业服务。自物业公司管理小区开始，就对小区的共有部位进行经营并取得收益。2019年，物业公司与小区业主委员会签订合同，约定物业公司每年向业主委员会支付广告收入8万元，公共车位收入每月8000元，两项费用共计每年17.6万元。作为小区业主的谢某、郑某、吴某、洪某等认为，依据上述费用推算，物业公司自2004年至2019年，广告收入和公共车位收入就高达264万元，但物业公司从未将经营收益情况向业主公示，也没有将公共收益返还给业主。此外，物业公司通过向业主筹款的方式对小区电梯进行维修，但维修效果不好，物业公司请了哪家维修公司以及公司的资质情况，业主们一概不知。谢某等人多次要求物业公司公布相关资料情况，均被拒绝。2021年，谢某等人作为原告，将物业公司告上法庭，请求法院判令，物业公司向业主公布2004年至2019年经营公共部分的收益情况、专项维修资金使用情况、电梯维保记录以及物业财务收支情况等。

庭审期间，物业公司辩称，因2004年至2019年时间跨度较长，部分资料已经不全，对于没有缺失的资料同意提供，但应由业主提供线索协助寻找资料。小区的物业服务实行包干制度，收完物业费后，小区电梯的日常维保由物业公司负责，与业主无关，物业公司没有提供合同的义务，其他的费用情况物业公司则无义务提供。

法院审理后认为，该案是业主请求物业公司公开小区管理的相关资料而引发的争议，属于业主知情权纠纷。物业公司根据业主的委托进行管理时，应接受业主监督。根据相关规定，业主的知情权范围包括：小区建筑物及其附属设施的维修资金筹集、使用情况，物业服务合同，共有部分的使用收益情况，停车位、车库处分情况等。所以，判决：物业公司向谢某等人出示2004年至2019年小区共有部分、共用设施收益情况及其配套合同、收费凭证，以及电梯维保记录及合同等。

四、业主之间的共有关系与相邻关系

关于业主之间的纠纷处理所涉法律问题，《建筑物区分所有权司法解释》中有相关规定。如第10条规定：业主将住宅改变为经营性用房，未依据《民法典》第279条的规定经有利害关系的业主一致同意，有利害关系的业主请求排除妨害、消除危险、恢复原状或者赔偿损失的，人民法院应予支持。将住宅改变为经营性用房的业主以多数有利害关系的业主同意其行为进行抗辩的，人民法院不予支持。第11条规定：业主将住宅改变为经营性用房，本栋建筑物内的其他业主，应当认

定为《民法典》第 279 条所称"有利害关系的业主"。建筑区划内，本栋建筑物之外的业主，主张与自己有利害关系的，应证明其房屋价值、生活质量受到或者可能受到不利影响。第 15 条规定：业主或者其他行为人违反法律、法规、国家相关强制性标准、管理规约，或者违反业主大会、业委员会依法作出的决定，实施下列行为的，可以认定为《民法典》第 286 条第 2 款所称的其他"损害他人合法权益的行为"：(1) 损害房屋承重结构，损害或者违章使用电力、燃气、消防设施，在建筑物内放置危险、放射性物品等危及建筑物安全或者妨碍建筑物正常使用；(2) 违反规定破坏、改变建筑物外墙面的形状、颜色等损害建筑物外观；(3) 违反规定进行房屋装饰装修；(4) 违章加建、改建，侵占、挖掘公共通道、道路、场地或者其他共有部分。

以下，我们分别从业主共有关系和相邻关系两个视角介绍这类纠纷的一般处理规则。

（一）与业主共有关系相关的纠纷

案例五[①]：业主通过私改入户门等方式侵占公用过道造成侵权的，相关业主可以要求其恢复原状、排除妨害、或者赔偿损失。

案情简介：何某购置了一套坐落于湘潭市雨湖区广场街道的房屋，小波系同栋、同层相邻户房屋的业主。小波家原有入户门外侧有一过道，结果他在装修房屋时，将该过道入口处封堵并安装了门作为入户门。如此一来，小波不仅将好几平方米的公共楼道空间占为私有，入户门向外开启时，与邻居家的距离也缩短，影响人员通行便利。早在小波刚开始装修时，何某就从装修师傅处听说了该消息。他立即向物业公司反映情况，物业公司也通知小波要求其停止施工入户门，没想到小波依旧我行我素，强行将入户门安装上。何某多次打电话沟通无果，物业、社区等调解也收效甚微，最后将小波告上法庭。

湘潭市雨湖区人民法院审理后认为，业主对专有部分以外的共有部分享有共有和共同管理的权利。该案中，被告入户门外部的过道属于建筑物共有部分，全体业主享有共同和共同管理的权利。因此，被告私自将该过道占有并封堵的行为构成侵权，权利人有权请求排除妨害。原告作为相邻房产的业主，在其他业主侵害自己合法权益时，有权请求其承担民事责任。因此，原告请求判令被告拆除私自安装的

[①] 参见《湘潭一业主将入户门外移 1.5 米，邻居起诉要求拆除，判了！》，载微信公众号"湖南高院"2023 年 1 月 6 日。

封堵过道的建筑并将入户门恢复原状的请求,法院予以支持。所以,判决:被告小波将其在房屋门口过道处私自安装的入户门拆除并将过道及入户门恢复原状。

小波提出上诉。湖南省湘潭市中级人民法院二审判决:驳回上诉,维持原判。

(二)与业主相邻关系相关的纠纷

常言道,远亲不如近邻。邻里关系,既有道德伦理层面的问题,也有法律层面上的问题。在法律上,我们一般称之为相邻关系,指的是相互毗邻的不动产的所有人或使用人,在行使所有权或使用权时,因相邻各方应当给予便利和受到限制而发生的权利义务关系。《民法典》第288条规定了处理相邻关系的基本原则,即"有利生产、方便生活、团结互助、公平合理"。第289条规定:"法律、法规对处理相邻关系有规定的,依照其规定;法律、法规没有规定的,可以按照当地习惯。"通过以上规范,可见相邻方为行使自身权利的需要,不得不"牺牲"另一方的权益存在一个合理容忍的范围或者限度,如果相邻方的行为在另一方的容忍范围内,原则上应是无偿使用的关系,如果超出了该容忍范围给对方造成了损失,则应当赔偿相应损失。下面结合具体案例予以说明。

案例六:业主为了自身安全着想而安装可视门铃,本属于业主行使自身权利之行为,但由于该可视门铃正对着对面住户且距离较近,对面住户面临隐私权受到侵害的可能性,该业主权利的行使应当受到限制。

案号为(2020)沪0118民初15600号的隐私权纠纷案件。案情简介:原告黄某与被告邵某系同一小区前后楼栋的邻居,黄某楼栋在北向,邵某楼栋在南向,楼间铺设消防通道,邵某入户门朝向正对黄某房屋南面(该侧为卧室及阳台),两者之间的距离约为20米。在该小区已有安防监控设施的基础上,邵某出于保障家庭安全目的,在其入户门上安装了一款采用人脸识别技术、可自动拍摄视频并存储的可视门铃,位置正对黄某等前栋楼多家住户的卧室和阳台。黄某认为,该可视门铃系广角镜头、可以长时间实施远程实时监控,自己所在的楼均在监控范围内,导致黄某的家庭活动、个人隐私完全暴露在邵某的监控之下,严重影响了正常的居家生活和身心健康,要求邵某拆除可视门铃。邵某则认为,可视门铃感应距离仅3米,且拍摄到的黄某家模糊不清,不构成侵犯隐私,同时其始终没有窥探黄某的主观意图,对方应予以理解,不同意将可视门铃拆除或移位。经协商无果后,黄某向法院提起诉讼。

上海市青浦区人民法院审理后认为,隐私权系指自然人享有的私人生活安宁与私人信息秘密依法受到保护,不被他人非法侵扰、知悉、收集、利用和公开的一种人格权。被告安装案涉门铃的目的在于保障自身家庭安全,避免不法侵害,具有相应的合理性。但被告在维护自身合法权益的同时,应尽到妥善的注意义务并选择合适的设备、合理的安装方式和位置以减少对公共利益和他人隐私的影响。可视门铃具有自动摄录、存储信息的功能,因原告房屋南面正对该门铃,原告室内的部分场景不可避免地被摄录在内,虽然受设备的硬件条件所限,所摄影像较为模糊,但并没有达到无法识别、辨别的程度,而该设备的自动录制及存储功能,又为获取包括原告家中人员活动等信息提供了可能。虽然该设备之于被告的用途并不在此,被告主观上无窥视原告方活动的故意,但综合考虑门铃的性能、安装位置,该门铃对原告的个人隐私确实构成现实威胁,原告所述的私人生活安宁受到侵犯并非没有依据,邻里关系也确实受到了影响。同时,该小区已经为保障业主安全采取了一定的措施,被告在入户门上安装案涉可视门铃并非必要。故法院对原告要求拆除被告入户门处的可视门铃的诉请,予以支持。所以,判决:被告邵某拆除其安装于房屋入户门处的可视门铃。

五、与业主相关的其他侵权纠纷的处理

(一)高空抛坠物引起的侵权纠纷

随着我国城镇化进程的不断推进,高层建筑越来越多,因此产生了一些新类型的风险,"高空抛物"致人损害便是其中一种典型情况。《刑法修正案(十一)》第33条确立了"高空抛物罪",在《刑法》第291条之一后增加一条,作为第291条之二:"从建筑物或者其他高空抛掷物品,情节严重的,处一年以下有期徒刑、拘役或者管制,并处或者单处罚金。有前款行为,同时构成其他犯罪的,依照处罚较重的规定定罪处罚。"当然,除了刑事责任之外,高空抛物违法行为人还要承担民事赔偿责任。

《民法典》对高空抛物、坠物案件的责任承担有相关规定。第1198条规定:宾馆、商场、银行、车站、机场、体育场馆、娱乐场所等经营场所、公共场所的经营者、管理者或者群众性活动的组织者,未尽到安全保障义务,造成他人损害的,应当承担侵权责任。因第三人的行为造成他人损害的,由第三人承担侵权责任;经营者、管理者或者组织者未尽到安全保障义务的,承担相应的补充责任。经营者、管理者或者组织者承担补充责任后,可以向第三人追偿。第1253条规定:建筑物、构筑物或者其他设施及其搁置物、悬挂物发生脱落、坠落造成他人损害,所有人、管理人或者使用人不能证明自己没有过错的,应当承担侵权责任。所有人、管理人或者使用人赔偿后,有其他责任人的,有权向其他责任人追偿。第1254条规定:禁止从建筑物中抛掷物品。从建筑物中抛掷物品或者从建筑物上坠落的物品造成他人损害的,由侵权人依法承担侵权责任;经调查难以确定具体侵权人的,除能够证明自己不是侵权人的外,由可能加害的建筑物使用人给予补偿。可能加害的建筑物使用人补偿后,有权向侵权人追偿。物业服务企业等建筑物管理人应当采取必要的安全保障措施防止前款规定情形的发生;未采取必要的安全保障措施的,应当依法承担未履行安全保障义务的侵权责任。发生本条第1款规定的情形的,公安等机关应当依法及时调查,查清责任人。

由此可知,如果物业服务企业未尽到安全保障义务,未采取必要的安全保障措施,造成他人损害的,应当承担侵权责任。实践中,物业服务企业与"高空抛物"侵权人或者可能加害的建筑物使用人的责任分配与承担顺位等问题,还存在一定的争议。

2019年10月21日,最高人民法院发布了《关于依法妥善审理高空抛物、坠物案件的意见》(法发〔2019〕25号),对高空抛物、坠物案件中相关主体的责任认定已有规定。

2023年3月,最高人民法院将《关于适用〈中华人民共和国民法典〉侵权责任编的解释(一)(征求意见稿)》向社会公开征求意见,其中涉及高空抛物侵权问题的条文有3条(第19~21条),进行更加细化的规定。可为我们处理高空抛坠物民事纠纷提供思路,最终以最高人民法院出台正式的司法解释意见为准。

下面我们以两个案例进行说明,分别是具体侵权人是明确具体的与经调查难以确定具体侵权人的高空抛物案件。

案例七[①]:高空抛下的物体虽未直接砸中原告,但由于具有极强的危险性,导致原告受惊吓倒地受伤致残,该后果与高空抛物具有直接因果关系,应由侵权人承担赔偿责任。

案情简介:2019年5月26日下午,庾婆婆在位于广州杨箕的自家小区花园内散步,经过黄先生楼下时,黄先生家小孩在房屋阳台从35楼抛下一瓶矿泉水,水瓶掉落到庾婆婆身旁,导致其惊吓、摔倒。报警后,庾婆婆被送入医院治疗。次

---

① 参见《民法典施行后第一案!小孩高空抛物,家长被判赔92000余元》,载微信公众号"广东司法行政"2021年1月4日。

日,庾婆婆亲属与黄先生一起查看监控,确认了侵权事实后,双方签订了一份确认书,确认矿泉水系黄先生家小孩从阳台扔下。协议签订后,黄先生向庾婆婆支付了10,000元以示赔偿。中山大学附属第一医院诊断认为,庾婆婆右侧股骨转子间粉碎性骨折、高血压病Ⅲ级(极高危组)、右侧眼眶骨折。庾婆婆住院治疗22天后出院,后因伤未痊愈,又两次住院治疗累计超过60天,住院费用花费数万元。经鉴定,庾婆婆伤情构成十级伤残,伤残是5月26日受伤导致。后庾婆婆向法院提起诉讼,要求黄先生赔偿100,344.12元。

广州市越秀区人民法院审理后认为,根据最高人民法院《关于适用〈中华人民共和国民法典〉时间效力的若干规定》第19条之规定,《民法典》施行前,从建筑物中抛掷物品或者从建筑物上坠落的物品造成他人损害引起的民事纠纷案件,适用《民法典》第1254条的规定,故该案应适用《民法典》。该案中,原告散步时被从高空抛下的水瓶惊吓摔倒受伤,经监控录像显示水瓶由被告租住房屋阳台抛下,被告对此无异议,并有视频及原、被告签订的关于2019年5月26日高空抛物的确认书证明,法院对侵权事实予以确认。根据《民法典》及相关司法解释的规定,确定由被告承担赔偿责任。原告受伤造成医疗费、护理费、交通费、住院伙食补助费、残疾赔偿金损失、鉴定费,被告应予以赔偿。原告因受伤造成残疾,确对其造成精神损害,其要求被告赔偿精神损害抚慰金符合法律规定,法院应予以支持。原告后两次住院既包括治疗受伤骨折造成的伤害,也包括治疗其本身疾病的费用,法院根据原告的年龄及伤情,酌情扣除部分费用。所以,判决:被告赔偿原告医疗费、护理费、交通费、住院伙食补助费、残疾赔偿金、鉴定费合计82,512.29元,精神损害抚慰金10,000元。

案例八:住宅小区发生"天降砖头"事件,造成他人损害的,经调查难以确定具体侵权人的,除能够证明自己不是侵权人的外,由可能加害的建筑物使用人给予补偿。所在小区物业服务企业与开发商因未提供证据证明已履行了安全保障义务而承担一定比例的赔偿责任。

案号为(2019)湘0522民初2019号的物件损害责任纠纷案件。案情简介:原告付某为新邵县酿溪镇居民。2019年5月12日上午,付某为锦绣华城小区某业主装修房屋挑河沙,因内急到15栋僻静处方便,被15栋高楼抛下的一块砖头砸伤。后付某去医院治疗,先后住院2次,住院32天,花去医疗费26,273.47元。司法鉴定意见:付某构成伤残九级,伤休150天,护理期90天,营养时间75天,后期医疗费1800元。此次鉴定用去鉴定费1500元。根据物业巡查记录,案发当天,第

15栋有多户在装修。付某以房产商、物业公司与第15栋的11户业主为被告向法院提起诉讼。

湖南省新邵县人民法院审理后认为，在该案中，被告物业公司作为锦绣华城小区管理单位，未在小区内设置高空抛物警示性标志，对业主装修没尽到安全教育义务，故应对原告的损失承担相应赔偿责任；被告房产商作为锦绣华城小区的开发商，没有提供相应证据证明其对所建15栋房屋地面尽到了采取相应安全措施和尽到安全注意义务，导致该房屋地面存在安全隐患，故对原告的损失也应承担相应赔偿责任。因该案中未找到抛掷物品或者坠落物品的侵权人，除能够证明自己不是侵权人的外，应由可能加害的建筑物使用人给予原告相应补偿。该案中，结合其房屋位置高度、原告的陈述以及原告伤势情况，可以排除部分业主(5户)作为侵权人。部分业主(6户)所提供的证据不足以排除其不是侵权人，故应对原告的损失都应承担一定的补偿责任。原告付某作为完全民事行为能力人，擅自到不是厕所且存在高空坠物风险的15栋左侧的僻静处随地大便，自身存在过错，故自身应负相应责任。关于原告付某的损失范围。因此次事故产生的医疗费、住院伙食补助费、伤残赔偿金、误工费等各项损失，合计264,504元。所以，判决：(1)由被告曾某等5户每人补偿原告付某损失2万元；(2)被告房产商赔偿原告付某损失2万元；(3)被告物业公司赔偿原告付某损失2万元；(4)驳回原告付某的其他诉讼请求。

(二)宠物伤人引起的纠纷

生活中，业主在小区内遛猫遛狗等情形很常见。与此同时，宠物伤人的事件也是频频见诸媒体。《民法典》侵权责任编专门有第九章"饲养动物损害责任"，共7条规定。具体如下：

第一千二百四十五条　饲养的动物造成他人损害的，动物饲养人或者管理人应当承担侵权责任；但是，能够证明损害是因被侵权人故意或者重大过失造成的，可以不承担或者减轻责任。

第一千二百四十六条　违反管理规定，未对动物采取安全措施造成他人损害的，动物饲养人或者管理人应当承担侵权责任；但是，能够证明损害是因被侵权人故意造成的，可以减轻责任。

第一千二百四十七条　禁止饲养的烈性犬等危险动物造成他人损害的，动物饲养人或者管理人应当承担侵权责任。

第一千二百四十八条 动物园的动物造成他人损害的,动物园应当承担侵权责任;但是,能够证明尽到管理职责的,不承担侵权责任。

第一千二百四十九条 遗弃、逃逸的动物在遗弃、逃逸期间造成他人损害的,由动物原饲养人或者管理人承担侵权责任。

第一千二百五十条 因第三人的过错致使动物造成他人损害的,被侵权人可以向动物饲养人或者管理人请求赔偿,也可以向第三人请求赔偿。动物饲养人或者管理人赔偿后,有权向第三人追偿。

第一千二百五十一条 饲养动物应当遵守法律法规,尊重社会公德,不得妨碍他人生活。

2023年3月,最高人民法院发布的《关于适用〈中华人民共和国民法典〉侵权责任编的解释(一)(征求意见稿)》第18条规定:【禁止饲养的烈性犬等危险动物致人损害不适用免责事由】禁止饲养的烈性犬等危险动物造成他人损害,动物饲养人或者管理人主张不承担责任或者减轻责任的,人民法院不予支持。

下面结合一起饲养动物损害责任纠纷案件进行分析。

案例九:饲养的动物造成他人损害的,动物饲养人或者管理人应当承担侵权责任;但是,能够证明损害是因被侵权人故意或者重大过失造成的,可以不承担或者减轻责任。

案号为(2019)沪0104民初26622号的饲养动物损害责任纠纷案件。案情简介:2019年7月17日18时45分许,原告吴某在其居住小区垃圾投放点被一只黄色犬咬伤右手,事故发生后原告至徐汇区中心医院就诊处理。原告为治疗共计花费医疗费5257.26元。由于事发地点监控设备损坏,故现场无视频影像资料,原告通过小区居民提醒并观看小区居民之前拍摄的视频,获悉该犬曾于2019年6月咬伤另一小区居民,故认为咬伤原告的犬系被告朱某所养,遂报警。被告朱某否认该犬于当夜该时段曾外出并拒绝承担相关责任,原告向法院提起诉讼,并申请4位与其无利害关系的证人出庭作证。原告同时起诉小区物业服务企业中海公司,认为其作为物业管理方,既没有及时处理违法违规饲养的犬只,也没有加强对该犬游荡状态的管理,小区内监控系统也疏于管理维修,加大维权业主的取证难度,客观上肆意纵容该犬危害小区业主人身安全,其管理缺失构成共同侵权,应当承担连带侵权责任。

上海市徐汇区人民法院经审理认为,该案需要重点分析两个问题:一是咬伤原告的犬只管理者是否系被告朱某;二是物业公司是否要对原告被犬只咬伤承担赔偿责任。针对第一个问题，法院认为，被告朱某所饲养的柴犬从外观看有较强的辨识度，事发当时有两位证人在场目击，事发后在居委会组织的现场辨认环节该两名证人在见到被告朱某饲养犬只时亦再次确认，该4位证人与原被告均无利害关系，加上被告朱某饲养的犬只之前存在外出无人看管及追人的情况，故即使没有现场监控，该4位与当事人无利害关系的证人能够识别被告犬只具有合理性和可信性。针对第二个问题，根据原《侵权责任法》第78条之规定，饲养动物损害责任适用无过错责任。物业公司并非该案伤人犬只的直接管理人，且伤人犬只已查证存在实际管理人，故物业公司无须承担相应责任。所以，判决：朱某于本判决生效之日起15日内赔偿吴某各项损失6660.25元，驳回吴某的其他诉讼请求。

第五节 与物业服务相关的纠纷案例

一、涉物业服务企业履行安全保障义务的纠纷案例

从一般人的理解来说，物业服务企业向业主收取物业服务费，理应履行对业主的安全保障义务，如需要设置保安门卫等必要的岗位、经业主大会同意后可以安装监控设备、对可能损害业主利益的危险行为应及时采取合理措施制止等。但在实践中，对于物业服务企业的安全保障义务的性质与范围还存在一些争议。

《民法典》第942条第1款规定了"物业服务人的一般义务"：物业服务人应当按照约定和物业的使用性质，妥善维修、养护、清洁、绿化和经营管理物业服务区域内的业主共有部分，维护物业服务区域内的基本秩序，采取合理措施保护业主的人身、财产安全。

《物业管理条例》第35条规定：物业服务企业应当按照物业服务合同的约定，提供相应的服务。物业服务企业未能履行物业服务合同的约定，导致业主人身、财产安全受到损害的，应当依法承担相应的法律责任。第46条规定"物业服务企业应当协助做好物业管理区域内的安全防范工作"。

从法律法规的相关规定可见，物业服务企业是根据业主的委托，依照物业服务合同的约定对建筑区划内的建筑物及其附属设施进行管理，所以其管理权限实质上是来自全体业主的共同授权。其权利与义务产生的基础，是物业服务合同（包括前期物业服务合同）。从理论上说，物业服务企业是按照物业服务合同的约定，提供相应的服务，所以其安全保障义务是因合同约定而产生的。如果物业服

务企业未能履行物业服务合同的约定,导致业主人身、财产安全受到损害的,应当承担的是违约责任。处理涉物业服务企业履行安全保障义务的纠纷案件主要是基于物业服务合同的约定,这是一种合同思维。

但物业服务合同中往往不可能将关于安全保障义务的内容写得非常详细明确。如果发生高空抛坠物案件,很难在物业服务合同找到对应的条文约定,这样就无法明确物业服务企业应该承担的违约责任。对于受到损害的业主来说,往往难以举证,这样可能就难以追究物业服务企业的责任,显然对于业主来说是不公平合理的。

物业服务企业是否有独立于物业服务合同之外的对业主或物业使用人的人身财产安全保障义务,以及其保障的程度是实务中涉及财产损害赔偿纠纷或生命权、健康权、身体权纠纷常见的争议焦点。

根据大量的司法判例以及物业管理的实践,实务处理时经常中和了合同思维与侵权思维,如考虑物业服务企业是否履行了物业服务合同约定的基本义务,维护物业服务区域内的基本秩序,此系合同思维;考量物业服务企业是否采取了合理措施保护业主的人身、财产安全,及制止相关侵权人并及时向有关部门报告,此系侵权思维。

所以,物业服务企业的安全保障义务不仅是一种合同中约定的义务,而且是法律法规有明确规定的法定义务。

分析物业服务企业履行安全保障义务的基本职责。按照危险发生的不同阶段,安全保障义务体现为三个方面的内容,即危险预防义务、危险消除义务和发生损害后的救助义务。具体应包括以下方面:

一是物业服务企业负有"维护物业服务区域内的基本秩序,采取合理措施保护业主的人身、财产安全"的基本职责。如有人持刀想闯入小区,小区保安应予以阻止,不准其进入小区。如果已被其闯入,除了尽快报警外,要进行必要的制止与行为约束。如果小区保安不作为、不制止,导致其伤人,物业服务企业应承担责任。

二是物业服务企业应当做好物业管理区域内的安全防范工作,对业主进行必要的提醒与劝导阻止。如在遭遇台风或其他自然灾害时,物业服务企业应当在公共场所及时张贴提示或通过广播、微信群、微信推送等方式通知业主,提前通知业主防范、采取有效措施应对。如果物业服务企业未尽到通知义务,将要承担赔偿责任。

三是物业存在安全隐患,可能危及公共利益及他人合法权益时,物业服务企业应当及时维修养护或者要求业主同意出资维修养护。如物业管理区域内公用设施设备损坏,小区消防栓年久失修可能在出现火灾时影响救援,物业服务企业应及时维修;高楼的外墙年久失修,有些墙皮随时有坠落的可能,物业服务企业应及时维修或向业主提示尽快决定进行维修。

四是物业管理区域内发生安全事故时,物业服务企业在采取应急措施的同时,负有向相关部门报告并协助做好救助工作的职责。如小区内发生火灾,物业服务企业工作人员除了马上报警以外,还应及时清理出消防车与救护车通行的道路,为消防员指示消防栓的位置。还应组织居民疏散,在可能的情况控制火势防止蔓延。如果不及时报警或者不配合救助,因此造成损失扩大,物业服务企业应承担责任。

此外,物业服务企业还要承担与安全保障相关、对政府的配合义务与向有关部门报告的职责。具体是《民法典》第285条第2款规定:物业服务企业或者其他管理人应当执行政府依法实施的应急处置措施和其他管理措施,积极配合开展相关工作。第942条第2款规定:对物业服务区域内违反有关治安、环保、消防等法律法规的行为,物业服务人应当及时采取合理措施制止、向有关行政主管部门报告并协助处理。

下面结合具体案例对物业服务企业履行安全保障义务方面的裁判规则进行说明。

案例十:物业服务企业对于小区内的公用设施设备未及时维护,出现业主使用该设施设备时人身损害的事故,应承担赔偿责任。

一审案号为(2020)苏0213民初10888号,二审案号为(2021)苏02民终6436号的违反安全保障义务责任纠纷案件。案情简介:业主张某在小区内运动器械处使用单杠进行锻炼时,因单杠支架底部生锈断裂,导致张某摔倒并被砸伤。张某认为,该单杠安装于小区公共区域,供居民锻炼使用,小区物业公司应当尽到养护管理之责,本次造成张某受伤的原因系单杠支架底部生锈而发生断裂,物业公司未及时予以养护,亦未采取提示告知等管理措施,遂向法院提起诉讼要求小区物业公司金科智慧服务集团股份有限公司无锡分公司(以下简称金科智慧无锡分公司)对其造成的伤害后果承担损害赔偿责任,要求金科智慧服务集团股份有限公司(以下简称金科智慧集团公司)对分公司不能清偿部分承担补充清偿责任。无锡金科房地产开发有限公司(以下简称金科房地产公司)作为开发商也作为共同被告。

无锡市梁溪区人民法院审理后认为,宾馆、商场、银行、车站、娱乐场所等公共场所的管理人或者群众性活动的组织者,未尽到安全保障义务,造成他人损害的,应当承担侵权责任。该案中,被告物业公司对案涉小区内的公共运动健身设施负有管理责任,对相关设施可能存在的安全隐患应该有一定的预见性,原告张某使用案涉单杠进行锻炼时,由于单杠支架底部生锈断裂而受伤,与物业公司未尽到安全保障义务具有因果关系。另外,张某虽有脑梗后遗症,但与其正常使用小区公用运动器械进行锻炼没有妨碍,与损害结果的发生亦无因果关系,两被告也未举证原告张某存在不当使用运动器械的情况,故法院不予采信被告物业公司有关应减轻其赔偿义务的抗辩理由。同时,法院认为金科智慧无锡分公司系金科智慧集团公司设立的分公司,则金科智慧集团公司应当对金科智慧无锡分公司不能清偿部分承担补充清偿责任。金科房地产公司作为小区的开发商,已将小区移交,未有证据表明案涉单杠系该公司安装或管理,故张某要求该公司承担损害赔偿责任,没有依据,法院不予支持。所以,判决:金科智慧无锡分公司应向张某支付各类赔偿费用合计222,024.4元,金科智慧集团公司对分公司不能清偿部分承担补充清偿责任。

金科智慧无锡分公司提起上诉。江苏省无锡市中级人民法院二审判决:驳回上诉,维持原判。

案例十一:业主侵占共有部位造成侵权的,相关业主应当承担侵权赔偿责任,存在过错的物业服务企业承担补充赔偿责任。

一审案号为(2020)京0105民初36906号,二审案号为(2021)京03民终15120号的生命权、身体权、健康权纠纷案件。案情简介:王某退休后长期将其捡拾的废旧纸壳等杂物大量堆放在楼道内,打算卖废品贴补家用,其居住的小区是个老旧小区,没有电梯,楼梯是唯一的上下楼通道。2020年1月27日晚间,王某堆放在楼道内的杂物因不明原因起火,住在同单元4楼的廖某想要下楼逃生,却被王某堆放的杂物挡住了唯一逃生的出路。因火灾产生了大量浓烟、灼热气流,廖某不幸被熏倒、烧伤。廖某向法院提起诉讼,要求王某、北京恒安物业服务有限公司(以下简称物业公司)共同承担此次火灾对其造成的人身损害赔偿责任。

北京市朝阳区人民法院审理后认为,本案中,王某及其家人在楼道内堆放易燃物品,物业公司在日常管理中未及时发现该隐患,导致在遇火种时发生火灾及廖某的损失,现无法确认火种的遗留人即具体侵权人。王某及物业公司应对廖某的损失承担连带责任。所以,判决:王某及物业公司应对廖某在此次火灾中受伤产生的医药费、住院伙食补助费、营养费、护理费、残疾赔偿金、精神损害抚慰金等费用共 6,338,846.99 元承担连带责任。

王某与物业公司提起上诉。北京市第三中级人民法院审理后认为,消防救援机构对起火原因认定为,可排除用火不慎和电气线路故障引发火灾,不排除遗留火种引发火灾的因素。因此,该案可能存在遗留火种人,火灾的发生是堆放易燃物品与遗留火种相结合的后果,在火种遗留人无法查明的情况下,根据王某的过错程度判定其对本次火灾事故的后果承担70%的赔偿责任。因此,一审法院判令王某承担全部的侵权责任不当,并予以改判。对于物业公司的责任,尽管物业公司曾对王某在楼道堆放杂物的行为进行过多次劝说,但作为物业管理单位,如果只做到这种程度是远不能证明其已经尽到了安全保障义务,即物业公司在该案中存在过错,鉴于其不是直接侵权人,其应当就直接侵权人的侵权造成的损失承担补充赔偿责任。所以,判决:(1)撤销北京市朝阳区人民法院(2020)京0105民初36906号民事判决;(2)廖某的医药费、住院伙食补助费、营养费、护理费、残疾赔偿金、精神损害抚慰金等费用合计 6,338,846.99 元,王某向廖某赔偿上述费用金额的70%,即4,437,193元;(3)物业公司对廖某发生的费用 6,338,846.99 元全额承担补充赔偿责任;(4)驳回廖某的其他诉讼请求。

案例十二:建筑物、构筑物或者其他设施及其搁置物、悬挂物发生脱落、坠落造成他人损害,所有人、管理人或者使用人不能证明自己没有过错的,应当承担侵权责任。

一审案号为(2021)内0203民初2857号,二审案号为(2021)内02民终2629号的高空抛物、坠物损害责任纠纷案件。案情简介:2020年10月20日,包头市昆都仑区某写字楼某室外的幕墙玻璃一块,因刮风从高处坠落,将停放在楼下原告杨某所有的本田车砸坏。杨某花费修理费共计16,743元。杨某向法院提起诉讼,被告孙某为该写字楼某室所有权人,被告包头市正泰物业公司(以下简称正泰公司)系该写字楼物业管理人,被告包头市宏发房地产开发有限公司(以下简称宏发公司)系该写字楼开发公司。

包头市昆都仑区人民法院审理后认为,该案坠落玻璃属建筑物整体外墙安装的玻璃,属于整栋楼外墙的一部分,属于共有部分。被告正泰公司作为物业管理公司,负有维护建筑设施的义务。正泰公司并无证据证明其已尽到维护义务,其无法证明自己无过错的情形下,应承担对原告损害的赔偿责任。被告孙某作为某室的所有人,对共有部分并不附有单独维护的义务,该写字楼于2008年建成,已超过法律规定的质保期,原告杨某主张宏发公司承担赔偿责任,缺乏事实和法律依据。判决:被告正泰公司赔偿原告杨某车辆修理费9374元。

正泰公司提起上诉。内蒙古自治区包头市中级人民法院二审判决:驳回上诉,维持原判。

二、涉业主交纳物业费的纠纷案例

在物业服务关系中,作为被服务对象的业主或物业使用人有义务按照约定支付相应物业费。实践中,由于各种原因,物业服务企业实际能收取到的物业费的比例参差不齐,导致物业服务合同纠纷中大部分是由于物业服务企业催讨物业费产生的。《民法典》第944条规定:业主应当按照约定向物业服务人支付物业费。物业服务人已经按照约定和有关规定提供服务的,业主不得以未接受或者无须接受相关物业服务为由拒绝支付物业费。业主违反约定逾期不支付物业费的,物业服务人可以催告其在合理期限内支付;合理期限届满仍不支付的,物业服务人可以向法院提起诉讼或者申请仲裁。物业服务人不得采取停止供电、供水、供热、供燃气等方式催交物业费。

此外,根据《民法典》第286条第2款的规定,业主大会或者业主委员会对业主拒付物业费的行为,有权依照法律、法规以及管理规约,请求行为人承担相应的民事责任。

实践中,业主们"拒付"物业费的理由有很多,常见的有:一是房屋暂时闲置,俗称空关房,所以不需要相关物业服务;二是认为物业服务企业提供的物业服务质量不符合合同约定要求,难以让业主或物业使用人觉得满意,如没有及时清理垃圾、打扫卫生或对业主提出的维修要求没有及时处理;三是认为物业服务企业未尽到安全保障义务,如小区内多次出现失窃现象或高空抛坠物致人损害等情况;四是对业主之间出现共有关系或相邻关系的纠纷,物业服务企业没有及时处理或调解,或在处理过程中存在偏袒一方的倾向;五是认为物业服务企业存在不合理收费的情况,如未经过业主大会同意擅自毁坏绿地或将公共道路划作收费停车位;六是物业服务企业对收费项目、收费标准以及维修资金使用情况、业主共有部分的经营与收益情况等没有向业主公开,侵犯了业主的知情权,所以业主拒绝交纳物业费。业主以存在经济困难暂时无力交纳物业费的情况也有,但很少见。

需要注意的是,《物业服务纠纷司法解释》第2条规定:物业服务人违反物业服务合同约定或者法律、法规、部门规章规定，擅自扩大收费范围、提高收费标准或者重复收费，业主以违规收费为由提出抗辩的，人民法院应予支持。业主请求物业服务人退还其已经收取的违规费用的，人民法院应予支持。

关于小区内空置房屋交纳物业费问题，各地对此做法不一。如《绍兴市物业管理条例》（2020年12月公布）和《丽水市物业管理条例》（2019年4月公布）中均规定，业主应当按照物业服务合同约定按时支付物业费，不得以房屋空置、开发建设存在遗留问题、未接受或者无须接受相关物业服务等为由拒绝支付。而湖南省发展和改革委员会、湖南省住房和城乡建设厅、湖南省市场监督管理局共同制定的《湖南省物业服务收费管理办法》（湘发改价费规〔2022〕271号）第15条第5项规定：业主按照物业服务合同约定时间，为已办理房屋交付手续但未入住或未使用的空置房交纳物业服务费时，物业服务费按不超过90%交纳，具体优惠幅度由市、县确定。因此，当业主以房屋空置为由提出少交物业费时，原则上不予支持，如若属地主管部门出台了规范性文件，应当予以遵照执行。

下面结合具体案例予以说明。

案例十三：双方虽未签订物业服务合同但构成事实上的物业服务合同关系的，房屋所有权人应向物业公司缴纳物业费。

一审案号为（2021）粤2072民初9372号，二审案号为（2022）粤20民终849号的物业服务合同纠纷案件（入库案例）。案情简介：2016年7月，中山市某物业管理有限公司（以下简称某物业公司）与某小区业委会签订《物业服务合同》，当中约定商铺按建筑面积3元/平方米/月标准收取，合同期至2023年7月31日。案涉商业楼位于某小区外围，两者均为中山市某科技发展有限公司（以下简称某发展公司）开发建设。后农业银行中山分行通过以物抵债方式从某发展公司处取得案涉商业楼后对外出售，公示的项目简介中明确案涉商业楼为某小区的附属商业设施，并提示竞拍人自行到物业管理公司调查核实。2020年1月，方某通过竞拍取得案涉商业楼所有权。在向方某移交案涉商业楼前，农业银行中山分行按《物业服务合同》商铺的缴费标准，向某物业公司支付了2019年1月至2019年12月案涉商业楼的物业管理费。其后，因方某拒绝向某物业公司缴交物业管理费，某物业公司组织方某及某小区业主代表等商讨、协商，形成的会议纪要中载明："1.某小区商业街仍属某小区物业管理区域，施工前需向小区物业管理公司办理施工备案，服从物业公司合法管理。2.有关某小区商业街拖欠物业管理费用，建议双方通过法律途径解决。3.若双方对物业管理区域存有疑问的，可径向市住建局查询核实。"后经多次催收无果,某物业公司向法院提起诉讼,要求方某向其支付 2020 年 1 月至 2021 年 8 月的物业管理费 328,089.6 元及违约金。

方某辩称,案涉商业楼与某小区不属于同一物业管理区域,某物业公司与某小区业委会签订的《物业服务合同》对方某没有法律约束力,某物业公司无权要求方某支付物业管理费及违约金。

广东省中山市第二人民法院审理后认为,该案的争议焦点为:(1)案涉商业楼是否属于某物业公司的物业服务管理范围。虽然《物业服务合同》中的物业名称及不动产登记资料显示,案涉商业楼不属于合同约定的物业服务管理范围,但综合原业主农业银行中山分行向某物业公司缴交物业管理费、某物业公司向方某催缴及其后形成的会议纪要等事实,可以确认案涉商业楼处于某物业公司的实际物业管理区域范围内。(2)《物业服务合同》对方某是否具有法律约束力。综合相关事实,可以推定某物业公司与方某已单独形成了事实上的物业服务合同关系,双方权利义务参照《物业服务合同》执行。(3)方某是否应当向某物业公司支付物业管理费及逾期缴费违约金。在某物业公司已向案涉商业楼履行基本的养护、管理、清洁、安全保障等义务且案涉商业楼所有权人也长期未提出异议的情况下,双方形成事实上的物业服务合同关系,方某应参照《物业服务合同》约定每月向某物业公司缴纳物业管理费。所以判决:方某向某物业公司支付 2020 年 1 月 1 日至 2021 年 8 月 31 日的物业管理费 328,089.6 元及违约金。

方某提出上诉。广东省中山市中级人民法院二审判决驳回上诉,维持原判。

案例十四①:物业服务企业未完全履行物业服务合同约定的义务,降低服务质量,业主可以要求减少交纳物业费。

案情简介:2016 年下半年,李某、钟某、彭某等 6 人先后入住茶陵县某住宅小区,并与小区物业公司签订《前期物业管理服务协议》。此前,物业公司已与小区开发商签订了《前期物业管理服务合同》。该合同约定了物业公司的服务内容,还对服务质量标准进行了明确。后来,小区成立了业主委员会,业主委员会通过投票将物业公司解聘。其间,李某等 6 人因不满物业公司的服务质量,长时间未交物业费。2019 年 11 月 16 日,物业公司向法院提起诉讼,要求李某支付欠交的 13 个月物业费 2188 元,并要求支付违约金 500 元。随后,物业公司对钟某、彭某等 5

---

① 参见《法院判令:物业不到位,可以不交或少交物业费》,载微信公众号"豫法阳光"2022 年 3 月 18 日。

人也提起了类似的民事诉讼。

庭审中,李某等提交了小区内物业服务不到位的视频和照片,及小区业主们联名签署的抗议书。法院经审理查明,物业公司仅安排了3名已达到退休年龄的人员对小区进行管理,且3人均无上岗证和健康证。在服务期间,物业公司未经相关业主同意承接外墙的广告,造成李某等5名业主的墙体受损。加上小区与附近一家幼儿园共用出入口,物业公司人员有时不在现场维持交通秩序,导致高峰期道路堵塞。

湖南省茶陵县人民法院审理后认为,物业公司没有很好地尽到物业管理及服务职责,但完成了一定的物业服务,李某等人不可以拒付所有的物业费。因此,判决:李某应向物业公司支付物业费1094元,即欠费的一半。其他5人的物业费也实行"收费减半"。

物业公司提起上诉。湖南省株洲市中级人民法院审理后认为,李某等人提交的小区照片、视频资料,以及小区业主联名签署的文件等证据,可以证明物业公司未尽到物业服务合同的义务。同时,考虑到物业公司已被解聘,也可以认定物业公司提供的服务中存在问题,一审判决李某等6人酌情支付物业费即"收费减半"并无不当。物业公司虽然物业服务不到位,李某等人也未按期交纳物业费,双方均有违约行为,所以一审法院不支持物业公司要求李某等人支付违约金也无不当。二审判决:驳回上诉,维持原判。

案例十五:物业服务合同约定定期给付物业服务费,属典型的继续性合同,各期债务之间虽互有关联性,但更具有可分性,应认定为独立债务,诉讼时效应自每一期债务履行期限届满之日分别计算。如果业主欠付物业服务费,物业公司应及时向业主催讨并保存证据,保障自身权益。

再审案号为(2023)粤52民再3号的物业服务合同纠纷案件(入库案例)。案情简介:2006年1月12日,某小区建设单位广东某公司与揭阳某物业公司(后企业名称变更为广东某物业公司,以下简称物业公司)签订《前期物业合同》,约定由其为某小区提供前期物业服务,其中住宅7~15层按照0.5元每月每平方米的标准缴纳物业服务费。2006年9月13日,郭某与广东某公司签订了《商品房买卖合同》,郭某购买了该小区某幢某梯1401房,合同约定其自愿将上述所购房屋交由揭阳某物业公司实施物业管理,郭某自办理交房手续之日起,每月按时缴交物业管理及停车费,物业管理收费标准以市物价局核定为准。2014年6月24日,物业公司发出《关于某小区调整物业管理费的公告》,调整物业服务收费,自2014年7

月1日起,某小区小高层住宅电梯11~15层物业服务收费调整为1.25元每平方米每月。2016年1月4日,物业公司向某小区某幢某梯所有业主发出《告知函》,告知物业公司自2016年1月10日起不再对该梯进行物业服务,物业公司对该小区的公共区域提供清洁卫生、生活垃圾的清运等物业服务。郭某自2015年5月后未向物业公司缴交物业服务费。后,物业公司向法院提起诉讼,要求郭某向其支付物业服务费15,518.25元及违约金15,518.25元。

广东省揭阳市榕城区人民法院作出(2020)粤5202民初1922号民事判决:郭某付还物业公司物业服务费7448.44元及违约金。

郭某提起上诉。广东省揭阳市中级人民法院作出(2021)粤52民终319号民事判决:驳回上诉,维持原判。

后,郭某申请再审,广东省高级人民法院作出(2021)粤民申16387号民事裁定,指令广东省揭阳市中级人民法院再审该案。

广东省揭阳市中级人民法院再审后认为,该案的争议焦点包括:(1)关于物业公司主张的2017年8月前的物业服务费是否已过诉讼时效期间的问题。法律规定:向人民法院请求保护民事权利的诉讼时效期间为三年。法律另有规定的,依照其规定。诉讼时效期间自权利人知道或者应当知道权利受到损害以及义务人之日起计算。物业服务合同属于继续性合同,每一期债务在合同履行过程中相继发生,各期债务之间虽互有关联性,但具有可分性,均为独立债务,诉讼时效应自每一期债务履行期限届满之日分别计算。案涉《前期物业服务合同》第八条约定,物业服务费用按月交纳,业主或物业使用人应在每月5日之前交纳当月物业服务费用。案涉《商品房买卖合同》第五条约定,郭某自办理交房手续之日起,每月应按时缴交物业服务费。郭某自2015年5月起未交纳物业服务费。物业公司于2020年7月30日向一审法院提起该案诉讼,请求判令郭某交纳2015年5月1日至2020年5月31日的物业服务费。郭某称物业公司在2015年5月后从未向其催收过任何费用,物业公司关于物业服务费和违约金的请求已超过诉讼时效期间。一、二审判决未查明物业公司是否向郭某催缴物业服务费的事实,而是以郭某自2015年5月起一直未交纳物业服务费,其违约行为呈持续状态为由,认定物业公司的起诉未超过诉讼时效期间,认定基本事实不清,适用法律错误。该案中,没有证据证明物业公司有向郭某催缴物业服务费,故对物业公司主张的2017年8月前的物业服务费应已超过诉讼时效期间。对物业公司主张的2017年8月1日至2020年5月31日的物业服务费应认定未超过诉讼时效期间,故郭某应向物业公司支付该期间的物业服务费。关于物业服务费的标准问题，因郭某自2016年1月10日起仅享受物业公司提供的部分物业服务即对小区公共区域提供的物业服务，一审判决综合考虑该案实际情况，酌情确定物业服务费按每月258.63元的40%即103.45元计，并无不当，故予以维持。故郭某应向物业公司支付的物业服务费为：103.45元×34个月=3517.30元。(2)关于违约金的问题。物业公司于2016年1月4日向某小区某幢某梯所有业主发出《告知函》，告知自2016年1月10日起不再对该梯进行物业服务。在物业公司明确表示不对该梯进行物业服务，且物业公司未提交证据证明郭某知悉其对小区公共区域提供的物业服务的收费标准。故物业公司主张郭某应支付逾期交纳物业服务费的违约金，缺乏依据，理由不成立，应予支持。广东省揭阳市中级人民法院作出(2023)粤52民再3号民事判决：撤销一、二审判决，郭某应付还物业公司物业服务费3517.30元。

三、涉业主封包阳台或搭建阳光房纠纷案例

现实生活中，业主购置的商品房的阳台绝大多数是开放式或是半封闭式，这符合普通大众对房屋采光、通风等要求的心理预期，同时也可以降低房产商的建设成本。部分业主在装修时往往会出于扩大使用面积、提升居住舒适度等考虑进行封闭阳台，如拆除原房屋阳台的铁栅栏，改为落地窗。尽管封闭阳台可以满足业主的需求，但是住宅小区作为一个整体，无论是从房屋品质还是外观观感，物业服务企业都希望能够保持统一性，所以往往不希望业主封包阳台。

《民法典》第286条第1款规定，"业主应当遵守法律、法规以及管理规约"。《物业管理条例》第22条规定：建设单位应当在销售物业之前，制定临时管理规约，对有关物业的使用、维护、管理，业主的共同利益，业主应当履行的义务，违反临时管理规约应当承担的责任等事项依法作出约定。建设单位制定的临时管理规约，不得侵害物业买受人的合法权益。第23条规定：建设单位应当在物业销售前将临时管理规约向物业买受人明示，并予以说明。物业买受人在与建设单位签订物业买卖合同时，应当对遵守临时管理规约予以书面承诺。

在这类临时管理规约中往往会载明，业主不得擅自在房屋建筑的外墙上安装遮阳篷、防护栏、晾衣架、花架、鞋架、封闭阳台等类似内容。实践中，仍有不少业主擅自封闭阳台，从而导致物业服务企业将相关业主诉诸法院，要求法院判决业主拆除封闭阳台的设施，恢复原状。人民法院在处理这类纠纷过程中，曾出现过两种截然不同的裁判观点：第一种观点认为，房屋阳台作为房屋主体的特定部分，

在构造和使用上均具有独立性,属房屋的专有部分,业主封闭阳台属于业主对其专有部分的占有使用行为,只要不侵害他人的合法权益则无权禁止;第二种观点认为,业主承诺遵守开发商制定的临时管理规约,则业主自身权利的行使就受到了相应的限制,临时管理规约中载明的不得擅自封闭阳台等内容对业主具有约束力。现在的多数判决支持第二种观点。

需要注意的是,《物业服务纠纷司法解释》第1条规定:业主违反物业服务合同或者法律、法规、管理规约,实施妨碍物业服务与管理的行为,物业服务人请求业主承担停止侵害、排除妨碍、恢复原状等相应民事责任的,人民法院应予支持。

下面以一件经过二审、再审的典型案件为例说明。

案例十六:建设单位制定的临时管理规约只要不侵害业主的合法权益,相关内容就对业主具有拘束力,业主应当予以遵守。业主签署承诺书表明其对临时管理规约内容知情,并愿意受其拘束,后又擅自封闭阳台,显然违反了该规约,也违反诚实信用原则。

一审案号为(2015)锦江民初字第4023号,二审案号为(2016)川01民终5212号,再审案号为(2019)川民再169号的物业服务合同纠纷案件。案情简介:成都仁恒物业管理有限公司(以下简称仁恒物业公司)系房产开发商仁恒置业(成都)有限公司选聘的提供前期物业服务的企业。王某为成都市锦江区仁恒滨河湾1期的业主。2014年5月31日,开发商与王某签订了《前期物业服务合同》与《临时管理规约》,该规约中约定,前期物业服务合同内容作为开发建设单位与物业买受人订立的物业买卖合同内容之一,物业买受人应当履行前期物业服务合同,其中第15条规定:本物业管理区域内的业主、使用人不得擅自在房屋建筑的外墙上安装遮阳篷、防护栏、晾衣架、花架、鞋架、封闭阳台等。如需安装上述物件、封闭阳台或在阳台开出口,需在业主大会成立后,经全体业主表决同意方式统一材质、样式、色泽等的有关要求进行。第30条明确规定:本规约由开发建设单位制定,开发建设单位在销售物业时应向物业买受人明示,并予以说明。第31条规定:本规约对本物业管理区域内的各业主和使用人均具有约束力。2014年5月31日,王某签署承诺书,承诺已详细阅读并理解《临时管理规约》,同意遵守本规约内的一切条款,如有违约,愿承担相应违约责任。但王某接收房屋后,将其阳台上的原玻璃隔栏拆除,重新安装了落地玻璃窗。仁恒物业公司向法院提起诉讼,要求王某拆除在阳台上安装的落地玻璃窗,恢复阳台原状。

成都市锦江区人民法院审理后认为，王某与仁恒物业公司签订的《临时管理规约》合法有效，王某应当遵守，但其在将原来开放式的阳台拆除玻璃后重新做成了落地式的封闭阳台，违反了《临时管理规约》的约定。根据《物业服务纠纷司法解释》（2009年）的相关规定，对仁恒物业公司提出拆除封闭阳台的落地窗并恢复阳台原状的诉讼请求予以支持。所以，判决：王某应于判决发生法律效力之日起30日内拆除在阳台上安装的落地玻璃窗，恢复阳台原状。

王某提起上诉。成都市中级人民法院认为，案涉《临时管理规约》中有关禁止其封闭阳台的内容为开发商仁恒置业（成都）有限公司预先拟定，属于以格式合同排除对方主要权利，因而无效。所以，判决：撤销成都市锦江区人民法院作出的（2015）锦江民初字第4023号民事判决，驳回仁恒物业公司的诉讼请求。

仁恒物业公司不服，申请再审。四川省高级人民法院依法作出裁定提审该案，并最终作出（2019）川民再169号民事判决书，撤销四川省成都市中级人民法院作出的二审判决，维持成都市锦江区人民法院作出的一审判决。

类似案例在其他地方也多有发生。如发生在杭州市城东艮北板块某红盘业主私包阳台屡劝不改，物业公司怒告业主一事。①

案例十七：一审案号为（2021）浙0104民初2934号，二审案号为（2021）浙01民终10134号的物业服务合同纠纷案件。案情简介（略）。杭州市江干区人民法院一审判决：周某于判决生效之日起30日内拆除案涉房屋东阳台上封包阳台的设施并将该东阳台恢复原状。杭州市中级人民法院二审的裁判理由：业主上诉所称的小区《临时管理规约》中不允许业主封包阳台的内容已经通过案涉会议纪要以及征集业主意见的方式变更为允许封闭，但即使几名业主代表曾参与沟通并形成会议纪要，也并不能代表全体业主意见，且最终也未就允许封包阳台达成一致意见，其所述的280户业主意见中的业主身份也未经审核确认，上诉业主亦未提交充分有效的证据证明该项约定已作变更或调整，故原审法院对其有关抗辩未予采纳并无不当。业主上诉理由不成立，对其上诉请求不予支持。所以，二审判决：驳回上诉，维持原判。

对这类案件，也存在结果完全不同的判决。《人民法院报》曾报道过一起发生在四川省成都市的封包阳台的案例。

---

① 参见徐叔竞：《物业怒告业主包阳台，业主败诉！私包的阳台必须拆！》，载微信公众号"钱报杭州房产"2022年5月13日。

案例十八：案情简介：2020年9月，高某在成都市近郊一小区购买临近马路的住房一套。该小区共有14栋楼，1栋至4栋在开发商交房前已全部封闭了阳台，其余楼栋交房时开发商未封闭阳台。高某与开发商签订购买房屋合同时，被要求签订了前期物业服务协议，并以签收承诺书的方式，要求其承诺遵守以前期物业服务协议附件呈现、由开发商与物业公司制定的小区临时管理规约。该规约中明确，原则上不封闭阳台，经全体业主表决，户数与面积达到法定条件封闭阳台、露台的，须由建设单位与物业服务企业共同制订封闭方案并公示，且要求做到统一设计、统一材质、统一施工等五个统一。2020年12月开发商交房后，高某先后多次与小区物业公司就封闭阳台问题进行沟通协商。2021年5月该小区物业公司组织业主就封闭阳台事宜进行投票表决，后因参加表决业主占比等未达到相关要求，未能启动封闭阳台工作。随后，高某按照小区先期已封闭阳台的1栋至4栋的样式颜色，对所购房屋阳台进行封闭。物业公司则以临时管理规约规定不得封闭阳台等起诉，要求高某立即拆除已封闭阳台并恢复原状。一审法院认为，高某作为小区业主，应遵守小区临时管理规约中的规定，在小区尚未达成一致意见的情况下，不得擅自封闭阳台等，故判决高某限期拆除已封闭阳台并恢复原状。高某提出上诉，成都市中级人民法院二审认为，物业公司诉请要求业主立即拆除已封闭阳台并恢复原状，既在法律上没有明确规定，其又未提供证据证明高某封闭阳台危及建筑物安全、损害其他业主合法权益，也未提供证据证明高某有实施妨碍物业服务与管理的行为等，故依法撤销一审判决，判决驳回物业公司的诉讼请求。

与业主封包阳台情况类似的，还有业主安装防盗窗或搭建阳光房的情况。下面举一个业主私自搭建阳光房的案例予以说明。

案例十九[①]：如果业主未经规划管理部门的许可，私自搭建阳光房，属于违法建筑。搭建阳光房既违反国家强制性规定又违反物业服务合同和管理规约的约定，且对小区的安全防范容易造成不良影响，所以理应拆除。

案情简介：李某是某小区的业主，物业公司与建设单位签订了前期物业服务合同，为该小区提供物业服务。前期物业服务合同中有关于"不得破坏住宅花园内建筑已有的构造；不得堆积杂物、垒砌负载建筑、封装封闭等"约定。《临时管理规约》作为李某与建设单位签订的商品房买卖合同的附件，也约定业主不得堆积

---

① 参见《物业公司起诉业主搭建阳光房案例分析》，载微信公众号"物业法苑"2020年2月21日。

杂物、垒砌负载建筑、封装封闭、擅自变动建筑主体、承重结构、房屋外貌等。2014年4月,李某在其购买的房屋南侧附赠的小院内开始私自建造阳光房,物业公司于当年8月19日向李某发出书面通知,告知李某未经规划管理部门和设计单位同意许可,私自将南侧小院改造为阳光房,属于违法建设,侵害了该楼其他业主的合法权益要求其立即停止阳光房建设,限期3天将小院及房屋恢复至原状。李某接通知后,未按物业公司要求履行,并继续将阳光房建造完毕。于是,物业公司将李某诉至法院,请求判决李某拆除阳光房。

一审法院认为,李某搭建阳光房的行为违反了物业服务合同的相关约定,构成妨害物业服务与管理的行为,判决:李某于判决生效后30日内将阳光房拆除。

李某提起上诉。二审判决:驳回上诉,维持原判。

四、涉未办理产权登记的车位归属或收益权纠纷案例

在住宅小区三种类型车位中,房产商通过出售、出租或赠与的"产权车位",出现的纠纷较少。常见的是未办理产权登记的位于地面公共车位的归属或人防车位的收益权引起的纠纷。

在地面车位中,较多的是占用业主共有的道路或者其他场地用于停放汽车的公共车位,此类车位设置须经业主大会决定,一般不办理产权登记。按照《民法典》第275条第2款的规定,应属于业主共有。物业服务企业经业主大会授权管理这些地面车位,收取停车费,扣除必要的日常管理费等成本后,其余部分应属于业主共有。此外,建设单位如果将地面车位归属写入商品房买卖合同,并以此作为车位产权归属的依据,要看该停车位是否纳入业主的土地使用权分摊面积,如果纳入,该停车位的产权归属应属于全体业主共有。

对于人防车位争议最大的是,该类车位的产权归属于谁?收益权由谁享有?实务中,一般存在三种观点:国家所有说、投资人所有说和业主共有说。造成这一难题的主要原因在于,现行人防法律法规体系未曾明确其产权归属。而在实践中,车位的使用、投资等资产属性逐渐展露,并受到人们的广泛关注。根据《人民防空法》第5条第2款规定的"人民防空工程平时由投资者使用管理,收益归投资者所有",一般认为,人防车位由所在小区的业主优先使用,其收益权应归属于投资者(建设单位)。

下面举例予以说明。

案例二十[①]：诉争地面车位如果已纳入业主的土地使用权分摊面积，属于占用业主共有的道路或者其他场地用于停放汽车的车位，应属于业主共有，业主委员会可以要求该停车位的产权归属于全体业主共有。

案情简介：长沙市开福区某小区于2008年由开发公司向业主进行交付，根据小区建设工程规划许可证附图载明，小区规划地下停车464辆，地面停车210辆，居住户数931户。2016年9月，小区成立了业主委员会，与原开发公司选聘的物业管理公司终止合作，并于2017年6月与新的物业管理公司签订物业服务合同。双方还约定，小区公共收益收入包括地面停车费，由业主委员会、物业管理公司各占50%。2017年10月，开发公司突然向新物业管理公司出具工作联系函，要求对方将2017年8—10月代收的210个地面停车费支付给开发公司，以后还要按月支付。小区业主委员会获悉此事后也与开发公司进行交涉，各方争执不下。2019年，开发公司以小区业主委员会、物业管理公司为被告向法院提起诉讼。

长沙市开福区人民法院审理后认为，根据开发公司在出售房屋时与买受人签订的商品房买卖合同明确约定，"本小区以下未列入分摊面积的部位和设施设备其产权和经营权归出卖人所有：……（2）室外地面停车位"。故案涉车位属开发公司所有。所以，判决：业主委员会、物业管理公司向开发公司支付210个地面车位2017年8月至11月的租赁费26,280元。

业主委员会提起上诉。长沙市中级人民法院审理后认为，案涉车位是地面停车位，不能办理产权登记，不能成为享有专有权的专有部分，其本质上属于土地使用权。即使开发公司在建造案涉小区时支付了建筑区划内的土地使用权出让金而成为建设用地使用权人，但小区建设完成之后，随小区内房屋的出售，小区建筑区划内的土地使用权也随之转移，小区的共有部分土地使用权归小区业主共有。开发商以约定方式，在销售商品房后仍保留该部分土地使用权，并无法律依据。同时，长沙市自然资源和规划局收到长沙市中级人民法院征询函后复函称，"小区规划中的停车位已纳入业主的土地使用权分摊面积；小区地面停车位均为绿化停车位，根据技术规定绿化停车位面积按40%折算后计入绿地面积"。所以，二审法院认为业主委员会的上诉请求成立，予以支持，遂判决撤销一审判决。

开发公司对此不服，向湖南省高级人民法院提起再审。湖南省高级人民法院

[①] 参见《湖南再审案例：开发商是否拥有地面停车位归属权？地面停车费该归谁？》，载微信公众号"君晟法苑"2022年6月29日。

经审查后认为,根据原《物权法》第74条的规定,诉争地面停车位已纳入业主的土地使用权分摊面积,属于占用业主共有的道路或者其他场地用于停放汽车的车位。根据上述法律规定,诉争地面停车位应属于业主共有。因此,开发公司再审关于诉争210个地面规划停车位归其所有的主张缺乏证据佐证和法律依据,依法不予支持。

案例二十一:根据《人民防空法》第5条第2款中"人民防空工程平时由投资者使用管理,收益归投资者所有"的规定,人防车位由所在小区的业主优先使用,其收益权应归属于投资者(建设单位)。地下车位没有计入容积率也未计入购房款的,不属业主共有。

再审案号为(2014)粤高法民一提字第30号的物业服务合同纠纷案件(入库案例)。案情简介:深圳市元盛实业有限公司(以下简称元盛公司)作为开发商,建立了小区楼盘和地下车库,并为地下车库向有关部门办理了停车许可证。元盛公司在房产销售初始阶段已将部分车位以长期租赁的方式租赁给部分小区业主,一次性收取租金,车位使用年限等同于房屋的产权年限。深圳市瑞征物业管理有限公司(以下简称瑞征公司)作为该小区的物业服务企业,与元盛公司签订了物业委托管理合同,约定元盛公司委托瑞征公司进行物业管理,其中包括剩余的地下车位,由瑞征公司委托管理和收取停车费,并约定五年之后瑞征公司要把所有的物业和地下车位予以返还。合同到期后双方未再续约和签订任何协议,但瑞征公司仍继续提供物业服务。后,瑞征公司与该小区业主委员会签订物业委托管理合同,瑞征公司受小区业主委员会委托进行物业管理。在此期间,元盛公司与小区业主委员会签订协议书,约定元盛公司因资金困难无力支付小区房屋公用设施专用基金,将部分出售或长期出租地下车位,价格由元盛公司自行合理拟定并保证本次处置车位的收入首先支付大修基金,小区业主委员会有权监督大修基金的支付情况。根据上述协议约定,元盛公司又与部分小区业主签订租赁合同,将部分车位长期出租给小区业主。地下车库分为地下一层和地下二层,其中地下二层属于人防工程,地下车库的车位均未办理产权登记手续。后,元盛公司向法院提起诉讼,根据其与瑞征公司签订的物业服务合同约定,合同到期后,元盛公司有权要求瑞征公司返还剩余的115个车位和收取的停车费,双方争议的焦点主要是对地下车位的归属和收益权的问题。

广东省深圳市南山区人民法院作出(2012)深南法民三初字第201号民事判决:驳回元盛公司的全部诉讼请求。

元盛公司提出上诉,广东省深圳市中级人民法院作出(2012)深中法房终字第3158号民事判决:驳回上诉、维持原判。

元盛公司申请再审。广东省高级人民法院提审该案,广东省高级人民法院作出(2014)粤高法民一提字第30号民事判决:撤销原一审、二审判决,支持元盛公司的诉讼请求。

瑞征公司向检察机关申请监督。最高人民检察院作出(2018)最高法民抗4号民事裁定,认为再审判决适用法律错误,主要理由是:案涉车位的所有权归全体业主所有,元盛公司无权要求瑞征公司归还案涉车位。瑞征公司有权收取案涉车位的租金。元盛公司并非案涉车位的所有权人,无权要求瑞征公司返还收取的案涉车位租金。

最高人民法院再审后认为:经查明,案涉地下停车场没有计入容积率即并未占用案涉小区土地的使用权,各户房屋的分摊公用面积亦不包括地下一、二层的建筑面积。因此,案涉地下停车场也未计入公用建筑面积及作为分摊公用面积销售给业主,现在也没有证据证实地下停车场的成本以其他方式实际计入业主的购房款中,即案涉地下停车场开发成本并未相应分摊到各个商品房的出售价格之中,因此,不宜认定案涉车位已随美加广场项目所有权的转让,一并转移给全体业主。案涉115个地下停车位分属于地下一层、地下二层,其中100个停车位位于地下二层。地下二层属于民防工程,经查明该人防工程系元盛公司投资和建设,战时作为一般城市居民掩蔽所,平时可作为停车场。根据《人民防空法》第5条第2款"国家鼓励、支持企业事业组织、社会团体和个人,通过多种途径,投资进行人民防空工程建设;人民防空工程平时由投资者使用管理,收益归投资者所有"的规定,元盛公司作为该人防工程的投资者享有相关的收益即对案涉车位中位于地下二层的100个停车位享有收益。因瑞征公司与元盛公司之间的委托合同期满后,双方当事人并未就委托事宜重新签订相关协议,瑞征公司不再是案涉停车位管理委托人,应当依照约定归还元盛公司委托其管理的地下车位和收取的停车费。最高人民法院作出(2018)最高法民再263号民事判决:检察机关的抗诉理由,不予采纳,维持广东省高级人民法院的再审判决。

该案判决书的说理部分指出:我国对人防工程实行多元投资,即不仅由国家兴建,而且要求开发商在城市商品房开发时应修建一定的地下防空工事。在此社会背景下,既不能简单地认为都属于国家所有,但也不宜直接认定归开发商所有或业主所有,需依照人民防空工程权属的相关规定,结合投资情况具体分析。从历史交易情况来看,大部分人防车位系通过出租的方式,由建设单位或物业服务企业与业主签订租赁合同并交付使用。人防车位用益物权由建设单位享有,亦有利于维护现有交易秩序。从社会效果来看,通过约定来确定车位归属,实质上是通过市场机制分配资源,可以鼓励建设单位积极承担国防义务,修建更多车位,缓解目前城市车位紧张的状况,也有利于激励建设单位加大对地下空间的利用,提高土地利用效率。若是将车位"一刀切"地认定为业主共有财产,建设单位可能缺乏足够动力来投资建设地下车位,最终利益损害最大的可能还是业主。

五、涉业主安装电动汽车充电桩纠纷案例

随着以电动汽车为代表的新能源汽车的逐渐普及,相关的纠纷也日渐增多,其中包括业主安装电动汽车充电桩引起的纠纷。

2015年9月29日,国务院办公厅发布的《关于加快电动汽车充电基础设施建设的指导意见》(国办发〔2015〕73号),明确指出充电基础设施是指为电动汽车提供电能补给的各类充换电设施,是新型的城市基础设施,大力推进充电基础设施建设,有利于解决电动汽车充电难题,是发展新能源汽车产业的重要保障。为此,国家发展和改革委员会、国家能源局、工业和信息化部、住房和城乡建设部四部门联合发布《关于加快居民区电动汽车充电基础设施建设的通知》(发改能源〔2016〕1611号),对居民区新能源汽车充电设施的建设提供了指导,其中第4条明确了"对于占用固定车位产权人或长期承租方建设充电基础设施的行为或要求,业主委员会(或业主大会授权的管理单位)原则上应同意并提供必要的协助"。2019年5月20日,交通运输部等十二部门和单位联合发布了《绿色出行行动计划(2019—2022年)》,提出要加快充电基础设施建设。加快构建便利高效、适度超前的充电网络体系建设,重点推进城市公交枢纽、停车场、首末站充电设施设备的规划与建设。

(一)电动汽车充电基础设施分类及建设流程

1.自用充电基础设施,指购买和使用电动汽车的个人,在其拥有所有权或使用权的专用固定停车位(含一年及以上租赁期车位)上建设的充电桩及接入上级电源的相关设施。申请主体为业主或者车位使用人,申请材料包括购车意向协议或购车发票、申请人有效身份证明、固定车位产权或一年以上(含一年)使用权证明、停车位(库)平面图或现场环境照片、物业出具(无物业管理小区由业主委员会或居委会出具)的同意安装充电桩的证明材料。

2.公用充电基础设施,指物业服务企业或充电基础设施运营商等单位,在居民区公共区域建设的为全体业主提供服务的充电桩及接入上级电源的相关设施。申请主体为物业服务企业或充电基础设施运营商,申请材料包括企业营业执照、停车位平面图、产权人同意建设公用桩的证明、物业同意(无物业管理小区由业主委员会或居委会出具)的公用桩建设和施工方案等资料。

(二)物业服务企业可以提供的服务事项

根据《关于加快居民区电动汽车充电基础设施建设的通知》的要求,目前新建居住小区基本要求"统一将供电线路敷设至专用固定停车位(或预留敷设条件),预留电表箱、充电设施安装位置和用电容量",在居民区充电基础设施安装过程中,"物业服务企业应配合业主或其委托的建设单位,及时提供相关图纸资料,积极配合并协助现场勘查、施工。鼓励物业服务企业根据用户需求及业主大会授权,利用公共停车位建设相对集中的公共充电基础设施并提供充电服务"。

2022年1月,国家发展和改革委员会等十部门再次联合发布《关于进一步提升电动汽车充电基础设施服务保障能力的实施意见》(发改能源规〔2022〕53号),再次明确"新建居住社区要确保固定车位100%建设充电设施或预留安装条件。预留安装条件时需将管线和桥架等供电设施建设到车位以满足直接装表接电需要。各地相关部门应在新建住宅项目规划报批、竣工验收环节依法监督"。同时要求,"居住社区管理单位应积极配合用户安装充电设施并提供必要协助。业主委员会应结合自身实际,明确物业服务区域内充电设施建设的具体流程"。这为物业服务企业以及业主委员会如何在居民区开展电动汽车充电基础设施服务提供了顶层设计。如果物业服务企业或者业主委员会未按照上述意见履行相应义务,可能需要承担相应法律责任。实践中也出现过业主在相邻车位后面墙壁上安装充电桩,导致相邻车位业主自己要安装充电桩时得另外找位置的尴尬情况,而且后排墙壁上安了充电桩后影响相邻业主使用,这与物业服务企业未尽到管理服务职责有很大关系。

近年来,一些新制定或修订的关于物业管理的地方性法规中也有对电动汽车充电设施的规定。如2021年9月修订的《四川省物业管理条例》第16条规定:新建物业应当按照有关标准配置机动车、非机动车专用停放车位(库),依据新能源发展规划和业主需要,为安装停车充电基础设施预留场地、空间,配置相应的接入条件。已建成有条件的物业可以根据业主需要按照标准和技术规范要求,经业主共同决定,逐步改造建设停车充电与换电设施。2021年修订的《宁波市住宅小区物业管理条例》第13条第3款规定:规划用于停放机动车的车位、车库,应当预留电动汽车充电设施安装条件。从2022年6月1日起施行的《金华市物业管理条例》第39条规定:新建物业时,安全监控、快递寄存、电动自行车集中充电、生活垃圾分类收集等设施设备,除法律、法规规定同步设计、同步施工、同步交付以外,应当同步建设或者预留建设场地。规划车位、车库应当按照国家、省有关规定配建电动汽车充电设施或者预留建设安装条件。

下面举例予以说明。

案例二十二:业主基于对建筑物专有部分特定使用功能的合理需要,可以对共有部分进行合理利用。业主要求安装新能源汽车充电桩,属于业主的正当权利。物业服务企业应予配合办理相关安装手续,不得以用电容量、存在安全隐患或其他事由拒绝配合。

案号为(2022)闽0403民初134号的物业服务合同纠纷案件(入库案例)。案情简介:赖某于2017年2月27日取得位于福建省三明市三元区某小区负一层1000号车位所有权。2020年6月30日,该小区业主委员会与厦门友朋四方物业管理有限公司三明吉祥福邸服务部(以下简称三明服务部)签订了《物业服务合同》,物业服务期限为三年,自2020年7月1日起至2023年6月30日止。后,赖某因订购了新能源车,想在案涉车位安装充电桩,需要三明服务部出具同意安装充电桩的相关证明,三明服务部拒绝出具该证明。因协商不成,赖某向法院提起诉讼。

福建省三明市三元区人民法院审理后认为,业主依法对其建筑物专有部分享有占有、使用、收益和处分的权利。故赖某可根据生产生活需要,合理合法地对建筑物专有部分进行使用。业主要求安装新能源汽车充电桩,在不违反法律规定的前提下,属于业主的正当权利。同时,大力发展新能源汽车产业,对促进节能减排、防治大气污染具有重要意义。国家部委发布的相关部门规章要求物业服务企业在充电设施建设时发挥积极作用、予以配合、提供便利。该案中,赖某已购买并使用新能源汽车,而充电桩又是新能源汽车实现使用目的不可或缺的设备,现赖某向三明服务部申请在自有车位内安装充电桩,符合车位正常使用性能,是业主正常行使合法权利的行为,不应受到限制或禁止,即使在安装充电桩时因布电线等需要使用共有部分,亦属于建筑物区分所有权人为提升专有部分使用价值而对共有部分的合理使用，但赖某在案涉车位安装汽车充电桩时不得损害其他业主的合法权益。另外，充电桩的实际安装需业主提供包括物业服务企业同意安装新能源充电桩证明在内的申请材料，物业公司不得以用电容量或其他事由拒绝安装充电桩的正当要求。赖某仅是在其个人产权车位安装充电桩，并非对小区的公共设施进行改建，不属于应当经业主大会集体讨论决定的事项。所以判决三明服务部向赖某出具同意其在三明市三元区某小区负一层1000号车位安装新能源汽车充电桩的证明。

同时，福建省三明市三元区人民法院根据案件审理情况，根据物业公司提出的合理抗辩意见，向供电企业发出司法建议，引导其规范出具相关意见征求函。

案例二十三：物业服务企业根据小区住宅实际情况，将新能源车位单独划分到某一区域统一管理，能够满足小区新能源车车主配装充电桩的需求，业主主张另行在其他车位为其提供配装充电桩，法院可以依据民法典绿色原则的规定不予支持。

案号为(2023)京0112民初13232号的合同纠纷案件（入库案例）。案情简介：吕某1与北京某物业管理有限公司（以下简称鸿某公司）签订《机动车停车管理服务协议》，租赁了10号楼院内的停车位110号与101号。另外，吕某1之子吕某2与鸿某公司亦签订《机动车停车管理服务协议》，约定由吕某2租赁11号楼外停车位13号，用于停放比亚迪新能源汽车。此外，吕某2还与鸿某公司签订《新能源小客车充电设施安装及安全使用协议》，就13号车位安装新能源小客车充电设施事宜进行了约定。吕某1在其住所因需要为其子所购的新能源汽车进行日常使用充电，遂向供电企业申请在其长租停车位安装充电桩，吕某1前后数次和鸿某公司沟通，请求鸿某公司在同意安装充电桩的相关说明文件上签字盖章，但鸿某公司拒绝出具，亦未出具不允许安装充电桩的证明文件。后，吕某1向法院提起诉讼。

庭审中，吕某1明确要求鸿某公司协助办理车位新能源车充电桩安装相关手续的为10号楼院内101车位，使用汽车为吕某2名下的比亚迪新能源汽车。吕某1认为13号车位并不在院内，且离家远，另外吕某2在租赁期内虽然与鸿某公司签订了停车位租赁协议并签署了加装充电桩相关协议，但吕某2实际并未安装充电桩亦未再续租，故要求鸿某公司配合在院内的101号车位加装充电桩。

法院现场勘验了案涉小区和101号车位以及13号车位，根据现场勘验情况，新能源停车位在院外较空旷区域，停车位上加装充电桩情况占比高，但停车空间密度较院内小,新能源停车位区域增扩了变压器,新能源停车位除拥有汽车进出口外,与各小区之间亦有通道方便业主直接进出。鸿某公司称,案涉小区为回迁小区,根据小区规划,从加装充电桩的安全性、变压器容量等因素考虑,鸿某公司协调相关部门在案涉小区的9号楼、10号楼、11号楼外区域设置了新能源停车位并增容了变压器,专门用于新能源汽车的停放并配合加装充电桩。之后院内停车位不再允许加装充电桩。

北京市通州区人民法院审理后认为:民事主体从事民事活动,应当遵循诚实信用原则,秉持诚实,恪守承诺。民事主体从事民事活动,应当有利于节约资源、保护生态环境。民事权利的行使应以合理的方式进行,不损害第三人利益及公共利益。在国家鼓励新能源汽车出行、促进节能减排的背景下,购买新能源车辆业主的充电需求确实属于合理需求。给吕某1使用清洁能源的车辆提供便利,有助于节约资源、保护生态环境。故鸿某公司作为为小区居民提供物业服务的单位,应积极配合建立、完善充电设备。具体到该案中,对于是否允许在院内停车位上加装充电桩,还要根据双方所主张的利益性质,考虑最大利益和最小弊害加以权衡并取舍,才能更好地实现物尽其用、绿色使用。法院认为,物业公司根据小区住宅实际情况,将新能源车位单独划分到较为空旷、电压充足的区域统一管理,能够满足小区新能源车车主配装充电桩的需求,业主主张另行在其他车位为其提供配装充电桩,既影响了周边居民的安全,也不符合节约资源、保护生态环境要求的,法院可以依据民法典绿色原则的规定不予支持。所以判决:驳回原告吕某1的诉讼请求。

六、关于业主利益维护的其他类型纠纷案例

案例二十四[①]:利用业主的共有部分产生的收入,在扣除合理成本之后,属于业主共有。如果物业服务企业擅自占用小区广告位、停车费及其他公共部位经营收益,或以部分业主未按时交纳物业费为由用停车费来抵充部分业主欠交的物业费,业主委员会可以物业服务企业违法侵占该部分财产,要求其承担返还财产、赔偿损失等责任。

案情简介:2019年7月,安徽省阜阳市颍泉区祥源文旅城祥云府业主委员会(以下简称祥云府业委会)依法选举成立,经上级主管部门备案认可,9名委员义

---

① 参见《安徽一小区,业委会告赢物业!返还113.8万元!》,载微信公众号"大皖新闻"2023年3月25日。

务为业主服务。经第二次业主大会表决同意,2020年6月底与祥源物业服务有限公司阜阳分公司(以下简称祥源物业公司)续签物业服务合同。双方在合同中约定:小区广告位及其他公共部位经营收益由乙方(祥源物业公司)经营管理,获得的收益单独列账,所签合同需要经业委会同意,每季度末向甲方(祥云府业委会)报告收益,每年年底在小区内公示全年收益,所得收益70%纳入业主专项基金,由业委会经业主大会同意后,方可使用;30%用于补贴乙方物业服务费用。按照物业服务合同约定,公共收益应"每月存入(祥云府业委会)指定的专项基金账户"。但祥源物业公司以多种理由拖延履行合同。于是,祥云府业委会委托第三方评估机构,对小区内公共区域收益进行评估。经评估,从2017年至2022年2月28日,小区广告位及其他公共部位经营收益及利息为2,525,532.76元。按照合同约定,祥源物业公司应按收取金额的70%返还给业主1,767,873元,但仅支付14余万元。2022年6月,祥云府业委会向法院提起诉讼,要求祥源物业公司返还2017年至2022年2月的公共区域收益及资金占用利息,共计160万余元。

阜阳市颍泉区人民法院审理后认为,因物业公司长期不建车棚,导致业主反映强烈,为了促进被告履行职责,原告表示放弃部分收益。但祥云府业委会放弃部分收益的行为并没有经过业主大会同意,按照法律规定,祥云府业委会的代表无权放弃全体业主的公共利益,故这项承诺并非原告的真实意思表示,应为无效。所以,判决:被告于判决发生法律效力之日起10日内返还原告小区内公共收益费用及资金占用费123万余元、评估费20,100元。

祥源物业公司提起上诉。安徽省阜阳市中级人民法院审理后认为,该案二审审理的争议焦点为:(1)祥云府业委会的诉讼主体资格是否适格;(2)祥云府业委会举证的鉴定评估意见书能否作为定案依据;(3)祥源物业公司返还祥云府业委会的公共收益的数额如何确定;(4)一审程序是否存在违法情形。(其余三点略,以下重点介绍第三个争议焦点内容)

关于祥源物业公司返还祥云府业委会的公共收益的数额如何确定。二审中,双方对2020年10月之前的收益是否应予返还存在争议,祥云府业委会2021年11月21日向祥源物业公司发送的《关于祥云府小区非机动车车棚建设付款督促函》中载明,"针对2020年10月之前的公共收益不具追回"。但放弃公共收益,显系有关全体业主的共同利益的重大事项,应经业主大会授权,而双方所举证据无法证明该事项取得业主大会授权,祥云府业委会亦对该事项作出相应的解释,且一直主张该部分收益,一审认定《关于祥云府小区非机动车车棚建设付款督促函》

中涉及放弃公共利益的承诺无效并无不当,故祥源物业公司应按照涉案物业服务合同的约定返还2020年10月之前的公共收益。参照皖益价评字〔2022〕0302号价格评估意见,截至2022年2月28日,祥源文旅城祥云府小区公共收益费用及资金占用利息的评估价格为2,525,532元,其中资金占用利息费用143,288.49元。二审法院认为,涉案《祥源文旅城祥云府物业服务合同》未对逾期返还公共收益的违约责任进行明确的约定,祥云府业委会主张资金占用利息没有依据,一审判决予以认定不当,所以予以纠正。祥源物业公司应返还祥云府业委会款项1,138,694.71元。所以,二审判决:(1)维持安徽省阜阳市颍泉区人民法院(2022)皖1204民初4319号民事判决第二项,即"驳回祥源文旅城祥云府小区业主委员会的其他诉讼请求";(2)变更安徽省阜阳市颍泉区人民法院(2022)皖1204民初4319号民事判决第一项为:祥源物业公司于本判决发生法律效力之日起10日内返还祥云府业委会小区内公共收益费用1,138,694.71元、评估费20,100元。

案例二十五[①]:物业服务企业应当按照物业服务合同的约定和物业的使用性质,提供相应的服务。物业服务企业未能履行物业服务合同约定,导致业主人身、财产安全受到损害的,应当依法承担相应的法律责任。

案情简介:原告李女士是济南市槐荫区某小区业主,被告某物业公司系该小区物业服务企业,双方签有《前期物业服务协议》。2014年8月1日,李女士向小区开发商购买车位一处,双方签订《车位购买协议》,约定由开发商所选聘的物业公司对该车位进行统一管理,李女士承诺在使用该车位时,遵守法律、法规以及《物业管理公约》的相关规定,并按规定交纳相应费用;李女士自行承担停放车辆的保管、安全责任;如发生车辆及车内物品毁损、丢失,与开发商无关。李女士按照《前期物业服务协议》约定及时交纳了物业服务费及车位管理服务费。2022年5月1日,李女士将其家用小轿车停放在所购车位上,次日早上发现车辆被划伤,遂报警。但因车库监控摄像头并未拍摄到其车辆,所以无法找到肇事者。此前,2015年至2021年,李女士存放于该车位的车辆已被故意损坏过两次。报警无果后,李女士遂以物业公司为被告向法院提起诉讼,要求物业公司赔偿车辆维修费3000元。

---

① 参见贺晓芳:《业主车辆停在车位上接二连三被划伤,物业公司应否担责?》,载微信公众号"最高人民法院司法案例研究院"2022年10月21日。

济南市槐荫区人民法院经审理认为,李女士与物业公司签订《前期物业服务协议》,双方之间形成物业服务合同关系。李女士按约定向物业公司交纳物业服务费及车位管理费,物业公司作为物业服务企业,应当履行必要的卫生服务、秩序管理、安全保卫等义务。李女士购买了具有独立产权的车位,车牌号码标识、地面安装的停车设备均系开发商及物业公司安装,李女士并未做过改变,且按要求将车辆停放在指定区域,对于车辆受损不存在过错。物业公司虽然安装了用于安全防护的摄像头,且摄像头拍摄方向能够进行调整,但事发时并未拍摄到李女士车辆所在位置,其安排的人员巡逻时,亦没有发现肇事人员以及车辆受损情况。因此,应认定物业公司没有尽到完全的安全保卫义务,李女士要求物业公司支付修车费用,合法有据,予以支持。另外,该案发生前,李女士因存放于该车位的车辆被划伤而向法院提起诉讼,已生效判决判令物业公司承担赔偿责任,并提示物业公司应引起重视并加以改进。现再次出现类似情况,说明物业管理仍不到位。物业公司应尽快改进管理措施,提高服务质量,防止再次发生上述情况,避免产生不必要的损失与纠纷。法院判决:物业公司支付李女士车辆维修费3000元。

案例二十六[①]:**因台风天气特大暴雨或其他不可抗力原因导致停放于地下车库的车辆受损的,如果物业服务企业未提前通知业主防范或采取有效措施应对,应承担一定的责任,但比例要视具体情形而定。**

案情简介:金某购买了某小区车位,位于地下负三层,某物业公司为该小区提供物业服务,车位按15元/个·月收取物业管理费。金某和妻子名下汽车平时停放在上述车位。台风"艾云尼"期间,物业公司在小区内的公告栏张贴温馨提示,提醒业主勿将车停放在低洼地带、树木或高灯下等事项。案发上午,金某汽车停放在车位。后案涉小区的围墙以及车库墙局部被雨水冲塌,导致水流入车库,车库积水过多,淹没了包括金某在内的约50名业主停放在车库的汽车。物业公司发现围墙倒塌后,向缺口处堆放沙袋,但因水流较大,未起到阻挡水流的作用。车库水退后,金某将两辆车送修。维修费用合计共52,500元(不含税)。金某于2018年7月5日、7月9日支出租车费1917元,于2018年6月12日至30日支出租车费391元。后金某向法院提起诉讼,要求物业公司及分公司赔偿损失包括车辆维修费、租车费及租车费用支出。

---

① 参见《【物业案例小讲座】台风天车库进水淹车,物业公司需承担相应赔偿责任吗?》,载微信公众号"杭州市物业管理协会"2021年6月18日。

一审法院认为：案件的争议焦点为被告是否应对原告车辆损失承担赔偿责任。物业公司作为案涉小区的物业管理方，有对小区车库、公共部分进行管理、维护的义务。该案是因围墙倒塌，水流入车库导致原告车辆被淹受损。从地理位置及周围环境来看，小区围墙经常受雨水浸泡，物业公司对此应知情并予以维修、养护。受台风"艾云尼"的影响，案发前已经开始有强降雨，气象部门已提前发布预警，物碧桂园业公司对此应有合理预见。案涉小区地势相对较低，物业公司应当熟知其管理的小区所处的地理位置和周边环境，综合考虑停车场地势等因素，对如此天气给小区物业管理带来的影响和后果具有较高的预见。围墙倒塌后，被告虽然采取了一定的抢险排险措施，但措施的实际效果尚未达到有效减灾防害的程度。物业公司也未及时通知移车，造成延误。据此，应当认定物业公司未完全尽到管理和维护义务，其对于原告的车辆受损应负一定的赔偿责任。鉴于确实存在特殊的气象因素，暴雨的雨量与强度确实也超出了一般人的合理预见，且原告对恶劣天气的影响同样存在预见，有积极避免个人财物遭受损失的注意义务。而且，物业公司每月仅收取15元的物业管理费，物业公司在事发前也张贴了温馨提示，在围墙倒塌后也采取了一定的抢险排险措施，从权利义务对等以及公平合理的角度考量，酌定物业公司对原告的损失承担30%的责任。关于原告主张的损失，一审法院对车辆维修费用、租车费，以及支出出租车的费用予以确认，超出部分请求不予支持。物业公司及分公司承担连带清偿责任。

物业公司提起上诉。二审判决：驳回上诉，维持原判。

在地下车库停车被淹造成损失的情况比较常见。所以，本书作者提醒车主的是：作为车辆的所有权人或实际使用人，首先具有妥善管理自己财产的义务，同时要对天气变化有一定的预见，尤其是台风天气来临之前应做好准备。如果在台风天气下暴雨时，未采取任何规避措施，则可认为车主未尽到合理的注意义务，就会相应地减少物业企业的责任承担。其次，在险情发生后，车主和物业企业均有防止危险结果扩大的义务，双方均应该展开积极的救助。若放任损害结果的扩大，则双方均应在损害结果扩大的范围内承担责任。

本书作者提醒物业服务企业：在遭遇台风或其他自然灾害时，物业公司应当在公共场所及时张贴提示或通过广播、微信群、微信推送等通知业主，提前通知业主防范、采取有效措施应对。如物业公司未妥善尽到通知义务，将导致其承担赔偿责任的不利后果。灾害天气发生时，如损害发生，应当及时采取合理抢险排险措施，有效减少损害结果发生，否则需要对扩大损失部分承担赔偿的不利后果。

案例二十七：区分认定建筑物区分所有权中的"专有部分专有权"与"共有部分共有权"时，"构造上的独立性"和"使用上的独立性"为"专有部分"的实质要件，而"能够登记"则是形式要件。对业主专有权的限制，要遵循限制的有限性与合理幅度。

再审案号为(2014)沪高民一(民)再提字第14号的物业服务合同纠纷案件(入库案例)。案情简介：上海市浦东新区周浦镇沪南路某弄某号房屋为陆某的私有产权房，由上海冠诚物业管理有限公司(以下简称冠诚公司)实施物业管理服务。陆某自2005年9月办理入住手续已超过六年，但冠诚公司疏于管理，从未清扫屋面，疏通管道，以致屋面垃圾堵塞下水道而无人知晓。2011年8月11日大雨，雨水从屋顶冲入陆某屋内，贯通四至一楼，最终造成一楼积水8厘米之深。陆某发现房屋进水后，立即向冠诚公司报修，冠诚公司派人到现场时积水时间已超过一小时。维修人员不敢上屋顶疏通管道，反由陆某自行上屋顶疏通。事后，陆某多次要求协商解决，冠诚公司对此不予理睬。后陆某向法院提起诉讼，要求冠诚公司赔偿各项财产损失78,830元及精神损失费1万元。

经审理查明，案涉建筑区划是由商品住宅楼和别墅所组成的某花园小区。陆某为该小区一户之业主，其所有的房屋类型为联列住宅，属四户一体的联栋纵切式连体别墅，各户均有独立的出入口与上下楼梯，房屋外部无其他通道可通往屋顶平台。冠诚公司是该案纠纷发生时该小区的物业服务企业，其与小区开发商于2003年12月签订了《前期物业管理服务合同》。

一审中，根据陆某的申请，一审法院委托上海房屋质量检测站对陆某的房屋装修损坏与渗漏水间是否存在因果关系进行鉴定，结论为：案涉房屋部分房间装修受潮损坏情况属实，并具体界定了损坏范围且提出了修缮建议。陆某为此支付了鉴定费1万元。后又委托上海某测量师事务所有限公司对其房屋受损后的修复费用进行了工程审价，结论为：根据前述鉴定意见中的修缮建议，陆某户受损后修复费用的装修部分为29,358元。陆某为此支付工程审价费2365元。

上海市浦东新区人民法院审理后认为，该案的争议焦点是陆某的屋顶及下水管道是否属于共用部位及共用设施，是否属冠诚物业公司物业管理服务范围。按照《建筑物区分所有权司法解释》第二条之规定，具有构造上的独立性，能够明确区分，具有利用上的独立性，可以排他使用，能够登记成为特定业主所有权的客体，应当认定为专有部分。一审法院认定，陆某的房屋类型为联列住宅，属连栋纵切式房屋，各户有独立的出入口，楼梯是分开的，外部无通道通往屋顶，非经业主同意,无法上至屋顶,可以认定为具有构造上的独立性和利用上的独立性,陆某房屋屋顶应属业主专有部位。而对于专有部位,不属合同约定的物业主动管理服务范围。法院作出(2012)浦民一(民)初字第2939号民事判决:驳回陆某的诉讼请求。

陆某提起上诉。冠诚公司在二审中表示自愿一次性补偿陆某3000元并承担工程审价费2365元。上海市第一中级人民法院作出(2013)沪一中民二(民)终字第637号民事判决:(1)维持一审判决;(2)冠诚公司一次性给付陆某3000元。

陆某不服向检察机关申请监督,上海市人民检察院对该案提起抗诉。上海市高级人民法院再审后认为,案涉建筑区划在该案案涉纠纷发生时尚未成立物业业主委员会,《前期物业管理服务合同》对冠诚公司与陆某均有法律效力。《前期物业管理服务合同》中相关规定约定已明确冠诚公司应当对案涉的共用的落水管道等设施予以定期、定人保养和维修,不能完成目标,造成经济损失的应给予经济赔偿。因此,冠诚公司自陆某2005年入住该小区以来从未对案涉共用屋顶及落水管进行过清理、疏通,显已违反其合同约定的义务。故陆某户于2011年8月因大雨而导致的案涉落水管堵塞、渗水所造成的室内装修损失及相关物品损失理应依约由冠诚公司予以赔偿。原一审认定案涉堵塞的落水管属陆某户专有,与事实不符;原二审法院虽改认该案涉落水管系属共有部分,但基于须经过陆某同意才能到达该管道的事实而认为该案物业公司无主动履行合同约定的定期保养、清理义务,与《物业服务合同》相关约定不符,亦不利于督促物业管理企业更好地履行管理职责,对此一并予以纠正。至于冠诚公司依约应当承担的赔偿责任范围,结合原一审法院委托鉴定的工程审价、双方当事人的举证、质证情况,酌定陆某可得赔偿的经济损失数额为29,500元。上海市高级人民法院作出(2014)沪高民一(民)再提字第14号民事判决:(1)撤销一审、二审判决;(2)冠诚公司一次性赔偿陆某29,500元;(3)陆某在原审时的其余诉讼请求不予支持。

第六章
老旧小区住宅加装电梯

第一节　老旧小区住宅加装电梯的相关情况与适用规范

一、老旧小区住宅加装电梯的必要性与重要性

(一)适应老龄化社会的需要与提升城市生活品质

近年来,随着我国经济社会的发展和人口老龄化程度的提高,需要对老旧小区进行改造,各地开始在老旧小区住宅(或称为既有住宅)上加装电梯的试点工作。加装电梯(或称为增设电梯)不仅可以帮助老年人、残疾人等弱势群体消除上下楼的出行障碍,而且也可以增加既有住宅尤其是高层住宅的价值,成为老旧小区改造中的重点项目,也是普通群众非常关心的现实利益问题。

来自住房和城乡建设部的消息显示,到2019年7月,我国待改造城镇老旧小区达17万个,涉及居民上亿人。这些老旧小区,大多在20世纪八九十年代建成。这些住宅楼由于建设标准不高,共有将近200万个单元没有安装电梯。

在老旧小区里,住的很多是老年人。对老年人来说,上下楼已成为"大麻烦",只能减少外出,甚至常年不下楼,成为"悬空老人"。随着人口老龄化程度越来越高,老旧小区住宅加装电梯已成为社会广泛关注的热点问题,居民的诉求日益强烈。

2023年6月28日,第十四届全国人民代表大会常务委员会第三次会议通过的《中华人民共和国无障碍环境建设法》,自2023年9月1日起施行。制定该法的目的主要是"加强无障碍环境建设,保障残疾人、老年人平等、充分、便捷地参与和融入社会生活,促进社会全体人员共享经济社会发展成果,弘扬社会主义核心价值观",所以"国家采取措施推进无障碍环境建设,为残疾人、老年人自主安全地通行道路、出入建筑物以及使用其附属设施、搭乘公共交通运输工具,获取、使用和交流信息,获得社会服务等提供便利"。其中与加装电梯相关的是第22条规定:国家支持城镇老旧小区既有多层住宅加装电梯或者其他无障碍设施,为残疾人、老年人提供便利。县级以上人民政府及其有关部门应当采取措施、创造条件,并发挥社区基层组织作用,推动既有多层住宅加装电梯或者其他无障碍设施。房屋所有权人应当弘扬中华民族与邻为善、守望相助等传统美德,加强沟通协商,依法配合既有多层住宅加装电梯或者其他无障碍设施。

(二)国务院高度重视加装电梯工作

国务院高度重视老旧小区改造、加装电梯工作,多次作出部署。自从2018年将"有序推进城中村、老旧小区改造,完善配套设施,鼓励有条件的加装电梯"写进国务院的《政府工作报告》以后,加装电梯工作已在全国各地持续推进。此后几年的《政府工作报告》中多次提及"支持加装电梯"。2022年《政府工作报告》提出,要再开工改造一批城镇老旧小区,支持加装电梯等设施。2024年《政府工作报告》提出,要推动解决老旧小区加装电梯、停车等难题,加强无障碍、适老化设施建设,打造宜居、智慧韧性城市。

国务院出台了与加装电梯相关的一系列政策文件。例如:2017年2月28日,国务院发布了《关于印发"十三五"国家老龄事业发展和养老体系建设规划的通知》(国发〔2017〕13号);2017年6月6日,国务院办公厅发布了《关于制定和实施老年人照顾服务项目的意见》;2018年2月1日,国务院办公厅发布了《关于加强电梯质量安全工作的意见》(国办发〔2018〕8号);2020年7月10日,国务院办公厅发布了《关于全面推进城镇老旧小区改造工作的指导意见》(国办发〔2020〕23号)。

2022年,全国人大常委会将有关老旧小区住宅加装电梯的代表建议确定为重点督办建议。

(三)加装电梯工作近年来得到积极推动

近年来,加装电梯工作得到各级政府的重视与积极推动。根据住房和城乡建设部的统计,2018年以前,全国既有建筑加装电梯5000部左右,2018年是政府工作报告部署加装电梯的第一年,当年加装电梯5200部,此后逐年增加。2018年以来,全国既有住宅加装电梯的数量以年均60%的幅度增长。截至2023年10月,全国老旧小区既有住宅已累计加装电梯近10万部,其中2023年加装电梯3.6万部,这项措施让很多长期居家的老年人实现了走出家门、走出楼栋。

在一些省、市的年度重点工作计划中,将加装电梯工作纳入民生实事工程。如自2017年起,加装电梯工作已连续7年被列入杭州市政府民生实事工程。

很多地方建立政府统筹、条块协调的工作机制,相关部门、水电气热信等管线单位共同推进加梯工作。与此同时,政策体系逐步完善。各地对立项、用地、规划、招投标、施工许可、质量安全监督等审批手续大幅精简优化。很多地方政府对加装电梯还给予财政补助,允许居民提取住房公积金、使用住宅专项维修资金用于加装电梯。

二、各地出台关于加装电梯的规范性文件

加装电梯作为一项民生工程,连续多年写入国务院《政府工作报告》,说明越来越受到国家的重视。各地方政府纷纷响应国家号召,发布了适合于本地情况的加装电梯规范与经费补助政策,尤其是补贴政策的支持,对推动加装电梯工作起到了至关重要的作用。根据不完全统计,全国至少有28个省、自治区、直辖市,超过200个城市(地级市及以上)发布了相应的规范性文件,以支持加装电梯工作的开展。基本实现了全国范围内的工作覆盖。

在我国,老旧小区住宅加装电梯工作大致可以分为以下三个阶段。

(一)开展加装电梯的前期试点阶段(2008—2014年)

前期试点阶段以广东省、福建省、北京市、上海市、江苏省南京市、浙江省温州市为代表。

2008年12月19日,广东省建设厅发布了《广东省既有住宅增设电梯的指导意见》(粤建设函〔2008〕481号),这是我国最早的、关于既有住宅加装电梯的地方规范性政策文件。2010年12月16日,广东省住房和城乡建设厅发布了《关于推进全省既有住宅增设电梯的补充指导意见》(粤建市函〔2010〕678号)。在这些政策的影响下,广东省各地市陆续开展了加装电梯工作并出台了地方的规范文件。在2012年,广州便出台了《广州市既有住宅增设电梯试行办法》,在全国率先明确加装电梯的基本条件。广东省加装电梯的数量也在全国各省(区、市)中遥遥领先。据报道,到2021年年底,广东省既有建筑物加装电梯总数为1.9万台,直接惠

及群众逾 134 万人。

2010 年 7 月 29 日,福建省住房和城乡建设厅发布了《关于城市既有住宅增设电梯的指导意见》(闽建房〔2010〕24 号)。此文件出台后,福建省各地市陆续开展了既有住宅加装电梯工作并出台了地方的规范文件。此前在 2009 年,厦门市建设与管理局等 3 部门就联合发布了《关于在老旧住宅加装电梯的若干指导意见》(厦建房〔2009〕122 号)。

2010 年 10 月 11 日,北京市住房和城乡建设委员会等四部门联合发布了《关于北京市既有多层住宅增设电梯的若干指导意见》(京建发〔2010〕590 号)。

上海市开展既有住宅加装电梯的工作也较早,在 2011 年就发布了《本市既有多层住宅增设电梯的指导意见》(沪房管修〔2011〕187 号)。

南京市开展既有住宅加装电梯工作在江苏省内最早、国内较早。2013 年,南京市人民政府就发布了《南京市既有住宅增设电梯暂行办法》(宁政规字〔2013〕11 号)。

温州市开展既有住宅加装电梯工作在浙江省内最早、国内较早。2013 年 6 月 8 日,温州市人民政府办公室就发布了《关于市区既有多层住宅加装电梯工作的若干意见》(温政办〔2013〕95 号)。

在前期试点阶段,各地都没有出台财政补助政策。

(二)开展加装电梯的积极探索阶段(2015—2017 年)

在此期间,甘肃省、四川省、浙江省、辽宁省、重庆市等省市,与山东省青岛市、陕西省西安市、青海省西宁市等省会城市开始加装电梯的探索,陆续发布了相关的规范性文件。2017 年后,各地发布的规范性文件中逐渐开始较多地出现政府提供财政补助的内容,或采取地方住建部门与财政部门联合发文的形式对补助政策予以明确。

2013 年 8 月 19 日,甘肃省住房和城乡建设厅发布了《关于对我省既有多层住宅建筑增设电梯的指导意见》(甘建设〔2013〕422 号)。2016 年年底,兰州市人民政府下发《兰州市既有住宅增设电梯试点工作实施方案》。

2015 年 5 月 25 日,四川省住房和城乡建设厅等 3 部门联合发布了《四川省既有建筑电梯增设指导意见》(川建房发〔2015〕422 号)。2015 年,成都市发布了《成都市既有住宅增设电梯管理办法》。

2016 年 4 月 14 日,浙江省住房和城乡建设厅等 9 部门联合发布了《关于开展既有住宅加装电梯试点工作的指导意见》(浙建〔2016〕6 号)。2017 年 11 月 24 日,杭州市人民政府办公厅发布了《关于开展杭州市区既有住宅加装电梯工作的实施意见》(杭政办函〔2017〕123 号)。2017 年 7 月 3 日,宁波市住房和城乡建设委员会等十七部门联合发布了《关于推进既有多层住宅加装电梯的实施意见》(甬建发〔2017〕178 号)。

2016 年 6 月 3 日,辽宁省住房和城乡建设厅发布了《关于全省既有住宅加装电梯的指导意见》(辽住建〔2016〕87 号)。虽然发文时间较早,但各地市大多是从 2019 年后开始实质推动该项工作的。

2017 年 6 月 8 日,重庆市人民政府办公厅发布了《重庆市老旧住宅增设电梯建设管理暂行办法》。

青岛市是山东省开展加装电梯试点工作最早的城市。2016 年 12 月 5 日,青岛市人民政府办公厅发布了《青岛市开展既有住宅加装电梯试点工作实施方案》(青政办字〔2016〕145 号)。

2017 年 3 月 23 日,西安市城乡建设委员会等四部门联合发布了《西安市老旧住宅小区加建电梯试点工作实施方案》。

2017 年 10 月 27 日,西宁市人民政府办公厅发布了《西宁市既有多层住宅加装电梯工作实施方案》。

此外,湖北省宜昌市与黄石市、江西省鹰潭市与宜春市、安徽省滁州市与铜陵市等城市也较早地开始加装电梯的探索。

(三)开展加装电梯的全面推进阶段(2018 年后)

2018 年后,各地积极推进在既有住宅上加装电梯的工作。云南省、黑龙江省、湖南省、河南省、广西壮族自治区、青海省、河北省、安徽省、天津市、江西省、山西省、贵州省、海南省等省(自治区、直辖市),与湖北省武汉市、宁夏回族自治区银川市、吉林省长春市、江苏省的各地市等也陆续发布了相关的规范性文件。

2018 年 5 月 23 日,云南省住房和城乡建设厅等部门联合发布了《关于印发城市既有住宅增设电梯指导意见的通知》。

2018 年 8 月 2 日,黑龙江省住房和城乡建设厅等四部门联合发布了《关于开展既有住宅楼加装电梯工作的指导意见》(黑建规范〔2018〕11 号)。

2018 年 8 月 13 日,湖南省住房和城乡建设厅等六部门联合发布了《湖南省城市既有住宅增设电梯指导意见》。此前在 2018 年 1 月 31 日,长沙市人民政府办公厅发布了《长沙市既有多层住宅增设电梯管理规定》。

2018年8月,河南省住房和城乡建设厅等七部门联合发布了《关于城市既有住宅加装电梯的指导意见》(豫建〔2018〕126号)。2018年7月5日,洛阳市人民政府办公室就发布了《洛阳市城市区既有多层住宅增设电梯暂行办法》。2018年12月17日,郑州市人民政府发布了《关于既有住宅加装电梯工作的实施意见》(郑政文〔2018〕208号)。

2018年12月5日,广西壮族自治区住房和城乡建设厅、区财政厅发布了《加快推进既有住宅加装电梯工作的指导意见》。

2019年3月4日,青海省人民政府办公厅发布了《关于青海省城镇既有多层住宅加装电梯的指导意见》(青政办〔2019〕27号)。

2019年4月8日,河北省住房和城乡建设厅等六部门联合发布了《关于我省既有住宅加装电梯工作的指导意见》(冀建房市〔2019〕2号)。

2019年4月30日,安徽省住房和城乡建设厅等四部门联合发布了《关于城市既有住宅增设电梯工作的指导意见》(建房〔2019〕56号)。此前在2019年1月3日,合肥市人民政府办公厅发布了《合肥市既有住宅加装电梯工作实施意见》。

2019年8月8日,天津市住房和城乡建设委员会等七部门联合发布了《天津市既有住宅加装电梯工作指导意见》(津住建房管〔2019〕50号)。

2019年12月30日,江西省住房和城乡建设厅等五部门联合发布了《江西省城市既有住宅加装电梯指导意见》。

2020年3月5日,山西省住房和城乡建设厅等六部门联合发布了《关于既有住宅加装电梯工作的指导意见》(晋建城字〔2020〕28号)。

2020年8月10日,贵州省住房和城乡建设厅发布了《贵州省城镇既有住宅加装电梯工作指南(试行)》。此前在2017年3月,贵阳市自然资源和规划局出台了《贵阳市既有住宅增设电梯管理暂行规定(试行)》(筑规通〔2017〕11号)。

2021年2月2日,海南省住房和城乡建设厅等六部门联合发布了《海南省既有住宅加装电梯实施意见(试行)》。

2018年10月10日,武汉市人民政府发布了《关于既有住宅增设电梯工作的意见》(武政规〔2018〕27号)。

2019年5月17日,银川市人民政府办公室发布了《银川市既有住宅加装电梯工作的指导意见(试行)》(银政办规发〔2019〕5号)。

2021年1月4日,长春市人民政府办公厅发布了《关于既有住宅加装电梯的指导意见(试行)》(长府办发〔2021〕1号)。

江苏省各地市都出台了本市关于加装电梯的规范性文件。2022年3月15日,江苏省住房和城乡建设厅组织编制了地方标准《既有多层住宅加装电梯通用图则》(苏TZJ 01－2022)。

三、《民法典》中可以参照适用的相关规范

(一)业主的建筑物区分所有权与业主通过决议的比例

在2020年前各地发布的与加装电梯相关的规范性文件中,在业主通过加装电梯决议的比例上,主要有两种规定:一是要求相关业主一致同意,即不能出现有相关业主反对的情况;二是按照"双三分之二"以上的标准,即要求经过相关业主中2/3以上人数同意且专有部分占该单元建筑物总面积的2/3以上,具体的法律依据是原《物权法》第76条规定。

从2021年1月《民法典》正式实施以后,各地新出台或修订的与加装电梯相关的规范性文件中,对业主通过加装电梯决议的比例要求,一般参照适用《民法典》第278条的相关规定。

我国《民法典》物权编第六章"业主的建筑物区分所有权"有17个条文。其中,第271条规定:业主对建筑物内的住宅、经营性用房等专有部分享有所有权,对专有部分以外的共有部分享有共有和共同管理的权利。该条是对建筑物区分所有权的内容概括性表述。

从该条规定内容来看,我国立法采纳了三元论观点。该学说认为,建筑物区分所有权包括区分所有建筑物共有权、专有权与成员权三要素。三元论说在本质上揭示了建筑物区分所有权所固有的本质性,有助于调整区分所有权者个人和团体之间的矛盾并协调其相互关系,成为当今学界通说。

与加装电梯关系密切的是"业主共同管理权",即"成员权"。成员权本身并不是所有权,它是一种管理权,包括对建筑物的管理和对建筑物区分所有权人的管理。这种管理权不仅是对建筑物的财产进行管理,更主要的是涉及建筑物区分所有权人的共同事务。《民法典》第278条中就业主行使共同管理权问题有详细规定。

对此问题,最高人民法院《对十三届全国人大五次会议第7017号建议的答复》(该建议名为《关于明确老旧小区加装电梯表决权的建议》)中指出:既有住宅加装电梯属于依法应当由业主共同决定的重大事项……关于老旧小区加装电梯

在表决权上的争议问题。实践中通常认为,建筑物加装电梯属于"改建、重建建筑物及其附属设施"的范畴。按照《民法典》第278条第2款的规定,改建、重建建筑物及其附属设施这一业主共同决定事项,应当由专有部分面积占比2/3以上的业主且人数占比2/3以上的业主参与表决,同时应当经参与表决专有部分面积3/4以上的业主且参与表决人数3/4以上的业主同意。

需要注意的是,虽然《民法典》从2021年1月1日开始实施后,《物权法》同时废止,但如果发生纠纷的案件作出加装电梯决议在2021年1月1日前,还是应该适用原《物权法》第76条规定。

(二)相邻关系与相邻权

《民法典》物权编第七章是关于"相邻关系"的规定,其中与加装电梯关系比较密切的规范是第293条规定:建造建筑物,不得违反国家有关工程建设标准,不得妨碍相邻建筑物的通风、采光和日照。在加装电梯的相关纠纷中,相邻关系一般与业主的物权保护密切联系在一起,对相邻权的保护通常以通风、采光、日照、出行等权益方式体现出来。

相邻关系是指两个或两个以上相互毗邻不动产的所有人或使用人,在行使不动产的所有权或使用权时,如通风、采光、用水、排水、通行等,相邻各方形成的相互给予便利和接受限制而产生的权利义务关系。法律设立不动产相邻关系的目的是尽可能确保相邻的不动产权利人之间的和睦关系,解决相邻的两个或者多个不动产所有人或使用人因行使权利而发生的冲突,维护不动产相邻各方利益的平衡。

相邻关系不是一种独立的权利类型,而是基于所有权或者使用权产生,在现实生活中行使相邻不动产的所有权或者使用权必然会有所冲突,所以彼此之间要有必要的限制且要为彼此提供便利。根据《民法典》第288条的规定,"有利生产、方便生活、团结互助、公平合理"是解决相邻不动产所有权人之间权利冲突的基本原则。

一些与加装电梯相关的地方规范性文件中已经开始重视相邻关系处理,作出相关规定,如《深圳市既有住宅加装电梯管理规定》(2018年9月)第10条第1句规定:既有住宅加装电梯,应当尽量减少对相邻建筑物通风、采光、日照、通行等的不利影响。《南京市既有住宅增设电梯实施办法》(宁政规字〔2020〕2号)第7条规定:既有住宅加装电梯,应当尽量减少对相邻业主通风、采光、日照、通行等不利影响;造成不利影响的,应当依法给予补偿。

不动产相邻关系中最重要的就是通风、采光和日照的问题。妨碍通风、采光和日照的判断标准是受害人能够主张排除妨害和损害赔偿的必要条件。事实上,基于相邻关系制度的固有功能,相邻建筑物的所有人或利用人之间必须负有一定的"容忍义务"。只有在日照妨碍、采光妨碍和通风妨碍超过必要的容忍限度时,受害人主张排除妨碍和损害赔偿才能够得到支持。关于容忍限度的界限,有的国家如意大利、瑞士、日本等国通过在民法规定建造建筑物具体标准的方式予以明确。由于我国幅员辽阔,各地经济社会发展水平差异较大,所以在《民法典》中没有规定具体的工程建设标准,而是规定建造建筑物须遵守国家有关工程建设标准,如《住宅设计规范》《城市居住区规划设计规范》等,判断是否构成通风、采光、日照妨碍的行为,应以国家有关工程建设标准的内容为基本判断标准。从长远看,应制定关于加装电梯的行业标准。我国已有一些地方制定了加装电梯的技术标准。

(三)物权保护与不同业主的利益平衡

在加装电梯的过程中,必然会对不同业主造成不同的影响。如对处于高层的住户而言,可以便于上下楼的出行,尤其是对老年人、残疾人来说非常有必要,还可以给住宅带来升值的作用。但对于住在低层尤其是一楼的住户而言,自己平常不用电梯,不仅无法给自己住宅带来升值的好处,而且会造成一定的负面影响,如影响通风、采光、妨碍通行,还会带来私密性不好的担忧。

《民法典》实施前,加装电梯难的最大症结在于:不同楼层之间的居民意见不一,难以达成共识。有些地方出台的规范性文件中要求相关业主一致同意,才能办理加装电梯的申请,虽然当地政府出台了给予经费补助等鼓励性政策,但能通过决议的情况非常少,导致加装电梯工作推进比较缓慢,或者虽然决议获得通过,但因为个别业主反对甚至阻挠电梯施工,产生一定的纠纷。

在现实中,个别业主觉得通过诉讼途径不仅费时、费钱,而且胜诉的可能性很低。于是,就采取自认为是"自力救济"的方式,即阻挠电梯施工工程。在调解未果的情况下,其他业主可能会采取诉讼方式,行使的是物上请求权中的所有物妨害除去(排除)请求权。诉讼请求一般也是依照《民法典》第236条规定的"请求排除妨害或者消除危险",在实践中,就是排除个别业主对电梯施工工程的阻挠行为。如果在相关政府部门已经对加装电梯进行审批同意、相关业主已经筹资并已经实际开工建设的情况下,法院一般会支持这种诉讼请求。如果电梯施工工程停工,不仅会造成很大的经济损失,还会使得政府部门的行政许可失去效力,审批部门也会成为行政诉讼的被告。

虽然现有的法院判决导向有利于推动加装电梯工作,但是以漠视或损害部分业主的权益为代价,做法有点类似此前通过房屋拆迁来推进城市建设的做法。随着对个人权利的重视与更多社会矛盾的产生,以后可能会重视对少数人(部分业主)的合法权益的保护。

住在低层的业主认为加装电梯没有给其带来便利,反而可能会在通风、采光、噪声、出行等方面受到影响,进而影响其房屋价值,普遍对加装电梯持反对意见。一旦发生纠纷,部分业主觉得加装电梯对自己的合法权益造成损害,在调解未果的情况下,可能会采取诉讼方式,行使的是物上请求权中的所有物妨害防止(预防)请求权。诉讼请求一般是依照《民法典》第236条规定的"请求排除妨害或者消除危险",在实践中,就是要求停止电梯施工工程或拆除已安装的电梯。如果在相关政府部门已经对加装电梯进行审批同意、相关业主已经筹资并已经实际开工建设的情况下,法院一般不会支持这种要求。除非电梯施工工程是未经审批的违法建设工程,部分业主可以通过行政复议或行政诉讼的方式予以阻止,一般也不是通过民事诉讼的方式进行。

因为加装电梯引起的纠纷,如果电梯已经开始施工,部分业主觉得加装电梯对自己的合法权益造成损害,依照《民法典》第238条的规定提出"请求损害赔偿"的诉讼请求,比较可行。业主行使的是属于物权受到侵害后的损害赔偿请求权。法院一般会对此诉讼请求进行支持,但获赔数额不一定很高,可能难以满足部分业主的要求;或法院采取调解方式,要求其他业主给受到不利影响的部分业主给予一定的经济补偿。

从推动加装电梯工作、减少社会矛盾的角度考虑,尽量将这种本质上是因利益引起的矛盾,在通过加装电梯决议前就予以解决,最好是获得一致同意,这样一般不会发生个别业主阻挠电梯施工的情况。其中,较好的解决办法是在申请前征求其他业主的意见与建立民主协商机制,通过建立利益补偿机制,给予受到负面影响的业主一定的经济补偿。近年来出台的一些地方性规范文件中,很多已对此进行了规定。如《深圳市既有住宅加装电梯管理规定》(2018年9月)第8条第3款规定:不使用电梯且受影响的低楼层业主经协商后可以获得适当补偿。《厦门市城市既有住宅增设电梯指导意见》(2018年9月)第8条第1项规定:加装电梯应给予利益受损业主适当补偿,补偿金额从筹集资金中支出,由业主之间协商。原则上,第一层每户补偿金额不宜超过加装电梯总工程费用除以本梯总户数的数值,第二层每户补偿金额为第一层补偿金额的一半。《汕头市开展既有住宅增设电梯工作的实施意见》(2019 年)第 5 条第 1 款第 1 项规定:由实施主体根据所在楼层及受益大小等因素,协商确定分摊比例,共同出资。其中,第一、二层的业主可以获得适当补偿,第三层业主可以不分摊费用。

四、其他法律法规或上级文件的相关规范

(一)《物业管理条例》及各地物业管理地方性法规

国务院发布的行政法规《物业管理条例》(2018 年修订)中对业主通过决议的比例也有规定。根据该条例第 11 条、第 12 条规定,业主大会决定"改建、重建建筑物及其附属设施"事项,应当经专有部分占建筑物总面积 2/3 以上的业主且占总人数 2/3 以上的业主同意。其依据是原《物权法》第 76 条规定,内容基本一致。

虽然《物业管理条例》还没有进行新的修订,但按照新法高于旧法、法律效力高于法规效力的原则,《物业管理条例》第 12 条中的相关规定与《民法典》第 278 条相关规定不一致的部分,不再适用。

虽然在《物业管理条例》中没有针对电梯的专门规定,但在各地出台的关于物业管理的地方性法规中有一些关于电梯的内容规范。如在《苏州市住宅区物业管理条例》第 63 条中有专门的"鼓励和支持既有多层住宅增设电梯"的规定内容;《安徽省物业管理条例》第 91 条中有"住宅物业需要使用共有部分增设电梯等进行改造的"通过决议的规定内容。在一些地方出台关于老旧小区住宅加装电梯的规范性文件时,以所在地关于物业管理的地方性法规为立法依据,多数是比较笼统的规定。如将加装电梯作为"改建、重建建筑物及其附属设施"的具体形式,适用相关规定,如 2021 年新修订的《杭州市物业管理条例》第 16 条关于由业主共同决定的事项,已经按照《民法典》第 278 条规定进行了修订;2021 年新修订的《宁波市住宅小区物业管理条例》第 18 条规定,由业主共同决定的事项,应当依照《民法典》关于业主人数、专有部分面积比例的规定进行表决。

(二)关于老旧小区改造与城市更新工作的规范性文件

加装电梯工作往往是与老旧小区改造工作结合在一起的,被作为城市建设模式转变的方向和重点。老旧小区是指城市或县城(城关镇)建成年代较早、社区服

务设施不健全的住宅小区(含单栋住宅楼)。

我国的老旧小区大部分建成于改革开放初期至20世纪90年代末,主要构成是机关事业单位、国有企业自建或混建和军队建设的小区,以及早期商品房小区。有些小区年久失养失修失管、市政配套设施不完善、居住环境较差、社区服务设施不健全等,给人民群众生活造成诸多不便,群众改造意愿非常强烈,迫切希望政府能开展改造工作,提升小区的居住条件和环境。

2020年7月10日,国务院办公厅发布《关于全面推进城镇老旧小区改造工作的指导意见》(国办发〔2020〕23号)。其中与加装电梯相关的内容主要在以下三个方面:(1)将加装电梯列为城镇老旧小区改造内容的"完善类"。完善类包括为满足居民生活便利需要和改善型生活需求的内容,主要是环境及配套设施改造建设、小区内建筑节能改造、有条件的楼栋加装电梯等。(2)明确加装电梯的经费来源采取"改造资金政府与居民、社会力量合理共担机制"。"合理落实居民出资责任。按照谁受益、谁出资原则,积极推动居民出资参与改造,可通过直接出资、使用(补建、续筹)住宅专项维修资金、让渡小区公共收益等方式落实。""支持小区居民提取住房公积金,用于加装电梯等自住住房改造。"(3)加装电梯可以利用小区内的空地、荒地、绿地。"对利用小区内空地、荒地、绿地及拆除违法建设腾空土地等加装电梯和建设各类设施的,可不增收土地价款。"

自2019年12月17日的中央经济工作会议首次提出了"城市更新"的概念后,2020年3月在国家"十四五"规划中正式提出要实施"城市更新行动"。城市更新逐步上升为国家战略,进入常态化发展阶段。城市更新中包括了老旧小区改造的内容,当然也包括加装电梯工作。2021年《政府工作报告》中提出:"十四五"期间要实施城市更新行动,完善住房市场体系,提升城镇化发展质量。

有些地方制定关于城市更新的地方性法规或政府规章。如2022年11月25日通过的《北京市城市更新条例》对老旧小区加装电梯等问题作出明确规定。该条例明确:老旧住宅楼房加装电梯的,应当依法由业主表决确定。业主可以依法确定费用分摊、收益分配等事项。该条例还规定:政府可以对涉及公共利益的城市更新项目予以资金支持,引导社会资本参与。作出上述规定的目的,一是依据《民法典》的相关规定引导业主自治;二是表明北京市对符合条件的老楼加装电梯已有财政资金支持政策,该政策将继续执行。

(三)关于特种设备安全的法律法规与规范性文件

电梯是一种特种设备,应对其安全予以特别重视。电梯的安装、使用、维护等工作应适用我国关于特种设备安全管理的法律法规及相关规章、标准等。

1. 法律:《特种设备安全法》(2013年6月29日通过,自2014年1月1日起施行)。

2. 行政法规:《特种设备安全监察条例》(国务院令第549号发布,自2009年5月1日起施行)。

3. 安全技术规范:《特种设备使用管理规则》(TSG 08-2017)(国家质量监督检验检疫总局2017年1月16日颁布)。

4. 地方性法规:一些省市也制定了关于特种设备安全的地方性法规。如《广东省特种设备安全条例》《江苏省特种设备安全条例》《浙江省特种设备安全管理条例》等。

(四)与电梯安全相关的法规规章与规范性文件

一些省市制定了与电梯安全相关的地方性法规或政府规章。地方性法规有:《广东省电梯使用安全条例》《福建省电梯安全管理条例》《贵州省电梯条例》《杭州市电梯安全管理条例》《宁波市电梯安全条例》《南京市电梯安全条例》《银川市电梯使用安全条例》《铜陵市住宅电梯安全管理条例》等。地方政府规章有:《安徽省电梯安全监督管理办法》《河北省电梯安全管理办法》《湖南省电梯安全监督管理办法》《武汉市电梯安全管理办法》《合肥市电梯安全监督管理办法》等。

与电梯安全相关的地方性法规或规章,成为推动老旧小区住宅加装电梯工作的重要制度保障。如《宁波市电梯安全条例》第17条规定:支持符合条件的既有住宅加装电梯。鼓励有关单位和个人为具备条件的既有住宅加装电梯提供便利。既有住宅加装完成的电梯及其依附土建工程,应当依照有关法律、法规和本条例的规定进行管理。市和区县(市)人民政府有关部门应当按照简化、便民、高效的原则,为既有住宅加装电梯提供服务。既有住宅加装电梯的具体办法由市人民政府制定。

2018年2月1日,国务院办公厅发布了《关于加强电梯质量安全工作的意见》(国办发〔2018〕8号)。该意见发布后,一些省市也发布了相关的规范性文件。如河北省人民政府办公厅发布了《关于加强电梯质量安全工作的实施意见》(冀政办字〔2018〕42号);四川省人民政府办公厅发布了《关于加强电梯质量安全工作的实施意见》(川办发〔2019〕12号);浙江省人民政府办公厅发布了《关于进一步加强电梯质量安全工作的实施意见》(浙政办发〔2019〕12号)。这些规范性文件,也成为各地制定关于加装电梯的规范性文件的依据。

第二节　加装电梯的建设模式与经费筹措

一、加装电梯的不同建设模式

从实践中看,老旧小区住宅加装电梯主要有三种模式。

(一)部分业主自筹自建的建设模式

在加装电梯的早期阶段(2016年前),地方政府一般是不予以经费补助的,所以加装电梯所需要的费用都是由相关业主自筹方式解决的。如《关于北京市既有多层住宅增设电梯的若干指导意见》第6条规定:住宅增设电梯所需资金,以业主自筹为主;房改房原售房单位同意的,可以使用房改售房款。可见,当时还没有具体的财政补助政策,后来的规范性文件中才逐步明确。

(二)以相关业主自筹为主、当地政府给予一定的财政补助与其他支持的建设模式

2017年后,一些地方政府出台的加装电梯规范性文件中开始出现政府给予一定的财政经费补助的内容,但加装电梯所需要的费用主要还是靠相关业主自筹方式解决的。各地政府给予补助的标准在5万元/台~25万元/台,一般采取限额补助方式,有些是按照建设经费的一定比例+限额补助的方式。近年来,为了推进既有住宅加装电梯的工作,地方政府的补助标准有一定的提高趋势。

(三)市场化运作模式,如运营商提供免费安装、居民有偿使用的建设模式

根据相关报道,从2018年起,北京、杭州等城市已开始借用共享经济思维,采用"共享电梯、公交电梯"的方式作为解决方案,也就是老旧小区电梯建设和维护均由运营公司来负责,居民按出行次数刷卡或刷脸缴费,如同乘公交车一样。根据相关报道,上海、郑州、哈尔滨等城市也开始类似的试点。但这种模式目前还没有很成功的经验,有些运营商经过试点后退出该市场,主要原因是:虽然"公交电

梯"在建设过程中让居民觉得便利,但在后期运营中存在一定风险。在部分城市中试运营后,也有企业出现入不敷出的问题。也有一些地方出现"共享电梯"建设了部分但出现烂尾的情况。还有些加装电梯存在"未批先建"等现象,属于违法建设,可能会被拆除。

一些地方出台的规范性文件中鼓励开展类似的试点工作。如广西壮族自治区住房和城乡建设厅、区财政厅发布的《加快推进既有住宅加装电梯工作的指导意见》(桂建发〔2018〕18号)中规定:鼓励社会资本参与投资建设。鼓励房地产开发企业、物业服务企业、电梯生产企业、电梯安装企业及社会组织依法探索"谁投资、谁受益""谁使用、谁付费"等新型商业模式,对既有住宅投资加装电梯,并通过刷卡使用付费等租赁模式获得收益,推动既有住宅加装电梯工作。《江西省城市既有住宅加装电梯指导意见》中规定:鼓励房地产开发、物业服务、电梯生产、电梯安装等企业参与既有住宅加装电梯的投资建设和运营管理。支持社会资本探索参与既有住宅加装电梯,发展"共享电梯"。宁波市人民政府办公厅发布的《宁波市既有住宅加装电梯管理办法》(甬政办发〔2022〕70号)第6条第3款规定:鼓励和引导社会资本参与加装电梯项目,建立投资主体多元化、建设方式多样化、运营服务市场化的加装电梯工作新模式。

除了以上三种主要模式以外,还有一种特殊模式:由产权单位出资建设模式。如果该多层住宅产权属于单一业主(如属于国有的保障性住宅、国有企事业单位直接管理的公有住宅、军队管理的公寓房等),一般不能享受财政补助政策,只能由产权单位自己出资加装电梯。

二、建设经费筹措与分摊比例

2020年7月国务院办公厅发布的《关于全面推进城镇老旧小区改造工作的指导意见》(国办发〔2020〕23号)规定:明确加装电梯的经费来源采取"改造资金政府与居民、社会力量合理共担机制"。"合理落实居民出资责任。按照谁受益、谁出资原则,积极推动居民出资参与改造,可通过直接出资、使用(补建、续筹)住宅专项维修资金、让渡小区公共收益等方式落实。"

在各地关于加装电梯的相关规范性文件中,关于经费筹措基本上都明确了按照"谁受益、谁出资"的原则,加装电梯建设经费来源主要包括:(1)由业主按照一定的分摊比例共同出资;(2)属于房改房的,可以申请使用单位住房维修基金;(3)可以申请使用房屋所有权人及与其共同生活的近亲属名下的住房公积金、专项维修资金；(4)财政补助资金；(5)社会投资等其他合法资金来源。

其中，主要经费来源是相关业主共同出资，差异是相关业主的出资分摊比例。如果出资分摊比例确定得不合理，会出现部分业主反对加装电梯，或者即使不反对也不愿意共同出资参与，这在一定程度上成为通过加装电梯决议的阻力。

因为加装电梯是相关业主自己协商确定的事项，所以政府出台的规范性文件似乎不宜过多干预，所以很多文件规定的是"由业主按照一定的分摊比例"或类似的表述。但在实践中，如果缺少指导性的规范，仅靠业主之间自行协商来达成一致意见，往往难度较大。所以，近年来一些地方出台的规范性文件中对此也有了比较明确的规范。如：(1)广东省各地市以某层为基准、上下楼层相应增减出资比例的做法；(2)云南省、贵州省是参考广东省各地的做法，以第三层为基准即参数1，上下楼层相应增减出资比例；(3)长春市、沈阳市、鞍山市等地的做法类似广东省各地的做法，但明显加大了高层住户的分摊比例。

各地明确规定的指导比例的相同点是：一层住户不用出资；以某一层为基准进行比例系数调整。差别是：二层住户是否需要出资；以第三层还是第四层作为基准；基准层数以上每增加一个楼层分摊系数增加的比例系数。

上海市采取分楼层与楼型(分平层入户与错层入户)的差别做法。2021年1月14日，上海市房屋管理局发布《关于公布既有多层住宅加装电梯业主出资比例指导标准的通知》。相关业主可以按照"谁受益、谁出资"原则，通过协商，确定具体加装电梯分摊费用。虽然在"说明"中指出是"供协商参考"，但在实践中绝大部分是按照此指导区间来执行的。该指导标准比较细化，可以对应绝大多数的情况，相对来说比较有可操作性。

2022年8月19日，北京市住房和城乡建设委员会发布《关于公布既有多层住宅加装电梯业主出资比例指导标准的通知》。做法参考上海市的指导标准。如对于入户方式为半层入户的6层老楼，1层业主不用出资，2层业主出资比例为4%～6%，3层业主出资比例为11%～13%，4层业主出资比例为19%～21%，5层业主出资比例为27%～29%，6层业主出资比例为32%～34%。

2022年9月，江苏省无锡市住建部门发布《无锡市市区既有住宅加装电梯实施细则》，其中附件《无锡市既有住宅加装电梯建设资金分担比例及补偿指导标准》细化了建设资金分担比例指导标准，给出计算公式，并用到2个系数值，即分摊系数和系数之和"S"。其中，用表格的形式列出了1层至7层用户安装错层和平层电梯的分摊系数。根据该细则，1层和2层不使用电梯的住户经协商可获得补偿。

此外,有些地方在规范性文件中虽然没有明确比例指导标准,但在服务指南等相关材料中以案例形式提出推荐建议。如《宁波市既有多层住宅加装电梯服务指南》提供的费用分摊参考比例:某小区以单元为单位申请。该处居民协商达成的加装电梯费用(总造价50万元,财政补助20万元,居民承担30万元)的分摊比例为:6楼40%,每户20%,约6万元;5楼30%,每户15%,约4.5万元;四楼19%,每户9.5%,约2.85万元;三楼8%,每户4%,约1.2万元;二楼3%,每户1.5%,约0.45万元。电梯的维护和保养费用,也按照上述比例承担。

在考虑以上加装电梯费用的过程中,也应该同时考虑以后电梯的运行与维护费用的承担比例问题。有两种做法:一是电梯的运行与维护费用直接参照适用电梯建设费用的承担比例,这种做法比较简单可行,但没有考虑到不同住户对电梯使用的频率等因素;二是电梯的运行与维护费与电梯建设费用的承担比例分开,可以使用电梯使用卡形式,其费用承担与电梯使用频率、楼层等因素结合,这样差异化做法比较合理,但在实践中可能会存在一定的操作上的困难。

此外,需要考虑是否对低层住户进行一定的利益补偿(或为了获得其同意加装电梯,以奖励形式出现)。在一些地市的规范性文件中,已有对权益受损的业主的经济补偿的相关规定。

综上所述,笔者提出以下建议:(1)相关业主可以按照"谁受益、谁出资"的原则,通过协商确定加装电梯所需的建设、运行维护等费用的承担比例;(2)相关业主可借鉴本地的实践做法与加装电梯的成功案例,根据所在楼层、面积等因素,结合实际情况协商确定出资比例或出资额;(3)地方住房城乡建设行政主管部门可以针对不同楼层或楼型(平层入户或错层入户)提出经费分摊比例指导区间,供相关业主参考;(4)相关业主之间通过协商等方式解决加装电梯中的利益平衡等事宜;(5)因加装电梯在通风、采光、日照、通行等方面直接受影响且不使用电梯的低层住宅业主,其他业主应给予适当补偿,补偿费用在其他业主筹措的建设经费中支出,但补偿的额度不宜很高。

三、政府提供补助经费与其他支持

在很多省市的年度重点工作计划中,将老旧小区住宅加装电梯工作纳入民生工程。为了推进此项工作,各地出台的规范性文件中增加关于对加装电梯提供补助经费与其他支持的内容,或者由当地住房城乡建设主管部门与财政部门联合发文的形式予以明确。总之,地方政府在加装电梯工作中发挥着越来越大的作用,从初期的指导监督转变成为现在的积极推动。同时,地方政府也越来越重视发挥街道办事处、乡镇人民政府、社区居民委员会等在政策宣传、动员指导、民主协商、民意协调等的作用,并要求小区业主委员会、物业服务企业、原房改房售房单位等其他组织与管线产权单位等相关企业对加装电梯工作进行工作配合与支持,共同推进加装电梯工作的顺利推进。

从各地规范性文件中对加装电梯提供财政补助经费的规定来看,各地对加装电梯提供补助经费的标准一般是5万~25万元,以每台补助10万~20万元的为多。经济比较发达城市的补助标准相对较高,如北京市的补助标准是:按照加装电梯购置及安装费用的40%,且最高不超过24万元/台予以补贴。上海市发布的《关于进一步做好本市既有多层住宅加装电梯工作的若干意见》规定:政府按照加装电梯施工金额的40%予以补贴(最高不超过28万元/台)。宁波市的补助标准:对已完成加装且通过特种设备安全监督管理部门使用登记的,按每部20万元人民币的标准予以补助。

比较各地的规定,多数地方采取定额或限额补助的做法,如"政府给予15万元/台的补助""政府给予不超过15万元/台的补助";也有些地方采取按建设经费的一定比例加限额补助的做法,如"政府按照电梯加装费用50%的比例给予最高不超过20万元/台的补助"。在补助经费发放方式上,一般采取"事后审核、一次性拨付"方式。领取时间一般是在加装电梯工程竣工并通过验收、取得特种设备使用登记证书后才予以办理。

除了给予一定数额或比例的财政补助经费外,各地的规范性文件中大多也规定了其他支持,主要体现在以下方面:对管线迁移费用进行补助,不增收土地价款,免于补交市政基础设施配套费及其他相关行政事业性收费,电力企业免收(临时)接电费和电网增容费等。

如《宁波市既有住宅加装电梯管理办法》(甬政办发〔2022〕70号)第16条规定:加装电梯项目需对供水、供电、燃气、通信等管线设施设备进行迁移或改造的,申请人应按程序向相关权属单位提出申请,并按规定承担相应费用。相关权属单位应积极予以支持配合。涉及的管线设备设施属于市属国有企业所有的,应由该企业负责组织施工,并承担全部迁移更新费用。第24条规定:在原有小区用地范围内加装电梯的,加装电梯后新增面积不予办理不动产登记,建筑面积增加部分不再征收地价款,免于补缴市政基础设施配套费及其他相关行政事业性收费。

四、公积金申请提取与使用

2020年7月国务院办公厅发布的《关于全面推进城镇老旧小区改造工作的指导意见》(国办发〔2020〕23号)中规定：支持小区居民提取住房公积金，用于加装电梯等自住住房改造。

2017年后，各地出台的一些地方规范性文件中大多已明确了加装电梯可以提取公积金。结合各地文件的规定可见，因加装电梯申请住房公积金提取的一些共性特点：(1)申请时间：一般是按照"先建设后提取"的原则且加装电梯项目竣工验收合格后；(2)人员范围：应对提取公积金的人员范围有所限制，主要是房屋所有权人本人与其共同生活的配偶、父母、子女名下的住房公积金；(3)用途：用于加装电梯中业主个人所需支付的个人分摊费用，该费用一般不含电梯运行维护费用；(4)数额限制：提取额度不超过加装电梯费用扣除政府补贴后的个人分摊金额。

如果地方规范性文件规定加装电梯可以提取公积金，各地公积金管理中心应制定具体提取办法，相关业主可以按有关规定申请提取。

自从全面推进城镇老旧小区改造以来，加装电梯是其中一项重要改造内容，不少地区陆续出台了住房公积金支持政策，如项目竣工验收1年内可提取、房屋所有权人及其配偶可提取等。随着老旧小区加装电梯工作不断推进，一些城市再次放宽提取条件，如项目竣工验收3年内可提取、允许职工本人的子女及其配偶提取，进一步减轻职工经济负担，让加装电梯更顺畅。

总体上看，加装电梯提取住房公积金的政策趋势是：(1)放宽提取范围，不仅允许提取房屋产权人及其配偶的住房公积金，有些地方允许其父母和子女也可以申请提取住房公积金用于加装电梯；(2)优化办理条件，如放宽办理的期限，取消申请提取时限的限制；(3)简化申请材料，进一步方便缴存者。

五、住宅维修专项资金等经费的申请与使用

2018年2月国务院办公厅发布的《关于加强电梯质量安全工作的意见》(国办发〔2018〕8号)中规定：要制定老旧住宅电梯更新改造大修有关政策，建立安全评估机制，畅通住房维修资金提取渠道，明确紧急动用维修资金程序和维修资金缺失情况下资金筹措机制，推进老旧住宅电梯更新改造大修工作。

很多地方出台的规范性文件规定加装电梯及后续的运行维护可以使用住宅

专项维修资金和公有住房售后维修基金。如《宁波市既有住宅加装电梯管理办法》(甬政办发〔2022〕70号)第6条第2款规定:业主加装电梯,符合条件的,可按规定申请使用物业专项维修资金、住房公积金以及财政奖补资金等。

结合各地规范性文件的规定,可见以下特点:(1)申请时间:一般是按照"先建设后提取"的原则且加装电梯项目竣工验收合格后,提出使用住宅维修专项资金的申请;(2)人员范围:房屋所有权人(业主)可以使用的住宅维修专项资金部分;(3)同意程序:按照《民法典》第278条的相关规定,经本住宅单元(或单独楼栋)专有部分面积占比2/3以上的业主且人数占比2/3以上的业主参与表决,经参与表决专有部分面积过半数的业主且参与表决人数过半数的业主同意;(4)用途:用于加装电梯中业主个人所需支付的个人分摊费用,该费用可以包含电梯运行维护费用;(5)数额限制:如果同时提取住房公积金和使用住宅专项维修资金,合计额度应不超过加装电梯费用扣除政府奖补后的个人分摊金额。此外,有些地方规定:属于房改房的,可以申请使用单位住房维修基金。

第三节　加装电梯需要办理的流程与注意事项

一、申请前的准备工作

在加装电梯的过程中,相关业主作为电梯增设费用的主要出资人,应是加装电梯的申请人与实施主体。在提出电梯申请前,应做好一些准备工作,如对照是否符合安装条件、落实资金来源、编制初步方案、进行房屋结构安全鉴定、与利益相关业主进行沟通协商等。

申请前的准备工作主要有以下五个方面。

(一)确定本单元(或本幢楼)是否可以加装电梯的条件

在各地出台的规范性文件中,一般会明确适用范围或安装条件,有些还会写明排除条件(或称为负面清单)。业主可以对照规范性文件,明确自己的住宅是否属于不能加装电梯的类型或范围。目的是防止出现因不符合申请条件被审批驳回,导致业主耗费不必要的时间与费用。

以浙江省的做法为例,如浙江省住房和城乡建设厅等九部门联合发布的《关于开展既有住宅加装电梯试点工作的指导意见》(浙建〔2016〕6号)第2条第1项明确:申请条件。申请加装电梯的既有住宅应当具有合法的房屋权属证明,满足建筑物结构安全、消防安全等有关规范要求,且未列入房屋征收范围和计划。

《杭州市老旧小区住宅加装电梯管理办法》(2021年1月发布)第2条规定:本市行政区域内(杭州西湖风景名胜区除外)老旧小区住宅加装电梯管理工作适用本办法。本办法所称老旧小区住宅,是指国有土地上具有合法权属,建成年代较早、未列入房屋征收范围或者计划,并已投入使用的四层(含)以上非单一产权的无电梯住宅。住宅小区基础设施和功能明显不足的保障性住宅、单位自管房需要加装电梯的,可以参照本办法执行。

《宁波市既有住宅加装电梯管理办法》(甬政办发〔2022〕70号)第2条第2款规定:既有住宅,是指具有合法权属证明,未列入房屋征收范围或计划,已投入使用、四层及以上、非单一产权的无电梯住宅。

拟加装电梯的住宅在杭州市或宁波市内,但属于以下情况之一的,不能申请加装电梯:没有合法的权属证明,如因历史原因的违法建筑;两层或三层的较低的多层住宅或联体别墅、叠层别墅;整个单元或整幢住宅楼属于某一单一产权人;已被列入房屋征收范围和计划的房屋。如果房屋建成年代较早、比较老旧,可能不符合建筑物结构安全、消防安全等有关规范要求,需要提前进行房屋结构安全鉴定或向消防部门进行咨询是否可以安装电梯。

宁波市住房和城乡建设委员会等十七部门联合发布的《关于推进既有多层住宅加装电梯的实施意见》(甬建发〔2017〕178号)中明确对既有住宅加装电梯实行负面清单管理制度。列入负面清单管理的既有住宅不纳入或有条件纳入。后在2023年11月宁波市住房和城乡建设局等4部门联合发布的《关于贯彻落实〈宁波市既有住宅加装电梯管理办法〉的实施意见》(甬建发〔2023〕83号)附件中对此负面清单进行了修改与完善。2020年6月28日,舟山市人民政府办公室发布的《关于既有住宅加装电梯工作的实施意见(试行)》中也有类似的附件:舟山市既有住宅加装电梯负面清单。舟山市参考了宁波市的做法。

(二)申请前要初步落实资金来源

在申请电梯前,牵头的业主应先征求一下本单元(或本幢楼)其他业主的意见。如果同意加装电梯的业主达到3/4以上,说明通过决议的可能性较高。但并不代表最后一定会通过决议,因为需要考虑费用问题。因为加装电梯除了有可能受到低层住户的反对以外,住在中、高层的住户虽然同意加装电梯,但不一定愿意承担较多的费用。所以，牵头的业主应在咨询相关政府部门与电梯生产、安装企业的基础上，先做个初步的经费预算，初步明确：政府可能提供补助的费用，业主需要自己承担的费用，以及各个业主需要承担的费用比例与数额等。如果可能申请公积金提取与使用住宅维修专项资金，也应该考虑在内，作出初步说明。

要考虑以下特殊情况：低层住户可能要提出利益补偿问题，其他住户是否同意及同意的数额，该补偿费用将从业主自筹的费用中支出；部分贫困家庭，老年人、残疾人等特殊困难人员，或者该住宅中只有一人居住，如果无法出资或出资额较少，可能需要其他业主多分担部分费用；个别业主可能提出自己不实际居住（如房屋已出租）或其他特殊原因，不反对加装电梯但自己不出资；应提前考虑电梯以后的运行与维护费用的承担问题，如电费、物业费、检测费、维修费用等。

如果反对加装电梯的业主较多与反对态度激烈，或加装电梯的资金还有较大缺口，可以暂不作决议、缓交申请；等做好与个别业主的沟通工作后，落实资金后，再考虑进行作出决议、提出申请。

（三）必要时要进行房屋结构安全鉴定

如果住宅不符合建筑物结构安全、消防安全等有关规范要求，可能无法加装电梯。此外，住宅经排查为疑似危房，未委托房屋安全鉴定机构鉴定的，或者经房屋安全鉴定机构鉴定为 C 级或 D 级的住宅，将无法申请加装电梯。其中，房屋安全鉴定机构鉴定为 C 级的住宅，完成解危后可申请加装电梯。

所以，如果拟加装电梯的住宅比较老旧存在安全隐患，或者经排查认为是疑似危房，相关业主应委托房屋安全鉴定机构进行房屋结构安全鉴定，由房屋安全鉴定机构出具检测鉴定报告。经检测鉴定，不存在结构安全隐患的，方可申请加装电梯。

根据住房和城乡建设部发布的公告，国家标准《既有建筑鉴定与加固通用规范》（GB 55021-2021）从 2022 年 4 月 1 日起实施。既有住宅建筑物原有结构鉴定的要求，应从其规定。

（四）申请前要编制初步方案并征求相关业主的意见

虽然很多业主有加装电梯的意愿，但不清楚是否可以加装电梯，加装电梯后的效果如何，及加装电梯后对相关业主尤其是低层住户造成的影响。所以，很多地方的规范性文件中都要求在提出申请前先在本小区内进行公示，公示的内容之一就是电梯的初步设计方案。

有些地方的规范性文件中对此作出规定,如上海市住房和城乡建设管理委员会等十部门发布的《关于进一步做好本市既有多层住宅加装电梯工作的若干意见》规定:编制设计方案。业主应当依据小区加装电梯整体设计要求,编制加装电梯项目的建筑设计方案和施工图设计文件。《厦门市城市既有住宅增设电梯指导意见》(2018年修订)规定:制订初步方案。实施主体编制增设电梯初步方案。初步方案包括:规划用地、建筑结构、消防安全等的可行性分析,增设电梯的总平面布局初步方案及效果图,资金概算及费用筹集方案,对利益受损业主的资金补偿方案,电梯运行维护保养分摊方案等内容。《杭州市老旧小区住宅加装电梯管理办法》(2021年1月发布)第11条规定:申请人应当在查阅资料、现场勘察基础上,编制老旧小区住宅加装电梯初步方案。加装电梯初步方案应当包括拟加装电梯的平面图、外立面效果图等,明确拟加装电梯的具体位置、电梯尺寸、梯井高度、周边环境和绿地绿化占用情况等内容。《宁波市既有住宅加装电梯管理办法》(甬政办发〔2022〕70号)第10条第2款规定:实施主体应委托原房屋设计单位或具有相同及以上资质的房屋设计单位,按照相关规范标准要求,编制出具加装电梯设计方案。设计方案应包括:电梯选点位置、建筑结构、消防安全等可行性分析内容,反映相邻建筑关系的增设电梯总平面布局初步方案及效果图等。第11条第1句规定:加装电梯申请人应编制加装电梯方案。方案一般包括:该单元(幢、小区)建筑物业主同意加装电梯的书面材料及加装电梯设计方案等。

参照以上文件规定,加装电梯的申请人应自行或委托专业机构编制加装电梯初步方案。应尽量委托所在小区原建筑设计单位或者具有相应资质的建筑设计单位进行专项设计。初步方案应当包括拟加装电梯的平面图、外立面效果图等,明确拟加装电梯的具体位置、电梯尺寸、梯井高度、周边环境和绿地绿化占用情况等内容。业主应将初步方案提交给所在社区居民委员会,在小区内进行公示。

(五)妥善处理相邻关系并进行沟通协商

相邻关系处理是加装电梯中的难点,也往往是决定加装电梯的决议能否顺利通过的关键。在现实中,加装电梯往往对高层住户有利,如方便出行、房屋升值等;但对低层住户不利,甚至会带来一定的负面影响,所以低层住户可能会提出反对加装电梯的意见。低层住户反对的理由往往是加装电梯后对其通风、采光、通行等方面产生不利影响,有些还会对隐私保密方面产生不利影响。

所以,对拟加装电梯的相关业主来说,除了在编制加装电梯初步方案时尽量减少对底层住宅与相邻建筑物的不利影响外,还应与可能受到不利影响的相关业主进行提前沟通协商,以取得其理解与支持,即使不同意参与但至少不表示反对。如果确实造成一定的不利影响,可以一定的利益补偿的方式予以解决。

二、通过加装电梯的决议与签订协议

相关业主在做好以上准备工作后,觉得应符合加装电梯的条件,也做好了相关业主的沟通工作,有通过决议的把握,应召开会议形成业主决议、签订相关协议、进行初步公示,准备好申请的相关材料。

(一)会议的召集与通知方式

按照《民法典》第278条的规定,需要由业主共同决定的事项,应当由专有部分面积占比2/3以上的业主且人数占比2/3以上的业主参与表决。

表决可以采取书面征求意见或召开会议形式举行。如果本单元(或本幢楼)所有业主都同意加装电梯或存在难以召集会议的情况(如一些业主不实际居住),可以不召开会议,采取书面征求意见的方式,由所有业主在书面材料上签名表示同意。如果采取书面形式征求意见,社区居民委员会、业主委员会等组织要求业主及时反馈并明确表态,在书面材料上签名。如果可能有业主表示反对并要求表达自己的意见,或者加装电梯的建设资金需要协商确定,应以召开会议的形式进行商讨。

如果是整个小区或多个单元拟加装电梯,一般应由所在社区居民委员会、业主委员会等组织召集会议进行民主协商或进行沟通,并组织进行相关事项的表决。

如果是某个单元或某幢楼拟加装电梯,相关业主也可以自行召集拟安装电梯的所在单元(或本幢楼)全体业主一起商讨。相关业主也可以请求所在社区居民委员会、业主委员会等组织召集会议进行民主协商或进行沟通。

会议召集人应提前至少一周发出书面通知,可以让相关业主有所准备,安排好时间。会议召集人应尽量通知所有相关业主至少派一名成年的代表参加,如果涉及表决事项应提前明确告知;如该住宅登记在未成年人名下,其监护人可以作为业主代表参加;对实在无法通知到的业主,会议召集人可以提前采取在小区内进行公告方式告知。

(二)参会人员与所代表的面积与业主人数

为了防止出现投票后,个别业主以参会人员没有得到授权或无权表态为由要求改变态度,导致出现纠纷。所以,会议召集人应对参会的业主代表有一定的要求。一般情况下,参会并参与表决的业主就是该住宅的所有权人。但有时会出现一些特殊情况:如该住宅登记在未成年人名下,其监护人可以作为业主代表参加;如该住宅是共同共有方式,属于夫妻共有或家庭成员共有,夫妻一方或其中某个家庭成员可以代表参会,适用于表见代理的相关规定;如果有正当理由无法参会的业主,可以委托其他家庭成员或实际使用人参会并提供表明态度的书面意见。如果受委托人不是业主的家庭成员,应提供书面的授权委托书。

参会人员所代表的面积与业主人数的计算方式,应按照《建筑物区分所有权司法解释》的相关规定进行计算。第8条规定:《民法典》第278条第2款和第283条规定的专有部分面积可以按照不动产登记簿记载的面积计算;尚未进行物权登记的,暂按测绘机构的实测面积计算;尚未进行实测的,暂按房屋买卖合同记载的面积计算。第9条规定:《民法典》第278条第2款规定的业主人数可以按照专有部分的数量计算,一个专有部分按一人计算。但建设单位尚未出售和虽已出售但尚未交付的部分,以及同一买受人拥有一个以上专有部分的,按一人计算。

(三)业主形成决议的通过比例

加装电梯一般被视为"改建、重建建筑物及其附属设施"的一种形式。所以,业主形成决议的通过比例应依照《民法典》第278条的规定执行,即经参与表决专有部分面积3/4以上的业主且参与表决人数3/4以上的业主同意。

如果整个小区拟加装电梯,由小区的所有业主参与表决。如果是某个单元(或某幢楼)拟加装电梯,由该单元(或本幢楼)的所有业主参与表决。

各地的规范性文件中都对业主形成决议的通过比例进行了规定。2021年1月《民法典》生效后,新出台或修改后的文件一般是依照《民法典》第278条的规定执行。

此外,在投票表决时需要注意以下几点:(1)采取无记名还是记名投票方式。这是业主自己选择的决定方式,考虑到加装电梯涉及切身利益,一般采取记名方式投票较适合。如果采取书面征求意见的方式,类似于记名投票。如果多数业主希望采取无记名投票方式，也可以如此投票并进行统计，这样可以避免一旦决议通过或无法通过导致邻居之间的尴尬或关系僵化。(2)如果有部分业主表示不反对加装电梯，但也不参与出资，应视为"同意"。(3)如果有部分业主无法明确表明态度，会议召集人可以推迟表决。(4)业主投票后表示反悔或其他家庭成员表示相反意见，改变投票意见应得到其他业主的认可，已经通过的决议一般不能改变。(5)如果暂时无法通过决议，会议召集人可以择期进行重新表决。

（四）签订相关协议与准备申请材料

相关业主形成协议后，需要形成书面材料，确认决议的内容。如果存在有的业主持反对意见或不参加表决的情况，也应在决议中载明。此外，同意加装电梯的相关业主之间还应签订加装电梯项目协议书，对相关内容进行细化。对于协议书的内容，各地的规范性文件差异较大，业主应按照各地的规范性文件的要求进行准备。如《杭州市老旧小区住宅加装电梯管理办法》（2021年1月发布）第10条第2款规定：加装电梯项目协议书应当明确项目申请人及实施主体的职责、项目建设资金估算及分摊方案、电梯运行使用和维护保养资金分摊方案等内容。

《宁波市既有住宅加装电梯管理办法》（甬政办发〔2022〕70号）第9条第2款第2项规定：同意加装电梯的业主应签订书面协议。书面协议应明确以下事项：(1)加装电梯品牌及制造单位；(2)工程费用的预算及其筹集方案；(3)电梯使用管理人确定及更替方案；(4)电梯维护保养方式及保养维修费用归集、使用、续筹方案；(5)法律法规规定的应由业主协商确定的其他事项。

此外，以后办理申请所需要的材料，如加装电梯项目申请表、授权委托书等，相关业主可以一起提前签署，避免以后麻烦。

各地的住房城乡建设部门一般会提供相关协议或方案的示范文本，并提供申请材料的清单与格式文本。

（五）决议后初步公示与异议处理

在早期各地的规范性文件中，大多没有进行公示的明确要求。近年来，在各地发布的规范性文件中，一般明确要求进行公示。如上海市住房和城乡建设管理委员会等十部门发布的《关于进一步做好本市既有多层住宅加装电梯工作的若干意见》中规定：公告意愿征询结果及公示方案。业主签订协议后，区房管部门指导业主委员会和居（村）民委员会在小区范围内将业主意愿征询结果进行公告，规划资源部门同时对建筑设计方案进行公示。《杭州市老旧小区住宅加装电梯管理办法》(2021年1月发布)第12条规定:经申请人书面提出,由所在地社区居民委员会将老旧小区住宅加装电梯项目协议书和初步方案在拟加装电梯住宅的单元楼道口、小区公示栏等显著位置公示10天。公示期满后,因加装电梯直接受到影响的利害关系人无实名制书面反对意见的,社区居民委员会、街道办事处或者乡镇人民政府应当分别在申请人递交的加装电梯项目申请表上盖章确认无实名制书面反对意见情况。《宁波市既有住宅加装电梯管理办法》(甬政办发〔2022〕70号)第11条规定:加装电梯申请人应就加装电梯方案进行公示,并对公示的全过程和结果负责。一般应在拟加装电梯的单元楼道口、小区公示栏等显著位置公示,公示时间不少于10个自然日。加装电梯方案如有变更,申请人应再次进行公示。居(村)委员会应做好本辖区内加装电梯方案公示指导工作。公示期间未收到实名书面反对意见的,公示期满后,居(村)委员会应在申请人递交的加装电梯项目申请表上,确认该项目公示期间未收到实名书面反对意见的情况。

公示的具体做法:贴出公示的时间一般是提出申请前,有些规定是在审批前;公示的形式一般是采取书面公示形式;公示的地点一般是拟加装电梯住宅的单元楼道口、小区公示栏等显著位置。公示的内容:业主决议及设计方案等必要材料。通过公示,可以保障相关业主的知情权,便于其了解情况后提出不同的意见。文件在规定要求公示的同时,应规定对相关利害关系人提出异议的方式及如何进行处理。一般是采取协商、调解方式来化解矛盾,必要时可以采取听证等方式处理。公示后没有异议或得到妥善处理的,相关部门或基层组织应在加装电梯申请表上签署意见。如果各方存在的分歧较大,通常需要双方再次协商,通过利益补偿等方式予以解决矛盾。

即使当地的规范性文件中没有公示的要求,如果相关业主认为加装电梯可能对自己造成不利影响,尤其是在通风、采光、日照、通行等方面可能受影响,也可以实名向所在的政府相关部门、街道办事处、乡镇人民政府或居民委员会提出意见与要求。

对相关业主提出异议,一般是采取协商或调解方式,必要时可以组织听证会。如《杭州市老旧小区住宅加装电梯管理办法》(2021年1月发布)第13条规定:在老旧小区住宅加装电梯项目协议书和初步方案公示期间,因加装电梯直接受到影响的利害关系人有实名制书面反对意见的,由相关当事人协商解决加装电梯过程中的利益平衡、权益受损等事宜,也可以委托业主委员会、人民调解组织和其他社会组织等进行协调。第14条规定:相关当事人对老旧小区住宅加装电梯项目协商不成的,社区居民委员会应当组织调解;相关当事人拒绝社区居民委员会调解或者经调解仍未达成一致意见的,所在地街道办事处或者乡镇人民政府应当通过协调会、听证会等方式组织调解;对老年人、残疾人居住的老旧小区住宅加装电梯项目,社区居民委员会及街道办事处或者乡镇人民政府应当加大调解力度,引导当事人自愿达成调解协议,化解纠纷。社区居民委员会和街道办事处、乡镇人民政府应当对调解、听证情况进行记录,并分别在申请人递交的加装电梯项目申请表上盖章确认调解结果。《宁波市既有住宅加装电梯管理办法》(甬政办发〔2022〕70号)第12条规定:公示期间,收到可能因加装电梯受到影响的利害关系人提出的实名书面反对意见,申请人应与异议人协商解决相关事宜,相关当事人也可以委托业主委员会、人民调解组织和其他社会组织进行协商调解。相关当事人就加装电梯项目有关事宜协商不成的,所在地居(村)委员会应当组织调解。相关当事人拒绝居(村)委员会调解或者经调解仍未达成一致意见的,可向所在地街道办事处(乡镇政府)申请通过调解会、听证会等方式进行调解。街道办事处(乡镇政府)、居(村)委员会应对调解情况进行记录,并确认调解结果及相关建议。

(六)进行沟通协商并在必要时修改方案

有些地方的规范性文件中以"利益相关方未提反对意见"作为加装电梯申请获得审批的前提条件。如长春市人民政府办公厅发布的《关于既有住宅加装电梯的指导意见(试行)》(长府办发〔2021〕1号)中规定:公示期间,本单元内业主和加装电梯后受到通行、采光、噪声等直接影响的相邻业主对加装电梯有异议的,业主应充分协商,协商意见不一致的,由街道办事处予以协调并达成一致意见后,方可实施。

多数地方的规范性文件中并不以"利益相关方未提反对意见"作为加装电梯申请获得审批的前提条件,但一般要求相关业主之间自行协商或进行调解妥善处理好矛盾。如《常州市既有住宅加装电梯实施办法》(2021年8月)第13条第2款规定:公示期内收到书面异议的,建设主体应当与异议人充分协商,并在公示报告中载明与异议人的协商情况和协商结果。

如果相关利害关系人对初步方案本身没有异议,只是对不利影响存在纠纷,提出利益补偿问题,相关业主可以就利益补偿问题进行协商并努力达成一致意见。如果相关利害关系人对加装电梯的初步方案提出异议,如方案设计可能不符合消防要求、可能影响低层住户通行要求进行移位、电梯轿厢经过业主的窗户可能导致隐私泄露等,相关业主与设计单位应听取利害关系人的意见,对设计方案进行必要的修改与优化,尽量减少对相关业主的不利影响。

三、提出加装电梯申请

在做好以上准备工作与通过业主决议、进行公示后,接下来就是最主要的工作:正式提出加装电梯申请。

(一)明确申请人及其代理人

各地的规范性文件中都规定了提出加装电梯的申请人的范围及要求。如《杭州市老旧小区住宅加装电梯管理办法》(2021年1月发布)第9条规定:老旧小区住宅需要加装电梯的,应当由本单元内同意加装电梯的相关业主作为加装电梯的申请人,负责意见统一、项目报建、设备采购、项目实施、维护管理等工作,依法承担项目建设单位的相关责任和义务。公有或者单位自管的老旧小区住宅由其所有权人或者委托管理人作为申请人。申请人可以委托业主代表、资信良好的法人或者其他组织作为加装电梯项目的实施主体,具体负责前款规定的工作。委托人应当与受托人签订委托协议,明确双方的权利义务。鼓励业主委员会、老旧小区住宅原产权单位、建设单位、物业服务企业等积极参与加装电梯的组织、实施工作。

《宁波市既有住宅加装电梯管理办法》(甬政办发〔2022〕70号)第9条第1款规定:加装电梯可以单元、幢或住宅小区为单位提出申请。以单元或幢为单位申请的,申请人为该单元或该幢同意加装电梯的相关业主;以住宅小区为单位申请的,申请人为该小区业主委员会或同意加装电梯的相关业主。公有、单位自管住宅加装电梯,其所有权人或委托管理人可作为申请人。

综合各地的规定,初步总结如下:(1)老旧小区住宅加装电梯可以以住宅小区、幢或单元为单位提出申请。以小区为单位或多个单元一起申请加装电梯的,申请人为该小区业主委员会;以幢或单元为单位申请加装电梯的,申请人为该幢或单元参与出资的相关业主。(2)需要明确经办人或联系人。小区业主委员会提起申请,应指定至少1名工作人员或相关业主为代表并作为联系人。相关业主共同提起申请,应当推选不超过3名业主作为代表,并指定一人作为联系人。(3)其他组织或个人办理。相关业主可以委托物业服务企业、电梯制造安装企业、服务机构等组织提出申请。加装电梯的住宅属于房改房的,业主可以委托原房改售房单位提出申请。委托人应当与受托人签订委托协议,明确双方的权利与义务。

业主一般是非专业人士,并不清楚办理的流程,而且业主大多各有工作,也不愿意将精力花费在集体事务中。所以,有些地方规定:鼓励加装电梯的业主或受委托的实施主体与相关的专业机构或法律服务机构合作。如《常州市既有住宅加装电梯实施办法》(2021年8月)第28条第1款规定:积极探索引进第三方服务机构,为业主加装电梯提供政策咨询、现场查勘、初步设计等服务。

需要事先明确的是,办理申请所需要的费用,应由相关业主共同承担,可以列入电梯建设费用中进行支出。

(二)申请前施工设计与审图

因为在决议通过前,是否加装电梯还存在很大的不确定性。但如果没有初步的设计方案,无法进行经费预算与讨论,也无法进行公示,所以一般需要先做个初步设计方案。如果没有异议,该初步设计方案可能就成为正式的设计方案;如果有人提出意见,需要对初步设计方案进行修改。

有些地方的规范性文件中规定,提出加装电梯的申请时需要提供加装电梯设计方案和经过审图的施工设计图。《杭州市老旧小区住宅加装电梯管理办法》(2021年1月发布)第15条规定:老旧小区住宅加装电梯的申请人应当委托具有法定资质的设计单位在已公示的初步方案基础上,按照建筑设计、结构安全、特种设备和消防安全等相关规范标准的要求,编制加装电梯设计方案和施工图设计文件。加装电梯施工图设计文件应当经具有法定资质的第三方图审机构审核并出具书面审核意见。第16条规定的申请人需要提交的材料中包括"加装电梯设计方案、施工图设计文件(含工程预算)及第三方图审机构审核意见"。

施工设计图不仅是以后电梯安装单位进行安装施工的依据,也是有关部门进行安全监督的依据。也有些地方规范性文件,如《宁波市既有住宅加装电梯管理办法》(甬政办发〔2022〕70号)中只要求申请时提供加装电梯设计方案,并不需要提供经过审图的施工设计图。

已有一定地方制定了加装电梯的技术标准,如《四川省既有建筑电梯增设及改造技术规程》(DBJ/T 033 – 2014)、《重庆市既有住宅增设电梯技术标准》(DBJ50/T – 358 – 2020)、《江苏省既有多层住宅加装电梯通用图则》(苏TZJ 01 – 2022)、《合肥市既有建筑改造设计与审查导则(试行)》(2022年制定)、《温州市既有多层住宅加装电梯设计导则（试行）》（2022年制定）。以上技术标准也可供其他地方参考。

(三) 提出申请及相关材料要求

各地的规范性文件中都规定了提出加装电梯所需要的申请材料及要求。如《杭州市老旧小区住宅加装电梯管理办法》（2021年1月发布）第16条规定：老旧小区住宅加装电梯的申请人应当向所在地的区、县（市）住房城乡建设主管部门申请联合审查，并提交以下材料：(1)经社区居民委员会及街道办事处或者乡镇人民政府盖章确认的加装电梯项目申请表；(2)社区居民委员会出具的调解情况记录，街道办事处或者乡镇人民政府出具的调解、听证情况记录；(3)经公示的加装电梯项目协议书、初步方案；(4)加装电梯设计方案、施工图设计文件（含工程预算）及第三方图审机构审核意见；(5)社区居民委员会出具的公示情况说明（附单元楼道口、公示栏公示照片）；(6)相关业主的身份证明、房屋权属证明；有委托代理人的，提交授权委托书、代理人身份证明；(7)法律、法规规定的其他材料。

《宁波市既有住宅加装电梯管理办法》（甬政办发〔2022〕70号）第14条规定：申请人应当向所在地区（县、市）住建部门提出加装电梯申请，并提交以下材料：(1)加装电梯项目申请表。(2)所在单元（幢、小区）业主表决结果。(3)同意加装电梯业主签订的书面协议。(4)加装电梯设计方案。(5)所在地居（村）民委员会出具的公示情况说明（应附单元楼道口、公示栏公示照片）。业主表决结果达到规定要求，但方案公示期间收到该项目利害关系人实名书面反对意见的，还需提供所在地居（村）民委员会或街道办事处（乡镇政府）出具的调解情况记录。(6)相关业主的身份证明、房屋权属证明。有委托代理人的，还需提供相关业主出具的授权委托书、受委托的代理人身份证明。(7)法律法规规定的其他材料。

除了申请材料及要求的差异外，还有对申请所提交的部门也有一定的差异。大部分地方的规范性文件规定是向当地的住房和城乡建设主管部门提出申请，由该部门组织相关部门进行联合审查。如《杭州市老旧小区住宅加装电梯管理办法》（2021年1月发布）第17条规定，区、县（市）住房城乡建设主管部门应当按照优化审批流程、简化审批手续、提高审批效能的要求，组织召集规划和自然资源、城市管理、市场监管、城市绿化等行政主管部门对申请人提交的老旧小区住宅加装电梯申请材料进行联合审查，申请人依法办理建设工程规划许可、建筑工程施工许可和管线迁移改造、绿地占用、树木迁移砍伐、电梯安装告知、特种设备监督检验、建设工程质量安全监督等手续。……区、县（市）住房城乡建设主管部门应当自受理申请材料之日起20个工作日内出具联合审查意见；可以根据加装电梯项目实际征求建筑设计、结构安全、特种设备等相关专家的意见。

《宁波市既有住宅加装电梯管理办法》（甬政办发〔2022〕70号）第15条第1款、第2款规定：区（县、市）住建部门收到加装电梯申请后，应在5个工作日内，向本区（县、市）自然资源规划、市场监管、综合执法等部门，发送项目并联审查意见书，要求进行联合审查。相关部门收到并联审查意见书后，应在5个工作日内，签署审查意见并反馈住建部门。区（县、市）住建部门应在受理申请材料之日起10个工作日内，向申请人出具并联审查意见书，明确审查意见。

（四）必要时进行材料补正

各地的规范性文件中大多没有明确规定，但在实践中一般有允许材料补正的程序。有些地方的规范性文件中有相关规定，如《重庆市老旧住宅增设电梯建设管理暂行办法》（渝府办发〔2017〕76号）第8条第1项规定：城乡规划主管部门自收到申请之日起5个工作日内组织工作人员进行现场踏勘，具备增设电梯条件的，应当作出受理决定；不具备增设电梯条件的，作出不予受理的决定并书面说明理由。申请材料不齐全或者不符合法定形式的，应当当场书面告知申请人需要补正的全部材料。广西壮族自治区住房和城乡建设厅等四部门发布的《关于进一步加快既有住宅加装电梯工作的通知》（桂建发〔2022〕1号）中规定：申请材料不齐全或者不符合要求的，受理窗口应当一次性告知需要补正的全部内容。对申请材料齐全且符合法定形式要求的项目，受理窗口应当于收到申请材料当天将材料转交受理部门。

特别注意的是，申请人不能提供虚假材料，如在加装电梯的决议或项目协议书中假冒其他业主的签名。《杭州市老旧小区住宅加装电梯管理办法》（2021年1月发布）第31条规定：违反本办法规定，申请老旧小区住宅加装电梯联合审查时提供虚假材料的，由区、县（市）住房城乡建设主管部门责令申请人改正，并处以1000元以上5000元以下罚款。

四、审批通过后开工前的准备工作

如果加装电梯的申请通过联合审查，获得审批通过，就要安装施工，在开工前，相关业主还要做好相应的准备工作。

（一）明确实施主体与主要权责

各地的规范性文件中都规定了提出加装电梯的实施主体（有些称为"建设者"）。一般情况下，申请人也是实施主体。当然，申请人可以推荐业主代表组织实施，或者委托其他单位作为代理人组织实施。如果加装电梯申请已经获得审批，实施主体主要负责项目报建、设备采购、开工告知、电梯安装及使用登记、竣工验收等工作，依法承担项目建设单位的相关责任和义务。

（二）签订电梯采购合同与建设工程合同

在申请加装电梯前，申请人一般会与电梯生产单位、安装单位达成初步意向，根据对方的报价情况，来制订项目经费预算方案。一旦获得审批，申请人或其代理人（包括实施主体）会与电梯生产单位签订电梯采购合同，与电梯施工单位签订建设工程合同，或者签订包括电梯采购、安装施工等在内的综合性合同。合同都应采取书面形式，并明确电梯型号、费用及支付方式、施工期限、违约责任等主要内容。

考虑到相关业主缺乏法律知识与相关经验，可能对合同内容难以把关。如果按照电梯生产单位、安装单位提供的格式合同文本签订，可能会存在较多的隐患。所以，当地住房城乡建设主管部门应制定相关的合同示范文本，供当事人选择使用，必要时应给予一定的指导。

（三）委托建设与监理

有些情况下，不需要相关业主出面与电梯生产单位、安装单位签订合同，如小区统一加装电梯或多个单元一起加装电梯，可能由小区业主委员会或受委托的物业服务企业出面统一签订协议。相关业主只要把筹集的建设经费按照合同约定的期限与方式支付给受委托的实施主体即可。

无论何种方式，加装电梯都是采取委托建设进行。加装电梯申请人或其代理人应选择资信良好且具备建筑工程设计资质、特种设备生产安装资质或建筑工程（含钢结构工程）施工资质的专业单位作为加装电梯项目安装施工单位。电梯安装施工单位应明确施工负责人，作为与业主的联系人。

考虑到相关业主缺乏相关经验也不懂关于电梯的专业知识，往往难以选择。所以，当地住房城乡建设主管部门与市场监督管理部门应当提供符合资质的电梯制造、设计、安装施工、运行维护单位名单等信息,统一向社会公布,方便有需要的业主自主选择。

此外,如果加装电梯项目有监理需要,申请人或其代理人应与具备法定资质的监理单位签订委托监理合同。有些地方规范性文件中明确采取地方政府购买工程监理服务的方式。《宁波市既有住宅加装电梯管理办法》(甬政办发〔2022〕70号)第18条规定:各地应通过政府购买工程监理服务等方式,指导督促相关单位进一步做好加装电梯施工图设计审核、质量监督和竣工验收等工作,确保质量安全。工程建设监理单位应按照有关规定开展工程质量安全监理,并保存完整的监理档案;在桩基础、承台基础等隐蔽工程施工时,应实行旁站监理。

(四)开工前办理施工许可或施工告知

有些地方的规范性文件规定加装电梯要办理施工许可证,所以应在开工前先办理施工许可手续。

有些地方的规范性文件规定,加装电梯申请审批手续通过后,无须再办理(或符合一定条件的)建设工程规划许可证与施工许可证。《杭州市老旧小区住宅加装电梯管理办法》(2021年1月发布)第17条中规定:符合《杭州市城乡规划条例》规定无须办理建设工程规划许可证情形的,不再办理建设工程规划许可证;符合《中华人民共和国建筑法》《建筑工程施工许可管理办法》规定无须办理建筑工程施工许可证情形的,可以不再办理建筑工程施工许可证。

但这种情况下,也应按照《特种设备安全监察条例》第17条的规定,向直辖市或者设区的市的特种设备安全监督管理部门进行施工告知。

有些地方的规范性文件规定实行告知承诺制。如成都市人民政府办公厅《关于进一步促进既有住宅自主增设电梯工作的实施意见》(成办发〔2021〕2号)规定:增设电梯项目实行告知承诺制。施工安装前,业主应到项目所在区(市)县住建行政主管部门办理告知承诺手续,承诺在施工安装过程中严格遵守国家相关管理规定和技术标准,明确计划开竣工时间。

有些地方的规范性文件规定按照电梯安装造价不同确定是否要办理施工许可证。

值得注意的是,有些地方的规范性文件规定了开工期限,防止出现有些加装电梯项目获得审批后久拖不开工,这样可以实现早开工、早完工、早受益。所以,申请人与施工主体要注意在规定的期限内开工,否则有可能要办理重新申请手续。《宁波市既有住宅加装电梯管理办法》(甬政办发〔2022〕70号)第15条第4款规定:加装电梯项目审查通过之日起3年内,申请人未组织项目施工的,该项目并联审查意见书自行废止。

(五)提前告知所在小区物业服务企业与业主委员会

这是容易被加装电梯申请人或实施主体忽略的工作环节。有些业主认为加装电梯前要经过小区内公示,所在小区物业服务企业与业主委员会应该知情,所以没有必要专门告知。但实际上,即使物业服务企业与业主委员会知情,但并不清楚具体的开工日期,也可能会出现一些情况,如没有及时提醒小区业主、没有做好进出通道的清理等。

《民法典》第945条第1款规定:业主装饰装修房屋的,应当事先告知物业服务人,遵守物业服务人提示的合理注意事项,并配合其进行必要的现场检查。显然,电梯安装施工带来的影响要比某个业主装饰装修房屋的影响要大多了,所以实施主体也应当事先告知物业服务企业。

所以,业主委员会或相关业主在申请加装电梯前,应事先告知小区的物业服务企业。物业服务企业要积极支持和参与加装电梯工作,配合业主和相关部门做好加装电梯的资料提供、方案制订等工作。在加装电梯开始施工前,业主委员会或相关业主应再次告知小区的物业服务企业。物业服务企业应对相关业主、电梯安装施工单位提示合理的注意事项,如设置围挡、留出必要的进出通道、注意用电安全等,并进行必要的现场检查。物业服务企业与电梯安装施工单位应在施工现场周围合理设置一定的安全警示标识,防止出现意外的安全事故。

如果出现个别业主的阻挠、破坏电梯安装施工的行为,物业服务企业与业主委员会应进行劝阻。对于业主提出合理的维权要求,业主委员会应予以支持,并可以召集相关业主进行调解。

五、申请验收与使用中的注意事项

在电梯安装施工过程中,相关业主主要起到监督的作用。等电梯安装完成并经过特种设备检验机构监督检验合格后,电梯安装施工单位或实施主体要及时申请或组织对电梯项目进行竣工验收,竣工验收合格后电梯方可交付使用,此后应在1个月内办理电梯使用证登记。

（一）经过特种设备检验机构监督检验合格

电梯是一种特种设备，电梯的安装、使用、维护等工作应适用关于特种设备安全管理的相关法律法规，如《特种设备安全法》《特种设备安全监察条例》。所以，在加装电梯项目完工后，电梯安装施工单位或实施主体要及时联系当地的特种设备检验检测机构进行监督检验，监督检验合格后，才能申请验收。

（二）工程竣工后及时组织验收

工程竣工后，电梯安装施工单位要及时申请或由实施主体组织对加装电梯项目进行验收。各地的规范性文件对此都有相关规定，差异在于竣工验收的组织部门不同、验收的内容不同。

《宁波市既有住宅加装电梯管理办法》（甬政办发〔2022〕70号）第19条规定：加装电梯安装完工并经监督检验合格后，申请人应组织设计、施工、安装、监理等单位，共同对项目进行竣工验收。竣工验收合格后，实施主体应将该项目相关档案资料移交至有关管理部门归档，并报相关业主、业主委员会、居（村）委员会或物业服务企业存档。电梯制造单位应于竣工验收合格后30个自然日内，向电梯共有人移交质量合格文件和有关技术资料，并提供不少于2年的质量保证服务。

（三）办理电梯使用证登记

《特种设备安全监察条例》第25条规定：特种设备在投入使用前或者投入使用后30日内，特种设备使用单位应当向直辖市或者设区的市的特种设备安全监督管理部门登记。各地的规范性文件中一般有类似规定：加装电梯在投入使用前或者投入使用后30日内，电梯产权所有人应向市特种设备安全监督管理部门办理使用登记，取得使用登记证书。

此外，还需要注意的是，登记标志应当置于电梯的显著位置。电梯产权所有人发生变化的，应及时办理变更登记手续。

六、委托维护与后续运行维护经费处理

（一）相关业主共同使用与管理权

参与出资的相关业主是电梯产权所有人，采取的是共有方式。所以，参与出资的相关业主及与其共同生活的人员、居住权人或承租人、经其允许的其他人员

等有权使用加装的电梯。同时,共有人共同管理该电梯,并共同承担该电梯的电费、维修费等运行维护费用。电梯产权所有人可以约定运行维护费用的承担比例。如果没有约定或者约定不明确,可以按照各相关业主占电梯的所有权比例或建设电梯时各相关业主的实际出资比例承担。

但考虑到如果共同管理没有明确具体的负责人,可能会使得电梯实际上变得无人管理。笔者建议:相关业主应当委托物业服务企业或者协商确定其中1名业主负责电梯的日常使用和运行管理,其他业主承担连带责任。如果未委托,由所有的电梯产权所有人履行共同管理义务,承担相应责任。

(二)委托维护保养与管理责任人

业主一般不具备关于电梯的专业知识,自己进行维护保养,显然不太现实,所以在实践中都是采取委托维护保养的方式。电梯产权所有人可以委托物业服务企业或者有相应资质的其他电梯维护保养单位对电梯进行日常维护保养工作,双方应签订委托维护协议。

受委托的物业服务企业或者其他电梯维护保养单位为管理责任人。电梯维护保养单位应当在维护保养中严格执行安全技术规范的要求,保证其维护保养的电梯的安全性能。应明确至少1名电梯安全管理人员,并按规定安装电梯应急处置前端装置。

电梯维修保养主要分为大包、小包及清包三种形式。业主在选择电梯维护保养形式时,建议选择"大包"形式,既包含电梯日常维护保养费,又包含电梯损坏件维修费用。选择这种形式的好处主要是:一是能让业主在使用过程中省心放心,在整个使用过程中不会因为损坏件再另行支出维修费用;二是能为业主转移风险,现在电梯品质虽然都非常好,但不排除重要部件在使用过程中也有损坏的可能性。

(三)定期检验申请与维护保养

电梯的使用、维护保养按照相关法律法规规定执行。如《特种设备安全监察条例》第28条规定:特种设备使用单位应当按照安全技术规范的定期检验要求,在安全检验合格有效期届满前1个月向特种设备检验检测机构提出定期检验要求。检验检测机构接到定期检验要求后,应当按照安全技术规范的要求及时进行检验。未经定期检验或者检验不合格的特种设备,不得继续使用。第31条规定:

电梯的日常维护保养必须由依照本条例取得许可的安装、改造、维修单位或者电梯制造单位进行。电梯应当至少每 15 日进行一次清洁、润滑、调整和检查。

特别提醒电梯产权人(相关业主):应在电梯安全检验合格有效期满 1 个月前向特种设备检验机构提出定期检验申请。

(四)后续运行维护经费处理

电梯项目竣工验收合格投入使用后,其日常运行维护费用主要由三部分组成:电梯日常维护保养费;设备损坏维修费用;电梯日常使用所需的电费。这些费用需要由申请加装电梯出资业主或实际使用人共同承担,具体费用应根据出资业主所在楼层、电梯使用频率等因素协商,按一定分摊比例共同出资。从已投入使用的加装电梯统计情况来看,在出资业主不少于 8 户的情况下,电梯投入使用后所需承担的运行维护费用,预计每户每月平均在 100 元左右。

虽然电梯建设费用较大,但是往往可以通过集资方式一次性解决。对于电梯投入使用后的日常运行维护费用,虽然费用不算多但需要长期支付。这些费用该如何分摊,也需要居民多次协商才能决定,有时在运行过程还需要进行一定的调整。

实践中,为解决后续运行维护经费筹措难的问题,可以采取以下做法:

一是电梯运行维护费用提前筹集。在筹集加装电梯建设费用时,相关业主往往积极性较高,容易达成一致。所以,建议相关业主应在申请加装电梯前约定后续维护保养和电费分摊等事项。为了避免以后产生纠纷,建议相关业主提前筹集电梯维护与运行费用,可以在筹集电梯建造费用中预留部分作为今后的维护与运行费用,或者设立专门的电梯维修资金,由专人负责保管或者进行托管。费用支出情况应向全体电梯产权所有人或使用人公开。

二是可以申请使用住宅专项维修资金或公有住房售后维修基金。《杭州市老旧小区住宅加装电梯管理办法》(2021 年 1 月发布)第 28 条第 2 句规定:维修、更新和改造电梯的,可以按规定申请使用物业专项维修资金和公有住房售后维修基金。

三是投保电梯安全责任保险。在 2018 年 2 月国务院办公厅发布的《关于加强电梯质量安全工作的意见》(国办发〔2018〕8 号)中提出:积极发展电梯责任保险。推动发展电梯责任保险,探索有效保障模式,及时做好理赔服务,化解矛盾纠纷。创新保险机制,优化发展"保险＋服务"新模式,发挥保险的事故赔偿和风险预防作用,促进电梯使用管理和维保水平提升。在一些地方的规范性文件中也提出,"鼓励购买电梯安全责任保险""鼓励增设电梯申请人投保电梯综合服务及责任保险"等内容。对于保险费用的承担,可以由电梯安装单位、维护保养企业、申请人协商分担。

四是利用电梯获得的收入可以用于后续运行维护费用。《民法典》第282条规定:建设单位、物业服务企业或者其他管理人等利用业主的共有部分产生的收入,在扣除合理成本之后,属于业主共有。《杭州市老旧小区住宅加装电梯管理办法》(2021年1月发布)第28条第1句规定:老旧小区住宅加装的电梯投入使用后,相关业主可以利用电梯投放商业广告收入等资金用于电梯的维护保养、改造维修、检验检测。

五是实施采购、安装与维护一体化。加装电梯申请人应当选用取得相应电梯制造许可资质的电梯制造单位生产的电梯。一般情况下,电梯安装应当由电梯制造单位或者其委托的具有法定资质的单位负责安装施工。这样,电梯安装单位对电梯情况比较熟悉,有利于保证电梯的安全性。如果电梯维护也是由电梯制造单位或者其委托的具有法定资质的单位负责,那么可以提升维修保养水平,确保电梯的安全性。实施采购、安装与维护一体化原则,鼓励企业采用设计施工总承包或者设计采购施工总承包方式整体运作加装电梯项目。而且,这种做法相对比较节省运行维护费用。

第四节 与加装电梯相关的纠纷案例

由于不同业主对是否同意加装电梯的态度不同,导致出现一些纠纷,引起诉讼案件。本节对相关的部分案例进行简要介绍。

一、同意加装电梯的业主向法院提起诉讼的案例

2022年1月5日,由人民法院报编辑部评选出的2021年度人民法院十大案件发布。其中,"阻挠住宅加装电梯施工案"入选"2021年度人民法院十大案件"并名列首位,引起社会的广泛关注。该案简介:2020年9月,合肥市绿园小区一业主与某工程公司签订了"加装电梯设备采购及安装合同"。施工单位进场施工后,1楼业主认为,加装电梯影响房屋采光,且存在安全隐患,阻挠电梯施工。经多次

调解后，住在3楼及以上业主将1楼业主起诉。合肥市包河区人民法院审理后认为，案涉楼宇加装电梯事项已征询专有部分占建筑物总面积2/3且占总人数2/3以上的业主的意见，获得参与表决人数3/4以上的业主同意，并对加装电梯事项进行了公示及备案。法院判决被告停止对电梯安装施工的阻挠、妨碍。

近年来，我国各地发生与上述案例相似的纠纷案例。大多有以下三个特点：一是基本上是集体诉讼，原告是同意并参与出资安装电梯的多名业主；二是被告是不同意安装电梯的业主，可能是一人或多人，人数一般要少于原告；三是案由一般是排除妨害纠纷或相邻关系纠纷，因为原告认为被告存在阻挠电梯施工的行为。

从判决的结果来看，大多数案件的判决结果是支持了原告要求被告排除妨害诉讼的请求，要求阻挠电梯施工的业主（被告）立即排除妨害或停止阻扰电梯施工。但从减少纠纷的角度考虑，法院一般对原告提出的赔偿损失的请求不予以支持。

下面举例予以说明。

案例一：依法加装电梯的业主有权请求相邻楼栋业主停止妨害加装电梯的行为。

徐某等6人诉范某排除妨害纠纷案件（2023年11月8日最高人民法院、住房城乡建设部联合发布的11个老旧小区既有住宅加装电梯典型案例之一，以下简称加装电梯典型案例）。案情简介：江苏省无锡市某花园小区某号楼某单元全体业主于2019年一致签字同意本单元增设电梯，于小区主要出入口及单元楼道张贴意见征集单、公示、承诺及图纸等相关材料，公示期间未收到异议。随后该增设电梯项目取得了主管部门的审批手续，于2020年4月正式开工。居住于某号楼北楼的业主范某认为该电梯安装位置影响其采光，侵犯其合法权益，遂多次在加装电梯施工现场阻碍施工，导致项目停工。该小区某号楼业主向人民法院起诉，要求判令范某排除妨碍，停止对加装电梯工程的妨害行为。

江苏省无锡市梁溪区人民法院认为，某号楼加装电梯经过本幢房屋相关业主表决同意，徐某等业主系依据合法有效的既有住宅增设电梯开工备案通知单进行施工，范某实施阻碍加装电梯的行为，侵犯了徐某等合法权益。根据法律关于相邻关系的规定，相邻关系应当按照有利生产、方便生活、团结互助、公平合理的原则处理，案涉住宅增设电梯，将对大多数业主特别是老人、小孩生活带来极大便利。虽然可能会对北楼的房屋采光、通风产生一定影响，但北楼应当本着友睦邻里、互让互谅的原则对待增设电梯工程。人民法院判决范某停止对无锡市某花园小区某号楼加装电梯工程的阻挠行为。范某不服一审判决,提起上诉,江苏省无锡市中级人民法院经审理后判决驳回上诉,维持原判。

案例二:依法加装电梯占用公共绿地对其他业主影响较小的,权利人有权请求其他业主停止阻挠施工、排除妨害。

一审案号为(2021)川0107民初5769号,二审案号为(2022)川01民终11265号的排除妨害纠纷案件(入库案例,也是加装电梯典型案例)。案情简介:四川省成都市武侯区某小区某栋某单元共有6楼12户住户。2019年10月,该单元业主拟增设电梯,获得全部12户业主"同意"表态。之后,该小区所在社区居委会根据成都市既有住宅自主增设电梯的相关政策,委托小区物业公司将与增设电梯相关的政策文件及电梯安装示意图等材料在该小区物业公告板以及该单元入口处张贴公示。公示期间没有其他业主提出异议。其后居委会根据成都市相关政策对该单元电梯加装活动进行了备案,该单元业主便委托有资质的安装企业进行电梯安装。安装企业按照政策向住房城乡建设部门报备后入场施工。根据施工方案,需在该单元门口的公共绿地挖基坑。施工活动招致该单元相邻楼栋及非相邻楼栋的业主不满,部分业主以增设电梯未取得小区全部业主同意、施工违法、占用公共绿地等理由,采取随意进入施工工地等方式阻扰施工,致使案涉电梯增设工程停工。经当地居委会和派出所调解无果后,加装电梯单元业主向法院提起诉讼,要求刘某等人停止阻拦、妨害电梯正常施工并赔偿相应损失。

四川省成都市武侯区人民法院审理后认为,既有住宅增设电梯政策是落实《无障碍环境建设法》的重要措施,是保障残疾人、老年人权益的重要抓手。当既有住宅有必要加装电梯且需占用公共绿地时,在占地的位置、面积合理的情况下,若加装行为不会导致他人采光、通行、安全等方面受到明显不利影响,相关业主应当秉持有利生产、方便生活的原则,给予电梯加装活动便利。该案中,在增设电梯方案公示期间,其他楼栋的业主未提出异议,增设电梯的程序符合政策要求。增设电梯需占用的公共绿地虽属全体业主共有,但电梯加装占用的绿地面积较小,对该单元以外的其他业主影响较低,其他业主应给予便利。所以判决刘某等人停止对成都市武侯区某小区某单元既有住宅增设电梯工程的施工阻扰和妨碍。

刘某等人提出上诉。四川省成都市中级人民法院二审判决驳回上诉,维持原判。

在类似案例中,很多地方法院采取调解方式努力使双方达成一致,较好地解决了问题,也维护了双方的邻里关系。

案例三:优化施工工艺、安排安全监测,人民法院加强调解解心结。

张某等八人诉李某、任某排除妨碍纠纷案件(加装电梯典型案例)。案情简介:张某等八人系浙江省玉环市某公寓某单元住户,李某、任某两人系夫妻关系,双方为同幢立地栋联建不动产登记权利人,房屋中间有公共通道相隔,间隔距离最近为12米。2020年7月,张某等八人经法定程序申请加装电梯。2020年10月,玉环市住房和城乡建设局等部门共同作出《玉环市既有住宅申请加装电梯并联审查意见书》,同意张某等八人加装电梯的申请。李某、任某认为加装电梯会严重损害其房屋安全,强烈反对并采取过激行为阻扰施工,导致加装工程一直无法竣工。张某等八人起诉要求李某、任某立即停止对加装电梯工程的妨碍行为,并赔偿损失164,575元。

在案件审理过程中,经浙江省玉环市人民法院调解,双方当事人充分了解对方关切的问题,并就双方最关心的房屋安全问题提出了切实有效的解决方案,自愿达成如下调解协议:(1)原告方电梯施工方式采用直径1000毫米的钻孔灌注桩(该图纸需报送相关部门进行变更备案);(2)由原告方负责委托有资质的第三方机构对两被告的房屋进行安全动态监测,该监测费用由原告方承担;(3)自本协议双方签字生效后,两被告不得再阻挠原告方电梯施工。原、被告双方都要遵守本协议约定,如果有任何一方违约的话,违约方要赔偿对方16万元的经济损失。若该违约金不足以覆盖实际损失的,以实际损失为准。

此外,还有一些特殊案例,法院判决支持了被告提出的主张,所以驳回原告提出的诉讼请求。

案例四:在案号为(2021)桂0305民初3800号的相邻关系纠纷案件中,10位原告提出的诉讼请求为:判令被告禁止作出对原告在位于桂林市七星区加装电梯的妨碍和阻止行为。法院审理后认为,被告享有对包括改建、重建建筑物及其附属设施等事项享有表决权的业主权利,被告对《既有住宅室外加装电梯代建安装合同》的公示期间,表示不同意加装电梯,系合法行使自己的业主权利,不存在侵害原告合法权益的行为,原告以被告不同意加装电梯导致涉案单元加装电梯的申请未获相关行政机关审批为由,请求判决禁止被告对涉讼单元加装电梯作出妨碍、阻止行为,缺乏事实及法律依据,法院均不予支持。所以,判决:驳回原告的诉讼请求。

二、不同意加装电梯的业主向法院提起诉讼的案例

2022年2月,最高人民法院公布了"第二批人民法院大力弘扬社会主义核心价值观典型民事案例",将广西壮族自治区南宁市江南区人民法院审理的因加装电梯引发纠纷案例,作为"经民主决策以合理方式在老旧小区加装电梯受法律保护"的案例,该案依法驳回了一楼业主状告楼上9户邻居对涉案电梯停止使用并予以拆除、恢复原状的诉讼请求。

近年来,各地也发生了一些由不同意加装电梯的业主提起的诉讼案例。这类案例都有以下三个特点:一是原告是反对安装电梯的业主,可能是一人或多人;二是被告是其他业主,基本是支持安装电梯的业主或实际负责此事的业主代表,一般是多人,个别案件中将电梯安装施工企业列为被告或第三人;三是案由大多数是相邻关系纠纷,有些是物权保护纠纷、侵权责任纠纷、建筑物区分所有权纠纷或财产损害赔偿纠纷。原告认为,被告安装电梯的行为侵犯了其通风、采光、日照、通行或隐私权等权利,对其生活造成了很大的负面影响,所以要求赔偿损失或支付一定的经济补偿。

下面举例予以说明。

案例五:业主诉请拆除电梯但无充分证据证明依法加装的电梯影响其通风、采光及通行的,法院对其拆除电梯的诉请不予支持。

一审案号为(2021)京0105民初19784号,二审案号为(2021)京03民终20008号的侵权责任纠纷案件(入库案例,也是加装电梯典型案例)。案情简介:刘某系北京市朝阳区某老旧小区某单元一层业主,其父母常年居住在案涉房屋内。2018年4月23日,北京市朝阳区住房和城乡建设委员会下发《北京市既有多层住宅增设电梯试点工作项目确认书(朝阳区)》,确定某经济联合社系该小区增设电梯项目的实施主体。2019年,该联合社对案涉房屋所在单元全部12户居民进行了民意调查,其中10户居民同意加装电梯,刘某及402号的居民不同意。后,该联合社在该单元北侧加装了外挂直行电梯,现已投入使用。刘某认为联合社未征得其同意强行加装电梯,对其房屋的通风、采光及老年人出行造成影响,向法院提起诉讼要求拆除已经加装的电梯。

北京市朝阳区人民法院审理后认为,城市老旧小区加装电梯是推动城市更新、缓解老弱人群出行难的民生工程,也是改善人民群众生活质量的举措,受到全社会的关注。在加装过程中,低楼层与高楼层住户矛盾较大,低楼层业主往往以

影响其采光、通风、隐私等理由反对加装电梯。在加装电梯表决程序合法前提下，已加装的电梯经过绝大部分住户同意，且未明显影响低楼层住户利益，则低楼层住户负有适度容忍义务。从现场勘验情况来看，加装电梯位置位于楼宇北侧原单元门出口，电梯东、西、北侧均为透明玻璃材质，南侧为电梯门，加装电梯后电梯入口朝西，未对楼宇一层的房屋通风形成遮挡或影响；电梯位于楼宇北侧，且未正对刘某的房屋，难以认定对其房屋采光或日照有影响，亦难以认定会产生噪声污染。加装电梯后，楼门口进出依然顺畅，并不对老年人出行带来障碍。刘某亦未提交证据证实案涉电梯影响其房屋的采光、通风及产生噪声污染。所以判决驳回刘某的诉讼请求。

刘某提出上诉。北京市第三中级人民法院二审判决驳回上诉，维持原判。

案例六：法院调解引导当事人互谅互让、睦邻友善，化解加装电梯使用纠纷。

苏某、吴某诉谌某等十人排除妨碍纠纷案件（加装电梯典型案例）。案情简介：原告苏某、吴某和被告谌某等十人为某小区某栋楼某单元业主。该单元共6层12户，苏某、吴某为一层住户。2021年3月，该单元业主商议增设电梯，除吴某未签名同意外，其余11位业主均同意在本单元出入口前空地增设电梯。在商议时，十被告同意在单元出入口顶板延伸处设置电梯停靠点供苏某、吴某进出。2021年5月，案涉电梯取得《建设工程规划许可证》开始施工，因建筑结构特点，新增电梯与建筑物连接处均为楼梯中间转角平台，业主出停靠点后走半层楼梯方能入户，未在单元出入口顶板延伸处设置停靠点。案涉电梯竣工验收后已取得特种设备使用登记证并投入使用。因案涉电梯实际停靠点设置与原商定方案不一致，原告提起诉讼，请求依法判令各被告停止侵害，拆除已违法建设完成的电梯，并在保障其加装电梯平等使用权的前提下重新委托设计、申请规划审批及依法加装电梯。

福建省漳州市南靖县人民法院经审理认为，根据《民法典》第278条的规定，案涉房屋增设电梯属于应由业主共同决定的事项，应当由专有部分面积占比2/3以上的业主且人数占比2/3以上的业主参与表决，并应当经参与表决专有部分面积3/4以上的业主且参与表决人数3/4以上的业主同意。案涉单元楼共计12户业主，11户业主同意增设电梯，电梯施工中10户业主同意现有的该电梯设置停靠点的方案，表决程序及建设程序符合法律规定。苏某、吴某在电梯建设前后均需走半层楼梯入户，案涉电梯建设并未对其出行构成妨碍，其关于拆除案涉电梯并重新设计、建设的主张未经业主合法表决通过，不应予以支持，遂驳回其诉讼请求。苏某、吴某上诉后,经二审法院耐心细致做调解工作,案涉单元楼业主互相达成谅解,同意按照既有设计、建设方案继续使用电梯,苏某、吴某撤回上诉。

有部分判决(有些是二审改判)支持给予相邻权或其他合法权益因电梯施工受到影响的业主一定的经济补偿。

案例七: 在案号为(2021)粤0103民初1592号的物权纠纷案件中,原告与被告都住在广州市荔湾区某处的一幢住宅楼,该楼共26套住房26户。原告赵某是102房所有权人。被告是其他同楼的16位业主。2019年,该楼业主筹划增设电梯,得到了多数业主的同意,除了6户业主外,其余20户业主表示同意加装电梯。2020年1月8日,广州市规划和自然资源局作出建设工程规划许可证,同意该楼加装电梯。之后,被告等业主委托相关施工单位对该住宅楼进行改建电梯间工程。案涉电梯已建成并投入使用。后赵某向法院提起诉讼,要求被告向其支付15,000元慰问金及因加装电梯造成的损失补偿15,000元,并拆除电梯两旁铁门,恢复至按照加装电梯前图纸的结构,恢复电梯两旁的无障碍通道。在审理过程中,法院派人专门进行现场勘验,认为涉案电梯位于原告房屋的西北侧、楼道前方,原楼梯大门已被拆除,目前出入楼梯的大门在窗户左边,将大门打开至最大开合处不影响102房开关窗户。电梯安装后,对102房的采光有一定影响。

广州市荔湾区人民法院审理后认为,赵某与被告等各住户是房屋不动产的相邻关系权利人,应当按照有利于生产、方便生活、团结互助、公平合理的原则,正确处理相邻关系。被告等业主通过自筹费用方式加建电梯方便出行,房屋有所增值,但案涉住宅楼加装电梯遮挡了大楼原楼梯间的北面窗户,影响了102房的通风和采光。从权利义务对等及公平合理的原则出发,案涉住宅楼参与集资加建电梯的住户应当对一楼的住户作出相应补偿。所以,法院判决:被告向原告赵某赔偿因安装电梯对原告房屋造成的损失14,000元;驳回原告赵某其他诉讼请求。

三、业主提起行政复议或行政诉讼案例

电梯作为特种设备,其安全与人的人身健康直接关系。按照《行政许可法》(2019年修正)第12条的规定,增设电梯属于办理行政许可的事项,需要经过审批手续才能安装施工,否则就是违法建筑。第7条规定:公民、法人或者其他组织对行政机关实施行政许可,享有陈述权、申辩权;有权依法申请行政复议或者提起行政诉讼。

在"推进中国法治进程十大行政复议案例"评选活动中,"方某诉广州住房公

积金管理中心《关于旧楼加装电梯提取住房公积金的复函》案》入选其中。

案例八: 2016年4月1日,申请人方某向被申请人广州住房公积金管理中心提交关于旧楼加装电梯提取住房公积金的申请。4月12日,被申请人作出《关于旧楼加装电梯提取住房公积金的复函》,主要内容为:虽然《广州市既有住宅增设电梯试行办法》中规定既有住宅增设电梯可以通过提取住房公积金来筹集资金,但目前广州市住房公积金提取政策规定的职工可提取的情形不包括旧楼加装电梯。后方某提出行政复议。复议机关撤销了被申请人作出的《关于旧楼加装电梯提取住房公积金的复函》,并责令被申请人重新作出行政行为。

此案的指导意义:在上位法及地方政府规范性文件有明确规定的情况下,政策执行部门仅以无实施细则为由,不予通过申请人提取公积金的申请,明显不当。该案的意义在于通过个案推动旧楼加装电梯提取公积金惠民政策的落地,为有序推进"城中村"、老旧小区改造,完善旧楼配套设施提供了有力的政策保障。

在实践中,存在一些业主因为增设电梯的申请没有获得审批,而提起行政诉讼的情况;也存在一些业主认为相关部门审批通过增设电梯的申请损害其权益而提出行政诉讼的情况。下面举例予以说明。

案例九:老旧住宅增设电梯许可审批中,业主对增设电梯不能达成一致意见的,行政机关应对异议进行实质调查,有必要的还应进行勘验、鉴定。行政机关不能将"协商一致"作为申请老旧住宅增设电梯许可的前置条件。

一审案号为(2020)渝0119行初41号,二审案号为(2020)渝03行终167号的行政许可案件(入库案例)。案情简介:重庆市某区稻香路32号A、B栋与32号1、2单元系同一楼栋,共有业主56户。包括周某等36户在内的某区稻香路32号A、B栋共50户业主向重庆市某区规资局申请增设电梯规划许可,并提交了增设电梯申请书、申请人对增设电梯事项(安装、维护等)的书面同意意见、业主书面同意意见(电梯示意图)、费用分摊明细情况说明等资料。因提交规划审批的加装电梯示意图中电梯及廊道位置靠近A-4-1业主刘某一侧而非楼栋凹形的居中位置,原本不反对加装电梯的刘某知晓后与其他业主发生争议。后某区稻香路32号A、B栋的50户业主修正了加装电梯示意图的失误,调整为楼栋凹形的居中位置。

2019年9月6日至9月12日,重庆市某区规资局进行公示。9月9日,刘某以"电梯廊道遮挡其厨房、厕所采光,在房子墙面加装钢钉或者钢梁柱头影响房屋价值"为由提出异议。9月12日,刘某又以"增设电梯会产生噪音、影响采光、影响消防"等提出异议,并称根据第一次电梯公示图其受到了欺骗。2019年9月19日,重庆市某区规资局作出《建设项目规划管理报建审查复函》(以下简称《复函》),要求周某等人:"请你们与有异议的业主协商,待达成一致意见后,再向我局申请办理规划手续"。周某等36人不服,向法院提起行政诉讼,诉请撤销渝规涪陵(工程)复函〔2019〕0518号复函,并责令重庆市某区规资局在法定期限内作出规划许可。

重庆市南川区人民法院审理后认为,该案的争议焦点是:(1)复函是否可诉。根据《最高人民法院关于审理行政许可案件若干问题的规定》第3条规定,该案被诉复函虽然是在行政许可程序中要求申请人补充异议协商材料的通知行为,但从事实上将案涉增设电梯申请停留在协商阶段,终止了行政许可程序,因此具有可诉性。(2)复函是否合法。在现行法律法规没有对旧住宅楼加装电梯决策程序作出明确规定的前提下,应遵循《民法典》的相关立法精神。相关职能部门在进行许可审批时,既要考虑到多数业主的重大事项决定权,也要考虑维护少数人的正当合法利益,避免以"少数服从多数"为由侵犯公民依法享有的通风、采光等相邻权,以维护"方便生活、团结互助、公平合理"的相邻关系。基于此,《重庆市老旧住宅增设电梯建设管理暂行办法》第8条对增设电梯的建设工程规划许可程序作出了明确规定。该案中,异议业主提出增设电梯会产生噪音、影响采光、消防和房屋价值等问题,重庆市某区规资局应积极协调化解申请人与异议人之间的矛盾,对异议人的异议进行调查,如有必要应进行勘验、鉴定,并根据调查结果决定是否批准。重庆市某区规资局未充分考量增设电梯的利民性质,在未对异议人的异议进行调查的情况下,作出被诉《复函》,简单要求双方必须协商一致,终止行政许可程序,没有事实和法律根据,应予撤销。所以作出行政判决:撤销重庆市某区规资局作出的《复函》,并责令该局按照《行政许可法》规定的期限重新作出行政行为。

重庆市某区规资局提起上诉。重庆市第三中级人民法院二审判决驳回上诉,维持原判。

案例十:老旧小区加装电梯权益保障的价值取向,司法机关与行政机关一般从维护多数业主权益的角度来处理相关问题。

一审案号为(2021)闽0802行初60号,二审案号为(2021)闽08行终162号的不履行法定职责案件(入库案例)。案情简介:罗某等系龙岩市新罗区南城后门前黉门路某号(某行宿舍)B幢西梯房屋的合法产权人。林某等人系龙岩市新罗区南城篁门前南建新村(某区审计局宿舍)C幢西梯房屋的业主。新罗区审计局系龙岩市新罗区南城篁门前南建新村(某区审计局宿舍)的土地使用权人。某行宿舍与某区审计局宿舍两栋楼之间相距8米,中间隔着铁栅栏。林某等人共同向某区审计局提交《申请报告》,主要内容为:经全体业主协商一致同意在房屋北边煤炭间门口增设电梯一部,所需资金全部由住房人员出资,恳请该局同意。某区审计局认定:情况属实。

电梯建设过程中,罗某等人向龙岩市城市管理局投诉,要求龙岩市城市管理局对南建新村违规建设电梯依法拆除。龙岩市城市管理局接到举报后,派工作人员进行现场检查勘验,并告知建设方应提交建设电梯的相关材料。林某等人向龙岩市城市管理局递交增设电梯的备案资料,包含:该梯全体业主同意增设电梯的报告、消防部门认定意见、日照分析报告。林某等据此主张案涉电梯符合龙岩市相关规定。随后,龙岩市城市管理局向龙岩市城乡规划局发函了解情况,龙岩市城乡规划局回复:"……其中南建小区已增设的电梯不符合岩城规〔2013〕435号文件中关于免于办理规划审批手续情形"。收到复函后,龙岩市城市管理局向林某等人陆续发出《责令限期拆除违法建筑通知书》《行政强制拆除违法建筑催告书》《行政强制拆除违法建筑决定书》《行政强制措施决定书》等催告拆除加建电梯的材料,但林某等人未主动拆除加建电梯。罗某等人以龙岩市城市管理局拒不认真履行法定职责,加建电梯属违法建筑,严重影响罗某等人房屋的通风、采光和消防安全,妨碍罗某等人的生活为由向法院提起行政诉讼。

福建省龙岩市新罗区人民法院审理后认为,罗某等人所住的房屋某行宿舍与林某等人所住的房屋区审计局宿舍系相邻楼关系,两栋楼之间距离8米,为此,被诉的行政行为已涉及罗某等人的通风、采光和居住安全等相邻权,且林某等人在对住宅增设电梯期间,罗某等人曾以维护自身合法权益的事由向市城管局举报并要求市城管局履行强制拆除职责。罗某等人符合原告主体资格,具有诉权。根据住房和城乡建设部2018第142号发布的编号为GB 50180-2018《城市居住区规划设计标准》(国家标准),住宅建筑外加装电梯的行为,不宜作为考察是否会导致相邻住宅原有日照标准降低的情形。该案林某等人虽然在原涉及建筑外增加设施,该行为不应使相邻住宅原有日照标准降低,但案涉的建筑外增加的设施属于旧区住宅改造加装的电梯,为此,罗某等人虽具有诉权,但其以林某等人违法增设的电梯影响其住宅通风、采光为事由,向法院起诉要求市城管局对案涉违法建设电梯建筑物履行强制拆除的法定职责的诉讼请求,不能成立。所以行政判决,驳回罗某等的诉讼请求。

罗某等提出上诉。福建省龙岩市中级人民法院二审判决驳回上诉，维持原判。

在一些案件中，个别受影响的业主既提起民事诉讼又提起行政诉讼。在诉讼过程中，经法院调解，受影响的业主获得一定的经济补偿，纠纷得以解决，加装电梯项目继续进行。通过以上案件，发现：加装电梯过程中要重视对相关利益关系人的负面影响，尤其是相邻关系处理。如果造成不利影响，其他业主应给予一定的经济补偿。要处理好不同业主的权利保护与利益平衡。

四、业主与电梯安装施工企业之间的纠纷案例

建设工程施工合同纠纷是比较常见的合同纠纷，其中与增设电梯相关的建设工程施工合同纠纷也较多出现。

案例十一：业主所选的电梯施工单位不具备施工资质且在收取大部分工程款后未能依约定的工程进度完成施工，应承担赔偿责任，返还部分工程款。

一审案号为（2020）闽0603民初481号，二审案号为（2021）闽06民终1345号的建设工程施工合同纠纷案件。案情简介：一审原告共12人，是漳州市芗城区某小区某单元的业主。2018年4月8日，原告（甲方）与被告厦门某机电公司（乙方，以下简称机电公司）签订一份《加装电梯合同书》，该合同主要约定：甲方把电梯加装工程发包给乙方建造；工程总价60万元，采用总价加风险包干合同；150天为全部工程施工工期并能全部通过验收合格投入使用。工程款支付采取分期付款方式。被告吴某作为乙方代表在乙方落款处签名。

合同签订后，原告依约向机电公司支付工程进度款54万元，工程款均由吴某个人收取。后因机电公司未能按照合同约定进度完成施工，原告（甲方）与被告机电公司（乙方）于2019年5月15日签订《加装电梯补充协议书》，主要是对工程竣工日期及违约责任作出明确约定。7月18日，原告再向吴某支付工程款1.5万元。同月31日，原告又向吴某支付工程款2.5万元，被告吴某向原告出具借条确认收到工程款。2019年10月21日，被告吴某向原告出具一份承诺书，承诺其对案涉加装电梯项目负责到底，争取在元旦之前完工并交付使用。后被告机电公司、吴某未依约完成施工。所以，12名业主向法院提起诉讼并申请诉讼保全。

福建省漳州市龙文区人民法院审理后认为，该案是被告承包原告的电梯工程引发的纠纷，属建设工程施工合同纠纷。由于被告机电公司不具有建筑施工资质,双方签订的《加装电梯合同书》《加装电梯补充协议书》违反法律、法规的强制性规定,依法应认定无效。被告机电公司不具备施工资质且在收取大部分工程款后未能依约定的工程进度完成施工,显然存在过错,应当对原告的损失承担赔偿责任。被告是自然人独资的有限责任公司,被告吴某系被告机电公司唯一的股东。原告将工程进度款均支付给被告吴某个人,被告吴某向原告出具承诺书,承诺对案涉工程负责到底。在被告吴某不能证明公司财产独立于股东自己的财产的情形下,根据《公司法》第63条的规定,被告吴某应当对被告机电公司案涉债务承担连带责任。所以,判决:(1)被告机电公司应返还原告工程款325,700元,并支付利息;(2)被告机电公司将持有的案涉电梯工程相关的资料移交给原告;(3)被告吴某对被告机电公司的上述第(1)项债务承担连带责任;(4)驳回原告的其他诉讼请求。

后两被告提起上诉。福建省漳州市中级人民法院二审判决:驳回上诉,维持原判。

案例十二:业主违法阻挠加装电梯施工造成损失的,应承担赔偿责任。

一审案号为(2021)粤0105民初20778号,二审案号为(2022)粤01民终16535号的排除妨害纠纷案件(入库案例,也是加装电梯典型案例)。案情简介:广东省广州市海珠区某住宅楼某单元加装电梯项目于2018年取得规划部门核发的《建设工程规划许可证》。该单元业主钟某认为,电梯加装工程影响其住宅采光,高层业主并未与其协商好补偿方案,遂采取多种方式阻挠施工,亦与高层业主发生多次诉讼。2021年3月,案涉住宅楼业主代表与广州市同庆建筑工程有限公司(以下简称同庆公司)签订《建筑工程施工合同》,约定由同庆公司承包案涉住宅楼加装电梯井道工程。但钟某两次进入施工场所阻挠和破坏电梯施工工程,以致建设工程长期未能正式开工。刘某在工地外围,没有进入施工现场,但刘某将钟某接到施工场地外面。后,同庆公司向法院提起诉讼,要求钟某、刘某不得对电梯施工进行阻挠和破坏,并赔偿工程无法开工造成的损失,每天损失按3000元计算。

广东省广州市海珠区人民法院审理后认为,案涉住宅楼加装电梯,已经相关行政部门审核批准。同庆公司作为案涉加装电梯工程的施工方,其合法权益受法律保护。案涉电梯施工需要大型施工设备进场作业,出于安全考虑,非施工人员均不应长时间在施工现场停留。在此前生效判决已经判令钟某、刘某不得对住宅楼电梯施工进行阻挠和破坏的情况下,钟某仍故意在施工现场出入,其行为已影响了同庆公司的施工，构成侵权，钟某应对阻碍加装电梯工程施工的行为承担侵权责任。故同庆公司要求钟某等不得对电梯施工进行阻挠和破坏，于法有据。在同庆公司已举证证明因钟某的阻挠行为导致损失的情形下，法院判决钟某不得对案涉住宅楼电梯施工进行阻挠和破坏，并赔偿同庆公司3600元损失。

钟某提出上诉。广东省广州市中级人民法院二审判决驳回上诉，维持原判。

五、其他特殊类型的纠纷案例

此外，还有一些特殊类型的纠纷案例，如个别原来不同意安装电梯或者没有参与出资的业主，后来因为各种原因提出要使用该电梯，但被其他业主拒绝，而引起的诉讼。

《人民法院报》曾以"旧楼加装电梯，八旬老人事前反对事后反悔，补交钱后能搭乘吗？"为题报道了一个发生在广州的案例。①

案例十三：未同意加装电梯业主补交出资后有权使用电梯。

一审案号为(2020)粤0103民初8284号，二审案号为(2021)粤01民终11637号的建筑物区分所有权纠纷案件（入库案例，也是加装电梯典型案例）。案情简介：广东省广州市荔湾区某小区某栋9层住宅楼业主于2017～2018年商议加装电梯，44户业主中有32户业主同意。居住于3楼、年近八旬的业主郭某因有异议未参与出资。电梯投入使用后，郭某提出希望在补交相应集资款后使用电梯，但32户业主认为郭某前期对加装电梯有异议，导致加装电梯工程延误一年多，反对其使用电梯。郭某向法院提起诉讼，请求确认其在按前期加装电梯筹资方案支付10,077元费用后，对新建电梯拥有与32户业主同等的权利和义务。

广东省广州市荔湾区人民法院审理后认为，案涉电梯在使用属性上系建筑物的共有部分，郭某与其他业主对电梯享有使用权和共同管理的权利。高龄业主确有使用电梯的客观需要，虽其在加装电梯的需求期间提出异议但属于正常表达意见的范围，若其他业主以此为由拒绝高龄老人使用电梯，不符合诚信友善的社会主义核心价值观。郭某使用该电梯并不属于相关法律及司法解释所规定的应由业主共同决定的事项，亦不会导致其他业主使用电梯的合法权利受到损害，故无须经多数业主同意。依据公平原则，使用电梯应以交纳集资款为前提，故法院判

---

① 参见《旧楼加装电梯，八旬老人事前反对事后反悔，补交钱后能搭乘吗？》，载微信公众号"人民法院报"2022年1月26日。

决郭某支付增设电梯集资款 10,077 元后,由该住宅业主代表向郭某提供电梯卡,供其搭乘电梯使用。

谢某等人提起上诉。广东省广州市中级人民法院二审判决:驳回上诉,维持原判。

在一些类似案件中,有些法院判决原来不同意安装电梯或者没有参与出资的业主有权使用电梯,同时要求其承担比其他业主较多的费用。

案例十四[①]:2015 年,厦门市思明区某小区某号楼业主筹备加装电梯一事,801 室业主阿军表示弃权。2017 年,电梯建成并投入使用。两年后,阿军提出支付费用以获得使用权,但他与其他业主未能就使用费等达成一致。协商未果,阿军采取了用特制防盗网封堵电梯入口等极端手段,严重影响其他业主通行。阿军起诉出资的业主,想支付 87,380.95 元获得电梯使用权。这是根据当时业主确定的《分配方案及电梯使用与管理公约》算出的安装费用。

福建省厦门市思明区人民法院审理后认为,阿军作为业主之一,对该电梯享有共有和共同管理的权利,其请求通过支付对价的方式获得电梯使用权,于法有据。但阿军想使用电梯,就应当支付合理费用。法院认为,阿军先是在电梯筹建时主动放弃出资,后又在电梯建成两年后提出使用电梯,并在协调使用电梯未果的情况下采取极端手段,严重影响该梯号业主出行,其行为具有明显恶意,应予谴责。综合考虑 10 户业主出资增设电梯的风险与回报,阿军所有的房屋因增设电梯所带来的通行便利和升值空间,以及阿军封堵电梯入口的恶意行为,法院酌定阿军应支付原应出资金额的两倍,即 174,761.9 元。法院判决后,双方对判决结果无异议,阿军付清费用后获得了电梯使用权。

案例十五:法院调解促成业主按有利生产方便生活原则化解纠纷,依法保障未出资业主使用电梯权利。

赵某诉唐某、樊某等合同纠纷案件(加装电梯典型案例)。案情简介:2017 年年底,江苏省南京市玄武区某小区某幢某单元业主签订协议,约定居住于四楼以上的五户业主为出资方,承担加装电梯所有建设费用、后续维护保养费、电费,包括未出资户在内的本单元所有用户可享受电梯使用权。电梯建成后,全体出资户成立了加装电梯业主管理委员会,制定了《电梯运行管理办法》,要求凭 IC 卡使用

---

① 参见《小区加装电梯,厦门一业主弃权,2 年后又后悔!竟做出这事》,载海峡导报社 2021 年 6 月 16 日。

电梯,未出资户需交纳保障金6万元方可领取IC卡。赵某为三楼业主,因不愿交纳保障金而无法使用电梯,双方难以达成一致意见。赵某向人民法院起诉,要求法院判令其有权按出资户同等条件使用电梯。

江苏省南京市玄武区人民法院一审判决赵某有权按《某幢某单元增设电梯楼里协议》的约定使用电梯。二审经人民法院主持调解,双方达成《某幢某单元电梯使用调解方案》,约定设立电梯运行维护基金,2年内电梯运行维护开支仍按原协议由出资加装电梯居民承担,2年后由所有使用电梯住户均摊,所有电梯使用住户签订免责协议,即电梯使用住户成员及相关访客,在乘坐电梯过程中出现任何安全事故、人身伤害,除追究电梯运保维修公司责任外,其余责任自负。上诉人向人民法院申请撤回上诉。

为了鼓励老旧小区改造与既有住宅增设电梯,各地都出台了鼓励政策,如提供一定额度的财政补助费用及其他支持。但也出现一些纠纷,在个别案例中,后加入的业主要求享受加装电梯补贴费,未获法院支持。

案例十六[①]:2016年,南京市某小区同单元7户业主经协商出资33万多元为单元楼加装了电梯。2018年,7户业主经申请获得了20万元政府补贴。此后,5楼住户沈某提出出资1.5万元使用这部电梯,但最初出资的几位业主认为沈某不应当享受政府补贴,应支付3.3万元。为此,沈某将几位邻居告上法庭。法院审理认为,初始出资者不得拒绝本单元业主交费后使用电梯的请求,而政府补贴的对象,应当是鼓励先行出资的人。最后,法院判决沈某向几位业主支付电梯建设费3.3万元后,可享有增设电梯的使用权。

---

① 参见《邻居要求享受加装电梯补贴费起诉被驳,法院:后加入者不享受补贴》,载微信公众号"既有住宅加装电梯"2021年12月2日。

第七章
房屋租赁

第一节　《民法典》对租赁合同的规定与理解

一、《民法典》对租赁合同的规定

租赁合同是日常生活中常见的合同之一,在租赁合同关系中,将租赁物租出的一方称为出租人,使用租赁物并支付租金的一方称为承租人。常见的租赁合同有房屋租赁合同、土地租赁合同、车辆租赁合同、建筑设备租赁合同等。《民法典》第三编"合同"第二分编"典型合同"第十四章"租赁合同",共有32条规范。具体内容如下。

第七百零三条　租赁合同是出租人将租赁物交付承租人使用、收益,承租人支付租金的合同。

第七百零四条　租赁合同的内容一般包括租赁物的名称、数量、用途、租赁期限、租金及其支付期限和方式、租赁物维修等条款。

第七百零五条　租赁期限不得超过二十年。超过二十年的,超过部分无效。

租赁期限届满,当事人可以续订租赁合同;但是,约定的租赁期限自续订之日起不得超过二十年。

第七百零六条　当事人未依照法律、行政法规规定办理租赁合同登记备案手续的,不影响合同的效力。

第七百零七条　租赁期限六个月以上的,应当采用书面形式。当事人未采用书面形式,无法确定租赁期限的,视为不定期租赁。

第七百零八条　出租人应当按照约定将租赁物交付承租人,并在租赁期限内保持租赁物符合约定的用途。

第七百零九条　承租人应当按照约定的方法使用租赁物。对租赁物的使用方法没有约定或者约定不明确，依据本法第五百一十条的规定仍不能确定的，应当根据租赁物的性质使用。

第七百一十条　承租人按照约定的方法或者根据租赁物的性质使用租赁物，致使租赁物受到损耗的，不承担赔偿责任。

第七百一十一条　承租人未按照约定的方法或者未根据租赁物的性质使用租赁物，致使租赁物受到损失的，出租人可以解除合同并请求赔偿损失。

第七百一十二条　出租人应当履行租赁物的维修义务，但是当事人另有约定的除外。

第七百一十三条　承租人在租赁物需要维修时可以请求出租人在合理期限内维修。出租人未履行维修义务的，承租人可以自行维修，维修费用由出租人负担。因维修租赁物影响承租人使用的，应当相应减少租金或者延长租期。

因承租人的过错致使租赁物需要维修的，出租人不承担前款规定的维修义务。

第七百一十四条　承租人应当妥善保管租赁物，因保管不善造成租赁物毁损、灭失的，应当承担赔偿责任。

第七百一十五条　承租人经出租人同意，可以对租赁物进行改善或者增设他物。

承租人未经出租人同意，对租赁物进行改善或者增设他物的，出租人可以请求承租人恢复原状或者赔偿损失。

第七百一十六条　承租人经出租人同意，可以将租赁物转租给第三人。承租人转租的，承租人与出租人之间的租赁合同继续有效；第三人造成租赁物损失的，承租人应当赔偿损失。

承租人未经出租人同意转租的，出租人可以解除合同。

第七百一十七条　承租人经出租人同意将租赁物转租给第三人，转租期限超过承租人剩余租赁期限的，超过部分的约定对出租人不具有法律约束力，但是出租人与承租人另有约定的除外。

第七百一十八条　出租人知道或者应当知道承租人转租，但是在六个月内未提出异议的，视为出租人同意转租。

第七百一十九条　承租人拖欠租金的，次承租人可以代承租人支付其欠付的租金和违约金，但是转租合同对出租人不具有法律约束力的除外。

次承租人代为支付的租金和违约金,可以充抵次承租人应当向承租人支付的租金;超出其应付的租金数额的,可以向承租人追偿。

第七百二十条　在租赁期限内因占有、使用租赁物获得的收益,归承租人所有,但是当事人另有约定的除外。

第七百二十一条　承租人应当按照约定的期限支付租金。对支付租金的期限没有约定或者约定不明确,依据本法第五百一十条的规定仍不能确定,租赁期限不满一年的,应当在租赁期限届满时支付;租赁期限一年以上的,应当在每届满一年时支付,剩余期限不满一年的,应当在租赁期限届满时支付。

第七百二十二条　承租人无正当理由未支付或者迟延支付租金的,出租人可以请求承租人在合理期限内支付;承租人逾期不支付的,出租人可以解除合同。

第七百二十三条　因第三人主张权利,致使承租人不能对租赁物使用、收益的,承租人可以请求减少租金或者不支付租金。

第三人主张权利的,承租人应当及时通知出租人。

第七百二十四条　有下列情形之一,非因承租人原因致使租赁物无法使用的,承租人可以解除合同:

（一）租赁物被司法机关或者行政机关依法查封、扣押;

（二）租赁物权属有争议;

（三）租赁物具有违反法律、行政法规关于使用条件的强制性规定情形。

第七百二十五条　租赁物在承租人按照租赁合同占有期限内发生所有权变动的,不影响租赁合同的效力。

第七百二十六条　出租人出卖租赁房屋的,应当在出卖之前的合理期限内通知承租人,承租人享有以同等条件优先购买的权利;但是,房屋按份共有人行使优先购买权或者出租人将房屋出卖给近亲属的除外。

出租人履行通知义务后,承租人在十五日内未明确表示购买的,视为承租人放弃优先购买权。

第七百二十七条　出租人委托拍卖人拍卖租赁房屋的,应当在拍卖五日前通知承租人。承租人未参加拍卖的,视为放弃优先购买权。

第七百二十八条　出租人未通知承租人或者有其他妨害承租人行使优先购买权情形的,承租人可以请求出租人承担赔偿责任。但是,出租人与第三人订立的房屋买卖合同的效力不受影响。

第七百二十九条　因不可归责于承租人的事由,致使租赁物部分或者全部毁损、灭失的,承租人可以请求减少租金或者不支付租金;因租赁物部分或者全部毁损、灭失,致使不能实现合同目的的,承租人可以解除合同。

第七百三十条　当事人对租赁期限没有约定或者约定不明确,依据本法第五百一十条的规定仍不能确定的,视为不定期租赁;当事人可以随时解除合同,但是应当在合理期限之前通知对方。

第七百三十一条　租赁物危及承租人的安全或者健康的,即使承租人订立合同时明知该租赁物质量不合格,承租人仍然可以随时解除合同。

第七百三十二条　承租人在房屋租赁期限内死亡的,与其生前共同居住的人或者共同经营人可以按照原租赁合同租赁该房屋。

第七百三十三条　租赁期限届满,承租人应当返还租赁物。返还的租赁物应当符合按照约定或者根据租赁物的性质使用后的状态。

第七百三十四条　租赁期限届满,承租人继续使用租赁物,出租人没有提出异议,原租赁合同继续有效,但是租赁期限为不定期。

租赁期限届满,房屋承租人享有以同等条件优先承租的权利。

二、房屋租赁合同的法律特征

房屋租赁合同作为租赁合同中最典型的一种,适用《民法典》合同编第十四章"租赁合同"中的规定。与其他租赁相比,房屋租赁最主要的特征是将房屋作为租赁物,出租人将房屋交付承租人占有、使用、收益,承租人支付租金。本章中的房屋,指的是城镇房屋,即城市、镇规划区内的房屋。而且,本章主要是针对住宅租赁这种情况进行分析。

房屋租赁合同具有以下几个法律特征。

(一)房屋租赁合同是一种非要式、诺成性合同

出租人将房屋出租给他人的,一般应与承租人签订房屋租赁合同,在现实中,有些短期租赁,双方并不签订书面形式的租赁合同,以承租人向出租人支付一定的"押金"代表双方认可租赁合同成立。现有的法律规范并不要求房屋租赁必须采取书面形式的租赁合同,也不要求办理租赁合同登记备案手续才生效。从减少纠纷的角度考虑,建议双方还是采取书面形式的租赁合同,尤其是对租金、租期等内容确认清楚。所以法律规定"租赁期限六个月以上的,应当采用书面形式",但这是引导性的规范,并不是强制性规范要求。

只要出租人和承租人的意思表示一致，双方就租赁事宜达成协议的，租赁合同就已成立并生效了。无论出租人是否已经交付房屋、承租人是否交付定金或租金，房屋租赁合同作为一种诺成合同即告成立。如果双方签订了书面形式的租赁合同，即使租赁行为还没有实际开始，一方后悔不再履约，也要承担违约责任。虽然双方没有签订书面形式的租赁合同，只是以口头形式达成一致，但有证据可以证明的，也应认定租赁合同已成立。如出租人将房屋的钥匙交给承租人，承租人以转账形式向出租人支付前几个月的租金。根据《民法典》第490条第2款的规定，当事人未采用书面形式但是一方已经履行主要义务，对方接受时，该合同成立。

（二）房屋租赁合同是以出租人转移房屋使用权、承租人支付租金为代价的双务、有偿合同

房屋租赁中，出租人转移的是一段时期内对房屋的占有、使用权和部分收益权，而并非转让了房屋的所有权。所以，在租赁期限内，承租人可以对房屋进行合理地占有、使用、收益，但不能擅自处分该房屋。租赁期满后，承租人负有将房屋交还给出租人的义务。

承租人取得一段时期内对房屋的占有、使用权和部分收益权，并非无偿的，而是要支付房租。支付房租是房屋租赁合同作为双务、有偿合同的本质特征，这一特征能够将房屋租赁合同与借用合同、赠与合同等区别开来。房屋借用与房屋租赁，在受益人对房屋的使用上几乎相同，主要差异是受益人是否要支付租金；房屋租赁与有偿方式设立居住权，都是对房屋的占有、使用，但房屋租赁采取支付租金方式，设立居住权一般是以支付房屋使用费的方式，不仅在方式上有所差别，而且租赁合同产生的是典型的债权关系，居住权则是一种用益物权，所以需要设立登记后才能生效。

（三）房屋租赁合同具有期限性

房屋租赁中，出租人将房屋在一定期限内提供给承租人使用，所以承租人不可能对房屋永久地占有、使用。如果房屋租赁合同的期限过长，就会使出租人的权利客观上被架空，其所有权成了"虚所有权"，这对于出租人来说是不利的。这不仅会使得双方产生许多纠纷，将会混淆使用权与所有权，还使得很多违法建筑以长期出租的名义行实质买卖之实，这种情况在"小产权房"交易中常见。所以，

《民法典》第 705 条第 1 款明确规定,"租赁期限不得超过二十年。超过二十年的,超过部分无效"。

该条对于租赁期限的限制性规定不仅适用于房屋租赁的情形,也适用于其他租赁情形。但考虑到现实中的租赁物类型很多,不能一概而论,如机器设备的实际融资租赁期限可能超过 20 年,所以《民法典》第 705 条第 2 款规定,"租赁期限届满,当事人可以续订租赁合同;但是,约定的租赁期限自续订之日起不得超过二十年"。

如果当事人约定租赁合同期限为 20 年,到期后自动续期 20 年,该自动续期约定是否有效?对此问题,最高人民法院民事审判第一庭编《民事审判实务问答》第 106 页中指出:对于"到期后自动续租 20 年"的约定应认定无效。其主要理由是:当事人租赁合同约定租赁期限 20 年,意图使租赁合同继续存续的,可于定期租赁合同期限届满之前或之时续订租赁合同,但新的定期租赁仍须受 20 年的最长期限限制。如果当事人在订立租赁合同时,在合同中约定到期后自动续期 20 年,这样的约定因意图逃避《民法典》对租赁合同最长租赁期间的限制而无效。

在实践中,如果双方协商一致、同意长期使用该房屋,可以采取有偿方式设立长期居住权,这样做不仅合法,而且居住权期限不受 20 年的期限限制,能够更加契合双方的需求。

三、房屋租赁合同中的双方权利与义务

在房屋租赁合同中,主要是出租人与承租人双方的权利与义务关系。下面分别进行简单分析:

(一)出租人的权利

出租人的主要权利是收取租金,这也是房屋所有权人或实际管理人将房屋进行出租的主要目的。

根据《民法典》第 721 条的规定,承租人应当按照约定的期限支付租金。对支付租金的期限没有约定或约定不明确,一般是采取"一年一付"的方式,即租赁期限一年以上的,应当在每届满一年时支付,期限不满一年的,应当在租赁期限届满时支付。需要注意的是,承租人无正当理由未支付或者迟延支付租金的,出租人可以请求承租人在合理期限内支付;承租人逾期不支付的,出租人可以解除合同。

(二)出租人的义务

根据《民法典》的相关规定,出租人的主要义务是:交付租赁物,保持租赁物符合约定的用途,履行租赁物的维修义务,出卖租赁房屋前应提前通知承租人。

首先,出租人按照约定将房屋交付承租人是其最基本的义务。需要特别说明的是,租赁物要保持"适用性",如在房屋租赁中,房屋不能是危房或其他不适宜居住的房屋。一般情况下,承租人会先看房后签约,但有时候承租人看房时比较马虎或者房屋的隐蔽瑕疵没有被发现,在实际入住后才发现房屋存在比较严重的问题,如看房时墙壁上贴着新墙纸,入住后发现漏水严重、墙纸很快斑驳。在这种情况下,房屋的质量显然不符合承租人的要求,或者至少不值得承租人支付如此多的租金。如果性质不严重,承租人可以与出租人协商要求减少租金;如果性质严重,承租人可以要求退租并退款。根据《民法典》第731条的规定,租赁物危及承租人的安全或者健康的,即使承租人订立合同时明知该租赁物质量不合格,承租人仍然可以随时解除合同。

其次,出租人需要在租赁期限内保持房屋符合约定的用途。在房屋租赁中,不仅要保持房屋的质量能符合生活居住的需要,而且房屋的权利应不存在争议。房屋的质量保持,主要通过维修来实现。但房屋的权利存在争议、影响承租人正常使用,确实很难预防。如甲将房屋出租给丙,该房屋是甲与乙共有财产,后甲与乙离婚,房屋归属乙,乙以自己不知情为由要求丙从此房屋中搬离;甲购买了一套二手房并办理了抵押贷款,后将该房屋出租给丙,后甲因无法归还银行贷款,该房屋被法院依法查封、扣押,后经过拍卖,买受人要求丙搬离。这些情况,可能会影响承租人对该房屋的正常使用。

再次,出租人应当履行房屋的维修义务,但是当事人另有约定的除外。因为房屋租赁合同是有偿合同,所以一般认为租金中已包括对房屋的维修费用,应当由出租人承担维修义务。但这不是必然的,双方可以在租赁合同中约定由承租人承担维修义务,或者双方按照维修项目的性质不同分别承担。如门窗维修、家电设备维修等重大维修由出租人承担,但下水管道维修、一般修补由承租人自行承担。

最后,出租人拟出卖租赁房屋的,应当在出卖之前的合理期限内通知承租人,以保障承租人的优先购买权,具体见《民法典》第726条的规定。

(三) 承租人的权利

承租人的主要权利是按照约定使用该房屋。主要体现在：应当按照约定的方法使用房屋，获得因占有、使用房屋获得的收益，在房屋需要维修时可以请求出租人在合理期限内维修。

首先，承租人应当按照约定的方法使用房屋。根据《民法典》第709条的规定，对租赁物的使用方法没有约定或者约定不明确，应当根据租赁物的性质使用。根据第710条的规定，承租人按照约定的方法或者根据租赁物的性质使用租赁物，致使租赁物受到损耗的，不承担赔偿责任。举例说明：甲将房屋出租给乙，乙因为妻子要生孩子，就将老家的父母接来一起住并照看孩子，孩子出生后全家住在一起，后来在退租交房时，甲发现洗衣机用坏了。甲认为是乙家里人太多、经常使用洗衣机导致损坏的，要求赔偿。乙认为虽然家里人比较多，但其正常使用洗衣机，洗衣机损坏是自然磨损导致的，所以不应承担损失赔偿。

其次，对于承租人在租赁期限内因占有、使用租赁物获得的收益，一般指的是自然孳息。从法理上看，孳息分为自然孳息与法定孳息，自然孳息如院子中种的果树长的果实，法定孳息如银行存款的利息。根据《民法典》第720条的规定，在租赁期限内因占有、使用租赁物获得的收益，归承租人所有，但是当事人另有约定的除外。所以，如果当事人没有专门的约定，自然孳息一般是归承租人收获。如果当事人之间约定，出租人可以在果实收获季节回来采摘，出租人应遵守该约定不能私自采摘果实。此外，如果出租人将房屋出租给承租人，同时允许承租人使用出租人所有的车库或车位，承租人可以使用但不能进行转租，因为这不属于"因占有、使用租赁物获得的收益"。

再次，承租人在租赁物需要维修时可以请求出租人在合理期限内维修。根据《民法典》第713条的规定，出租人未履行维修义务的，承租人可以自行维修，维修费用由出租人负担。因维修租赁物影响承租人使用的，应当相应减少租金或者延长租期。

此外，还有两种特殊权利，因不是承租人的法定权利，所以需要经出租人同意才能行使。一是对租赁物进行改善或者增设他物。典型的是对房屋进行装修装饰。承租人未经出租人同意，对租赁物进行改善或者增设他物的，出租人可以请求承租人恢复原状或者赔偿损失。二是将租赁物转租给第三人。承租人经出租人同意后转租的，承租人与出租人之间的租赁合同继续有效；但承租人未经出租人同意转租的,出租人可以解除合同。

除以上权利外,承租人有一些特殊权利,是从租赁权中派生出来的权利。如优先购买权,具体见《民法典》第 726 条第 1 款规定的"出租人出卖租赁房屋的,应当在出卖之前的合理期限内通知承租人,承租人享有以同等条件优先购买的权利";优先承租权,具体见《民法典》第 734 条第 2 款规定的"租赁期限届满,房屋承租人享有以同等条件优先承租的权利"。

最后,承租人的有些权利虽然没有明确写入法律规定中,但在法理上被承认,在实践中也习以为常了。如与承租人关系密切的人,如其近亲属、需要其抚养或扶养的人员、对其进行生活照顾的人等,一般也一起生活居住,其地位类似承租人,也可以使用该房屋及室内的设施设备。当然,双方当事人可以专门约定的方式予以排除,如约定与承租人一起居住的人员最多不超过 3 人。

(四)承租人的义务

承租人的主要义务是合理地使用该房屋,承担起"善良管理人"的义务。具体内容如下。

首先,承租人按照约定的方法使用租赁物既是其权利也是其义务。《民法典》第 711 条规定,承租人未按照约定的方法或者未根据租赁物的性质使用租赁物,致使租赁物受到损失的,出租人可以解除合同并请求赔偿损失。举例说明:甲将房屋出租给乙,合同中约定是生活居住需要,结果乙将该房屋用于开棋牌室,还对房屋进行一定的改造,乙的做法显然不符合合同约定的用途,甲可以提前解除合同、要求乙恢复原状并赔偿损失。

其次,承租人应当妥善保管租赁物。根据《民法典》第 714 条的规定,因保管不善造成租赁物毁损、灭失的,应当承担赔偿责任。举例说明:甲将房屋出租给乙,收回时发现白墙上画满涂鸦,被明显污损,显然这不是正常使用导致的,甲可以要求乙对所造成的损失进行赔偿。

最后,租赁期限届满,承租人应当返还租赁物。根据《民法典》第 733 条的规定,返还的租赁物应当符合按照约定或者根据租赁物的性质使用后的状态。举例说明:甲将房屋出租给乙,在租赁合同明确约定租期到期后要按照原状退房,乙后来对房屋进行了装修,即使该装修可能还有剩余价值、还可以继续使用,甲也可以要求乙拆除增设物、恢复原状后才能退房,否则甲可以不退还押金。

除了合理地使用房屋外,承租人的另一项主要义务是"按照约定的期限支付租金"。如果承租人无正当理由未支付或者迟延支付租金,显然属于违约行为,应按照合同的约定承担违约责任。《民法典》第 579 条规定,当事人一方未支付价款、报酬、租金、利息,或者不履行其他金钱债务的,对方可以请求其支付。如果在合同中约定了"违约金",应按照合同约定支付违约金,具体可以适用《民法典》第 585 条规定。

在房屋租赁中,出租人一般会要求承租人交纳一定的费用作为"押金"。如果承租人未按照租赁合同约定足额支付或迟延支付租金,或因承租人原因造成房屋或室内设施设备损坏需要维修、合同约定应由承租人承担的相关费用但未支付的,出租人可以在承租人交付的押金中予以扣除,剩余款项返还承租人。如果承租人已足额支付租金且不存在拖欠费用等违约情况,出租人应在承租人退房时一次性返还全部押金。

四、房屋租赁过程中相关法律问题分析

房屋租赁合同是常见的一种合同类型,与日常生活密切相关。在房屋租赁中,大多数人关注的是房屋是否适用、租金是否合适,对于其他内容关注相对较少,所以有些租赁合同是一页纸,只有寥寥几条内容,甚至没有签订书面形式的合同,容易产生纠纷。其实,在房屋租赁中有一些法律问题值得我们重视,下面对此进行一定的分析。

(一)"买卖不破租赁"原则

该原则体现在《民法典》第 725 条规定:"租赁物在承租人按照租赁合同占有期限内发生所有权变动的,不影响租赁合同的效力。"该条规定是关于租赁物所有权发生变动时租赁合同的效力不变,常见的是因房屋买卖引起的所有权变动,此外还有因为房屋继承、赠与、互换、实现抵押等原因引起的所有权变动情况。"买卖不破租赁"原则源自德国民法,该制度建立的初衷在于保护相对弱势的承租人的利益。同时,因房屋一旦发生了所有权上的变动,就不仅仅是出租人与承租人的关系了,还涉及了承租人与买受人之间的关系,为了维护租赁关系的稳定,所以大陆法系国家和地区以后大多沿袭了这一规则。

适用"买卖不破租赁"原则,需要具备以下一些条件:首先,房屋发生了所有权的变动,即原房屋所有人通过出售、赠与、继承、互换等将房屋所有权转移给了第三人;其次,房屋所有权的变动应当是在房屋租赁合同的有效期内发生的,如果在订立租赁合同之前以及租赁关系结束后发生,则承租人不能引用该条款;最后,房屋所有权的变动不影响租赁合同的效力,也就是说,即使房屋所有权发生了变动,原出租人与承租人订立的租赁合同并不因此而终止,只是由于房屋所有权人的变化,由新的房屋所有权人继续履行租赁合同。

需要注意的是,"买卖不破租赁"要以租赁物的继续存在为前提。如果因发生征收情况,房屋将被拆除,即使租赁期限未到期,合同也无法继续履行下去,在这种情况下,双方只能协商提前解除租赁合同。

此外,需要注意:根据《房屋租赁合同司法解释》第14条第2项的规定,房屋在出租前已被人民法院依法查封,后房屋发生所有权变动,承租人请求房屋受让人继续履行原租赁合同的,人民法院不予以支持。

(二)关于房屋转租问题

转租,顾名思义就是承租人在租赁期限内将房屋出租给第三人,第三人向承租人支付租金的行为。这里的承租人又被称为"转租人",第三人被称为"次承租人"。转租行为在日常生活中是比较常见的,这也催生了一种从事转租的行业,俗称"二房东",他们租赁了许多房产来进行转租,从而挣取租金差价。从某种程度上说,房屋转租有利于提高房屋使用效率,且会给承租人带来利益。但房屋转租也可能会损害出租人的利益,很多出租人不一定会同意转租,所以法律规定对承租人的转租行为进行了一定的限制。为了规范转租行为,实现出租人与承租人之间的利益平衡,法律规范要求承租人将租赁物转租给第三人须"经出租人同意"。

首先,转租应经过出租人的同意。很多承租人认为出租人已将房屋交给自己使用,自己已支付了相应的租金,那么此后如何使用、是否转租是自己的权利,出租人不应该进行干涉。其实不然,因为房屋租赁虽然属于债权关系,但往往也建立在出租人对承租人的信任基础上,如出租人认为承租人是家庭使用,不是群租,会比较爱惜房屋,宁可房租低一些也愿意出租。但如果承租人将房屋进行转租,变成了群租,显然不符合出租人的意愿。显然,若承租人擅自将房屋转租,势必会破坏此种信赖关系。而且,实际居住的人越多,对房屋的损耗也相应增加,尤其是对室内设施设备的频繁使用会加速设施设备的损坏。由于出租人往往对次承租人不了解,其对于房屋的使用情况了解程度就会降低,甚至会担心丧失对房屋的控制。一般情况下,承租人租赁房屋的目的是获得对该房屋的使用权而并非通过转租获利。如果承租人没有经过出租人同意就转租,显然与订立租赁合同的最初目的不同,也与出租人的真实意愿不一致。

其次,若承租人未经过同意擅自转租,出租人可以解除合同。《民法典》第716条第2款明确规定,承租人未经出租人同意转租的,出租人可以解除合同。该条规定赋予了出租人对承租人擅自转租时的法定解除权,并可以要求承租人承担违约责任。根据合同的相对性原则,出租人无须通知第三人。因此产生的纠纷,由承租人自行解决。

最后,经出租人同意转租,租赁合同与转租合同的效力与履行问题。根据《民法典》第716条第1款的规定,承租人经出租人同意后转租的,承租人与出租人之间的租赁合同继续有效。此种情况下,承租人与次承租人之间的转租合同也是有效的,但其期限受到一定的限制。《民法典》第717条规定,承租人经出租人同意将租赁物转租给第三人,转租期限超过承租人剩余租赁期限的,超过部分的约定对出租人不具有法律约束力,但是出租人与承租人另有约定的除外。如果承租人拖欠租金,意味着出现违约行为,出租人可以解除合同,就会导致次承租人受到牵累而无法继续使用该房屋。《民法典》第719条规定,承租人拖欠租金的,次承租人可以代承租人支付其欠付的租金和违约金,但是转租合同对出租人不具有法律约束力的除外。次承租人代为支付的租金和违约金,可以充抵次承租人应当向承租人支付的租金;超出其应付的租金数额的,可以向承租人追偿。从实质分析,次承租人代付租金是代为履行合同债务,符合《民法典》第524条第1款规定的"第三人清偿规则":债务人不履行债务,第三人对履行该债务具有合法利益的,第三人有权向债权人代为履行。

(三)关于优先购买权问题

《民法典》第726条规定,出租人出卖租赁房屋的,应当在出卖之前的合理期限内通知承租人,承租人享有以同等条件优先购买的权利;但是,房屋按份共有人行使优先购买权或者出租人将房屋出卖给近亲属的除外。出租人履行通知义务后,承租人在15日内未明确表示购买的,视为承租人放弃优先购买权。

该条款规定了承租人的"优先购买权",指的是当出租人将房屋转让给第三人时,承租人在同等条件下有优先于第三人而购买房屋的权利。优先购买权体现了法律对于相当弱势的承租人的保护。优先购买权的行使有以下三个条件:

首先,出租人要有出卖租赁房屋的行为。出租人出卖房屋是承租人行使优先购买权的基础条件,该出卖行为应发生在合同的租赁期限内。并且需要注意的是,出租人是出卖房屋,并非继承、赠与等无偿行为,无偿行为下承租人是不享有优先权的。

其次,承租人需以同等条件购买。同等条件指的是转让价格、价款履行方式、期限等主要条件相同,参照《物权编的解释(一)》第 10 条规定的"同等条件",应当综合共有份额的转让价格、价款履行方式及期限等因素确定。第一,转让价格应当相同,倘若他人购买的价格出得比承租人高,则承租人的优先购买权无法实现;第二,款项履行方式与期限,也应等同或相当。如若承租人是分期付款,而他人愿意一次性付款,则支付条件亦完全不同了,承租人则实现不了优先购买权。在价格条件和支付方式相同的情况下,对于其他交易条件是否需要完全相同,要看该条件是否影响出租人的利益,如果没有影响,则应当认定为同等条件。

最后,承租人需要在收到通知的 15 日内作出是否购买的明确意思表示。具体可以参照《物权编的解释(一)》第 11 条规定。这里有两点需要注意:一是出租人应当在合理期限内通知承租人。假如出租人没有履行通知义务导致承租人没有能够行使优先购买权,则出租人应当承担损害赔偿责任。同时,假设出租人虽然没有通知承租人,但是承租人知道出租人要出卖房屋,仍然可以行使优先购买权。二是该 15 日的性质是除斥期间,不适用中止、中断的规定,如果 15 日内承租人没有行使,则丧失优先购买权。

需要注意的是拍卖的特殊情况。《民法典》第 727 条规定:出租人委托拍卖人拍卖租赁房屋的,应当在拍卖 5 日前通知承租人。承租人未参加拍卖的,视为放弃优先购买权。

《民法典》第 728 条规定,出租人未通知承租人或者有其他妨害承租人行使优先购买权情形的,承租人可以请求出租人承担赔偿责任。但是,出租人与第三人订立的房屋买卖合同的效力不受影响。

还需要注意的是,《房屋租赁合同司法解释》第 15 条规定:出租人与抵押权人协议折价、变卖租赁房屋偿还债务,应当在合理期限内通知承租人。承租人请求以同等条件优先购买房屋的,人民法院应予支持。

(四)关于优先承租权问题

承租人的"续租权"在法律上称为"优先承租权"。优先承租权,是指租赁期限届满后,出租人需继续出租的,原承租人在同等条件下优先于其他第三人取得租用权。《民法典》第 734 条第 2 款对此有明确的规定:租赁期限届满,房屋承租人享有以同等条件优先承租的权利。这是在编纂《民法典》时新增的一条规定。此外,《民法典》第732条规定:承租人在房屋租赁期限内死亡的,与其生前共同居住的人或者共同经营人可以按照原租赁合同租赁该房屋。这是"续租权"的另一种体现。

优先承租权的作用在于能够稳定既有租赁关系和房屋的使用状态,这主要是考虑到一些房屋租赁合同关系到承租人的基本生存保障,而作出的对承租人利益的优先关注。优先承租权是一种附限制条件的派生权,但是需要注意的是其行使需要满足两个条件:

一是租赁期限届满出租人仍将房屋出租,即房屋租赁期限届满后,出租人还愿意继续将房屋出租,倘若出租人不愿意将房屋出租,则房屋租赁的基础不存在,承租人肯定不能够继续承租房屋。

二是承租人愿意以同等条件承租。同等条件的内容,首先,同一价格,即租金应当相同,倘若他人的租金出得比原承租人高,原承租人则可能不能够继续承租房屋;其次,租金的支付方式与期限,也应相同或相当。如若原承租人是分期付款,他人愿意一次性付款的,则租赁条件亦完全不同了,原承租人则可能不能够继续承租房屋。

此外,应该注意这是"同等条件"而非"原来条件"。"同等条件"是相对于其他有意向的承租人比较而言,原承租人有优先承租的权利。但如果是承租人要求按照"原来条件"继续租赁该房屋,或出租人提出要提高租金才继续出租,另一方不愿意接受该要求,应视为双方协商后未达成一致,租赁期满后合同终止。即使后来出租人因难以出租,还是按照原来租金出租给其他人,也不能认为是出租人侵害了承租人的优先承租权。

如果出租人违反法律规定,侵害了承租人的优先承租权,该如何处理?虽然法律没有明确规定,但可以参照《民法典》第728条的规定进行处理。也就是说,承租人可以向出租人主张赔偿其遭受的损失,但承租人要求确认出租人与第三人签订的租赁合同无效的诉讼请求,一般不会被法院支持,除非承租人能举证证明出租人与第三人之间存在《民法典》第154条规定的关于合同无效的情形存在。

虽然《民法典》对于优先承租权的行使方式没有进行明确规定,但为了避免纠纷,建议出租人在房屋租赁期限届满并有意继续出租时,应当通过适当方式告知承租人,并给予承租人合理的时间(如1个月)作出是否承租的决定。当然,当事人亦可在签订房屋租赁合同之时就提前约定关于优先承租权的相关事宜。

(五)关于房屋租赁权与抵押权的冲突处理

在房屋租赁过程中,有时会遇到房屋被抵押的情况,如出现这种情况,是否会对承租人的租赁权产生影响,抵押究竟能否"破"租赁?这需要分情形从租赁与抵押权设立的时间先后顺序来判断。

《民法典》第405条规定:抵押权设立前,抵押财产已经出租并转移占有的,原租赁关系不受该抵押权的影响。可见,如果房屋先出租、后设立抵押,且租赁期限未满,即使后来实现抵押权,租赁关系也继续存在。但需要注意适用条件:不仅要求房屋"已经出租"而且已"转移占有",可以避免出现虚假租赁对法院执行的不利影响。

对于先设立抵押、后出租的情况,应根据《房屋租赁合同司法解释》第14条第1项的规定,即租赁房屋在出租前已设立抵押权,因抵押权人实现抵押权发生所有权变动的,承租人请求房屋受让人继续履行原租赁合同的,人民法院不应予以支持。

由上述法律以及司法解释可见,租赁的时间与抵押权设立的时间先后是判断租赁能否对抗抵押权的重要依据。如抵押权设立在先,则租赁权不得对抗;如抵押权设立在后,则租赁权能够对抗。

如果因实现抵押权导致承租人无法继续租住该房屋,该如何处理?应根据《民法典》第723条规定:因第三人主张权利,致使承租人不能对租赁物使用、收益的,承租人可以请求减少租金或者不支付租金。第三人主张权利的,承租人应当及时通知出租人。

该条款是"出租人权利瑕疵担保责任"。房屋租赁合同属于双务、有偿合同,应适用瑕疵担保责任的规定。在房屋租赁关系中,如果第三人对房屋主张了抵押权,则承租人租赁房屋的目的就会出现问题。因此,出租人有义务保证租赁物在租赁期限内不被第三人追索,从而使承租人安全、有效地使用房屋。若第三人主张权利,则承租人可以使用该条款要求出租人承担权利瑕疵担保责任,该责任的构成应当满足三个条件。首先,需要有第三人主张权利,这是要求出租人承担权利瑕疵担保责任的大前提。其次,承租人因第三人主张权利而不能对租赁物使用、收益。也就是说即使第三人主张了权利,但是没有影响承租人对房屋的使用、收益,承租人也不能要求出租人承担责任。最后,承租人在租赁房屋时,对租赁标的物存在权利瑕疵是不知情的。假设承租人明知房屋存在权利瑕疵仍然承租,则视为承租人已放弃主张权利瑕疵担保责任的权利,可以免除出租人的责任。

也就是说,抵押权人向出租人主张权利,致使承租人不能对房屋使用、收益的,承租人可以请求减少租金或者不支付租金。当然,承租人因为第三人主张权利而遭受其他损失的,仍然可以主张损害赔偿,承租人合同目的无法实现的,也可以主张解除租赁合同。

第二节　房屋租赁合同的签订

一、房屋租赁合同的一般条款

房屋租赁合同是房屋出租人和承租人签订的、用来明确双方权利与义务的协议,也可以理解为是出租人将房屋交付承租人占有、使用、收益,承租人支付租金的合同。

《民法典》第704条规定:租赁合同的内容一般包括租赁物的名称、数量、用途、租赁期限、租金及其支付期限和方式、租赁物维修等条款。

2010年12月,住房和城乡建设部公布的《商品房屋租赁管理办法》第7条规定,房屋租赁当事人应当依法订立租赁合同。房屋租赁合同的内容由当事人双方约定,一般应当包括以下内容:(1)房屋租赁当事人的姓名(名称)和住所;(2)房屋的坐落、面积、结构、附属设施,家具和家电等室内设施状况;(3)租金和押金数额、支付方式;(4)租赁用途和房屋使用要求;(5)房屋和室内设施的安全性能;(6)租赁期限;(7)房屋维修责任;(8)物业服务、水、电、燃气等相关费用的交纳;(9)争议解决办法和违约责任;(10)其他约定。房屋租赁当事人应当在房屋租赁合同中约定房屋被征收或者拆迁时的处理办法。建设(房地产)管理部门可以会同工商行政管理部门制定房屋租赁合同示范文本,供当事人选用。

各地住建管理部门与工商行政管理部门(或为市场监督管理部门)联合制定了房屋租赁合同示范文本,向社会发布以供选用。如2017年12月,浙江省住房和城乡建设厅、浙江省工商行政管理局联合制定的《浙江省住房租赁合同示范文本》;2015年12月,宁波市住房和城乡建设委员会、宁波市市场监督管理局联合制定的《存量房屋租赁中介合同(示范文本)》。《民法典》颁布实施后,各地对房屋租赁合同示范文本也进行了一定的修订。如在2023年4月28日,浙江省住房和城乡建设厅、浙江省市场监督管理局发布了2023年版《浙江省房屋租赁合同示范文本》。从修改的内容来看,结合了《民法典》及修订后相关司法解释的规定。从示范文本中可见房屋租赁合同的一般条款及其写法。

(一)双方当事人的基本情况

如果当事人是自然人,应写明姓名、身份证号码、联系电话等基本信息;一般要求出租人是登记的房屋所有权人或出具所有权人同意由其出租该房屋的授权委托书。当事人在合同中的姓名、身份证号码应与身份证上的信息一致,所以要尽量留下对方身份证复印件作为合同附件。

如果当事人是法人或非法人单位,应写明名称、地址(住所)、统一社会信用代码、法定代表人或负责人、职务、联系人及联系电话等。可以附上统一社会信用代码证或营业执照复印件。

(二)出租房屋的基本情况

如出租房屋的位置(坐落于具体地点)、面积(建筑面积或实用面积)、结构、房屋用途等,此外应写明该房屋的不动产权证或房屋所有权证号。如果该房屋非白坯房,已有一定的装修,应写明该房屋装饰装修、附属设施和家具、电器等室内设施设备情况,必要时可以列表或拍照作为合同附件。此外,出租人应当向承租人出示房屋所有权证明或者其他房屋来源证明的原件。

(三)租赁期限与用途

根据房屋租赁期限是否明确,可以分为定期租赁和不定期租赁。定期租赁关系到租金的给付日期、房屋返还的日期等问题。不定期租赁则赋予了双方当事人随时解除合同的权利。通常,房屋租赁期限大多采取固定期限的写法,如自_____年____月____日起至_____年____月____日止。或者写租赁期限为____年,从何时开始算起。需要注意的是,租赁期限不能超过20年。如果是转租的情况,转租期限一般不能超过承租人剩余租赁期限,除非该期限得到原出租人的同意。

对于住宅出租来说,需要写明用途,如承租人承租该房屋作为居住使用,未经出租人同意,不得将该房屋用于居住以外的用途。

(四)租金及其支付期限和方式

租金及其支付期限和方式,应是租赁合同中最主要的条款内容。租金一般采取固定数额的方式,如每月租金额、每季度租金额、每年租金额,该数额在租赁期限内应是不变的;租金也可以采取不固定数额的方式,较常见的是采取每隔一段时间调整一次的做法,如以第一年租金为基数,以后每年比上一年递增10%;或者前三年租金不变,从第四年开始每年增加20%等。

租金的支付期限,可以采取每月一付、每季度一付或每年一付等方式,在相应的日期前支付;也可以提前一次性支付,通常是出租人急需用钱、愿意在租金方面给予一定的优惠。有的采取首期支付几个月的租金,此后每月或每季度一付的方式,即出租人要求承租人"先付后用"。

租金的支付方式,以前很多是现金支付或银行转账方式,现在较多的是微信转账或支付宝转账等方式。

需要注意的是,一般是由承租人承担租赁期限内该房屋产生的物业服务费与水费、电费、燃气费、暖气费、网络费等使用费用,出租人可以帮助代缴。如果多人合租,可以采取按面积分摊或按人头均摊的方式。如果这些费用不便分别计数或费用已经包括在租金中,也可以约定由出租人承担。

(五)房屋维修责任

租赁合同中一般会约定,承租人应按照居住用途合理使用该房屋,不得拆除、变动该房屋建筑主体和承重结构,不得人为损坏该房屋附属设施设备、装饰装修和家具、电器等物品。同时,租赁合同中也会约定房屋的维修责任。通常,维修责任由出租人承担,但双方也可以另外约定房屋的维修责任。

即使合同中约定由出租人承担维修责任,但如果由于承租人的原因导致该房屋及其附属设施设备、装饰装修和家具、电器等物品损坏,承租人应当负责维修、更换或者承担赔偿责任。

如果是因自然属性或者合理使用导致的损坏,承租人应当及时通知出租人维修、更换,出租人应在接到承租人通知后一定期限内进行维修、更换。如果出租人未履行维修义务,承租人可以自行维修,维修费用由出租人负担。

(六)违约责任条款

为了避免以后出现纠纷难以明确责任,通常在租赁合同中要明确各自违约责任。对于出租人而言,可能的违约情况有:未按时交付房屋,未按时履行维修义务,出卖房屋前未提前通知承租人。对于承租人而言,可能的违约情况有:未按时足额地支付租金,未合理地使用该房屋导致房屋受损,因保管不善造成房屋毁损或灭失的,未按时交还房屋或不符合正常使用后的要求,未经出租人同意擅自对房屋进行装修装饰,未经出租人同意擅自转租等。

此外,在合同中也可以约定解除条件,如承租人已经拖欠租金超过3个月且经出租人催告后还是未支付,承租人未经出租人同意擅自转租且拒绝收回房屋,房屋出现质量问题已经威胁到承租人的安全或者健康。一旦条件成就,解除权人可以提前单方解除合同。

二、从出租人角度看合同中需要注意的内容

除以上租赁合同中的一般条款外,还有一些其他内容。但出租人与承租人从自身利益角度考虑的内容不同,所以在租赁合同中希望加上对自己有利的内容,但往往不愿意增加对对方有利、对自己有所限制的内容。所以,在商谈的过程中,需要进行双方的权益平衡,最后达到一个双方都能接受的结果,形成最终的租赁合同文本。

从出租人的角度,往往要求在租赁合同中写入以下内容。

(一)押金交纳

在房屋租赁合同中,出租人出于自身利益的考虑,往往会要求承租人提供相当于几个月租金的款项作为"押金"。如果承租人届时不按时支付租金,该"押金"可以充当租金;如果承租人有其他违约行为,如交还房屋非常脏乱,出租人就可以将该"押金"进行没收不退。总之,"押金"是出租人为了制约承租人、预防违约行为的经济手段。

对于租赁合同中经常出现的押金条款,对其性质该如何判断?实践中,当事人约定押金在期满后退还的同时,往往还约定在承租人出现违约行为时出租人有权没收押金。对此类押金条款,能否适用定金规则?对此问题,最高人民法院民事审判第一庭编《民事审判实务问答》第108~110页中指出:在房屋租赁合同中经常出现押金条款,有人认为,这种押金实际上是定金。尽管当事人没有明确约定,但是由于合同约定承租人迟交租金达到一定期限出租人即有权没收押金,故该款项与定金的功能相同。同时,虽然合同没有约定出租人违约承租人有权要求双倍返还,但根据公平原则,在出租人违约的情况下也应当如此认定,可以判决出租人双倍返还。上述观点难以成立。理由在于:第一,租赁合同押金的功能在于

两方面:一是担保承租人在承租期间妥善保管租赁物,如果造成损害,出租人能够及时获得赔偿;二是由于租赁房屋在租赁期间所产生的水电费、卫生费、物业费等费用在合同中一般约定由承租人承担,故这里的押金也是为了担保承租人未拖欠上述费用。这与定金的功能显然不同。第二,根据当事人的约定,该押金的另外一项功能显然是促使承租人及时履行租金给付义务,因此,在出现约定的迟延履行或不履行的情况时,出租人有权没收押金。在此意义上,该押金又具有担保和违约金的双重功能,但不能因此说它就是定金。至于能否适用公平原则将该约定解释为定金,因为此种约定仅针对承租人而对出租人不适用,所以构成权利义务不对等,应当按照定金规则解释为对双方都适用。我们认为,即使不认定为定金,出租人违约时,承租人仍然可以请求损害赔偿。

综上所述,押金条款应当解释为具有担保的性质,同时也是针对承租人迟延给付租金这个特定违约行为的违约金。当然,根据《民法典》第585条第2款的规定,如果承租人认为该违约金过高,可以请求适当减少。

如2023年版《浙江省房屋租赁合同示范文本》第3条第2款规定:押金为【人民币】【　　　】＿＿＿元(大写:＿＿＿万＿＿＿仟＿＿＿佰＿＿＿拾＿＿＿元整)。乙方应当于＿＿＿＿＿年＿＿＿月＿＿＿日前向甲方支付押金,甲方收取押金后应向乙方开具收款凭证。第4款规定:租赁期限届满或者合同解除后,甲方应当于＿＿＿日内将押金和预付租金不计利息退还乙方。乙方应当支付给甲方的租金、违约金等费用和应当承担的其它费用尚未付清,甲方退还押金和预付租金时直接扣减相应费用;押金和预付租金不足以抵扣相应费用的,乙方应当于＿＿＿日内向甲方支付不足部分的费用。

(二) 共同居住人数

承租人一般与其家庭成员一起生活居住,出租人对此情况也认可,所以即使是承租人出面签订租赁合同,通常也是多人一起生活居住。《民法典》第732条还规定了,与承租人生前共同居住的人"可以按照原租赁合同租赁该房屋"。

但共同居住人数的多少肯定会对房屋的使用造成一定的影响,尤其是使用次数多会导致室内设施设备的损耗加快。所以,出租人一般是希望在租金不变的情况下,实际居住的人越少越好。而且在实践中,很少出现按照实际居住人数计算租金的情况。

一旦出租后,出租人很难控制实际居住人数。虽然合同中可以约定不能转租,但承租人可以提供给亲友免费借住的理由实现"变相转租",甚至变成"群租",这样势必会损害出租人的利益。

所以,从出租人的角度考虑,可以在租赁合同中约定在房屋租赁期限内居住人数的限额。要求承租人提供与其共同生活居住的人的基本情况,如姓名、性别、身份证号及与承租人的关系等。如果该房屋居住的人员发生变动,要求承租人应当及时告知出租人。

如2023年版《浙江省房屋租赁合同示范文本》第2条第3款规定:该房屋租赁期限内居住人数不得超过____人(不含本数),每个房间不超过____人(不含本数),乙方的共同居住人分别为:(1)姓名:_____,证件类型:【居民身份证】【护照】【   】,证件号:_____,性别:____,民族:____,户籍地址:_____,联系电话:_____,其他_____;(2)姓名:_____,证件类型:【居民身份证】【护照】【   】,证件号:_____,性别:____,民族:____,户籍地址:_____,联系电话:_____,其他_____;(3)_____。乙方居住人员发生变化的,应于发生变化之日起____日内通知甲方。

(三)出租房屋的税费承担

按照出租人的不同,房屋出租可以分为企业或非法人组织出租、个人出租。租金所得都属于出租财产取得的收入,所以按照《企业所得税法》或《个人所得税法》,都应该缴纳税款,适用比例税率。税率为20%,即按应纳税所得额的20%计缴所得税。

按照《个人所得税法》与《个人所得税法实施条例》的相关规定,自然人出租房屋属于财产租赁所得,应当缴纳个人所得税,税率为20%。财产租赁所得,以一个月内取得的收入为一次。财产租赁所得,每次收入不超过4000元的,减除费用800元;4000元以上的,减除20%的费用,其余额为应纳税所得额。

根据《民法典》第706条的规定,租赁合同未办理登记备案手续的,不影响合同的效力。实践中,大多数的个人之间房屋租赁是没有办理合同登记备案的,也不开具发票,实际上也没有纳税。如果承租人提出需要开具发票(如所在单位可以报销房屋租赁费用),出租人一般会要求承租人来承担开具租赁发票所需要承担的税费,或在原来的租金上加收部分费用。

对于转租情况,国家税务总局《关于个人转租房屋取得收入征收个人所得税问题的通知》也有明确规定,个人将承租房屋转租取得的租金收入,属于个人所得税应税所得,应按"财产租赁所得"项目计算缴纳个人所得税。可见,承租人进行转租的亦应当缴纳个人所得税,但是可以进行相应的扣除,取得转租收入的个人向房屋出租方支付的租金,凭房屋租赁合同和合法支付凭据允许在计算个人所得税时,从该项转租收入中扣除。若是其他主体进行租赁,关于税收政策可见2021年7月15日财政部、国家税务总局、住房和城乡建设部联合发布的《关于完善住房租赁有关税收政策的公告》。

三、从承租人角度看合同中需要注意的内容

从承租人的角度,往往要求在租赁合同中写入以下内容。

(一)免租期

免租期在办公楼宇、商铺店面的租赁中比较常见,在住宅租赁中也有。如租赁房屋是白坯房,承租人不能直接拎包入住,如果租期较长(一般是3年以上),承租人需要先进行简单的装修,所以会要求出租人给予一定的免租期,相当于出租人给予一定的租金优惠。关于免租期的长短,双方可以协商确定,从出租人的角度不希望该期限很长,从承租人的角度则不能太短。所以,一般以2~3个月为适宜,最长一般不超过半年。此期间也算是租赁期,但承租人不需要支付租金。

(二)房屋权利不能存在瑕疵

对于承租人来说,不希望所租赁的房屋存在权利瑕疵,导致以后可能无法正常使用该房屋。如房屋已设立抵押,以后一旦抵押权实现,会导致房屋被拍卖,租赁合同只能提前解除。此外,该房屋属于共有性质,房屋出租未经过其他共有人同意,承租人可能也会被其他共有人要求提前退租。此外,较多出现的情况:出租人其实是"二房东",故意隐瞒相关情况进行违法转租,后来原房东(所有权人)发现后要求解除合同,导致承租人无法正常使用该房屋,要求"二房东"承担违约责任则难度较大。所以,承租人可以要求在租赁合同中写入出租人承担"权利瑕疵担保责任"的相关内容:出租房屋此前未设立抵押,房屋出租已得到所有共有人的同意,出租人是房屋的所有权人或实际管理人的证明。如果转租房屋,要求提供原出租人同意转租的证明。

《商品房屋租赁管理办法》第6条规定,有下列情形之一的房屋不得出租:(1)属于违法建筑的;(2)不符合安全、防灾等工程建设强制性标准的;(3)违反规

定改变房屋使用性质的;(4)法律、法规规定禁止出租的其他情形。所以,对于承租人,还要先审查房屋是否属于违法建筑或存在法律法规禁止出租的情形,以防止房屋租赁合同被认定为无效。

根据《房屋租赁合同司法解释》第2条、第3条的规定,未取得建设工程规划许可证或者未按照建设工程规划许可证的规定建设的房屋(违法建筑),未经批准或者未按照批准内容建设的临时建筑,出租人与承租人订立的租赁合同无效。租赁期限超过临时建筑的使用期限,超过部分无效。

(三)允许转租

对于承租人来说,尽量让出租人同意其进行转租并写入租赁合同。如承租人原来计划租3年,为此还对房屋进行装修装饰,后来因为工作变动原因导致无法再使用该房屋,如果因此退租,不仅会损失押金,而且也无法获得装修投入的补偿。对于承租人来说,比较划算的做法是转租,如果在租赁合同中约定可以转租,显然就没有障碍了。但如果在租赁合同中没有约定,尽量争取获得出租人的事后追认。常见的做法是,承租人请出租人也在转租合同上签名表示同意。

但现实往往是即使承租人提出请求,出租人也未必会明确表示同意。在这种情况下,如果出租人没有明确反对转租,只能采取"默认"的方式,即《民法典》第718条规定的"出租人知道或者应当知道承租人转租,但是在六个月内未提出异议的,视为出租人同意转租"。

四、房屋租赁合同的参考文本

如果租期较长,租金数额较高,涉及商铺、厂房等非住宅的租赁,建议使用政府部门推荐使用的房屋租赁合同(示范文本)。

本书提供一份比较简略的房屋租赁合同以供读者参考。该合同参考文本主要适用于租期较短(2年以下)、租金数额不高、自然人之间就住宅进行租赁的情况。

房屋租赁合同(参考文本)

出租人(甲方):_____

承租人(乙方):_____

(如果当事人是自然人,应写明姓名、身份证号码、联系电话等基本信息)

根据《民法典》《城市房地产管理法》等法律、法规的规定，双方经协商一致，就住房租赁达成一致意见，签订本合同。

一、出租房屋（以下简称该房屋）坐落于_____，建筑面积_____平方米，房屋用途为居住。甲方持有该房屋的【不动产权证】【房屋所有权证】，证号为：_____。

该房屋附属设施设备、装饰装修和家具、电器等物品情况见附件（建议双方拍照留存）。

二、租赁期限从_____年____月____日至_____年____月____日。租赁期限届满后乙方需要继续承租的，应当于租赁期限届满日前向甲方提出续租要求，协商一致后双方重新签订租赁合同。

三、乙方承租该房屋作为居住使用，未经甲方同意，不得将该房屋用于居住以外的用途。

四、该房屋租赁期限内居住人数不得多于____人（不含本数）。

分别为：（写明姓名、性别、身份证号码及与乙方的关系等）。

该房屋居住的人口发生变动的，乙方应及时告知甲方。

五、租金为每月人民币____元（大写：_____）。

六、租金采取按月支付。在每月____日前，乙方通过微信/支付宝/银行转账方式向甲方支付。

或写甲方收款的账户名称为：_____

开户银行：_____

账号：_____

七、甲方向乙方开具的发票情况及时间。（可以选用）

八、乙方负责支付租赁期限内该房屋产生的水费、电费、煤气费、暖气费、网络费、数字电视费、卫生费和物业服务费、车位费、住宅专项维修资金。（可以选部分费用）

九、乙方在_____年____月____日向甲方交付押金____元。如果乙方未按照本合同足额支付租金、因乙方原因造成房屋或室内设施设备损坏需要维修、合同约定应由乙方承担的相关费用但未支付的，甲方可以在乙方交付的押金中予以扣除，剩余款项返还乙方。如果乙方已足额支付租金且不存在拖欠费用等违约情况，甲方应在乙方退房时一次性返还全部押金。

十、甲方同意(或不允许)乙方转租该房屋。乙方装修该房屋,应当经甲方书面同意。

十一、房屋维修义务由甲方承担。乙方在房屋需要维修时,及时告知甲方,甲方应在一周内维修完成。如果甲方未及时维修,乙方可以自行维修,维修费用由甲方承担,乙方可以在租金交付时作相应的扣减。特殊情况需要维修,双方另外协商解决。

十二、甲方在＿＿＿＿年＿＿月＿＿日前向乙方交付房屋。租赁期限届满或者合同解除后,乙方应当于＿＿＿日内将房屋按原状返还甲方。

十三、房屋使用和维护

1. 乙方应当按照居住用途合理使用该房屋,不得拆除、变动该房屋建筑主体和承重结构,不得人为损坏该房屋附属设施设备、装饰装修和家具、电器等物品。因乙方原因导致以上物品损坏的,乙方应当负责维修、更换或者承担赔偿责任。

2. 对于该房屋及其附属设施设备、装饰装修和家具、电器等物品因自然属性或者合理使用导致的损坏,乙方应当及时通知甲方维修、更换。

十四、甲方出卖该房屋,应当提前30日通知乙方,乙方在同等条件下有优先购买权。甲方履行通知义务后,乙方在15日内未明确表示购买的,视为承租人放弃优先购买权。

十五、违约责任

1. 如果乙方未按时足额地支付租金,每逾期支付一天,按照所拖欠的租金数额的1‰支付违约金。

2. 如果甲方未按时交付房屋,应相应延长租赁期限。

3. 乙方擅自将房屋转租第三人使用,因此造成房屋或室内设施设备毁坏的,应承担损害赔偿责任。

4. 如果由于其他原因导致乙方不能正常使用该房屋,乙方可以要求减少租金或者不支付租金。

十六、合同解除条件

1. 有下列情形之一,甲方可以提前解除合同:乙方已经拖欠租金超过3个月且经甲方催告后还是未支付;乙方未经甲方同意擅自将该房屋转租给第三人,经甲方提醒后还不收回房屋;乙方擅自改变房屋用途,如用于商业目的;乙方擅自对房屋进行装修导致出现质量问题;乙方在该房屋中实际居住人数多于本合同约定人数的,经甲方提醒后拒不改正的;乙方利用该房屋进行违法活动的。

2.有下列情形之一,乙方可以提前解除合同:房屋出现质量问题已经威胁到甲方的安全或健康;甲方不履行维修义务使得乙方无法正常使用该房屋;因其他人提出权利导致乙方无法使用该房屋。

十七、在本合同履行过程中发生的争议,由双方当事人协商解决;协商或调解不成的,可以向房屋所在地的人民法院向法院提起诉讼。

十八、本合同一式两份,双方各执一份,经双方签字盖章后生效。合同附件与本合同具有同等法律效力。

甲方(签章):

乙方(签章):

签订时间:_____年____月____日

第三节　房屋租赁需要注意的事项

一、房屋出租人需要注意的事项

在房屋租赁合同履行过程中,房屋出租人需要注意的事项,也是承租人可能会出现的违约情形。

(一)承租人未按时足额支付租金

按时、足额地支付租金是承租人的主要义务。根据《民法典》第721条的规定,承租人应当按照约定的期限支付租金。《民法典》第722条规定,承租人无正当理由未支付或者迟延支付租金的,出租人可以请求承租人在合理期限内支付;承租人逾期不支付的,出租人可以解除合同。

如果承租人只是表示暂时没有钱,出租人可以要求其缓交,或在承租人交付的押金或定金中扣除相应款项作为租金。但在实践中,承租人经常会以各种理由要求减少或缓交租金,常见的理由是:出租人没有按照承租人的要求及时维修、承租人没有及时交纳水电费导致被暂时停水停电、第三人主张权利要求承租人退房等。对于承租人提出的减少或缓交租金的要求，出租人是否同意，要看该理由是否成立，即是否实质性影响承租人对房屋的使用。如果有实质性影响，如停水停电导致承租人只能去朋友处借住，承租人可以请求相应减少租金或延长租期；如果没有实质性影响，如房内有两个卫生间，其中一个抽水马桶堵塞，虽然未及时维修会对生活有所影响，但一般不会影响承租人对房屋的使用，所以该理由不成立，承租人不能因此不交租金。

此外，有可能在租赁合同中对租金的支付期限与方式没有约定或约定不明确，可以依据合同其他条款或者交易习惯确认。如果仍不能确认，一般采取"一年一付"的方式；如果租赁期限不满一年，应当在租赁期限届满时支付。如果承租人以前一直是租金每月一付，突然在半年后要求一年一付，显然不符合交易习惯，出租人可以不同意其要求。如果承租人以前一直是租金每年一付，到剩下最后半年时，承租人提出要求一月一付，显然也不符合交易习惯，承租人可以根据《民法典》第 721 条的相关规定，剩余期限不满一年的，应当在租赁期限届满时支付。

如果承租人不足额支付租金，出租人可以要求其补足，或在承租人交付的押金或定金中扣除相应款项作为租金。如果承租人拒绝补足，出租人可以按照合同的约定要求承租人支付相应的违约金。

(二) 承租人擅自进行转租

在日常生活中，关于承租方是否能转租的问题经常发生纠纷。很多承租人都有认识误区，认为自己承租房屋之后是否转租都是自己的权利，出租人不应该进行干涉。实际上，出租方与承租方之间签订租赁合同是基于两人之间的信任关系，如果承租方擅自转租，就破坏了这种信任关系。

《民法典》第 716 条第 2 款明确规定，承租人未经出租人同意转租的，出租人可以解除合同。该条规定赋予了出租人对承租人擅自转租时的法定解除权，并可以要求承租人承担违约责任。需要注意的是，"承租人经出租人同意"可以事前也可以事后，只要出租人对此行为表示认可即可。事前同意，如在租赁合同中写明承租人可以将房屋进行转租，又如出租人在转租合同中签名表示同意。事后同意，如转租合同签订后，出租人明确表示同意转租。实践中，很少见在租赁合同中明确写明承租人可以将房屋进行转租，如果承租人提出要求转租，出租人既不同意也不反对，但要求与承租人分享转租收益。这样，很容易出现一种合同僵局：次承租人已经入住该房屋多时,但出租人还没有明确表态是否同意转租。一旦承租人不愿意分享转租收益,出租人以转租未获得自己同意为由解除租赁合同,并要求次承租人搬离该房屋。为了避免这种僵局的长期存在,平衡各方权益,所以在编纂《民法典》时新增了一条内容,即第718条规定,出租人知道或者应当知道承租人转租,但是在6个月内未提出异议的,视为出租人同意转租。而且,这6个月时间是除斥期间,为固定的不变期间,不存在中止、中断和延长的问题。所以,出租人若已知道承租人将房屋转租,应及时作出是否同意转租的意思表示。

实践中,存在比较大的争议是出租人是否"知道或者应当知道承租人转租"。如果出租人除了收取租金,再没有上门查看,也不知道实际居住人是谁,确实有可能不知道承租人转租的情况。但如果出租人经常上门查看或者在维修房屋时知道实际居住人不是承租人,或者实际居住人已告知其从承租人处转租所得,那么应认定出租人知道或者应当知道承租人转租。

未经出租人同意转租,承租人与第三人之间的转租合同是否有效?对于此种情况,《民法典》以及相关司法解释并没有明确规定,司法实践对此问题亦有争议。本书认为,未经出租人同意转租的,实质上是属于无权处分范畴。按照原《合同法》第51条规定,无权处分合同属于效力待定合同,但《民法典》中删除了该规定,所以不宜再认定为效力待定合同。根据《民法典》促成交易的立法精神,维护商事活动的稳定性,并结合司法实践,不能否定该转租合同的效力。所以,未经承租人同意转租,承租人与第三人之间的转租合同亦是有效的。如果因出租人提前解除租赁合同,导致转租合同无法履行,承租人应承担合同违约责任。实践中,也可以由出租人与次承租人之间签订租赁合同,促使该租赁能得到履行。

(三)承租人擅自对房屋进行装修改造

房屋租赁时,双方往往会对装修改造的问题忽视,一般也未写入合同内容,原因是出租人认为承租人不会去装修房屋,如果要装修肯定会提前告知。但在现实中,因房屋装修引起的纠纷也是较多的。《民法典》第715条规定,承租人经出租人同意,可以对租赁物进行改善或者增设他物。承租人未经出租人同意,对租赁物进行改善或者增设他物的,出租人可以请求承租人恢复原状或者赔偿损失。

为避免可能的纠纷,如果承租人需要对房屋进行装修改造,一定要提前告知出租人并征得出租人的同意,双方可以在租赁合同相关条款中予以明确,或者出租人出具书面形式的同意函。即使承租人自认为该装修改造会给出租人带来利益，但如果未经出租人同意，出租人还是可以要求承租人恢复原状或者赔偿损失。对租赁房屋的装修改造不以谁受益作为判断是否违约的标准，而是以是否得到出租人的同意，作为承租人是否违约的判断标准。

对房屋装修改造无论是否经出租人同意，如果承租人擅自变动房屋建筑主体和承重结构或者扩建，出租人都可以解除合同并要求赔偿损失，具体见《房屋租赁合同司法解释》第 6 条规定，承租人擅自变动房屋建筑主体和承重结构或者扩建，在出租人要求的合理期限内仍不予恢复原状，出租人请求解除合同并要求赔偿损失，人民法院依照《民法典》第 711 条的规定处理。

如果装修改造未经出租人同意，那么该行为显然是违约行为，出租人可以不予以任何补偿。即使装修改造经出租人同意，实践中，也还是经常出现对装修利益是否应予以补偿的争议。对此情况，《房屋租赁合同司法解释》予以详细说明，其中第 8 条规定，承租人经出租人同意装饰装修，租赁期间届满或者合同解除时，除当事人另有约定外，未形成附合的装饰装修物，可由承租人拆除。因拆除造成房屋毁损的，承租人应当恢复原状。第 10 条规定，承租人经出租人同意装饰装修，租赁期间届满时，承租人请求出租人补偿附合装饰装修费用的，不予支持。但当事人另有约定的除外。

（四）因承租人过错原因导致房屋毁损或设施设备需要维修

租赁房屋的维修义务，由双方在合同中约定。如果没有约定或约定不明确，一般是出租人承担维修义务。但即使在合同中约定由出租人承担维修义务，如果出现"因承租人的过错致使租赁物需要维修"，出租人也可以不承担维修义务。举例说明：承租人在使用空调时发现出风不畅，于是自己将出风口进行"改造"，后来发现该空调出现故障，要求出租人维修空调。出租人在将空调送修时被告知是人为损坏导致，所以无法保修，要求自己付费。出租人可以要求承租人承担维修费用。

此外，《民法典》第 714 条规定，承租人应当妥善保管租赁物，因保管不善造成租赁物毁损、灭失的，应当承担赔偿责任。举例说明：承租人经常在外出时不关窗，有一次是台风天风雨很大，因为承租人在外出差、未关窗导致室内积水严重，不仅损坏了木地板，而且导致墙壁渗水出现很明显的斑驳，出租人查看后发现要进行较大的维修，于是要求承租人承担赔偿责任。

(五)承租人返还的房屋不符合约定要求

《民法典》第733条规定,租赁期限届满,承租人应当返还租赁物。返还的租赁物应当符合按照约定或者根据租赁物的性质使用后的状态。举例说明:如租赁合同中约定承租人退租时应将房屋打扫干净,但实际上,承租人返还房屋时没有清扫、室内满地狼藉,说明不符合约定,出租人可以要求承租人打扫干净后再返还房屋。若承租人拒绝,出租方可要求其承担违约责任,雇人清扫的费用由承租人承担。

(六)实际居住人超过合同约定人数

如果租赁合同中对该房屋租赁期限内居住人数限额有明确约定,承租人应遵守该约定。如果承租人以借住的名义让其他人与其共同居住,超过约定人数,出租人可以要求承租人限时改正。如果承租人拒绝改正,应按照合同约定承担违约责任。也有可能出现这种情况:合同中约定的共同居住人员没有一起生活,因为情况发生变化,其他人来一起生活,如承租人的父母来帮助照顾孩子住了一段时间后,其岳父岳母来帮助照顾孩子又住了一段时间,这属于正常现象,不属于违约情况。但为了避免产生纠纷,承租人应及时将在该房屋居住的人员变化情况告知出租人。

二、房屋承租人需要注意的事项

在房屋租赁合同履行过程中,房屋承租人需要注意的事项,也是出租人可能出现的违约情形。

(一)出租人要求提高房租

租赁合同中应约定租金及其支付期限和方式。租金一般采取固定数额的方式,该数额在租赁期限内应是不变的。如果出租人在租期内要求提高房租,是对合同内容的变更,需要得到承租人的同意才能生效。如果承租人拒绝此要求,可以要求按照原租金继续履行合同。

但如果租赁合同中对租金的约定采取不固定数额的方式,如前三年的租金为每年3万元,三年后由双方协商确定。三年后,出租人要求提高房租,不应视为违约行为。如果双方无法达成一致,可以提前解除合同,任何一方不需要承担违约责任。

如果租赁期满后,承租人提出要续租,出租人要求提高房租,是对合同内容的重新磋商,承租人可以选择接受该条件或不再续租。

(二)出租人不承担维修义务或不支付维修费用

维修义务是指在房屋出现不符合约定的使用状态时,对房屋进行修理以及维护,以确保承租人能够正常地使用房屋。那么租赁房屋的维修义务应该由出租人还是由承租人承担呢?《民法典》第712条规定,出租人应当履行租赁物的维修义务,但是当事人另有约定的除外。根据此规定,维修义务以双方协商为主,就是"约定优先"。如果没有约定或约定不明确,由出租人承担维修义务,其理由是出租人收取租金应保持租赁物的适用状态,维修费用应包括在租金之内。

《民法典》第713条第1款规定,承租人在租赁物需要维修时可以请求出租人在合理期限内维修。出租人未履行维修义务的,承租人可以自行维修,维修费用由出租人负担。因维修租赁物影响承租人使用的,应当相应减少租金或者延长租期。

实践中,往往产生争议的是对"合理期限"的理解。举例说明:纱窗在夏天破损,承租人告诉出租人希望及时维修,出租人过了一周后让人来维修,发现承租人已经自行请人维修。出租人认为自己已让人维修,而且过一周时间也不算长,所以不愿意承担该维修费用。但承租人认为维修不及时,一周时间可以让很多蚊虫进入房间,会严重影响承租人的晚上睡眠,所以该维修费用应由出租人承担。

还有对需要维修程度的理解存在争议。有些租赁合同中约定:重大维修由出租人承担,一般维修由承租人自行承担。但合同中对重大维修与一般维修包括的范围没有明确的界定,如果出现墙面渗水、下水管道严重堵塞等情况,该由谁承担维修义务往往会出现扯皮现象。

此外,如果是承租人自行维修,费用由出租人承担的情况,也会对费用的数额存在争议。出租人会认为承租人是在"过度"维修,花费了很多不该花费的费用,这种纠纷情况也经常出现,建议出租人与承租人在维修前进行协商,如果由承租人自行维修、出租人承担费用,承租人应及时提出维修报价,经出租人同意后施工。一般情况下,不能超过原定预算;如果因正当理由超过预算,也应向出租人说明原因,以取得其理解,减少纠纷。

（三）出租房屋存在权利瑕疵影响承租人正常使用

出租房屋存在权利瑕疵可能会影响到承租人正常使用该房屋，主要有以下四种情况：一是房屋在出租前已设立抵押权，后来因为抵押权人实现抵押权发生所有权变动，房屋受让人要求承租人腾退房屋；二是所出租的房屋被司法机关或者行政机关依法查封、扣押，使得承租人无法使用该房屋；三是房屋的权属有争议导致承租人无法正常使用该房屋，如房屋原来是夫妻共有财产，丈夫将房屋出租且租期较长，在租期内双方离婚，判决该房屋属于妻子所用，妻子要求承租人腾退房屋；四是出租人无权处分导致承租人无法正常使用该房屋，如出租人冒充房屋所有权人对外出租房屋，或者谎称已经得到房屋所有权人同意可以转租。

根据《房屋租赁合同司法解释》第14条第1项的规定，对于先设立抵押、后出租的情况，承租人请求房屋受让人继续履行原租赁合同的，法院不应予以支持。所以，出现这种情况，承租人只能解除合同。如果此前出租人未告知承租人房屋已抵押的情况，属于隐瞒重要情况、存在欺诈行为，承租人可以要求出租人承担违约责任；如果此前出租人已告知承租人房屋已抵押的情况，承租人还是愿意租赁该房屋，说明其已放弃主张权利瑕疵担保责任的权利，可以免除出租人的责任。

对于第二、第三种情况，租赁合同有效。根据《民法典》第724条的规定，非因承租人原因致使租赁物无法使用的，承租人可以解除合同。但出租人是否要承担违约责任，要看合同的约定及出租人是否在此过程中有过错。

对于第四种情况，租赁合同也是有效的。但无论合同中是否有明确约定，导致承租人无法正常使用该房屋，显然是由于出租人的过错造成的，所以出租人应承担违约责任。根据《民法典》第723条第1款的规定，因第三人主张权利，致使承租人不能对租赁物使用、收益的，承租人可以请求减少租金或者不支付租金。

此外，对于已经设立居住权的房屋出租，承租人需要了解居住权合同中是否约定该房屋可以出租。如2023年版《浙江省房屋租赁合同示范文本》第1条第3款规定：该房屋【是】【否】设立居住权。居住权期限自＿＿＿＿年＿＿月＿＿日至＿＿＿＿年＿＿月＿＿日。居住权其他情况信息＿＿＿＿＿＿。双方经协商一致按照以下方式处置房屋居住权事项：＿＿＿＿＿。

（四）出租人在租赁期内转让房屋或设立抵押

对于已出租房屋设定抵押这一问题，《民法典》第405条规定，抵押权设立前，抵押财产已经出租并转移占有的,原租赁关系不受该抵押权的影响。

关于已出租房屋转让这一问题,《民法典》第725条规定,租赁物在承租人按照租赁合同占有期限内发生所有权变动的,不影响租赁合同的效力。

所以,一般情况下,出租人在租赁期内转让房屋或设立抵押,不影响租赁合同的效力,承租人可以要求受让人继续履行租赁合同。但需要注意的是,出租人拟转让已出租房屋的,应提前告知承租人,承租人有优先购买权。此外,出租人与抵押权人协议折价、变卖租赁房屋偿还债务的,也应提前告知承租人,承租人也有优先购买权。

出租人在租赁合同中承诺在租赁期限内不转让房屋或设立抵押,这是出租人自己放弃相关权利,如果出租人违背该承诺,要承担相应的违约责任。租赁合同往往对此情况所对应的违约责任不明确,但承租人可以因此提出要求解除合同。

(五)出租人将房屋"一房多租"

"一房多租"情况在现实中也较常见,是指出租人将同一房屋分别租给多人,还有些是出租人将一套房屋的几间房间分别出租,导致承租人对此情况不清楚,因此产生纠纷。

对此情况,《房屋租赁合同司法解释》第5条规定给出了明确的意见,出租人就同一房屋订立数份租赁合同,在合同均有效的情况下,承租人均主张履行合同的,人民法院按照下列顺序确定履行合同的承租人:(1)已经合法占有租赁房屋的;(2)已经办理登记备案手续的;(3)合同成立在先的。不能取得租赁房屋的承租人请求解除合同、赔偿损失的,依照《民法典》的有关规定处理。

(六)租期届满或合同解除后出租人不愿意退还定金或押金

在房屋租赁合同中,经常会有交纳定金或押金的约定,数额一般是相当于几个月的租金。前文已经分析,押金条款应当解释为具有担保的性质,同时也是针对承租人迟延给付租金这个特定违约行为的违约金。

按照正常情况,租期届满或合同解除后,承租人按照约定返还房屋,没有拖欠租金的情况,出租人应该退还定金或押金。在实践中,经常会出现出租人找各种理由不愿意退还定金或押金或进行扣款的情况。如承租人有拖延迟付租金的情况,室内设施设备有损坏需要承租人赔偿的情况,返还的房屋不符合要求需要恢复原状或赔偿损失的情况等。虽然承租人也会据理力争,但因为定金或押金由出租人实际掌握,加上承租人在租赁期间确实有一些轻微的违约行为,往往会有所损失。

此外,出租人在拟转让该房屋时,如果没有提前通知,会损害承租人的优先购买权;在租赁期满时,出租人没有保障承租人在同等条件优先承租的权利或共同居住人的续租权。第一节中已介绍,所以此处不再赘述。

三、租赁合同无效的原因及处理

(一)租赁合同无效的原因

《民法典》第143条规定,民事法律行为有效的条件包括:(1)行为人具有相应的民事行为能力;(2)意思表示真实;(3)不违反法律、行政法规的强制性规定,不违背公序良俗。

根据《民法典》的相关规定,导致民事法律行为(包括签订合同)无效的主要原因有:(1)无民事行为能力人实施的民事法律行为无效,如不满8周岁的未成年人或不能辨认自己行为的成年人签订的房屋租赁合同无效;(2)限制民事行为能力人实施的其他民事法律行为经法定代理人同意或者追认后有效,如8周岁以上的未成年人签订房屋租赁合同需要经过其父母等法定代理人同意或者追认;(3)行为人与相对人以虚假的意思表示实施的民事法律行为无效,如存在"阴阳合同"情况,往往是一真一假,不是当事人真实意思表示的那份租赁合同无效;(4)违反法律、行政法规的强制性规定或违背公序良俗的民事法律行为无效,如违法建筑物出租应认定为租赁合同无效;(5)行为人与相对人恶意串通,损害他人合法权益的民事法律行为无效。在法院执行中发现很多的"虚假租赁"行为,多数是债务人为了逃避房屋被强制执行,与第三人串通签订租赁合同,因为损害债权人的利益,所以会被认定为无效。

除了这些常见的合同无效原因外,房屋租赁合同还有一种特殊的部分无效情形:如果租赁期限超过20年,超出20年的部分无效。

除此之外,《房屋租赁合同司法解释》第2条、第3条规定了租赁合同无效的两种特殊情形:出租人就未取得建设工程规划许可证或者未按照建设工程规划许可证的规定建设的房屋,与承租人订立的租赁合同无效。出租人就未经批准或者未按照批准内容建设的临时建筑,与承租人订立的租赁合同无效。租赁期限超过临时建筑的使用期限,超过部分无效。这两条规定实际上是对《民法典》第153条关于"违反强制性规定及违背公序良俗的民事法律行为的效力"的细化。

(二)租赁合同无效的处理

对于合同无效后的处理,应根据《民法典》的相关规定,具体是第155条规定,无效的或者被撤销的民事法律行为自始没有法律约束力。第156条规定,民事法律行为部分无效,不影响其他部分效力的,其他部分仍然有效。第157条规定,民事法律行为无效、被撤销或者确定不发生效力后,行为人因该行为取得的财产,应当予以返还;不能返还或者没有必要返还的,应当折价补偿。有过错的一方应当赔偿对方由此所受到的损失;各方都有过错的,应当各自承担相应的责任。法律另有规定的,依照其规定。

《合同编通则解释》第24条第1、2款规定:合同不成立、无效、被撤销或者确定不发生效力,当事人请求返还财产,经审查财产能够返还的,人民法院应当根据案件具体情况,单独或者合并适用返还占有的标的物、更正登记簿册记载等方式;经审查财产不能返还或者没有必要返还的,人民法院应当以认定合同不成立、无效、被撤销或者确定不发生效力之日该财产的市场价值或者以其他合理方式计算的价值为基准判决折价补偿。除前款规定的情形外,当事人还请求赔偿损失的,人民法院应当结合财产返还或者折价补偿的情况,综合考虑财产增值收益和贬值损失、交易成本的支出等事实,按照双方当事人的过错程度及原因力大小,根据诚信原则和公平原则,合理确定损失赔偿额。

在实践中,重点要关注导致合同无效的主体过错责任。一般来说,法院会根据诚实信用原则,充分考虑当事人的过错程度、房屋使用状况、合同主体义务、合同履行情况等因素,在当事人之间合理分配责任,避免一方因合同无效而获益,实现各方当事人之间利益的救济与平衡。如出租人将违法建筑出租给承租人使用,一般会认定出租人承担全部或大部分的过错;如果出租人与承租人恶意串通,签订虚假的租赁合同以逃避债务履行,一般会认定双方都有过错,各自承担一半的责任;如果出租人与承租人都明知房屋是"小产权房",还是签订了租期为50年的租赁合同,变相实现"小产权房"的转让,一般会认定双方都有过错,承租人的过错责任可能会更大一些。

此外,如果在房屋租赁合同中对合同无效的法律责任作出约定,此种约定应属无效。原因在于,该约定不属于《民法典》第507条规定的"有关解决争议方法的条款",也不属于《民法典》第567条规定的"结算和清算条款"。若法院确认当事人事前对合同无效后果的约定效力,则会与基于法律否定性评价的合同无效后果产生逻辑冲突。

《房屋租赁合同司法解释》对房屋租赁合同无效的处理进行了明确，具体是第4条的规定，"房屋租赁合同无效，当事人请求参照合同约定的租金标准支付房屋占有使用费的，人民法院一般应予支持。当事人请求赔偿因合同无效受到的损失，人民法院依照民法典第一百五十七条和本解释第七条、第十一条、第十二条的规定处理"。第7条规定，承租人经出租人同意装饰装修，租赁合同无效时，未形成附合的装饰装修物，出租人同意利用的，可折价归出租人所有；不同意利用的，可由承租人拆除。因拆除造成房屋毁损的，承租人应当恢复原状。已形成附合的装饰装修物，出租人同意利用的，可折价归出租人所有；不同意利用的，由双方各自按照导致合同无效的过错分担现值损失。第11条规定，承租人未经出租人同意装饰装修或者扩建发生的费用，由承租人负担。出租人请求承租人恢复原状或者赔偿损失的，人民法院应予支持。第12条规定，承租人经出租人同意扩建，但双方对扩建费用的处理没有约定的，人民法院按照下列情形分别处理：(1)办理合法建设手续的，扩建造价费用由出租人负担；(2)未办理合法建设手续的，扩建造价费用由双方按照过错分担。第13条规定，房屋租赁合同无效、履行期限届满或者解除，出租人请求负有腾房义务的次承租人支付逾期腾房占有使用费的，人民法院应予支持。

四、租赁合同提前解除的条件及处理

法律支持合法、有效的合同存续并履行完毕，但是在司法实践中，往往许多合同因为各种各样的原因而无法继续履行，有的合同一方当事人会因为某些原因的考虑而无法继续履行合同或者履行合同对自己造成很大的损失。

(一)租赁合同提前解除的条件

合同解除分为法定解除与约定解除。此外，当事人协商一致，可以解除合同。《民法典》第563条规定了"合同法定解除"：有下列情形之一的，当事人可以解除合同：(一)因不可抗力致使不能实现合同目的；(二)在履行期限届满前，当事人一方明确表示或者以自己的行为表明不履行主要债务；(三)当事人一方迟延履行主要债务，经催告后在合理期限内仍未履行；(四)当事人一方迟延履行债务或者有其他违约行为致使不能实现合同目的；(五)法律规定的其他情形。以持续履行的债务为内容的不定期合同，当事人可以随时解除合同，但是应当在合理期限之前通知对方。

此外,在《民法典》合同编第十四章"租赁合同"的相关规定也明确了当事人可以解除合同的法定条件,很多是对第 563 条规定的细化。其中,出租人可以解除合同的情形有:(1)承租人未按照约定的方法或者未根据租赁物的性质使用租赁物,致使租赁物受到损失的;(2)承租人未经出租人同意转租的;(3)承租人无正当理由未支付或者迟延支付租金的,在出租人催告后,承租人在合理期限内仍未支付的。承租人可以解除合同的情形有:(1)出租房屋被司法机关或者行政机关依法查封、扣押;(2)出租房屋权属有争议,致使承租人无法使用该房屋的;(3)因出租房屋部分或者全部毁损、灭失,致使不能实现合同目的的;(4)出租房屋质量不合格,危及承租人的安全或者健康的。此外,按照第 730 条的规定,当事人对租赁期限没有约定或者约定不明确,一般视为不定期租赁;当事人可以随时解除合同,但是应当在合理期限之前通知对方。

当事人还可以在合同中约定解除条件。《民法典》第 562 条第 2 款规定,当事人可以约定一方解除合同的事由。解除合同的事由发生时,解除权人可以解除合同。如双方可以约定:如果在租赁期内该房屋被拆迁征收,双方应同意解除合同;如果出租人将来要转让该房屋,承租人应同意解除合同;如果承租人因为工作变动需要迁往他处,出租人应同意解除合同等。但要注意"解除权行使期限"与"合同解除程序"。《民法典》第 564 条规定:法律规定或者当事人约定解除权行使期限,期限届满当事人不行使的,该权利消灭。法律没有规定或者当事人没有约定解除权行使期限,自解除权人知道或者应当知道解除事由之日起一年内不行使,或者经对方催告后在合理期限内不行使的,该权利消灭。

《民法典》第 562 条第 1 款规定,当事人协商一致,可以解除合同。无论合同中是否约定合同解除条件,因为出现了特殊情况,导致合同无法继续履行或不能实现合同目的,双方协商一致,就可以提前解除合同。合同解除的,该合同的权利义务关系终止。而且不受"合同解除程序"的限制。

《合同编通则解释》第 52 条规定:"当事人就解除合同协商一致时未对合同解除后的违约责任、结算和清理等问题作出处理,一方主张合同已经解除的,人民法院应予支持。但是,当事人另有约定的除外。有下列情形之一的,除当事人一方另有意思表示外,人民法院可以认定合同解除:(一)当事人一方主张行使法律规定或者合同约定的解除权,经审理认为不符合解除权行使条件但是对方同意解除;(二)双方当事人均不符合解除权行使的条件但是均主张解除合同。前两款情形下的违约责任、结算和清理等问题,人民法院应当依据民法典第五百六十六条、

第五百六十七条和有关违约责任的规定处理。"

(二)当事人提出解除租赁合同的方式

合同当事人可以选择两种方式解除合同:一种是通知解除;另一种是通过诉讼、仲裁等方式解除。第一种方式解除合同,一方当事人需将解除合同的意思表示传递给对方,可通过口头通知、纸质信函、电子邮箱、微信聊天等方式通知,在关于合同是否解除的诉讼中,行使解除权的一方应当对自己已通知对方负举证责任。第二种方式的解除更为明确,如果法院或仲裁机构确认合同解除,则对方当事人自收到起诉状或仲裁申请书副本之日起合同即解除。

如果因一方原因导致合同无法或难以继续履行下去,守约方当然可以单方解除合同。应遵守《民法典》第565条关于"合同解除程序"规定,当事人一方依法主张解除合同的,应当通知对方。合同自通知到达对方时解除;通知载明债务人在一定期限内不履行债务则合同自动解除,债务人在该期限内未履行债务的,合同自通知载明的期限届满时解除。对方对解除合同有异议的,任何一方当事人均可以请求人民法院或者仲裁机构确认解除行为的效力。当事人一方未通知对方,直接以向法院提起诉讼或者申请仲裁的方式依法主张解除合同,人民法院或者仲裁机构确认该主张的,合同自起诉状副本或者仲裁申请书副本送达对方时解除。

此外,违约方在一定条件下也可以向法院提起诉讼或申请仲裁的方式要求解除合同,但不能以通知方式解除合同。对此情况,见《民法典》第580条第2款的规定:"有前款规定的除外情形之一,致使不能实现合同目的的,人民法院或者仲裁机构可以根据当事人的请求终止合同权利义务关系,但是不影响违约责任的承担。"《合同编通则解释》第59条规定:"当事人一方依据民法典第五百八十条第二款的规定请求终止合同权利义务关系的,人民法院一般应当以起诉状副本送达对方的时间作为合同权利义务关系终止的时间。根据案件的具体情况,以其他时间作为合同权利义务关系终止的时间更加符合公平原则和诚信原则的,人民法院可以该时间作为合同权利义务关系终止的时间,但是应当在裁判文书中充分说明理由。"此前发布的《九民纪要》(法〔2019〕254号)对此问题也有规范:"48.【违约方起诉解除】违约方不享有单方解除合同的权利。但是,在一些长期性合同如房屋租赁合同履行过程中,双方形成合同僵局,一概不允许违约方通过起诉的方式解除合同,有时对双方都不利。在此前提下,符合下列条件,违约方起诉请求解除合同的,人民法院依法予以支持:(1)违约方不存在恶意违约的情形;(2)违约方继续履行合同,对其显失公平;(3)守约方拒绝解除合同,违反诚实信用原则。人民法院判决解除合同的,违约方本应当承担的违约责任不能因解除合同而减少或者免除。"

(三)租赁合同解除后的处理

对于合同解除后的处理,《民法典》第566条规定,合同解除后,尚未履行的,终止履行;已经履行的,根据履行情况和合同性质,当事人可以请求恢复原状或者采取其他补救措施,并有权请求赔偿损失。合同因违约解除的,解除权人可以请求违约方承担违约责任,但是当事人另有约定的除外。主合同解除后,担保人对债务人应当承担的民事责任仍应当承担担保责任,但是担保合同另有约定的除外。

在实践中,重点要关注合同解除的主体过错责任。一般来说,如果因为一方实质违约导致无法实现合同目的,另一方可以解除合同并要求违约方承担违约责任或请求赔偿损失。如出租人将房屋"一房多租",导致有些承租人不能取得租赁房屋;承租人不按时支付租金,经出租人催告后在合理期限内仍未支付。

此外,双方可能会对应由哪一方承担过错责任存在争议。如房屋在出租前已设立抵押权,后来因为抵押权人实现抵押权导致承租人不能继续使用该房屋,所以只能解除合同。承租人认为出租人在出租前没有告知已设立抵押权的情况,所以应承担全部过错责任;但出租人认为自己此前已经口头告知过承租人,而且承租人只要到登记机构查一下即知已设立抵押权的情况,所以承租人也有过错,自己不应承担责任。一旦发生纠纷,双方需要对自己的主张承担举证责任。

《房屋租赁合同司法解释》中对房屋租赁合同解除的部分情形进行了规范。如第9条规定,承租人经出租人同意装饰装修,合同解除时,双方对已形成附合的装饰装修物的处理没有约定的,人民法院按照下列情形分别处理:(1)因出租人违约导致合同解除,承租人请求出租人赔偿剩余租赁期内装饰装修残值损失的,应予支持;(2)因承租人违约导致合同解除,承租人请求出租人赔偿剩余租赁期内装饰装修残值损失的,不予支持。但出租人同意利用的,应在利用价值范围内予以适当补偿;(3)因双方违约导致合同解除,剩余租赁期内的装饰装修残值损失,由双方根据各自的过错承担相应的责任;(4)因不可归责于双方的事由导致合同解除的,剩余租赁期内的装饰装修残值损失,由双方按照公平原则分担。法律另有规定的,适用其规定。第13条规定,房屋租赁合同无效、履行期限届满或者解除,出租人请求负有腾房义务的次承租人支付逾期腾房占有使用费的,人民法院应予支持。

五、保障性住房租赁需要注意的事项

在我国城市中,除了商品房以外,还有一些特殊类型的住房,一般通称为"保障性住房"。主要分为两类:一类是销售性质的保障性住房,常见的有房改房、经济适用房、人才房、限价房、共有产权房等;另一类是租赁性质的保障性住房,常见的有公租房、廉租房、公共租赁住房等。

中华人民共和国成立后,我国对城市居民的住宅保障长期采取公租房的形式。拥有房屋所有权的单位或进行公有房产管理的部门将住宅按照一定的条件低价出租给政府公务员、事业单位员工或国有企业的员工等特殊群体,作为一种住房福利政策。公租房不仅有长期性、低租金等保障属性,而且具有可以进行互换、转租、继承等可流转的性能。

1994年,国务院发文实行城镇住房制度改革后,大部分原来的公租房被出售给符合条件的上述特殊群体,购房人在交纳一定的费用后,可以办理房屋所有权证与土地使用权证,该住房就成为私人所有,被称为"房改房"或"已购公有住房"。

近20年来,对公有住宅的出租,主要采取廉租方式。各地政府新建、改建、收购了一批公共租赁住房,作为保障性住房以比较低廉的价格出租给符合规定条件的城镇中等偏下收入住房困难家庭、新就业无房职工和在城镇稳定就业的外来务工人员。但在公有租赁住房的权利行使上,有一定的限制,与以前的公房承租权有所区别。

党的十九大报告与党的二十大报告都提出,"加快建立多主体供给、多渠道保障、租购并举的住房制度"。在此思想指导下,2021年6月,国务院办公厅发布《关于加快发展保障性租赁住房的意见》(国办发〔2021〕22号),提出"需加快完善以公租房、保障性租赁住房和共有产权住房为主体的住房保障体系"。突出住房的民生属性,扩大保障性租赁住房供给,缓解住房租赁市场结构性供给不足,推动建立多主体供给、多渠道保障、租购并举的住房制度,推进以人为核心的新型城镇化,促进实现全体人民住有所居。

《关于加快发展保障性租赁住房的意见》中明确,保障性租赁住房主要解决符合条件的新市民、青年人等群体的住房困难问题,以建筑面积不超过70平方米的小户型为主,租金低于同地段同品质市场租赁住房租金;由政府给予政策支持,充分发挥市场机制作用,引导多主体投资、多渠道供给,主要利用存量土地和房屋建设,适当利用新供应国有建设用地建设。

保障性租赁住房为了解决部分群众住房困难,政府主导给予低租金租赁的住房租赁福利,一般来说,主要面向的是无房的有租住需求的新市民、青年人,特别是从事基本公共服务人员等群体。

全国已经有50多个城市发布了关于加快发展保障性租赁住房实施的地方性法规、政府规章或其他规范性文件,但内容有所区别。各地的规范性文件对保障性租赁住房的租赁价格与租期一般有明确限制。如《上海市住房租赁条例》第37条规定:"保障性租赁住房出租人应当以低于同地段同品质市场租赁住房的租金水平确定租赁价格,向区房屋管理部门备案,并向社会公布。列入政府定价目录的保障性租赁住房,租赁价格按照本市相关规定执行。保障性租赁住房租金不得高于备案的租赁价格,并应当按月或者按季度收取;收取的押金不得超过一个月租金。除承租人另有要求的,保障性租赁住房租赁期限不得少于一年。租赁期限届满,承租人符合规定条件并申请续租的,应当予以续租。"

近年来,各地开始兴建或改建了一批新型的"公租房"。下面以宁波为例说明公租房保障的情况:《宁波市公租房保障管理办法》已出台,从2023年1月31日起施行。该管理办法将保障范围覆盖到符合一定条件的非本地城镇户籍困难家庭。同时,统一规定各地公租房保障面积标准,并明确了环卫、公交、卫生等公共服务行业一线人员将给予优先保障。

(一)公租房的申请条件

公租房保障申请,以家庭为单位申请,并确定1名具备完全民事行为能力的家庭成员作为主申请人;申请家庭成员均不具备完全民事行为能力的,可由其他法定监护人代为申请,通过货币补贴方式予以保障。按照非本地城镇户籍与本地城镇户籍困难家庭(包括住房救助家庭、城镇低收入住房困难家庭、城镇中等偏下收入住房困难家庭等)申请公租房,分别确定相应的申请条件。

(二)公租房的保障标准和保障方式

公租房的保障面积标准:保障家庭成员1人的,公租房保障面积标准为住房建筑面积36平方米;家庭成员2人及以上的,公租房保障面积标准为人均住房建筑面积18平方米。公租房保障面积,为公租房保障面积标准与保障家庭现有住房面积的差额,其中不足5平方米的,按5平方米计。

保障方式全面推行实物配租和货币补贴,提供多样化选择,推进职住平衡。货币补贴的,其货币补贴额度,按照保障家庭公租房保障面积和货币补贴标准确定。实物配租的,公租房基本租金标准,由市、县两级价格主管部门会同住建部门,按照同地段、同类型住房市场平均租金的 70% 确定;对不同面积的公租房实行差别化租金,并根据保障家庭收入情况,给予不同档次的租金减幅。

货币补贴保障家庭,按月或按季均衡核发货币补贴;实物配租保障家庭,租赁合同期限应在保障期限内,一般不超过 5 年。期满后,符合保障条件且在保障期限内的,可以续租。

对于已核准登记申请家庭,本地城镇户籍困难家庭依申请应保尽保;非本地城镇户籍困难家庭可合理轮候,轮候期限不超过 1 年,轮候到位且复核符合条件的给予保障,保障期限原则上不超过 6 年。

(三)公租房的优先保障范围

非本地城镇户籍困难家庭中,部分家庭可以优先给予保障。具体为:消防救援人员、省部级(含)以上劳模、市级见义勇为人员,以及环卫、公交、卫生等基本公共服务行业一线从业人员等所在家庭,可不受轮候限制,优先给予保障;经市政府或申请地区(县、市)政府同意,可放宽申请条件,延长保障期限,定向配租公租房。

(四)不得申请公租房的情形

有以下情形之一,不得申请公租房保障:(1)主申请人或其配偶已购买过本市低收入家庭住房、经济适用住房、限价房、共有产权住房等保障性住房的;(2)主申请人或其配偶被列入严重失信名单的;(3)法律、法规规定的其他情形。

(五)取消保障资格的情形

保障家庭有下列行为之一的,所在地区(县、市)住建部门应取消其保障资格:(1)采取隐瞒、虚报、伪造、提供虚假证明材料等方式骗取公租房保障的;(2)转租、出借或擅自调换配租公租房的;(3)改变配租公租房结构或使用性质的;(4)无正当理由,连续 6 个月未在配租公租房居住的;(5)连续 6 个月未交纳租金,且经催告后仍不交纳的;(6)在配租公租房内从事违法犯罪活动的;(7)违反租赁合同或货币补贴协议约定的其他行为。

需要注意的是,有上述行为的保障家庭从取消保障资格之日起,5 年内不得再次申请公租房保障。取消公租房保障、暂时无法腾退的给予 6 个月的搬迁期。

经济适用房是政府提供政策优惠,限定套型面积和销售价格,按照合理标准建设,面向城市低收入住房困难家庭供应,具有保障性质的政策性住房。2007年11月,原建设部等七部门联合发布修订后的《经济适用住房管理办法》(建住房〔2007〕258号)。根据该办法第30条的规定,经济适用住房购房人拥有有限产权。购买经济适用住房不满5年,不得直接上市交易。购买经济适用住房满5年,购房人上市转让经济适用住房的,应按照届时同地段普通商品住房与经济适用住房差价的一定比例向政府交纳土地收益等相关价款后,取得完全产权。第33条规定,个人购买的经济适用住房在取得完全产权以前不得用于出租经营。这意味着,个人购买的经济适用住房在取得完全产权之后是可以出租的。

如果购房人违法出租经济适用房,可能导致租赁合同无效。因为经济适用房资源是有限的,每年都有大量的有购买资格的人在苦苦等待轮候的机会。购房人违法出租经济适用房,会损害社会公共利益。一旦发生纠纷,法院会以损害社会公共利益认定合同无效。

近年来,各地开始兴建共有产权住房,这是今后一段时期我国住房保障体系的重要组成部分。共有产权住房是指政府提供政策支持,组织建设单位建设,销售价格低于同地段、同品质商品住房价格水平,并限制使用范围和处分权利,实行政府与购房人按份共有产权的政策性商品住房。共有产权住房具有保障和市场双重属性,实行封闭管理,其出租有别于其他产权住房市场出租行为,需在政府指定服务平台中操作,完成住房核验、房源发布、合同网签、登记备案等服务。购房人出租住房前,应征求代持机构同意,并与代持机构签订住房出租使用协议。租赁达成后,由购房人和承租人双方签订住房租赁合同。从各地的政策文件来看,共有产权住房是可以出租的。出租所得租金收入一般是按照购房人与代持机构所占房屋产权份额比例进行分配。

第四节　房屋租赁引起的常见纠纷案例

一、因出租人违约造成的房屋租赁合同纠纷案例

案例一:承租人在租赁物需要维修时,可以请求出租人在合理期限内维修。如果出租人不及时维修,承租人可以自行维修后再向出租人主张维修费用。因承租人的过错致使租赁物需要维修的,出租人不承担维修义务。

案号为(2021)浙0402民初8115号的房屋租赁合同纠纷案件。案情简介:

2020年9月，汪某作为承租方，乔某作为出租方签署租赁合同一份，约定：乔某将嘉兴某处车库租给汪某使用，租期为2020年10月1日至2021年9月30日，租金3360元，押金500元，在合同到期后，汪某需将物品清空、打扫干净后，经乔某验收合格后，无损坏的情况下乔某将押金退还给汪某。汪某在租赁期间的物业费、卫生费、水费、电费等有关部门必要的费用均由汪某承担交纳。汪某于2020年9月21日将租金3360元和押金500元一并支付给乔某。2020年12月9日，汪某通过微信向乔某反映车库的卷帘门在使用过程中存在问题，要求乔某过来维修，乔某让汪某叫第三方进行维修，后因维修费用承担问题双方未能协商一致，因此并没有进行维修，汪某于2021年10月1日让第三方就案涉车库卷帘门进行维修，并支出维修费用200元。合同到期后，汪某认为乔某应当退还押金并承担修理费用，双方因此产生矛盾，汪某向法院提起诉讼。

浙江省嘉兴市南湖区人民法院审理后认为，该案系房屋租赁合同纠纷。汪某、乔某双方签订的租赁合同系双方真实意思表示，也未违反法律、行政法规的强制性规定，合法有效，双方当事人应当按照合同约定全面履行自己的义务。现合同已到期，汪某就案涉车库已办理腾退交接手续，乔某理应按照合同约定退还押金，但汪某因乔某未及时退还押金，后期又将车库钥匙取走并想通过此种方式要求乔某退还押金，该行为不妥。承租人在租赁物需要维修时，可以请求出租人在合理期限内维修。出租人未履行维修义务的，承租人可以自行维修，维修费用由出租人负担。所以关于维修费用承担的诉讼请求，最终判决由乔某支付汪某支出的维修费用200元。另外，在退还押金的时候，应一并扣除汪某所欠的电费。所以，判决：乔某退还汪某押金349.83元并支付汪某支出的维修费用200元。

案例二：出租人将房屋"一房多租"的行为明显违背了诚实信用原则，致使房屋租赁合同的租赁目的不能实现，损害了承租人的权益，行为上构成了根本违约，应当承担赔偿承租人财产损失的责任。

案号为(2022)宁0202民初2917号的房屋租赁合同纠纷案件。案情简介：2022年7月7日，李某与陈某通过房屋中介签订一份租赁合同，载明陈某将其所有的金海国际某号房出租给李某，租金400元/月，租期一年。合同签订时预付一年租金，另需支付押金2000元，同时就权利义务、违约责任等事宜进行了约定。李某当场通过微信向陈某支付租金4800元、押金2000元。李某前往房内查看后即着手入住。2022年7月17日晚，李某发现房屋门锁无故被换，联系陈某未果后于当晚报警。李某从警察处获悉，当日下午另有他人持同一套房屋租赁合同报警,要求警察见证强行开门并因此更换了门锁,导致李某持有的原配钥匙无法使用。因李某需开门取物品,当晚再次强行开门,更换门锁花费300元。李某给陈某发微信询问被换锁原因,陈某在回复中确认一房多租情况属实。李某向法院提起诉讼要求退款。

宁夏回族自治区石嘴山市大武口区人民法院审理后认为,租赁合同是出租人将租赁物交付承租人使用、收益,承租人支付租金的合同。陈某与李某于2022年7月7日就"金海国际某号房屋"签订租赁合同,约定了租期,李某当场按约支付租金与保证金,陈某亦交付了房门钥匙等,双方建立了房屋租赁合同关系。李某正常入住出租房后,因陈某又将该房另租给他人,导致李某暂离期间发生被强行开门并更换门锁事件。为此,李某在2022年7月27日发送的微信中,以担心被扰、不敢继续居住为由要求退款,陈某回复租金已作他用无钱退还。双方签订的租赁合同第10条约定,"违约责任:如任何一方未能按要求履行有关规定,另一方有权提前解除本租约,损失由责任方承担"。陈某一房多租的做法已实际影响租客正常使用,李某有权要求提前解除合同。根据租赁合同第7条第4项约定"如甲方(出租方)无故终止合同,或出于甲方的原因造成合约终止,甲方不仅退还押金,还应赔偿乙方同等于押金金额的赔偿金",李某要求陈某支付房屋租金、保证金、违约金等诉求有事实和法律依据,法院予以支持。所以,判决:陈某向李某返还房屋租金4800元、押金2000元、燃气费150元、换锁费300元,支付赔偿金1440元,上述合计8690元。

案例三:出租人在租期届满或合同解除时,承租人不存在违约的情形,出租人不退还定金或押金的,损害了承租人的合法权益。

案号为(2022)浙0109民初9279号的房屋租赁合同纠纷案件。案情简介:2021年9月16日,王某(承租人)与张某(出租人)通过某线上平台签订房屋租赁合同,约定由张某将一房租出给王某使用,租期自2021年9月23日起至2022年9月22日止,月租金1650元,租赁保证金1650元,交租方式为押一付三,钥匙押金200元,每月固定水费30元。合同签订后,张某按约交付案涉房屋,王某分别于2021年9月16日支付6890元(含三个月租金、租赁保证金、三个月水费、钥匙押金)、于2021年12月5日、2022年3月5日、2022年5月18日各支付租金5040元(三个月租金及水费)。租赁合同届满前,王某于2022年9月21日微信通知张某其已从案涉房屋内腾退,并要求张某交接房屋,张某表示次日去验房。2022年9月22日,张某通过微信发布案涉房屋出租信息。后,王某又多次要求被告退还租赁保证金,张某均未予以回应,遂向法院提起诉讼,要求张某退还租赁保证金1650元及钥匙押金200元。

浙江省杭州市萧山区人民法院审理认为,双方之间的房屋租赁合同关系依法成立且合法有效,双方均应按约履行各自义务。王某在租赁合同届满前已从案涉房屋内腾退并要求与张某交接房屋,张某亦同意次日验房,且对外发布租赁信息,应当视为其确认租赁合同已解除。故王某要求张某退还租赁保证金的诉讼请求具有事实与法律依据。所以,判决:张某退还租赁保证金1650元及钥匙押金200元。

案例四:出租人出售房屋时,承租人享有优先购买权。出租人出卖租赁房屋未在合理期限内通知承租人或者存在其他侵害承租人优先购买权情形,应当赔偿损失。实践中以承租人遭受的实际损失为准。

一审案号为(2018)鲁0211民初7311号,二审案号为(2019)鲁02民终11333号的房屋租赁合同纠纷案件。案情简介:2014年1月18日,青岛亚星置业有限公司(甲方,出租方,以下简称亚星公司)与刘某(乙方,承租方)签订房屋租赁合同,甲方将案涉房屋(三层,建筑面积341.28平方米)出租给乙方使用。合同约定:租赁期自2014年1月20日至2017年2月19日。合同第12条第1款约定:租赁期内,如甲方出卖该房屋,乙方在同等条件下享有优先购买权。合同签订后,双方依约履行合同。2015年7月6日,亚星公司向刘某发送通知,告知亚星公司决定出售案涉房屋,销售总价不低于5,460,480元(一次性付款),刘某认为价格偏高,即在意见回复栏确认放弃购买案涉房屋,并承诺为亚星公司出售案涉房屋提供看房便利,在公司出售案涉房屋后与买受人继续履行原签订的租赁合同等。2015年12月,亚星公司将案涉房屋出售给案外人,出售价格为3,673,440元。刘某认为亚星公司的行为损害了自己的优先购买权,向法院提起诉讼。

审理过程中,经刘某申请,法院依法委托司法鉴定机构进行评估。司法鉴定机构作出地产估价报告,案涉房屋2015年11月时的评估价值为4,742,500元。

山东省青岛市黄岛区人民法院审理后认为,《房屋租赁合同司法解释》第21条规定:出租人出卖租赁房屋未在合理期限内通知承租人或者存在其他侵害承租人优先购买权情形,承租人请求出租人承担赔偿责任的,人民法院应予支持。从法院现已查明的事实来看,亚星公司作为出租人在出售房屋前采取虚构价格的方式,诱使承租人放弃承租房屋的优先购买权,同时将案涉房屋以较低价格出售案外人,亚星公司的行为侵害了刘某的优先购买权,依法应承担侵权赔偿责任。实践中以承租人遭受的实际损失为准。该案中，刘某主张以案涉房屋出售时的市场评估价和实际出售价格的价格差额作为诉求赔偿损失的依据，有一定的合理性。但案件的基础法律关系是房屋租赁合同关系，刘某作为承租人，其享有的优先购买权仅属于缔约请求权，并不能完全对抗被告对案涉房屋的物权权利，且亚星公司在房屋租赁合同期间保证了刘某对案涉房屋的正常占有和使用，房屋租赁合同已经履行完毕。因此，在亚星公司已经基本履行了出租义务的情况下，依然要求其按照房屋差价对承租人承担损失，显然是对亚星公司行使物权的重大限制。基于此，法院认为亚星公司承担的赔偿义务以不超过其所获取的租金收益为限。结合案件的实际情况，法院认为由亚星公司在收取24万元租金的基础上，赔偿刘某租金的50%即12万元为宜。所以，判决：亚星公司赔偿刘某经济损失12万元。

亚星公司提起上诉。山东省青岛市中级人民法院二审判决：驳回上诉，维持原判。

二、因承租人违约造成的房屋租赁合同纠纷案例

案例五：出租人与承租人签订的房屋租赁合同依法成立并生效，双方均应恪守。承租人应当按照约定的方式和金额支付租金，避免因逾期支付租金导致合同被解除，承租人应承担违约责任。

案号为(2022)沪0115民初53326号的房屋租赁合同纠纷案件。案情简介：2021年7月11日，徐某、滕某签订《房屋租赁合同》，约定徐某将位于上海市浦东新区某处房屋出租给滕某，租期自2021年7月17日起至2022年7月16日止，月租金为6200元，滕某应于每期开始前7日支付3个月为一期的租金。约定逾期支付的，每逾期一日，须支付300元的违约金。合同终止时，徐某收取的保证金除用以抵充合同约定由滕某承担但还未交纳的费用外，剩余款项应在房屋返还时返还滕某；租赁期间案涉房屋所发生的水、电、气、通信、空调、有线电视由滕某承担。合同签订后，徐某向滕某交付了案涉房屋。滕某向徐某支付了租赁保证金6200元，并陆续支付租金至2022年4月16日。2022年3月4日，滕某在微信中提出墙体渗水导致漏电。次日，维修人员对卫生间插座进行修理，但滕某认为漏水漏电问题仍未解决，所以提出退租。同年6月21日，滕某搬离案涉房屋。徐某以滕某未按约支付自2022年4月17日起至2022年7月16日止的租金构成违约为由向法院提起诉讼，滕某提起反诉。

上海市浦东新区人民法院审理后认为，依法成立的合同，对当事人具有法律

约束力。双方签订的《房屋租赁合同》及补充条款系双方的真实意思表示,也没有违反法律、法规的强制性规定,依法成立并生效,双方均应恪守。徐某在知晓渗水情况后即安排人员上门查看并进行报修,且滕某未提供证据予以佐证且自述已进行封堵。滕某于2022年6月21日搬离案涉房屋,徐某认可涉案合同于该日解除,并无不当,法院予以确认。租赁期间产生的水电燃气费应由承租方承担,徐某要求滕某支付水费128.06元、电费291.63元、燃气费284.40元,并提供了相应依据。根据补充条款约定,滕某提前退租的应支付徐某数额相当于一个月租金的违约金。现滕某提前搬离解除合同构成违约,徐某要求滕某支付解约违约金6200元,具有事实和法律依据,法院予以支持。根据合同约定,逾期支付租金的,每逾期一日,乙方需向甲方支付300元的违约金。现因滕某逾期支付租金,徐某要求其支付自2022年4月17日起至2022年6月21日止的逾期付款违约金,法院根据合同的实际履行情况、徐某受到的实际损失以及滕某的过错程度,酌定由滕某支付逾期付款违约金500元。最后,因合同提前解除之责在于滕某,滕某要求徐某承担违约金、搬家费、中介费及维权成本,法院均不予支持。所以,判决:(1)确认双方签订的《房屋租赁合同》及补充条款于2022年6月21日解除;(2)滕某支付徐某自2022年4月17日起至2022年6月21日止的租金13,433.33元;(3)滕某支付徐某水费128.06元、电费291.63元、燃气费284.40元,共计704.09元;(4)滕某支付徐某解约违约金6200元(与滕某已支付的租赁保证金6200元相抵扣);(5)滕某支付徐某逾期付款违约金500元;(6)驳回反诉原告滕某的反诉诉讼请求。

案例六:承租人应当按照房屋租赁合同的约定行使权利,不得冒充房屋所有权人对外出租房屋,因转租行为对房屋实际所有权人造成损害的,应当承担赔偿责任。次承租人也应核实"二房东"对租赁物是否具有所有权或可以进行转租,并核对"二房东"的身份信息。

案号为(2017)浙0106民初4280号的房屋租赁合同纠纷案件。案情简介:2014年7月14日,张某(甲方)、郭某(乙方)签订一份房屋租赁合同,约定由郭某向张某承租位于杭州市西湖区某处的房屋,租赁期限为3年,自2014年8月10日起至2017年8月9日止,租金6800元/月。合同约定,未经甲方同意,乙方不得转租。如一方违约,违约方向守约方支付两个月租金作为违约金。合同签订后,郭某依约支付了押金13,600元并支付了至2017年8月9日的租金。2015年10月16日,郭某与案外人签订一份房屋租赁合同,租赁期限自2015年11月10日至2017年8月10日,月租金7600元,约定将案涉房屋转租给案外人。合同签订后,郭某将房屋交给案外人使用。2017年2月19日、20日,张某发微信给郭某,其中陈述:因郭某转租房屋赚取差价构成违约,另郭某将房屋内原有家具拆除,以及存放在储藏间的财物污损,故要求郭某于2017年2月22日前给予答复,否则解除合同。2017年3月26日,郭某将房屋恢复原状,按要求将房屋钥匙寄回给张某。房屋交还后,郭某要求张某退还已收取的租金、押金,张某不同意。所以,郭某向法院提起诉讼。后,张某提出反诉,要求郭某支付违约金、赔偿金、租金损失等。

浙江省杭州市西湖区人民法院审理后认为,张某、郭某之间签订的房屋租赁合同合法有效,对双方均有法律约束力。该案中,郭某未经张某同意,将房屋转租给案外第三人,其行为已构成违约,其应承担违约责任。关于违约金,结合该案当事人的过错、合同履行情况,以及张某的因房屋提前收回等造成的损失,酌定郭某赔偿张某违约金若干。关于财物损失,经审理查明,在承租期间郭某曾将存放于租赁房屋内的家具及储藏室内的棉被等床上用品搬出,现确有部分家具等因霉变不能正常使用产生损失,酌情确定由郭某赔偿张某上述财物损失若干元。所以,判决:(1)确认郭某与张某之间签订的房屋租赁合同已于2017年4月1日解除;(2)张某退还郭某租金29,013元、押金13,600元,合计42,613元;(3)郭某支付张某违约金13,600元,并赔偿张某财物损失12,000元,合计21,600元;(4)以上第2项、第3项相抵后,张某还需支付郭某款项为17,013元;(5)驳回郭某的其他本诉请求;(6)驳回张某的其他反诉请求。

案例七:承租人在未经出租人许可的情况下,擅自对房屋进行装修改造,如果承租人提交的证据不能充分证实装修的具体情况,在出租人不认可的情况下,承租人无法向出租人主张装修款补偿。

案号为(2021)京0113民初17466号的房屋租赁合同纠纷案件。案情简介:2019年5月28日,赵某(出租方)与燕某(承租方)签订房屋租赁合同,合同约定:赵某将坐落于北京市顺义区某处的房屋出租给燕某,租赁期限为2019年7月1日至2022年6月30日;房屋租金标准为每月4800元,支付方式为押一付六。合同签订后,燕某向赵某支付租金至2021年6月30日,并支付押金4800元。后,燕某对该房屋进行了装修,更换窗户、安装空调等。2021年6月28日,赵某通知燕某解除合同,要求燕某腾退房屋。燕某于7月31日将房屋腾退并交付赵某。后,燕某向法院提起诉讼,要求赵某返还押金、支付装修款项等。

北京市顺义区人民法院审理后认为,租赁合同是出租人将租赁物交付承租人使用、收益,承租人支付租金的合同。该案双方签订的涉诉合同,内容不违反国家法律、法规的强制性规定,应属合法有效,双方均应按照合同约定全面履行自己的义务。双方均认可涉涉合同于 2021 年 7 月 31 日解除,本院对此不持异议,故燕某亦应支付房租至 2021 年 7 月 31 日。赵某并未提交 7 月 31 日前双方就房屋损坏情况进行沟通的证据,无法证明解除合同系因燕某拒不修理房屋损坏部分,应当按照合同约定承担违约责任。关于燕某提出的装修损失,燕某并未提交证据证实其为案涉房屋进行装饰装修系与赵某协商一致,且其提交的证据亦不能充分证实装修的具体情况,在赵某亦不认可的情况下,法院对燕某的该项请求不予支持。赵某所提交的证据并不能证实案涉房屋的损坏均系由燕某不合理的使用所造成,考虑到日常使用亦会产生相应磨损,故法院酌情考虑由燕某负担部分维修费。所以,判决:赵某支付燕某各项费用共计 2200 元。

案例八:出租房屋设备损坏的维修责任一般由出租方承担。承租人未按照约定的方法或者根据租赁物的性质使用租赁物,致使租赁物受到损耗的,需要承担赔偿责任。

案号为(2021)沪 0118 民初 12379 号的房屋租赁合同纠纷案件。案情简介:2017 年 6 月 1 日,李某(甲方)与刘某(乙方)签订房屋租赁合同,约定甲方将位于上海市青浦区某处的房屋(以下简称案涉房屋)出租给乙方,建筑面积 297.64 平方米,租赁期限 1 年,自 2017 年 6 月 20 日起至 2018 年 6 月 19 日止。租金每月 22,000 元,租金按 3 个月为一期支付。合同还约定:租赁期限内,乙方应合理使用该房屋及装修和附属设施、设备。若由于乙方的不当或不合理使用,致使该房屋或其附属设施、设备毁损,乙方应负责维修。乙方拒不维修的,甲方可代为维修,费用由乙方承担。合同签订后,李某按约交付租赁房屋,刘某支付履约保证金 22,000 元。2018 年 6 月 1 日,李某与刘某又签订房屋租赁合同,约定案涉房屋续租合同按上一份合同内容有效,租赁期限续租两年,租期 2018 年 6 月 20 日至 2020 年 6 月 19 日。刘某支付租金至 2020 年 9 月 19 日。2020 年 7 月 31 日,李某向刘某发送《解除房屋租赁告知函》,言明鉴于案涉房屋物况要进行整修维护,提前通知 2020 年 9 月 19 日后将不再续租,以便刘某早做准备,抓紧时间找房搬迁。原先刘某用于种植蔬菜和饲养家禽的花园,请按照约定恢复原样。租赁期限届满后,双方未有继续签署租赁合同。后,双方对房屋交接、草坪修复等事宜进行微信沟通无果,刘某已搬离案涉房屋。刘某向法院提出诉讼,要求李某退还剩余押金。李某提起反诉,要求刘某支付房屋占有使用费并赔偿损失。

上海市青浦区人民法院审理后认为,双方就案涉房屋签订房屋租赁合同系双方真实意思的表示,未违反法律、法规的强制性规定,依法应确认为合法有效,双方均应按约履行各自义务。合同期限届满后,双方未再续签租赁合同,双方应当结清费用,返还房屋。刘某虽然在合同期限届满时已搬离案涉房屋,但未与李某办理房屋交接手续,也未将房屋钥匙交还,故仍应承担占用案涉房屋的相关费用,法院酌定为22,000元。刘某同意承担合理金额的修复费用,根据双方的陈述,法院认为刘某应当赔偿李某损失,修复费金额酌定为25,000元。2020年10月电费账单应为2020年9月电费,法院酌定为140元。所以,判决:(1)驳回刘某的诉讼请求;(2)刘某支付李某房屋占有使用费22,000元;(3)刘某支付李某草坪、装修修复费用25,000元;(4)刘某支付李某电费140元。

三、因租赁合同无效或提前解除引起的纠纷案例

案例九:房屋租赁合同无效,当事人可以请求参照合同约定的租金标准支付房屋占有使用费,且当事人还能请求赔偿因合同无效受到的损失。

案号为(2021)沪0106民初30100号的房屋租赁合同纠纷案件。案情简介:2021年3月8日,上海泽发副食品有限公司(出租方,简称泽发公司)与万某(承租方)签订租赁合同,万某承租泽发公司的房屋(以下简称案涉房屋),约定租金每月1万元,产品质量保证金3万元,物业管理费每月200元,付款方式为每6个月付一次。期限自2021年3月8日起至2022年4月7日止。租金从开业日期算起。合同签订后,万某向泽发公司支付了租金6万元、物业费600元、产品质量保证金3万元、进场费2万元,并于当日领取了案涉房屋的钥匙。后,万某发现案涉房屋系违法建筑、无产权证,于2021年6月16日将房屋腾空返还。后,万某向法院提出诉讼,要求退回租金、物业费并赔偿装修损失等。

上海市静安区人民法院审理后认为,出租人就未取得建设工程规划许可证或者未按照建设工程规划许可证的规定建设的房屋和未经批准或者未按照批准内容建设的临时建筑,与承租人订立的租赁合同无效。案涉房屋尚未取得建设工程规划许可证,双方签订的租赁合同应属无效。合同无效后,行为人因该行为取得的财产,应当予以返还;不能返还或者没有必要返还的,应当折价补偿。有过错的一方应当赔偿对方由此所受到的损失;各方都有过错的,应当各自承担相应的责任。万某作为承租方,在查看现场后进行租赁,并实际进行了经营,承担合同无效的次要过错责任,泽发公司对租赁物负有瑕疵担保责任,其对案涉房屋产权情况较承租人更为清楚,承担合同无效的主要责任。虽然租赁合同无效,因万某客观

上曾占有使用案涉房屋,仍应支付占有使用费,起算日期以及计算标准参照双方合同约定的租金起算日期以及租金标准。所以,判决确认租赁合同无效,同时泽发公司返还相应的租金、物业费等,并由泽发公司赔偿万某装修损失。所以,判决:(1)确认万某与泽发公司于2021年3月8日签订的租赁合同无效;(2)泽发公司返还万某租金36,054.79元、物业费121.10元、产品质量保证金3万元、进场费2万元;(3)泽发公司赔偿万某装修损失5000元。

案例十:因承租人违约导致房屋租赁合同解除,出租人要求承租人承担违约责任,法院在依据合同约定的同时,基于公平和诚实信用原则,考量双方在履行合同期间的过错程度、租赁合同的履行情况等因素作出综合评判。

案号为(2020)鲁0214民初18852号的房屋租赁合同纠纷案件。案情简介:2020年9月24日,薛某(出租方)与张某(承租方)签订房屋租赁协议,约定张某租用薛某位于青岛市城阳区某处的房屋(以下简称案涉房屋),租期一年,即自2020年9月24日至2021年9月24日,年租金15,600元,半年一付。张某随即交纳了租金及押金共计1万元。后,张某因工作调动,于2020年10月27日搬出了案涉房屋,并通知薛某,请求终止房屋租赁协议,自愿根据协议约定承担违约金,要求薛某退还剩余房租和押金。但薛某不同意终止房屋租赁协议,因此一直未办理房屋交接手续。后,张某向法院提起诉讼,要求薛某退还剩余房租和押金。

山东省青岛市城阳区人民法院审理后认为,该案中,原、被告签订的房屋租赁协议,形式合法,内容真实有效。根据该协议,租期为一年即自2020年9月24日至2021年9月24日,故张某在租期内单方终止履行协议构成违约,薛某不存在违约情形。承租人无正当理由或者因个人原因提前解除租赁合同、搬离租赁房屋的,构成违约,应当承担相应的违约责任。承租人已经实际提前搬离了租赁房屋并请求出租人接收房屋的,出租人享有依据合同约定或法律规定追究承租人违约责任或要求承租人赔偿相应损失的权利,但鉴于房屋租赁合同的自身特性,一般不适宜强制承租人继续履行租赁合同。法院依据租赁合同的履行情况等因素,判决由张某多承担了约3个月的租赁费,张某于2020年10月27日搬出了案涉房屋,但考虑到当前受新冠疫情的影响以及被告另行出租该房屋的实际情况,法院酌情确认其应负担至2021年1月24日的租赁费,双方之间的房屋租赁协议于2021年1月24日解除。同时,张某未支付租赁期间的水费及物业费,法院酌定确认为200元。所以,判决:被告薛某退还原告张某4600元。

四、与房屋租赁中介相关的合同纠纷案例

在房屋租赁过程中,除了当事人自己达成协议外,还有房屋中介机构参与的情形。房屋租赁中介,指的是中介机构向出租人、承租人报告订立合同的机会或者提供订立合同的媒介服务,而由出租人、承租人支付报酬的合同。中介机构参与房屋租赁是日常房屋租赁中常见的一种情形,中介合同属于《民法典》中典型的有名合同。在中介机构参与房屋租赁的情形下,出租人与承租人需要注意以下事项:

首先,出租人、承租人需选择正规的房屋中介机构,避免"黑中介"的陷阱。"黑中介"往往存在无照经营、未备案,常用的手段有发布虚假广告、虚假房源信息;采取威胁、恐吓等暴力手段或采取堵锁眼、断水断电、辱骂骚扰、言语恐吓等软暴力行为驱逐承租人等。

其次,出租人、承租人都应仔细审查三方参与的房屋租赁中介合同。承租人还需查看出租人的不动产权属证书,双方应当认真清点房屋中的物品,查看是否处于可用状况,室内设施设备拍照留存并作为合同的附件,避免合同届满或解除时产生纠纷。

最后,出租人、承租人出现"跳单"行为需要向中介人支付报酬。《民法典》第965条规定:委托人在接受中介人的服务后,利用中介人提供的交易机会或者媒介服务,绕开中介人直接订立合同的,应当向中介人支付报酬。中介人在提供中介服务后,出租人、承租人绕开中介人直接订立合同(俗称"跳单"),不仅是违背诚信的行为,而且也是一种违法行为,所以应向中介人支付报酬。

案例十一:承租人与出租人通过中介机构签订了房屋租赁合同。在中介机构不存在故意隐瞒房屋情况时,承租人不能以房屋内的设施不符合租赁合同约定为由拒不支付居间代理费。

一审案号为(2020)京0106民初16032号,二审案号为(2020)京02民终8885号的居间合同纠纷案件。案情简介:2019年12月6日,孙某(承租方)与王某(出租方)、北京链家置地房地产经纪有限公司(居间人,以下简称链家经纪公司)签订房屋租赁合同,约定孙某承租王某位于北京市丰台区某处的房屋,租金标准为每月7000元,居间代理费7000元由孙某支付。当日,孙某出具一份欠条,载明:"本人孙某现拖欠链家经纪公司居间服务费人民币7000元,本人承诺于2019年12月10日之前一次性支付结清,每逾期一日按照应付款的2%向链家经纪公司支付违约金。"链家经纪公司多次催讨孙某支付居间代理费,但孙某一直未支付,声称发

现空调不好用、洗手间的水一直漏水,与合同写的不一致。后,链家经纪公司向法院提起诉讼,要求孙某支付居间代理费及违约金。

北京市丰台区人民法院审理后认为,孙某委托链家经纪公司租赁房屋,双方之间系居间合同关系,双方均应按照法律法规及当事人之间的约定履行合同。链家经纪公司已按孙某的委托事项,促成孙某与他人签订房屋租赁合同,租赁房屋已由孙某居住使用。关于孙某辩称租赁房屋内的设施不符合租赁标准,孙某作为承租人在签署租赁合同前已看房,链家经纪公司不存在故意隐瞒房屋情况的情形。链家经纪公司按合同约定提供了居间服务后,孙某应按合同约定支付居间费用。关于违约金,孙某主张违约金过高要求法院适当减少,法院根据链家经纪公司的实际损失、合同的履行情况、当事人的过错程度及预期利益等因素,酌定孙某支付违约金 500 元。所以,判决:(1)孙某给付链家经纪公司居间费 7000 元;(2)孙某给付某经纪有限公司违约金 500 元;(3)驳回链家经纪公司的其他诉讼请求。

孙某提起上诉。北京市第二中级人民法院二审判决:驳回上诉,维持原判。

案例十二:中介机构在提供中介服务时负有如实报告和专业审查的义务,专业审查是指中介机构对房屋产权人提供的资料或陈述进行必要核查,以确保所提供信息的真实性、合法性。如果因审查不严导致对当事人造成经济损失,中介机构应承担赔偿责任。

一审案号为(2016)京 0114 民初 19259 号,二审案号为(2017)京 01 民终 1888 号的居间合同纠纷案件。案情简介:2016 年 6 月,李某(甲方)与满懿(北京)房地产咨询有限公司(乙方,以下简称满懿公司)签订居间服务确认书,确认"经乙方居间,甲方与出租方刘某就坐落于北京市昌平区某处房屋的租赁事宜,签署了房屋租赁合同等相关法律文件,甲方与出租方签署了其他版本或自行拟定的房屋租赁合同,未签署乙方提供的房屋租赁合同文本。租赁合同约定,月租金为人民币 3000 元整"。上述确认书还载明"乙方已向甲方如实告知了其掌握的全部房屋信息及租赁双方的相关信息,以及本次房屋租赁交易可能涉及的重大风险,并已向甲方如实告知了所涉风险可能导致房屋租赁合同出现效力瑕疵或合同不能履行的事实"。居间服务确认书签订后,李某向满懿公司支付了居间服务费 2400 元,后以现金方式交纳 21,000 元房租给刘某。实际上,案涉房屋的所有权人为毛某,毛某未授权他人出租案涉房屋。毛某在发现其房屋被他人冒用其名义出租后,即报警处理,李某只能搬离案涉房屋。李某向法院提起诉讼,要求满懿公司返还居间服务费并赔偿损失。

北京市昌平区人民法院审理后认为,依法成立的合同对当事人具有法律约束力。当事人应当遵循诚实信用原则,按照约定全面履行自己的义务。李某与满懿公司签订的居间服务确认书是双方之间关于提供居间服务的合同,双方应受合同约束,对于居间服务提供方满懿公司来说,其主要义务就是提供合格的居间服务,而对出租方资格的审核是其当然义务。满懿公司作为专业的房屋中介机构,核实居间服务各方真实的身份信息是其最基础的义务之一,委托人支付居间费用所应获得的对价亦是居间人专业的居间服务。本案中,满懿公司未提交任何证据证明其对房主刘某的身份情况进行过核实。没有审查房屋产权人的身份证原件即促使双方签订租赁合同,导致李某与假房东签订房屋租赁合同并支付租金,其已经构成违约,对于李某的损失应当承担赔偿责任。满懿公司其在官方网站上对客户亦有先行垫付押金和租金损失的承诺,因此应履行其承诺,先行赔付李某的损失。所以,判决:(1)满懿公司向李某返还居间服务费2400元;(2)满懿公司向李某赔偿租赁费损失21,000元;(3)驳回李某的其他诉讼请求。

满懿公司提起上诉。北京市第一中级人民法院二审判决:驳回上诉,维持原判。

五、涉保障性住房的房屋租赁合同纠纷案例

案例十三:保障性住房目的在于保障中低收入家庭的基本居住需求,当事人购买保障性住房后将其出租获利违背了政府建设保障性住房的初衷。虽然法律并未明确禁止保障性住房的租赁,但如果当事人提交证据证明案涉房屋禁止对外出租使用,则该房屋租赁合同无效。

案号为(2016)沪0115民初73131号的房屋租赁合同纠纷案件。案情简介:2015年,陆某经审核批准买到了一套经济适用房,房屋产权证附记处上明确记载:经济适用住房(有限产权),不得设定除经济适用住房购房贷款担保以外的抵押权,5年内不得转让或者出租。2015年7月21日,陆某与盛某签订房屋租赁合同,租期自2015年9月1日起至2019年8月30日止,月租金1200元。2016年5月13日,陆某收到当地住宅发展和保障中心整改通知书,要求他在5月底停止出租,收回房屋。陆某通知盛某,希望立即解除房屋租赁合同,但被盛某拒绝。虽经多次协商,陆某停收租金,盛某仍不愿意解除合同。陆某在无奈之下向法院提起诉讼,请求判令解除陆某与盛某的房屋租赁合同,要求盛某立即迁出案涉房屋。

上海市浦东新区人民法院审理后认为,经济适用房的建造、购买不是按照市场经济等价有偿交易原则,而是在政府统一规划下,无偿划拨土地等公共资源进行开发建设,经济适用房购买人的价格优惠实际上是来源于公共资源的投入。因此,只有符合本地具体困难标准的人员才有资格进行经济适用房申购,经济适用房购买人初始取得的是有限产权,而不是物权法意义上的完全所有权。由于经济适用房的分配、使用状况关系公共资源的合理配置,经济适用房管理办法明确规定经济适用房购房人不得擅自出租获利。陆某作为案涉经济适用房的有限产权人,将案涉房屋出租给被告盛某,违反了经济适用房管理规定,系利用公共资源谋取个人利益,损害了社会公共利益,双方的租赁合同应确认为无效。所以,判决:(1)原告陆某与被告盛某于2015年7月21日签订的租赁合同无效;(2)被告盛某迁出上海市浦东新区某处房屋,并将该房屋返还给原告陆某;(3)原告陆某应返还被告盛某押金1200元;(4)驳回原告陆某的其他诉讼请求。

案例十四:公租房具有保障性质,涉公租房的房屋租赁合同违反了国家对于公租房的管理规范,系无效合同。有过错的一方应当赔偿对方因此所受到的损失,双方都有过错的,应当各自承担相应的责任。

一审案号为(2019)京0111民初2661号,二审案号为(2019)京02民终10836号的房屋租赁合同纠纷案件。案情简介:2018年6月,杜某(甲方)与赵某(乙方)签订《承租房屋合同》,约定赵某将一处公租房出租给杜某居住使用。承租期自2018年6月18日起至2019年6月30日止。每月房屋租金总计2300元,支付方式为押一付三。甲方于开始承租房屋的2018年6月18日之前,向乙方交付3个月的租金和相当于1个月租金额的保证金,三个月租金共计6900元,保证金共计2300元。合同签订后,杜某实际占用了案涉房屋,并向赵某交纳了相应租金、保证金及服务费。在合同履行过程中,相关管理部门告知案涉房屋为公租房,不允许转租,故杜某于2018年10月20日搬离案涉房屋,赵某未将2018年10月21日至2018年12月18日的租金4484元以及保证金2300元、服务费243元退还给杜某。因此产生经济纠纷,杜某向法院提起诉讼。

北京市房山区人民法院审理后认为,公租房具有保障性质,杜某与赵某签订的《承租房屋合同》违反了国家对于公租房的管理秩序及城市管理秩序,系无效合同。合同无效或者被撤销后,因该合同取得的财产,应当予以返还;不能返还或者没有必要返还的,应当折价补偿。有过错的一方应当赔偿对方因此所受到的损失,双方都有过错的,应当各自承担相应的责任,因涉案租赁合同属于无效合同。故杜某向赵某交纳的租金应认定为占有使用费，赵某认可杜某系在2018年10月20日搬离案涉房屋，故对于2018年10月21日之后的使用费、服务费以及杜某交纳的保证金赵某应予退还。赵某辩称杜某搬离案涉房屋后未返还房屋钥匙，但因案涉房屋为公租房，双方签订的租赁合同为无效合同，且赵某系从他人处承租的房屋，赵某对案涉房屋不具有合法利益，故即便杜某搬离后未将房屋钥匙返还给赵某亦不影响赵某将收取的剩余费用退还给杜某。所以，判决：赵某退还杜某房屋使用费4484元、保证金2300元、服务费243元，以上共计7027元。

第五节　房屋租赁中的特殊情况处理及纠纷案例

一、群租现象的规范与处理

群租房是指将住宅通过改变房屋结构和平面布局，将房间分割改建成若干小房间分别出租。群租房的现象在全国各地都屡见不鲜，特别是北京、上海、广州、深圳等一线城市房屋群租情况很多，有些地方美其名曰"青年公寓""白领公寓"等。群租房的优势在于其价格低廉、入住方便，劣势在于其居住环境恶劣，人均居住面积只有几平方米，基本生活设施设备缺乏，常常存在很大的安全隐患，如消防隐患等。虽然有些城市通过发布规范性文件的形式对群租房进行规范，但因为群租房的巨大需求，群租房的不规范依然存在，因群租房而引发的各类纠纷、矛盾一直较多。

（一）关于群租房合同效力的问题

从各地法院判决来看，将房间分割成若干房间出租，甚至有的自行分割层高出租房屋的，多数法院的观点认为群租情形虽然违反了地方性法规、规章等的相关规定，但并不具有法律规定的关于合同无效的法定情形，并不影响租赁合同的效力，合同仍然是有效的。但合同有效不影响行政主管机关对违反行政管理规定的违法行为进行处理。

（二）如何对群租房进行管理与规范问题

本书认为，各地应通过"立法"对群租进行规范，可以制定地方性法规、政府规章或其他规范性文件,完善对于群租房的规范,加大对于不符合消防安全、建筑结构安全和人均居住面积标准的处罚力度,增加出租人的违法成本。

如地方性法规《上海市住房租赁条例》(2023年2月1日起实施)第15条规定:"出租住房应当遵守下列规定:(一)房屋符合国家和本市建筑、消防、治安、防灾、卫生、环保等方面的标准和要求;(二)具备供水、供电等必要的生活条件;(三)以原始设计或者经有关部门批准改建的房间为最小出租单位;(四)厨房、卫生间、阳台、贮藏室以及其他非居住空间不得单独出租用于居住;(五)每个房间的居住人数和人均居住面积符合本市相关规定;(六)法律、法规、规章的其他规定。禁止违反前款第三项至第五项规定,将住房用于群租。禁止将违法建筑、擅自改变使用性质的房屋以及其他依法不得出租的房屋用于出租。"上海市人民政府发布的地方政府规章《上海市居住房屋租赁管理办法》(2021年修正)第9条规定:出租居住房屋,应当以一间原始设计为居住空间的房间为最小出租单位,不得分隔搭建后出租,不得按照床位出租。原始设计为厨房、卫生间、阳台和地下储藏室等其他空间的,不得出租供人员居住。第10条规定:出租居住房屋,每个房间的居住人数不得超过2人(有法定赡养、抚养、扶养义务关系的除外),且居住使用人的人均居住面积不得低于5平方米。前款所称居住面积,是指原始设计为居住空间的房间的使用面积。第32条规定:违反本办法第九条、第十条第一款规定,不符合最小出租单位、居住人数限制和最低人均承租面积规定的,由区房屋行政管理部门责令责任人限期改正;逾期不改正的,可处以1万元以上10万元以下罚款。

地方性法规《宁波市出租房安全管理条例》(2024年3月1日起实施)第13条第2、3款规定:居住人数较多的出租房出租人应当建立安全管理制度,确定管理人员,组织承租人定期开展安全疏散演练。居住人数较多的出租房,是指在用于出租的商品房同一套间内同时设置十个以上出租床位,或者在其他居住出租房的单幢建筑内同时设置十个以上出租床位的。第24条第1款规定:居住出租房应当符合必要的居住空间标准。其中出租房属于商品房的,除未成年人外,人均租住房屋建筑面积不得低于十平方米;属于商品房外的其他出租房的,除未成年人外,人均租住房屋使用面积不得低于四平方米。第43条规定:违反本条例第二十条第二款、第二十四条规定,非居住功能空间单独出租用于居住或者居住出租房不符合必要居住空间标准的,由住房和城乡建设部门责令限期改正;逾期不改正的,处五千元以上三万元以下罚款。

北京市人民政府发布的《北京市房屋租赁管理若干规定》第 20 条规定："出租房屋人均居住面积不得低于本市规定的标准。具体标准由市建设（房屋）行政部门会同市公安、市规划、市卫生等有关行政部门制定。不得将厨房、卫生间、阳台、地下储藏室等作为卧室出租供人员居住。"并对违反该规定的行为制定了相应的行政处罚措施。

江苏省人民政府办公厅发布的《关于加强群租房安全管理工作的意见》（苏政办发〔2019〕80 号）指出：群租房是指出租住房供他人集中居住，出租居室 10 间以上或者出租床位 10 个以上的房屋。

成都市人民政府办公厅发布的《成都市开展住房租赁试点工作的实施方案》中规定："允许将现有住房按照国家和地方住宅设计的有关规定改造后出租。如果改建住房涉及利害关系人，应处理好涉及利害关系人的矛盾纠纷，保障其合法权益。改造中不得改变原有防火分区、安全疏散和防火分隔设施，必须确保消防设施完好有效；不得损坏或者擅自变动房屋承重结构、主体结构、影响房屋安全；不得加建卫生间、厨房。改造后每个卧室使用面积不得少于 5 平方米，厨房、卫生间、阳台和储藏室不得出租供人员居住。"

此外，地方政府应当加快发展保障性租赁住房，扩大租金优惠、公共服务配套的保障性租赁住房的供给，有效缓解特定群体的住房需求，让普通人有便宜房可租。如《上海市住房租赁条例》第 9 条提出："本市通过新增国有建设用地和利用已有国有建设用地建设租赁住房、在新建商品住房项目中配建租赁住房、利用非居住存量房屋改建租赁住房、利用集体建设用地建设租赁住房以及将闲置住房出租等方式，多渠道增加租赁住房供给。"在该条例第四章专门规定"保障性租赁住房"，其中第 31 条规定："本市按照政府引导、市场运作原则，加快发展保障性租赁住房，扩大供需适配、租期稳定、租金优惠、公共服务配套的保障性租赁住房供给，有效缓解特定群体的住房需求，切实发挥保障性租赁住房在租赁市场中的示范引领作用。"第 33 条规定："本市针对不同层次需求，建设住宅型、宿舍型保障性租赁住房，其中住宅型保障性租赁住房以小户型为主。保障性租赁住房实行全装修，配备必要的基本生活设施，并充分考虑承租人需求特点，合理配置公共服务和商业服务设施，适当增加公共活动和共享空间。"

还有，小区业主可依据《民法典》的相关规定，通过决议的方式制定小区公约，授权业主委员会或物业服务企业对小区群租房问题进行一定的管理。如要求出租房屋的业主应向小区物业服务企业报备，对每套住宅租住的人数进行最高限额,不能将地下储藏室、车库等出租用作生活居住用。

案例十五:承租人承租的房屋内居住人数超过了合同约定,存在群租现象,违背了合同约定的房屋用途时,构成违约,出租人以此解除合同,具有事实和法律依据。如果承租人因该行为导致出租人的权益受到损害,应当承担赔偿损失的责任。

案号为(2020)沪0105民初1096号的房屋租赁合同纠纷案件。案情简介:2019年7月18日,陈某、周某(出租方)与申某(承租方)签署房屋租赁合同,约定陈某、周某将上海市长宁区华阳路某处房屋(以下简称案涉房屋)租给申某居住使用,房屋租期为2年,自2019年7月28日起至2021年7月27日止,押金5500元,租金每三个月支付一次。合同补充条款第1款约定,承租人居住人数最多不得超过4个人。签约后,申某支付了首期三个月租金及一个月押金共计22,000元。2019年9月25日,陈某、周某将房屋加锁,并张贴告示,告知因居住人群租,多次沟通承诺没有遵守,没有按时搬走,故锁门,如需搬离屋内物品联系房东。所以,申某向法院提起诉讼。后陈某、周某提起反诉,要求解除合同,并要求申某赔偿损失。

上海市长宁区人民法院审理后认为,原告承诺案涉房屋内仅居住4人,但从证人证言、法院调查情况可知,案涉房屋内居住人数超过了合同约定,存在群租现象,且案涉房屋并非原告自用,而是由他人作为宿舍使用,违背了合同约定的房屋用途。陈某、周某于2019年9月25日锁门,申某无法继续使用案涉房屋,双方合同应于该日解除。申某构成违约,被告以此解除合同,具有事实和法律依据。陈某、周某主张的违约金,符合合同约定,法院予以支持。申某主张的水电煤费用发生在2019年7月至9月,因双方合同上已注明水电煤差额已结算完毕,且锁门后房屋处于空置状态,故主张的水电煤费用,应当由其承担。所以,判决:(1)双方签订的房屋租赁合同于2019年9月25日解除;(2)申某应向陈某、周某支付违约金5500元;(3)申某应向周某、陈某支付水电煤费用1436.23元;(4)周某、陈某应向申某返还押金5500元;(5)周某、陈某应向申某返还租金5862元;(6)驳回申某其余本诉诉讼请求;(7)驳回周某、陈某其他反诉诉讼请求。

二、已设立居住权的住宅出租问题

(一)设立居住权的住宅经双方约定可以出租

《民法典》第369条规定,居住权不得转让、继承。设立居住权的住宅不得出租,但是当事人另有约定的除外。这条是对"居住权流转的禁止性规定及例外"的规定。

从其他各国的立法来看,多数大陆法系国家都对居住权的流转进行了一定的限制,一般规定居住权不能转让或继承。因为按照大陆法系的理论,居住权被认为是一种限制性的人役权。居住权是在他人的房屋之上设定的权利,而且此种权利仅是为特定个人设立的,所以具有一定的人身属性。所以,居住权不得转让也不得继承,只能由特定的权利人享有该权利。

居住权是一种权利受限制的用益物权,出租是实现收益权的重要手段。设立居住权的住宅能否出租,当事人可以自己约定,一般应写入居住权合同中。如果在居住权合同中明确约定"可以出租",居住权人可以通过出租实现收益权,这在有偿设立居住权的情况下比较常见;如果在居住权合同中约定"不能出租",双方应遵守该约定的义务;如果在居住权合同中对此没有约定,应视为"不能出租",这在无偿设立居住权的情况下比较常见。

(二)对擅自出租设立居住权的住宅的行为限制

因为我国法律对房屋出租并不要求必须登记,实践中多数的房屋出租合同并不会去办理登记手续,除非有开具发票的需要才去登记。所以,在现实中,居住权人或所有权人都是有可能将"设立居住权的住宅"进行出租的,或者以借住给亲友的名义实际是出租行为。以下分两类分别说明,主要适用于居住权合同中没有约定或约定不明确情况下房屋是否可以出租的情况:

一是房屋所有权人未经过居住权人的同意,擅自将已设立居住权的住宅进行出租。如果居住权人在该住宅中实际居住,这种情况出现的概率不大。但居住权人已经不实际居住(如长期到外地工作或上学、出国留学或定居、老人到养老院中居住),所有权人可能会以自己的名义将住宅对外出租,这种情况是有可能发生的,就侵犯了居住权人的居住权。如果居住权人发现此情况,可以要求所有权人解除该房屋租赁合同,或者向法院提起诉讼要求撤销该房屋租赁合同,请求继续维持设立在住宅上的居住权,并要求侵权人承担停止侵害、排除妨害、恢复原状。如果居住权人想继续居住,这一要求合理。当然,也可以双方协商后由所有权人为居住权人提供新的住处,保障其居住权益的实现;或者所有权人及时收回所出租的房屋,恢复原状后交给居住权人实际居住。但居住权人不准备实际居住,笔者建议居住权人与所有权人协商解决,办法可以是:第一,允许继续对外出租,协商出租所得的分配,其中部分所得可以视为对居住权人权益受损的弥补;第二,双方协商后提前解除居住权合同,由所有权人提供一定的补偿。对于是否给予补偿及补偿的数额,要根据具体情况来确定。

二是居住权人未经过房屋所有权人的同意,擅自将无偿设立居住权的住宅进行出租。这种情况发生后,所有权人可以要求居住权人及时收回所出租的房屋并将租金所得交付。如果居住权人拖延不办或者拒绝交出租金所得,所有权人可以要求居住权人解除该房屋租赁合同,限期收回所出租的房屋,所有权人可以向法院提起要求居住权人将租金所得作为不当得利予以交付。

但所有权人是否可以居住权人实质违约为理由要求解除居住权合同,现有规定并不明确。笔者认为,如果在居住权合同中没有约定,初次发生这种擅自出租情况,所有权人一般不能单方提前解除合同,但可以要求居住权人限期收回所出租的房屋或将租金所得交出。但如果情节严重,如居住权人经劝告后继续出租或拒绝将出租所得交给所有权人,明显是故意行为,居住权人没有继续居住该住宅的必要性,所有权人应有权提前解除居住权合同。如果发生诉讼,法院应支持所有权人的请求。

(三)对擅自出租所得租金的处理

房屋对外出租,一般不是免费的,应有租金所得。如果是当事人在居住权合同中约定可以出租,一般会明确租金的归属与分配;如果没有约定,一般是出租人(通常是居住权人)所得。如果双方在事后达成协议同意出租或经另一方同意后对外出租,一般也会对租金的处理达成一致。需要讨论的是一方擅自出租设立居住权的住宅所得的租金收益该如何认定及分配问题。

如果是房屋所有权人擅自对外出租设立居住权的住宅,就实质影响了居住权人对该房屋的使用权。对其所得租金,居住权人可以与所有权人协商如何分配,或者向法院提起诉讼要求所有权人向其交付,以弥补对其居住权受损害造成的影响。

如果是居住权人擅自对外出租设立居住权的住宅,就实质影响了所有权人对该房屋的收益权。租金所得就是不当得利,符合《民法典》第985条对"不当得利"的定义。居住权人应将擅自出租设立居住权的住宅或其部分、附属设施的租金所得,作为不当得利向所有权人交付。

如果居住权人将设立居住权的住宅或其部分、附属设施出租,因为所有权人提出要求而发生变化。所有权人与承租人选择继续履行房屋租赁合同的，所有权人可以要求承租人直接向其支付租金，或双方重新签订房屋租赁合同。

（四）对于设立居住权的住宅出租的特殊情况处理

对于设立居住权的住宅出租，可能会出现一些特殊情况，下面以案例为载体，分别进行说明。

1. 租赁期限超出其居住权剩余期限

案例：甲为乙设立期限为10年的居住权，居住权合同中约定乙有权将房屋对外出租。在乙使用该房屋5年后，自己不再居住，于是将房屋出租给第三人丙，租期为10年。因为居住权合同中有可以对外出租的约定，所以乙没有提前与甲商量。等10年居住权期限届满后，甲提出要办理居住权注销登记并要求丙搬离该房屋，但丙表示租期未满，自己为房屋装修投入较多，不愿意解除合同，要求按照原定租金继续承租该房屋。

分析：如果乙在出租前征求甲的意见，甲在房屋租赁合同上签字表示同意，租赁合同自然有效，甲应该继续履行合同；但如果乙出租时没有征得甲的同意，由于乙的居住权剩余期限仅剩5年，乙应只能在剩余期限内出租房屋，否则超出的5年租约对甲不具有法律约束力，但不影响乙、丙之间达成的租赁合同效力。如果甲与丙之间达成继续履行租赁合同的意愿，应该由丙直接向甲支付剩余5年的租金；如果甲与丙同意终止租赁合同，丙可以向乙主张要求承担违约责任。

2. 租赁合同履行过程中居住权人死亡

案例：房屋所有权人甲为乙设立了一个长期居住权，采取有偿设立形式，居住权期限至乙去世为止，居住权合同约定乙方有权将房屋对外出租。后来，乙因为年老体弱，就搬到养老院中居住，不再实际居住该房屋，在经过甲的同意后，将房屋出租给了丙，租期为5年。没有想到，租约履行才满3年时，乙因病去世。于是，甲要求提前收回该出租的房屋。

分析：居住权人乙经房屋所有权人甲同意出租，租赁合同约定的租期也未超过居住权存续期间，但租赁合同履行过程中居住权人死亡，按照《民法典》第370条规定处理。本案中居住权因乙死亡而消灭，剩余2年的租赁合同对甲不具有法律约束力，甲可主张丙向其返还房屋。按照"买卖不破租赁"的一般原则，丙可以要求甲继续履行租赁合同。如果甲与丙之间达成继续履行租赁合同的意愿，应该由丙直接向甲支付剩余2年的租金。

三、房屋出租后装饰装修的处理

出租人与承租人签订房屋租赁合同时,有的房屋是带精装修的,有的是白坯的,有的是简装的,所以这时承租人往往会根据自己的需求选择对租赁房屋进行装饰装修。承租人的装饰装修行为有的是经过出租人同意的,有的则是未经过出租人同意的。《民法典》第715条规定:承租人经出租人同意,可以对租赁物进行改善或者增设他物。承租人未经出租人同意,对租赁物进行改善或者增设他物的,出租人可以要求承租人恢复原状或者赔偿损失。在实践中,租赁合同解除、无效时,关于租赁场地装饰装修的残值如何处理常常发生纠纷。《房屋租赁合同司法解释》一共16条,其中有6条都是关于此种情形处理的规定,足以看出关于房屋租赁装饰装修处理问题的重要性。

关于房屋的装饰装修分为两类,已形成附合的与未形成附合的。已形成附合的装饰装修物是指装饰装修物已经与房屋的主体结合成为一个合成物,通常来说很难将装饰装修物与房屋分离,如一定要进行分离,则会损坏房屋的其他装饰装修物与房屋或耗资过大,例如对墙壁的粉刷,房屋地面的瓷砖,吊顶、天花板等。未形成附合的装饰装修物指独立于房屋存在,通常来说很容易将装饰装修物与房屋分离,或进行分离时不会损坏房屋的其他装饰装修物与房屋或耗资较小,如床、椅、未镶嵌的柜子、冰箱等。关于房屋装饰装修的纠纷,笔者依据《民法典》与《房屋租赁合同司法解释》进行了整理。

承租人经出租人同意进行装饰装修的:

1. 承租人经出租人同意进行了装饰装修,若租赁合同无效,即使合同中约定了对于装饰装修的处理条款此条款也无效,若双方发生争议时,按照以下规则处理:

对于未形成附合的装饰装修物,出租人同意利用的,可折价归出租人所有,相当于由出租人出一部分费用,承租人将这些未形成附合的物品卖给出租人。当然这些装饰装修物有时未必是出租人想要的,出租人可以不同意利用,若出租人不同意利用,可以由承租人拆除,因拆除造成房屋毁损的,承租人有义务恢复原状。

对于已形成附合的装饰装修物,出租人同意利用的,可折价归出租人所有,也是相当于由出租人出一部分费用,承租人将这些已形成附合的物品卖给出租人;当然这些装饰装修物有时未必是出租人想要的,出租人可以不同意利用,出租人不同意利用的,由双方各自按照导致合同无效的过错分担现值损失。

2. 承租人经出租人同意进行装饰装修,租赁期满时,按照以下规则处理:首先,当事人约定优先,出租人与承租人在签订租赁合同时已约定了装饰装修的归属或补偿的,以约定为准,这是当事人意思自治原则的体现。其次,当事人未对租赁期满后装饰装修的归属及补偿进行约定的:对于未形成附合的装饰装修物,可由承租人拆除,因拆除造成房屋毁损的,承租人应当恢复原状;对于已形成附合的装饰装修物,则归出租人所有,出租人也无须对承租人进行补偿。

3. 承租人经出租人同意进行装饰装修,合同解除时,按照以下规则处理:首先,当事人约定优先,出租人与承租人在签订租赁合同时已约定了装饰装修的归属或补偿的,以约定为准,这是当事人意思自治原则的体现。其次,当事人未对合同解除时装饰装修的归属及补偿进行约定的:对于未形成附合的装饰装修物,可由承租人拆除,因拆除造成房屋毁损的,承租人应当恢复原状;对于已形成附合的装饰装修物的处理则需视由哪方导致合同解除的情形而定。

(1)因出租人违约导致合同解除的,承租人可以请求出租人赔偿剩余租赁期内装饰装修残值损失,关于剩余租赁期限内装饰装修残值金额的确定,可由双方协商确定金额也可以由评估机构进行评估,法院也有权酌情认定。

(2)因承租人违约导致合同解除的,因此时是承租人违约在先应当承担违约责任,所以出租人无须赔偿剩余租赁期内装饰装修残值损失。但如果出租人同意利用装饰装修,应在利用价值范围内予以适当补偿,此时法院一般会依据装饰装修的价值、使用期限、折旧等进行酌情认定金额。

(3)因出租人与承租人双方违约导致合同解除的,剩余租赁期内的装饰装修残值损失,由双方根据各自的过错大小承担相应的责任。

(4)因不可归责于出租人与承租人双方的事由导致合同解除的,剩余租赁期内的装饰装修残值损失,由双方按照公平原则分担损失,这也是商业风险承担的一种体现。

以上是承租人经过出租人同意装饰装修的情形处理,但承租人未经过出租人同意装饰装修的该如何处理呢?对于此种情形,因承租人违反了房屋租赁合同对承租人应当合理使用并妥善保管房屋的义务,构成违约,所以此种情形下相应的损失由承租人负担,出租人还有权请求承租人将房屋恢复原状或者赔偿相应的损失。

案例十六:租赁期满后,原则上承租人并不能要求出租人对装饰装修的费用进行补偿,除非双方约定对该装饰装修费用进行补偿。出租人和承租人订立的房屋租赁合同中如果明确规定了装修费用的承担方式,双方应严格遵守合同约定。

一审案号为(2022)京 0108 民初 30663 号,二审案号为(2022)京 01 民终 9714

号的房屋租赁合同纠纷案件。案情简介:2018年5月7日,乔某(甲方)与尹某(乙方)签订房屋租赁合同,约定甲方将位于海淀区某房屋(以下简称案涉房屋)出租给乙方,租赁期限自2018年5月7日至2022年5月7日,租金每月7500元,乙方支付押金10,000元,合同到期后甲方全额退还。合同第7条约定:租赁期间,乙方根据自身情况可对案涉房屋进行装修,费用由乙方承担。合同到期后双方未能就续约协商一致,乔某向法院提起诉讼。后尹某提起反诉,要求乔某支付装修损失及装修期间租金。

北京市海淀区人民法院审理后认为,依法成立的合同,对当事人具有法律约束力,双方均应恪守履行己方义务。现乔某与尹某签订的房屋租赁合同已经到期,乔某要求尹某将案涉房屋腾退的诉讼请求,法院予以支持。就尹某主张的退还装修损失及3个月房屋租金的诉讼请求,因租赁合同中没有免租期约定且明确约定装修费用由尹某承担,故对上述的诉讼请求,法院不予支持。合同到期后双方未能就续约协商一致,房屋租赁合同已到期终止,尹某继续占有使用案涉房屋于法无据,应当承担腾空交还义务并支付腾退前的占有使用费。尹某未能举证证明乔某曾承诺房屋租赁合同到期后可以续签或允许其长期居住使用,应当承担举证不利的后果。所以,判决:(1)尹某将案涉房屋腾空并交还乔某;(2)尹某支付乔某房屋占有使用费(自2022年5月8日起至实际腾退之日止,按照每月7500元标准计算);(3)乔某退还尹某押金10,000元;(4)驳回乔某的其他诉讼请求;(5)驳回尹某的其他反诉请求。

尹某提起上诉。北京市第一中级人民法院二审判决:驳回上诉,维持原判。

案例十七:出租人隐瞒关于房屋租期的真实情况,导致承租人出于信任而投入大量资金用于装修。因出租人违约导致合同解除,对于已经形成附和的装饰装修物,承租人可以请求出租人赔偿剩余租赁期内装饰装修残值损失。

案号为(2022)豫1524民初3797号的房屋租赁合同纠纷案件。案情简介:2021年10月20日,王某、蔡某(出租房屋)与张某(承租方)签订租赁合同,约定:王某、蔡某将案涉房屋租赁给张某,租赁期限12个月,从2021年10月20日起至2022年10月20日止;约定租金43,000元/年,押金2000元。签约后,张某向王某、蔡某共支付45,000元。2022年3月7日,张某与杨某签订房屋租赁协议,约定张某将案涉房屋的部分租赁给杨某,租金每年13,000元,租赁期间暂定三年,一年一交房租。杨某对房屋进行装修,共支付装修费10,080元。2022年10月因张某与王某、蔡某的租赁合同到期,张某未续交房租,蔡某要求杨某腾出房屋,杨某拒绝,后向法院提起诉讼。

河南省商城县人民法院审理后认为,承租人经出租人同意,可以将租赁物转租给第三人;承租人转租的,承租人与出租人之间的租赁合同继续有效;承租人经出租人同意将租赁物转租给第三人,转租期限超过承租人剩余租赁期限的,超过部分的约定对出租人不具有法律约束力。杨某基于张某不如实陈述其与出租人之间的租赁期限,及张某向杨某许诺租赁期限三年,致双方签订房屋租赁协议,张某存在欺诈行为,杨某亦存在一定程度重大误解,故合同可撤销。参照《房屋租赁合同司法解释》第8条与第9条的规定,考虑到残值损失、剩余租赁期限、双方各自的过错,法院酌定张某返还杨某未租赁期间的租赁费并赔偿杨某装修损失的60%,即10,927.45元。所以,判决:(1)撤销杨某与张某签订的房屋租赁协议;(2)张某应支付杨某10,927.45元;(3)驳回杨某的其他诉讼请求。

四、非法建筑物出租的处理

非法建筑物,是指违反《城市规划法》或《土地管理法》及其实施条例规定所建造的房屋和其他建筑物。在现实中,存在很多违法建筑物租赁的情形,违法建筑物租赁的效力如何?相应的法律后果又如何呢?

违法建筑物因违反了《城市规划法》《土地管理法》等法律、法规的效力性强制性规定的行为,理论上属于无效,但也有特殊情形。根据《房屋租赁合同司法解释》第2条、第3条的规定,违法建筑物的租赁原则上是无效的,但是在一审法庭辩论终结前取得了相应的资质的会被追认为有效。

违法建筑物认定为无效情形,承租人是否还需要支付租金呢?根据《民法典》第157条的规定,民事法律行为无效的,行为人因该行为取得的财产,应当予以返还;不能返还或者没有必要返还的,应当折价补偿。有过错的一方应当赔偿对方由此所受到的损失;各方都有过错的,应当各自承担相应的责任。因为违法建筑物的租赁属于无效,所以合同中关于租金的约定也属于无效,但这不等于承租人就能无偿使用该违法建筑物,此时承租人应当参照租金的标准支付相应的占有使用费。具体适用《房屋租赁合同司法解释》第4条第1款规定:房屋租赁合同无效,当事人请求参照合同约定的租金标准支付房屋占有使用费的,人民法院一般应予支持。

同时,租赁合同无效,合同中约定的违约责任及承租人交纳的保证金或者押金条款均属于无效条款,出租人还应当返还相应的保证金或者押金,当事人有损失的,亦应当赔偿对方因此受到的损失。所以,作为承租方在签订租赁合同时,应当核对查看相应的房产证,看看所租住的房屋是否属于违法建筑物,作为出租方亦应该对此进行说明,否则均有可能承担合同无效的法律后果。

下面结合具体案例进行分析。

案例十八:以违法建筑物为标的物的房屋租赁合同无效,出租人可以要求承租人参照合同约定的租金标准支付房屋占有使用费。

再审案号为(2016)赣民再101号的房屋租赁合同纠纷案件(入库案例)。案情简介:2011年11月1日,南昌昌南城市建设投资发展有限公司(以下简称昌南公司)将南昌市某处的房屋(建筑面积为2203.7平方米)租赁给江西尚风投资有限公司(以下简称尚风公司),用途为商业及办公场地使用,租赁期限为10年;将场地擅自转租给其他人,视为尚风公司违约,昌南公司有权单方面解除合同,且不承担违约责任,不退还押金,昌南公司同意除外。合同签订当日,尚风公司委托王某将租赁来的该处房屋对外出租。委托书载明王某有权和承租人签订租赁合同,有权收取租金,租金收益全部归王某所有。2011年11月2日,尚风公司出具证明将以上承租房产的租赁权转给王某。2013年8月21日,唐某(乙方)与王某(甲方)签订《租赁合同》,约定由甲方将案涉房屋的二楼,建筑面积为1300平方米租赁给乙方,房屋租赁期限为6年,自2013年8月30日起至2019年8月29日止;房屋租金逐年递增(具体略)。合同签订后,王某按约向唐某交付了租赁物,唐某亦向王某交纳了押金10万元。唐某将其中600多平方米的房屋装修成网吧经营,后将其余600多平方米的房屋分别装修成火锅店和麻将馆经营。唐某向王某交纳了2个季度租金后,一直未向王某交纳租金。王某向法院提起诉讼,请求解除王某与唐某于2013年8月21日签订的租赁合同,要求唐某立即腾空案涉房屋,唐某、熊某向王某支付拖欠租金304,200元,利息及违约金共计44,989元,共计349,189元。

江西省南昌市青云谱区人民法院作出(2015)青民三初字第93号民事判决:(1)解除原告王某与被告唐某于2013年8月21日签订的《租赁合同》;(2)被告唐某自本判决生效之日起三个月内将案涉房屋腾退给原告王某;(3)被告唐某、熊某自本判决生效之日起七日内支付原告王某租金及违约金共计349,189元(2015年5月30日以后的租金及违约金计算至被告唐某腾退时为止);(4)被告唐某交纳给原告王某的押金10万元归原告王某所有,不予退回;(5)驳回原告王某的其他诉讼请求。

熊某提出上诉。江西省南昌市中级人民法院作出(2015)洪民三终字第266号民事判决：维持一审判决第(1)、(2)、(5)项，撤销第(4)项，变更第(3)项为"唐某、熊某自本判决生效之日起七日内支付王某至2015年8月29日的租金及违约金共计319,389元；唐某、熊某自本判决生效之日起七日内支付王某自2015年8月30日至实际腾房时止租金（按每月25,740元计算）"。

2016年5月31日，法院对该案采取强制执行措施，查封了网吧、火锅店和麻将馆，唐某、熊某（系唐某之妻）停止了经营。

熊某申请再审。再审中，熊某提交了南昌市青云谱区城乡建设局出具的证明材料，主要内容是案涉房屋未在该局办理建设工程规划许可证，还提交了青云谱区文化局出具的证明材料，主要内容是因海都网吧（即唐某、熊某在案涉房屋经营的网吧）未取得消防部门出具的《公众聚集场所投入使用、营业前消防安全检查合格证》，所以未办理《网络经营许可证》。

江西省高级人民法院审理后认为，该案的争议焦点是：(1)该案房屋租赁合同是否有效。王某、昌南公司未提交案涉房屋的建设规划许可证或经主管部门批准建设的文件。再审中，熊某提交的南昌市青云谱区城乡建设局出具的证明材料，证明案涉房屋未在该局办理建设工程规划许可证。此外，案涉出租房屋所属建设项目未向有关主管部门报批可行性研究报告，即未经主管部门批准建设。综上，可以认定该案案涉房屋未办理建设工程规划许可证或经主管部门批准建设。根据《城镇房屋租赁合同纠纷案件司法解释》第2条规定，唐某与王某签订的房屋租赁合同无效。(2)唐某、熊某能否免除租金，并要求王某、昌南公司赔偿损失。根据《城镇房屋租赁合同纠纷案件司法解释》第5条规定"房屋租赁合同无效，当事人请求参照合同约定的租金标准支付房屋占有使用费用的，人民法院一般应予支持。"因此，对唐某、熊某要求免除租金的请求，不予支持。但是，因唐某、熊某经营的海都网吧未能办理《网络经营许可证》，对其经营造成了一定的影响，可酌情减付房屋占有使用费用。江西省高级人民法院作出(2016)赣民再101号民事判决：撤销一审、二审判决，改判唐某自本判决生效之日起三个月内将案涉房屋腾退给王某；唐某自本判决生效之日起十日内向王某支付房屋占有使用费359,600元，熊某承担连带清偿责任。

五、房屋租赁后发生损害的责任承担

在房屋租赁合同关系中，出租人有义务保障所提供的房屋及其附属设施符合安全适用的标准。《民法典》第 708 条规定:出租人应当按照约定将租赁物交付承租人,并在租赁期限内保持租赁物符合约定的用途。第 731 条规定:租赁物危及承租人的安全或者健康的,即使承租人订立合同时明知该租赁物质量不合格,承租人仍然可以随时解除合同。

如果出租人允许承租人转租房屋,承租人将房屋转租后,相对于次承租人来说,处于"出租人"的地位,对于次承租人同样负有该义务。若出租人和承租人均未尽到保障房屋附属设施符合安全适用标准的义务,导致次承租人发生损害的,出租人和承租人的行为构成侵权法上的过错。次承租人可以要求出租人和承租人按照各自的过错程度承担相应的赔偿责任。对于出租人和承租人的过错程度,应当结合各自预防和防范风险发生的能力予以认定。《民法典》第 1172 条规定:二人以上分别实施侵权行为造成同一损害,能够确定责任大小的,各自承担相应的责任;难以确定责任大小的,平均承担责任。

案例十九:在房屋租赁合同关系中,出租人有义务保障所提供的房屋及其附属设施符合安全适用的标准。房屋转租后,因室内家电设施出现安全故障导致次承租人发生损害的,出租人和承租人按照各自的过错程度承担相应的赔偿责任。

一审案号为(2020)沪 0106 民初 26981 号,二审案号为(2021)沪 02 民终 4427 号的财产损害赔偿纠纷案件(入库案例)。案情简介:邵某为案涉房屋产权人,于 2001 年购得该房屋。2015 年 9 月 25 日,邵某与朱某 1 签订《房屋租赁合同》,约定邵某将案涉房屋出租给朱某 1,租赁期限为 6 年,自 2015 年 10 月 7 日起至 2021 年 10 月 6 日止。双方在《房屋租赁合同》中还约定,如人为造成承租物业及设备损坏,朱某 1 应负责维修或赔偿;如在租赁期限内朱某 1 将房屋部分或者全部出租给第三方,因第三方使用所产生的法律责任与邵某无关,由朱某 1 承担;邵某同意朱某 1 装修该房屋并更换家具家电,到期后归邵某所有。2018 年,朱某 1 将案涉房屋转租给张某 1、朱某 2、张某 2(以下简称三原告),租赁期限至 2021 年 10 月。张某 1 与朱某 2 为夫妻关系,张某 2 系两人的女儿,三原告共同居住于案涉房屋内。2020 年 1 月 10 日凌晨 2 时许,案涉房屋内发生火灾,造成三原告衣物、生活用品等财物损毁。后经消防部门认定,案涉火灾系因客厅内处于使用状态的立式空调内部发生故障所引起。该空调属于邵某所有,系邵某留在案涉房屋内的家电设施。三原告向法院起诉,要求邵某、朱某 1 连带赔偿三原告财物等损失共计 21 万余元。

经现场勘验并结合各方当事人的意见,三原告因案涉火灾造成的损失确认为

141,542元。

上海市静安区人民法院审理后认为：在房屋租赁合同关系中，出租人有义务保障所提供的房屋附属家电设施符合安全适用的标准。出租人将房屋移交给承租人后，承租人又将该房屋转租的，承租人对于次承租人同样负有上述安全保障义务，但并不意味着出租人的该义务全部转移给承租人。该安全保障义务要求房屋出租方根据所提供的家电设施的具体情况，做好日常检修和维护，确保家电设施安全适用，不存在使用风险。家用电器本身存在一定的安全使用年限，随着使用年限的增加，安全性能会降低，使用过程中的风险亦会随之增加。案涉房屋租赁期限较长，邵某作为出租人理应更加谨慎，根据家电设施的使用年限，定期进行检修维护，确保能够保持长期的安全适用性能。该案火灾系案涉空调不具备安全适用性能，内部出现故障所引发，邵某作为出租人未尽相应义务，未确保其提供的家电设施具备安全适用性能，对于火灾的发生存在过错。朱某1作为承租人，在其与三原告之间的房屋租赁合同关系中，处于出租人的地位，同样负有向次承租人提供安全适用的家电设施的义务。朱某1未尽到上述义务，对于火灾的发生同样存在过错。邵某、朱某1未尽相应义务的不作为行为共同导致损害后果的发生，应按照各自的过错程度，分别承担相应的赔偿责任。次承租人可以基于侵权事实的存在，要求出租人和承租人按照各自的过错程度承担相应的赔偿责任。对于出租人和承租人的过错程度，应当结合各自预防和防范风险发生的能力予以认定。邵某作为案涉空调所有权人，应更清楚该空调购买时间、是否临近安全使用年限，是否需要进行检修维护。故对于案涉火灾的发生，邵某不作为的过错程度甚于朱某1。据此，法院认定邵某和朱某1对于三原告的损失分别承担60%和40%的赔偿责任。所以判决：(1)邵某应支付三原告赔偿款84,925.20元；(2)朱某1应支付三原告赔偿款56,616.80元；(3)三原告的其余诉讼请求不予支持。

邵某提起上诉。后又以各方当事人达成和解协议并已经实际履行完毕为由，申请撤回上诉。上海市第二中级人民法院作出裁定，准许邵某撤回上诉。

第八章
城市住宅设立居住权

第一节 《民法典》对居住权的规定与理解

一、《民法典》对居住权的规定

《民法典》物权编第十四章中创设了"居住权"制度,内容如下。

第三百六十六条 居住权人有权按照合同约定,对他人的住宅享有占有、使用的用益物权,以满足生活居住的需要。

第三百六十七条 设立居住权,当事人应当采用书面形式订立居住权合同。

居住权合同一般包括下列条款:

(一)当事人的姓名或者名称和住所;

(二)住宅的位置;

(三)居住的条件和要求;

(四)居住权期限;

(五)解决争议的方法。

第三百六十八条 居住权无偿设立,但是当事人另有约定的除外。设立居住权,应当向登记机构申请居住权登记。居住权自登记时设立。

第三百六十九条 居住权不得转让、继承。设立居住权的住宅不得出租,但是当事人另有约定的除外。

第三百七十条 居住权期限届满或者居住权人死亡的,居住权消灭。居住权消灭的,应当及时办理注销登记。

第三百七十一条 以遗嘱方式设立居住权的,参照适用本章的有关规定。

二、对居住权制度的理解

由于居住权制度是《民法典》新创设的用益物权制度,所以目前还没有相关的其他法律法规规定,还没有出台全国统一的居住权登记规范,最高人民法院也没有出台相关的司法解释。《民法典》现有的上述规定只有 300 余字,内容比较简略,本章中很多内容是笔者的观点,如果国家相关部门出台相关规定或最高人民法院出台相关的司法解释,应以这些规定或司法解释为准,特此说明。

(一)居住权是一种用益物权

所谓居住权,是指以居住为目的,对他人的住房及其附属设施所享有的占有、使用的权利。

按照《民法典》的规定,我国的物权分为所有权、用益物权与担保物权等类型。居住权在性质上是一种用益物权。《民法典》第 323 条规定,用益物权人对他人所有的不动产或者动产,依法享有占有、使用和收益的权利。居住权是"对他人的住宅享有占有、使用的用益物权",所以居住权应该适用用益物权的一般规则,其他各国的立法中一般有类似的适用规范。

居住权与租赁权比较类似,都是对他人的住宅进行占有、使用的权利。主要区别之处是:居住权是一种用益物权,需要办理登记才生效;而租赁权是一种合同债权,不需要办理登记即可生效。

(二)居住权人应是自然人

自然人是民法中的一个法律概念,是指一般的个体,区别于法人与非法人组织。因为居住权是为了"满足生活居住的需要",所以居住权主体只能是自然人。虽然法人和其他组织也可以对住宅进行占有与使用,但不能是出于生活居住的需要。

所有权人可以为两个及两个以上的自然人共同设立居住权(如子女为父母共同设立居住权),由权利人共同享有居住权。当然,所有权人可以将住宅的不同区域为不同的居住权人分别设立居住权。如所有权人将别墅的第一层提供给伯伯一家居住并设立居住权;将别墅的第二层提供给叔叔一家居住并设立居住权。

(三)住宅所有权人可以是自然人,也可以是其他民事主体

民事主体也是民法中的一个法律概念,包括自然人、法人与非法人组织。按

照《民法典》的规定,法人分为营利法人(如有限责任公司、股份有限公司等)、非营利法人(如事业单位、社会团体、基金会等)、特别法人(如政府行政机关、居民委员会、村民委员会等);非法人组织包括个人独资企业、合伙企业、不具有法人资格的专业服务机构,如律师事务所、会计师事务所等。

自然人所有的住宅,如家庭私有住宅,当然可以设立居住权。此外,法人、非法人组织也可以作为居住权的设立主体,如企业将自己购买的住宅提供给员工居住并设立居住权,高校将建造的职工宿舍提供给老师居住并设立居住权,都是可以的。但需要注意的是,法人、非法人组织只能是居住权的设立主体,不能作为居住权的权利主体即居住权人。

(四)居住权只能设立在他人所有的住宅上

在日常生活中,我们也经常使用"居住权"这个说法,但实质上是"居住权利"或"居住权益"(权益是权利与利益的合称)的意思,这种权利一般是指对某个房屋有一段时间的占有与使用权,主要用于生活居住的需要。如某人购买了一套住房,等房产商交付后,所有权人自然就拥有对该住房的居住权利;某人租赁了一套房屋,等交付租金后,出租人向承租人交付钥匙后,承租人自然就拥有对该房屋在租赁期内的居住权利;子女需要赡养父母,将自己所有的一套房屋提供给父母实际居住,即使没有订立任何居住权合同或办理登记,父母还是可以在该房屋内居住等。

《民法典》中的居住权是有特指的用益物权,与通常所说的"居住权利"存在明显的差异:所有权人在自己的住宅上生活居住,是所有权人行使占有与使用权的表现,不是"居住权";承租人在他人的住宅上生活居住,是行使租赁权的表现,也不是"居住权";即使是长期居住,但如果没有办理居住权设立登记,居住权也不生效。

(五)设立居住权的目的是满足生活居住的需要

《民法典》将居住权的权利范围限于"满足生活居住的需要",即居住权人无权将住宅用于生活居住之外的其他用途,如利用住宅进行商务办公、开设小型超市、商店、宾馆、茶馆或棋牌室等。即使双方在居住权合同中约定该住宅可以出租,承租人也不能用于其他用途尤其是商业经营的用途。当然,如出于职业的需求,居住权人可以利用住宅从事不违背生活居住需要的活动。如居住权人为个体商贩,可以将少量的待售物品存放于该住宅内。

(六)居住权主要通过订立合同与遗嘱方式设立

从《民法典》的相关规定来看,居住权的设立主要有合同和遗嘱两种方式。合同是设立居住权的主要方式,居住权合同应采用书面形式订立。这样可以明确合同的内容,减少可能出现的纠纷。

居住权可以通过遗嘱方式设立,一般适用于住宅所有权人以遗嘱方式为他人设立居住权的情形。遗嘱人在遗嘱中将自己所有的住宅指定由某个或多个继承人继承的同时,要求继承人同意其在该住宅上为第三人设立居住权;或者将住宅赠送给受遗赠人的同时,要求受遗赠人同意其在该住宅上设立居住权。

此外,居住权还可以通过生效的法律文书设立。尤其在赡养纠纷、继承纠纷、离婚纠纷中,通过法院出具的判决书或调解书方式设立居住权是常见的情形,但也应办理居住权设立登记。

(七)居住权要办理登记才能生效

居住权与其他不动产物权一样,采取了登记生效主义,这对居住权人与善意第三方的保护较为有利。居住权的设立、变更和消灭,自记载于不动产登记簿时发生效力。因此,当事人仅签订居住权合同并不能导致居住权的设立,必须办理登记才能生效。

但由于目前还没有出台全国统一的居住权登记规范,有些地方开始办理居住权登记业务还处于试点阶段。因为设立居住权涉及物权变动效力,对所有权人与居住权人都有重大的利害关系。所以,在办理居住权设立登记时,一般应由当事人双方共同提出申请并到场办理。有特殊情况也可以一方提出申请并办理手续。如果当事人属于无行为能力或限制行为能力的人,应由其监护人到场办理,并出具相关的证明材料。居住权设立登记手续完成后,登记机构应当向居住权人核发不动产登记证明(居住权)。此外,居住权还可以办理变更登记与预告登记。居住权消灭的,应当及时办理注销登记。

(八)居住权不得转让、继承

《民法典》明确规定"居住权不得转让、继承",居住权具有不可转让性。但在现实中,也存在出于消费或投资目的而有偿设立长期居住权的情况,如将原来的长期租赁变为有偿设立居住权形式。如果居住权人因某些原因(如出国定居),无法实际使用该住宅但已经交纳了全部使用费,并在居住权合同中约定不能出租,且所有权人不愿意退还使用费或不同意提前解除居住权合同,必然会对居住权人造成很大的经济损失,也不符合有效利用该住宅的目的。在实际操作中,也可以采取一些变通的办法,变相实现住宅使用权的流转。

(九)设立居住权的住宅经当事人约定才可以出租

根据《民法典》第369条的规定,设立居住权的住宅不得出租,但是当事人另有约定的除外。除了居住权人可以收取自然孳息以外,将房屋出租是实现收益权的重要手段。如果在居住权合同中明确约定"可以出租",居住权人可以采取出租房屋形式实现一定的收益,这在有偿设立居住权的情况下比较常见;如果在居住权合同中约定"不能出租",双方应遵守该约定;如果在居住权合同中对此没有约定,意味着居住权人也无权出租,这在无偿设立居住权的情况中比较常见。需要说明的是,设立居住权的住宅经当事人约定可以出租,并非"居住权经当事人约定可以出租"。

(十)居住权的消灭事由

居住权作为用益物权,是一种有期物权。当居住权合同约定有存续期间时,期限届满的,居住权消灭。居住权合同中对居住权期限没有约定或约定不明确的,登记机构可以要求双方协商予以补正。因此产生纠纷引起诉讼,需要法院进行裁判后才能办理设立登记。

如果居住权人死亡,即使居住权期限未满,居住权也消灭。因为居住权不能被继承,所以居住权人的继承人或与其共同生活的人员,也不能取得继续居住的权利。

除了以上两种导致居住权消灭的法定事由外,可以办理居住权注销登记的其他常见事由还有:居住权人放弃居住权,居住权合同提前解除,居住权撤销,人民法院、仲裁机构的生效法律文书导致居住权消灭,住宅被征收,住宅灭失或严重损毁,居住权与所有权混同(归于同一人)。

居住权消灭是办理居住权注销登记的前提,办理居住权注销登记后,才意味着居住权的真正消灭。

三、居住权的不同分类

依照不同的标准,可以将居住权划分为不同的类型,以下列举几种划分标准并进行初步分析。

(一)按照设立时居住权人是否要支付经济对价,可以分为无偿设立的居住权与有偿设立的居住权

如果居住权无偿设立,房屋所有权人与居住权人之间一般存在特殊的身份关系,如近亲属、以前的配偶、亲友、保姆等;房屋所有权人无偿设立居住权的主要目的有:承担扶养义务、恩惠性质、帮困助残性质等。在这种情况下,除了法定的赡养、抚养或扶养义务外,房屋所有人一般不需要承担较多的其他义务,如可以不承担房屋的维修义务,因住宅灭失或征收导致居住权消灭可以不给予经济补偿。居住权人也会受到一定的权利限制,如不能擅自出租住宅,不能让无关人员一起共同居住。居住权无偿设立,并不是意味着居住权人不承担任何费用,如居住期限内发生的物业服务费与水、电、燃气、取暖费等使用费用,一般由居住权人自己承担。如果双方有约定,也可以由所有权人来承担,如子女为父母设立居住权,一般是由子女来承担这些费用。

如果居住权有偿设立,所有权人与居住权人之间可以不存在特殊的身份关系,如可能是由原来的租赁房屋关系转化而来,或者因合作建房为出资人设立居住权,或因为养老需要为老人设立居住权。在这种情况下,居住权人需要支付房屋使用费或其他经济对价,同时享受相应的权利,除了对房屋的占有、使用外,通常还有一定的收益权,如约定该房屋可以出租。

(二)按照居住权设立的区域的不同,可以分为完整区域设立的居住权与局部区域设立的居住权

如果将居住权设立在一整套住宅上,是完整区域的居住权,这是比较常见的情况。但在一些特殊情况下,也存在局部区域的居住权。如可以将住宅的其中一间或几间房屋为他人设立居住权;在养老公寓中提供其中一间或两间房间为某个老年人设立居住权;将房屋的不同层或院子的不同侧为不同的居住权人设立居住权。在局部区域设立的居住权,居住权人应可以使用该住宅的公用部位及相关设施设备,如可以使用厨房、卫生间、阳台等;如果是在养老公寓中,居住权人可以使用公用设施,如食堂、活动室、训练室等。对于水、电、煤气、取暖等使用费用与物业服务费的承担,除了相关实际使用人有约定外,一般按照使用人所实际使用面积多少进行按比例分摊。

(三)按照住宅的性质的不同,可以分为在公有住宅上设立的居住权、在单位所有的住宅上设立的居住权与在家庭私有住宅上设立的居住权

我国目前大部分住宅是家庭私有住宅,但还存在一些特殊类型的住宅,如公有住宅、企业所有的住宅等。对于公有住宅的承租权性质,以前有一些争论,因此引发较多的纠纷。现有的很多判例显示,法院支持在公有住宅上设立居住权。此外,还有一些由地方政府、国有事业单位建设的住宅,如经济适用住房、人才房、廉租房等,产权在被个人购买前,应属于国有或单位所有,也属于公有住宅。有些企业通过购置部分住宅或建造员工宿舍等方式,为员工提供住处。居住型公寓、养老公寓也具有生活居住的功能,也可能作为居住权的客体。

当然,还可以按照其他的标准对居住权进行划分。如按照居住权设立方式的不同,可以分为以合同方式设立的居住权、以遗嘱方式设立的居住权与生效法律文书设立的居住权;按照居住权的功能作用不同,可以分为家庭保障性居住权、社会保障性居住权、投资性居住权与消费性居住权;按照居住权人的对象不同,可以分为老年人、未成年人、残疾人、离婚妇女、保姆等不同群体设立的居住权;按照居住权人及共同同住人的多少为标准,可以分为共享型的居住权与独享型的居住权;还可以根据住宅所在区域的不同,分为在城市城镇住宅上设立的居住权与在农村住宅上设立的居住权。

第二节 居住权合同的签订

一、居住权合同的一般条款

居住权合同一般包括下列条款:(1)当事人的姓名或者名称和住所;(2)住宅的位置;(3)居住的条件和要求;(4)居住权期限;(5)解决争议的方法。

下面对这些一般条款的写法进行分析。

(一)当事人的姓名或者名称和住所

居住权合同一般包括双方当事人,其中以房屋所有权人为一方,以居住权人为另一方。

房屋所有权人可以是自然人,也可以是法人或非法人组织。如果是自然人,一般需要填写姓名、居民身份证号码、现具体住址(住所)、联系电话等基本信息;如果是法人或非法人组织,需要填写单位名称、地址(住所)、统一社会信用代码、单位法定代表人或负责人(写明职务)、联系人、联系电话等基本信息。如果是共有住宅,应该将所有共有人作为一方当事人,或者书面授权某一共有人作为代表签字。

居住权人只能是自然人,写法同上。但居住权人有可能是多人,如果是家庭成员共享一套住宅的居住权,可以一起作为居住权合同中一方当事人;如果是多人共享形式但分区域设立居住权,可以分别签订居住权合同,或者在一份居住权合同中写明分区域的情况。

(二)住宅的位置

设立居住权的住宅,不仅要在居住权合同中写明,而且要尽量详细,至少要包括以下三个方面内容:

1. 设立居住权的住宅的具体位置,如位于某市某区某街道某路某号某小区某号楼某单元某层某号,至少要与其他住宅能区分开。

2. 该住宅的不动产权证书编号。

3. 该住宅建筑面积_____平方米,其中套内建筑面积_____平方米。

需要特别注意的是以下几点:

1. 要注明该住宅的所有权归属。如果该住宅是共有的,应该写明所有共有人;如果居住权人也是共有人之一的,应该进行说明。

2. 无论是在部分区域设立居住权,还是对多个居住权人分区域设立居住权,都应清楚、明确地说明设立不同居住权对应的区域位置及面积,可以附示意图进行说明。

3. 如果有车棚、储物间等附属设施的,应明确是否也设立居住权。

(三)居住的条件和要求

居住的条件与要求,可以由双方协商确定,除了一些必要的重要条款外,还可以设置一些个性化的内容。

必要的重要条款如明确是无偿设立还是有偿设立。如果是无偿设立但有代交的费用,应说明代交费用的性质与大致数额;如果是有偿设立形式,应约定房屋使用费数额及支付方式、支付期限等内容;如果采取其他有偿形式,如支付商业保险费用、预交维修费用等,也应该说明数额、支付方式与期限,避免以后产生纠纷。

必要的重要条款还有如居住权期限内产生的相关的使用费用与物业服务费用由谁来承担,通常由居住权人承担,也可以双方协商确定由所有权人承担。可以列举方式说明费用的范围。

本部分还可以约定房屋维修费用的区别承担。如一般维修通常由居住权人承担,应说明维修的范围;重大维修包括的范围及费用由谁承担。如果所有权人未及时维修,居住权人自行维修,是否可以要求所有权人承担费用。如果居住权人是所有权人的父母或未成年子女,维修费用一般是由所有权人来承担。

与居住权人共同生活的人员范围可以在本部分进行说明,可以多人,应写明姓名、居民身份证号码、与居住权人之间的关系等基本信息。有些人员暂时没有确定,可以笼统地提一下:如居住权人以后结婚,其配偶可以一起生活居住;居住权人以后出生的孩子或直系后辈可以一起生活居住;如居住权人需要人护理照顾,其聘请的保姆、护工可以在该住宅中居住。双方也可以用约定方式排除部分人员入住:如非居住权人的近亲属不能长期在该住宅中生活。

此外,可以约定一些个性化的内容,通常是对居住权人的要求:如要经常修剪院子中的花草,要定期清洗游泳池;不能在室内或院子中饲养家禽;不能将住宅用于办公或商业用途(如开超市、棋牌室等);在21时后不能播放音响;要照顾所有权人及其近亲属的日常生活。如果是有偿设立形式,有可能是对所有权人的要求:如要为居住权人提供日常养老服务与生活照顾;在居住权期限内,不能将房屋设立抵押或进行转让;要为居住权人提供通行便利;不能擅自停水停电等。

(四)居住权期限

居住权期限可以采取固定期限或不固定期限方式。采取固定期限方式要明确年限与起止时间。写为:该住宅的居住权期限为从某年某月某日起至某年某月某日止;或写为:该住宅的居住权期限为几年,自某年某月某日起开始计算。也可以从本合同签订之日起计算,或从办理居住权设立登记之日起计算。

如果采取不固定期限方式,写法就比较多样了,常见的写法:到居住权人去世为止;到居住权人自行购房为止;到居住权人再婚为止;到居住权人成年为止(指满18周岁)并具有独立生活能力。

在合同中还应该约定办理居住权设立登记的期限。如约定:本合同签订后10日内,双方一起到当地的不动产登记机构办理居住权设立登记。

如果是固定期限或不以居住权人死亡为解除条件的不固定期限,应约定办理居住权注销登记:居住权期限届满后,双方共同前往登记机构办理居住权注销手续,居住权自办理注销之日起终止。

(五)解决争议的方法

可以约定:因履行本合同过程中产生的任何争议,双方应先协商解决;如果协商或调解不成,任何一方均可向住宅所在地有管辖权的人民法院提起诉讼解决。

如果是采取有偿形式设立居住权,尤其是投资性或消费性的居住权,也可以选择采取仲裁方式解决争议。

二、居住权合同中需要注意的其他事项

应按照居住权的设立目的与当事人的不同情况来起草居住权合同,不同类型的居住权合同存在一定的区别。不能用一种格式的合同来适用所有设立居住权的情况。建议最好由律师帮助起草合同。

除了以上的一般条款以外,在起草居住权合同时还需要注意以下事项:

1.要明确设立居住权的住宅是否可以出租、出借或抵押。如果约定住宅可以出租,租期应不超过居住权的剩余期限;如果约定不能出租或出借,当事人应遵守约定。能否抵押或转让,对房屋所有权人的影响很大。如可以约定:如果今后该房屋办理抵押,应得到居住权人的同意;如果今后该房屋转让,所有权人应提前通知居住权人,居住权人有优先购买权;如果今后该房屋转让,将不影响居住权,居住权人可以继续在该房屋居住等。

2.要明确对居住权人的权利限制,尤其是居住权无偿设立的情况。如居住权不能转让、不能赠与、不能继承;居住权人不得将该住宅出租或者借用给第三人;未经所有权人同意,居住权人不得允许其他无关人员共同居住;居住权人应合理使用该住宅,不得损害该住宅的质量与安全;如果住宅内设施需要日常维护,居住权人应及时维修;如果住宅需要重大修缮,居住权人应提前与所有权人商量并确定费用承担等。

3.应明确合同解除条件。如果出现约定的情况,房屋所有权人有权提前解除本合同,并要求居住权人及其共同居住人搬离住宅。但从利益平衡的角度,只有居住权人存在性质比较严重的违约行为或造成严重后果时,所有权人才能行使合同解除权。如果居住权人的违约行为性质较轻,如在自己不住的期间,将房屋出租给第三方或借给亲友居住一段时间,经所有权人提醒后及时收回房屋,所有权人不能以此为由解除合同。在有偿设立的居住权合同中,也应明确居住权人有提前解除合同的权利,并约定合同解除的条件。

4.应明确违约责任条款。在居住权合同中,应约定房屋所有权人与居住权人可能出现的违约情况,并明确承担责任的方式,如居住权人不按时或足额支付房屋使用费用,应每日按照拖欠费用的1‰支付违约金。

5.要明确房屋灭失、严重毁损或其他原因造成居住权消灭,当事人是否可以要求设立新的居住权、损害赔偿或经济补偿。因意外失火或其他原因造成住宅毁损或灭失,且居住权人存在过错的,应承担赔偿责任。如果是由于地震、水灾、台风等不可抗力造成住宅毁损或灭失,或是室内设施设备的自然损耗、折旧,居住权人不承担赔偿责任。

6.室内设施设备情况应该清点并列明作为合同附件。这是为了尽量避免出现今后因室内设施设备灭失或毁损引起的纠纷。

7.其他特殊的约定。例如,如果在部分区域上设立居住权的住宅,所有权人拟转让其他区域,是否要提前通知居住权人,居住权人是否有优先承租权;住宅被征收后,房屋所有权人是否要设立新的居住权及是否给予经济补偿等。

三、居住权合同的参考文本

本书提供一份比较详细的居住权合同参考文本以供读者参考。但建议读者根据具体的情况,在文本基础上增删内容。一般性的无偿设立的居住权合同内容可以简略一些,目前各地登记机构提供的居住权示范合同都比较简单,但产生纠纷后不容易明确责任;有些有特殊需要的居住权合同应更加详细、清楚,建议请律师进行把关。

有偿设立的居住权合同在使用费用及支付方式、居住权条件及要求、住宅能否出租、维修义务的承担、提前解除合同条件、违约责任等方面应与无偿设立的居住权合同有所区别,内容应相对详细。

居住权合同(参考文本)

甲方(所有权人;如果住宅共有,应列明所有共有权人):_____

居民身份证号码:_____

住所地:_____

联系电话:_____

[如果所有权人是法人或非法人组织,需要填写单位名称、地址(住所)、统一社会信用代码、单位法定代表人或负责人(写明职务)、联系人、联系电话等基本信息。]

乙方(居住权人;可以为多个自然人设立居住权):_____

居民身份证号码:_____

住所地:_____

联系电话:_____

为了保障乙方的居住条件,甲方愿意提供住宅为乙方设立居住权,以满足乙方生活居住的需要。现双方经友好协商,就设立居住权事宜,根据《民法典》及相关规定,签订本合同以共同遵守。

一、基本状况

1. 甲方将自己所有的住宅为乙方设立居住权,该住宅的基本情况为:(以附件不动产权证为准)

(1)住宅地址:_____

(2)不动产权证号:_____

(3)所有权人:_____

(4)建筑面积:_____平方米;套内面积:_____平方米。

2. 下列范围不属于本合同约定的居住权使用范围内:_____

(如果是部分区域设立居住权,应清楚、明确地说明设立居住权的区域位置及面积,可以附示意图进行说明;如果有车棚、储物间等附属设施,应明确是否也设立居住权。)

二、居住权期限

1. 双方确认,居住权期限以下列第____项约定为准:

(1)固定期限:自_____年___月___日起至_____年___月___日止。

(2)不固定期限:自_____年___月___日起至乙方去世之日止(或采取其他形式的表述)。

2.甲方应在上述居住权期限开始之日前将房屋交付给乙方使用。

三、居住权登记手续

1.本合同签订后____日内,双方一起到当地的不动产登记机构办理居住权设立登记手续。

2.办理居住权登记手续费用(如有)由____方承担。

四、居住权设立方式

1.乙方无偿取得居住权,乙方无须向甲方支付房屋使用费用。甲方不能要求乙方交纳租金或其他费用,代交费用除外。

或者:1.居住权有偿设立,乙方取得本合同约定的居住权,应按下列第____项约定向甲方支付费用:(应约定使用费及支付方式,或其他条件)

(1)乙方应一次性向甲方支付共计_____元。乙方应于本合同签订后____日内支付_____元,居住权设立登记完成后____日内付清余款。

(2)乙方应按每年/月_____元向甲方支付房屋使用费用。乙方应于每年的___月___日前支付。(支付方式可以采取其他写法)

上述款项的收款账户约定如下:

开户行:_____

户 名:_____

账 号:_____

(3)其他费用及承担方式_____。

2.居住期限内发生的下列相关费用均由____方承担:(1)物业服务费;(2)水费;(3)电费;(4)燃气费;(5)固定电话费;(6)电视收视费;(7)网络宽带费;(8)取暖费;(9)房产税及其他税费(也可以不写)。(或采取不同费用分别由何方承担的方式)

五、居住权条件及要求

1.在居住权期限内,与乙方共同居住的人员范围为:(可以多人,写明姓名、居民身份证号码、与居住权人的关系等基本信息)

2.乙方获得居住权,应符合以下条件(或遵守以下要求):

(1)_____

(2)_____

(3)_____

3.如果甲方要将房屋进行抵押或转让,应提前告知乙方。如果对乙方的居住权产生影响,甲方应为乙方妥善安排新的住处并保证居住条件不下降、居住权期限不缩短。如果甲方已安排了新的住处,双方同意提前解除合同,乙方应无条件配合甲方办理相关登记手续。

或者:3.未经乙方书面同意,甲方不得将该房屋进行抵押。在不影响乙方居住权的前提下,甲方有权对房屋进行对外转让,但应提前一个月通知乙方,乙方享有以同等条件优先购买的权利;但是,房屋按份共有人行使优先购买权或者甲方将房屋出卖给近亲属的除外。甲方履行通知义务后,乙方在15日内未明确表示购买的,视为乙方放弃优先购买权。

4.未经甲方书面同意,乙方不得将房屋全部或部分出租、出借给任何人。

或者:4.关于房屋的出租,双方确认按以下第____种方式处理:

(1)未经甲方书面同意,乙方不得将房屋全部或部分出租给任何人。

(2)乙方有权出租并享受租金收益,但租赁期限不得超过居住权剩余期限。

(3)甲方允许乙方对外出租,所得租金收益按照以下方式进行分配:

(如果是在部分区域设立居住权,应约定甲方不能对外出租设立居住权的部分区域,但双方也可以约定甲方可以对外出租未设立居住权的部分区域或附属设施)。

5.乙方不得转让本合同约定的居住权,乙方继承人也无权继承乙方的居住权。

六、房屋维修义务及其他

1.双方均认可并同意按房屋现状移交给乙方。室内主要设施设备清单见附件。

2.乙方应合理使用该住宅,不得损害该住宅的质量与安全。未经甲方书面同意,乙方不得擅自对房屋进行装修及改造;经甲方书面同意后,乙方装修房屋或增加房屋附属设施的,装修添附及相关附属设施所有权归甲方所有。

3. 房屋的一般维修义务由____方承担,也可以要求小区物业服务企业提供维修服务,费用由____方承担。

4. 房屋的重大修缮或特殊维修(如屋顶、房梁的翻修、更换等)由____方承担,费用由双方协商确定。

5. 甲方可以提前通知乙方,自行对房屋进行检查,存在安全隐患的,甲方有权要求乙方进行维修,维修费用由____方承担。

(以上第2、3、4、5款根据双方的约定进行修改,具体可以参考以下写法)

6. 在居住权期限内,乙方负责对房屋及设施设备进行定期安全检查,发现房屋及实施设备发生损坏的,由____方负责维修,并承担维修费用。

7. 如果约定由甲方履行房屋维修义务,在合同中可以写明:

乙方在房屋需要维修时可以请求甲方在合理期限内维修。甲方未履行维修义务的,乙方可以自行维修,维修费用由甲方负担。因维修房屋影响乙方正常使用的,应当相应减少使用费或者延长居住权期限。因乙方的过错致使房屋需要维修的,甲方不承担前款规定的维修义务。

8. 乙方应当妥善保管房屋及设施设备,因保管不善造成房屋及设施设备毁损、灭失的,应当承担赔偿责任。

9. 乙方经甲方同意,可以对房屋及设施设备进行改善或者增设他物。如果乙方未经甲方同意,对房屋及设施设备进行改善或者增设他物的,甲方可以请求乙方恢复原状或者赔偿损失。

七、及时通知义务

1. 当发生下列情况之一时,乙方负有及时通知甲方的义务:

(1)房屋灭失或毁损;

(2)有必要进行重大的修缮和改造;

(3)第三人对房屋主张权利的或者做出足以侵害房屋的行为;

(4)为保护房屋免受可能的危险而有必要采取防护措施的。

2. 发生上述情况,乙方一般应在3日内通知甲方,甲方应及时作出回应并与乙方协商解决办法。如果因情况紧急,乙方可以作出临时措施,因此产生的费用支出,由甲方承担。(可以其他约定)

3. 因乙方未及时通知造成损失发生或扩大的,乙方应承担相应的赔偿责任。

八、居住权的解除条件(可以简略一些)

1. 乙方有下列情形之一的,甲方有权提前解除本合同:

(1)故意侵害甲方及其亲属的人身权或者对其财产造成重大损害的;

(2)不合理使用房屋,导致房屋损坏或出现质量问题危及住房安全等严重影响甲方或他人合法权益的;

(3)擅自改变房屋的居住用途,或利用房屋从事经营活动或者非法活动;

(4)未征得甲方书面同意或者超出甲方同意的范围和要求装修房屋或者增设附属设施的,导致房屋损毁;

(5)不承担维修义务,导致住宅或室内设施设备严重损坏;

(6)擅自将房屋出租或者借用给第三方,且不愿意将出租所得交付给甲方;

(7)未获得甲方的同意,擅自允许第五条第1款以外的其他人共同居住,且不听甲方的劝阻;

(8)延迟支付本合同第四条第1款约定的费用,在一个月内经两次催告未支付的。(如果居住权有偿设立,可以加入)

(如果是为老年人、未成年人、残疾人等弱势群体设立的居住权,所有权人一般不能擅自解除合同;如果因房屋征收、灭失或严重损毁等特殊原因导致居住权消灭,有条件的所有权人应为居住权人设立新的居住权或提供经济补偿。)

2. 甲方有下列情形之一的,乙方有权提前解除本合同:

(1)经乙方多次催促,甲方不承担房屋维修义务,导致房屋毁损或不适合居住;

(2)房屋存在质量问题,可能危及乙方及共同居住人的安全或者健康的;

(3)拒不办理居住权设立登记,导致乙方的居住权未生效的;

(4)擅自转让房屋或设立抵押权,导致乙方无法使用房屋的;

(5)擅自将房屋出租或者借用给第三方,导致乙方无法使用房屋的;

(6)故意妨碍或影响乙方按约定使用房屋的;

(7)其他情形。

九、违约责任(如果居住权无偿设立,可以简略一些或作相应的修改)

1. 乙方不按时或足额支付本合同第四条第1款约定的使用费,甲方可以要求乙方每日按照拖欠费用的____‰支付违约金;

2. 乙方有下列情形之一的,甲方可以要求乙方支付相当于本合同第四条第1款约定的使用费的____%的违约金,或赔偿相应的经济损失:(违约金写法可以双方自行协商确定)

(1) 未支付水、电、煤气、取暖等使用费用或物业服务费,导致第三方要求房屋所有人承担该费用的;

(2) 擅自将房屋出租或者借用给第三方;

(3) 擅自允许其他无关人员共同居住;

(4) 不承担日常维修义务,导致房屋及室内设施设备损坏的;

(5) 不按照合同约定,履行居住的相关条件与要求;

(6) 居住权期限届满后,不配合办理居住权注销登记手续;

(7) 其他情形。

3. 甲方不配合或逾期办理居住权设立登记的,应按每日_____元向乙方支付违约金。

4. 甲方出现下列情形之一,影响乙方正常使用房屋的,乙方可以要求甲方退回乙方交付的所有费用及支付违约金_____元。(违约金写法可以双方自行协商确定)

(1) 不按时将房屋交付给乙方,或房屋不适合生活居住的;

(2) 擅自将房屋出租或者借用给第三方;

(3) 使用断水断电或以其他非法手段对乙方进行妨害的;

(4) 不承担房屋维修义务,或不支付应承担的维修费用;

(5) 其他情形。

5. 甲方提前解除本合同的,如乙方已向甲方支付了房屋使用费,则使用费应按乙方实际居住时间按比例计算,剩余部分甲方应予返还。

6. 如房屋被拆迁征收,本合同提前终止并办理居住权注销登记,双方同意按照下列第____种方式处理:

(1) 所有拆迁补偿利益归甲方所有。但甲方应为乙方设立新的居住权,并保证居住条件不下降、居住权期限不缩短。除房屋中由乙方添设的设施设备对应的补偿归乙方所有以外,甲方无须向乙方支付其他补偿。

(2) 所有拆迁补偿利益归甲方所有,但甲方应向乙方退还乙方所支付的费用(如有),并向乙方另外补偿_____元。(补偿费用可以双方自行协商确定,如甲方应退还已经收取但没有实际履行部分的房屋使用费。)

（3）同意将乙方作为被征收人，按照设立居住权的使用面积内的征收补偿利益归乙方所有。如果以甲方作为被征收人，甲方应将设立居住权的使用面积内的征收补偿利益交付乙方。

十、办理居住权注销登记

1. 如果本合同第二条第1款约定的居住权期限届满，乙方及其共同居住人应按时搬离该住宅，并将该住宅及室内设施设备移交给甲方。双方共同清查室内设施设备后，共同向该住宅所在地的不动产登记机构申请办理居住权注销登记。

2. 出现本合同第七条第1款约定的合同解除条件，甲方有权要求乙方及其共同居住人限期搬离该住宅。甲方可以单方申请办理居住权注销登记，居住权消灭。

3. 其他约定：

十一、争议解决（也可以设立专门的仲裁条款）

凡因履行本合同所发生的或与本合同有关的一切争议，双方应尽量通过友好协商的方式处理。协商不成、发生诉讼的，由房屋所在地的人民法院管辖。

十二、其他约定

1. 本协议自双方签字、捺指印或盖章之日起生效。

2. 本协议未尽事宜，双方可另行签订补充协议，补充协议与本合同不一致的，以补充协议为准。

3. 本协议附件是本合同不可分割的组成部分，与本合同具有同等法律效力。

4. 本协议一式三份，甲、乙双方各执一份，办理居住权登记时提交不动产登记机构一份，具有同等法律效力。

（以有偿方式设立居住权的，建议双方应列出室内主要设施设备的清单，并作为合同附件，必要时可以附现状照片进行说明。）

（如果居住权合同是附条件或附期限的合同，可以单列条款予以规定，具体按照双方的意愿来决定内容。）

甲方（签章）：

乙方（签章）：

签署日期：_____年____月____日

第三节 以遗嘱方式设立居住权

按照《民法典》第371条的规定,可以以遗嘱方式设立居住权。除了可以参照适用《民法典》物权编第十四章"居住权"的有关规定外,还可以参照适用《民法典》继承编的相关规定。

一、设立居住权的有效遗嘱的基本内容

1. 首先要明确设立居住权的住宅是可以作为继承财产的自有房屋。遗嘱人应是该住宅的所有权人,而且该所有权一般不能受到权利限制,如已经设立抵押权的住宅,不能擅自设立居住权;与他人共有的住宅,只能就自己所有的部分设立居住权;所有权存在争议的住宅,即使立有遗嘱,可能也无法办理居住权设立登记。

2. 以遗嘱方式设立居住权,居住权人可以是法定继承人(如配偶、子女、父母、兄弟姐妹、祖父母、外祖父母等),也可以是其他受益人(亲戚、保姆、需要抚养、扶养或照顾的其他人等,与受遗赠人可以重合)。

3. 要明确设立居住权的住宅位置、区域及面积。应该在遗嘱中明确"住宅的位置";如果是将住宅的部分区域设立居住权,应清楚、明确地说明设立居住权的区域位置及面积;如果对不同的居住权人分区域设立居住权,应清楚、明确地说明设立不同居住权对应的区域位置及面积;如果有车棚、储物间等附属设施,应明确是否也设立居住权。

4. 应在遗嘱中明确居住权期限。居住权可以是固定期限,如3年、5年或10年。但在实践中,可能更多的是长期或不固定的期限,如到居住权人去世为止、到居住权人购房为止。如果期限不明确,应根据立遗嘱时的基础条件、设立居住权的目的、居住权人的实际需求等情况进行判断。如对老人、没有劳动能力的人、无行为能力或限制行为能力的人,期限一般应是长期,至少要保障其获得基本的居住条件;对于未成年人,期限一般应到其成年或有独立生活能力为止。

5. 尽量明确是否有偿及是否附条件和要求,以遗嘱方式设立居住权,一般是采取无偿设立形式,做法类似遗赠。也可以明确:水、电、燃气、取热等相关使用费与物业服务费由居住权人自己承担。如果在遗嘱中没有明确居住权是否有偿设

立,应视为无偿设立。此外,可以要求居住权人承担一定的条件与要求,如帮助照顾遗嘱人的配偶、子女、父母的生活。

二、以遗嘱方式设立居住权的注意事项

1. 立遗嘱的方式。我国《民法典》规定立遗嘱有自书遗嘱、代书遗嘱、打印遗嘱、录音录像遗嘱、口头遗嘱、公证遗嘱等多种方式。但居住权需要办理登记后生效,所以以立遗嘱方式设立居住权应采用书面方式,不宜采取录音录像遗嘱、口头遗嘱等方式。一旦发生纠纷,难以明确,口头形式的遗嘱在办理登记时一般不会被登记机构采纳。

2. 立遗嘱后是否还需要签订居住权合同。如果立有书面形式的遗嘱,在遗嘱中有设立居住权的明确意思,而且具有必要的内容,参照居住权合同的一般条款要求,有居住权人、住宅的位置、居住的条件和要求、居住权期限等内容,登记机构应予以登记。但在实践中,遗嘱中极有可能是内容很简单,如只有居住权人、住宅的位置,缺少居住权期限等重要内容。在这种情况下,应该按照遗嘱人的意愿来明确相关内容,由继承人与居住权人签订书面形式的居住权合同,作为对遗嘱的补充说明,也反映了双方的意愿。对于口头形式的遗嘱,更是应该签订书面形式的居住权合同,否则无法办理居住权设立登记。

3. 是否可以为存在共有关系的配偶设立居住权。可能经常会出现的情况是老人在遗嘱中明确:将夫妻双方共有的一套住宅留作存世的配偶以后长期居住,等双方都去世后再作为遗产由子女继承,这也涉及为某一共有人设立居住权的情形,显然这是合情合理的,也是目前普遍存在的实际做法。这种做法可以为老年人的居住条件提供保障,也符合创设居住权制度的本意。住宅的共有人在其共有的部分自然享有居住的权利,在其他部分获得其他共有人的同意为其设立居住权,登记机构应尊重当事人的真实意愿,为老人办理居住权设立登记。

4. 附义务的遗嘱,当事人不接受所附义务如何处理。以遗嘱方式设立居住权实际上是附义务的继承(或遗赠),有可能出现当事人不愿意接受该义务的情况。如在遗嘱设立居住权,同时要求受益人承担一定的义务或条件,如帮助照顾遗嘱人的配偶、子女、父母的生活,承担一定的债务、税款或拖欠的物业服务费等,该受益人可能也会放弃居住权。如果受益人不接受遗嘱中的义务,视为放弃居住权,该住宅作为遗产由遗嘱继承人或法定继承人来继承。

5. 居住权人是否要作出接受或者放弃居住权的表示。参照《民法典》第1124

条的规定,继承人或受遗赠人应作出接受或者放弃的表示。如果居住权人是继承人,除非以书面形式作出放弃居住权的表示;没有表示的,视为接受。如果居住权人是其他受益人,应参照受遗赠人的做法,在知道遗嘱内容后60日内作出接受或者放弃居住权的表示;到期没有表示的,视为放弃该居住权。

三、设立居住权的合格遗嘱建议格式

在我国实践中,除了某一自然人设立遗嘱(单立遗嘱)的常见情况外,还有合立遗嘱这一现象。合立遗嘱又称为共同遗嘱,是指两个以上的遗嘱人共同设立一份遗嘱,以处分共同遗嘱人各自所有的或者共同所有的财产,如夫妻合立的遗嘱。

以下分单立遗嘱与合立遗嘱两种形式分别进行说明。

(一)单立遗嘱形式

建议写法:位于<u>某市某区某街道某路某号某小区某号楼某单元某层某号</u>的住宅(写明具体地址,与产权证书上登记的地址应相同;不动产权证号编号为:____;面积情况:____平方米)是<u>本人(是指遗嘱人)</u>所有(或登记在本人名下,实际是本人与谁共有)。现明确:该套住宅(或本人所有的部分)由<u>谁(或多人)</u>来继承(或遗赠给谁),并为<u>谁(与继承人、受遗赠人应不同)</u>设立居住权。居住权期限为:<u>固定年限(如10年)或长期(到居住权人死亡为止)</u>。是/否有偿,居住条件与要求:(<u>如承担对谁的赡养义务,今后照顾谁的日常生活等</u>)。

如果是在部分区域设立居住权,应清楚、明确地说明设立居住权的区域位置及面积,如居住权设立在该套住宅的北侧的客卧一间约20平方米,该院子的东首两间房屋约50平方米。

如果对不同的居住权人分区域设立居住权,应清楚、明确地说明设立不同居住权对应的区域位置及面积,如该别墅的一层约100平方米由谁长期居住,二层约100平方米由谁长期居住,楼梯与过道共有;院子的东侧两间房约50平方米由谁居住;西侧两间房约50平方米由谁居住,中间一间由双方共用。

有车棚、储物间等附属设施的,也设立居住权的,应该在遗嘱中写明,如在该住宅及一楼105号储物间上设立居住权。

(二)合立遗嘱形式

建议写法:位于<u>某市某区某街道某路某号某小区某号楼某单元某层某号</u>的住

宅(写明具体地址,与产权证书上登记的地址应相同;不动产权证号编号为:＿＿＿；面积情况:＿＿＿平方米)登记在(甲或乙)名下,实际是甲与乙共有(两人都是遗嘱人)。现明确:无论甲与乙中谁先去世,另一方对该套住宅都有长期居住权直至去世。此前,房屋不能转让或进行财产分割。等甲与乙都去世后,由谁(或多人)来继承(或遗赠给谁)。

如果两人在遗嘱中为其他人设立居住权,应写明:居住权人的姓名、住宅的位置及设立的区域与面积,居住权期限及居住的条件与要求等内容。

如果居住权人是法定继承人,一般应说明其与房屋所有权人的身份关系。如居住权人是房屋所有权人配偶(包括再婚配偶)、父母(包括继父母)、子女(包括继子女或非婚生子女)、父母已去世的直系后辈、兄弟姐妹等。

如果居住权人是非法定继承人,一般应说明为其设立居住权的原因。如居住权人是房屋所有权人的亲戚、保姆,居住权人是没有住房的未成年人、残疾人、精神病人等。

其他内容可以参见单立遗嘱的情况。可以在以上建议格式基础上适当增删内容,特别注意要符合设立合法遗嘱的形式要求,避免因存在形式上的瑕疵导致遗嘱被认定为无效,使得遗嘱设立居住权的行为也被认定为无效。如果在遗嘱中指定了遗嘱执行人,建议由遗嘱执行人协助居住权人办理居住权设立登记手续。

第四节　设立居住权需要办理登记手续

《民法典》第368条与第370条分别规定了居住权设立登记与注销登记。居住权与其他多数不动产物权一样,采取了登记生效主义,显然也有利于保护居住权人的利益。即使将设立居住权的住宅转让,也不影响居住权的继续存在。居住权作为一种用益物权,其登记机构也是不动产登记机构(简称登记机构)。

目前还没有全国统一的居住权登记规范。本节内容主要借鉴《不动产登记暂行条例》的相关规定并结合上海市、浙江省、广州市、深圳市、武汉市等地的相关做法进行分析。

此外,2022年10月自然资源部公布的《不动产登记法》(征求意见稿)增加了"居住权登记"的内容:当事人申请居住权首次登记,提交设立居住权的合同、遗嘱或者生效法律文书。当事人的姓名或者名称、居住权期限等发生变化的,当事人应当申请居住权的变更登记。居住权人放弃权利、居住权人死亡、约定的存续期间届满等导致居住权消灭的,当事人应当申请居住权的注销登记。

一、办理居住权设立登记时的基本要求

依申请登记是不动产登记的基本原则。房屋所有权人、居住权人可以向住宅所在地的登记机构提出申请,启动居住权登记。

在申请办理居住权设立登记时,申请人应当提交下列材料:(1)不动产登记申请书;(2)申请人、代理人身份证明材料、授权委托书;(3)设立居住权的住宅权属证书;(4)居住权权属来源材料。根据不同的设立方式,提供相应的居住权权属来源材料,如书面形式的居住权合同、生效遗嘱与遗嘱人死亡证明、生效法律文书。对于房屋已办理抵押登记的,登记机构还要求申请人提供抵押权人同意办理居住权设立登记的证明材料。申请人应当如实提交有关材料和反映真实情况,并对其申请材料实质内容的真实性负责。

如果是以合同方式设立居住权并办理居住权登记,一般要求双方当事人共同申请并到场办理。登记机构可以通过询问所有权人来明确设立居住权是否是其真实的意思表示。如果该房屋是共有性质,应该是所有共有人(全部产权人)都应到场办理。但房屋所有权人存在长期在国外或境外居住等特殊原因的,也可以委托其他人办理并出具授权委托书。居住权人一般也应到场办理,除非年老生病、行动不便等特殊原因无法到场,可以委托其他人办理,受委托人可以包括房屋所有权人或其亲友、共同生活的人。如果当事人属于无行为能力或限制行为能力的人(如未成年人、无法辨认自己行为的老年人),应由其监护人到场办理,并出具相关的证明材料。

以遗嘱方式设立居住权并办理居住权登记,当事人应提供书面形式的遗嘱、遗嘱人的死亡证明等材料,一般允许由遗嘱设立的居住权人单方申请,也可以由遗产管理人代为申请。对于设立居住权的住宅办理所有权转移登记与居住权设立登记先后的顺序,尽量将两项登记同时办理,或居住权设立登记先于所有权转移登记,可以避免出现纠纷,保护居住权人的合法权益。如果因存在继承纠纷,暂时无法办理住宅所有权的转移登记手续,应先办理居住权设立登记。

以裁判文书方式设立居住权并办理居住权登记的申请人的要求,一般允许生效法律文书确定的居住权人单方提出申请,并提交生效法律文书等材料办理。如果房屋所有权人不配合,居住权人可能难以获得住宅的不动产权证书,登记机构应根据不动产登记簿记载的情况为居住权人直接办理居住权登记证明。此外,居住权人可以申请法院强制执行,或者判决生效后,由法院通知住宅所在地的登记机构协助办理居住权设立登记手续。此外,《民法典》实施前的法院判决书或调解书中出现的"居住权",生效法律文书确定的居住权人单方提出申请,登记机构可以要求申请人提供生效法律文书的法院出具的书面审查意见才能办理。

办理登记手续后,登记机构应该为居住权人颁发不动产登记证明(居住权)。办理登记证明需要收费,目前各地自己规定相应的标准。

二、办理居住权设立登记的特殊情况处理

(一)对可以设立居住权的住宅范围的理解

普通的家庭私有住宅可以办理居住权设立登记。但此外一些具有生活居住功能的房屋,如居住型公寓、养老公寓、员工宿舍等,是否可以被认定为"住宅",目前还不明确。各地的登记规范对于可以纳入居住权登记的"住宅"范围都没有明确。试点的有些地区,目前居住权登记的范围只针对国有土地上建设的商品房,暂时还不涉及农村宅基地上的房屋。

估计今后会逐渐扩大居住权的登记范围,不仅允许在国有土地上建设的住宅可以登记,以后允许集体土地上建设的住宅(农村房屋)也可以登记。以后,还可能逐步扩大到居住型公寓、养老公寓、员工宿舍等其他用于生活居住需要的房屋,还可能试点在公有住宅上设立居住权。但对没有办理产权登记的房屋尤其是"小产权房"或产权归属不明确的农村房屋,应不能办理居住权登记。未经合法的用地和规划等手续进行建设的建筑物,属于违法建筑,不能办理不动产所有权设立登记,也就无法设立居住权登记。

(二)居住权的多主体如何登记

在同一套住宅上可以为一人设立居住权,也可以为多人设立居住权。如果是为多人设立居住权,可以分为两种情形分别进行处理:一是为一起生活居住的多个家庭成员在同一套住宅上设立居住权,这种情况是共享居住权,登记机构可以只出具一份居住权登记证明,上面记载多个居住权人即可;二是为多个没有家庭成员关系的居住权人设立多个独立居住权,分别明确设立居住权的区域及面积,独自拥有居住权,这种情况是独享居住权,登记机构需要出具多份居住权登记证明,分别记载不同的居住权人及对应的设立区域及面积。

(三)在共有住宅上为部分共有人设立居住权

在我国的一些住宅中,存在较多共有性质的住宅,如夫妻共有、父母与子女共有、兄弟姐妹共有。一般情况下,共有人自然享有对房屋的居住权利,没有必要专门设立居住权。但在一些特殊情况下,如果该住宅的部分共有人要求其他共有人为其设立居住权,获得其他共有人的同意并签订居住权合同,登记机构应为其办理居住权设立登记。这样做既可以保护居住权人的合法权益,也是其他共有人对该住宅所有权的合理处分行为,登记机构应尊重当事人的真实意愿。

(四)居住权的非完整设立如何登记

如果在居住权合同中没有特别说明,居住权应在整套住宅上设立。如果在住宅的部分区域设立居住权,或分区域设立居住权,应清楚、明确地说明设立居住权的区域位置及面积,在居住权登记证明中可以附示意图进行说明。如果是分层的住宅,可以写明是在其中第几层房屋为谁设立居住权;如果有明确的方位或房间划分不至于混淆,应描述清楚。如果附属设施包括车库、车棚、储物间等有独立产权证明,一起设立居住权时应明确记载在居住权登记证明中;如果未写明,视为没有设立居住权。

三、办理居住权变更登记与预告登记

《不动产登记法》(征求意见稿)规定,居住权的期限、居住的条件或者要求等发生变化的,可以办理居住权变更登记。因登记的居住权人的姓名、身份证明类型或者身份证件号码等发生非实质变化的,居住权人还是同一个人,居住权人可以单方提出申请;因居住权期限、居住条件和要求等居住合同内容发生变化的,由居住权人和不动产所有权人共同提出申请。此外,不动产发生转移导致义务人发生变化的,居住权人可以单方提出申请。申请办理居住权变更登记,需要提供以下四类材料:(1)不动产登记申请书;(2)申请人、代理人身份证明材料、授权委托书;(3)居住权登记证明(原件);(4)身份信息变更材料或居住权变更协议(原件)。登记机构审核后认为可以予以变更登记,应收回原来的居住权登记证明,换发新的居住权登记证明。

为了保障将来实现居住权,双方当事人也可以申请办理居住权预告登记。"预告登记后,未经预告登记的权利人同意,处分该不动产的,不发生物权效力。

预告登记后,债权消灭或者自能够进行不动产登记之日起九十日内未申请登记的,预告登记失效。"办理居住权预告登记后,该住宅在短期内不能抵押也不能转让,但是预告登记具有临时性,因此在具备条件后,申请人应及时办理居住权设立登记。拟申请居住权登记的住宅有预告登记的,申请人还应当提交预告登记权利人同意的书面材料。

四、办理居住权注销登记的基本要求

居住权期限届满、设立居住权的住宅灭失或者被征收等导致居住权消灭的,登记机构凭居住权人或者房屋所有权人提交的相关材料办理居住权注销登记。居住权人放弃权利、生效法律文书等导致居住权消灭的,登记机构凭申请人提交的相关材料办理居住权注销登记。居住权人死亡的,登记机构凭房屋所有权人提交的死亡证明等相关材料办理居住权注销登记。因住宅灭失或者被征收办理房屋权利注销登记的,应同时办理居住权注销登记。

根据不同的居住权消灭原因,申请人应有所区别。大部分情形下可以单方提出申请,如居住权人死亡、所有权人依法解除居住权合同、因人民法院生效法律文书终止居住权,申请人应当是房屋所有权人;合同约定的居住期限届满,申请人可以是居住权合同一方或双方当事人;居住权人放弃居住权,申请人应当是居住权人;但如果是双方协商提前解除居住权合同,申请人应是双方当事人。

办理居住权注销登记,一般都需要提供以下三类材料:(1)不动产登记申请书;(2)申请人、代理人身份证明材料、授权委托书;(3)居住权灭失的证明材料。但考虑到居住权登记证明只发给居住权人并不发给所有权人,如果所有权人可以单方申请居住权注销的情况,一般不要求提供居住权登记证明;但如果是居住权人单方提出或双方当事人共同提出申请居住权注销的情况,申请人应提供居住权登记证明(原件)。

因为办理居住权注销登记意味着居住权人的权利终止。所以,如果双方协商提前解除居住权合同或居住权人放弃剩余的居住权期限,一般要求居住权人到场办理并签字表示认可。如果居住权人因年老生病、行动不便等特殊原因无法到场办理,可以委托其他人办理,但受托人一般不应是所有权人。所有权人是居住权注销登记的受益人,可以不到场办理,可以委托其他人办理。但所有权人有提供导致居住权消灭的相关证明材料的义务。所有权人死亡或失去民事行为能力的,其继承人或监护人可以行使以上权利。

《不动产登记法》(征求意见稿)规定,不动产上已经设立居住权、地役权、抵押权或者已经办理预告登记、查封登记,所有权人、使用权人因放弃权利申请注销登记的,申请人应当提供居住权人、地役权人、抵押权人、预告登记权利人或查封机关同意的书面材料,但是因不动产灭失而申请注销登记的除外。

第五节 设立居住权需要注意的法律问题

一、在住宅的部分区域上可以设立居住权

《民法典》将居住权的客体定为"住宅",因此就整套住宅设立居住权当无疑问。但是,能否就住宅的部分区域设立居住权?

在我国的《物权法(草案)》中曾规定,"居住权人对部分住房享有居住权的,可以使用该住房的共用部分"。据此,可以解释出就住宅的部分区域也可以设立居住权。

如果是对整套住宅设立居住权,居住权面积可以按照不动产权证书记载的面积进行登记。如果是对住宅的部分区域(如整套院落的部分房屋、一套别墅其中一层、一套住宅内的其中几间房屋)设立居住权,也要尽量明确居住权设定区域的面积。如果在居住权合同或登记内容中不准确描述区域或没有明确面积,容易引起纠纷。此外,如果在住宅的部分区域设立居住权,当事人应尽量将设定区域隔离成为可以独立使用、权属界限封闭的空间。

如果所有权人将房屋内设立居住权区域以外的其他区域对外出租,应提前征求居住权人的意见,居住权人有优先承租权;如果居住权人不同意所有权人对外出租,应与所有权人协商将其他区域租赁下来。如果居住权人同意所有权人对外出租房屋的部分区域,可以要求所有权人将现居住区域与拟出租区域进行必要的区域隔离与隔音处理,在保留必要的进出通道的基础上,尽量避免互相影响。

居住权人有权使用的范围,除了设定区域外,还包括公用部位与约定的附属设施。如果居住权设立在养老院内,居住权人可以利用养老院的公用部位,如食堂、活动室等;如果居住权在部分区域内设立,可以利用该住宅的公用部位,如厨房、卫生间、阳台等。如果该住宅有配套的附属设施,如车棚、杂物间等,居住权人一般也可以使用,但应以居住权合同中的约定为准。

二、与居住权人共同生活人的范围与权益

依照传统的居住伦理,应允许居住权人的家庭成员与其共同居住。所以,与居住权人必要共同生活的人(或称为共同居住人、同住人)的范围可以包括三类:一是家庭成员,包括配偶、子女和其他共同生活的近亲属;二是为居住权人提供生活服务的人员,如保姆、护工等;三是居住权人供养的近亲属以外的人员。

为了防止居住权人将其他无关的人员也纳入其中,或者以免费借住(实际上可能是出租行为)的名义将住宅的部分提供给他人使用,避免以后可能产生纠纷时难以解决,应在居住权合同中明确约定与居住权人共同生活的人员名单与基本信息。如果当事人有明确约定,房屋只能由居住权人自己居住,其他人亦不得同住。

共同居住人亦享有居住利益,但与居住权人享有的居住权是有区别的。因为居住权人是居住权的直接利益主体,共同居住人是居住权的间接受益人,并不是居住权的权利主体。共同居住人如果要提出权利主张或排除妨害的要求,一般要通过居住权人提出。如果共同居住人可以单独提出要求(如将房屋附属设施出租),不同的人之间的意见可能不同,所有权人或第三人可能会无所适从。在这种情况下,所有权人或其他人只能与居住权人进行沟通,由居住权人代表实际居住的全体家庭成员提出要求或意见。

居住权人与实际居住人一般是同一人,但有时不是同一人。如居住权人是某一家庭的成员,与其共同居住的其他人只是实际共同居住人,而不是登记的居住权人。有时候,居住权人因为某种原因(如出国访问、长时间出差、购房另住)没有在该住宅中实际居住,只是名义上的居住权人。所有权人很难控制或知道设立居住权的住宅内实际居住了多少人。如果居住权人不诚信,可能会以共同居住的名义,将住宅的部分借给其他非家庭成员居住,或者实际出租给他人使用,这样就实质损害了所有权人的利益。所以,在居住权合同中有必要明确共同居住人,并明确相关的违约责任。

三、无偿设立的居住权合同准用赠与合同规则

无偿设立居住权的本质,是所有权人将自己住宅的占有权与使用权赋予居住权人,居住权是用益物权的一种,所以可以看作一种权利的赠与行为。

如果居住权无偿设立,所有权人与居住权人之间往往存在特殊的身份关系,

而且一般是出于承担扶养义务、恩惠性质或者帮困助残性质才会无偿设立,这与一般的赠与行为有很大的类似性。如果居住权合同属于带有公益、恩惠或帮困性质的合同,可以参照适用《民法典》合同编第十一章"赠与合同"中的相关规定。

因为其无偿性,所有权人无法获得收益,所以应进行一定的"责任豁免",需要承担的义务一般相对较少,除非所有权人对居住权人有赡养、抚养或扶养等带有人身性质的法定义务。所有权人可以享有类似赠与人相似的法律地位。

参照《民法典》第662条的规定,如果无偿设立居住权的住宅存在瑕疵,如室内的部分设施设备(如冰箱、空调、取暖设备、热水器、洗衣机等)无法正常使用,所有权人不承担责任。但所有权人故意不告知瑕疵或者保证无瑕疵,造成居住权人损失的(如冬天受冻、滑倒受伤),所有权人应当承担赔偿责任。

参照《民法典》第663条的规定,如果居住权人对所有权人有赡养、抚养或扶养义务而不履行,严重侵害所有权人或者其近亲属的合法权益,或不履行居住权合同约定的义务,所有权人可以撤销居住权,提前解除居住权合同。

参照《民法典》第666条的规定,如果所有权人因为一些特殊情况(如创业失败)导致生活出现严重困难、失去原来的住所,可以与居住权人协商提前解除居住权合同,或者要求与居住权人共同生活。居住权人一般对此情况应予以理解,不能拒绝所有权人提出的正当要求。

但考虑到无偿设立的居住权人一般是老人、未成年人、残疾人、离婚妇女或无住房的困难人员等弱势群体,所以应对所有权人的撤销权进行限制。如果签订居住权合同后,所有权人不配合办理登记,居住权人可以申请法院强制执行。这是居住权必须要设立登记才能生效的性质决定的。

四、有偿设立居住权可以参照适用房屋租赁合同规则

将长期租赁住宅的合同转化为有偿设立居住权的合同,是比较可行的做法,也是居住权的消费性功能的重要体现。两种做法相似之处:都需要签订书面形式的合同,受益人都需要支付经济对价,并可以长期占有与使用住宅。两种做法主要差异之处:签订居住权合同后需要办理居住权设立登记手续,但租赁合同由当事人自己决定是否办理登记备案手续;租赁合同关系中承租人获得的是债权,出租人提前解除合同相对比较容易,办理居住权设立登记后居住权人获得的是用益物权,显然后者获得的法律保护效力更高,如房屋即使办理抵押或转让但不影响居住权的继续存在。在以后住宅租赁市场兴起后,很多人可能会选择有偿设立长期居住权的方式来获得居住条件的保障。

与有偿设立居住权合同最类似的是房屋租赁合同。很多情况下，原来双方采取房屋租赁形式，后来承租人提出为确保其居住权，得到所有权人的同意，双方签订居住权合同并办理登记，原来的租金以支付房屋使用费形式支付，这种形式转化是比较容易实现的，而且没有本质的区别。所以，当事人的权利与义务应基本相似。

居住权有偿设立的，房屋所有权人应承担类似出租人的相应的责任与义务，要求所有权人承担提供交付房屋的义务、与权利瑕疵担保责任，具体可以参照《民法典》第708条、第723条的规定。无论是以无偿形式还是有偿形式设立居住权，居住权人都应承担类似《民法典》合同编第十四章"租赁合同"中对承租人的义务要求，如按约定使用租赁物的义务、妥善保管租赁物义务与承担租赁物损坏赔偿责任等。具体可以参照《民法典》的相关规定。

居住权期限届满后，居住权人应承担返还住宅的义务，可以参照《民法典》第733条的规定：租赁期限届满，承租人应当返还租赁物。返还的租赁物应当符合按照约定或者根据租赁物的性质使用后的状态，即居住权人应返还住宅，住宅应当符合按照居住权合同的约定或者根据住宅的性质使用后的状态，如家具、室内主要物品应保持原来数量，减少、灭失的部分要予以合理说明或进行赔偿，住宅及装修可以合理折旧或正常损耗，但不应该损毁或被破坏，尤其是可能影响房屋质量的部分，否则所有权人有权要求居住权人赔偿损失。

但居住权合同并不适用房屋租赁合同的所有规则，如不直接适用《民法典》中关于房屋转租的相关规定。因为，《民法典》第369条有明确规定：设立居住权的住宅不得出租，但是当事人另有约定的除外。如果双方在居住权合同没有约定是否可以出租，应认定为"不能出租"。未经双方协商同意，任何一方都不能将设立居住权的住宅擅自出租。如果设立居住权的住宅可以出租，可以参照《民法典》第716条、第717条的规定，但不能参照适用第718条规定，也即居住权人未经过所有权人同意将设立居住权的住宅出租给第三人，即使所有权人"在六个月内未提出异议的"，也不能视为所有权人同意出租。

五、合同提前解除与居住权消灭

居住权合同一旦成立后将在所有权人与居住权人之间产生债权债务关系，其中最重要的合同目的是将合同债权经过设立登记后变成具有用益物权性质的居住权。如果居住权合同被提前解除，将意味着居住权期限的提前终止。居住权合同解除可能是双方协商解除,也可能是当事人单方解除,单方解除又包括所有权人单方解除与居住权人单方解除。

因何原因解除合同,可能有多种多样,这里列举其中几种:(1)居住权人因各种原因不再需要实际使用该住宅,如因出国定居,因搬迁到其他城市居住,因长期在外工作,因回乡下定居,因年老进养老院中居住,自己购买住宅等。(2)房屋所有权人因各种原因需要处分该住宅或自己使用该住宅。如所有权人需要在该住宅上设立抵押但抵押权人要求先办理居住权注销登记,因急需资金所以要转让该住宅并不想因设有居住权导致价值减损,因负债只能转让其他房屋只剩下该套住宅是唯一住处,拟收回提供给自己的近亲属居住。(3)因特殊原因或不可抗力导致房屋灭失或严重毁损,导致该住宅已无法居住。(4)房屋被征收。因为房屋所在区域列入城市拆迁范围,为了办理拆迁手续的便利,当事人可以协商提前解除合同,有时是应征收部门的要求这样做的。(5)居住权人与房屋所有权人都有提前解除合同的意愿。如居住权无偿设立但后来双方关系恶化导致失去继续一起生活居住的亲情基础,双方对房屋使用费的调整未达成一致等。

无论何种原因,只要所有权人与居住权人达成一致且是真实的意思表示,双方就可以签订书面协议提前解除合同,并持该协议到登记机构办理居住权注销登记手续。

合同解除后,意味着双方权利义务的终止,例如有偿设立居住权的,居住权人不再支付剩余期限产生的房屋使用费。但签订协议前需要协商解决相关问题,此前是一次性支付房屋使用费的,所有权人应退还部分费用。有些情况,所有权人还需要向居住权人提供一定的经济补偿。

双方可以在合同中约定合同解除的条件或事由,当条件成就或事由发生时,当事人一方可以单方解除合同。或者法定的解除条件发生后,有解除权的一方可以行使解除权。在实际情况中,需要进行具体分析。如因为发生火灾导致房屋严重毁损,可以被认定为"因不可抗力致使不能实现合同目的";居住权人一再拖延支付房屋使用费,经所有权人催讨两次以上还不支付,应被认定为是"当事人一方迟延履行主要债务,经催告后在合理期限内仍未履行"。

需要注意的是,在行使合同解除权的时候要遵守《民法典》第564条规定的"解除权行使期限"与第565条规定的"合同解除权的行使规则"。

按照《民法典》第370条的规定,居住权期限届满或者居住权人死亡的,居住权消灭。实际生活中,居住权的消灭不仅限于以上这两个法定事由,还应有其他情形。《物权法(草案)》中曾列举了如下居住权的消灭事由：(1)居住权人放弃居住权的；(2)居住权期限届满的；(3)解除居住权关系的条件成就的；(4)居住权被撤销的；(5)住房被征收的；(6)住房灭失的。

在居住权因上述事由消灭后，发生如下法律后果：一是返还住宅。居住权消灭，而住宅仍存在的，居住权人负有返还住宅的义务。居住权人所返还的住宅，应当符合合同约定的使用后状态或者自然损耗后的状态。因居住权人死亡而导致居住权消灭的，其继承人承担返还住宅的义务。二是可能承担赔偿责任。如果因居住权人的原因导致住宅灭失，不仅居住权归于消灭，而且居住权人还应承担相应的赔偿责任。在居住权人抛弃居住权时，应妥善处理好抛弃后的事宜。若因居住权人抛弃居住权而造成住宅损害，亦应承担赔偿责任。三是办理注销登记。在居住权消灭的情况下，应当及时办理注销登记。

第六节 与居住权相关的纠纷案例

一、民事纠纷处理与为老年人设立居住权

《民法典》新设居住权制度所要解决的问题主要是弱势群体的居住条件保障，所以"明确居住权原则上无偿设立"。我国社会中这类"弱势群体"主要是指老年人、未成年人、残障人士、离婚妇女或没有住房的经济困难群体人员。在民事纠纷处理时，要注重对弱势群体的居住权益保护，居住权制度为老年人的居住条件保障提供了重要的制度支持。

按照2020年12月29日最高人民法院颁布的修改后的《民事案件案由规定》，新设了与居住权相关的两个第三级案由"65.居住权纠纷；136.居住权合同纠纷"。

在民事纠纷处理中，涉及为老年人设立居住权，常见的案由有：分家析产纠纷、赡养纠纷、继承纠纷、赠与合同纠纷、居住权纠纷。

案例一：法院在尊重当事人之间按照自愿达成的分家析产协议或类似协议的基础上，也要重视对老人的居住条件保障。在老人将所有房屋分给子女的情况下，可以判决为老人设立长期居住权。

案号为(2021)沪0114民初3752号的分家析产纠纷案件。案情简介：被告沈

某2是原告沈某1与刘某的次子。1982年,沈某1与刘某申请建房,获批后建造了二上二下楼房及平房一间即146号房屋(以下简称案涉房屋)。1993年12月,经当地公证处公证,沈某1与刘某立下赠与书一份,主要内容:"我们决定将146号房屋中的二上二下楼房赠与小儿子沈某2,一间平房赠与大儿子沈某3。但两个儿子必须保证把自己所得的住房中各拿出一上一下楼房归我们使用,直至百年,否则我们有权收回已赠与给他的房屋。"沈某1与刘某后又扩建住房。后该家户籍分户;沈某1、沈某2户籍在案涉房屋内,户主为沈某1;刘某与大儿子沈某3户籍在新建房屋内。2000年7月,案涉房屋产权登记在户主沈某1名下,房地产权证上记载的房屋状况是楼房一幢及平房一间。2012年2月,沈某1与第三人上海嘉定城市建设投资有限公司就案涉房屋签订拆迁补偿安置协议,动迁补偿款合计968,938元,安置三套房屋即1号1203室、9号502室、7号502室房屋。之后,沈某1与刘某占有9号502室房屋,沈某2占有1号1203室、7号502室房屋。但三套房屋的产权还登记在第三人名下。因沈某1与沈某2就房屋产权登记事宜意见不一,沈某1向法院提起诉讼。

上海市嘉定区人民法院审理后认为,案涉1993年经公证的赠与书具有约束力。根据赠与书,沈某1与刘某对其所有的房产进行了分家析产,明确了其建造的房产分别归两个儿子一人一半,每人所得房产中一上一下楼房使用权归其所有。根据赠与书,沈某1家庭进行了分户,刘某与大儿子沈某3另行申请建房用地,由此沈某1与沈某2落户于案涉房屋内,刘某与沈某3落户于他处。2000年,案涉房屋在进行农村宅基地房屋产权登记过程中,按农村风俗习惯,通常以户主名义进行产权登记,因沈某1系户主,故案涉房屋产权登记在其名下,但该登记行为并无其他事实相佐证可以判断当事人已经就1993年赠与书产生的法律效果进行了新的约定。基于上述事实,依照法律规定,法院确认案涉房屋属于沈某2所有,沈某1对案涉房屋中的一上一下享有使用权至其百年。鉴于案涉房屋属沈某2所有,案涉三套安置房屋的产权理应归沈某2所有,但沈某1对案涉房屋中的一上一下享有使用权至其百年,故基于动迁其使用权转化至三套安置房屋内,法院考虑目前的三套房屋居住使用情况,酌情确定沈某1对9号502室房屋享有居住权至其死亡时止。所以,判决:(1)确认原告沈某1对案涉房屋享有居住权,至其死亡时止;(2)确认上海市嘉定区某处三套房屋配售给被告沈某2;(3)第三人上海嘉定城市建设投资有限公司应配合被告沈某2办理上述房屋的产权过户手续;(4)被告沈某2应自上述房屋产权登记在其名下之日起10日内配合原告沈某1

办理原告沈某1上述居住权登记事宜,费用由被告沈某2负担;(5)驳回原告沈某1的其余诉讼请求。

案例二[①]**:在赡养纠纷处理时,法院要注重保障老年人的居住条件,除了判决要求子女定期探望老人、支付赡养费外,还可以判决为老人设立居住权。**

案情简介:俞某与丈夫婚后购得一套房屋,房屋登记在丈夫和儿子汪某名下。2014年,俞某丈夫去世后,儿子汪某将该房屋售卖并购买一处新房,房屋登记在儿子汪某一人名下。2017年5月,俞某和儿子、儿媳共同签署协议,儿子汪某承诺母亲俞某在该处房屋内有永久居住权。但俞某脾气较为倔强,与儿子、女儿平日感情淡薄,儿子、女儿都另有他处居住。俞某认为,儿子后面所购房屋的购房款有部分来源于当年房屋的出售款,且儿子汪某在2017年5月承诺其在该房屋有永久居住权,其有权在该房屋内设立居住权。另基于赡养义务,其亦有权对女儿的房屋享有居住权。因此,俞某将儿子、女儿诉至法院,请求确认其在儿子、女儿房屋内均享有居住权,并请求儿子、女儿在每个法定节假日对其进行探望。

上海市宝山区人民法院经过审理,于2021年6月30日依法作出判决:俞某对汪某所有的上海市宝山区某小区房屋享有居住权;汪某、俞某女儿于每个法定节假日探望俞某。

案件生效后,俞某就居住权向法院申请强制执行。法院依法要求宝山区不动产登记中心协助办理居住权登记事宜。办理登记后,执行法官将俞某与汪某约谈至法院。经了解,俞某与其子汪某长期感情不睦,若径行强制执行,可能会导致俞某与汪某关系进一步恶化,不利于双方当事人生活安宁,且存在"案结事未了"的可能性。后经过多番沟通,最终三方协商同意,由汪某全资购买一套一室一厅房屋供俞某居住。至此,俞某的居住权问题得以较为妥善解决。

案例三:老人丧偶后再婚,立下遗嘱将遗产由子女继承,其再婚配偶可以对该住宅享有居住权利。

案号为(2021)京0101民初11506号的居住权纠纷案件。案情简介:原告王某与被告吴某2为继母女关系。1995年12月6日,王某与吴某1登记结婚,双方均为再婚家庭,吴某1婚前育有一女为被告吴某2。吴某1拥有案涉房屋一套,系两居室。2013年1月,吴某1经公证处设立公证遗嘱一份,将案涉房屋留给女儿

---

① 参见《"居住权"七则典型案例汇编》,载微信公众号"最高人民法院司法案例研究院"2022年12月22日。

吴某2作为个人财产;2013年2月,吴某1留有自书遗嘱一份,内容为:案涉房屋内的小屋由王某居住,大屋由吴某2居住。吴某2在该遗嘱上签名。其中小屋指的是北侧卧室,大屋指的是南侧卧室。后吴某1于2017年8月27日死亡,王某至今一直居住在案涉房屋小屋内。吴某1去世后不久,吴某2按公证遗嘱内容继承案涉房屋,并将房屋所有权人变更登记为吴某2。变更登记后,吴某2不让王某继续居住在小屋,且要求王某搬出案涉房屋。王某认为,吴某1已通过遗嘱方式为王某在案涉房屋中设立居住权,且吴某2也同意该遗嘱内容。因此王某对该案涉房屋的小屋享有合法的居住权,而吴某2要求王某搬出的行为严重侵犯了王某的居住权,所以向法院提起诉讼,要求确认居住权。

吴某2认为自书遗嘱设立用益物权与公证遗嘱处分所有权的内容冲突,应履行公证遗嘱的内容。

北京市东城区人民法院审理后认为,吴某2承认王某在该案中主张的事实,故对王某主张的事实予以确认。关于居住权,《民法典》施行前的法律没有相关规定,该案可以适用《民法典》的规定。以遗嘱方式可以设立居住权。吴某1以遗嘱方式为原告在案涉房屋中设立居住权,与其通过公证遗嘱确定所有权归属并不矛盾,且被告书面表示同意,故对于王某的诉讼请求,法院予以支持。所以,判决:确认原告王某对案涉房屋北侧卧室拥有居住权。

案例四:处分老年人长期居住的房屋应尊重其真实意愿,要保障老年人的居住权益。

一审案号为(2021)沪0104民初8225号,二审案号为(2021)沪01民终11902号的排除妨害纠纷案件(入库案例)。案情简介:戴某(85岁)系吕某之母。案涉房屋登记于吕某名下。吕某夫妇为接送孙辈上学于工作日与戴某共同居住。吕某因感房屋较小、生活不便,欲置换房屋,承诺保障戴某居住需求。戴某认为自己已在该处居住半生,邻里熟悉,就医便利,希望能在此终老。即使新居面积更大、条件更优,亦不愿搬离旧宅。因协商未果,吕某以房屋所有权人身份向法院起诉,要求戴某不得妨害其置换房屋行为。

经审理查明:案涉房屋系吕某父亲生前因单位保障家庭用房所购买。戴某此前放弃登记为产权人,但不因此丧失居住权。戴某已至耄耋之年,有在此颐养天年直至终老的意愿。

上海市徐汇区人民法院审理后认为,子女虽登记为房屋产权人,但在处理家庭内部关系时,不应仅关注不动产登记,而是要综合考虑购买房屋的资金来源、家庭居住情况、一方承诺等因素。子女作为登记权利人行使民事权利时应注意必要限度，遵循中华民族安土重迁的传统，充分尊重、理解母亲想在长期居住房屋内颐养天年直至终老的意愿，充分考虑房屋便于母亲就医、社交等因素，不得滥用民事权利排除老年人居住权利，切实保障老年人居住权益。一审判决驳回吕某的诉讼请求。

吕某提出上诉。上海市第一中级人民法院二审判决驳回上诉，维持原判。

二、与居住权相关的离婚纠纷案例

在"婚姻家庭纠纷"中与居住权利相关的常见案由是离婚纠纷，占所有案例的50%以上，大多数离婚纠纷是在基层法院处理，离婚纠纷多数是以调解方式结案，约占70%。

以调解方式结案、与居住权相关的一些离婚纠纷案例。（因为离婚案件涉及个人隐私内容，所以不介绍具体案情内容。）

（一）双方将房屋赠与子女，并为其中一方设立居住权

如案号为（2017）甘1202民初1742号的离婚纠纷案件的一审民事调解书中有：夫妻共同财产位于武都区某处房屋一套归长子焦某2所有，位于某处的两层十间房屋归次子焦某3所有，其中一楼坐北朝南靠西边的一间房焦某1（焦某2、焦某3的父亲）有居住权。

（二）双方将房屋赠与子女，并为双方都设立居住权

如案号为（2020）豫1623民初5297号的离婚纠纷案件的一审民事调解书中有：夫妻共同房产一套，位于商水县某处。该房屋归婚生子袁某2所有。原、被告双方均享有居住权。

（三）离婚后有房的一方为无房的另一方设立居住权

如案号为（2019）鄂0302民初3099号的离婚纠纷案件的一审民事调解书中有：位于湖北省十堰市某处的房屋归被告朱某1所有，在原告林某与他人登记结婚前享有居住权，房屋的剩余按揭贷款由原告林某承担并偿还。被告朱某1指定上述房屋的全部所有权均由婚生女朱某一人继承。

2021年前，在一些离婚纠纷的判决书中，一些法院以《婚姻法》（已失效）第42条、最高人民法院《关于适用〈中华人民共和国婚姻法〉若干问题的解释（一）》（已

失效)第 27 条为依据,要求有房的一方为生活困难、无房的另一方设立居住权,作为提供帮助的形式。如案号为(2017)皖 0124 民初 201 号的离婚纠纷案件,法院在判决理由中指出:依照法律规定,婚前个人财产归个人所有。故圣某婚前在庐江县某处购买的房产归圣某个人所有。但双方离婚后,邢某抚养两女,无房屋居住,为照顾子女和女方权益的原则,法院确定邢某对圣某婚前个人房屋享有居住权。但需要注意的是,《民法典》实施前,法院判决的"居住权"非《民法典》意义上的用益物权,只是对房屋的使用权利。

《人民法院报》2022 年 5 月 16 日第 3 版以"重庆荣昌区法院创造性以判决设立居住权"为题报道了重庆市的法院首次以判决文书设立居住权。该案在《人民法院报》上进行专题介绍,具有一定的示范意义。

案例五:案情简介:张某(男)与李某(女)于 1986 年结婚,婚后次年生育一子。后李某向法院起诉要求解除婚姻关系,并分割二人婚姻期间购买的一套 106 平方米的房子。

重庆市荣昌区人民法院审理后查明,双方分居较长时间且双方均无挽回夫妻关系的意愿,符合感情破裂这一必要离婚条件。鉴于双方目前仅有一套住房属于共同财产需要分割,法院遂组织双方进行调解,双方也均表示同意解除婚姻关系,但是对共同所有的一套房屋分割产生较大分歧。二人对房屋价格的协商僵持不下,均表示不愿意对房屋进行评估、拍卖,且都称自己无存款,现在也都年事已高,缺乏持续稳定的收入来源,不愿意也无能力在一方取得房屋所有权时,给对方经济补偿。一时之间,如何分割二人共有的住房变得十分棘手。

主审法官联系了张某和李某的儿子,他表示愿意尽赡养义务,母亲李某一直跟他居住,他还是希望母亲能够继续在自己家里居住。法官综合房屋的实际功能和价值、原告李某目前的居住状态、被告张某有老母亲需要房屋居住等相关情况,认为可以通过一方获得案涉房屋的所有权,另一方享有居住权的分割方式以实现物尽其用。法院遂判决准许二人离婚,房屋的所有权归原告李某,被告张某对该房屋享有居住权。二人均表示服判息诉,该判决已生效。

2022 年 3 月,浙江省温州市中级人民法院发布的 8 起妇女权益保护典型案例中有为生活困难妇女离婚后设立居住权的典型案例。[①]

[①] 参见"居住权"七则典型案例汇编》,载微信公众号"最高人民法院司法案例研究院"2022 年 12 月 22 日。

案例六:案情简介:黄某(女)系多重残疾人,肢体残疾达到二级,精神残疾达到三级。法院曾判决宣告黄某为限制民事行为能力人。1992年10月,黄某与叶某登记结婚并生育一子。婚后,双方曾为家庭琐事发生争执。黄某于2012年左右独自回娘家生活至今。现叶某以双方分居数年、夫妻感情已破裂为由起诉要求离婚。夫妻共同财产有且仅有一间三层半房屋,但没有房产证。该房屋的一楼目前已出租,二楼和三楼分别由叶某和儿子居住。黄某不同意离婚,并要求居住在该房屋的一楼或二楼。

浙江省乐清市人民法院经审理认为,双方共同生活期间因感情不和分居近十年,且经法院给予双方一个月的冷静期后,叶某仍坚持要求离婚,应认定夫妻感情确已破裂,故对叶某离婚的诉请予以准许。双方确认该间三层半房屋系夫妻共同财产,由于双方均未能提供该房产的权属证书,该案中不宜分割,而叶某又无经济能力支付黄某补偿款。为避免黄某可能面临离婚后无处可住的困境,通过适用《民法典》"居住权"规则,对案涉房屋"分而不割",女方仍然可以居住在案涉房屋内。考虑到房屋的第一层(地面)已出租,涉及案外人的权益暂不宜处理。黄某系限制行为能力人且行动不方便,酌定房屋的第二层由黄某使用,第三层由叶某使用,楼梯和第四层(三层半)由双方共同使用。

在该案中,女方作为残疾人很有可能会因离婚而无房屋居住,生活将陷入更加困顿的境地。在房产处理问题上适用《民法典》关于"居住权"的规定,使女方对争议房屋享有居住权,双方各居一层。同时为方便女方生活,确定女方居住在较低楼层,保障残疾妇女在离婚后仍有稳定住处,以更好地维护妇女、残疾人等弱势群体的合法权益。

三、与居住权相关的继承纠纷案例

在"继承纠纷"案由中,与设立居住权相关的常见案由有:法定继承纠纷、遗嘱继承纠纷、遗赠扶养协议纠纷。

法院在办理与居住权相关的继承纠纷中,主要体现以下几条主要原则:老年人可以按照自己的意愿以遗嘱方式设立居住权;在遗嘱继承中,要为没有其他住处、缺乏劳动能力的继承人通过设立居住权的形式提供居住条件保障;在法定继承中,要保护老年人、未成年人、残疾人等弱势群体的居住权利。

下面以案例作简要介绍。

案例七：老人一方去世后，留下的住宅由子女继承，但要保障存活的另一方老人可以在该住宅中终生居住。

案号为(2018)京0102民初9544号的遗嘱继承纠纷案件。案情简介：方某与原告孙某系夫妻，育有二子女，即原告方某1、被告方某2。2017年11月2日，方某去世。涉案北京市西城区某号房屋系方某单位分配，后通过房改形式购买，产权登记在方某名下。2004年8月19日，方某与孙某签订夫妻财产约定书，约定该房屋为方某的个人财产，由他个人处理全部事宜。同时，办理了公证。2004年8月19日，方某设立自书遗嘱，主要内容为："如我先于我的妻子去世，我的上述房产权遗留给我的女儿方某1个人所有，作为她的个人财产，但是她必须保证我的妻子孙某继续在该房产内居住和使用该房屋的设备和家具，直到孙某去世。"并对该遗嘱办理了公证。

北京市西城区人民法院审理后认为，案涉房屋系方某与孙某于婚姻存续期间通过房改形式购买，该房屋在取得产权时应属双方共同财产。方某与孙某签订夫妻财产约定，确认案涉房屋系方某个人财产；该行为从性质上应属赠与，且房屋产权自始登记在方某名下，故上述赠与行为已经完成，应属有效。依据方某与孙某签订的夫妻财产约定内容，该时点后案涉房屋应属方某个人财产，其通过设立公证遗嘱进行处分的行为，符合法律规定，法院对涉案公证遗嘱的效力予以确认。所以，判决：(1)被继承人方某名下该套住宅由原告方某1继承、所有；(2)原告孙某对上述房屋享有居住权直至去世。

案例八：在办理法定继承纠纷中，应为缺乏劳动能力又没有生活来源的未成年人设立居住权。

案号为(2020)鄂1223民初1612号的法定继承纠纷案件。案情简介：沈某与孙某原系夫妻关系，双方育有二子，分别为沈某1、沈某2。1997年2月，沈某与孙某离婚，沈某1由沈某抚养，沈某2由孙某抚养。后沈某与陈某再婚，婚后生育一女沈某3。2020年4月28日，沈某因突发疾病去世，生前未留遗嘱。为了遗产分配事宜，沈某1、沈某2向法院提起诉讼，以陈某为被告，沈某3为第三人。在审理过程中，陈某提出：沈某3才年满12岁，且罹患多种疾病，需要长期治疗。因为被抚养人沈某3生活有特殊困难缺乏劳动能力，应予以照顾，应先从遗产中预留其生活费和医疗费。湖北省崇阳县人民法院在判决中，对此意见进行采纳。沈某遗留的一套住宅，由被告陈某继承，第三人沈某3有居住权。被告陈某支付原告沈某1、沈某2、第三人沈某3房屋折价款每人各87,500元。

该案例的启示:对生活有特殊困难的缺乏劳动能力的继承人,分配遗产时,应当予以照顾。所以在继承人中有没有其他住处的未成年人,可以设立居住权的方式为其提供居住条件保障。

四、与居住权相关的合同纠纷案例

(一)居住权合同纠纷

案例九:在居住权合同中,双方可以约定合同解除条件。在约定的合同解除条件成就时,当事人一方可以解除居住权合同。

案号为(2021)苏0311民初1385号的居住权合同纠纷案件。案情简介:原告王某是有养老需求的老年人,被告是一家养老服务法人单位。2018年6月16日,以原告为乙方、被告为甲方签订了养老公寓居住权合同,约定公寓的用途为住宅/老年公寓,乙方向甲方交纳养老公寓居住权费用42万元,获得公寓的专属居住权;而且约定乙方可自由退出甲方项目的养老居住权,但须提前3个月向甲方提出书面申请,乙方在公寓交付使用后退出养老居住权的退费标准为:甲方按照每年42万元的2%扣除使用费,余额无息退还给乙方,不满一年按一年计算;乙方满一年以上退出的,甲方不再收取手续服务费,全额无息退还乙方的养老居住权费用。甲方应于2018年9月30日前交付公寓。合同签订后,原告先后向被告交纳了居住权费用42万元及住房专项维修基金5040元。该房屋于2018年11月24日交付给原告,原告将钥匙一直交付给被告掌握并管理。后于2019年10月17日,原告向被告提交了退房申请,要求解除居住权合同,并提出要求被告返还居住权费用及维修费用,被告拒付,原告遂诉至法院。

江苏省徐州市泉山区人民法院审理后认为,当事人可以约定一方解除合同的条件。解除合同的条件成就时,解除权人可以解除合同。原、被告签订养老公寓居住权合同系双方的真实意思表示,在该合同中约定了原告享有退出权。原告与被告之间的居住权合同已经解除,故原告要求被告返还居住权费用,符合双方约定,法院对原告的诉讼请求予以支持。判决:被告向原告返还居住权费用420,000元、住房专项维修基金5040元,两项合计425,040元。

(二)赠与合同纠纷

案例十:父母在将住宅赠与子女的同时,可以提出要求子女同意在该住宅中为自己设立长期居住权。受赠人在要求赠与人履行赠与合同的同时,应履行为赠与人设立居住权的承诺义务。

案号为(2021)津 0102 民初 4055 号的赠与合同纠纷案件。案情简介:被告王某 1 与原告王某 2 系母子关系。2015 年 9 月 24 日,以王某 1 夫妻为甲方,王某 2 为乙方,签订房产赠与合同,主要内容如下:甲方将夫妻共同财产坐落于某处房产赠与王某 2,附加义务是王某 2 保障王某 1 夫妻在此房中享有永久居住权,如果以后此房产出售或者拆迁,保证为两人提供不低于上述居住条件的良好住房。后王某 1 丈夫去世。原告王某 2 向法院提起诉讼请求:要求确认房产赠与合同有效,要求赠与人王某 1 根据赠与合同交付赠与财产。

天津市河东区人民法院审理后认为,原告王某 2 与其父母签订的房产赠与合同,系其父母对其财产的有权处分,并在公证员的公证下签订,符合法律规定。经过公证的赠与合同,赠与人不交付赠与的财产的,受赠人可以要求交付。该案的房产赠与合同中已基本上包括了居住权合同应具备的相应内容。该案受赠人在房产赠与合同中关于赠与人永久居住的承诺可以通过居住权的登记来实现。所以,法院在确认房产赠与合同效力的同时,也对该合同的生效条件予以确认。判决:被告王某 1 协助原告王某 2 办理案涉房屋过户手续,过户费用由原告自行承担;被告在案涉房屋中享有居住权,该房过户予原告的同时,原告应协助被告办理居住权登记手续。

五、与居住权相关的其他纠纷案例

案例十一[①]:根据遗嘱取得的居住权需要办理登记才能生效。

该案入选最高人民法院 2022 年 2 月发布的 13 件人民法院贯彻实施《民法典》典型案例(第一批)。案情简介:邱某与董某 1 于 2006 年登记结婚,双方均系再婚,婚后未生育子女。董某 2 系董某 1 之弟。董某 1 于 2016 年 3 月去世,生前写下遗嘱,其内容为:"我名下位于洪山区珞狮路某房遗赠给我弟弟董某 2,在我丈

[①] 参见《"居住权"七则典型案例汇编》,载微信公众号"最高人民法院司法案例研究院"2022 年 12 月 22 日。

夫邱某没再婚前拥有居住权,此房是我毕生心血,不许分割、不许转让、不许卖出……"董某1离世后,董某2等人与邱某发生遗嘱继承纠纷并诉至法院。法院判决被继承人董某1名下位于武汉市洪山区珞狮路某房所有权归董某2享有,邱某在其再婚前享有该房屋的居住使用权。判决生效后,邱某一直居住在该房屋内。2021年年初,邱某发现所住房屋被董某2挂在某房产中介出售,担心房屋出售后自己被赶出家门,遂向法院申请居住权强制执行。

法院审理后认为,案涉房屋虽为董某2所有,但是董某1通过遗嘱方式使得邱某享有案涉房屋的居住使用权。执行法院遂依照《民法典》第368条等关于居住权的规定,裁定将董某2所有的案涉房屋的居住权登记在邱某名下。

该案中,执行法院依照《民法典》规定的居住权登记制度,向不动产登记机构发出协助执行通知书,为申请执行人办理了居住权登记,最大限度地保障了申请执行人既有的房屋居住使用权利。

案例十二[①]**:父母有权拒绝成年子女"啃老",成年子女要求确认对父母所有的房屋享有居住权,无权利基础。**

该案入选最高人民法院2022年2月发布的第二批9起人民法院大力弘扬社会主义核心价值观典型民事案例。案情简介:杨某2系杨某1、吴某夫妇的儿子。杨某2出生后一直随其父母在农村同一房屋中生活居住。杨某2成年后,长期沉迷赌博,欠下巨额赌债。后该房屋被列入平改范围,经拆迁征收补偿后置换楼房三套。三套楼房交付后,其中一套房屋出售他人,所得款项用于帮助杨某2偿还赌债;剩余两套一套出租给他人,一套供三人共同生活居住。后因产生家庭矛盾,杨某1、吴某夫妇不再允许杨某2在二人的房屋内居住。杨某2遂以自出生以来一直与父母在一起生活居住,双方形成事实上的共同居住关系,从而对案涉房屋享有居住权为由,将杨某1、吴某夫妇诉至法院,请求判决其对用于出租的房屋享有居住的权利。

法院审理后认为,杨某2成年后具有完全民事行为能力和劳动能力,应当为了自身及家庭的美好生活自力更生,而非依靠父母。杨某1、吴某夫妇虽为父母,但对成年子女已没有法定抚养义务。案涉房屋系夫妻共同财产,杨某1、吴某夫妇有权决定如何使用和处分该房屋,其他人无权干涉。杨某2虽然自出生就与杨某1、

[①] 参见《"居住权"七则典型案例汇编》,载微信公众号"最高人民法院司法案例研究院"2022年12月22日。

吴某夫妇共同生活，但并不因此当然享有案涉房屋的居住权，无权要求继续居住在父母所有的房屋中。故判决驳回杨某2的诉讼请求。

案例十三[①]：因房屋拆迁利益分配而引发设立居住权。

这是一起因房屋拆迁利益分配而引发的民事纠纷案件。该案最终以设立附期限居住权，支付补偿款的方式调解结案。案情简介：高甲与高乙是兄弟关系，原共同居住在A房屋。1995年，高乙增配B房屋。双方协商由高甲居住B房屋，高乙居住A房屋。后两套房屋均被拆迁，A房屋拆迁所得款项由高乙支配。B房屋拆迁后，安置C房屋，产权登记为高乙，但该房屋自安置开始由高甲居住。高甲要求高乙将C房屋过户至其名下，遭拒后向法院提起诉讼，要求确认其享有C房屋的完整产权。

一审法院认为，高甲在B房屋不具有常住户口，不属于共同居住人，因此该房屋的全部拆迁安置利益应归高乙所有，故驳回了高甲的诉请。高甲不服，提起上诉。二审中，上海市第二中级人民法院合议庭注意到，A房屋的拆迁安置款有高甲的份额，但高乙未将该款项分配给高甲，而是全部用于购置商品房。如该案仅简单地处理高甲的上诉请求，高甲很有可能提起另案诉讼，形成讼累。合议庭为从根本上化解双方矛盾，多次向当事人释法析理，及时引入《民法典》中关于居住权的规定，并向行政部门核实居住权登记制度的落实情况，最终促成双方达成了C房屋归高乙所有，高乙为高甲设置附期限居住权及支付补偿款的调解方案。化解了双方自20多年前调换居住权益而引发的矛盾，"一揽子"解决了涉案数套房屋的所有纠纷，最大限度地保障了双方当事人的权益，也促使兄弟二人在历经数次诉讼后握手言和，维系了亲情。

上海市第二中级人民法院出具调解书后，承办法官陪同双方当事人一同前往静安区自然资源确权登记事务中心办理登记手续。该中心在核查了民事调解书后，确定应依照《上海市不动产登记技术规定》的相关规定，为当事人办理"因人民法院生效法律文书设立居住权的首次登记"，当事人取得居住权登记证明。

[①] 参见《首例经法院生效文书设立的居住权，登记啦！》，载微信公众号"上海二中院"2021年5月11日。

第九章 房屋征收与补偿

第一节 房屋征收与补偿的法律规范与基本流程

一、与房屋征收与补偿相关的法律法规

《宪法》第 10 条第 3 款规定:国家为了公共利益的需要,可以依照法律规定对土地实行征收或者征用并给予补偿。第 13 条第 3 款规定:国家为了公共利益的需要,可以依照法律规定对公民的私有财产实行征收或者征用并给予补偿。

《民法典》对《宪法》中的规定进行了细化,主要有以下规定:

第一百一十七条 为了公共利益的需要,依照法律规定的权限和程序征收、征用不动产或者动产的,应当给予公平、合理的补偿。

第二百四十三条 为了公共利益的需要,依照法律规定的权限和程序可以征收集体所有的土地和组织、个人的房屋以及其他不动产。

征收集体所有的土地,应当依法及时足额支付土地补偿费、安置补助费以及农村村民住宅、其他地上附着物和青苗等的补偿费用,并安排被征地农民的社会保障费用,保障被征地农民的生活,维护被征地农民的合法权益。

征收组织、个人的房屋以及其他不动产,应当依法给予征收补偿,维护被征收人的合法权益;征收个人住宅的,还应当保障被征收人的居住条件。

任何组织或者个人不得贪污、挪用、私分、截留、拖欠征收补偿费等费用。

第三百二十七条 因不动产或者动产被征收、征用致使用益物权消灭或者影响用益物权行使的,用益物权人有权依据本法第二百四十三条、第二百四十五条的规定获得相应补偿。

第三百三十八条 承包地被征收的,土地承包经营权人有权依据本法第二百

四十三条的规定获得相应补偿。

《土地管理法》及其实施条例中对集体土地征收也进行了规定。

《城乡规划法》第64条、第65条、第66条、第68条对违法建筑以及相应处置、法律责任进行了规定。这与房屋征收与补偿过程中对违法建筑如何处置密切相关。

根据房屋所占用的土地性质不同,房屋可以被分为国有土地上的房屋与集体土地上的房屋。对于国有土地上的房屋,有关单位可以根据《征补条例》规定的程序予以征收并补偿;但对集体土地上的房屋进行征收,则必须附随于集体土地征收过程中,即土地与房屋一并征收。除特别说明以外,本书中所说的"房屋征收与补偿",专指国有土地上的房屋征收与补偿。

《征补条例》是规范我国国有土地上房屋征收与补偿最主要的法律规范,其从总则、征收决定、补偿、法律责任、附则5个方面对我国国有土地上房屋征收与补偿工作的开展进行了全面详细的规定。

此外,虽然《征补条例》已经对房屋土地征收与补偿进行了较为详细的专门规定。但是具体到各个省、直辖市或自治区,往往会在该条例的基础上,结合当地情况,制定地方性法规或规章,一些地市也会出台相应的规范性文件。如《浙江省国有土地上房屋征收与补偿条例》《杭州市国有土地上房屋征收与补偿条例》《宁波市国有土地上房屋征收与补偿办法》等。

二、房屋征收与补偿的基本知识

房屋征收与补偿可分为"房屋征收"与"房屋征收补偿"两部分。房屋征收是指为了公共利益的需要,有关单位根据法律规定的权限和程序取得国有土地上相关单位、个人房屋的所有权。而房屋征收补偿则是指为保障被征收房屋的所有权人的合法权益,对被征收人给予的公平合理的补偿,包括货币补偿、产权调换等。

《征补条例》第2条规定:"为了公共利益的需要,征收国有土地上单位、个人的房屋,应当对被征收房屋所有权人(以下称被征收人)给予公平补偿。"所以,房屋征收与补偿工作开展的前提是存在"公共利益的需要"。根据《征补条例》第8条的规定,公共利益包括"保障国家安全""促进国民经济和社会发展"两个方面,具体而言包括:(1)国防和外交的需要,如政府为了建立国防工程而征收相关房屋;(2)由政府组织实施的能源、交通、水利等基础设施建设的需要,如政府为了修建地铁、高速公路而征收规划路线上的房屋;(3)由政府组织实施的科技、教育、文化、卫生、体育、环境和资源保护、防灾减灾、文物保护、社会福利、市政公用等公共事业的需要,如政府为了建造学校、医院、博物馆而征收相关房屋;(4)由政府组织实施的保障性安居工程建设的需要,如政府为了建设廉租房、公租房、经济适用房而征收相关房屋;(5)由政府依照城乡规划法有关规定组织实施的对危房集中、基础设施落后等地段进行旧城区改建的需要,如政府对某区域内的老、破、小房屋进行征收后拆除,重新在该区域规划未来社区建设;(6)法律、行政法规规定的其他公共利益的需要。

根据《征补条例》第2条、第3条的规定,房屋征收与补偿工作还应遵循公平补偿原则、决策民主原则、程序正当原则、结果公开原则。(1)公平补偿原则。征收国有土地上单位、个人的房屋,应当对被征收人给予"公平补偿"。所谓公平补偿,是指被征收房屋价值和因征收房屋所补偿的对价应该价值相当,避免出现价值失衡。同时,公平补偿还要求在同一区域的房屋征收与补偿工作中,应该适用统一的补偿标准。(2)决策民主原则。该原则是指在房屋征收工作前期的征收决定作出以及征收方案制订的过程中,应保证相关部门以及被征收人的民主参与度,并充分考虑被征收人的意见和建议。(3)程序正当原则。该原则是指在房屋征收与补偿的过程中,应该严格按照《征补条例》及相关法律法规的规定,实施整个征收与补偿的工作流程。这一原则在整个《征补条例》中均有充分体现。(4)结果公开原则。该原则是指在城市房屋征收过程中的房屋征收补偿方案、征收决定、调查情况、补偿情况均应及时予以对外公布,让公众知晓。

对于房屋征收补偿的内容,《征补条例》第17条第1款规定:"作出房屋征收决定的市、县级人民政府对被征收人给予的补偿包括:(一)被征收房屋价值的补偿;(二)因征收房屋造成的搬迁、临时安置的补偿;(三)因征收房屋造成的停产停业损失的补偿。"

其中,被征收房屋价值的补偿是最主要的补偿。《征补条例》第19条第1款第1句规定:对被征收房屋价值的补偿,不得低于房屋征收决定公告之日被征收房屋类似房地产的市场价格。其中应考虑的因素包括房屋本身价值、房屋所在土地使用权价值以及房屋装修、装饰的价值等。针对该部分补偿,《征补条例》第21条规定:被征收人可以选择货币补偿,也可以选择房屋产权调换。被征收人选择房屋产权调换的,市、县级人民政府应当提供用于产权调换的房屋,并与被征收人计算、结清被征收房屋价值与用于产权调换房屋价值的差价。因旧城区改建征收个人住宅,被征收人选择在改建地段进行房屋产权调换的,作出房屋征收决定的市、县级人民政府应当提供改建地段或者就近地段的房屋。

《征补条例》第22条规定:因征收房屋造成搬迁的,房屋征收部门应当向被征收人支付搬迁费;选择房屋产权调换的,产权调换房屋交付前,房屋征收部门应当向被征收人支付临时安置费或者提供周转用房。因此,在存在被征收人需要搬迁的情况下,征收人应该支付搬迁费。若被征收人选择房屋产权调换,则应当由征收人支付临时安置费或者提供周转房。

《征补条例》第23条规定:对因征收房屋造成停产停业损失的补偿,根据房屋被征收前的效益、停产停业期限等因素确定。具体办法由省、自治区、直辖市制定。该条原则上规定了确定停工停业损失补偿所参考的因素,具体如何实施则要由各地的政府出台具体规定。

三、房屋征收与补偿的参与主体

房屋征收与补偿工作是与公共利益密不可分的重要工作,与一个地区的发展密切相关,注定是一件由多部门、多主体共同参与的工作。在房屋征收与补偿工作的过程中,主要包括以下参与主体。

(一)征收部门,即进行征收工作的部门。根据《征补条例》第4条的规定,市、县级人民政府负责本行政区域的房屋征收与补偿工作。市、县级人民政府确定的房屋征收部门组织实施本行政区域的房屋征收与补偿工作。市、县级人民政府有关部门应当依照该条例的规定和本级人民政府规定的职责分工,互相配合,保障房屋征收与补偿工作的顺利进行。

在明确市、县级人民政府为房屋征收部门的前提下,《征补条例》第5条规定,房屋征收部门可以委托房屋征收实施单位,承担房屋征收与补偿的具体工作。由房屋征收部门对其委托的征收实施单位予以监督,并且负责,即承担其行为的法律责任。

(二)被征收人,通常指房屋所有权人。但实践中,情况较为复杂,除所有权人外,还有几种特殊主体也可能被认定为被征收人。具体而言,包括:(1)公有房屋的管理人。对于产权属于国家,由政府机关或者事业单位代为管理的公有房屋,政府机关及事业单位可作为房屋的被征收人。(2)公房承租人及同住人。公房承租人及同住人是指与公有房屋的所有权人或管理人签订房屋租赁合同,依法承租公有房屋、履行合同约定义务的承租人及其同住人。公房承租人及同住人在所承租的房屋被征收时,一般会获得相应的补偿。若征收的是已购公房,将按照个人房产进行补偿；若征收时是未出售公房，则根据直管公房或自管公房的具体情况进行不同处理。(3)被征收房屋的代管人。代管分为国家代管和代理人代管，国家代管的对象是房屋所有权人不明且无明确代管人的房屋，或者房屋权属状况不明的私有房屋。代理人代管仅仅是一种民事代管，被征收人仍然是房屋的实际所有权人。这里所说的被征收房屋代管人仅指国家代管的情形。国家代管时行使代管职权的政府机关作为房屋被征收人。

(三)其他主体，即除征收人和被征收人以外，对征收补偿工作起到必要的监督或辅助作用的主体，包括监督指导部门、房屋评估机构和强制执行部门。

1. 监督指导部门。《征补条例》第 6 条规定：上级人民政府应当加强对下级人民政府房屋征收与补偿工作的监督。国务院住房城乡建设主管部门和省、自治区、直辖市人民政府住房城乡建设主管部门应当会同同级财政、国土资源、发展改革等有关部门，加强对房屋征收与补偿实施工作的指导。《征补条例》第 7 条规定：任何组织和个人对违反该条例规定的行为，都有权向有关人民政府、房屋征收部门和其他有关部门举报。接到举报的有关人民政府、房屋征收部门和其他有关部门对举报应当及时核实、处理。监察机关应当加强对参与房屋征收与补偿工作的政府和有关部门或者单位及其工作人员的监察。因此，房屋征收与补偿工作中的监督指导部门包括上级人民政府，国务院住房城乡建设主管部门和省、自治区、直辖市人民政府住房城乡建设主管部门，以及同级财政、国土资源、发展改革等有关部门、监察机关。

2. 房屋评估机构。《征补条例》第 19 条规定：对被征收房屋价值的补偿，不得低于房屋征收决定公告之日被征收房屋类似房地产的市场价格。被征收房屋的价值，由具有相应资质的房地产价格评估机构按照房屋征收评估办法评估确定。对评估确定的被征收房屋价值有异议的，可以向房地产价格评估机构申请复核评估。对复核结果有异议的，可以向房地产价格评估专家委员会申请鉴定。房屋征收评估办法由国务院住房城乡建设主管部门制定，制定过程中，应当向社会公开征求意见。因此，房屋评估机构的主要作用在于通过评估确定被征收房屋的市场价格。《征补条例》第 20 条规定：房地产价格评估机构由被征收人协商选定；协商不成的，通过多数决定、随机选定等方式确定，具体办法由省、自治区、直辖市制定。房地产价格评估机构应当独立、客观、公正地开展房屋征收评估工作，任何单位和个人不得干预。因此，房屋评估机构应该按照规定程序选定，并按照相关原则开展评估工作。

3. 强制执行部门。《征补条例》第 28 条规定：被征收人在法定期限内不申请行政复议或者不提起行政诉讼，在补偿决定规定的期限内又不搬迁的，由作出房屋征收决定的市、县级人民政府依法申请人民法院强制执行。强制执行申请书应当附具补偿金额和专户存储账号、产权调换房屋和周转用房的地点和面积等材料。由此可知，人民法院是强制搬迁的唯一执行部门，且在征收人申请强制执行时，需严格按照规定提供相应的强制执行申请材料。

四、房屋征收与补偿的基本流程

虽然《征补条例》中对房屋征收与补偿进行了较为详细的规定，但其并未直观完整地体现房屋征收与补偿的基本流程。经梳理，房屋征收与补偿的基本流程如下。

（一）前期工作阶段流程

1. 审查征收项目、确定征收范围

房屋征收部门收到需要征收房屋的单位提出的申请后 7 个工作日内审查，审查通过后，在确定的征收范围内发布《拟征收公告》。

2. 房屋调查摸底

对拟征收范围内房屋的权属、区位、用途、新旧程度、建筑面积等情况进行调查摸底登记，对未经登记的建筑进行调查、认定和处理，并公布调查结果。

3. 暂停办理相关手续

书面通知土地、规划、住建、房管、工商、税务等有关部门暂停办理相关手续，并在征收范围内公布（暂停期限最长不得超过 1 年）。

（二）征收决定阶段流程

1. 拟订征收补偿方案，征求公众意见

拟订征收补偿方案后报市、县级政府发布《征收补偿方案征求意见公告》，征求公众意见，征求意见期限不得少于 30 日。征求意见期满后将征求意见情况和修改情况公布。

2. 听证（非必经程序）

因旧城区改建需要征收房屋，超过 50% 的被征收人对征收补偿方案有异议的，应当组织由被征收人和公众代表参加听证会，并根据听证会情况修改征收补偿方案。

3. 社会稳定风险评估

市、县级政府作出房屋征收决定前,房屋征收部门会同有关部门对征收项目的合法性、合理性、可行性、可控性等进行论证和评估,提出处理意见和建议,出具社会稳定风险评估报告。

4. 补偿资金保障

房屋征收部门根据调查情况和征补方案编制资金预算,并会同有关部门落实征收补偿费用。

5. 安置房源保障

组织新建或购买房屋,确保征收产权调换安置房源的落实。

6. 作出征收决定

市、县级人民政府根据相关规划和计划、房屋调查登记、征收补偿方案征求意见和社会稳定风险评估情况,作出征收决定,发布《征收决定公告》。市城市规划范围内被征收人户数在 300 户以上或者被征收房屋建筑面积在 1 万平方米以上的,应当经政府常务会议讨论决定。

(三)征收实施阶段流程

1. 选择评估机构

房屋征收部门通知被征收人在征收决定公布后 7 日内协商选定房地产估价机构,协商不成的抽签确定。

2. 开展评估、公示评估结果

房地产价格评估机构依据《国有土地上房屋征收评估办法》开展评估工作。房屋征收部门应当将分户的初步评估结果向被征收人转交并公示。

3. 签订补偿协议

在评估结果公示期满后,在房屋征收公告和征补偿方案确定的签约期限内,由房屋征收部门与被征收人就补偿方式、补偿金额和支付期限、用于产权调换房屋的地点和面积、搬迁费、临时安置费、停产停业损失、搬迁期限、过渡方式和过渡期限等事项,签订补偿协议。被征收人选择产权调换的,还要计算、结清差价。签订房屋征收补偿协议后,被征收人应当将被征收房屋的房地产权证(国有土地使用权证、房屋所有权证)等权属证明一并交回,有关部门应当及时办理注销登记手续。

4. 实施补偿

与被征收人签订征收补偿协议后,征补办或具体实施单位要根据征收补偿协议规定的时限和金额向被征收人支付征收补偿款;选择产权调换的,要根据协议规定向被征收人交付房屋,办理相关手续。

(四)征收后续阶段流程

1. 作出补偿决定

与被征收人在征收补偿方案确定的签约期限内达不成补偿协议或被征收房屋所有权人不明确的,由房屋征收部门报请区人民政府,按照征收补偿方案作出补偿决定,并在房屋征收范围内予以公告。

2. 申请强制执行

被征收人在法定期限内不申请行政复议或者不提起行政诉讼,在补偿决定规定期限内又不搬迁的,由作出房屋征收决定的人民政府依法申请人民法院强制执行。

3. 建立征收档案

房屋征收部门应当依法建立房屋征收补偿档案。

4. 公布补偿情况

房屋征收部门应将分户补偿情况在房屋征收范围内向被征收人公布。

5. 拆除征收房屋

由具有相应资质的建筑施工企业承担。

6. 注销不动产权证书

房屋征收部门应当在房屋拆除后到有关部门办理被征收房屋的不动产权证书(以前的房屋是"两证",即房屋所有权证与土地使用权证)的注销手续。

7. 审计结果公布

上述流程按照时间先后顺序较为详细地体现了整个房屋征收与补偿的全过程。将在下文中也基本按照该顺序对房屋征收与补偿工作展开探讨。

第二节 房屋征收的范围确定与方案拟订

一、房屋征收范围的确定

在房屋征收与补偿工作中,首先需要确定房屋征收范围。《征补条例》第8条明确规定了"需要征收房屋"的6种情形。在符合上述6种情形之一情况下,由

"有需要征收房屋"的单位,向房屋征收部门提出征收的申请,并经审查后确定房屋征收的范围,发布关于征收范围的《拟征收公告》。

在确定并公布了房屋征收范围后,需要进行征收前期调查登记工作。《征补条例》第15条规定:房屋征收部门应当对房屋征收范围内房屋的权属、区位、用途、建筑面积等情况组织调查登记,被征收人应当予以配合。调查结果应当在房屋征收范围内向被征收人公布。该条明确了应当调查登记的重点内容。在实践中,房屋的建造时间、结构、新旧程度、周边环境、常住人口、房屋装修、附属物等内容往往也会被纳入调查范围。其中,房屋的权属、用途、面积等,最容易出现争议。

1.房屋权属问题。原则上,房屋征收部门以房屋产权证书的记载作为确定房屋权属的最主要依据。若被征收人对房屋产权存在争议,可告知其通过民事诉讼等方式确定权属问题。对于因没有产权证书、产权人下落不明等无法确认权属的房屋,可由房屋征收部门通过调查的方式争取查明产权人。无法查明的,可由征收部门会同被征收范围内的相关政府职能部门,对征收行为进行公证确认,并在保证不因产权不明而减损补偿标准的情况下,由征收部门作出补偿决定并予以公告,待产权关系确定后,由产权人领取相应补偿。

2.房屋用途问题。原则上,房屋征收部门以房屋产权证书上登记的用途作为确定房屋用途的最主要依据。但实践中,往往出现实际用途与登记用途不一致的情况,如将住宅作为经营用房使用。在认定该类房屋用途时,可以将登记用途和实际用途均如实记载,以客观反映房屋的用途。对于没有办理产权登记的房屋,若该房屋取得了建设施工许可等审批文件,则可由房屋征收部门根据调查时房屋的实际用途,结合审批文件的内容,综合确认房屋用途。

3.房屋面积问题。原则上,房屋征收部门以房屋产权证书上登记的面积作为确定房屋面积的最主要依据。若没有办理房屋产权证书,则需结合建设审批文件和实际建造面积,综合确定房屋面积。实际建造面积大于审批文件的,一般认定的房屋面积不得大于审批文件的记载面积;实际建造面积小于审批文件的,一般以实际建造面积来认定房屋面积。对于符合相关条件的其他合法建筑,无法通过相关文件确定面积的,以房屋征收部门的实测为准。实践中,不同地方对面积的认定可能存在不同的方法。

房屋征收范围确定后,禁止在征收范围内实施不当增加补偿费用的行为。《征补条例》第16条第1款规定:房屋征收范围确定后,不得在房屋征收范围内实施新建、扩建、改建房屋和改变房屋用途等不当增加补偿费用的行为;违反规定实施的,不予补偿。该条明确了"新建、扩建、改建和改变房屋用途"均属于不当增加补偿费用的行为。实践中,不当增加补偿费用的行为多种多样,难以一一列举,但只需要严格把握其行为是否属于对房屋的"新建、扩建、改建",是否改变了房屋用途,是否会导致补偿费用增加的标准,便可以区分被拆迁人的行为是否属于被禁止的行为。

为进一步规范上述禁止行为,《征补条例》第16条第2款规定:房屋征收部门应当将前款所列事项书面通知有关部门暂停办理相关手续。暂停办理相关手续的书面通知应当载明暂停期限。暂停期限最长不得超过1年。这也体现了《征补条例》中各部门"互相配合,保障房屋征收与补偿工作的顺利进行"的要求。

二、旧城区改建中房屋征收的注意事项

旧城区改建在城市更新建设中有特殊的重要意义。根据《征补条例》第8条第5项的规定,旧城区改建是指由政府依照城乡规划法有关规定组织实施的对危房集中、基础设施落后等地段进行的改建。旧城区改建被认为是符合"公共利益的需要",属于国有土地上房屋征收的法定情形之一。与其他征收项目相比,旧城区改建对房屋征收的条件和要求更高,实践中应引起足够的重视。

与其他的房屋征收项目相比,旧城区改建有一定的特殊性,需要取得绝大多数被征收人的同意方可改建。《浙江省国有土地上房屋征收与补偿条例》第8条规定:因旧城区改建需要征收房屋的,房屋征收范围确定后,房屋征收部门应当组织征询被征收人的改建意愿;90%以上被征收人同意改建的,方可进行旧城区改建。《杭州市国有土地上房屋征收与补偿条例》第12条规定:因旧城区改建需要征收房屋的,房屋征收范围确定后,房屋征收部门应当组织征询被征收人的改建意愿;90%以上被征收人书面同意改建的,方可进行旧城区改建。

旧城区改建系对危房进行修缮或拆除,优化交通状况,增加配置或完善基础设施,主要目的是改善生活居住条件和环境。《城乡规划法》第31条第1款规定:旧城区的改建,应当保护历史文化遗产和传统风貌,合理确定拆迁和建设规模,有计划地对危房集中、基础设施落后等地段进行改建。《征补条例》第9条第1款规定:确需征收房屋的各项建设活动,应当符合国民经济和社会发展规划、土地利用总体规划、城乡规划和专项规划。保障性安居工程建设、旧城区改建,应当纳入市、县级国民经济和社会发展年度计划。可见,旧城区的改建也应当符合规划,并纳入市、县级国民经济和社会发展年度计划。

对旧城区改建有一些特殊的要求,需要加以重视:(1)不改变土地用途。旧城区改建系对原有房屋和基础设施的改建,不改变原先的土地用途,不得以旧城区改建的名义征收房屋用于商业开发等其他目的。(2)改建或就近地段安置。《征补条例》第 21 条第 3 款规定:因旧城区改建征收个人住宅,被征收人选择在改建地段进行房屋产权调换的,作出房屋征收决定的市、县级人民政府应当提供改建地段或者就近地段的房屋。

综上,旧城区改建的宗旨是改善老旧城区的生活居住条件,而非商业开发,故法律赋予被征收人决定是否同意改建和在改建或就近地段得到安置的权利。旧城区的改建应当符合规划,并确有改建的必要,不得以旧城区改建的名义随意征收房屋,以免产生不利的后果。

三、房屋征收补偿方案的拟订

在完成了前期房屋征收范围确定以及相关调查登记工作后,房屋征收部门应在调查登记的基础上,拟订相应的征收补偿方案。《征补条例》第 10 条规定:房屋征收部门拟订征收补偿方案,报市、县级人民政府。市、县级人民政府应当组织有关部门对征收补偿方案进行论证并予以公布,征求公众意见。征求意见期限不得少于 30 日。

市、县级人民政府在收到房屋征收部门拟订的征收补偿方案后,应组织有关部门对征收补偿方案进行论证。《征补条例》第 9 条对论证的内容进行了规定:确需征收房屋的各项建设活动,应当符合国民经济和社会发展规划、土地利用总体规划、城乡规划和专项规划。保障性安居工程建设、旧城区改建,应当纳入市、县级国民经济和社会发展年度计划。制定国民经济和社会发展规划、土地利用总体规划、城乡规划和专项规划,应当广泛征求社会公众意见,经过科学论证。

论证后,房屋征收补偿方案需要予以公布,征求公众意见。一般来说,征收部门公布的征收补偿方案主要包括以下内容:

1.房屋征收依据及目的。该内容包括房屋征收适用的法律和地方性法规。法律法规主要包括《民法典》《土地管理法》《征补条例》。此外,还需要重点明确适用的地方性法规、规章等规范性文件。在征收依据的基础上,征收补偿方案一般还会简要载明征收的目的。

2.房屋征收范围。该内容包括征收房屋所在地块的范围以及地块范围内的建筑物范围。

3. 前期调查情况。该内容主要包括征收范围内被拆迁人的总户数、总建筑面积、住宅户数及建筑面积、非住宅户数及建筑面积等内容。

4. 房屋面积、房屋用途的认定方法以及特殊情况下的面积认定和未登记建筑的处理方法。

5. 房屋补偿方案。一般分住宅和非住宅两种类型予以补偿,补偿方式通常包括货币补偿和产权调换两种。此外,通常还包括搬迁费和临时安置费的补偿标准。对于非住宅补偿,还会涉及停产停业损失补偿费。

6. 搬迁奖励。为促进房屋征收与补偿工作的顺利进行,补偿方案通常会明确按时搬迁的奖励方案。

7. 评估机构的选定。因被征收房屋的价值直接影响房屋征收补偿的多少,因此,如何选取评估机构,也是房屋征收与补偿方案的重要内容。

8. 签约期限、协议生效条件和搬迁期限。征收与补偿方案还会明确双方签订拆迁补偿协议的期限和协议的生效条件,以及被征收人搬迁的期限。

对于包括上述内容的征收与补偿方案,在公布后,需征求公众意见,听取公众对上述各方面内容的意见。因此,除上述内容外,在初次公布征求意见的房屋征收与补偿方案中,还应明确公众提出意见、建议的渠道和方式。

四、征求公众意见与社会稳定风险评估

对于房屋征收部门公布的房屋征收与补偿方案,《征补条例》规定了至少30天的征求意见的期限。在征求意见期限内,被征收人和其他公众均可以按照公布的方案中载明的方式和途径向房屋征收部门提出针对房屋征收补偿方案的意见和建议。实践中,房屋征收部门可能还会采取召开征求意见会议、调查问卷等方式来征求公众意见和建议。对于公众所提出的意见和建议,房屋征收部门应当予以统计,并有针对性地对房屋征收和补偿方案进行修改。《征补条例》第11条第1款规定:市、县级人民政府应当将征求意见情况和根据公众意见修改的情况及时公布。

针对因旧城区改建需要而实施的房屋征收,《征补条例》第11条第2款规定:多数被征收人认为征收补偿方案不符合该条例规定的,市、县级人民政府应当组织由被征收人和公众代表参加的听证会,并根据听证会情况修改方案。该条明确了房屋征收部门"应当"组织听证会的情况,即多数被征收人均认为征收补偿方案不符合规定时。

在需要召开听证会的情况下,房屋征收部门应该参考《自然资源听证规定》第二章的规定流程开展听证会。相关规定如下:

第二章　听证的一般规定

第六条　听证参加人包括拟听证事项经办机构的指派人员、听证会代表、当事人及其代理人、证人、鉴定人、翻译等。

第七条　听证一般由一名听证员组织;必要时,可以由三或五名听证员组织。听证员由主管部门指定。

听证设听证主持人,在听证员中产生;但须是听证机构或者经办机构的有关负责人。

记录员由听证主持人指定,具体承担听证准备和听证记录工作。

拟听证事项的具体经办人员,不得作为听证员和记录员;但可以由经办机构办理听证事务的除外。

第八条　在听证开始前,记录员应当查明听证参加人的身份和到场情况,宣布听证纪律和听证会场有关注意事项。

第九条　听证会按下列程序进行:

(一)听证主持人宣布听证开始,介绍听证员、记录员,宣布听证事项和事由,告知听证参加人的权利和义务;

(二)拟听证事项的经办机构提出理由、依据和有关材料及意见;

(三)当事人进行质证、申辩,提出维护其合法权益的事实、理由和依据(听证会代表对拟听证事项的必要性、可行性以及具体内容发表意见和质询);

(四)最后陈述;

(五)听证主持人宣布听证结束。

第十条　记录员应当将听证的全部活动记入笔录。听证笔录应当载明下列事项,并由听证员和记录员签名:

(一)听证事项名称;

(二)听证员和记录员的姓名、职务;

(三)听证参加人的基本情况;

(四)听证的时间、地点;

(五)听证公开情况;

(六)拟听证事项的理由、依据和有关材料;

（七）当事人或者听证会代表的观点、理由和依据；

（八）延期、中止或者终止的说明；

（九）听证主持人对听证活动中有关事项的处理情况；

（十）听证主持人认为的其他事项。

听证笔录经听证参加人确认无误或者补正后当场签字或者盖章；无正当理由又拒绝签字或者盖章的，记明情况附卷。

第十一条　公开举行的听证会，公民、法人或者其他组织可以申请参加旁听。

听证会的内容将被提交给相关审批部门，在对房屋征收与补偿方案审批时，参考使用。开展听证会是决策民主原则在房屋征收与补偿工作中的重要体现。

《征补条例》第12条规定：市、县级人民政府作出房屋征收决定前，应当按照有关规定进行社会稳定风险评估；房屋征收决定涉及被征收人数量较多的，应当经政府常务会议讨论决定。该条明确了社会稳定风险评估是房屋征收与补偿工作中必须进行的步骤。

所谓社会稳定风险评估，是针对拟作出的房屋征收决定，通过事先开展风险评估，提早发现在房屋征收与补偿过程中存在的可能影响社会稳定的风险点，并有针对性地提前采取降低、化解相应风险的措施，以确保房屋征收与补偿工作的顺利开展。

社会稳定风险评估的内容主要集中在合法性、合理性、可行性和安全性四个方面。

1. 合法性评估是指评估房屋征收与补偿工作是否符合党和国家大政方针，是否与现行政策、法律、法规相抵触，是否有充足的政策、法律依据；是否符合经济社会发展规律；所涉及的利益调整、利益调节对象和范围是否界定准确，调整、调节的依据是否合法，是否符合规定的议事决策程序。

2. 合理性评估是指评估房屋征收决定的作出是否坚持以人为本，是否符合大多数群众的利益；是否超越绝大多数群众的承受能力；是否得到绝大多数群众的理解和支持，是否符合人民群众的现实利益和长远利益。

3. 可行性评估是指评估房屋征收决定的作出是否征求了广大群众的意见，并组织开展前期宣传解释工作；是否符合本地经济社会发展总体水平；是否有科学依据，是否考虑时间、空间、人力、物力、财力等制约因素，是否有具体、翔实的方案和完善的配套措施，是否会给其他地方、其他行业、其他群众带来负面影响；是否体现相关政策的连续性和严密性以及实施该项目的时机是否够成熟。

4.安全性评估是指评估房屋征收决定的作出是否按照程序经过严格的审查审批;是否符合广大人民群众的根本利益;是否存在引发群体性事件的苗头性、倾向性问题;是否存在其他影响社会稳定的隐患以及是否有相应的预测预警措施和应急处置预案。

在市、县级政府作出房屋征收决定前,房屋征收部门会同有关部门对征收项目的上述四个方面进行论证和评估,提出处理意见和建议,并出具社会稳定风险评估报告。

五、房屋征收决定的公布

《征补条例》第12条第2款规定:在房屋征收决定作出前,征收补偿费用应当足额到位、专户存储、专款专用。这也是除社会稳定风险评估外,作出房屋征收决定前需要满足的另一个必要前提条件,也是房屋征收与补偿工作能够顺利推进落实的必要保证。

1.足额到位是指用于征收补偿的货币、实物的金额、数量应当符合征收补偿方案的要求,能够保证全部被征收人得到足额补偿和妥善安置。由于征收补偿一般包括货币补偿与房屋产权调换两种方式,征收补偿费用的足额到位,也包括用于置换的房屋和货币两部分均到位。具体而言,"到位"一方面是指经测算的征收补偿费用,在房屋征收决定作出前足额存入存储专户;另一方面是指用于产权调换的房屋明确、产权清晰、无权利负担,不会影响产权调换。

2.专户存储是指征收补偿费用应当储存在银行开设的专门用于房屋征收补偿的存款账户。《城市房屋拆迁管理条例》(已失效)中规定,在办理拆迁许可时应当有办理存款业务的金融机构出具的拆迁补偿安置资金证明,但没有明确是专户存储,仅一些地方规定中有专户存销的规定。为保证房屋征收补偿费用的专款专用,后续的一些规定中逐渐明确了征收补偿费用必须专户存储。如国务院办公厅《关于控制城镇房屋拆迁规模严格拆迁管理的通知》(已失效)规定,所有拆迁,无论是公益性项目还是经营性项目、招商引资项目,拆迁补偿资金必须按时到位,设立专门账户,专款专用。《征补条例》最终以行政法规的形式明确了专户存储的要求。

3.专款专用是指征收补偿费用只能用于房屋征收补偿,不得挪作他用。征收补偿费用主要用于:(1)支付给被征收人的房屋价值的补偿费、安置补助费、搬迁费、奖励费、停产停业损失补偿等;(2)支付给征收实施单位和相关单位开展房屋征收工作的各项经费。除上述用途外,征收补偿费用不得用于其他与征收与补偿无关的地方。

在对房屋征收与补偿方案公示征求意见并修改、社会稳定风险评估以及保证征收补偿费用应当足额到位、专户存储、专款专用的前提下,房屋征收决定由市、县级人民政府正式作出,并及时予以公告。《征补条例》第13条第1款、第2款规定:市、县级人民政府作出房屋征收决定后应当及时公告。公告应当载明征收补偿方案和行政复议、行政诉讼权利等事项。市、县级人民政府及房屋征收部门应当做好房屋征收与补偿的宣传、解释工作。

与前期征求意见版的方案不同的是,在正式公布的征收决定公告中,不仅要公布修改后的征收补偿方案,还必须载明相关行政复议、行政诉讼的权利事项。《征补条例》第14条规定:被征收人对市、县级人民政府作出的房屋征收决定不服的,可以依法申请行政复议,也可以依法提起行政诉讼。因此,除了在前期征求意见以及社会稳定风险评估的过程中表达自己的意见外,被征收人在征收决定作出之后,仍然拥有行政复议和行政诉讼的救济权利,可以依法通过行政复议以及行政诉讼的方式表达自己的意见和诉求。

1. 行政复议

根据《行政复议法》及《征补条例》的相关规定,被征收人认为房屋征收决定损害了其合法权益的,可以自知道决定之日起60日内提起行政复议。其中,作出征收决定的市、县级人民政府是被申请人,被申请人的上一级地方人民政府是行政复议机关。

提起行政复议的,可以书面申请,也可以口头申请,由行政复议机关记录相关申请内容。在行政复议申请受理后,法定复议期限内,申请人不能再向人民法院提起行政诉讼。行政复议机关收到复议申请后,应依法予以审查,并根据《行政复议法》予以处理,分别作出不予受理,告知向其他复议机关提出复议申请或者决定维持、撤销、变更,由被申请人重新作出决定等处理决定,并将相关处理决定送达申请人与被申请人。对相关处理结果不服的,被征收人可以依法提起行政诉讼。被申请人不履行或拖延履行行政复议决定的,复议机关或相关上级机关应责令其限期履行。

2. 行政诉讼

被征收人提起行政诉讼的方式为:被征收人认为房屋征收决定侵犯其合法权益的,可以提起行政复议,对行政复议决定不服的,可以在决定作出后15日内提起行政诉讼,也可以不经行政复议,直接向人民法院提起行政诉讼。提起行政诉讼,应该以作出决定的人民政府为被告,由当地中级人民法院管辖。事先进行行政复议,行政复议机关维持原决定的,作出决定的人民政府和复议机关是共同被告。行政复议机关改变原决定的,复议机关是被告。如果复议机关没有在期限内作出复议决定,被征收人起诉原行政行为的,以作出原决定的人民政府为被告,起诉复议机关不作为的,以复议机关为被告。起诉需提交起诉状、证据材料,并按要求提供副本。人民法院经审核,应作出立案决定或者不予立案的裁定。立案后,人民法院应依法审理。审理期间,除非存在符合条件的特殊情况,一般不停止原决定的执行。人民法院在依法审理行政诉讼案件后,依法作出相应的判决。原告或者被告对判决不服的,可以提起上诉。逾期不上诉,则一审判决生效。

第三节　房屋征收与补偿决定的实施

一、被征收房屋的价值评估

在房屋征收后,被征收人所获得的最主要的补偿为"被征收房屋价值的补偿"。对被征收房屋的价值进行评估,是确定被征收房屋价值的关键步骤。《征补条例》第19条第1款规定:对被征收房屋价值的补偿,不得低于房屋征收决定公告之日被征收房屋类似房地产的市场价格。被征收房屋的价值,由具有相应资质的房地产价格评估机构按照房屋征收评估办法评估确定。因此,对于被征收人的被征收房屋,其价值的确定需要由具备资质的房地产价格评估机构按照专门的房地产征收评估办法进行评估确定。《征补条例》第20条第1款规定:房地产价格评估机构由被征收人协商选定;协商不成的,通过多数决定、随机选定等方式确定。

对于房屋价值评估,住房和城乡建设部在2011年6月3日公布了《国有土地上房屋征收评估办法》(建房〔2011〕77号)。现摘录部分条文如下:

第一条　为规范国有土地上房屋征收评估活动,保证房屋征收评估结果客观公平,根据《国有土地上房屋征收与补偿条例》,制定本办法。

第二条　评估国有土地上被征收房屋和用于产权调换房屋的价值,测算被征收房屋类似房地产的市场价格,以及对相关评估结果进行复核评估和鉴定,适用本办法。

第九章 房屋征收与补偿 533

第四条 房地产价格评估机构由被征收人在规定时间内协商选定;在规定时间内协商不成的,由房屋征收部门通过组织被征收人按照少数服从多数的原则投票决定,或者采取摇号、抽签等随机方式确定。具体办法由省、自治区、直辖市制定。

房地产价格评估机构不得采取迎合征收当事人不当要求、虚假宣传、恶意低收费等不正当手段承揽房屋征收评估业务。

第七条 房地产价格评估机构应当指派与房屋征收评估项目工作量相适应的足够数量的注册房地产估价师开展评估工作。

房地产价格评估机构不得转让或者变相转让受托的房屋征收评估业务。

第九条 房屋征收评估前,房屋征收部门应当组织有关单位对被征收房屋情况进行调查,明确评估对象。评估对象应当全面、客观,不得遗漏、虚构。

房屋征收部门应当向受托的房地产价格评估机构提供征收范围内房屋情况,包括已经登记的房屋情况和未经登记建筑的认定、处理结果情况。调查结果应当在房屋征收范围内向被征收人公布。

对于已经登记的房屋,其性质、用途和建筑面积,一般以房屋权属证书和房屋登记簿的记载为准;房屋权属证书与房屋登记簿的记载不一致的,除有证据证明房屋登记簿确有错误外,以房屋登记簿为准。对于未经登记的建筑,应当按照市、县级人民政府的认定、处理结果进行评估。

第十条 被征收房屋价值评估时点为房屋征收决定公告之日。

用于产权调换房屋价值评估时点应当与被征收房屋价值评估时点一致。

第十一条 被征收房屋价值是指被征收房屋及其占用范围内的土地使用权在正常交易情况下,由熟悉情况的交易双方以公平交易方式在评估时点自愿进行交易的金额,但不考虑被征收房屋租赁、抵押、查封等因素的影响。

前款所述不考虑租赁因素的影响,是指评估被征收房屋无租约限制的价值;不考虑抵押、查封因素的影响,是指评估价值中不扣除被征收房屋已抵押担保的债权数额、拖欠的建设工程价款和其他法定优先受偿款。

第十四条 被征收房屋价值评估应当考虑被征收房屋的区位、用途、建筑结构、新旧程度、建筑面积以及占地面积、土地使用权等影响被征收房屋价值的因素。

被征收房屋室内装饰装修价值,机器设备、物资等搬迁费用,以及停产停业损失等补偿,由征收当事人协商确定;协商不成的,可以委托房地产价格评估机构通过评估确定。

第十九条 被征收人或者房屋征收部门对评估报告有疑问的,出具评估报告的房地产价格评估机构应当向其作出解释和说明。

第二十条 被征收人或者房屋征收部门对评估结果有异议的,应当自收到评估报告之日起10日内,向房地产价格评估机构申请复核评估。

申请复核评估的,应当向原房地产价格评估机构提出书面复核评估申请,并指出评估报告存在的问题。

第二十一条 原房地产价格评估机构应当自收到书面复核评估申请之日起10日内对评估结果进行复核。复核后,改变原评估结果的,应当重新出具评估报告;评估结果没有改变的,应当书面告知复核评估申请人。

第二十二条 被征收人或者房屋征收部门对原房地产价格评估机构的复核结果有异议的,应当自收到复核结果之日起10日内,向被征收房屋所在地评估专家委员会申请鉴定。被征收人对补偿仍有异议的,按照《国有土地上房屋征收与补偿条例》第二十六条规定处理。

第二十八条 在房屋征收评估过程中,房屋征收部门或者被征收人不配合、不提供相关资料的,房地产价格评估机构应当在评估报告中说明有关情况。

第二十九条 除政府对用于产权调换房屋价格有特别规定外,应当以评估方式确定用于产权调换房屋的市场价值。

第三十条 被征收房屋的类似房地产是指与被征收房屋的区位、用途、权利性质、档次、新旧程度、规模、建筑结构等相同或者相似的房地产。

被征收房屋类似房地产的市场价格是指被征收房屋的类似房地产在评估时点的平均交易价格。确定被征收房屋类似房地产的市场价格,应当剔除偶然的和不正常的因素。

第三十二条 在房屋征收评估活动中,房地产价格评估机构和房地产估价师的违法违规行为,按照《国有土地上房屋征收与补偿条例》《房地产估价机构管理办法》《注册房地产估价师管理办法》等规定处罚。违反规定收费的,由政府价格主管部门依照《中华人民共和国价格法》规定处罚。

二、被征收人对补偿方式的选择与相关费用补偿

根据《征补条例》第21条的规定,被征收人可以选择货币补偿,也可以选择房屋产权调换。(1)货币补偿是指根据对被征收人房屋价值的评估结果,通过向被征收人支付相应金额货币的方式予以补偿。该货币补偿金额应当与被征收房屋价值相当,并且按照房屋征收补偿协议的约定及时足额予以支付。(2)房屋产权调换。被征收人选择房屋产权调换的,市、县级人民政府应当提供用于产权调换的房屋,并与被征收人结清被征收房屋价值与用于产权调换房屋价值的差价。因旧城区改建征收个人住宅,被征收人选择在改建地段进行房屋产权调换的,应当提供改建地段或者就近地段的房屋。

以《浙江省国有土地上房屋征收与补偿条例》中的相关规定为例:

第二十一条 征收个人住宅,被征收人选择房屋产权调换的,设区的市、县(市、区)人民政府提供的用于产权调换房屋的建筑面积应当不小于被征收房屋的建筑面积,但被征收人要求小于被征收房屋建筑面积的除外。

用于产权调换房屋的建筑面积,不考虑被征收房屋的共有人数量、登记户口等因素。

第二十二条 征收个人住宅,被征收房屋建筑面积小于最低补偿建筑面积,且被征收人属于低收入住房困难家庭的,设区的市、县(市、区)人民政府应当依照下列规定优先给予住房保障:

(一)被征收人选择货币补偿的,按照最低补偿建筑面积予以补偿;

(二)被征收人选择房屋产权调换的,用于产权调换房屋的建筑面积不小于最低补偿建筑面积;被征收人对最低补偿建筑面积以内或者被征收房屋价值以内部分不支付房款,对超过最低补偿建筑面积且超过被征收房屋价值的部分按照设区的市、县(市、区)人民政府的规定支付差价。

依照前款规定对被征收人给予货币补偿的,最低补偿建筑面积计入被征收人再次申请住房保障时家庭住房建筑面积的核定范围;予以房屋产权调换的,用于产权调换房屋的建筑面积计入被征收人再次申请住房保障时家庭住房建筑面积的核定范围。

最低补偿建筑面积和低收入住房困难家庭的具体标准由设区的市、县(市、区)人民政府规定;其中,最低补偿建筑面积不小于四十五平方米。

第二十三条 被征收人选择房屋产权调换的,过渡期限为自被征收人搬迁之月起二十四个月;用于产权调换房屋为房屋征收范围内新建高层建筑的,过渡期限为自被征收人搬迁之月起三十六个月。过渡期限届满前,房屋征收部门应当交付用于产权调换房屋。过渡期限内的周转用房,被征收人可以选择自行解决,也可以选择由房屋征收部门提供。

前款规定的高层建筑,是指总层数十层以上的住宅建筑或者建筑高度超过二十四米的非住宅建筑。

除货币补偿与产权调换以外,被征收人还可以获得搬迁费、临时安置费的补偿与周转用房安排及停产停业损失的补偿。

根据《征补条例》第22条的规定,因征收房屋造成搬迁的,房屋征收部门应当向被征收人支付搬迁费;选择房屋产权调换的,产权调换房屋交付前,房屋征收部门应当向被征收人支付临时安置费或者提供周转用房。其中,搬迁费是指因被征收人从被征收房屋处将家庭原有物品搬运至新的住处所需支出的费用。临时安置费是指在没有周转用房的情况下,通过租赁房屋等方式临时安置被征收人所需要支出的费用。实践中,临时安置费、搬迁费与当地房屋租赁市场平均价格、搬家费用标准密切相关,并且随着市场的变化而不断变化。此外,若被征收人选择由征收人负责临时安置工作,则涉及周转用房,周转用房应结合被征收人家庭的实际情况予以提供。

以《浙江省国有土地上房屋征收与补偿条例》中的相关规定为例:

第二十四条　征收住宅,被征收人自行解决周转用房的,房屋征收部门应当支付其自搬迁之月起至用于产权调换房屋交付后六个月内的临时安置费。

临时安置费按照租赁与被征收房屋面积、地段相当的住宅所需费用的平均价格确定,且不低于保障被征收人基本居住条件所需费用。具体标准由设区的市、县(市)人民政府根据当地物价水平规定,每两年公布一次。

房屋征收部门超过过渡期限未交付用于产权调换房屋的,应当自逾期之月起按照设区的市、县(市)人民政府公布的最新标准的二倍支付临时安置费。

第二十五条　房屋征收部门提供周转用房的,不支付临时安置费;但是,超过过渡期限未交付用于产权调换房屋的,除继续提供周转用房外,还应当自逾期之月起按照设区的市、县(市)人民政府公布的最新标准支付临时安置费。

房屋征收部门交付用于产权调换房屋的,被征收人应当自交付后六个月内腾退周转用房。

第二十六条　房屋征收部门超过过渡期限未交付用于产权调换房屋的,被征收人有权另行选择货币补偿方式。过渡期限届满后超过二十四个月仍未交付用于产权调换房屋的,被征收人有权要求提供其他用于产权调换房屋。

被征收人要求提供其他用于产权调换房屋的,房屋征收部门应当在六个月内交付与原用于产权调换房屋面积、地段相当的现房,并依照本条例第十六条、第十七条的规定计算、结清差价。

第二十七条 征收住宅的,房屋征收部门应当支付搬迁费,用于补偿被征收人因搬家和固定电话、网络、有线电视、空调、管道煤气等迁移造成的损失。被征收人选择房屋产权调换的,从周转用房迁往用于产权调换房屋时,房屋征收部门应当另行支付搬迁费。

搬迁费的具体标准由设区的市、县(市)人民政府根据当地物价水平规定,每两年公布一次。

第二十八条 征收非住宅房屋的,房屋征收部门应当一次性支付搬迁费、临时安置费。其中,搬迁费包括机器设备的拆卸费、搬运费、安装费、调试费和搬迁后无法恢复使用的生产设备重置费等费用。

搬迁费、临时安置费的具体标准由设区的市、县(市)人民政府规定。

在房屋征收的过程中,相关房屋面临被拆除的现实,势必会引起经营用房停产停业的结果,进而产生停产停业损失。如何确定停产停业损失与被拆迁人的利益息息相关。对此,《征补条例》第23条规定,对因征收房屋造成停产停业损失的补偿,根据房屋被征收前的效益、停产停业期限等因素确定。具体办法由省、自治区、直辖市制定。从该条规定可以看出,《征补条例》列举了房屋"被征收前的效益"和房屋"停产停业期限"两方面的因素。

以《浙江省国有土地上房屋征收与补偿条例》为例,其第29条规定,征收非住宅房屋造成停产停业损失的,应当根据房屋被征收前的效益、停产停业期限等因素给予补偿。补偿的标准不低于被征收房屋价值的5%,具体标准由设区的市、县(市)人民政府规定。生产经营者认为其停产停业损失超过依照前款规定计算的补偿费的,应当向房屋征收部门提供房屋被征收前3年的效益、纳税凭证、停产停业期限等相关证明材料。房屋征收部门应当与生产经营者共同委托依法设立的评估机构对停产停业损失进行评估,并按照评估结果支付补偿费。生产经营者或者房屋征收部门对评估结果有异议的,应当自收到评估结果之日起10日内,向房地产价格评估专家委员会申请鉴定。鉴定费用由申请人承担;鉴定撤销原评估结果的,鉴定费用由原评估机构承担。

《宁波市国有土地上房屋征收与补偿办法》第53条规定:停产停业损失补偿费按被征收房屋评估价值的一定比例计算。计算的具体规定由市人民政府另行制定并公布。非住宅房屋被征收人或者生产经营者认为其停产停业损失超过前款规定计算的补偿费用的,按照《浙江省国有土地上房屋征收与补偿条例》第29

条的规定执行。停产停业期限按不超过12个月计算。

以杭州市、宁波市两地发布的补偿标准为例。具体见：杭州市人民政府《关于调整杭州市区国有土地上房屋征收临时安置费和搬迁费标准有关事项的通知》（杭政函〔2020〕105号,2020年10月26日发布）；宁波市人民政府《关于印发宁波市国有土地上房屋征收补偿、补助、奖励规定的通知》（甬政发〔2021〕28号,2021年6月24日发布）。

三、涉及住宅公房征收的补偿

住宅公房也称公有住房,是指由国家以及国有企业、事业单位建设的住宅,其产权归国家所有,通常区分为公房管理部门直管住宅公房和单位自管住宅公房。《征补条例》中对住宅公房的征收没有进行规范,但在一些地方规范性文件中对住宅公房的征收作出相应的规范。

如《上海市国有土地上房屋征收与补偿实施细则》（2011年10月19日上海市人民政府令第71号发布）第23条规定：房屋征收补偿协议应当由房屋征收部门与被征收人、公有房屋承租人签订。被征收人、公有房屋承租人以征收决定作出之日合法有效的房地产权证、租用公房凭证、公有非居住房屋租赁合同计户,按户进行补偿。被征收人以房地产权证所载明的所有人为准,公有房屋承租人以租用公房凭证、公有非居住房屋租赁合同所载明的承租人为准。第29条规定：征收执行政府规定租金标准的公有出租居住房屋,被征收人选择货币补偿的,租赁关系终止,对被征收人的补偿金额计算公式为：评估价格×20%；对公有房屋承租人的补偿金额计算公式为：评估价格×80% + 价格补贴,被征收房屋属于旧式里弄房屋、简屋以及其他非成套独用居住房屋的,按照本细则规定增加套型面积补贴。征收执行政府规定租金标准的公有出租居住房屋,被征收人选择房屋产权调换的,由被征收人负责安置公有房屋承租人,租赁关系继续保持。对被征收人的补偿金额计算公式为：评估价格 + 价格补贴,被征收房屋属于旧式里弄房屋、简屋以及其他非成套独用居住房屋的,按照本细则规定增加套型面积补贴。

《浙江省国有土地上房屋征收与补偿条例》第9条规定：房屋征收范围内有公房管理部门直管住宅公房或者单位自管住宅公房的,设区的市、县（市、区）人民政府应当组织公房管理部门和单位自管住宅公房的所有权人对承租人是否符合房改政策予以调查、认定。公房承租人符合房改政策的,享有按照房改政策购买被征收房屋的权利。承租人按照房改政策购房后,设区的市、县（市、区）人民政府应当对其按照被征收人予以补偿。第 35 条规定:单位自管住宅公房的承租人未按房改政策购房,也未与被征收人达成解除租赁关系协议的,设区的市、县(市、区)人民政府应当对被征收人实行房屋产权调换的补偿方式,用于产权调换房屋由原房屋承租人承租。公房管理部门直管住宅公房的承租人未按房改政策购房,也未与公房管理部门达成解除租赁关系协议的,由设区的市、县(市、区)人民政府向原房屋承租人另行提供承租房屋。设区的市、县(市、区)人民政府依照前两款规定对承租人提供承租房屋的,承租人应当腾退原承租房屋;拒不腾退的,设区的市、县(市、区)人民政府可以作出腾退决定,责令承租人限期腾退。

在国有土地上的房屋征收中,对于公房管理部门直管住宅公房和单位自管住宅公房,拟作出房屋征收决定的政府应当组织有关单位对公房承租人是否符合房改政策进行调查认定。符合房改政策的,承租人享有按照房改政策购买被征收房屋的权利。承租人按照房改政策购房后,政府应当对其按照被征收人予以补偿。未按房改政策购房的,直管住宅公房的承租人与公房管理部门、单位自管住宅公房的承租人与被征收人达成解除租赁关系协议的,对承租人给予搬迁等必要的补偿;如果未能达成解除租赁关系协议的,属于直管住宅公房的,向承租人提供价值最接近且不小于被征收房屋价值的住宅供其承租;属于单位自管住宅公房的,应当对被征收人实行房屋产权调换,用于产权调换房屋由承租人承租。

实践中,因历史原因遗留的住宅公房问题较为常见,部分公房承租人在被征收房屋内生活居住长达数十年之久,一旦面临征收,必然会影响其居住条件,有关部门应引起足够的重视。对于符合房改政策的,应优先保障承租人房改的权利;不符合房改政策的,也应当另行提供承租房屋,保障承租人的居住权益。

四、房屋征收补偿协议的内容

房屋征收补偿协议是房屋征收与补偿工作内容最为集中的体现,也是明确征收人和被征收人各自权利义务的重要载体和依据。《征补条例》第 25 条第 1 款规定:房屋征收部门与被征收人依照该条例的规定,就补偿方式、补偿金额和支付期限、用于产权调换房屋的地点和面积、搬迁费、临时安置费或者周转用房、停产停业损失、搬迁期限、过渡方式和过渡期限等事项,订立补偿协议。

房屋征收补偿协议往往是房屋征收部门提供的格式文本,除了需要填写的内容,被征收人往往没有要求修改协议内容的机会。

本书提供一份国有土地上房屋征收与补偿安置协议示范文本(参见河北省住

房和城乡建设厅《关于印发〈河北省国有土地上房屋征收与补偿安置协议(示范文本)〉的通知》,以供读者参考。

国有土地上房屋征收与补偿安置协议

甲方(房屋征收部门):_____

乙方(被征收人):_____

受委托的房屋征收实施单位:_____

根据_____人民政府作出的《_____房屋征收决定》(文号_____),需对乙方的房屋实施征收。经甲、乙双方协商一致,现就房屋征收补偿事宜签订本协议。

第一条 被征收房屋情况

1.被征收房屋坐落在_____,不动产权证(房屋所有权)证号_____,证载房屋所有权人_____,房屋权属性质____,房屋建筑证载面积_____平方米,房屋实测面积_____平方米,房屋认定面积_____平方米,国有土地使用权证号_____,土地证载面积_____平方米,土地用途_____;

2.其他:_____。

第二条 房屋【住宅】【非住宅】补偿方式选择

乙方选择【货币补偿】【房屋产权调换】房屋征收补偿方式。

第三条 货币补偿方式

1.被征收房屋价值补偿_____元(详见分户评估报告);

2.房屋装修及附属设施、附属物的补偿_____元(详见分户评估报告);

3.搬迁补偿费_____元;

4.临时安置补偿费_____元;

5.因房屋征收造成的停产停业损失补偿_____元;

6.奖励、补助_____元;

7.其他补偿:_____。

以上第____项合计:____元(大写:_____)。

乙方选择货币补偿方式的,在房屋征收补偿协议签定并办理完交验房手续后____日内,由甲方向乙方支付货币补偿款。

第四条　房屋产权调换方式

(一)产权调换房屋情况

1. 产权调换建筑面积为_____平方米。产权调换房屋坐落在_____,选定的产权调换房屋建筑面积_____平方米(以不动产登记机构登记的房屋建筑面积为准),房屋用途_____;配套地下储藏室____【个、平方米】、车位____个。

2. 甲方提供给乙方的产权调换房屋应当与该房屋所在项目商品房房屋质量、基础配套设施、社区环境与服务标准相一致,且无权利负担。

(二)过渡安置

甲、乙双方约定产权调换房屋期限为_____,按____元/月/平方米支付临时安置费,支付方式_____。

(三)补偿和差价结算

1. 被征收房屋补偿费

(1)被征收房屋价值补偿_____元(详见分户评估报告);

(2)房屋装修及附属设施、附属物的补偿_____元;(详见分户评估报告)

(3)搬迁补偿费_____元;

(4)临时安置补偿费_____元;

(5)房屋征收造成的停产停业损失补偿_____元;

(6)奖励、补助_____元;

(7)其他补偿:_____。

经计算,以上____项合计____元(大写:_____)。

2. 产权调换房屋价值

位于_____的产权调换房屋价值_____元。

3. 按本项目房屋征收补偿方案计算后,____方应向____方支付产权调换房屋差价款____元,该房屋差价款应在_____结清。

(四)实际交付房屋建筑面积与协议安置房屋建筑面积存在差异的,应以不动产登记机构登记的房屋建筑面积为准,甲、乙双方在实际交房时互找差价。

第五条　乙方搬迁期限

经甲、乙双方约定，乙方应于本协议签订后____日内完成搬迁，并将被征收房屋交付甲方。

第六条　甲、乙双方的义务和违约责任

（一）甲方应在产权调换房屋达到交付使用标准后，通知乙方在规定期限内办理交付使用手续。

（二）因甲方的责任延长过渡期限的，甲方应当自逾期之月起，以规定标准为基数，增加临时安置费，逾期____增加____、逾期____增加____、逾期____增加____、逾期满24个月以上的临时安置费增加100%。

（三）因乙方的责任，乙方未按期腾退被征收房屋、结清水、电、气、暖、物业管理等有关费用、办理完交验房手续的，甲方有权顺延支付货币补偿金的时间并取消其所享受的征收奖励事项。

（四）因乙方责任，乙方未按甲方通知的期限内办理产权调换房屋安置手续的，甲方有权按照协议约定停发临时安置费。

（五）在甲方交付产权调换用房时，未能取得房屋竣工验收合格手续的，乙方有权拒绝接收产权调换用房，甲方应继续支付临时安置费。甲方交付的产权调换房屋标准应符合征收方案公示的标准，否则乙方有权要求甲方按征收方案公示的标准进行整改。

第七条　争议解决方式

甲、乙双方由于履行本协议书所发生的争议，由双方当事人协商解决，协商不成的，任何一方均有权向有管辖权的人民法院提起诉讼。

第八条　其他约定

（一）本协议未尽事项，可由双方当事人另行签订补充协议，补充协议及协议附件与本协议具有同等法律效力。本协议及其附件内，空格部分填写的文字与印刷文字具有同等效力。

（二）乙方应在签订本协议的同时将不动产权证（房屋所有权证、国有土地使用权证）原件交由甲方办理注销登记手续。乙方选择产权调换的，甲方协助乙方办理产权调换房屋的不动产权证。

（三）除因法律法规规定或双方约定外，甲、乙双方不得要求对方增加额外费用。

第九条　协议份数和效力

本协议一式____份,甲方____份,乙方____份,双方签字、盖章之日起生效。

甲方(房屋征收部门):　　　　受委托的房屋征收实施单位:
经办人:　　　　　　　　　　经办人:
联系地址:　　　　　　　　　联系地址:
联系电话:　　　　　　　　　联系电话:
　年　月　日　　　　　　　　年　月　日

乙方(被征收人):
身份证号码:
联系地址:
联系电话:
委托代理人:
委托代理人身份证号码:
　年　月　日

五、房屋征收补偿决定的作出与公告

一般情况下,征收人与被征收人通过达成房屋征收与补偿协议,对双方之间的权利义务予以明确。但在特殊情况下,房屋征收部门会直接根据前期确认的征收补偿方案,作出房屋征收与补偿的决定,并将决定内容予以公告。《征补条例》第26条第1款、第2款规定,房屋征收部门与被征收人在征收补偿方案确定的签约期限内达不成补偿协议,或者被征收房屋所有权人不明确的,由房屋征收部门报请作出房屋征收决定的市、县级人民政府依照该条例的规定,按照征收补偿方案作出补偿决定,并在房屋征收范围内予以公告。补偿决定应当公平,包括该条例第25条第1款规定的有关补偿协议的事项。

由上可知,在征收方案确定的期限内被征收人不愿意签署协议的,房屋征收部门可以直接根据已经确定公布的补偿方案标准,单方面作出征收补偿的决定。还需要注意的是,被征收人对补偿决定不服的,可以依法申请行政复议,也可以依法提起行政诉讼。

六、被征收人搬迁和补偿的顺序

《征补条例》第 27 条第 1 款规定,实施房屋征收应当先补偿、后搬迁。在当今房屋征收与补偿工作中,顺序都是"先补偿、后搬迁",即征收部门对被征收人予以补偿后,被征收人才应当在补偿协议约定的搬迁期限内完成搬迁。这与此前的《城市房屋拆迁管理条例》(已失效)有明显不同,有效提升了对被征收人权益的保障力度。

具体而言,所谓"先补偿",是指在要求被征收人搬迁之前,征收人首先与被征收人签订书面的征收补偿协议或作出征收决定,并按照征收补偿协议或者征收决定的内容履行了作为征收人应当履行的货币支付或者房屋交付义务。所谓"后搬迁"是指只有在被征收人得到相关补偿,得到妥善的安排后,才负有按照协议约定期限履行搬迁的义务。

在实践中,有时会出现被征收人因对房屋征收存在异议或者不满从而拒绝搬迁的情况。《征补条例》第 27 条第 3 款规定:任何单位和个人不得采取暴力、威胁或者违反规定中断供水、供热、供气、供电和道路通行等非法方式迫使被征收人搬迁。禁止建设单位参与搬迁活动。

七、申请法院强制执行的条件与程序

如果出现被征收人拒绝搬迁的情况,房屋征收部门不能自行组织强拆,只能申请人民法院依法强制执行。申请强制执行包括两种情况:一是双方已经签署了征收补偿协议,但被征收人违反约定拒不搬迁;二是双方并未签署协议,而是由征收人依法作出征收决定,被征收人在征收决定作出后,拒不搬迁。无论是上述哪一种情况,征收部门都需要在满足法定条件后才可以申请人民法院强制执行。

《征补条例》第 28 条规定:被征收人在法定期限内不申请行政复议或者不提起行政诉讼,在补偿决定规定的期限内又不搬迁的,由作出房屋征收决定的市、县级人民政府依法申请人民法院强制执行。强制执行申请书应当附具补偿金额和专户存储账号、产权调换房屋和周转用房的地点和面积等材料。换言之,申请法院强制拆迁的条件包括:(1)被征收人拒绝搬迁且在法定期限内不申请行政复议或者不提起行政诉讼;(2)已经签署了补偿协议或作出了补偿决定;(3)已经按照补偿协议或决定向被征收人足额提供了货币补偿或产权调换房屋、周转房等。

实践中,在被征收人拒绝搬迁时,申请法院强制执行搬迁一般包括以下流程:(1)对被征收人进行催告。《行政强制法》第 54 条规定,征收人应当下发履行征收补偿协议或决定的催告书。(2)催告书送达被征收人之日起 10 个工作日后,被征收人仍拒绝搬迁的,征收人才可向人民法院申请强制执行。(3)法院对强制执行申请的合法性、合理性以及可执行性进行审查,作出是否准许的裁定。法院可通过调取证据、询问当事人、组织听证、现场调查等方式,审查相关事实,在这个过程中,被征收人可以提出异议。(4)强制执行。法院作出准予强制执行裁定后,征收人才可以组织强制拆除。

最高人民法院《关于办理申请人民法院强制执行国有土地上房屋征收补偿决定案件若干问题的决定》(法释〔2012〕4 号)对市、县级人民政府申请人民法院强制执行国有土地上房屋征收补偿决定(以下简称征收补偿决定)案件作出以下规定:

第一条 申请人民法院强制执行征收补偿决定案件,由房屋所在地基层人民法院管辖,高级人民法院可以根据本地实际情况决定管辖法院。

第二条 申请机关向人民法院申请强制执行,除提供《条例》第二十八条规定的强制执行申请书及附具材料外,还应当提供下列材料:

(一)征收补偿决定及相关证据和所依据的规范性文件;

(二)征收补偿决定送达凭证、催告情况及房屋被征收入、直接利害关系人的意见;

(三)社会稳定风险评估材料;

(四)申请强制执行的房屋状况;

(五)被执行人的姓名或者名称、住址及与强制执行相关的财产状况等具体情况;

(六)法律、行政法规规定应当提交的其他材料。

强制执行申请书应当由申请机关负责人签名,加盖申请机关印章,并注明日期。

强制执行的申请应当自被执行人的法定起诉期限届满之日起三个月内提出;逾期申请的,除有正当理由外,人民法院不予受理。

第三条 人民法院认为强制执行的申请符合形式要件且材料齐全的,应当在接到申请后五日内立案受理,并通知申请机关;不符合形式要件或者材料不全的应当限期补正,并在最终补正的材料提供后五日内立案受理;不符合形式要件或者逾期无正当理由不补正材料的,裁定不予受理。

申请机关对不予受理的裁定有异议的,可以自收到裁定之日起十五日内向上一级人民法院申请复议,上一级人民法院应当自收到复议申请之日起十五日内作出裁定。

第四条　人民法院应当自立案之日起三十日内作出是否准予执行的裁定;有特殊情况需要延长审查期限的,由高级人民法院批准。

第五条　人民法院在审查期间,可以根据需要调取相关证据、询问当事人、组织听证或者进行现场调查。

第六条　征收补偿决定存在下列情形之一的,人民法院应当裁定不准予执行:

(一)明显缺乏事实根据;

(二)明显缺乏法律、法规依据;

(三)明显不符合公平补偿原则,严重损害被执行人合法权益,或者使被执行人基本生活、生产经营条件没有保障;

(四)明显违反行政目的,严重损害公共利益;

(五)严重违反法定程序或者正当程序;

(六)超越职权;

(七)法律、法规、规章等规定的其他不宜强制执行的情形。

人民法院裁定不准予执行的,应当说明理由,并在五日内将裁定送达申请机关。

第七条　申请机关对不准予执行的裁定有异议的,可以自收到裁定之日起十五日内向上一级人民法院申请复议,上一级人民法院应当自收到复议申请之日起三十日内作出裁定。

第八条　人民法院裁定准予执行的,应当在五日内将裁定送达申请机关和被执行人,并可以根据实际情况建议申请机关依法采取必要措施,保障征收与补偿活动顺利实施。

第九条　人民法院裁定准予执行的,一般由作出征收补偿决定的市、县级人民政府组织实施,也可以由人民法院执行。

第十条　《条例》施行前已依法取得房屋拆迁许可证的项目,人民法院裁定准予执行房屋拆迁裁决的,参照本规定第九条精神办理。

第十一条　最高人民法院以前所作的司法解释与本规定不一致的,按本规定执行。

第四节　房屋征收与补偿的法律责任与纠纷案例

一、房屋征收与补偿中的违法行为及法律责任

《征补条例》第4章专门规定了"法律责任",对房屋征收与补偿中的违法行为及法律责任进行了规定。具体内容如下:

第三十条　市、县级人民政府及房屋征收部门的工作人员在房屋征收与补偿工作中不履行本条例规定的职责,或者滥用职权、玩忽职守、徇私舞弊的,由上级人民政府或者本级人民政府责令改正,通报批评;造成损失的,依法承担赔偿责任;对直接负责的主管人员和其他直接责任人员,依法给予处分;构成犯罪的,依法追究刑事责任。

第三十一条　采取暴力、威胁或者违反规定中断供水、供热、供气、供电和道路通行等非法方式迫使被征收人搬迁,造成损失的,依法承担赔偿责任;对直接负责的主管人员和其他直接责任人员,构成犯罪的,依法追究刑事责任;尚不构成犯罪的,依法给予处分;构成违反治安管理行为的,依法给予治安管理处罚。

第三十二条　采取暴力、威胁等方法阻碍依法进行的房屋征收与补偿工作,构成犯罪的,依法追究刑事责任;构成违反治安管理行为的,依法给予治安管理处罚。

第三十三条　贪污、挪用、私分、截留、拖欠征收补偿费用的,责令改正,追回有关款项,限期退还违法所得,对有关责任单位通报批评、给予警告;造成损失的,依法承担赔偿责任;对直接负责的主管人员和其他直接责任人员,构成犯罪的,依法追究刑事责任;尚不构成犯罪的,依法给予处分。

第三十四条　房地产价格评估机构或者房地产估价师出具虚假或者有重大差错的评估报告的,由发证机关责令限期改正,给予警告,对房地产价格评估机构并处5万元以上20万元以下罚款,对房地产估价师并处1万元以上3万元以下罚款,并记入信用档案;情节严重的,吊销资质证书、注册证书;造成损失的,依法承担赔偿责任;构成犯罪的,依法追究刑事责任。

二、房屋征收程序问题引起的行政诉讼案例

案例一：在征收过程中，征收主体在未依法给予被征收人补偿之前，应当保障被征收人基本居住条件，满足其基本生活需求，而不能通过施加影响、以停水、停电等方式侵害被征收人的合法权益。

二审案号为(2019)鲁行终2238号的行政诉讼案件。案情简介：2018年4月16日，被告济南市章丘区人民政府(以下简称章丘区政府)作出《国有土地上房屋征收决定》并发布公告，原告袁某等10人所有的房屋在征收范围内。2018年4月27日，济南市章丘区旧城(村)改造指挥部通知要求天然气公司逐步对该区域内停止供气。2018年8月15日，章丘二建公司发布通知：自2018年8月26日起停水、停电，终止物业服务。2018年8月26日，原告所在章丘二建公司小区开始停水、停电、停气。原告认为该情况将严重影响其正常生活，向济南市城市更新局提出要求有关部门恢复供水、供电、供气等请求。2018年9月21日，济南市城市更新局作出责令限期改正通知书，责令章丘区房屋征收服务中心在3个工作日内采取有效措施、协调相关单位改正上述问题，为原告恢复供电、供水、供气。但相关部门最终并未解决上述问题。原告未与房屋征收部门签订房屋征收补偿协议，其房屋也未被拆除。涉案的章丘二建公司小区绝大部分被征收人已与征收实施单位签订了房屋征收补偿协议，签订协议户房屋大部分已进行拆除。小区院内供水、供气、供电等设施大部分已被拆除，物业公司亦停止了物业服务。原告认为章丘区政府作为征收主体，应该对停水、停电、停气、停止物业服务的违法行为负责，但章丘区政府始终未履行相关职责，严重侵害其正常生活权益，故起诉请求判令章丘区政府责令第三人采取补救措施恢复原告房屋的供水、供电、供气和物业管理等服务。原告在庭前申请增加诉讼请求，即请求确认章丘区政府要求第三人作出停水、停电、停气以及终止提供物业服务的行为违法。

济南市中级人民法院审理认为：(1)原告原诉讼请求与增加的诉讼请求性质不同，且在起诉状副本送达后提出，故不予准许。(2)章丘区政府无原告诉请的责令相关企业恢复供水、供电等行为的法定职权，并且现有证据不足以证明章丘区政府基于征收产生责令相关企业恢复相关服务义务。(3)在被征收人获得合法补偿前，章丘区政府的征收行为在客观上造成被征收人丧失基本居住条件。在后续的补偿安置或者赔偿程序中，若有确凿证据，章丘区政府应对原告因停水、停电等造成的损失进行弥补，并依法尽快推进补偿安置工作。所以，一审判决驳回了袁某等10人的诉讼请求。

袁某等10人提起上诉。山东省高级人民法院经审理后认为：(1)对于上诉人的原诉讼请求和增加的诉讼请求，二者存在内在的逻辑关联，属于同一法律关系，可以一并审理并作出裁判。因此，上诉人所增加的诉讼请求并无不当之处，不违反相关法律规定。(2)章丘区政府作为涉案片区的征收主体，通知实施了停水、停电、停气等行为，系该行为的适格责任主体。(3)上诉人在未得到补偿并搬离之前，章丘区政府实施的征收行为导致其房屋停水、停电、停气以及终止提供物业服务，违反规定，应当被确认违法。章丘区政府主张绝大多数居民已经签订协议并腾空房屋的理由，不能成为对其他未签协议居民实施停水、停电、停气等行为的正当理由。所以，二审判决依法撤销了一审判决，确认章丘区政府实施征收致使袁某等10人的房屋停水、停电、停气以及终止物业服务的行为违法，同时判决章丘区政府采取相应的补救措施保障袁某等10人的基本居住条件。

案例二：负有法定职责的行政主体可以依法委托有关组织实施特定的行政行为，但由此产生的法律后果应由该行政主体承担，并在由此引发的行政诉讼中作为适格被告。

再审案号为(2021)最高法行再240号的行政强制纠纷案件(入库案例)。案情简介：2008年12月19日，济南市槐荫区吴家堡街道办事处西吴家堡村民委员会出具证明一份，载明"兹证明我村村民张某，经村委会批准同意，于2005年新建宅基院落一处，东西30.20米，南北25.10米……"王某提交的常住人口登记卡显示，王某系张某次子。王某当庭陈述称，其母亲张某将案涉房屋分配给其，其拥有案涉房屋的所有权。2018年4月25日，王某与济南市槐荫区住房保障和房产管理局、济南市槐荫区人民政府吴家堡街道办事处、吴家堡村委会签订了房屋拆迁补偿安置协议，协议约定："一、甲方需拆除归乙方所有的位于吴家堡办事处西堡庄某号的住宅房屋。"2018年5月4日，案涉房屋被强制拆除。王某对强制拆除上述房屋的行为不服，向法院提起行政诉讼。

审理中查明，2018年7月30日，山东省济南市槐荫区人民政府于济南市房屋征收信息网发布房屋征收决定公告，载明："济南某医学科学中心项目一期国有土地上房屋征收决定已经本区人民政府依法作出，现将有关事项公告如下：一、征收范围东至京合高速，西至济西编组站，南至经十路，北至小清河……"

山东省济南市中级人民法院审理后认为，该案被诉的房屋强制拆除行为发生在2018年5月4日，早于房屋拆迁补偿安置协议约定的5月15日，且征收公告仅针对该区域的国有土地上房屋，并不涉及集体性质土地征收，所以无法认定王某房屋的强制拆除行为系槐荫区人民政府组织或者实施。作出(2018)鲁01行初860号行政裁定:驳回起诉。

王某提出上诉。山东省高级人民法院作出(2019)鲁行终100号行政裁定书:驳回上诉,维持原裁定。

王某提起再审申请。最高人民法院审理后认为:根据《行政诉讼法》第26条第5款的规定,行政机关委托的组织所作的行政行为,委托的行政机关是被告。《最高人民法院关于适用〈中华人民共和国行政诉讼法〉的解释》第20条第1款规定,行政机关组建并赋予行政管理职能但不具有独立承担法律责任能力的机构,以自己的名义作出行政行为,当事人不服提起诉讼的,应当以组建该机构的行政机关为被告。县级以上地方人民政府具有组织实施征地拆迁工作的法定职责。负有法定职责的行政主体可以委托有关组织实施特定的行政行为,但由此产生的法律后果应由该行政主体承担,并在由此引发的行政诉讼中作为适格被告。该案中,依原审已查明的事实以及在案相关证据材料并结合双方当事人的诉辩意见,济南某医学科学中心建设指挥部委托山东某公司济南槐荫分公司实施济南某医学科学中心片区范围内集体土地上住宅及非住宅的拆迁工作,其中包括该案所涉王某的房屋。由于济南某医学科学中心建设指挥部系槐荫区人民政府组建的临时机构,故槐荫区人民政府应当作为该案的适格被告并依法对山东某公司济南槐荫分公司拆除案涉房屋的行为承担相应的法律责任。王某虽然签订了房屋拆迁补偿安置协议,但并无有效证据证明案涉房屋系依法或依约交拆。即使山东某公司济南槐荫分公司对王某案涉房屋拆除行为属于误拆,并不能由此免除槐荫区人民政府依法应当承担的法律责任,故槐荫区人民政府主张案涉房屋系山东某公司济南槐荫分公司误拆等答辩理由,不予支持。最高人民法院作出(2021)最高法行再240号行政裁定:(1)撤销一审行政裁定;(2)撤销二审行政裁定;(3)指令山东省济南市中级人民法院审理该案。

案例三:国有土地上房屋征收决定影响众多被征收人合法权益,法院对征收决定的合法性、合理性进行审查。尤其是以征收形式进行的旧城区改建,应尊重拟征收范围内被征收人的改建意愿。大多数被征收人同意改建方案的,可以认为建设项目符合公共利益的需要。

再审案号为(2017)最高法行申4693号的行政诉讼案件。案情简介:2016年1月25日,宁波市建东置业有限公司向原宁波市江东区房屋征收管理办公室(以下简称江东征管办)提交潜龙危旧房改造地块(地块二)项目国有土地上房屋征收申请。次日,原宁波市江东区百丈街道潜龙社区居民委员会出具情况说明,内容为该社区房屋多建于20世纪80年代,房龄老旧,基础设施落后,房屋存在安全隐患,是城区积水最严重的社区之一,遇到台风、暴雨等恶劣天气,内涝十分严重。江东征管办对征收范围内的房屋权属、区位、用途、建筑面积等情况组织调查登记,并在房屋征收范围内向被征收人公布调查登记结果后,拟定了房屋征收补偿方案上报原宁波市江东区人民政府(以下简称江东区政府)。同年3月10日,江东区政府组织当地有关部门对上述房屋征收补偿方案进行了论证,论证结论为:因涉案项目需要,需征收项目范围内国有土地上房屋,符合《征补条例》第8条第5项公共利益情形的规定,符合条例所规定的相关计划规划要求,征收范围能够满足实际需要,范围适当;征收补偿方案公平、合理;方案符合经济社会发展需要,并保障了被征收人的合法权益,方案合理、可行,可按此方案实施。同年3月15日,江东区政府在拟征收范围内张贴关于征求潜龙社区危旧房改造地块(地块二)项目(以下简称该项目)国有土地上房屋征收补偿方案(征求意见稿)意见的公告,征求公众意见,征求意见期限自上述公告公布之日起计算30天。同日,江东征管办在征收范围内张贴该项目征收意愿征询公告,征收意愿征询期限为2016年3月16日至4月14日,且该次征询工作进行了公证。同年3月23日,江东征管办在征收范围内张贴公告公布了征收意愿征询结果,明确该次意愿征询投票权数为175票,收到投票175票,明确选择"同意"的意见书共174票,选择"不同意"的意见书共0票,废票1票,同意率为99.4%。2016年4月,江东征管办向有关部门送达关于该项目房屋征收暂停办理有关手续的通知,并于4月14日在征收范围内张贴关于该项目房屋征收暂停办理有关手续的告知书。同年4月15日,江东区政府召开该项目国有土地上房屋征收社会稳定风险评估会议,并形成社会稳定风险评估报告,评估结论为该项目社会稳定风险等级为低风险。同年4月19日,江东区政府作出房屋征收补偿方案意见征求情况及征收补偿方案修改情况的通告,对房屋价值补偿问题进行答复,对评估公司的选定内容进行调整,并在征收范围内张贴该通告。同年4月19日,江东区政府召开常务会议,会议原则同意作出潜龙棚改地块征收决定。同年4月20日,江东区政府作出房屋征收决定,并于次日在征收范围公告及《宁波日报》上刊登。

原告郭某的房屋在被诉房屋征收决定确定的征收范围内。郭某不服江东区政府于2016年4月20日作出的房屋征收决定,向法院提起行政诉讼,要求撤销该房屋征收决定。

宁波市中级人民法院审理后认为,被告作出被诉房屋征收补偿决定认定事实清楚,适用法律、法规正确,程序合法。原告要求撤销被诉房屋征收补偿决定,理由不足,法院不予支持。所以,判决:驳回郭某的诉讼请求。

郭某提起上诉。浙江省高级人民法院二审判决:驳回上诉,维持原判。后郭某向最高人民法院提起再审申请,最高人民法院再审后认为该征收决定符合《征补条例》的规定,符合公共利益的需要,一、二审法院分别判决驳回郭某的诉讼请求和上诉,符合法律规定,因此驳回了郭某的再审申请。

案例四:以紧急避险为由对纳入征收范围的房屋作出危房拆除决定并据此拆除房屋,在实践中被称为"以拆危促拆迁"。在房屋征收过程中作出危房认定和拆除行为,需要具有目的正当性,与危房认定和拆除行为的主体适格、程序合法、证据确凿具有逻辑上的递进关系。

一审案号为(2021)湘8601行初496号,二审案号为(2021)湘01行终287号的危房拆除决定案件(入库案例)。案情简介:湖南省长沙市天心区新开铺路114号第146栋某号房屋为王某所有。为实施湖南机床厂及周边地块棚户区改造项目,长沙市天心区人民政府于2020年6月24日发布《房屋征收决定》,案涉房屋位于征收范围内。2020年12月15日,长沙市天心区新开铺街道办事处向王某作出并送达《关于做好排除新开铺路114号第146栋某号房屋安全隐患工作的通知》。12月28日,天心区住建局委托湖南省建设工程质量检测有限责任公司对案涉房屋主体结构进行房屋安全性检测鉴定。12月29日,天心区住建局向王某送达《房屋安全鉴定通知书》。2021年1月4日,湖南省建设工程质量检测有限责任公司出具《房屋安全鉴定报告》,鉴定结论为:该房屋年代久远,多处位置出现病害,根据现场检测结果及《危险房屋鉴定标准》相关要求,综合评定该房屋危险性等级为D级,即该房屋承重结构已不能满足安全使用要求,房屋整体处于危险状态,构成整幢危房,建议拆除。1月7日,天心区住建局作出《危房拆除告知书》,告知王某案涉房屋综合评定为D级危险房屋,存在严重安全隐患,要求王某在收到告知5日之内停止使用并自行拆除危房,逾期仍未履行义务的,该局将委托无利害关系的第三人代为实施拆除。1月22日,天心区住建局以紧急避险为由作出案涉《危房拆除决定书》。王某不服《危房拆除决定书》,向法院提起行政诉讼。2021年2月8日,长沙市天心区人民政府对王某作出《房屋征收补偿决定》。4月2日,案涉房屋被拆除。

长沙铁路运输法院审理后认为,房屋征收与危房拆除具有本质区别,两者本应各行其道。当房屋被纳入征收范围后,应当适用征收补偿法律关系,对房屋进行合法补偿后予以收回,此时再以紧急避险为由作出危房拆除决定应当受到严格限制。对于被纳入征收范围的房屋,只有严格按照征收程序实施征收无法避免"现实危险"时,才可以适用危房认定和拆除程序,否则以危房为由拆除该房屋执法目的不当,应予确认违法或者撤销。该案中,一方面,天心区住建局委托危房鉴定时未充分保障王某自行委托的权利;另一方面,鉴定机构湖南省建设工程质量检测中心有限公司出具案涉房屋安全鉴定《鉴定报告》后,天心区住建局亦未充分保证王某对于案涉《鉴定报告》提出异议和申请重新鉴定的权利,程序违法。同时,案涉房屋已被纳入湖南机床厂及周边地块棚户区改造项目征收范围,在该案王某未签订征收补偿协议的情况下,天心区住建局以拆危为由作出《危房拆除决定书》,并拆除其房屋,其目的并非严格意义上的城市危房管理,而是为了加快征拆进程,避开法定的征收实施程序,其执法目的存在不当。综上,长沙市天心区住建局作出案涉《危房拆除决定书》程序违法,执法目的不当,依法应予以撤销。因案涉房屋现已被拆除,案涉《危房拆除决定书》已不具备可撤销的内容,应当确认为违法。

长沙市天心区住建局提起上诉。湖南省长沙市中级人民法院作出二审行政判决:驳回上诉,维持原判。

三、房屋征收补偿问题引起的行政诉讼案例

案例五:征收人应保证被征收人对货币补偿或产权调换的选择权。在被征收人未在规定期限内进行选择的情况下,征收人可以依职权选择补偿方式。

再审案号为(2020)最高法行申9693号的行政诉讼案件。案情简介:在郑某与浙江省海盐县人民政府(以下简称海盐县政府)房屋征收补偿案中,浙江省嘉兴市中级人民法院于2019年8月20日作出(2018)浙04行初252号行政判决,判决驳回郑某要求撤销海盐县政府作出的2018005号房屋征收补偿决定书的诉讼请求。郑某提起上诉后,浙江省高级人民法院于2020年1月13日作出(2019)浙行终1609号行政判决,二审判决:驳回上诉,维持原判。

郑某仍不服,向最高人民法院申请再审。再审理由包括案涉补偿决定未充分保障其货币补偿和产权调换的选择权,依法应予撤销。该案中,海盐县政府作出的案涉补偿决定仅给予货币补偿,未给予产权调换的选择权,违反《征补条例》第21条第1款的规定。

海盐县政府答辩提出:征收补偿决定方案中,分别列明了货币补偿及产权调换两种方案的具体内容,郑某未在期限内选择补偿方式,故海盐县政府确定以货币补偿方式进行补偿,符合法律规定,不存在郑某所称的选择权被剥夺的情况。

最高人民法院审查后认为,根据原审法院查明的事实,因双方未能达成协议,海盐县政府向郑某送达房屋征收补偿决定方案告知书,告知其可以在货币补偿和产权调换两种方式中进行选择,但郑某未在规定期限内作出选择。海盐县政府选择以货币补偿方式作出补偿决定,符合相关规定。二审期间,海盐县政府亦承诺愿意保留给予郑某产权调换安置方案选择机会,并提供了具体的方案,已经保护郑某对补偿方式的选择权。郑某对补偿方式提出的异议,缺乏事实和法律依据,不予支持。最高人民法院裁定驳回了郑某的再审申请。

案例六:征收程序启动后,行政机关在对征收范围内大部分房屋已经完成征收的情况下,又对案涉房屋进行危房鉴定,并以案涉房屋属于危房为由组织强制拆除,属于滥用职权。

一审案号为(2018)湘11行初76号,二审案号为(2018)湘行终1991号的行政强制及行政赔偿案件(入库案例)。案情简介:2015年8月17日,湖南省永州市冷水滩区人民政府公布《关于永州市湘永路建湘大厦房屋征收的通告》,决定征收永州市冷水滩区湘永路建湘大楼房屋及建(构)筑物。李某在建湘大楼一楼自有一套私有房产,李某与他人在建湘大楼三楼共有一套私有房产(建筑面积618.36m^2),李某占1/5,用途都是商业,均在征收范围内。9月2日,永州市人民政府国有土地上房屋征收与补偿办公室在建湘大楼拆迁范围内张贴了《关于协商产生评估机构的公告》。9月15日张贴《关于投票抽签选择房地产评估机构的公告》,大部分建湘大楼被征收户参加了抽签选定评估机构。2016年8月15日,永州金典房地产评估有限责任公司受委托对李某的房屋进行了评估,价值时点为2015年8月17日。其中,一楼房屋评估建筑面积38.04m^2,房地产价值(不含室内装饰装修、附属物价值)单价13,640元/平方米,总计518,866元。三楼房屋评估建筑面积123.672m^2,房地产价值(不包含室内装饰装修、附属物价值)单价5845元/平方米,总计722,863元。评估结果以《湘永路建湘大楼房屋征收分户评估结果一览表》的形式,张贴在拆迁范围内。2018年3月25日,冷水滩区人民政府书面委托永州市房产局对建湘大楼进行危房鉴定。湖南昌衡工程质量检测有限公司受委托对建湘大楼进行了结构安全性检测鉴定,并于2018年4月12日出具鉴定报告,评定房屋现有主体结构的安全性鉴定等级为D级,建议停止使用并进行拆除处理。5月14日,永州市房产局向冷水滩区人民政府出具《危险房屋通知书》《危险房屋紧急避险通知书》。7月2日,冷水滩区政府作出《关于对建湘大楼D级危房业主及租赁户实施紧急安全避险搬迁的通告》,通告业主及租赁户10日内紧急搬迁撤离,对原D级危房所有权人将参照相关法律、法规及《国有土地上房屋征收与补偿条例》等政策予以补偿。2018年8月3日上午,冷水滩区人民政府对李某的房屋进行了强制拆除,在强拆之前,李某腾空了房屋。后,李某提起行政诉讼,请求:(1)确认冷水滩区人民政府强拆建湘大楼的行为违法;(2)责令冷水滩区人民政府公开书面道歉;(3)由冷水滩区人民政府赔偿损失4,720,619元。

湖南省永州市中级人民法院作出(2018)湘11行初76号行政判决:(1)确认永州市冷水滩区人民政府于2018年8月3日对李某所有的房屋实施的强制拆除行为违法;(2)永州市冷水滩区人民政府一次性向原告李某支付赔偿金1,639,349.8元;(3)驳回李某的其他诉讼请求。

李某提起上诉。湖南省高级人民法院审理后认为:冷水滩区政府在对包括李某房屋在内的建湘大楼启动征收程序后,应当按照《国有土地上房屋征收与补偿条例》规定的程序,与李某户签订安置补偿协议或者作出安置补偿决定,并在给予补偿后要求李某搬迁。如李某在法定期限内拒绝搬迁,冷水滩区政府可在人民法院裁定准予强制执行后依法实施强制搬迁。此既体现依法行政要求,也能快速地完成公共利益建设。但该案征收项目自2015年启动后,虽进行了评估等程序,但在未能与李某签订安置补偿协议的情况下,未及时作出安置补偿决定,从而造成征收拆迁工作的拖延。冷水滩区政府在对建湘大楼的大部分房屋已经完成征收,又于2018年对建湘大楼进行危房鉴定,并以案涉房屋属于危房为由组织强制拆除,有滥用职权之嫌;且在实施过程中未依据《城市危险房屋管理规定》所规定的程序和步骤进行。所以法院确认强制拆除行为违法。基于被强制拆除房屋的评估报告缺乏合法性,直接确定赔偿金额的条件尚不具备等原因,要求按照有利于保障李某房屋产权得到充分赔偿的原则,以作出赔偿时案涉房屋的类似房地产的市场价格为基准来确定赔偿金额,所以判令冷水滩区政府在判决生效后三个月内作出行政赔偿决定。湖南省高级人民法院作出(2018)湘行终1991号行政判决:(1)维持一审行政判决的第(1)项;(2)撤销一审判决的第(2)项、第(3)项;(3)责令永州市冷水滩区人民政府在本判决生效后三个月内作出行政赔偿决定;(4)驳回李某要求公开书面道歉的诉讼请求。

李某、永州市冷水滩区人民政府分别申请再审。最高人民法院作出(2019)最高法行申 11659 号行政裁定:驳回李某、永州市冷水滩区人民政府的再审申请。

案例七:房屋征收补偿协议应是房屋征收部门与被征收人协商后达成的合意,房屋征收部门应充分尊重被征收人的签约权和补偿方式选择权。在征收补偿过程中,房屋征收部门不能仅以考虑被征收户整体利益为由剥夺被征收人对房屋的处分权,尤其不能剥夺被征收户中对被征收房屋拥有较大产权份额的被征收人对被征收房屋的处分权。

一审案号为(2019)沪 7101 行初 634 号,二审案号为(2019)沪 03 行终 669 号的行政诉讼案件。案情简介:上海市虹口区永定路某弄某号房屋(以下简称案涉房屋)为私房,分楼上、楼下,其中楼下产权归陈某 1 所有,楼上产权由陈某 1、陈某 2、陈某 3、陈某 4 各占 1/4。2018 年 11 月 30 日,上海市虹口区人民政府作出房屋征收决定,案涉房屋在被征收范围内。征收时,被征收人为陈某 1、陈某 2、陈某 3、陈某 4。其中,陈某 2、陈某 3 两户共 6 人为被征收房屋户籍登记在册人员。征收过程中,经过街道两次组织调解,陈某 1 与陈某 2、陈某 3、陈某 4 仍未就确定签约代理人达成一致意见。2018 年 11 月 13 日,经人民调解员、社区干部、派出所民警等组成的监督小组评议,指定陈某 2 作为签约代理人。2018 年 12 月 9 日,陈某 4 同意推荐陈某 2 作为签约代理人。2018 年 12 月 15 日,虹口房管局与陈某 2、陈某 3 签订《上海市国有土地上房屋征收补偿协议》,认定建筑面积 26.8 平方米,未认定建筑面积 11 平方米;该户选择货币补偿,被征收房屋价值补偿款为 2,576,478.8 元,装潢补偿 13,400 元,居住房屋搬迁费等其他补偿或奖励费用合计 1,513,582 元。截至 2018 年 12 月 24 日,征收范围的签约率达到 85%。另外,根据结算单,虹口房管局还应向该户支付签约比例奖超比例递增部分、按期搬迁奖等补贴与奖励合计 251,103.49 元,并注明户口迁移奖 10,000 元在被征收房屋内户口全部迁移后发放。被征收房屋后被拆除。

陈某 1 以其占被征收房屋产权 62.5%,虹口房管局应与其签订协议,其未享受过福利分房故因有权选择产权调换的补偿方式,被诉征收协议不能代表其意愿等为由,向法院提起诉讼,要求撤销被诉征收协议。

上海铁路运输法院审理后认为,案涉协议虽与陈某 1 意愿不符,但并未对陈某 1 的居住利益造成新的影响;根据征收补偿方案,选择货币补偿方式,可获得远超过选择房屋产权调换所能获得的利益。所以,一审法院判决驳回了陈某 1 的诉讼请求。

陈某 1 提起上诉。上海市第三中级人民法院审理后认为,涉案征收补偿协议的签订未经陈某 1 追认,应属无效,遂判决撤销上海铁路运输法院(2019)沪 7101 行初 634 号行政判决书,并确认被上诉人虹口房管局与原审第三人陈某 2 等人签订的《上海市国有土地上房屋征收补偿协议》无效。

四、房屋拆迁补偿合同履行问题引起的民事诉讼案例

案例八:房屋拆迁安置补偿合同中使用笼统用语表述违约责任的,此种条款属于违约情形约定不明,法院应根据违约情节的轻重确定具体违约责任和相应的违约金数额。

再审案号为(2018)赣民再 228 号的房屋拆迁安置补偿合同纠纷案件(入库案例)。案情简介:赖某原有砖混结构三层房屋一栋,土地面积为 30.84 平方米,建筑面积为 115.65 平方米。2012 年 10 月 13 日,赖某与于都县福兴房地产建设开发有限公司(以下简称福兴公司)签订了《拆建协议书》,载明:福兴公司取得福田商住楼后面全部剩余土地的开发权,与赖某房屋相邻,赖某将房屋纳入福兴公司的统一规划。赖某将上述房产交予福兴公司拆建;福兴公司自拆除之日起按月向赖某支付月补偿金 1600 元,一年后每月 1800 元,至交付店面止;福兴公司交付房屋的最后期限为福兴公司向赖某发出的拆迁通知函指定的拆迁时间起算 36 个月;店面全部拆除后,如福兴公司在一年内未动工则应按房屋原貌重建;如果赖某未按福兴公司的书面通知停租停用则应支付违约金 20 万元并继续履行合同;如果店面全部拆除后福兴公司未全面履行协议则应支付违约金 20 万元并继续履行协议。于都荣鑫房地产开发有限公司(以下简称荣鑫公司)和于都县东升房地产开发有限公司(以下简称东升公司)对合同履行予以担保,双方还对置换房产等事宜作了明确约定。2012 年 10 月 13 日,福兴公司书面通知赖某其房屋将于 2012 年 11 月 1 日进行拆除,赖某于次日书面通知其房屋承租人于月底前搬出。福兴公司自 2012 年 10 月起向赖某支付补偿金,2013 年 10 月起按 1800 元/月支付。在此期间,福兴公司陆续拆除了赖某及其临近的房屋,但是,由于福兴公司于签订合同时未预料到的客观因素,拆除和新建工程未能按照福兴公司计划进行。由于福兴公司无法在约定的最后期限交付房屋,赖某等业主通过各种渠道反映问题,要求福兴公司增加补偿金、支付违约金等未果。2015 年 9 月 29 日,福兴公司书面答复赖某等业主,单方承诺自 10 月起将月租金从 1800 元提高到 2300 元,并每满一年每月递增 500 元至交付房屋为止。赖某等相关业主认为低于临近店铺的租金补偿标准,故未予接受。福兴公司仍按 1800 元的金额向赖某支付补偿金。在此

期间,福兴公司逐步完善了各项开发手续,项目进展较快。福兴公司于2016年7月26日取得建设用地规划许可证,当年12月取得建设工程规划许可证。因福兴公司未能如期交付置换房产,赖某向法院提起诉讼。福兴公司辩称延期交房系因规划变更等不可抗力造成,其不应承担责任。

江西省于都县人民法院作出(2016)赣0731民初1926号民事判决:(1)赖某与福兴公司继续履行2012年10月13日签订的《拆建协议书》;(2)福兴公司应向赖某支付合同期限届满后三个月催告期之违约金6240元;自2016年2月1日起按月支付补偿金2300元,每满一年在月基数上每月增加500元,直付至交付店面使用时止;(3)驳回赖某要求福兴公司、荣鑫公司、东升公司赔偿租金损失的请求;(4)驳回赖某要求福兴公司、荣鑫公司、东升公司承担连带责任的请求;(5)驳回赖某的其他诉讼请求。

赖某和福兴公司均提出上诉,江西省赣州市中级人民法院作出(2017)赣07民终1713号民事判决:(1)维持一审判决第(1)、(3)、(5)项;(2)撤销一审判决第(2)、(4)项;(3)福兴公司按月支付赖某补偿金(自2015年11月起按每月1800元计算支付至交付房屋时止);(4)福兴公司按月支付赖某违约金(自2015年11月起按每月1600元计算支付至交付房屋时止);(5)荣鑫公司和东升公司对福兴公司的上述债务承担连带责任。

赖某申请再审。2017年12月26日,赖某出具个人安置确认书。12月27日,赖某签订承诺书,将安置房屋调换至81901房,房屋面积161.6平方米,其中套内建筑面积130.90平方米,车位调换至F64号,面积为标准车位面积。再审审理中,三被告表示,可以在2019年10月前向赖某交付房屋。

江西省高级人民法院审理后认为,因双方均有继续履行拆建协议书意愿,赖某与福兴公司在二审判决后亦在继续履行拆建协议书,赖某选好确定了还建房屋的具体位置和车位,因此,该案再审的争议焦点可以归纳为:(1)福兴公司是否构成违约。赖某与福兴公司签订拆建协议书后,按照协议要求将房屋交给福兴公司,福兴公司拆除赖某房屋后未按照合同约定于2015年11月1日前将还建房屋交付于赖某,已经构成违约。福兴公司辩称其无法按期交付房屋的原因是由于政府征收土地存在问题、规划变更、村民阻工和天气等原因造成,但上述原因与赖某并无关系,福兴公司并未举证赖某存在阻工等行为。当事人一方因第三人的原因造成违约的,应当向对方承担违约责任。当事人与第三人之间的纠纷,依照法律规定或者按照约定解决。福兴公司主张可以免除违约责任的理由不能成立,福兴公司未能按照协议书约定的期限交付房屋,应当承担违约责任。(2)如果构成违约,福兴公司应如何承担违约责任。该案中《拆建协议书》第四部分第2条约定"店面全部拆除后,如甲方未按本协议约定的条款全面履行,则视为甲方违约,除支付违约金贰拾万元给乙方外,还必须全面履行该协议。"该条款约定的违约金数额虽然明确,但该约定使用的"甲方未按本协议约定的条款全面履行"用语表述确实存在未区分违约情节轻重程度的问题,如不区分甲方违约情节,只要甲方有违约行为即承担20万元违约金,确实会造成违约责任的承担与违约行为的性质、情节轻重程度严重不匹配的情形,该条款的违约情形约定不明,不能直接根据该条约定直接认定福兴公司应承担20万元违约金的违约责任。该案中,福兴公司违约导致的后果是赖某无法按期使用房屋,由此导致的损失主要是房屋租金损失,该租金应当参照同地段区域房屋租金确定。可以将福兴公司对林某另一商住楼的租金补偿标准作为确定该案租金损失的参照。参照上述租金标准,法院酌情确定福兴公司逾期交房给赖某造成的租金损失按照每月4800元的标准计算。再审酌定福兴公司另一次性向赖某支付违约金6万元。荣鑫公司、东升公司对福兴公司上述债务承担连带责任。江西省高级人民法院作出(2018)赣民再228号民事判决:(1)撤销一审、二审判决;(2)福兴公司向赖某支付逾期交房租金损失,租金按照每月4800元(含拆建协议书约定的每月1800元经济补偿)的标准自2015年11月1日起计算至福兴公司向赖某交付拆建协议书约定的房屋时止;(3)福兴公司于本判决生效后30日内向赖某支付违约金6万元;(4)荣鑫公司和东升公司对上述第(2)项、第(3)项判决确定的福兴公司的债务承担连带责任;(5)驳回赖某的其他诉讼请求。

案例九:房屋拆迁补偿合同签订后,拆迁人或征收部门未按照合同的约定提供安置用房的,应按照合同的约定支付临时安置补助费并承担相应的违约责任。

案号为(2021)辽1302民初3227号的民事主体间房屋拆迁补偿合同纠纷案件。案情简介:2007年6月16日,原告黄某的父母作为被拆迁人与被告朝阳市兴河房地产开发有限公司(拆迁人,以下简称兴河公司)签订了《拆迁协议书》,约定兴河公司以产权置换的方式将黄某父母在拆迁范围内的一栋四间建筑面积为64.92平方米的房屋拆迁后,用拟建的一户建筑面积(预计)85平方米的住宅楼房进行产权调换。上述协议中同时约定了安置用房的市场价格,被拆迁有照房屋市场评估价格,被拆迁人应付差价款等。《拆迁协议书》第7条约定,"在规定的过渡期限内,被拆迁人自行过渡的,拆迁人给予临时安置补助费每月240元,一次性搬迁补助500元,在回迁时由拆迁人支付",第9条约定,"因拆迁人的责任延长过渡期限的,对自行过渡的被拆迁人,增加临时补助费;超期在半年以内的,从超期之日起,每月加发50%的安置补助费,超期半年以上,每月加发100%的临时安置补助费"。黄某父母与兴河公司签订上述《拆迁协议书》后,因兴河公司未按协议书约定按时为黄某父母安置回迁房屋,黄某父母多次进行了信访,黄某母亲于2017年去世,黄某父亲于2018年去世。经过朝阳市信访局协调,2020年12月9日朝阳市房屋征收办公室出具了一份处理意见并与黄某签订《息访协议书》。处理意见为:(1)朝阳市住建局会同征收办公室协调兴河公司落实85平方米房屋一套(实际为88.01平方米)。(2)回迁时黄某按规定缴纳住房维修基金,兴河公司不再收取其他费用。(3)为黄某申请信访专项救助资金6万元。(4)如以上条件全部落实,黄某保证不再上访。同时,原告黄某与被告兴河公司共同签署了一份《说明》,主要内容为:兴河公司落实88.01平方米回迁房屋一户,房屋坐落于鑫兴小区5号楼1单元102室,由黄某办理回迁手续。兴河公司于2020年12月9日将上述《说明》中约定的回迁房屋交付给黄某,黄某出具了一份收条。后黄某以被告朝阳市房屋征收办公室、兴河公司未给付其2008年3月16日至2020年12月9日的临时安置补助费为由向法院提起诉讼。

朝阳市双塔区人民法院审理后认为,该案的最大争议焦点为被告兴河公司的实际回迁日期,虽然被告兴河公司在庭审中辩称其公司于2008年3月15日进行了回迁,但其却未向法院提供充分证据证明,而原告黄某提供的经被告兴河公司质证无异议的收条显示被告兴河公司于2020年12月9日才将回迁房屋交付给的原告黄某,该案回迁房屋的实际交付时间应认定为2020年12月9日。该案中的案涉房屋系回迁置换房屋,原告父母对回迁房屋享有优先居住权,且此种权利是排他权利,即使原告的父母没有按照约定的时间将房屋差价款向被告兴河公司结清,被告兴河公司也应当及时向原告的父母交付回迁房屋,并对原告的父母拖欠其的房屋差价款依法另行主张权利,但这并非其拒绝向原告的父母交付回迁房屋的法定事由。被告兴河公司直到2020年12月9日才将回迁房屋交付给原告黄某,已经超出了应当交付回迁房屋一年的时间,其应当按照其与原告的父母签订的《拆迁协议书》第9条的约定给付原告2008年3月16日至2020年12月9日153个月每个月二倍即480元的临时安置补助费共计73,440元,原告主张的合理部分,法院予以支持。该案中的临时安置补助费的给付义务主体为拆迁人,而该案中的拆迁人是被告兴河公司,而非被告朝阳市房屋征收办公室,被告朝阳市房屋征收办公室作为登记管理机关,只是负责制订征收补偿方案,组织与被征收人订立补偿协议,并非拆迁合同的相对人和民事义务主体。所以,法院判决:(1)被告兴河公司给付原告黄某临时安置补助费人民币73,440元;(2)驳回原告黄某对被告朝阳市房屋征收办公室的诉讼请求;(3)驳回原告黄某的其他诉讼请求。

案例十:房屋拆迁补偿合同中约定有安置房屋,拆迁人或征收部门未按照合同的约定协助被征收人办理产权登记的,被征收人可以要求其协助办理,并要求其承担违约责任。

案号为(2021)粤0104民初37303号的民事主体间房屋拆迁补偿合同纠纷案件。案情简介:2005年10月11日,原告张某(乙方,原租住户)与被告广州市越秀区北秀实业有限公司(甲方,以下简称北秀公司)签订《购买安置房屋产权协议书》,主要内容为:(1)甲方同意将乙方原租住坐落在广州市越秀区某街58号第18层楼3号房的建筑面积为54.71平方米的房屋套间(以下简称案涉房屋)向乙方出售。(2)甲方同意以每平方米2500元的单价出售给乙方购买该房屋的产权,该套间的建筑面积54.71平方米。购房价款共136,775元。(3)签订该协议时即付清购房总款136,775元。(4)办理有关产权契证过户手续主要由甲方负责办理,乙方协助,办理契证所需的相关税费按政府规定缴付。(5)乙方购买所租住该房屋套间的产权必须属甲方的所有权才可以购买,如发现该套间产权是属房管局、站的产权,甲方所收的购房款如数即时退回给乙方。2006年10月12日,北秀公司向张某出具《广州市不动产销售〈转让〉发票》,载明:购房款金额为136,775元。后因北秀公司未为张某办理上述房屋的产权证,张某向法院起诉,要求北秀公司协助其办理案涉房屋的产权证。

广州市房地产测绘院出具的房地产分户图显示,案涉房屋的总建筑面积为78.0784平方米。

广东省广州市越秀区人民法院审理后认为,原告主张其经被告回迁入住案涉房屋,该主张与被告提交的现有证据能相互印证,后原、被告于2005年10月11日签订《购买安置房屋产权协议书》,约定由原告向被告支付购买案涉房屋的购房款,被告将该房屋的产权转移过户给原告,双方就此形成房屋买卖合同关系。经审查,上述《购买安置房屋产权协议书》是双方当事人的真实意思表示,无违反法律、行政法规的强制性规定,合法有效,双方均应依约履行。上述协议约定,案涉房屋的产权证手续主要由被告负责办理,原告协助。现原告已举证证明其已付清案涉房屋的房款且房屋已交付给原告使用,被告至今未履行为原告办理案涉房屋的产权登记手续的义务,已构成违约。现原告要求被告将案涉房屋的产权登记至原告名下,合法合理,法院予以支持。至于被告答辩所主张的可能涉及增大面积的问题,被告可待房管部门出具产权证书后,双方另循合法途径解决。所以,法院判决:自判决发生法律效力之日起10日内,被告北秀公司协助原告张某办理案涉房屋登记至原告张某名下的产权登记手续。

五、拆迁征收利益的分配与归属引起的民事诉讼案例

与拆迁征收利益的分配与归属相关的常见案由有:共有纠纷、分家析产纠纷、赠与合同纠纷、继承纠纷等,下面举例予以说明。

案例十一:如果被征收的房屋属于家庭共有,则家庭成员可以要求对拆迁征收利益进行分割。对于分割的比例与安置房屋的归属,法院应考虑相关人员对被征收房屋的来源、各方对房屋的贡献、居住状况及选房意愿等因素进行综合考虑。

案号为(2021)沪0109民初7453号的共有纠纷案件。案情简介:张某4(20世纪50年代去世)、范某(1987年去世)夫妇生前未留有遗嘱,育有4个子女,分别是张某3(2005年11月9日死亡)、张某5(2009年5月5日死亡)、张某2、张某1。案涉房屋为私房,解放前由张某4、范某夫妇购买取得。1972年,张某3家庭实际出资对原屋进行了第一次翻修。1990年,案涉房屋办理了土地使用证,土地使用人登记为张某1、张某3、张某5、张某2 4人。1997年,由张某2家庭出资在二层的基础上加盖了三楼。案涉房屋由张某3家庭、张某2家庭各半共用,张某1自插队迁出户籍后未在案涉房屋内实际居住,张某5家庭落户后因居住困难长期在外租房居住。2017年6月30日,案涉房屋被纳入征收范围。2017年7月30日,张某1、张某2作为签约代表与征收人上海市虹口区住房保障和房屋管理局、征收实施单位上海市某事务所有限公司签订《上海市国有土地上房屋征收补偿协议》(以下简称征收补偿协议),根据征收补偿协议,土地证记载的土地使用面积为24平方米,案涉房屋认定建筑面积为63.9平方米;房屋价值补偿款共计4,441,884.51元。房屋征收部门以产权调换的方式补偿被征收人,用于产权调换房屋共有6套。依据结算单,抵扣购房款后,还需向征收部门补差36,768.19元。上述6套征收安置住房均已取得产权证。征收时案涉房屋有3本户口簿,共有户籍在册人口13人。因为拆迁征收利益分配存在问题,相关当事人向法院提起诉讼。审理中,双方均认可以家庭为单位分割征收利益。

上海市虹口区人民法院审理后认为,根据《上海市国有土地上房屋征收与补

偿实施细则》的规定,征收居住房屋的,被征收人取得货币补偿款、产权调换房屋后,应当负责安置房屋使用人。案涉房屋原为张某4夫妇所有,在其去世后,产权份额应由子女继承。相关原告是案涉房屋的共有人,有权分割与案涉房屋价值相关的征收利益。鉴于张某3家庭长期与范某共同生活,对父母所尽赡养义务较多,故范某部分的继承份额相对于生活在外的其他继承人可适当多分。又鉴于案涉房屋在1972年翻建时由张某3申请并出资,其在原房屋的基础上翻建住房居住,将原有的草棚改建为砖木结构瓦房,并对房屋的面积进行了扩建,对房屋现状的形成有所贡献,故对于翻建部分的相关利益张某3家庭可予以多分;1997年张某2家庭对三楼进行了出资加层,故对于三楼加层部分的相关利益亦可予以多分。至于产权调换房屋的分配,当事人未能形成一致方案。法院综合考量案涉房屋的来源、各方对房屋的贡献、居住状况及选房意愿等因素,酌情确定由相关人员分得各产权调换房屋;所得房屋价值超过征收款份额的,应向他人支付购房补差款。各被征收人的家庭成员应由其自行负责安置。

(判决内容较多,具体内容略。——笔者注)

案例十二:在城市房屋拆迁中,父母将部分拆迁征收利益赠与子女是常见的现象。后因为子女不孝,父母想撤销赠与的情况也很常见。对于父母能否撤销赠与,不同法院有不同的判罚。如果认定父母可以撤销赠与,对适用任意撤销权还是法定撤销权,也存在一定的争议。

案号为(2022)鲁0203民初7824号的赠与合同纠纷案件。案情简介:原告王某1、孙某系夫妻,被告王某2系两人之子。2007年9月5日,王某1与青岛联保实业总公司、青岛市四方区拆迁服务中心签订了《保儿村改造工程拆迁安置补偿协议》,约定拆迁人将王某1位于青岛市四方区的某处房产拆迁,拆迁总面积为464.89平方米。2020年10月14日,原告孙某与被告王某2签订《房屋赠与书》,约定王某1自愿将被拆迁的部分面积赠与王某2,补偿房屋是4号楼2单元1701户,王某2自愿接受该赠与。同日,王某2与青岛联保实业总公司、青岛市四方区拆迁服务中心签订了《保儿村拆迁改造房屋补偿安置协议》,补偿房屋是4号楼2单元1701户,经结算王某2应当交款额为21,402.9元。案涉房屋建成交房后,王某2在案涉房屋内居住,目前房屋并未办理权属登记。后王某1、孙某向法院提起诉讼,以王某2拒不履行赡养义务,并有辱骂父母的情节,要求撤销《房屋赠与书》。

庭审中,王某1、孙某主张王某2不赡养老人,甚至有殴打、辱骂老人的行为,自身也染有恶习,但未提交有效证据证明;王某2主张在签订《保儿村拆迁改造房屋补偿安置协议》后支付了相应的差价,王某1、孙某表示同意在王某2返还房屋后将差价支付给王某2。

山东省青岛市市北区人民法院审理后认为,赠与的财产依法需要办理登记等手续的,应当办理有关手续。根据相关法律规定,赠与人在赠与财产的权利转让之前可以撤销赠与。案涉房屋系拆迁所得,至今未办理权属登记,被告王某2尚未依法取得案涉房屋所有权。原告王某1、孙某请求撤销房屋赠与书的诉讼请求,法院予以支持。该案撤销赠与情形属于法律规定的任意撤销,不适用法定撤销权关于除斥期间的规定,据此,对被告的该项抗辩法院不予采信。关于被告所称的支付差价问题,可另行主张权利,在该案中不予处理。所以,判决:撤销原告王某1、孙某与被告王某2于2010年10月14日签订的《房屋赠与书》。

案例十三:房屋所有权人在遗嘱中将房屋处分给他人后,又以补偿协议形式同意将该房屋拆迁,应被视为其在立遗嘱后又以行为作出了与立遗嘱时相反的意思表示。后拆迁导致房屋灭失,该遗嘱涉及标的物被拆迁的部分应被视为撤销。

一审案号为(2020)豫0503民初2181号,二审案号为(2021)豫05民终593号的法定继承案件。案情简介:被告张某与王某4系夫妻关系,二人均系再婚。原告王某1、王某2系王某4与前妻所生的子女,被告王某3系张某与前夫所生的女儿。张某与王某4再婚时,王某3尚未成年,一直随二人共同生活,王某4与王某3形成继父、女关系。王某4于2019年2月去世。2009年7月15日,王某4亲笔自书遗嘱,有原告王某1、王某2,被告张某、王某3及王某4本人的签字盖章和摁手印。遗嘱中表示:北小院小瓦房(安阳市某区和平路1号院平房北排一层某号房屋)归王某3所有。王某4去世后张某可以继续住北楼(安阳市某区和平路1号院2号楼3单元某号的房屋),不能转卖。张某去世后北楼由原告王某1、王某2继承,被告王某3不再参与分配。后因遗产分配问题,王某1、王某2向法院提起诉讼。

审理中查明,安阳市某区和平路1号院平房北排一层某号房屋,2010年经王某4、王某3同意卖与他人,现该房屋已经拆迁,开发商将补偿款给予买受人。登记在王某4名下的安阳市某区和平路1号院2号楼3单元某号房屋参加了房改,2005年8月领取了房屋所有权证。2013年该房产拆迁,王某4与案外人签订了拆迁产权调换协议书,调换至北关区彰德路上的彰德天阶B栋楼四层东户二室86.69平方米的房产。现该房屋已拆迁安置,2017年4月24日缴纳房屋尾款、物业费共计 27,836 元,被告张某现在该房屋居住。2018 年 4 月 13 日,被继承人王某 4 代书遗嘱,遗嘱中被继承人王某 4 将其享有北关区彰德路上的彰德天阶 B 栋楼四层东户二室 86.69 平方米房产的权利全部归原告王某 1、王某 2 所有。

河南省安阳市北关区人民法院审理后认为,彰德天阶这套房屋系 2009 年 7 月 15 日遗嘱中所涉标的物被拆迁后所获得的产权调换房屋,与原标的物为不同的物。对被继承人王某 4 而言,该产权调换房屋属于立遗嘱后新获得的财产。由于被继承人王某 4 并未明确表示被拆迁后的产权调换房屋的处分方式作为遗嘱的组成部分,故不能将产权调换房屋作为遗嘱中标的物的变更。同时,该房屋在 2013 年王某 4 与案外人签订了拆迁产权调换协议书时,2017 年 4 月 24 日缴纳房屋尾款、物业费后,被告张某在此居住。被继承人王某 4、原告王某 1、王某 2,被告张某、王某 3 均未对此房屋重新立遗嘱,订立相关协议进行约定、处分。因此,该房产系继承人王某 4 与被告张某夫妻在婚姻关系存续期间所得夫妻的共同财产,归夫妻共同所有,夫妻对共同财产有平等的处理权。同样该房产也应当先将共同所有的财产的一半分出为配偶所有,其余的为被继承人的遗产。故该房产一半份额归张某所有,另一半份额系被继承人王某 4 的遗产。所以,法院判决:北关区彰德路上的彰德天阶 B 栋楼四层东户二室 86.69 平方米的房屋,原告王某 1、王某 2 共同分得 50% 的份额,被告张某分得 50% 的份额。

王某 1、王某 2 提出上诉。河南省安阳市中级人民法院二审判决:驳回上诉,维持原判。

第十章

房产赠与与房屋互换

第一节　房产赠与

一、《民法典》对赠与合同的规定

《民法典》合同编第二分编"典型合同"第十一章"赠与合同"的规定如下：

第六百五十七条　赠与合同是赠与人将自己的财产无偿给予受赠人，受赠人表示接受赠与的合同。

第六百五十八条　赠与人在赠与财产的权利转移之前可以撤销赠与。

经过公证的赠与合同或者依法不得撤销的具有救灾、扶贫、助残等公益、道德义务性质的赠与合同，不适用前款规定。

第六百五十九条　赠与的财产依法需要办理登记或者其他手续的，应当办理有关手续。

第六百六十条　经过公证的赠与合同或者依法不得撤销的具有救灾、扶贫、助残等公益、道德义务性质的赠与合同，赠与人不交付赠与财产的，受赠人可以请求交付。

依据前款规定应当交付的赠与财产因赠与人故意或者重大过失致使毁损、灭失的，赠与人应当承担赔偿责任。

第六百六十一条　赠与可以附义务。

赠与附义务的，受赠人应当按照约定履行义务。

第六百六十二条　赠与的财产有瑕疵的，赠与人不承担责任。附义务的赠与，赠与的财产有瑕疵的，赠与人在附义务的限度内承担与出卖人相同的责任。

赠与人故意不告知瑕疵或者保证无瑕疵，造成受赠人损失的，应当承担赔偿责任。

第六百六十三条　受赠人有下列情形之一的,赠与人可以撤销赠与:

(一)严重侵害赠与人或者赠与人近亲属的合法权益;

(二)对赠与人有扶养义务而不履行;

(三)不履行赠与合同约定的义务。

赠与人的撤销权,自知道或者应当知道撤销事由之日起一年内行使。

第六百六十四条　因受赠人的违法行为致使赠与人死亡或者丧失民事行为能力的,赠与人的继承人或者法定代理人可以撤销赠与。

赠与人的继承人或者法定代理人的撤销权,自知道或者应当知道撤销事由之日起六个月内行使。

第六百六十五条　撤销权人撤销赠与的,可以向受赠人请求返还赠与的财产。

第六百六十六条　赠与人的经济状况显著恶化,严重影响其生产经营或者家庭生活的,可以不再履行赠与义务。

二、家庭内部房产赠与的特点

根据《民法典》第 209 条第 1 款的规定,不动产物权的设立、变更、转让和消灭,经依法登记,发生效力。房产赠与合同与一般的赠与合同最大的区别在于:房产赠与需要依法办理产权转移登记才能生效,即使房屋已经被受赠人实际占有使用也不发生物权转移的效力;而一般的动产赠与直接交付即可,无须办理登记手续。

房屋是大额财产,房产赠与大多发生在家庭内部。除了上述房产赠与需要办理产权转移登记才能生效的特点以外,家庭内部房产赠与还有以下两个主要特点。

1. 对于家庭内部的房产赠与,赠与人是否有任意解除权要根据具体情况而定。《民法典》第 658 条第 1 款规定了赠与人任意撤销权,第 2 款对该撤销权进行了一定的限制。在家庭内部的房产赠与关系中,对该任意撤销权要具体分析,不能简单地认为可以任意撤销或不能撤销。如父母承诺将房产赠与某个子女,但还没有办理产权转移登记,后来因为某些特殊原因(如该子女不孝顺或其他子女反对),父母可以撤销该赠与;但如果是在离婚协议中约定一方将自己名下房产或父母将共有房产赠与未成年子女,该约定不得任意撤销。如果赠与人不履行赠与义务,另一方可以请求法院判令该方按离婚协议约定办理产权转移登记手续,受赠的子女也可以请求父母交付房产。

2. 家庭内部的房产赠与一般是附义务的赠与。《民法典》第 661 条第 1 款规定"赠与可以附义务"。在现实中,家庭内部的房产赠与,即使在赠与合同中没有明确写明所附的义务,一般也是附义务的赠与,因为有些义务是按照法律来确定的。如父母将房产赠与子女,总是希望子女以后能赡养父母,如果子女以后不愿意赡养父母,就违反了法定义务,父母可以按照《民法典》第 663 条第 1 款第 2 项的规定行使法定撤销权,这样的做法也是符合家庭伦理与公平原则的。

三、房产赠与的常见情形与法律效力

(一)夫妻之间的房产赠与

《契税法》第 6 条规定,婚姻关系存续期间夫妻之间变更土地、房屋权属,可以免征契税。从立法本意来看,夫妻之间的房产赠与被视为变更房屋权属,区别于一般的房屋赠与。因为可以免契税,所以现在夫妻之间房产赠与(包括更名、加名)的情况越来越多,有些是出于逃避债务的考虑,有些是夫妻之间表达爱意的体现。如果所更名的房产是婚后购买的房产,则无论登记在夫妻中哪一方名下,均属于夫妻共有财产;但如果是一方婚前全资购买的房产,按照《民法典》第 1063 条的规定,本来该房产应属于购房一方的个人财产,如果现在在登记的产权所有人一栏加上另一方的名字或将产权更名到另一方名下,该房产会被视为夫妻共有财产。

在婚姻关系存续期间,为了维护双方感情及婚姻关系的稳定,常有夫妻之间相互赠与房产的情况,这种赠与行为通常会签订一份书面协议,但是大部分人不会去办理产权转移登记手续。那么,如果赠与一方后来反悔了,能否撤销赠与呢?《婚姻家庭编的解释(一)》第 32 条规定:婚前或者婚姻关系存续期间,当事人约定将一方所有的房产赠与另一方或者共有,赠与方在赠与房产变更登记之前撤销赠与,另一方请求判令继续履行的,人民法院可以按照《民法典》第 658 条的规定处理。《民法典》第 658 条第 1 款规定:"赠与人在赠与财产的权利转移之前可以撤销赠与。"可见,适用该条应符合以下四个条件:(1)夫妻双方已经签订了房产赠与合同。赠与合同是双方当事人的合意,也是设立赠与权利义务关系的依据,行使任意撤销权必须以赠与合同有效为前提。如果没有签订合同,或者合同尚未有效成立,就不存在行使任意撤销权的基础。(2)赠与的标的物是房产。(3)房产尚未进行转移登记,赠与人仍是赠与房产的所有权人。(4)赠与人行使的是夫妻房

产赠与合同的任意撤销权而非法定撤销权。由上可见,夫妻一方将个人房产赠与另一方或者约定为夫妻共用,在没有办理产权转移登记之前,赠与人是可以行使任意撤销权的。但如果赠与房产已经办理产权转移登记,则原则上,赠与人不能再撤销赠与。但在实践中,也可以根据具体案件情况确定是否可以适用法定撤销权,以平衡双方的合法权益。

夫妻之间的房产赠与,显然是以婚姻继续维持为基础的,如果办理产权转移登记手续后不久,受赠的一方就提出离婚,并以对方"自愿赠与"为由不愿意返还或主张该房产是其个人所有的房产,赠与的一方可以对方欺诈或自己出于重大误解向法院请求撤销赠与,要求返还赠与的房产。

(二)离婚时双方将房产赠与子女

这种情况在处理离婚纠纷时比较常见,基本是以协议离婚或调解方式结案。该房产大多是双方共有的房屋,一般是婚后购买或建造的房屋;同意将房屋赠与子女,该子女一般是未成年人;有些为其中一方或双方设立居住权。这样的做法,一方面可以解决共有房产分割造成的争议与困扰,另一方面该房产往往是学区房,与子女上学有密切关系,所以赠与子女的做法比较合理。此外,还有一方承诺将自己所有的房产赠送给另一方或子女,作为让对方同意离婚的条件。但这种做法往往会带来一些后续麻烦,实践中,经常出现离婚后赠与一方反悔,拒绝配合办理离婚协议中约定的产权转移登记的情况。

双方协议离婚后,一方不愿按离婚协议约定将自己名下房屋赠与子女时,另一方请求法院判令该方按协议约定办理产权转移手续,该如何处理?对此问题,《民事审判实务问答》第126页至第127页中指出,离婚协议中关于房屋赠与的约定并不构成一般意义上的赠与合同。具体到离婚协议中的赠与而言,实务中很少出现受赠人在离婚协议上确认接受赠与的情形。也就是说,离婚协议中的所谓赠与并未在赠与人与受赠人之间达成一致,不构成赠与合同。既然不构成赠与合同,那么一般也就不存在赠与人依据《民法典》加以撤销的可能。那么从法律角度,赠与人在离婚协议中的赠与表示应如何评价呢?我们认为,这是赠与人为换取另一方同意协议离婚而承诺履行的义务。该义务的特殊之处在于,赠与人的给付房屋义务不是向离婚协议相对方履行,而是按约定向合同外第三人履行。这类离婚协议中双方主要义务表现为,受赠人配合赠与人办理协议离婚,赠与人向第三人交付房屋。在相对方已经按约定与赠与人协议解除婚姻关系的情形下,赠与人也应按约定履行给付房屋的义务。如果赠与人不履行该义务,则构成违约,离婚协议相对方有权请求法院判令其履行房屋交付义务。《婚姻家庭编的解释(一)》第69条第2款第1句"当事人依照《民法典》第一千零七十六条签订的离婚协议中关于财产以及债务处理的条款,对男女双方具有法律约束力"的规定可以理解为上述精神的体现。我国正在走向法治化,离婚协议的签订和履行应当贯彻诚实信用原则。

(三)父母将房产赠与子女

这种情况在日常生活中也较多,表现在多种场景中。例如,子女要结婚,父母有多套房产,将其中一套房产赠与子女,作为结婚后的住处;由父母实际出资,以子女的名义购置房屋,并登记在子女名下,形式上是赠款实际上是赠与房产;父母名下的房屋被拆迁征收,父母将安置房登记在子女名下,实际上是将作为拆迁利益的安置房赠与子女;父母将拆迁补偿所得款为子女购置房屋等。

因为父母在出资时一般不会明确以后子女是否需要归还,对于父母出资为子女购房的性质,是赠与还是临时性资金出借,往往存在争议。北京市高级人民法院作出的(2019)京民申2635号民事裁定书中的观点有一定的典型意义。该案裁判要旨如下:在当前高房价背景下,部分子女经济条件有限,父母在其购房时给予资助属于常态,但不能将此视为理所当然,也绝非法律所倡导,否则严重违背法律公平正义之理念。子女成年后,父母已经尽到了抚养义务,并无继续提供供养的义务。子女买房由父母出资的,除明确表示赠与外,应当视为以帮助为目的的临时性资金出借,子女负有偿还义务。

如果明确父母为子女购置房屋的出资是赠与性质,那么该种赠与是对子女个人的赠与,还是对其夫妻双方的赠与,在一些案件中也存在争议。对此问题,《婚姻家庭编的解释(一)》第29条规定:"当事人结婚前,父母为双方购置房屋出资的,该出资应当认定为对自己子女个人的赠与,但父母明确表示赠与双方的除外。当事人结婚后,父母为双方购置房屋出资的,依照约定处理;没有约定或者约定不明确的,按照民法典第一千零六十二条第一款第四项规定的原则处理。"《民法典》第1062条是关于"夫妻共同财产"的规定,该条规定:夫妻在婚姻关系存续期间所得的继承或者受赠的财产,为夫妻的共同财产,归夫妻共同所有,但是该法第1063条第3项规定的除外。第1063条是关于"夫妻个人财产"的规定,该条第3项规定:遗嘱或者赠与合同中确定只归一方的财产为夫妻一方的个人财产。从上述规定可知,父母为子女购置房屋出资且明确为赠与性质,根据婚前婚后情况有所区别:在婚前购房,一般应认定为对自己子女个人的赠与,但父母明确表示赠与双方的除外;在婚后购房,一般应认定为对子女夫妻的赠与,除非在赠与合同中确定只归一方。如果父母直接赠与房产,也应作出类似处理。

家庭内部的房产赠与除了以上三种典型情形外,还存在祖父母或外祖父母对孙辈的房产赠与、子女对父母的房产赠与、兄弟姐妹之间的房产赠与等情形。祖父母或外祖父母在遗嘱中对孙辈的遗赠也是比较常见的情况。

此外,还存在一些非家庭内部的财产赠与情况,如亲友之间的赠与,恋爱期间的赠与等。如有些青年男女在恋爱时,将房产赠与对方或将对方的名字加在不动产证书上,显然这种赠与是以结婚为目的的,如果后来双方闹僵导致分手,受赠的一方以对方"自愿赠与"为由不愿意返还,赠与的一方可以撤销赠与,向受赠人要求返还赠与的房产。这种房产赠与可以被视作为"彩礼",所以可以参照适用《婚姻家庭编的解释(一)》第 5 条"当事人请求返还按照习俗给付的彩礼的,如果查明属于以下情形,人民法院应当予以支持:(一)双方未办理结婚登记手续;(二)双方办理结婚登记手续但确未共同生活;(三)婚前给付并导致给付人生活困难。适用前款第二项、第三项的规定,应当以双方离婚为条件"的规定。

四、签订房产赠与合同时需要注意的事项

在签订房产赠与合同时需要注意以下主要事项:

1. 所赠与的房产应属于赠与人。如果是他人所有的房产,赠与人无权处分;即使实际属于某人但登记在他人名下(如代持情况),也应以代持人名义赠与比较合适。如果是共有房产,无论是共同共有还是按份共有,赠与前应提前告知其他共有人,应得到其他共有人的同意或认可,建议其他共有人也应在赠与合同上签字表示认可。

2. 谨慎选择使用赠与方式与其他方式。如果该房产在所有权人生前就过户,应选择赠与方式,注意应在合同中明确所附义务;如果暂不过户,也可以选择赠与,这样赠与人有任意撤销权;也可以选择遗嘱继承或遗赠,所有权人生前可变更、撤销遗嘱。

3. 应在赠与合同中明确所附义务。如受赠人负责清偿剩余贷款、为赠与人或第三人设立居住权、经常探望赠与人等。为了确保该义务的履行,应在合同中明确:如果办理房产转移登记手续后,受赠人不履行合同约定的所附义务,赠与人可以撤销赠与或要求受赠人继续履行义务。

4.应明确办理房产转移登记的期限。在产权转移前,赠与人有任意撤销权,所以从受赠人角度考虑,应尽快办理转移登记手续。为了防止赠与人签订合同后又反悔,受赠人可要求进行赠与合同的公证。从赠与人的角度考虑,尽量暂时不办转移登记手续也不办理公证,保留随时可以撤销赠与的权利;如果不可行,应在合同中约定赠与人以后可以主张撤销赠与的权利。如果赠与人届时不办理转移登记,受赠人可以催告,或视为赠与人有撤销赠与的意愿;受赠人逾期不办理或拒绝配合办理转移登记手续的,应视为受赠人放弃赠与。

本书提供一份房产赠与合同参考文本,供读者参考。

房产赠与合同(参考文本)

甲方(赠与人):_____

乙方(受赠人):_____

(自然人至少要写明姓名、身份证号码、联系方式等内容)

鉴于甲、乙双方系_____关系,现甲方自愿将房产赠与乙方,乙方表示接受,双方经协商一致,签订如下房产赠与合同:

一、赠与房屋基本情况

1.本合同约定的房屋(以下简称"该房屋"),位于:_____。

(如果仅写位置不明确,可以写明房屋四至界线)

2.不动产权证号:_____。

(或写房屋所有权证、土地使用权证号)

3.登记的产权人:_____。

(应与赠与人一致)

4.登记的建筑面积(或实用面积)为:_____平方米。

5.该房屋占用范围内的土地使用权随该房屋一并赠与。

6.该房屋附属用房及室内设施设备随该房屋一并赠与,附属用房有:_____(如独用/共用的车棚/汽车库/其他_____平方米)。

二、甲方承诺(可以有选择地填写)

1.该房屋目前由_____占用,甲方承诺在____日内腾空交房。

2. 该房屋有(无)租赁,租期到_____年____月____日到期。

3. 该房屋是(否)设立居住权,居住权人为_____,居住权期限到_____年____月____日。

4. 该房屋有(无)抵押,担保金额_____元(拟作如何处理)。

5. 截至合同签订日,该房屋尚余银行贷款人民币_____元,还款方式为:_____(拟作如何处理)。

三、赠与附义务(如果不附义务,可以不写)

1. 甲方自愿将该房屋附义务赠与乙方,乙方表示接受并愿意履行所附义务。

2. 所附义务为:_____。

四、房屋交付与办理转移登记手续

1. 该房屋交付时间:_____年____月____日。

2. 双方应在本合同签订后____日内共同向所在地的不动产登记机构申请办理该房屋的所有权转移登记手续。如甲方届时不配合办理手续,视为甲方撤销赠与;如乙方逾期不办理或拒绝配合办理,视为乙方放弃赠与。

3. 因办理转移登记手续所产生的费用(包括税费、手续费等)由乙方承担。(如果要甲方承担,需要特别约定)

五、赠与的撤销(可以不写或另外约定)

乙方有下列情形之一的,甲方有权撤销赠与:

1. 严重侵害甲方或者甲方的近亲属的合法权益;

2. 对甲方有扶养义务而不履行;

3. 不履行本合同约定的所附义务;

4. 其他:_____。

六、违约责任

如果办理房屋所有权转移登记手续后,乙方不履行本合同约定的所附义务,甲方可以撤销赠与或要求乙方继续履行义务,并要求乙方承担因此所支出的合理费用(包括诉讼费、律师费、差旅费等)。

七、争议解决

甲、乙双方因履行本合同发生争议时,首先应当协商解决;协商不成的,任何一方可向房屋所在地的人民法院向法院提起诉讼。

八、其他

1. 本合同如有未尽事宜，双方可另行订立补充协议。补充协议以及本合同的附件均为本合同不可分割的部分。

2. 本合同自各方签字或盖章之日起生效，一式____份，双方各执一份，具有同等法律效力。（如果需要办理公证，应多签订几份）

甲方（签章）：

乙方（签章）：

签订日期：_____年___月___日

（如果有见证人，可以在本协议下方签名）

第二节　房产赠与时的注意事项

一、赠与人与受赠人的民事行为能力与意思表示

（一）赠与人的民事行为能力

赠与人将自己的财产无偿给予受赠人的赠与行为是一种民事法律行为，所以赠与人应具备相应的民事行为能力。按照《民法典》的相关规定，成年人为完全民事行为能力人，可以独立实施民事法律行为。限制民事行为能力人或无民事行为能力人实施民事法律行为应由其法定代理人代理或者经其法定代理人同意、追认。所以，赠与人一般应是完全民事行为能力人。根据《民法典》第22条的规定，限制民事行为能力的成年人可以独立实施与其智力、精神健康状况相适应的民事法律行为。限制民事行为能力人可以进行小额赠与，但不能独立实施房产赠与这样的民事法律行为。

实践中，如果以赠与人是限制民事行为能力人为由主张赠与合同无效，首先要对赠与人进行司法鉴定，看其能否辨认自己的行为。《总则编若干问题的解释》（法释〔2022〕6号）第5条规定：限制民事行为能力人实施的民事法律行为是否与其年龄、智力、精神健康状况相适应，人民法院可以从行为与本人生活相关联的程度，本人的智力、精神健康状况能否理解其行为并预见相应的后果，以及标的、数

量、价款或者报酬等方面认定。

(二)处分未成年人名下的不动产需要父母双方共同代理

实践中,还经常出现一种特殊情况:父母将房产登记在未成年子女名下,后因为特殊情况需要对该房产进行处理,如转让、抵押或赠与。父母能否作为法定代理人实施该行为?对此问题,一直存在不同的看法。如果父母作为实际出资人但无权处分,这显然不合常理。

本书认为,登记在未成年人名下的房产如果属于家庭共有财产,父母作为共有人与实际出资人应有权进行处分,但处分未成年人名下的不动产需要父母双方共同代理。对此情况,《不动产登记暂行条例实施细则》第11条第1款规定,无民事行为能力人、限制民事行为能力人申请不动产登记的,应当由其监护人代为申请;《不动产登记操作规范(试行)》(自然资函〔2021〕242号,2021年6月发布的修正稿)附录A.8监护人的承诺书中已经明确表述了"监护人现承诺,对被监护人不动产权……所进行的处分……是为被监护人的利益且自愿承担由此产生的一切法律责任"等内容,这一承诺书是监护人处分未成年人不动产的必收要件。

设想另一种情形:父母将房产登记在未成年子女名下,后该父母离婚,想将该房产进行分割,于是提出让未成年子女将该房屋的全部产权按照一定的份额比例分别赠与父母。本书认为,这种做法应不被允许。虽然登记在未成年人名下的房产属于家庭共有财产,父母作为共有人与实际出资人有权进行处分,但如果这样的处分会导致该未成年人失去所有的财产份额,显然对该未成年人很不利。如果要对该共有财产进行分割,应给该未成年人保留一定的份额。

(三)受赠人的民事行为能力

按照《民法典》的相关规定,18周岁以上的自然人为成年人。不满18周岁的自然人为未成年人。8周岁以上的未成年人为限制民事行为能力人,不满8周岁的未成年人为无民事行为能力人。不能辨认自己行为的成年人为无民事行为能力人,不能完全辨认自己行为的成年人为限制民事行为能力人。

未成年人可以作为受赠人,接受父母或其他人的无偿财产赠与,不受是否具备完全民事行为能力的限制。根据《民法典》第19条的规定,限制民事行为能力的未成年人可以独立实施纯获利益的民事法律行为或者与其年龄、智力相适应的民事法律行为。

同理,对于作为限制民事行为能力人或无民事行为能力人的成年人,其不能擅自作出财产处分行为,尤其是房产赠与。但可以作为受赠人,接受他人的无偿财产赠与,不受是否具备完全民事行为能力的限制。根据《民法典》第22条的规定,限制民事行为能力的成年人可以独立实施纯获利益的民事法律行为。

(四)法定代理人一般不能代受赠人拒绝或放弃赠与

赠与是双方民事法律行为,既要有赠与人将自己的财产无偿给予受赠人的意思表示,又要有受赠人接受赠与的意思表示。受赠人可以当场表示接受、出具声明书、办理接受赠与的公证等形式作出接受赠与的意思表示,而且该意思表示要让赠与人能获知,一般不适合用默认的方式。如果受赠人不表示明确的态度,会被赠与人认为是拒绝的意思。如果受赠人拒绝或放弃赠与,一般应为受赠人本人作出意思表示,其法定代理人不能代为拒绝或放弃。如夫妻离婚后,未成年孩子由母亲抚养,爷爷奶奶心疼孙子,愿意将一套房子赠与孙子,父母作为其法定代理人可以代未成年人作出接受赠与的意思表示但无权代其作出拒绝赠与的意思表示,否则会侵害到未成年人接受纯受利益的受赠权。

但如果赠与合同附义务,所附义务是违反公序良俗或违反法律强制性规定,或者所附义务是受赠人无法履行,受赠人的法定代理人可以代受赠人拒绝或放弃赠与。如夫妻离婚时,未成年孩子表示愿意与母亲一起生活,爷爷奶奶为了能经常看到孙子,帮助孩子的父亲获得抚养权,提出愿意赠送给孙子一套房子,但所附义务是孩子要与父亲一起生活,而且以后孩子的母亲不能探望孩子。这种所附义务显然是违背伦理与孩子的真实意愿的,所以孩子的母亲作为法定代理人可以代未成年孩子作出拒绝或放弃赠与的表示。即使赠与完成,该所附义务也是无效的,更不能要求未成年孩子强制履行该义务。

受赠人同意接受赠与的,赠与合同成立并生效。当赠与人给予财产时,受赠人拒绝收受或不配合办理转移登记的,因不能强求受赠人接受赠与,故应认定为受赠人放弃财产权利,无须承担违约责任。

二、将不属于自己的财产或共有财产赠与他人的处理

(一)将不属于自己的财产赠与他人的处理

由于赠与合同的赠与人无偿给予他人财产,因此,赠与人须对赠与的财产享有所有权或处分权。赠与人在订立赠与合同时虽没有取得赠与标的物的所有权

或处分权,但在订立赠与合同后取得的,该赠与合同为有效合同。当然,赠与人未取得该财产的所有权或处分权,赠与人在赠与财产的权利转移之前撤销赠与的,其撤销赠与的意思表示一经作出,该赠与合同即撤销。

《民法典》第311条第1款规定,无处分权人将不动产或者动产转让给受让人的,所有权人有权追回;除法律另有规定外,符合下列情形的,受让人取得该不动产或者动产的所有权:(1)受让人受让该不动产或者动产时是善意;(2)以合理的价格转让;(3)转让的不动产或者动产依照法律规定应当登记的已经登记,不需要登记的已经交付给受让人。

根据该条规定,如果赠与人在订立赠与合同时,对不属于自己的财物进行赠与,而且事后也未取得赠与财物的所有权,则该行为属于无权处分。因为赠与合同具有无偿性,不能满足善意取得"以合理的价格转让"的要件,即使赠与的财产已实际交付给受赠人占有使用,受赠人一般也无法取得受赠财产的所有权,也无法办理产权转移登记。

(二)将夫妻共有财产赠与他人的处理

常见的情况为在婚姻存续期间,夫妻一方将大额的夫妻共有财产赠与他人,另一方知道后要求受赠人返还。这种纠纷案例出现也较多,各地法院的审判结果也存在一定的差异。有观点认为,该赠与行为应认定部分无效,而非全部无效。理由是夫妻共同财产中既包含丈夫的份额也包含妻子的份额,他人所获赠财产中有一半为夫妻一方的份额,一方处分自身份额的意思表示应为真实,他人可取得一半的财产权利。对此问题,《民事审判实务问答》在第149页中指出:在婚姻关系存续期间,夫妻双方对共同财产具有平等的权利,因日常生活需要而处理共同财产的,任何一方均有权决定,非因日常生活需要对夫妻共同财产做重要处理决定的,夫妻双方应当平等协商,取得一致意见。《民法典》第1062条第2款规定:"夫妻对共同财产,有平等的处理权。"夫妻一方非因日常生活需要而将共同财产无偿赠与他人,严重损害了另一方的财产权益,有违公平原则,这种赠与行为应属无效。夫妻共同财产是基于法律的规定,因夫妻关系的存在而产生的。在夫妻双方未选择其他财产制的情形下,夫妻对共同财产形成共同共有,而非按份共有。《民法典》第299条规定:"共同共有人对共有的不动产或者动产共同享有所有权。"根据共同共有的一般原理,在婚姻关系存续期间,夫妻共同财产应作为一个不可分割的整体,夫妻对全部共同财产不分份额地共同享有所有权,双方无法对共同财产划分个人份额。夫妻对共同财产享有平等的处理权，并不意味着夫妻各自对共同财产享有半数的份额。只有在共同共有关系终止时，才可对共同财产进行分割，确定各自份额。因此，"他人所获赠财产中有一半为夫妻一方的份额"的观点是不能成立的。《民法典》第301条规定："处分共有的不动产或者动产以及对共有的不动产或者动产作重大修缮、变更性质或者用途的，应当经占份额三分之二以上的按份共有人或者全体共同共有人同意，但是共有人之间另有约定的除外。"可见，在共同共有关系之下，未经全体共同共有人同意而处分共有财产，应属无效。因此，夫妻一方擅自将共同财产赠与他人的赠与行为应为全部无效，而非部分无效。

在实践中，有些当事人以《民法典》第153条规定的违背公序良俗的民事法律行为无效为依据，主张赠与合同无效。最高人民法院对这种情况的倾向性处理意见为：如果夫妻一方超出日常生活需要擅自将共同财产赠与他人，这种赠与行为应认定为无效；夫妻中的另一方以侵犯共有财产权为由请求返还的，人民法院应予支持。

根据以上分析，如果夫妻一方用夫妻共有财产为他人购买房产并登记在该他人名下，另一方可以主张该赠与行为无效，要求该他人返还财产。

但在实务操作中，此类纠纷案件在认定过程中仍会出现一定的困难：如涉及房产时，产生赠与的是房产还是金钱的问题。因为在通常情况下，购房合同是由该第三人签订的，购房款中既有夫妻一方的出资部分，又有该第三人的出资部分。有时候对于该财产，属于赠与还是借款或其他性质，各方往往各执一词；对于赠与数额，也难以说清，撤销请求方往往举证不能，承担不利后果。即使认定为赠与行为，应为全部无效还是部分无效，现有判例也存在一定的差异。

三、赠与人与第三人的撤销权

在《民法典》第十一章"赠与合同"规定了赠与人的两种撤销权，分别是第658条规定的"任意撤销权"与第663条规定的"法定撤销权"。两种撤销权的行使应以赠与合同有效为前提，两者既有共性又有区别。除了两者的法律依据不同以外，两者的适用条件与法律后果也不同，下面分别进行说明。

（一）赠与人的任意撤销权

鉴于赠与行为的无偿性，法律倡导赠与人应当经过慎重考虑后再作出理性决策,故此,法律规定赠与人在赠与财产权利转移之前可以反悔,即赋予赠与人对已经成立的赠与合同享有任意撤销权。换言之,在赠与财产的权利移转之前,赠与人无须任何理由均可撤销赠与的权利,但具有救灾、扶贫等社会公益、道德义务性质的赠与合同或者经过公证的赠与合同,不得撤销。

赠与人将财产无偿给予受赠人本质上是一种恩惠行为,而且赠与合同是单务合同,受赠人是纯受利益者,赠与人撤销赠与一般不会损害受赠人的权益,根据权利义务相称的原则,赠与合同对赠与人的约束可以较双务合同相对弱一些,准许赠与人在一定条件下反悔,所以,法律赋予赠与人任意撤销权,以平衡双方的权利义务关系。

赠与人的任意撤销权,在性质上属于形成权,与可撤销的民事法律行为不同,其并不以赠与合同存在欺诈、胁迫或者重大误解的事由为依据,是法律基于赠与合同的单务性、无偿性赋予赠与人的一种特殊撤销权。此外,由于在赠与财产的权利转移之前,赠与人均可撤销赠与,故此,任意撤销权的行使不存在除斥期间的限制。

需要注意的是,赠与人行使任意撤销权的三个条件:一是赠与合同已经成立并生效;二是撤销赠与须在赠与财产权利转移之前;三是赠与合同不是经过公证的赠与合同或者依法不得撤销的具有救灾、扶贫、助残等公益、道德义务性质的赠与合同。其中,"依法不得撤销的"情形中包括《慈善法》第41条规定的捐赠人通过广播、电视、报刊、互联网等媒体公开承诺捐赠的情形。

行使任意撤销权的法律后果是生效的赠与合同从此失去效力(但已经履行的部分有效),合同双方的权利义务解除,赠与物的所有权不变,受赠人的履行请求权也随之消灭。

(二)赠与人的法定撤销权

《民法典》第663条规定的是赠与人的"法定撤销权"。赠与合同的法定撤销是指在赠与合同生效后,当发生法定事由时,赠与人可以撤销赠与的行为。由于赠与合同是无偿、单务合同,赠与人在赠与合同中承受了不利益,受赠人是赠与合同的受益人,基于公平和诚信原则,法律赋予赠与人法定撤销权,规制受赠人"忘恩负义"的行为。

赠与人的法定撤销权,系针对受赠人的违法行为或者违反赠与合同约定的义务,只要出现法定撤销事由,无论赠与财产的动产是否交付或者不动产是否已经办理权属变更登记,也无论赠与合同是否公证以及是否属于依法不得任意撤销的具有公益、道德义务性质的赠与合同,赠与人均可依法撤销赠与。

根据《民法典》第663条的规定,受赠人有下列情形之一的,赠与人可以撤销赠与:一是严重侵害赠与人或者赠与人近亲属的合法权益。严重侵害的程度主要从侵害行为后果判断,但是,严重侵害行为无须达到构成犯罪的程度;受侵害人是赠与人或赠与人的近亲属,其中近亲属的范围是《民法典》第1045条第2款规定的配偶、父母、子女、兄弟姐妹、祖父母、外祖父母、孙子女、外孙子女。二是对赠与人有扶养义务而不履行。扶养义务应作广义的理解,不仅包括晚辈对长辈的赡养义务,而且包括夫妻之间的扶养义务与长辈对晚辈的抚养义务;不仅包括法定扶养义务,也包括约定的扶养义务;另外受赠人须有扶养能力,如果没有扶养能力,则构成扶养的客观不能,不产生法定撤销赠与的权利。三是不履行赠与合同约定的义务。当事人之间签订的赠与合同中附义务,而且受赠人不履行的是合同约定的义务。受赠人不履行合同义务之外的其他义务的,不构成赠与人撤销赠与的原因。

需要注意的是,赠与人的撤销权,自知道或者应当知道撤销事由之日起一年内行使。此一年的期限为除斥期间,不发生中止、中断或延长。赠与人超过一年未行使的,撤销权归于消灭。但如果无法判断赠与人是否"知道或者应当知道",应适用《民法典》第152条第2款的规定,当事人自民事法律行为发生之日起5年内没有行使撤销权的,撤销权消灭。

赠与人行使法定撤销权的法律后果是,尚未履行的合同不再履行,已经履行合同部分同时失去效力,赠与人可以向受赠人主张赠与物返还请求权或不当得利返还请求权。《民法典》第665条规定:撤销权人撤销赠与的,可以向受赠人请求返还赠与的财产。

撤销权原则上应当由赠与人本人行使,但在一定条件下,也可以由第三人行使,第三人应是与赠与人有利害关系的人,包括赠与人的继承人或法定代理人,赠与人的债权人。

(三)赠与人的继承人或法定代理人的撤销权

根据《民法典》第664条的规定,因受赠人的违法行为致使赠与人死亡或者丧失民事行为能力的,赠与人的继承人或者法定代理人可以撤销赠与。赠与人的继承人或者法定代理人的撤销权,自知道或者应当知道撤销事由之日起6个月内行使。

对于赠与人的继承人行使撤销权的问题,各国立法均严格限定在受赠人的违法行为导致赠与人无法行使撤销权的情形。在赠与人事实上无法行使撤销权时,赋予其继承人或者法定代理人行使撤销权,能够更好地维护赠与人撤销赠与的权利。同时,为了促使赠与人的继承人或者法定代理人及时行使撤销权、尽快消除赠与关系的不确定性,法律将此种情形中撤销权的除斥期间规定为 6 个月。

需要注意的是,赠与人的继承人或法定代理人只能行使法定撤销权,不能行使任意撤销权。如果赠与合同生效后赠与人死亡,但赠与财产权利尚未转移,如果受赠人不存在违法行为,死者的继承人无权行使任意撤销权,应当履行赠与合同,协助受赠人办理房产转移登记。

(四)赠与人的债权人的撤销权

《民法典》第 538 条规定:债务人以放弃其债权、放弃债权担保、无偿转让财产等方式无偿处分财产权益,或者恶意延长其到期债权的履行期限,影响债权人的债权实现的,债权人可以请求人民法院撤销债务人的行为。

现实中,确实存在有些人为了逃避债务,将房产赠与父母、子女的情况。为了保护债权人的合法权益,所以赋予债权人撤销权。需要注意的是撤销权的行使范围以债权人的债权为限。债权人行使撤销权的必要费用,由债务人负担。撤销权自债权人知道或者应当知道撤销事由之日起一年内行使。自债务人的行为发生之日起 5 年内没有行使撤销权的,该撤销权消灭。

实践中,有些夫妻在离婚协议中将共有房产赠与未成年子女,此后,债权人是否可以提起对该财产的强制执行?对此情况,案号为(2021)最高法民申 7090 号的最高人民法院民事裁定书中指出:夫妻双方签订的离婚协议约定房屋归子女所有。该约定虽然不直接产生物权变动的法律效力,但该房屋作为夫妻二人原婚姻关系存续期间的共同财产,双方在婚姻关系解除时约定归子女所有,具有生活保障功能。子女享有将房屋所有权变更登记至其名下的请求权。此后,债权人基于对夫妻一方的金钱债权请求查封案涉房屋。综合比较子女的请求权与债权人的金钱债权,前者具有特定指向性,且该权利早于债权人对夫妻一方所形成的金钱债权,子女的请求权应当优于债权人的金钱债权受到保护,故其可排除强制执行。

四、赠与所附义务的处理

(一)受赠人应当按照约定履行义务

根据《民法典》第661条的规定,赠与可以附义务。赠与附义务的,受赠人应当按照约定履行义务。

附义务的赠与是指受赠人需要履行一定的义务的赠与。赠与时所附义务可以是一种作为,也可以是不作为。受赠人所承担的义务的受益人可以是赠与人,也可以是特定的第三人或不特定的社会公众。如果受赠人所承担的义务与赠与人承担赠与财产的义务构成对等给付(如赠与一套沙发但受赠人需要为赠与人装修帮工一个月),合同的性质将发生变化,不再是赠与合同,而可能构成买卖合同关系或者其他法律关系。

附义务赠与是一种双方民事法律行为,须以双方当事人达成合意为要件。赠与人发出要约表示将自己的财产给予受赠人,并要求受赠人负担一定的义务,受赠人作出承诺表示接受的赠与财产,并愿意履行义务时,附义务赠与合同方成立。在不附义务赠与的情况下,受赠人纯受利益,一般会表示接受;但是在附义务的赠与情况下,受赠人可能会拒绝。附义务赠与合同中所附的义务是赠与合同的一部分,也是影响赠与人作出赠与意思表示的因素之一,不能因为赠与合同的单务性而否定受赠人存在一定的履行义务。

根据《民法典》第662条的规定,在不附义务的赠与中,除特定情况外,赠与人不承担瑕疵担保责任;在附义务的赠与中,赠与人在附义务的限度内承担与出卖人相同的瑕疵担保责任。

赠与附义务的常见情形为:赠与人在赠与房产时要求受赠人负担该房产的剩余贷款清偿。如果该剩余贷款的数额较大,不能简单地认为这是赠与合同,可以被视作为房屋买卖合同;如果该剩余贷款的数额较小,明显低于房屋的价值,可以认为是赠与合同,受赠人在获得房屋产权的同时,也应承担剩余贷款清偿责任。

(二)审查所附义务的合法性与可执行性

虽然只要双方当事人达成一致,就可以在赠与合同中附义务。但一旦发生纠纷,法院要注意审查所附义务的合法性、可执行性。如果赠与所附义务违反公序良俗或者法律、行政法规的强制性规定,所附义务无效。如夫妻离婚时,一方将自己的房产赠与另一方,所附义务是要求该另一方以后不能再婚,这违反了婚姻自由原则,也违反公序良俗,所以该所附义务无效;兄弟两人一个住城市、一个住农村,住在城市的哥哥(居民户籍)表示愿意将在城市中的一套房子赠与弟弟(农村户籍),但要求弟弟将获批的宅基地转让给他使用,让他可以在农村老家建别墅,这违反了宅基地不能自由转让、城镇居民不能到农村建房的强制性规定,所附义务无效。

根据《民法典》第663条的规定,如果受赠人不履行赠与合同约定的义务,赠与人可以撤销赠与。但要注意的是,如果受赠人不履行合同义务之外的其他义务,不构成赠与人撤销赠与的原因。如夫妻离婚后,未成年的儿子由母亲抚养,父亲为了让自己的父母能经常看到孙子,提出赠送儿子一套房产,在赠与合同中所附的义务是儿子以后必须每年回老家看望爷爷奶奶10次以上。如果该孩子接受赠与后,几乎没有回老家看望爷爷奶奶,该父亲可以儿子没有履行赠与合同约定的义务为由,撤销赠与。但如果该孩子按约经常回老家看望爷爷奶奶,但每次回去时都没有带礼物,还从老家带走一些土特产,父亲与爷爷奶奶可以责怪孩子不懂事,但不能因此撤销赠与。

五、房产赠与与房屋买卖的比较

(一)房屋买卖合同与房产赠与合同的差异

根据《民法典》第595条的规定,买卖合同是出卖人转移标的物的所有权于买受人,买受人支付价款的合同。房屋买卖合同与一般的买卖合同主要差别在于其标的物是房屋,所以合同签订后要办理产权转移登记,物权才能转移。

房屋买卖合同与房产赠与合同的主要相同点为:都是双方民事法律行为,需要双方当事人达成一致的意思表示;都要办房产转移登记手续。主要差异在于:房屋买受人需要支付交易对价,但房屋受赠人无须的支付对价;房屋买卖合同生效后,如果一方不履约,将承担违约责任,但房屋赠与人在房产权利转移之前可以撤销赠与,不需要承担违约责任;赠与可以附义务,但房屋买卖合同一般不能附义务但可以附生效条件;赠与的财产有瑕疵的,赠与人一般不承担责任,房屋买卖合同的标的物房屋有权利瑕疵的(如已办理抵押、已设立居住权等),出卖人需要承担瑕疵担保责任。此外,对于附义务的赠与,赠与的财产有瑕疵的,赠与人在附义务的限度内承担与出卖人相同的责任。两种合同存在以上差异,其本质原因是房屋买卖合同是双务、有偿的合同,赠与合同是单务、无偿的合同。

除了以上差异,还存在一些区别。如房屋买卖合同办理登记需要交纳的税费一般是双方协商确定承担或按照法律规定交纳；赠与合同办理登记需要缴纳的税费一般是由受赠人承担，法律法规也没有规定赠与人需要缴纳税费。而且，房屋买卖与赠与所需要缴纳的税费也是不同的。

（二）名为买卖，实为赠与

这种情况主要发生在父母将房产"赠与"子女的情况中。父母有意向在生前就将名下的房产给子女，或者因为孩子入学的需要将房产登记在孩子家长（赠与人的子女）的名下，但父母担心子女以后不支付赡养费，要求子女提前支付一笔费用可以用作今后养老，但这笔费用数额远低于该房屋的市场价值。子女认为自己支付了费用，应是房屋买卖性质，双方签订了房屋买卖合同，并以此名义办理房产转移登记。登记机构虽然认为该交易价格明显低于市场价，但因为是特定身份关系之间的房屋转让，一般是可以办理产权转移登记的，而且按照该交易价格来计算契税。

但一旦发生家庭矛盾，双方会对该房产转让属于买卖还是赠与性质产生不同的意见。对于这种只是支付了明显低于市场价的费用的情况，双方虽然在办理转移登记时按买卖处理，但实际上并非真正的买卖关系，双方也没有买卖房屋的意思表示，一般会被认定为附义务赠与合同纠纷。如在案号为（2018）鲁14民终3251号的民事判决书中，认定双方系基于亲情关系的附条件赠房养老协议纠纷，并非房屋买卖合同纠纷。

许多以买卖形式赠与房屋的情况系发生在老年人与他们的晚辈之间。如老人将名下房屋赠与数个晚辈中的一个或几个，后因赡养老人等问题引发其他晚辈的不满，要求老人作为原告起诉撤销赠与，从而实现房屋等财产权利的重新分配。

此外，有些人为了逃避债务，将名下的房产以明显不合理、较低的价格转让给他人。为了保护债权人的合法权益，对于这种"名为买卖，实为赠与"的做法，法律赋予债权人撤销权。具体见《民法典》第539条的规定：债务人以明显不合理的低价转让财产、以明显不合理的高价受让他人财产或者为他人的债务提供担保，影响债权人的债权实现，债务人的相对人知道或者应当知道该情形的，债权人可以请求人民法院撤销债务人的行为。可见，如果"债务人以明显不合理的低价转让"房产，双方以房屋买卖的形式掩盖其转移房屋权属的真实意思，以此达到转移财产、逃避债务等不当目的，债权人可以起诉要求确认房屋买卖合同无效、房屋权属恢复原状等。

（三）名为赠与，实为买卖

因为房产赠与需要缴纳的税费要明显低于房屋买卖需要缴纳的税费，尤其是对于赠与人而言，几乎不需要缴纳税费，所以有些房屋所有权人希望将房屋买卖以房产赠与的方式来进行备案，来避免缴税。有些人采取"阴阳合同"的方式，双方实际履行的是房屋买卖合同，但用于备案的合同却是房产赠与合同，或者将备案合同中的交易金额写得较低，这样可以少缴纳一些契税，但如果税务机关觉得该交易价格明显低于市场价，可以进行调整，按照市场价为基准收税。这种做法对买受人并不利，因为以后房屋再转让时，可能要多交相当于房屋差价20%的个人所得税。

在房屋买卖过程中，卖方需要缴纳的税费除了个人所得税以外，还可能要缴纳增值税及附加，买方主要是要缴纳契税，按照是否是唯一住房及住房面积不同有所区别，如果是买方的唯一住房，契税缴纳可以享受1%~1.5%优惠税率；如果不是买方的唯一住房，契税的税率为3%。如果是赠与，受赠人需要缴纳税率为3%的契税，如果受赠人是直系亲属，可以免增值税，且不需要缴纳个人所得税；如果受赠人是非直系亲属，受赠方需要缴纳税率为20%的个人所得税，增值税的缴纳视同为销售，且获赠或继承来的房屋以后再转让时，个人所得税的适用税率为20%。

由上可见，如果受赠人不是赠与人的直系亲属，所需要缴纳的税费实际上还要高于房屋买受人，不仅契税的税率高，而且增值税的缴纳视同为销售。只有在直系亲属之间的赠与房产，所缴纳的税费较少，但受赠人需要缴纳税率为3%的契税。相较而言，采取继承方式更加省费用，无论是法定继承还是遗嘱继承，房产继承时都可以免契税。但采取继承方式时，往往办理手续会比较麻烦一些，如要办理继承权公证，有些还要办理房屋价值评估。

六、办理房产转移登记手续

《民法典》第659条规定：赠与的财产依法需要办理登记或者其他手续的，应当办理有关手续。

《不动产登记暂行条例实施细则》第27条规定，买卖、互换、赠与不动产的，当事人可以向不动产登记机构申请转移登记。第38条规定，因房产赠与，申请国有建设用地使用权及房屋所有权转移登记的，应当提交赠与合同。

《不动产登记操作规范（试行）》中关于转移登记的内容：

适用如下:已经登记的国有建设用地使用权及房屋所有权,因下列情形导致权属发生转移的,当事人可以申请转移登记。国有建设用地使用权转移的,其范围内的房屋所有权一并转移;房屋所有权转移,其范围内的国有建设用地使用权一并转移,包括:转让、互换或赠与的(其余情况略)。

申请主体如下:国有建设用地使用权及房屋所有权转移登记应当由当事人双方共同申请。

申请材料如下:国有建设用地使用权及房屋所有权转移登记,提交的材料包括:(1)不动产登记申请书;(2)申请人身份证明;(3)不动产权证书;(4)国有建设用地使用权及房屋所有权转移的材料,即买卖的,提交买卖合同;互换的,提交互换协议;赠与的,提交赠与合同(其余情况略)。

第三节　与房产赠与相关的常见纠纷案例

与房产赠与相关的常见纠纷案由有:离婚纠纷(二级案由)、赠与合同纠纷(二级案由)、附义务赠与合同纠纷(三级案由)。下面各举几个案例予以说明。

一、离婚纠纷处理与房产赠与

在离婚纠纷处理中,很多是以调解方式结案。在有些案例中(涉及个人隐私,案情介绍略),经法院调解,双方当事人自愿达成协议,父母同意将共有的房屋赠与子女。如案号为(2022)豫1628民初4704号的离婚纠纷案中,在民事调解书中载明:原告与被告自愿离婚;原、被告共同财产坐落于河南省周口市鹿邑县某处房屋一处,归长子胡某所有。如案号为(2022)黑1224民初1897号的离婚纠纷案中,在民事调解书中载明:原告与被告自愿离婚;原、被告婚间共同财产房屋位于庆安县某小区某单元某室91.5平方米赠与原、被告婚生男孩,该楼房房贷由原、被告平均负担。

一些赠与合同纠纷案例涉及离婚时的房产赠与。这类案例有较大的类似性:父母双方在离婚协议中约定房屋所有权赠与未成年子女,但办理离婚手续后,其中父母一方不配合办理房产转移登记手续,所以子女向法院提起诉讼,要求父母双方履行赠与合同义务。法院的判决一般是支持作为原告的子女的诉讼请求。

以案号为(2017)黑0224民初1607号的赠与合同纠纷案为例,案情简介:李某1与罗某原为夫妻关系,原告李某2为李某1与罗某的婚生女儿。2012年9月3日,李某1与罗某协议离婚,离婚协议书约定原告李某2由罗某自行抚养。夫妻共同财产两处房屋(现登记在李某1名下)归李某2所有,李某1有居住权。后李某2要求李某1将房屋过户到李某2名下,遭李某1拒绝,故李某2以父母为被告向法院提起诉讼。

法院经审理后认为,父母约定共有房产归属子女条款和夫妻间房产赠与条款一样,均属于附随的身份法律行为,因此在效力上从属于离婚行为。一旦离婚行为生效,附随的财产协议一并生效,对协议当事人产生拘束力,当事人不得单方面变更或撤销。所以判决:被告李某1与罗某签订的离婚协议书第3条关于房屋产权事项的约定合法有效;坐落在某处、现登记在被告李某1名下的两处房屋产权归原告李某2所有。被告李某1于判决生效后,立即协助原告李某2办理上述两处房屋产权变更登记手续。李某1对上述两处房屋有居住权。

二、赠与合同纠纷案例

案例一:不能完全辨认自己行为的成年人为限制民事行为能力人,实施民事法律行为由其法定代理人代理或者经其法定代理人同意、追认。签订赠与合同时,如果赠与人是限制民事行为能力人,将名下不动产无偿赠与他人,后未得到其法定代理人的追认,该赠与行为无效。

一审案号为(2021)京0115民初12167号,二审案号为(2022)京02民终7125号的赠与合同纠纷案件。案情简介:赠与人吴某与受赠人郭某1系母子关系。2020年9月21日,吴某与郭某1签订了赠与合同,主要内容为:(1)赠与人自愿将坐落在大兴区某处的501室房屋(以下简称案涉房屋)无偿赠与受赠人所有,份额为100%;(2)受赠人愿意接受此项赠与;(3)本合同自赠与人、受赠人签字后生效。不动产权证书显示,房产现登记在郭某1名下。

2020年,申请人郭某2(系吴某之幼子)申请宣告吴某为限制民事行为能力人。审理过程中,法院依鉴定意见,判决吴某为限制民事行为能力人。2021年,申请人郭某2申请确定其为吴某的监护人。经审理,法院判决指定郭某2为吴某的监护人。后吴某向法院提起诉讼,请求判令赠与合同无效,要求郭某1将案涉房屋变更登记至吴某名下。

北京市大兴区人民法院审理后认为,当事人对自己提出的主张,有责任提供证据。该案中,2020年7月2日的查体显示认知功能受损,诊断为记忆力下降;

2020年9月24日的查体显示认知功能受损,诊断为记忆力减退、缺血性脑血管病、焦虑状态;吴某2020年报警情况反馈显示,2020年1月1日至10月1日,吴某共拨打报警电话15次;再结合司法鉴定意见书、民事判决书等证据,可以认定至少自2020年2月起,吴某的民事行为能力已经因为病情而受到限制。不能完全辨认自己行为的成年人为限制民事行为能力人,实施民事法律行为由其法定代理人代理或者经其法定代理人同意、追认。该案中,第一,在依法确定郭某2为吴某的监护人后,吴某签字的赠与合同并未得到其法定代理人的追认;第二,案涉赠与合同对于吴某而言,并非是吴某纯获利的民事法律行为;第三,吴某将名下的案涉房屋无偿赠与他人,与其当时的精神健康状况也不相适应。综上,对于吴某请求确认2020年9月21日吴某与郭某1签订的赠与合同无效的诉讼请求,法院予以支持。民事法律行为无效、被撤销或者确定不发生效力后,行为人因该行为取得的财产,应当予以返还。所以,法院判决:(1)确定吴某与郭某1于2020年9月21日签订的赠与合同无效;(2)郭某1将案涉房屋变更登记至吴某名下,由郭某1协助办理房屋过户手续。

郭某1提起上诉。北京市第二中级人民法院判决:驳回上诉,维持原判。

案例二:遗赠人可以部分接受遗赠,对于未接受的部分遗赠财产,应认定为按法定继承处分遗产,并非受遗赠人对被继承人法定继承人的赠与。

一审案号为(2020)沪0109民初22535号,二审案号为(2022)沪02民终81号的赠与合同纠纷案件(入库案例)。案情简介:严某2与严某3系严某1(于2018年10月2日死亡)、徐某(于2019年4月27日死亡)夫妇生育的子女,严某4系严某3之子。案涉房屋原为严某1、徐某夫妻共同财产,严某1生前曾立下书面遗嘱,言明将案涉房屋遗赠给严某4。2018年5月26日,徐某亦立下书面遗嘱,言明将其名下案涉房屋遗赠给严某4。2018年12月13日,上海市静安区人民法院(以下简称静安法院)(2018)沪0106民初51078号民事调解书确认,案涉房屋由严某4、徐某按份共有,各占1/2产权份额。2019年1月11日,案涉房屋产权登记为严某4、徐某各占1/2的按份共有。2019年6月2日,严某4(甲方)、严某3(乙方)、严某2(丙方)签订《遗产继承协议书》,内容为:"被继承人:徐某,……。被继承人员于2018年5月订立遗嘱一份,确认在其死亡之后,房屋产权归严某4所有。经甲、乙、丙各方共同协商,订立如下协议:1.位于上海市静安区案涉房屋(产权份额严某4和徐某各占一半),其中徐某名下的50%由甲、乙、丙各方共同继承,甲方严某4继承被继承人名下份额的40%,乙方严某3继承被继承人名下份额的30%,丙方严某2继承被继承人名下份额的30%。2.分配金额及方式:分配金额以房屋拆迁中徐某取得的补偿金额为准,甲、乙、丙各方根据各自继承份额取得,分配方式以货币形式分配,……"2019 年 11 月 9 日,因静安区某街道某街坊旧改项目启动征收,案涉房屋被纳入征收范围。2019 年 11 月 30 日,严某 4 和严某 3(已故产权人徐某代理人)与静安区住房保障和房屋管理局及征收单位签订《征收补偿协议》,协议约定的征收补偿款及二份结算单额外增加发放费用共计 8,498,060.39 元。2020 年 1 月,严某 2 诉至静安法院要求依法分割案涉房屋的征收补偿利益,确认其中 4,249,030.20 元为徐某的遗产。后,静安法院作出判决:案涉房屋征收安置补偿款中的 4,249,030.20 元为被继承人徐某的遗产,另外 4,249,030.19 元归严某 4 所有。严某 4 认为,《遗产继承协议书》属赠与合同,因赠与行为还未发生,根据法律规定,严某甲有权撤销赠与。严某 4 向法院提起诉讼,请求撤销三人于 2019 年 6 月 2 日签订的《遗产继承协议书》。

上海市虹口区人民法院审理后认为:公民可以立遗嘱将个人财产赠给国家、集体或者法定继承人以外的人。受遗赠人应当在知道受遗赠后两个月内,做出接受或者放弃受遗赠的表示。根据法院生效法律文书,案涉房屋由严某 4、徐某按份共有,各占 1/2 产权份额。徐某生前立有遗嘱,明确将案涉房屋遗赠给严某 4 个人,徐某死亡后,受遗赠人严某 4 与徐某的法定继承人严某 2、严某 3 签订《遗产继承协议书》,约定徐某在案涉房屋中的产权份额由三人共同继承,严某 4 继承 40%,严某 2、严某 3 各继承 30%,应认为系严某 4 放弃了部分受遗赠财产,且《遗产继承协议书》中还约定了案涉房屋相关征收补偿利益的分割,《遗产继承协议书》系家庭成员对于财产的处分,不属于赠与。严某 4 要求行使任意撤销权,撤销《遗产继承协议书》,缺乏依据。所以判决:驳回严某 4 的诉讼请求。

严某 4 提起上诉,后申请撤回上诉,上海市第二中级人民法院作出裁定,准许严某 4 撤回上诉。

案例三[①]:**父母抚养子女的义务仅限于未成年子女或不能独立生活的子女,子女成年后,父母并无继续抚养的法定义务。父母是否资助成年子女由其自由决定,子女买房由父母出资,除明确表示为赠与外,应当视为以帮助为目的的临时性资金出借,子女负有偿还义务。**

案情简介:刘某与段某是母子关系,2017 年 4 月 16 日,段某看中昆明市某小

---

① 参见《向母亲借款买房,儿子需要还钱吗? 法院:还!》,载微信公众号"宁波法治江北"2022 年 12 月 21 日。

区的一处住宅,于是向母亲刘某借款买房。刘某称,儿子当时表示,待房屋出售后会偿还款项,但之后刘某发现儿子偷卖房屋并未偿还款项,同时还拉黑了自己的微信、不接电话并搬离原住所。于是联系不上儿子的刘某将儿子段某起诉至法院,请求判令段某偿还107万元借款和3年定期利息。

段某辩称,2017年自家农村自建房因拆迁全家搬离,收到拆迁款。因自己文化程度有限,生活困难,且与妻子生育孩子后更为拮据。父母考虑自己的实际情况,想为自己改善居住环境,故愿意为自己购买房屋。双方之间不存在借贷关系,是赠与关系。

昆明市盘龙区人民法院审理后认为,当事人对于自己所主张的事实都有义务提交证据加以证实。针对购买房屋支出的97万元,双方对于款项用途和金额无异议,原告主张该笔款项为借款,而被告应当承担款项系赠与的举证责任,不能举证的,应承担不利的法律后果。对此,被告并未提交证据证明原告已经明确表示上述款项为赠与,故被告应当承担偿还责任。对于原告主张的利息,法院不予支持。据此,法院最终判决被告段某偿还原告何某款项97万元。

三、附义务赠与合同纠纷案例

案例四:赠与可以附义务。赠与附义务的,受赠人应当按照约定履行义务。受赠人有符合法律规定的情形的,赠与人可以撤销赠与。发生纠纷后,是否已履行义务,应由受赠人承担主要的举证责任。

一审案号为(2021)京0116民初8670号,二审案号为(2022)京03民终3869号的赠与合同纠纷案件。案情简介:李某与孟某原系夫妻关系,孟某于2013年1月28日去世,王某系李某之女。2001年7月30日,孟某立遗嘱并经过公证处公证,遗嘱载明:孟某与妻子李某于1999年10月21日共同购买楼房一套,位于北京市怀柔县某小区某号楼某单元某号(以下简称案涉房屋)。孟某去世后,愿将上述房产属于其1/2的产权遗留给李某,任何人无权干涉。2018年6月23日,李某通过赠与的方式将案涉房屋转移登记到王某名下。后李某觉得王某对其不孝顺,向法院提起诉讼,要求撤销对王某的房产赠与,并要求王某协助办理案涉房屋的产权变更登记手续。

庭审中,李某主张该赠与系附条件赠与,因王某未尽到赡养义务要求撤销赠与。王某辩称已经尽到了赡养义务。

北京市怀柔区人民法院审理后认为,该案中,双方虽未签订书面的赠与合同,但双方均认可赠与的事实,且王某在庭审中亦认可李某赠与其案涉房屋是希望其履行赡养义务。故法院认定双方系附赡养义务的赠与合同关系。对于李某是否可以主张撤销赠与合同。根据法律规定,受赠人对赠与人有赡养义务而不履行,赠与人可以撤销赠与。赠与人的撤销权,自知道或者应当知道撤销事由之日起一年内行使。该案中李某主张王某未履行赡养义务,但并未向法庭提供证据证明,应当承担举证不能的不利后果,且王某向法庭提供的机票及银行流水证据证明其履行了赡养义务。故李某主张因王某不履行赡养义务而要求撤销赠与合同的请求无事实依据,法院不予支持。所以,判决:驳回李某的诉讼请求。

李某提起上诉。审理中查明:从 2021 年 5 月起,李某从王某住处搬出,回到案涉房屋内居住至今。李某称,自其搬出后,王某没有看望过她,生病时也没有带她去看病。王某称,是李某不让她看望,且不知道李某生病了。

北京市第三中级人民法院审理后认为,《老年人权益保障法》规定,赡养人应当履行对老年人经济上供养、生活上照料和精神上慰藉的义务,照顾老年人的特殊需要。该案中,双方赠与合同关系成立。双方均认可李某赠与案涉房屋同时王某要履行赡养义务,故李某对王某的赠与系附义务的赠与。现王某接受了赠与,则负有对李某的赡养义务。王某的赡养义务不仅表现在对李某在物质及日常生活上进行帮助和照料,在精神上亦应给予温暖和慰藉。在案涉房屋赠与王某初期,双方关系和睦,王某履行了相应赡养义务。但此后,双方发生矛盾,王某未能及时理性妥善解决,以致矛盾加深,李某离开王某搬回赠与的案涉房屋内独自居住至今。其间,王某虽偶有实施与李某和解的行为,但仍未能采取更积极主动的方法改善母女关系,且在李某日常生活及生病期间未能全面履行赠与合同所附赡养义务。所以,李某要求撤销该赠与合同的相关主张,依据充分,法院予以支持。所以,判决:(1)撤销北京市怀柔区人民法院(2021)京 0116 民初 8670 号民事判决;(2)撤销李某对王某就案涉房屋的赠与;(3)王某协助李某办理房屋产权变更登记手续,将案涉房屋产权变更登记在李某名下。

案例五:赠与附义务的,受赠人应当按照约定履行义务。如果受赠人不完全履行合同中约定的金钱支付义务,赠与人可以要求其继续履行合同义务。

一审案号为(2021)鲁 0202 民初 11727 号,二审案号为(2022)鲁 02 民终 5699 号的附义务赠与合同纠纷案件。案情简介:原告聂某与被告江某系祖孙女关系。2017 年 7 月 20 日,原、被告及被告父母共同协商,原告聂某与被告江某签署赠与书,载明:503 户是聂某的产权房,现在欲将此房赠与江某,江某拿出 10 万元孝敬给聂某。另外,江某每月给聂某赡养费500元到(聂某)离世。协议签订当日,江某先支付10万元孝敬费。后江某未继续履行附条件的赠与书,仅向聂某支付两个月的赡养费共计1000元。2021年,江某起诉聂某,要求聂某返还江某10万元及利息18,000元。法院作出民事判决书,判决驳回江某的诉讼请求。江某不服该判决提起上诉,二审维持原判。所以,聂某向法院提起诉讼,请求判令江某每月向其支付赡养费500元,并支付自2017年10月至2022年1月拖欠的赡养费26,000元。

青岛市市南区人民法院审理后认为,聂某提交了赠与书,江某对赠与书的真实性无异议,称其系被强迫签署,然经法院当庭询问,江某称关于受胁迫,其无证据向法庭提交。聂某已按照赠与书的约定将房产过户至江某名下,江某已支付聂某10万元,且于2017年8月、9月每月支付聂某赡养费500元,上述均系履行赠与书之行为。已生效的民事判决书中亦载明:案涉赠与合同系双方真实意思表示,合法有效。综上法院予以认定聂某、江某之间签订的赠与合同合法有效。该案系附义务赠与合同纠纷,双方之间成立赠与合同关系,双方均应当遵循诚信原则,按照约定全面履行自己的义务。所以,判决:(1)江某支付聂某自2017年10月至2022年1月的赡养费26,000元;(2)江某自2021年2月起,每月支付聂某赡养费500元。

江某提起上诉。二审法院判决:驳回上诉,维持原判。

案例六①:《民法典》第663条第1款第2项规定,对赠与人有扶养义务而不履行的,赠与人可以撤销赠与。广义的扶养包含赡养。如果子女不孝不尽赡养义务,父母可以撤销之前对子女赠与的房产。

案情简介:洪某夫妇育有五子,2010年,夫妇二人通过公证方式与三子强某签订赠与协议,约定将名下位于厦门市湖里区某处房产赠与强某,并约定该房屋如遇拆迁应得的补偿安置钱物(安置房)亦全部归强某所有。2020年,强某受赠房屋被征收并拆除,洪某夫妇获得了该处房产83万元的拆迁补偿款,拆迁安置房则由强某取得。2021年4月,洪某将拆迁补偿款中的23万元给了强某,剩余60万元未支付。强某向法院起诉要求洪某夫妇依约向其支付剩余的60万元拆迁补偿款。洪某夫妇提起反诉,以强某未尽赡养义务要求撤销上述赠与协议,并要求强某返还此前支付的拆迁补偿款23万元。

---

① 参见《子女不孝不尽赡养义务,父母能否撤销之前对子女赠与的房产?》,载微信公众号"房产法库"2023年1月19日。

法院认为,依照日常生活经验,洪某夫妇在已将拆迁补偿款中的23万元支付给儿子强某且将市场价值数百万元的拆迁安置房赠与强某的情况下,倘若强某恰当履行了赡养义务,父母二人不至于反诉主张撤销赠与。但强某不顾父母已是耄耋之年,因剩余60万元拆迁补偿款将父母诉至法院,使其承受本不该有的精神烦恼,显然不能认定其已充分履行了对父母精神上慰藉的赡养义务,因此洪某夫妇依法有权要求撤销赠与协议。此外,因为强某未履行赡养义务一直处于持续状态,不宜认定该案撤销权过了除斥期间。所以,法院判决:驳回强某的诉讼请求,撤销洪某夫妇与强某签订的赠与协议,强某返还洪某夫妇拆迁补偿款23万元。

强某提出上诉。二审法院判决:驳回上诉,维持原判。

案例七:有些合同名为房屋买卖合同,实际上是附义务的赠与合同。在符合法律规定的情形下,赠与人可以撤销赠与。赠与人自知道或者应当知道撤销原因之日起一年内行使撤销权。此一年的期限为除斥期间,不发生中止、中断或延长,赠与人超过此一年未行使的,撤销权归于消灭。

一审案号为(2021)鲁1426民初2891号,二审案号为(2022)鲁14民终1158号的附义务赠与合同纠纷案件。案情简介:赵某(女)与袁某1(男)系再婚。婚前赵某生育一子一女,袁某1生育一子袁某2。婚后,袁某2与赵某、袁某1共同生活。2012年12月26日,袁某2书面向赵某承诺:房产证过户给袁某2,给母亲赵某10万元。在父母有生之年,父母大小病都由袁某2负责。自2012年12月31日起袁某2根据个人能力付给父母生活费每年5000元,家里房子出租收入归父母所有。父母可在有生之年居住至父母年终。同日,赵某出具收据一份,载明:收到袁某2 10万元房产证过户钱。2012年1月9日,双方以房屋买卖的形式将涉案房产赠与袁某2,并办理了房屋产权证。2018年,涉案房产进行了拆迁,现赵某随女儿王某生活居住。2018年4月20日,赵某诉袁某2至法院。法院判决袁某2向赵某支付生活费、医药费、检查费等。因袁某2未履行生效判决确定的义务,赵某向法院申请强制执行。后赵某向法院提起诉讼,请求撤销赵某赠与袁某2的案涉房屋产权,撤销已过户的房产证。

山东省平原县人民法院审理后认为,首先应明确赵某、袁某2之间针对案涉房屋存在何种法律关系,即是赵某所主张的附义务赠与合同关系,还是袁某2所主张的房屋买卖关系。根据双方的诉、辩称意见,并结合庭审中双方的举证、陈述情况等,双方虽然在办理过户手续时按买卖处理,但实际上并非真正的买卖关系,双方也没有买卖房屋的意思表示,且德州市中级人民法院在(2018)鲁14民终3251号民事判决中认定双方系基于亲情关系的附条件赠房养老协议纠纷,并非房屋买卖合同纠纷,故法院认定双方为附义务赠与合同纠纷。关于赠与协议能否撤销的问题,根据《民法典》第663条的规定,受赠人对赠与人有扶养义务而不履行,赠与人可以撤销赠与。赠与人的撤销权,自知道或应当知道撤销事由之日起一年内行使。该案中,赵某以袁某2不履行2012年12月26日出具的赡养承诺为由于2018年4月20日将袁某2诉至一审法院,且德州市中级人民法院于2019年2月15日依法作出(2018)鲁14民终3251号民事判决,该判决认定双方之间系附条件赠房养老协议纠纷。此时,赵某应当知道袁某2有扶养义务而不履行,其应当在知道或应当知道袁某2有扶养义务而不履行起一年内行使撤销权。但赵某直至2021年10月21日才提出撤销房产赠与的诉讼请求,该撤销权的行使已经超过除斥期间,对袁某2主张赵某的起诉已过除斥期间的抗辩,法院予以采纳。且(2018)鲁14民终3251号民事判决生效后,一审法院亦依据赵某的申请就该案确定的袁某2的履行义务强制执行,并就赵某相关的生活费、医药费等执行完毕。虽为法院强制执行,不应提倡,但袁某2亦按照约定进行了履行义务。故赵某要求撤销赠与涉案房产的诉讼请求,于法无据,法院不予支持。该案经一审法院审判委员会讨论决定,判决:驳回原告赵某的诉讼请求。

赵某提起上诉。山东省德州市中级人民法院二审判决:驳回上诉,维持原判。同时在二审判决书指出:子女对父母有赡养扶助的义务,赡养父母是中华民族的传统美德。虽然赵某与袁某2系继母子关系,但袁某2自幼与赵某一起生活,由赵某抚养长大。赵某作为母亲,将自己的房产赠与继子袁某2,这种母爱应充分肯定。袁某2未按协议约定按时给付赵某生活费,不仅违反了诚实信用原则,而且不利于文明、和谐的家庭关系的建立。袁某2作为子女应自觉及时履行自己的义务,对母亲老年的生活、居住、医疗等问题妥善安排,维护家庭的和睦,保证赵某能够安享晚年。如袁某2怠于履行自己的赡养义务,赵某可依法主张权利。

第四节 房屋互换

一、房屋互换的类型与法律后果

房屋互换是指房屋所有权人之间相互交换房屋的民事法律行为。房屋互换主要是为了生活、工作方便或者建房、孩子上学等,在双方自愿的基础上,相互交换房屋的使用权或所有权。在家庭成员内部或亲友之间房屋互换较常见,如父母与子女之间、兄弟姐妹之间房屋互换。如父母年龄大了,爬楼梯比较费力,愿意将自己所有的一套无电梯的高层住宅与子女所有的一套低层住宅进行互换,目的是生活方便。

按照房屋交换的权利类型不同,房屋交换可以分为房屋使用权交换与房屋所有权交换两类。房屋使用权交换是指双方同意在一段期限内互换各自所有房屋的占有与使用的权利,有些还包括收益的权利(可以对外出租获得租金),但一般不具有处分的权利(如向第三人进行转让、设立抵押权或居住权等)。交换使用权后的房屋,其所有权归属没有发生变化,所以不需要办理产权转移登记手续,也不需要缴纳契税等税费。房屋所有权交换是指双方同意将各自所有的房屋所有权进行互换,属于房屋所有权转移范畴,所以需要办理产权转移登记手续,应按照规定缴纳契税等税费。如果交换的房屋是商品房性质,房屋所占用的土地是国有土地性质,根据"地随房走"的原则,该房屋占用范围内的国有土地使用权也应一并进行转移。

按照是否办理登记手续进行分类,分为可办理登记的房屋交换与无法办理登记的房屋交换。这种分类方法与上一种分类有一定关系,但不完全一致。如房屋使用权交换一般不需要办理登记,但如果双方为了稳妥,防止一方反悔,可以采取用自己所有的房屋为对方设立居住权的形式来实现使用权的交换,需要办理两项居住权设立登记。房屋所有权交换应办理产权过户手续,但有些房屋因为一些特殊原因,无法办理或暂时不能办理房产转移登记手续。如还在限售期内的经济适用房、共有产权房等,因为不能转让所以也不能互换;又如不符合规划要求的违法建筑、没有在不动产登记机构办理过登记的"小产权房",即使互换也不能办理产权转移登记。公租房一般是可以互换的,但应得到房屋产权单位的同意,其实质是使用权交换,不是所有权的交换。总之,对于可办理登记的房屋交换,无论是房屋所有权互换还是设立居住权形式的互换,该房屋应已办理产权登记并且可转让。此外,不同性质的房屋之间互换受到一定的限制,如城市商品房与农村房屋之间一般不能进行交换,因为城市居民不能到农村买房,即使签订了房屋互换协议,也无法办理农村房屋产权过户登记。

按照房屋交换过程中是否补差价,可以分为补差价的房屋交换与不补差价的房屋交换。如果两套房屋的评估价值相同,交换时自然不需要补差价,但这种情况比较少见,一般是双方认可交换的房屋价值基本相同,或者该房屋交换发生在特定身份关系人员之间,如父母与子女之间的房屋交换。一般而言,因为房屋的面积大小、楼层、新旧、地段、装修情况等不同,交换的房屋之间会存在一定的价值差异,所以很多房屋交换采取了不等价加补偿的方式。如甲家人口较多、房屋较小但是该房是学区房,乙家的房屋较大但离学校较远,乙为了接送上小学的孩子方便,原来准备在学校周围租一套房屋,后经人介绍与甲认识,甲乙双方达成互换房屋的协议,协议有效期为9年(孩子上小学与初中阶段),但考虑到双方房屋条件的差异,甲同意每年支付给乙5000元作为补偿。

二、房屋互换合同的性质与法律参照适用

房屋互换合同是《民法典》中没有列入典型合同范围的无名合同。《民法典》第467条第1款规定:本法或者其他法律没有明文规定的合同,适用本编通则的规定,并可以参照适用本编或者其他法律最相类似合同的规定。所以,房屋互换合同可以适用合同编第一分编通则的规定,同时可以参照适用"最相类似合同的规定"。具体如何参照适用,要根据合同的类型来具体分析。

如果房屋交换的权利类型是使用权,可以参照适用租赁合同的相关规定。如案号为(2015)雁民初字第8433号的案件以房屋租赁合同纠纷作为案由。西安市雁塔区人民法院审理后认为,原告与被告之间签订的关于房屋互换的决定是一种普通民事合同关系,该行为并没有违反法律的强制性规定,亦是当事人的真实意思表示,故而该决定已成立并生效。所以,判决:原告与被告于2013年4月19日签订的关于房屋互换的决定合法有效。

房屋使用权互换合同可以被视为双方签订了两份内容相似的房屋租赁合同,其中租金部分进行抵销或部分折抵。在这两份房屋租赁合同中,最大的区别是租赁物的区别,如房屋的面积、位置、内部设施设备等。但双方的权利义务应该是基本相同的,如使用期限、是否可以出租(类似租赁合同中的转租)、房屋维修费用、物业服务费用与水、电等费用承担等。一旦发生纠纷,基于权利与义务对等原则,一方在对方所有的房屋上获得的占有、使用、收益,也同样由另一方在自己所有的房屋上获得相应的权益。如一方限制另一方不得将自己所有的房屋进行出租,自然也不能将对方所有的房屋进行出租;如果自己将对方所有的房屋进行出租,也应同意对方将自己所有的房屋进行出租,对于出租所得收益原则上应归于实际使用人。此外,双方在房屋互换合同中对处分权的行使应进行一定的限制,而且该限制应是对等的,如是否可以进行抵押、是否可以转让等。如果允许房屋所有权人对房屋进行任意处分,必然会对实际使用人的权益造成损害,使其无法正常使用。此外,双方在房屋互换合同中未对处分权的行使进行限制或允许对方任意行使,也应遵守对等原则,而且在一方处分自己所有的房屋前,应提前告知对方。如在合同有效期内,一方因为经济困难需要向他人转让或抵押该房屋,应提前告知另一方,并且所有权人应告知拟受让人或抵押权人相关情况,保证另一方在合同有效期内可以继续使用该房屋,或者双方协商一致提前终止该互换合同。所以,一旦进行房屋使用权交换,房屋所有权人所拥有的不再是"完全所有权",而是类似已设立居住权的房屋上的"名义所有权"。

而且,房屋使用权交换合同与租赁合同也存在一些差异,如最高使用期限的限制、法定优先权的享受。《民法典》第705条第1款规定,租赁期限不得超过20年。超过20年的,超过部分无效。如果房屋使用权交换,可以不受此期限限制,只要双方协商一致,使用权期限可以超过20年。《民法典》第726条、第727条、第728条规定的承租人"优先购买权"与第734条规定的承租人"优先承租权",并不能成为房屋使用权交换合同中当事人的法定权利,但如果双方在房屋互换合同中进行了约定,对等授予对方一定的优先权,这是约定权利,按照私法自治原则,应予以尊重。

如果房屋使用权的交换是以相互设立居住权的形式进行,房屋互换合同可以被视为双方签订了两份内容相似的居住权合同。根据《民法典》第367条第1款的规定,设立居住权,当事人应当采用书面形式订立居住权合同。根据对等原则,双方的权利义务应该是基本相同的,如居住权期限,居住的条件和要求,是否可以出租,房屋维修费用,物业服务费用与水、电等费用承担等。需要注意的是,因为居住权作为一种用益物权,需要办理设立登记后才能生效,所以除了房屋互换合同外,双方还应签订两份单独的居住权合同用于办理设立登记时作为备案用。《民法典》第368条规定,设立居住权的,应当向登记机构申请居住权登记。居住权自登记时设立。在两份居住权合同中,除了住宅的面积、位置等基本情况不同外,在房屋使用费可能也会有所区别,这部分进行抵销或部分折抵。因为房屋租赁合同对房屋的性质没有限定,所以可以对办公楼、商铺、厂房、仓库等建筑物的使用权进行交换,但居住权是"对他人的住宅享有占有、使用的用益物权",所以进行交换的客体只能是住宅。因为《民法典》第369条规定居住权不得转让、继承,所以在理论上居住权不能成为交换的标的,所以房屋交换合同不能以"交换居住权"的形式,而应是"互为对方设立居住权"。此外,《民法典》第370条规定,居住权期限届满或者居住权人死亡的,居住权消灭。所以,可能会出现房屋交换合同实际上不对等的情况,如双方在居住权合同中都约定"居住权期限到居住权人去世为止",但很少出现双方同时去世的情况,一旦其中一方去世,为其设立的居住权消灭,该房屋所有权人可以单方申请办理居住权注销登记。因为另一方还存活,居住权继续存在,去世的一方继承人不能因此解除居住权合同,也暂时无法申请办理居住权注销登记。

如果房屋交换的权利类型是所有权,可以参照适用买卖合同的相关规定。所以,多数的房屋互换引起的纠纷的案由是互易纠纷、买卖合同纠纷或房屋买卖合同纠纷。其中,互易纠纷是买卖合同纠纷的一种类型。《民法典》第647条规定,当事人约定易货交易,转移标的物的所有权的,参照适用买卖合同的有关规定。

一般的商品互易只需要直接交付就可以完成,房屋互换与一般的商品互易存在明显的区别,即需要办理产权转移登记,才能发生物权意义上的变动。

房屋所有权互换合同可以被视为双方签订了两份内容相似的房屋买卖合同。因为房屋的价值往往存在差异,所以在房屋交换合同中需要明确房屋的价值,一般采取部分款项可以折抵,多余部分进行补偿的方式。

《民法典》合同编第九章"买卖合同"的很多规定可以适用于房屋交换合同。如《民法典》第597条规定,因出卖人未取得处分权致使标的物所有权不能转移的,买受人可以解除合同并请求出卖人承担违约责任。法律、行政法规禁止或者限制转让的标的物,依照其规定。如果交换的一方将未取得所有权或未办理产权登记的房屋用于房屋互换,应被认定为违约,致使合同目的不能实现的,另一方可以要求解除合同。

又如《民法典》第630条规定,标的物在交付之前产生的孳息,归出卖人所有;交付之后产生的孳息,归买受人所有。但是,当事人另有约定的除外。如果用于交换的房屋此前已经出租,按照《民法典》第725条"租赁物在承租人按照租赁合同占有期限内发生所有权变动的,不影响租赁合同的效力"的规定,房屋互换不影响租赁合同的继续履行。在合同签订后办理产权转移登记前,房屋出租所得的租金,应归原所有权人所有;办理产权转移登记后所得的租金,应归新的所有权人所有。但是,如果当事人作出约定,房屋互换合同签订后租金就全部归新的所有权人所有,该约定也是有效的。

需要特别注意的是,用于所有权互换的房屋应是已办理产权登记且可以转让的房屋。所以,以下房屋不能互换:(1)所有权、使用权不明或者有争议的房屋;(2)已经被认定为违法建筑的房屋;(3)未办理产权登记的自建房屋;(4)还在限售期内的特殊房产,如经济适用房、共有产权房等;(5)学校、幼儿园、医疗机构等为公益目的成立的非营利法人的教育设施、医疗卫生设施和其他公益设施;(6)依法被查封、扣押、监管的房产。法律、行政法规规定不得抵押的其他房产,一般不能用于互换。公租房的互换需要得到房屋产权单位的同意。已被列入拆迁征收范围的房屋,一般也不宜进行互换,容易因此产生纠纷。

此外,在一些房屋互换合同中,没有明确双方互换的权利为房屋所有权还是使用权,因此产生纠纷。法院应综合分析双方互换时是否支付对价以及权利义务约定,并根据互换后的权利义务以及占有、使用、处分、收益情况判断互换的权利为所有权还是使用权。

三、房屋互换合同参考文本

一般情况,房屋互换合同指的是房屋所有权互换合同。因房屋所有权互换引起的纠纷案例也较多,因房屋使用权互换引起的纠纷案例相对较少。以下是在签订房屋所有权互换合同时需要注意的主要事项。

1. 用于交换的房屋应是当事人所有的或有权处分的房屋。如果是他人所有的房产,当事人无权处分;如果是共有房产,应得到其他共有人的同意或认可,建议其他共有人也在合同上签字表示认可。

2. 应在合同中明确房屋交付与办理转移登记的期限。在房屋产权转移前,如果一方反悔或不配合办理转移登记,会导致互换合同无法履行,所以应明确违约责任。另外,需要在合同中明确办理转移登记手续所产生费用(包括税费、手续费等)的分别承担责任。

3. 应在合同中明确补偿费用。用于交换的两套房屋一般存在价值差异,所以应进行一定的经济补偿。可以采取由第三方评估机构评估的价值来确定,也可以双方都认可的房屋价值确定。建议当事人不要为了少缴纳一些契税,不在合同中写明经济补偿,这样做容易产生纠纷,而且以后再次转让房屋时可能需要承担更多的增值税与个人所得税。此外,应在合同中明确补偿费用的支付期限与方式,并明确逾期支付的违约责任。

本书以房屋所有权互换为例提供一份房屋互换合同参考文本。

房屋互换合同(参考文本)

甲方：_____

乙方：_____

(自然人至少要写明姓名、身份证号码、联系方式等内容)

鉴于甲、乙双方系关系，双方自愿将各自所有的房屋进行所有权互换，双方经协商一致，签订如下房屋互换合同：

一、互换房屋基本情况

(一)甲方所有、用于交换的房屋基本情况：

1. 位于：_____。

(如果仅写位置不明确，可以写明房屋四至界线)

2. 不动产权证号：_____。

(或写房屋所有权证、土地使用权证号)

3. 登记的产权人：_____。

(应登记在甲方名下，如果是共有性质，共有人应一起写上作为合同当事人)

4. 登记的建筑面积(或实用面积)为：_____平方米。

5. 该房屋占用范围内的土地使用权的性质：国有出让土地/国有划拨土地/宅基地/集体经营性建设用地。

6. 该房屋附属用房及室内设施设备随该房屋一并交换，附属用房有：____(如独用/共用的车棚/汽车库/其他_____平方米)。室内设施设备可以作为合同附件。

7. 该房屋的市场价值：_____元。(也可以不写)

(二)乙方所有、用于交换的房屋基本情况：

(写法同上)

二、甲方承诺(可以有选择地填写)

1. 甲方所有的房屋现由_____占用，甲方承诺在____日内腾空交房。

2. 该房屋有(无)租赁，租期到_____年____月____日到期，租金收取情况：_____。

3.该房屋是(否)设立居住权,居住权人为_____,居住权期限到_____年____月____日,房屋使用费收取情况:_____。

4.该房屋有(无)抵押,担保金额_____元(拟作如何处理)。

5.该房屋有(无)贷款,贷款情况:_____。

6.其他:_____。

三、乙方承诺(可以有选择地填写)

(写法参照第二条)

四、房屋交付与办理转移登记手续

1.房屋交付时间:_____年____月____日。

2.双方应在本合同签订后____日内共同向所在地的不动产登记机构申请办理房屋的所有权与土地使用权的转移登记手续。

3.因办理转移登记手续所产生的费用(包括税费、手续费等)由各方各自承担。(也可以其他约定)

五、补偿费用(可以不写或另外约定)

1.因为甲方(或乙方)所有的房屋价值较高,乙方(或甲方)愿意向甲方(或乙方)提供____元(大写:_____)的经济补偿费用。

2.补偿费用的支付期限与方式:_____。

(如在办理转移登记前一次性支付或采取分期支付方式)

六、违约责任

1.如果一方反悔或不配合办理产权转移登记,导致本合同无法履行,应向另一方支付违约金____元。

2.如果一方用于交换的房屋是其无权处分的房屋,或者其他共有人不同意互换,导致本合同无法履行,应向另一方支付违约金____元。

3.如果甲方(或乙方)不按照约定按时、足额支付补偿费用,应按照每逾期一天,按未按时支付费用的____(比例可以酌定)向乙方(或甲方)支付违约金。

4.如果约定补偿费用在办理转移登记前一次性支付或支付部分款项,该支付方未按时支付,另一方可以提前解除本合同,或不配合办理转移登记,不视为违约。

七、争议解决

甲、乙双方因履行本合同发生争议时,首先应当协商解决;协商不成的,任何一方可向房屋所在地的人民法院向法院提起诉讼。

八、其他

1. 本合同未尽事宜,双方可另行订立补充协议。补充协议以及本合同的附件均为本合同不可分割的部分。

2. 本合同自各方签字或盖章之日起生效,一式____份,双方各执一份,用于备案____份,具有同等法律效力。

甲方(签章):
乙方(签章):
签订日期:_____年___月___日

(如果有见证人,可以在本协议下方签名)

四、房屋互换后的转移登记与税费承担

《不动产登记暂行条例实施细则》第27条规定,买卖、互换、赠与不动产的,当事人可以向不动产登记机构申请转移登记。第38条规定,因房产互换,申请国有建设用地使用权及房屋所有权转移登记的,应当提交互换合同。

房屋所有权互换需要缴纳的税费参照房屋转让,但有所区别。如房屋互换的契税缴纳参照房屋转让,但等价值部分免契税,不等价值差额部分缴纳契税。《个人所得税法》第6条规定,对于财产转让所得,以转让财产的收入额减除财产原值和合理费用后的余额,为个人所得税应纳税所得额。房屋互换的个人所得税缴纳参照房屋转让,但只是房屋价值高的一方按两套房屋金额差缴纳1%。此外,财政部、国家税务总局发布的《关于土地增值税一些具体问题规定的通知》(财税字〔1995〕48号)第5条"关于个人互换住房的征免税问题"的规定,明确:对个人之间互换自有居住用房地产的,经当地税务机关核实,可以免征土地增值税。此外,当事人还需要交纳登记费与证书工本费。

第五节 房屋互换引起的纠纷案例

在房屋互换引起的纠纷中，案由多为互易纠纷、合同纠纷、买卖合同纠纷、房屋买卖合同纠纷、确认合同效力纠纷。其中，合同纠纷是二级案由，买卖合同纠纷、房屋买卖合同纠纷、确认合同效力纠纷是三级案由，互易纠纷是四级案由，是买卖合同纠纷的一种类型。确认合同效力纠纷包括确认合同有效纠纷与确认合同无效纠纷两个四级案由。

案例八：房屋互换协议签订后，当事人应当遵循诚实信用原则，按照约定全面履行自己的义务。当事人一方不履行合同义务或者履行合同义务不符合约定的，应当承担继续履行、采取补救措施或者赔偿损失等违约责任。

一审案号为（2018）皖1602民初2295号，二审案号为（2019）皖16民终1588号的合同纠纷案件。案情简介：原告薛某3系被告薛某1的孙子、薛某2与谢某之子。薛某2与谢某原系夫妻关系，双方于2004年10月15日协议离婚，约定："双方有住房6间，分给儿子，谁抚养儿子，由谁暂时居住"。6间住房被拆迁后，拆迁面积为143.25平方米，还原面积为162.21平方米，差额为18.96平方米，由谢某交付差补款60,343元。2013年3月29日，薛某2签订某小区安置还原选房确认单，还原小区5号楼2单元104室和4号楼4单元308室。2017年1月10日，谢某给薛某3出具赠与声明一份，主要内容为：谢某按市场价支付了共计18.96平方米的房产价款（该差额系还原房屋与原房屋的差价），该部分房屋的所有权归谢某所有。谢某将上述18.96平方米的房产无偿赠与薛某3，不附加任何赠与条件。后薛某3向法院提起诉讼，法院经审理后作出民事判决，判令薛某2履行其与谢某于2004年10月15日签订的离婚协议约定的义务，位于亳州经济开发区某小区5号楼2单元104室、4号楼4单元308室的房屋属于薛某3所有。

薛某1的拆迁还原房屋为某小区19号楼2单元204室，薛某1提出与薛某3在同一小区5号楼2单元104室房屋互换，薛某3同意，双方互换了房屋。后双方因琐事发生纠纷，薛某3向法院提起诉讼。

安徽省亳州市谯城区人民法院审理后认为，该案中，薛某1的拆迁还原房屋为某小区19号楼2单元204室，薛某1以年迈上下楼不方便为由提出与薛某3某小区5号楼2单元104室房屋互换，薛某3同意后，双方互换了房屋，2013年至

2017年某小区19号楼2单元204室的物业管理费、垃圾清运费、天然气费、水电费等均由薛某3的母亲谢某支付,故薛某3与薛某1之间的房屋互换协议成立并已生效。该案中,薛某1与薛某3因琐事发生纠纷,未能全面履行其合同义务,故其应承担搬出并归还薛某3位于亳州经济开发区某小区19号楼2单元204室房屋的义务。所以,判决:(1)薛某3与薛某1之间的房屋互换协议成立并已生效。(2)薛某1应继续履行其与薛某3之间的房屋互换协议,搬出位于亳州经济开发区某小区19号楼2单元204室房屋,并将该房屋归还薛某3。

薛某1提起上诉。安徽省亳州市中级人民法院二审判决:驳回上诉,维持原判。

案例九:债务人配偶与他人恶意串通,通过签订房屋买卖合同形式进行互易、转移夫妻共同财产逃避债务的行为应属无效。

一审案号为(2022)京0107民初4822号,二审案号为(2022)京01民终8867号的确认合同无效纠纷案件(入库案例)。案情简介:程某1、程某2系姐妹关系,程某1与朱某1于1994年12月26日登记结婚,婚内育有一女朱某2。程某1于1998年购买坐落于北京市石景山区某处房屋(以下简称案涉房屋),案涉房屋登记在程某1名下。2019年4月,刘某以民间借贷纠纷提起诉讼。2020年9月10日,河南省西峡县人民法院作出判决要求朱某1偿还刘某本金917,222.8元及相应利息。后二审法院判决维持原判。程某2与程某1之女朱某2于2019年8月5日签署房屋买卖合同,约定出卖人程某2将其名下的北京市海淀区某处902号房屋(以下简称902房屋)以100万元价格出售给朱某2,买受人朱某2应于2019年8月7日前向出卖人支付房款。合同签订当日,902房屋过户登记至朱某2名下。2019年8月28日,买受人程某2与出卖人程某1签订房屋买卖合同,约定程某1以50万元价格将案涉房屋出售给程某2,买受人程某2应于2019年8月30日前向出卖人支付购房款。2019年8月29日,案涉房屋过户登记至程某2名下。2020年1月10日,程某1与朱某1签署离婚协议,约定:男女双方自愿离婚;夫妻双方无房产;双方无债权债务。2021年12月7日,北京市石景山区人民法院作出的(2021)京0107民初1818号民事判决中认定,案涉房屋系程某1与朱某1的夫妻共同财产,该判决已生效。

刘某以程某1、程某2恶意串通损害其合法权益为由提起诉讼,请求确认程某1与程某2签订的房屋买卖合同无效,并要求将案涉房屋过户登记至程某1名下。案件审理中,刘某申请对案涉房屋进行了财产保全。庭审中,程某1与程某2表示双方用各自房屋进行了等价互换,故朱某2未向程某2支付购房款,程某2亦未向程某1支付购房款,交易真实有效。

北京市石景山区人民法院审理后认为:恶意串通,损害国家、集体或者第三人利益的合同无效。对非债务人与相对人签订的房屋买卖合同是否属于恶意串通损害债权人合法权益的认定,需综合债务人与合同当事人之间的特殊身份关系、成交价款及支付情况、转让时间、债务人对标的房屋是否享有权利、是否减损债权人的责任财产等方面进行实质判断。如当事人的房屋交易虽符合房屋买卖的形式特征,但实质减损了债务人的责任财产并致使他人债权有不能清偿风险,且债务人不能提供充足有效的履行担保,应认定为属于恶意串通的逃债行为,转让行为无效。该案中,河南省西峡县人民法院对刘某与朱某1民间借贷纠纷第一次作出一审判决后,程某1即与程某2签订房屋买卖合同并随即进行房屋过户行为,程某2自始至终未向程某1支付购房款。程某1、程某2虽主张双方是以房屋买卖的名义进行了房屋互换,但程某2名下的902房屋并未登记至程某1名下,而程某1名下的该案案涉房屋却登记到了程某2名下。此外,对于之所以将程某2名下的902房屋登记至程某1之女朱某2名下,程某1在另案诉讼中及该案一审、二审中的陈述存在多处矛盾。程某1未能就前述矛盾陈述作出合理解释。案涉房屋系经生效判决确认的属于朱某1与程某1的夫妻共同财产。程某1在明知朱某1至今未清偿刘某欠款的情况下,在与朱某1夫妻关系存续期间,与自己的姐姐程某2签订房屋买卖合同,将程某1与朱某1共有的房屋转移登记至程某2名下,使朱某1的责任财产直接减损而致刘某的债权难以清偿。因此,程某1与程某2构成恶意串通,侵害刘某的合法权利,双方就案涉房屋签订的房屋买卖合同无效,案涉房屋所有权应恢复登记至程某1名下。所以判决:(1)确认程某1与程某2于2019年8月28日签订的北京市存量房屋买卖合同无效;(2)程某2于判决生效之日起15日内将案涉房屋所有权恢复登记至程某1名下。

程某1、程某2提起上诉。北京市第一中级人民法院二审判决:驳回上诉,维持原判。

案例十:不同性质的房屋互换受到一定的限制,如城市商品房与农村房屋之间一般不能进行交换,因为城市居民不能到农村买房,也无法办理农村房屋产权过户登记。城市居民在与他人交换获得集体土地上建造的房屋,该房屋互换协议会被法院认定为无效。

案号为(2019)吉0502民初1801号的互易纠纷案件。案情简介:原告祁某1、高某系夫妻关系,祁某2是两人的儿子;被告时某与祁某2系夫妻关系,祁某3是两人的儿子。2017年6月17日,祁某1与祁某2、时某签订说明即房屋互换协议,约定:祁某2拥有的位于通化市东昌区金厂镇某小区某单元某层某号住宅楼房一处(以下简称案涉房屋)登记在祁某2名下,祁某2的父亲祁某1名下拥有位于东昌区某乡的平房一处,双方协商互换。祁某1的平房已被征收(征收产权调换协议签完),拆迁后调换两套楼房归祁某2所有,祁某2声明自愿将其中较大的一套由妻子时某和儿子祁某3继承,较小的一套归弟弟祁某4所有。位于祁某2名下的楼房由祁某1居住,在祁某1百年后,该房子归祁某2的儿子祁某3和侄子祁某5共同所有,两人各占50%。后祁某2去世。时某在原告不知情的情况下,将案涉房屋卖掉,所得款项也没有给祁某1、高某,祁某1、高某多次索要,时某拒绝给付。祁某1、高某认为,时某以自己的行为表明不履行互换协议,所以向法院提起诉讼,要求解除房屋互换协议,明确产权调换所得的两套房屋归原告所有。

吉林省通化市东昌区人民法院审理后认为,该案中,2017年6月17日祁某1与祁某2、时某签订的说明即房屋互换协议,从内容上看,主要是双方互相交换房屋,并转移标的物房屋所有权的协议。房屋互换协议所涉标的物案涉房屋系在集体土地上建设的房屋。该房屋在非试点地区,其交易主体限制为集体经济组织成员,而协议换房人祁某1、高某系城市居民非案涉房屋所在村集体经济组织成员,故祁某1与祁某2、时某签订的房屋互换协议应为无效。所以,判决:(1)祁某1与祁某2、时某签订的说明即房屋互换协议无效。(2)驳回原告祁某1、高某的诉讼请求。

第十一章 共有房产处理

第一节 共有房产处理

一、《民法典》对共有制度的规定

《民法典》物权编第二分编"所有权"第八章"共有",共有 14 条规范,具体内容如下。

第二百九十七条 不动产或者动产可以由两个以上组织、个人共有。共有包括按份共有和共同共有。

第二百九十八条 按份共有人对共有的不动产或者动产按照其份额享有所有权。

第二百九十九条 共同共有人对共有的不动产或者动产共同享有所有权。

第三百条 共有人按照约定管理共有的不动产或者动产;没有约定或者约定不明确的,各共有人都有管理的权利和义务。

第三百零一条 处分共有的不动产或者动产以及对共有的不动产或者动产作重大修缮、变更性质或者用途的,应当经占份额三分之二以上的按份共有人或者全体共同共有人同意,但是共有人之间另有约定的除外。

第三百零二条 共有人对共有物的管理费用以及其他负担,有约定的,按照其约定;没有约定或者约定不明确的,按份共有人按照其份额负担,共同共有人共同负担。

第三百零三条 共有人约定不得分割共有的不动产或者动产,以维持共有关系的,应当按照约定,但是共有人有重大理由需要分割的,可以请求分割;没有约定或者约定不明确的,按份共有人可以随时请求分割,共同共有人在共有的基础丧失或者有重大理由需要分割时可以请求分割。因分割造成其他共有人损害的,应当给予赔偿。

第三百零四条　共有人可以协商确定分割方式。达不成协议,共有的不动产或者动产可以分割且不会因分割减损价值的,应当对实物予以分割;难以分割或者因分割会减损价值的,应当对折价或者拍卖、变卖取得的价款予以分割。

共有人分割所得的不动产或者动产有瑕疵的,其他共有人应当分担损失。

第三百零五条　按份共有人可以转让其享有的共有的不动产或者动产份额。其他共有人在同等条件下享有优先购买的权利。

第三百零六条　按份共有人转让其享有的共有的不动产或者动产份额的,应当将转让条件及时通知其他共有人。其他共有人应当在合理期限内行使优先购买权。

两个以上其他共有人主张行使优先购买权的,协商确定各自的购买比例;协商不成的,按照转让时各自的共有份额比例行使优先购买权。

第三百零七条　因共有的不动产或者动产产生的债权债务,在对外关系上,共有人享有连带债权、承担连带债务,但是法律另有规定或者第三人知道共有人不具有连带债权债务关系的除外;在共有人内部关系上,除共有人另有约定外,按份共有人按照份额享有债权、承担债务,共同共有人共同享有债权、承担债务。偿还债务超过自己应当承担份额的按份共有人,有权向其他共有人追偿。

第三百零八条　共有人对共有的不动产或者动产没有约定为按份共有或者共同共有,或者约定不明确的,除共有人具有家庭关系等外,视为按份共有。

第三百零九条　按份共有人对共有的不动产或者动产享有的份额,没有约定或者约定不明确的,按照出资额确定;不能确定出资额的,视为等额享有。

第三百一十条　两个以上组织、个人共同享有用益物权、担保物权的,参照适用本章的有关规定。

二、共有的类型

在所有权的形态中,单独所有权是基本形态,共有是一种特殊形态。在不动产领域,数人共有的情况广泛存在,例如夫妻共有、家庭共有、继承人在遗产分割前对遗产的共有、约定共有等。共有的特殊性体现在权利主体不是单一的,而是多人共同所有,因此在对所有物进行占有、使用、收益、处分时,应当遵循全体共有人的意志。这种被两个及以上主体所享有的所有权被称为共有权,共有权的权利人被称为共有人,共有权的客体或标的物被称为共有物。

按照共有的类型划分,共有包括按份共有和共同共有。按份共有人对共有的不动产或者动产按照其份额享有所有权。共同共有人对共有的不动产或者动产共同享有所有权。

(一)按份共有

按份共有是两个及以上的共有人按照各自的份额对共有财产享有权利和承担义务的一种共有关系。按份共有最重要的特征就是共有人对共有物享有份额。所谓份额是指共有人对共有物所有权所享有的比例,其份额一般由当事人约定或者按照投资比例确定。传统民法理论上也称按份共有为"分别共有"。按份共有中的"份",不是具体的份额,不能与共有物特定部分一一对应,而是所有权的抽象份额。如两人按份共有的住宅,甲占70%,乙占30%,住宅建筑面积为120平方米,分为三室两厅两卫,其中有一室一厅加起来的建筑面积刚好是36平方米。但并非这一室一厅属于乙所有,其他属于甲所有。按份共有人对该住宅的支配权利及于住宅的全部,除非对共有物进行分割,如将该一室一厅在物理空间上进行单独的隔离,并明确该部分属于乙专用。在未进行分割之前,按份共有人的份额只是抽象的份额。

生活中,按份共有房产的产生原因主要有:(1)合作建房。两人或两人以上,根据约定按一定比例共同出资、出物、出力建造房屋。等房屋建成之后,按照事前商定比例分配房屋。(2)合资购房。共有人按一定的出资比例分享房屋的所有权。(3)共同继承。遗产中的某些房屋,既不能分给一人,又不能实行分割分配时,只能将房屋分成若干份由各继承人按份继承,从而在他们之间形成了按份共有房产。(4)共同受赠。多人共同接受赠与或遗赠房屋。

(二)共同共有

共同共有是指两个及以上的民事主体,基于某种共同关系而对某项财产不分份额地共同享有权利并承担义务。共同共有主要存在于以下情形中:夫妻共有财产、家庭共有财产、共有继承的财产以及其他共有财产。需要注意的是,《民法典》第308条的规定,即共有人对共有的不动产或者动产没有约定为按份共有或者共同共有,或者约定不明确的,除共有人具有家庭关系等外,视为按份共有。所以,共同共有住宅主要存在于家庭关系(包括夫妻关系)中。在继承时,也常见共有遗产的情况。继承发生后到遗产分割前，遗产作为整体由全体继承人共同共有。继承开始后，各继承人可以约定按份共有遗产（通常是房产），或对遗产进行分割。其他共有财产，如家族共有的祠堂、学田、族产等，在我国农村中比较常见。

三、共有的分割方式

根据《民法典》第304条的规定，共有人可以协商确定分割方式，所以共有物的分割，应遵循"约定优先"的原则。一般称这种分割方式为"协议分割"，协议分割是指按份共有人经协商一致，通过书面、口头或其他方式达成协议，依据各共有人应得份额，分割按份共有物。与此对应的是"裁判分割"，即法院通过生效法律文书的方式对共有物进行分割处理。如果共有人不存在或无法达成共有物分割协议，又存在分割的必要和合理理由时，共有人可以通过诉讼方式请求分割共有物。

实践中，共有物分割协议属于无名合同，共有物分割标志着共有关系的结束。共有物分割，不同于《民法典》第301条对共有财产处分重大事项须经占份额2/3以上的按份共有人同意的表决规则。即使是按份共有，共有物分割协议也需经全体共有人协商一致同意。如果共有人没有依约履行，其他共有人可以向人民法院提起诉讼，要求共有人履行共有物分割协议。

根据《民法典》第304条的规定，共有物的具体分割方式可以分为实物分割、折价分割及变价分割三种方式。

（一）实物分割

实物分割是较为简单且常见的分割方式，主要针对可以分割且不会因分割减损价值的可分物。这种分割方式比较简单，按照共有人各自持有的比例，取走相应份额的实物，共有分割即完成。

如果夫妻双方离婚需要分割共有的房产，且有两套住宅，可以采取一人一套的办法，这样比较简单。如果房屋价值存在较大的差异，可以采取补差价的方式予以解决。如果夫妻双方只有一套共有的住宅，直接进行实物分割比较困难，通常的做法是住宅产权归一方，给予另一方相应的经济补偿。如果双方暂时都无他处可以居住，且无力对对方进行经济补偿，也可以采取各居一室、离婚不离家的做法。但这种做法往往只是暂时的，因为还没有对共有房产进行明确的分割，往往会产生离婚后财产分割纠纷，届时还是需要进行共有房产的分割。

因为实物分割比较简单,而且无须增加房屋分割的费用,所以该方式应作为共有物分割的首选方式,但需要满足物理上的可分性且分割不会减损房屋的实际价值的条件。如果共有物难以分割或者因分割会减损价值,则应当通过折价分割或变价分割的方式进行分割。

(二)折价分割

折价分割是指共有人中的一人或数人取得共有物的全部所有权,并向其他共有人按照一定的份额支付补偿款或其他对价的分割方式。该种分割方式类似于通过买卖方式使一部分所有人让渡共有物权,是司法实践中较为常见的分割方式,尤其是在房产等不可分物的分割中最为常见。共有人通过协商确定共有物价值,分割完成后所有权由一位或几位共有人实际享有,享有所有权的人向其他共有人给付折价款。该种分割方式存在两个方面的难点:一个是所有权由谁享有的确认;另一个是对共有物价格的确认。

实践中,如果只有其中一人愿意要该共有物,其他共有人表示放弃,比较容易处理。如果有多人都想要该共有物,需要采取竞价方式来明确归属;如果没有人要该共有物,只能采取拍卖、变卖方式,对所得的价款予以分割。

如果各方对共有物的价值达成一致,可以按照该价值进行分割。但实践中,往往很难达成一致,这样就涉及对共有物的价值评估,不仅要产生一定的评估费用,而且往往需要花费较多的时间。

(三)变价分割

变价分割是指将共有物转化为货币形式的价金,共有人就价金按比例分割。采取这种分割方式往往要满足以下条件:实物分割不具有物理上的可分性或者实物分割会减损房屋实际价值,不具有经济性;可以通过拍卖、变卖的方式将共有物变为价金。变价分割的方式会产生一定的交易费用,需要较长的交易时间,一定程度上会影响共有人权利的实现。

对强制执行的房产进行变价处理的主要方式是拍卖,但拍卖所得数额往往会低于市场价。所以,在共有房产分割中,采取拍卖方式在司法实践中并不常见。此外,变价分割还可以采取变卖方式,共有人按份额享有变卖所得价款。但共有物变卖过程一般较长,且变卖过程中仍存在需要共有人合意方可处理的问题,所以也存在一定的难度。

四、共有房产分割的常见情形

《民法典》第303条规定,共有人有约定不得分割共有物,以维持共有关系的,应当按照约定。但是共有人有重大理由需要分割的,可以请求分割。没有约定或者约定不明确的,按份共有人可以随时请求分割,共同共有人在共有的基础丧失或者有重大理由需要分割时可以请求分割。

共有关系一般发生在互有特殊身份关系的当事人之间,如夫妻关系、父母子女关系、兄弟姐妹关系等。尤其是共同共有,大多存在于家庭内部,因为夫妻离婚、家庭成员分家析产、继承人分配共有遗产等,需要分割物。"共有的基础丧失"一般指的是离婚、分户与解除收养关系这几种情况;"重大理由"比较宽泛,如存在家庭经济困难、需要清偿债务、遗产分给不同的继承人或受遗赠人等。按份共有人请求分割共有物不需要重大理由,只要符合分割条件即可,如共有房产被征收,共有人可以分割征收拆迁利益,按照占共有房产的比例进行利益分配。

(一)夫妻离婚时共有财产分割

夫妻在婚姻关系存续期间所得的财产,一般为夫妻的共同财产,归夫妻共同所有。当然也可以约定财产归属,见《民法典》第1065条的规定:男女双方可以约定婚姻关系存续期间所得的财产以及婚前财产归各自所有、共同所有或者部分各自所有、部分共同所有。约定应当采用书面形式。

但一旦夫妻离婚,意味着双方"共有的基础丧失",所以需要对共有财产进行分割。对这种情况处理,《婚姻家庭编的解释(一)》第76条规定:"双方对夫妻共同财产中的房屋价值及归属无法达成协议时,人民法院按以下情形分别处理:(一)双方均主张房屋所有权并且同意竞价取得的,应当准许;(二)一方主张房屋所有权的,由评估机构按市场价格对房屋作出评估,取得房屋所有权的一方应当给予另一方相应的补偿;(三)双方均不主张房屋所有权的,根据当事人的申请拍卖、变卖房屋,就所得价款进行分割。"

经常出现这样一种情况:婚姻存续期间,夫妻双方用共同财产购买房屋,房屋登记在未成年子女名下,离婚时应如何处理?实践中存在两种不同的观点。对此问题,《民事审判实务问答》第140页中指出:不能仅仅按照产权登记的情况将房屋一概认定为未成年人的财产,还应审查夫妻双方的真实意思表示。如果真实意思确实是将购买的房屋赠与未成年子女,离婚时应将该房屋认定为未成年子女的财产,由直接抚养未成年子女的一方暂时管理;如果真实意思并不是将房屋赠与未成年子女,离婚时将该房屋作为家庭共有财产处理比较适宜。

如果是家庭共有财产,一般会被认定为夫妻双方与子女共同所有,在产权登记中未约定按份共有的,应认定为共同共有。若夫妻离婚时该子女未成年,该房屋分割可在离婚纠纷案件中一并处理。可结合夫妻双方居住情况、抚养子女情况等确定房屋归属,由取得房屋产权的夫妻一方向另一方支付折价款。若夫妻双方对未成年子女应分得的份额无法协商一致,因房屋购买及还贷过程中未成年子女均未出资,宜在均等分割基础上酌情适当降低未成年子女的份额。

(二)家庭成员分家析产

城市家庭一般以住宅为单位,所以比较简单,很少进行专门的分户。在农村家庭中,子女在结婚后另组家庭,需要新建房屋,往往要先进行分户,才能申请宅基地,所以分家析产的情况较多。

在城市中,房屋被征收后的拆迁利益分配,是共有财产处理中常见的难题与产生纠纷的原因。如果被征收的房屋属于家庭共有,共有人可以协商确定分割方式与分配比例。如果无法达成一致,可向法院提起诉讼,由法院裁判确定分割方式与分配比例。但如果拆迁补偿安置协议书还没有签订或没有生效,则说明拆迁征收利益尚不具备分割条件。

(三)债权人代位析产

此外,还存在一种特殊的析产方式,即债权人代位析产。如果债务人无法清偿到期债务但有与其他人共有房产情况,债权人可以提出代位析产的诉请,在债务人分得的财产中得到债务清偿。依据是最高人民法院《关于人民法院民事执行中查封、扣押、冻结财产的规定》第12条的规定:对被执行人与其他人共有的财产,人民法院可以查封、扣押、冻结,并及时通知共有人。共有人协议分割共有财产,并经债权人认可的,人民法院可以认定有效。查封、扣押、冻结的效力及于协议分割后被执行人享有份额内的财产;对其他共有人享有份额内的财产的查封、扣押、冻结,人民法院应当裁定予以解除。共有人提起析产诉讼或者申请执行人代位提起析产诉讼的,人民法院应当准许。诉讼期间中止对该财产的执行。

(四)继承人共有遗产分割

在继承中,往往需要对共有遗产进行分割。继承发生后到遗产分割前,遗产作为整体由全体继承人共同共有。如果各继承人约定共同继承遗产,即发生共有关系。如果继承人约定不分割遗产,但按照份额对遗产享有所有权,则构成按份共有。当然,继承开始后各继承人可以分割遗产,此时不形成共有,各继承人对分割的遗产形成单独的所有权。

《第八次全国法院民事商事审判工作会议(民事部分)纪要》:"25. 被继承人死亡后遗产未分割,各继承人均未表示放弃继承,依据继承法第二十五条规定应视为均已接受继承,遗产属各继承人共同共有;当事人诉请享有继承权、主张分割遗产的纠纷案件,应参照共有财产分割的原则,不适用关于诉讼时效的规定。"

对于继承过程中的共有遗产分割,《民法典》第1156条规定:遗产分割应当有利于生产和生活需要,不损害遗产的效用。不宜分割的遗产,可以采取折价、适当补偿或者共有等方法处理。《继承编的解释(一)》第42条规定:人民法院在分割遗产中的房屋、生产资料和特定职业所需要的财产时,应当依据有利于发挥其使用效益和继承人的实际需要,兼顾各继承人的利益进行处理。

(五)离婚后财产分割

离婚后财产分割实际上是夫妻离婚时共有财产分割的延续。有些时候,夫妻同意离婚并对孩子的抚养形成一致意见,但出于某种特殊原因,共有房产没有在离婚时就进行分割,如该房屋是学区房,要为孩子入学考虑,双方只有一套共有住宅且因为经济原因暂时无法负担经济补偿。《婚姻家庭编的解释(一)》第83条规定:离婚后,一方以尚有夫妻共同财产未处理为由向人民法院起诉请求分割的,经审查该财产确属离婚时未涉及的夫妻共同财产,人民法院应当依法予以分割。第70条规定:夫妻双方协议离婚后就财产分割问题反悔,请求撤销财产分割协议的,人民法院应当受理。人民法院审理后,未发现订立财产分割协议时存在欺诈、胁迫等情形的,应当依法驳回当事人的诉讼请求。

(六)同居关系析产

同居关系析产类似于夫妻离婚时共有财产分割,主要差异是共有人存在同居关系而不是夫妻关系,除了常见的一起生活居住但没有办理结婚登记的情形,还包括双方离婚后又一起生活同居但没有办理复婚登记,婚姻被确认无效或者被撤销的情况。《婚姻家庭编的解释(一)》第3条规定:当事人向法院提起诉讼仅请求解除同居关系的,人民法院不予受理;已经受理的,裁定驳回起诉。当事人因同居期间财产分割或者子女抚养纠纷向法院提起诉讼的,人民法院应当受理。第22条规定:被确认无效或者被撤销的婚姻,当事人同居期间所得的财产,除有证据证明为当事人一方所有的以外,按共同共有处理。

(七)婚姻关系存续期间夫妻共同财产分割

这种情形以前非常少见,现在时有发生,但几乎没有纠纷案件。《民法典》第1066条规定:"婚姻关系存续期间,有下列情形之一的,夫妻一方可以向人民法院请求分割共同财产:(一)一方有隐藏、转移、变卖、毁损、挥霍夫妻共同财产或者伪造夫妻共同债务等严重损害夫妻共同财产利益的行为;(二)一方负有法定扶养义务的人患重大疾病需要医治,另一方不同意支付相关医疗费用。"此外,《婚姻家庭编的解释(一)》第38条规定:"婚姻关系存续期间,除《民法典》第一千零六十六条规定情形以外,夫妻一方请求分割共同财产的,人民法院不予支持。"

此外,还存在一些共有房产的情况。如债务清偿时,债务人将房产抵扣债务进行清偿,债权人有多人,这样形成债权人对该房产的按份共有关系;亲友、恋人之间共同出资购买房产,共有人按一定的出资比例分享房屋的所有权,也构成按份共有关系。这种按份共有关系,如果一方要求分割,没有特殊情况也应进行分割。

五、签订共有房产分割协议需要注意的事项

共有房产处理(包括共有房产分割)时,一般采取协议方式处理,当事人之间一般需要签订协议,如离婚协议、分家析产协议、遗产继承分割协议等,协议名称与内容也有较大的区别。以下是在签署涉及共有房产分割内容的协议中需要注意的主要事项。

1.明确共有房产的基本情况,如房屋的位置、结构、面积、不动产权证号等。如果该房屋是共有房产,登记的产权人应是合同当事人一方;如果登记的产权人非当事人一方,可能会涉及产权纠纷,应先进行确权。在对房屋进行分割的同时,也要对该房屋附属用房进行处理,可以共同使用,也可以归属某一方,或折价分割;附属设施(如车库、车位)有产权登记的,也应进行处理并办理过户手续。室内有设施设备的,尤其是可移动的家具、电器等应尽量明确产权归属,可以采取附件方式,避免以后产生纠纷。此外,还应明确该房屋目前状况,如由谁占用,有无租赁、抵押或其他情形,明确处理方式。

2.可能需要办理产权转移登记手续。如果房屋的归属方不是登记的产权人，应到当地的不动产登记机构办理产权转移登记手续。物权变动需要办理登记后才能生效。如果房屋的归属方就是登记的产权人，可以不用办理相关手续。如果约定采取按份共有的方式，也需要办理变更登记，在不动产登记簿中登记各自所占的份额比例，并更换不动产权证。办理产权转移登记，需要缴纳契税、印花税等税费，协议中应明确该费用由谁承担或进行分担。

3.需要明确经济补偿费用的付款期限与方式。如果各方协商同意将共有房产都归属于某一方，可以约定该方向其他方支付经济补偿费用；或者因为房屋实物分割中价值存在一定的差异，可以进行适当的经济补偿。所以，需要在协议中明确经济补偿费用支付的期限与方式，并在违约责任条款中明确逾期不支付经济补偿费用的责任，逾期不付款是分家析产中比较容易出现纠纷的原因之一。

4.关于协议是否需要办理公证。分家析产协议订立后，是否办公证是当事人的自愿行为，不是法律强制性规定。换言之，未办理公证不会影响协议效力。但是，因为分家析产涉及的金额较大，很多当事人会选择办理公证，这样更具有公信力。一旦一方违约，守约方可以要求其履行协议。持经过公证的分家析产协议办理过户手续，不动产登记机构一般可以直接办理。即使发生纠纷产生诉讼，经过公证的协议一般也会得到法院的确认。

第二节　共有房产处理时的注意事项

一、房屋的产权归属

在离婚纠纷中，涉及房屋的产权归属，主要有三种情况：一是一方婚前购买并已经支付全部购房款的房产。这种情况下，该房产属于登记人的婚前财产，所以争议不大，这不涉及共有房产的处理。二是一方婚前购买并在婚后用夫妻共同财产还贷的房产。这种情况较多，该房产属于共有房产，但在共有房产分割时，产权一般归登记一方。《婚姻家庭编的解释（一）》第78条规定：夫妻一方婚前签订不动产买卖合同，以个人财产支付首付款并在银行贷款，婚后用夫妻共同财产还贷，不动产登记于首付款支付方名下的，离婚时该不动产由双方协议处理。依前款规定不能达成协议的，人民法院可以判决该不动产归登记一方，尚未归还的贷款为不动产登记一方的个人债务。双方婚后共同还贷支付的款项及其相对应财产增值部分,离婚时应根据《民法典》第1087条第1款规定的原则,由不动产登记一方对另一方进行补偿。三是婚后购买的房产。无论登记在哪一方名下,该房产属于共有房产,所以在共有房产分割时,双方可以协商确定,或判决方式明确房产归属。具体可以见《婚姻家庭编的解释(一)》第76条的规定,该规定可以为其他情况共有房产的处理提供参考。

离婚时常见的一种情况是:双方只有一套性质为夫妻共有财产的房屋,又均无能力补偿对方,对该房屋该如何处理?法院是否可以判令双方离婚后对该房屋各占一半的产权?对此问题,《民事审判实务问答》第128页中指出:既然这套房屋的性质为夫妻共有财产,那么,如果在离婚诉讼中不作分割,实际上双方仍然处于共同共有状态。如果判决一人一半,实际上只是判决确定从夫妻共同共用到按份共有,并不能解决这对夫妻离婚后实际面临的居住问题。如果当事人自己能够协商解决这一问题,就没有必要由人民法院作出判决;发生了离婚事实,意味着共同共有的基础已经丧失,如果不能协商解决问题,在当事人明显失去共有基础的条件下,人民法院强行判决按份共有,有可能造成新的矛盾,所以一般不宜采用该方式。

如果采取调解方式,可以约定房屋继续由双方共有,并为双方的未成年子女设立居住权,或房屋所有权归属一方,但为另一方设立一定期限的居住权。

在分家析产或继承遗产的共有房产分割时,如果只有其中一人愿意要该房产,其他共有人表示放弃,相对容易处理,即确定该房屋的价值,并按照各自占共有房产的份额比例,来确定产权归属方对其他方的经济补偿。如果多人都想要该共有房产,一般的做法是采取竞价方式来明确归属;各方均不主张房屋所有权的,可以根据当事人的申请拍卖、变卖房屋,就所得价款进行分割。

实践中,可能会出现一些特殊情况,如各方不同意采取竞价方式,不愿意对房产价值进行评估,或不适合采用拍卖、变卖方式,但又要对共有房产进行分割。司法实践中,针对多个共有人均对共有房产主张所有权的情况下,法院对如何确定房屋产权归属通常要考虑以下因素:一是考虑主张物权的共有人在共有房产中所占的份额是否存在较大差异。如果所占份额极大,则一般优先由大份额共有人继续持有物权,以便保证物权的一贯性,同时可以控制对价数额,避免对价履行不能的情况出现。二是考虑共有人对共有房产是否具有生存利益上的特别需求等情况。住宅可能涉及部分共有人的生存利益问题,如案涉房屋是父母长期居住的房屋,一般尽量由父母继续居住,即使明确房屋产权归属某一子女,也可要求其为父母设立居住权或负责赡养。三是结合共有房产分割前管理利用等情况予以分割。共有房产此前由何人管理与使用,由该人继续使用,更有利于房屋此后的效用发挥,这些问题都应在共有房产分割过程中予以考虑。

总体而言,在共有财产分割问题上,应秉承最有利于共有财产效用发挥的原则。

二、房屋的价值确定

确定房屋价值是确保共有房产公平分割的前提条件,是确定获得房屋产权一方支付房屋补偿款的计算依据。司法实践中,确定房屋价值一般有两种方式:一是协商确定。这是最节省、最便捷的一种方式,无论采取调解还是判决方式,法院一般会先征求双方对共有房产的价值确认意见。只要双方对涉案房屋的价值协商一致,法院就可以按照该价值进行判决。二是评估确定。共有人之间协商不成的,可以申请第三方专业机构对共有房产的价值进行评估鉴定,并以评估价格确定对价。委托第三方对房屋的价值进行评估,是当事人对房屋的价值无法协商一致、争议较大时,法院经常采用的处理方式。

针对不能达成一致意见又不申请司法评估鉴定的情况,上海市高级人民法院司法指导意见认为,当事人对分割共有房屋价值意见不一,但又不申请评估的,法院不能简单驳回原告诉请,应进行必要的释明,促使当事人提出委托评估的申请。经释明,当事人仍不提出申请的,法官可通过咨询房产中介机构或评估公司(至少两家)的意见,综合分析后予以酌定,并须在裁判文书中阐明理由。

在司法实践中,还存在竞价确定方式。如果双方同时主张房产的实际归属,那么对需要补偿对方的价格,价高者得。各共有人分别给出自己认为的合理价格,法院依照"价高者得物权"的方式确定共有物的物权归属,并以得物权者给出的价格,确定计付对价。《婚姻家庭编的解释(一)》第 76 条第 2 项规定,一方主张房屋所有权的,由评估机构按市场价格对房屋作出评估,取得房屋所有权的一方应当给予另一方相应的补偿。

三、共有房产的份额比例

共同共有没有明确的份额比例,如果发生纠纷,共有人可以协商确定各自的份额比例。法院一般尊重共有人的意思自治,由各共有人协商予以确定份额。共有人提出放弃其应享有的份额,或将自己的份额赠送给其他共有人,这是对自己权利的处分,只要不损害其他人的利益或国家、集体的公共利益,法院会予以确认。

对于无法确认是按份共有还是共同共有关系的处理,《民法典》第 308 条规定,共有人对共有的不动产或者动产没有约定为按份共有或者共同共有,或者约定不明确的,除共有人具有家庭关系等外,视为按份共有。

在按份共有关系中,共有人享有多少份额,通常应当依照共有发生的原因决定,可能基于当事人的意思产生,也可以基于法律的规定产生。《民法典》第 309 条规定,按份共有人对共有的不动产或者动产享有的份额,没有约定或者约定不明确的,按照出资额确定;不能确定出资额的,视为等额享有。因此,在确定各按份共有人持有份额时,首先应审查各按份共有人之间是否存在对份额分配的约定或协议,如果有约定、协议且有效,则按约定、协议处理;如果没有约定或者约定不明确,则按照各共有人的出资额确定应有的份额,如甲、乙、丙三人分别出资购买房屋,三人的出资额分别是 500 万元、300 万元、200 万元,那么在没有特别约定的情况下,就按出资额确定份额,即甲、乙、丙分别享有 50%、30%、20% 的比例。如果房屋出租,那么取得的收益也按该比例分配,这样确定份额比较公平合理;如果确实不能确定各共有人出资额,则视为等额享有,即每个共有人享有的份额均等。

四、按份共有人的优先购买权

在共同共有关系存续期间,共有人没有明确的份额比例,所以共有人想要转让其份额,首先要明确其份额比例,即将共有关系从共同共有转变为按份共有。很多人认为,夫妻共有,意味着夫妻对共有财产各占 50%,夫妻一方可以就自己的份额进行处分,如赠与、转让等。其实这是一种误解,在婚姻存续期间的夫妻共有是没有份额比例的,除非因特殊情况进行夫妻共有财产的分割,或者夫妻离婚时进行共有财产的分割。

此外,《民法典》第 303 条规定,共有人约定不得分割共有的不动产或者动产,以维持共有关系的,应当按照约定。所以,在共有关系中有禁止共有人出让其份额的约定的,对共有人应当具有约束力。如家庭共有房产,其中某一家庭成员因为经济困难,就将自己的份额对外转让,该做法也是不被允许的。想要转让,首先要将自己的财产部分从家庭共有财产中析产出来。

只有在按份共有关系中,一方转让其所占的份额比例,才是可能的,其他共有人有优先购买权。《民法典》第 305 条规定:按份共有人可以转让其享有的共有的不动产或者动产份额。其他共有人在同等条件下享有优先购买的权利。第306条规定:按份共有人转让其享有的共有的不动产或者动产份额的,应当将转让条件及时通知其他共有人。其他共有人应当在合理期限内行使优先购买权。两个以上其他共有人主张行使优先购买权的,协商确定各自的购买比例;协商不成的,按照转让时各自的共有份额比例行使优先购买权。

需要注意的是,此处的"转让",不包括因继承、遗赠等原因发生的产权变化。《物权编的解释(一)》第9条规定,共有份额的权利主体因继承、遗赠等原因发生变化时,其他按份共有人主张优先购买的,不予支持,但按份共有人之间另有约定的除外。

另外,需要注意的是,按份共有人转让其份额时,其他共有人在"同等条件下"享有优先购买权。《物权编的解释(一)》第10条规定,"同等条件",应当综合共有份额的转让价格、价款履行方式及期限等因素确定。如甲、乙、丙三人共有一处房产,其中甲占60%的份额,乙、丙各占20%的份额。甲因为急需用钱,欲转让其份额,丁得知甲欲转让其房产份额的消息,遂向甲表明了自己想购买的意愿,甲与丁经协商确定转让款为100万元,签订买卖合同后一次付清。甲在与丁协商后,应当将与丁协商的价格、付款方式等对乙和丙进行告知,并且确定一个合理期限,比方说要求乙和丙在20日内决定是否以同等条件购买甲的份额。如果乙、丙在20日内没有表明购买的意愿,则甲可以与丁签订买卖合同,如果乙或者丙其中一人表示愿意同样以100万元的价格,并且一次性付清全款的方式购买甲的份额,则因为共有人享有优先购买权,甲应与其订立买卖合同。如果乙和丙都表示可以与丁同等条件购买甲的份额,则乙和丙可以协商各自购买的比例,如果协商不成,则按照二人共有份额比例确定购买比例,因乙、丙持有份额相同,则应各购买甲持有份额的一半,即30%的份额;购买之后,乙、丙对房产各持有50%的份额。如果乙或者丙表示也愿意以100万元的价格购买,但暂时没有那么多钱,无法一次性付清全款,只能分期支付,这不是"同等条件"。甲因为急需用钱,即使转让价格相同,因为价款履行方式及期限存在很大的差异,也会对其的权益实现有很大的影响。

当事人对"合理期间"的界定也经常发生分歧,一般应在15日以上。《物权编的解释(一)》第11条规定:"优先购买权的行使期间,按份共有人之间有约定的,按照约定处理;没有约定或者约定不明的,按照下列情形确定:(一)转让人向其他按份共有人发出的包含同等条件内容的通知中载明行使期间的,以该期间为准;

(二)通知中未载明行使期间,或者载明的期间短于通知送达之日起十五日的,为十五日;(三)转让人未通知的,为其他按份共有人知道或者应当知道最终确定的同等条件之日起十五日;(四)转让人未通知,且无法确定其他按份共有人知道或者应当知道最终确定的同等条件的,为共有份额权属转移之日起六个月。"

还需要注意的是,只有按份共有人向共有人之外的人转让其份额,其他按份共有人根据法律、司法解释规定,请求按照同等条件优先购买该共有份额的,法院才予以支持。如果按份共有人之间转让共有份额,其他按份共有人主张依据《民法典》第305条的规定优先购买,法院不予支持,但按份共有人之间另有约定的除外。

还有,按份共有人一旦提出优先购买权纠纷的诉讼,不能只要求撤销共有份额转让合同或者认定该合同无效。如果该共有人自己不购买,将会导致其他共有人无法转让其所占份额,利益会受到严重损害。具体见《物权编的解释(一)》第12条的规定:"按份共有人向共有人之外的人转让其份额,其他按份共有人根据法律、司法解释规定,请求按照同等条件优先购买该共有份额的,应予支持。其他按份共有人的请求具有下列情形之一的,不予支持:(一)未在本解释第十一条规定的期间内主张优先购买,或者虽主张优先购买,但提出减少转让价款、增加转让人负担等实质性变更要求;(二)以其优先购买权受到侵害为由,仅请求撤销共有份额转让合同或者认定该合同无效。"

五、已购公有住房的分割

"房改房"是1994年国务院发文实行的城镇住房制度改革的产物,是我国城镇住房由从前的单位分配转化为市场经济的一项过渡政策,现又称之为"已购公有住房"。对于夫妻出资购买的房改房,在离婚时应根据不同情形进行区分分割。

1. 婚前由夫妻一方承租或者父母承租,婚后以夫妻共同财产购买的有产权公有住房的,《婚姻家庭编的解释(一)》第27条规定:由一方婚前承租、婚后用共同财产购买的房屋,登记在一方名下的,应当认定为夫妻共同财产。对于房屋登记在双方名下的情况,根据"举重以明轻"原则,自然应当属于夫妻共同财产。对于这种情形,夫妻离婚时,应按照夫妻共同财产予以分割。

2. 婚姻关系存续期间,用夫妻共同财产购买以一方父母名义参加房改的房屋,且产权登记在父母名下的,《婚姻家庭编的解释(一)》第79条规定,婚姻关系存续期间,双方用夫妻共同财产出资购买以一方父母名义参加房改的房屋,登记在一方父母名下,离婚时另一方主张按照夫妻共同财产对该房屋进行分割的,人民法院不予支持。购买该房屋时的出资,可以作为债权处理。根据该条规定,对于这种情形,不能按照夫妻共同财产予以分割,但夫妻双方可作为债权人向作为债务人的父母请求偿还该债权,在取得该债权后,作为夫妻共同财产予以分割。

3. 婚后夫妻双方用共同财产出资购买房改房,且产权登记在夫妻双方或一方名下的,《民法典》第1062条规定,认定夫妻在婚姻关系存续期间所得的财产,归夫妻共同所有。因此,离婚时应当按照夫妻共同财产予以分割。

经济适用房作为一种保障性住房,在离婚分割时其权属认定的主要依据应为购房对象的资格。经济适用房由一方或其所在家庭申请而另一方也有出资的,有限产权属于申请一方而非夫妻共同财产,另一方出资应视为一种债权行为,可依公平原则在低于按夫妻共同财产分割的数额下获得合理赔偿。

限售期内的经济适用房、"两限房"在离婚诉讼中可以酌情进行分割。经济适用房、"两限房"由一方在婚前申请,以个人财产支付房屋价款,婚后取得房产证的,应认定为一方个人财产;婚后以夫妻双方名义申请,以夫妻共同财产支付房屋价款,离婚后取得房产证的,应认定为夫妻共同财产。

对于购买共有产权房的情况,如果是在婚姻关系存续期间以夫妻共同财产出资购买公有住房而获得的"部分产权",该"部分产权"应认定为夫妻共同财产,可以在综合考虑房产来源、工龄折算等因素后,予以公平分割。

此外,夫妻一方在婚后通过与用人单位约定服务条件取得的房产为夫妻共同财产,但离婚时服务条件尚未实现的一般应判归约定服务条件的一方。

六、特殊房产使用权益的分割

"小产权房"、承租的公有住房等特殊房产的分割,在司法实践中也经常出现。因为实际使用人只有使用权,没有所有权,所以在离婚纠纷处理时,只能对其使用权益进行分割,不能对房屋所有权进行分割。《婚姻家庭编的解释(一)》第77条第1款规定,离婚时双方对尚未取得所有权或者尚未取得完全所有权的房屋有争议且协商不成的,人民法院不宜判决房屋所有权的归属,应当根据实际情况判决由当事人使用。

"小产权房"是指在农村集体土地上建设的房屋,通常未办理相关证件,也未缴纳土地出让金等费用。该类房屋不是由不动产登记机构颁发不动产权证,而是由乡政府或村政府颁发集体所有权凭证,所谓"产权证"并不具备法律效力。对于已被认定为违法建筑的小产权房,法院一般不予处理;对于未经行政审批建造,但长期存在且未受到行政处罚的房屋,可以对其使用做出处理。

在涉及小产权房的分割处理时,法院应向当事人释明变更相关诉讼请求。在处理相关房屋的使用归属时,能分割的进行分割,不能分割的可采用协商、竞价、询价等方式进行适当补偿。婚后以夫妻一方名义签订房屋买卖合同所购买的小产权房,应认定为夫妻共同财产。在分割时,应考虑居住使用情况与其他夫妻共同财产的分割情况确定房屋使用权的归属,由最终使用权归属一方给付另一方折价款。

公有住房是指由国家以及国有企业、事业单位投资兴建、销售的住宅,在住宅未售出之前,住宅的产权归国家或者单位所有。我国的公房类型可分为直管公房和自管公房。直管公房一般是指由国家政府出资兴建的,房屋的所有权归国家,但是在管理上由县级以上人民政府的房屋管理部门进行统一管理的房屋。直管公房租赁对象原则上仅限于本地居民。而自管公房则是由各类国企、集体企业以及事业单位等单位出资兴建,房屋的产权归本单位,由本单位自行管理的房屋。这类公房作为本单位福利,租赁给本单位职工及其家属居住。

离婚案件中涉及公有住房承租权处理,应根据承租的公有住房性质有所区别。属于直管公房的,可在判决中明确承租权以及承租关系的变更。属于自管公房的,夫妻只有一方在产权单位工作,一般应把承租权确定在产权单位工作的人名下,另一方获得补偿;但经产权单位同意的,可以确定由另一方承租或共同承租。

承租的公有住房被征收后的征收安置货币补偿款应归被征收公有住房的承租人和共同居住人享有。对于当事人是否属于共同居住人,往往存在争议,主要是地方政策文件对此予以规范。

第三节 与共有房产处理相关的常见纠纷案例

共有房产处理的常见纠纷案由有:共有纠纷、分家析产纠纷、离婚纠纷、离婚后财产纠纷、同居关系析产、继承纠纷。其中,二级案由共有纠纷下有四个三级案由:共有权确认纠纷、共有物分割纠纷、共有人优先购买权纠纷、债权人代位析产纠纷。继承纠纷在第十二章中专门分析，本节不介绍。下面举几个案例予以说明。

一、共有纠纷案例

案例一：对房屋被征收后的拆迁利益分配，是共有财产处理中常见的难题与产生纠纷的原因。承租的公有住房被征收后的拆迁利益分配应归公有住房的承租人和共同居住人享有。对于当事人是否属于共同居住人，往往存在争议，主要是地方政策文件对此予以规范。

一审案号为（2021）沪0101民初15631号，二审案号为（2022）沪02民终5636号的共有纠纷案件。案情简介：原告刘某与被告侯某1原系再婚夫妻，后两人离婚。侯某1与侯某2系父子关系。案涉房屋为公房，该房屋的承租人为侯某1。该房屋被征收时，三人的户籍均在案涉房屋内，其中侯某1是户主。2020年9月22日，上海市黄浦区人民政府作出房屋征收决定，对案涉房屋所在的"黄浦区余庆里地块旧城区改建项目"实施征收，征收类别为旧改项目。2020年10月17日，侯某1（乙方）与住房保障局（甲方）签订《上海市国有土地上房屋征收补偿协议》，约定：乙方选择货币补偿，补偿款为1,856,143.43元；其他各类补贴、奖励费用合计1,033,000元；协议生效后，公有房屋承租人所得的货币补偿款归公有住房承租人及其共同居住人共有；协议生效后，乙方搬离案涉房屋90日内，甲方应向乙方支付款项2,898,539元。侯某1签名的黄浦余庆里地块旧城区改建项目结算单中记载额外增加发放费用530,129.71元。所有结算单合计金额为3,428,668.71元。为了拆迁利益分配，刘某向法院提起诉讼，要求依法分割案涉房屋的征收补偿利益。

审理中查明：1986年5月，因侯某2的母亲石某及侯某1"婚后无房"，石某及侯某1方得以新配案涉房屋。1990年，刘某与侯某1登记结婚。2006年3月，刘某与侯某1登记离婚。离婚协议书中记载："共同财产归男方，女方放弃。"2006年12月，刘某与侯某1签订协议，主要内容：侯某1与刘某居住的案涉房屋，如借给别人，租金归刘某所有。

一审中，双方确认，刘某在1990年与侯某1结婚后即在案涉房屋内居住；2015年起，刘某在外租房居住；案涉房屋被征收时是侯某1一人居住在内；侯某2长期居住在其祖父母处，未在案涉房屋内长期居住。

上海市黄浦区人民法院审理后认为，公有居住房屋的征收安置货币补偿款应归被征收公有居住房屋的承租人和共同居住人享有。共同居住人是指作出房屋征收决定时,在被征收房屋处有本市常住户口,并实际生活居住一年以上(特殊困难除外),且本市无其他住房或者虽有其他住房但居住困难的人。刘某的户籍因婚姻关系迁入案涉房屋,并在案涉房屋内实际生活居住一年以上,无证据证明其他处有房;案涉房屋是公房,并非属于离婚协议书中约定的"共同财产";2006年12月1日的协议为刘某与侯某1离婚后所签署,其中明确案涉房屋为刘某与侯某1居住的房屋,且约定"如借给别人,租金归刘某所有",可见侯某1认可离婚后刘某对案涉房屋仍有居住权。因此,刘某符合案涉房屋共同居住人的条件,有权享有案涉房屋的征收补偿利益。侯某1是案涉房屋的承租人,有权享有案涉房屋的征收补偿利益。侯某2虽是案涉房屋的原始受配人之一,但不符合案涉房屋共同居住人的条件,无权享有案涉房屋的征收补偿利益。法院认为,在分割征收补偿利益时,应考虑保障实际居住人基本生活的必要条件,平衡各方利益,遵循公平合理原则。所以,判决:案涉房屋的征收补偿利益3,428,668.71元,刘某享有1,142,889.57元,侯某1享有2,285,779.14元。

侯某1、侯某2提起上诉,并提交了新证据,证明1990年侯某1已是案涉房屋的承租人。

上海市第二中级人民法院审理后认为,根据该案查明事实,案涉房屋的来源与刘某无关,其系因与侯某1结婚而将户口迁入案涉房屋,两人在离婚时未对刘某的居住问题予以约定,且在征收时,刘某亦已搬离案涉房屋多年,该房屋由侯某1实际居住,故刘某不宜被认定为案涉房屋共同居住人。一审中,刘某提供的与侯某1签订的协议,仅是对两人离婚后案涉房屋当时实际居住状况的描述,且审理中双方均确认案涉房屋实际从未出租,刘某未取得过租金,故一审法院以该协议认定侯某1认可离婚后刘某对案涉房屋仍有居住权益,无依据。侯某1是案涉房屋的承租人,可分得征收补偿利益。侯某2曾获得过他处拆迁安置,不能被认定为案涉房屋的共同居住人。但鉴于二审中侯某1方认为侯某2可分得征收补偿利益,且表示不需要区分内部份额,故案涉房屋的征收补偿利益可由侯某1方共同分得。二审中,侯某1自愿给予刘某30万元,系当事人对自身权利的处分,未侵犯他人合法权益,法院予以确认。所以,判决如下:(1)撤销上海市黄浦区人民法院(2021)沪0101民初15631号民事判决;(2)案涉房屋的征收补偿利益3,428,668.71元,由侯某1、侯某2共同分得;(3)侯某1、侯某2应于判决生效之日起10日内向刘某支付30万元。

案例二：共有人约定不得分割共有财产，以维持共有关系的，应当按照约定，但是共有人有重大理由需要分割的，可以请求分割；没有约定或者约定不明确的，按份共有人可以随时请求分割，共同共有人在共有的基础丧失或者有重大理由需要分割时可以请求分割。

案号为(2019)苏1003民初5291号的共有物分割纠纷案件。案情简介：原告蒋某与何某1系夫妻关系，被告何某2是蒋某之子。何某1于2007年去世。案涉房屋原登记在何某1名下。后案涉房屋被拆迁，原告同意将被拆迁人的姓名书写为被告何某2，上述房屋拆迁后，获得安置补偿房屋两套，其中一套系邗江区某小区某室。拿房后，何某2要求出卖房屋，蒋某同意卖掉其中一套房屋，房款很快被何某2花完。蒋某为了防止何某2再次卖房，向法院提起诉讼，要求确认对于拆迁所得安置房屋被告仅享有1/4的继承份额。

江苏省扬州市邗江区人民法院审理后认为，家和万事兴，家庭成员之间发生财产纠纷，应以亲情为重，以和为贵。除应遵循中华民族尊老爱幼，孝敬父母的传统美德，还必须履行赡养老人和抚养子女的法定义务。原告作为被告的母亲，庭审中多次表示，其起诉实际是防止被告擅自变卖房产导致自己无安身之处。至于该案的法律适用，原告提交的证据，能够充分证明案涉房屋系拆迁原登记在何某1名下的房屋安置而来，该房屋建于原告与何某1夫妻关系存续期间，应属于原告与何某1的夫妻共同财产。何某1去世后，案涉房屋被拆迁，拆迁后的安置房屋亦属于夫妻共同财产的形式转化。因此，原告依法对拆迁房屋享有50%的份额，其余50%的份额属于何某1的遗产，依照法律规定，在双方对遗产分割未达成协议也无遗嘱的情形下，应按法定继承予以分割。原、被告作为第一顺序继承人享有均等的继承份额。所以，判决：原告蒋某对位于扬州市邗江区某小区某室的拆迁安置房屋享有3/4的份额，被告何某2享有1/4的份额。

案例三：按份共有人转让其享有的共有的不动产份额，其他共有人在同等条件下享有优先购买的权利。按份共有人应当将转让条件及时通知其他共有人，其他共有人应当在合理期限内行使优先购买权。其他共有人未及时作出优先购买的表示，视为放弃优先购买权。

案号为(2016)苏0583民初11873号的共有人优先购买权纠纷案件。案情简介：原告许某(男)与被告林某(女)原系夫妻关系。2014年9月，两人办理离婚登记，在离婚协议中约定：夫妻双方共有的位于昆山市开发区某处某室房屋(以下简称案涉房屋)产权及债务属林某所有和承担，许某随时配合被告办理过户手续……如双方任何一方想卖掉房子，另一方有优先购买权，价格按市场价而定。2016年2月18日，林某向许某发出信息，询问"房子你买不买？不买抽个时间过来办理过户"。2016年3月14日，林某与第三人于某、张某签订房屋买卖合同，约定林某将案涉房屋出售给于某、张某；双方同意于2016年6月5日前办理过户手续。协议签订后，于某、张某先后已实际支付购房款166.5万元，且实际占有案涉房屋。林某在签约时，向于某、张某出示离婚证、离婚协议、2016年2月18日的往来信息。2016年7月18日，林某取得案涉房屋的权属登记，共有情况为单独所有。许某向法院提起诉讼，请求撤销被告与第三人之间的房屋买卖合同，并确认原告对案涉房屋具有优先购买权。

江苏省昆山市人民法院审理后认为，原、被告在离婚协议中约定涉案昆山市开发区某处某室房屋归被告个人所有，被告据此于2016年7月18日办理该房的权属登记，登记信息为单独所有。现原告主张共有人的优先购买权已无事实依据。根据离婚协议的约定，原告在出售案涉房屋时被告按照市价享有优先购买权，该约定系当事人真实意思表示，且不违反法律强制性规定，该约定合法有效，当事人均应信守。被告在出售案涉房屋前，曾征求过原告的意见，但原告未予回应。其后，被告因房屋过户问题向法院提起诉讼，原告也未作出购买该房产的意思表示。综上，被告在处分案涉房屋时已依约履行告知义务，原告未对此作出积极响应，怠于行使权利，相应后果应当自行负担。再则，原告虽然没有直接表示不行使该项权利，但被告根据其行为及经济紧张的陈述认定原告不行使优先购买权利符合一般社会认知，并无不妥。第三人虽然并非原、被告关于约定优先购买权协议的当事人，但其在购房时已对被告的离婚证、离婚协议进行审核，对原告享有该项约定权利亦应知晓，其在签订、履行案涉房屋的买卖合同中不应损害原告的该项权利。从合同签订过程来看，第三人通过审核原、被告往来信息的方式对所涉优先购买权进行了确认，尽到合理的注意义务，其签订、履行涉案房屋买卖合同时善意无过失。所以，判决：驳回原告许某的全部诉讼请求。

案例四：对被执行人与其他人共有的财产，法院可以查封、扣押、冻结，并及时通知共有人。如果债务人无法清偿但有与其他人共有房产情况，债权人可以提出代位析产的诉请，在债务人分得的财产中得到债务清偿。

案号为(2022)粤1403民初1478号的债权人代位析产纠纷案件。案情简介：郑某与蓝某的买卖合同纠纷经法院调解，后蓝某未履行付款义务，郑某申请执行。经查，蓝某无财产可执行，以终结此次执行程序结案。蓝某与梁某于1996年12月

6日结婚,截至2022年7月6日未离婚。梁某名下有一套位于梅州市梅县区某处53号别墅(以下简称案涉房屋),该房产于2021年11月10日作为担保物,被担保主债权为150万元。因没有执行到位,郑某向法院提起诉讼,以蓝某、梁某为被告对登记于梁某名下的案涉房屋进行析产。

广东省梅州市梅县区人民法院审理后认为,该案系债权人代位析产纠纷。最高人民法院《关于人民法院民事执行中查封、扣押、冻结财产的规定》第12条规定,申请执行人代位提起析产诉讼的,人民法院应当准许。该案中,原告郑某作为蓝某的买卖合同纠纷案件的申请执行人,有权代位提起析产诉讼,主张对被执行人配偶的房产进行析产。原告要求析产,合法有理,法院予以支持。被告梁某名下所有的案涉房屋属于蓝某、梁某夫妻关系存续期间取得的财产,案涉房产应为夫妻共同所有的房产,蓝某、梁某应当对案涉房屋各占有50%的产权份额。案涉房屋清偿抵押担保债权后的剩余价值应当由蓝某、梁某共同享有。所以,判决:依法确认案涉房屋为被告蓝某、梁某的夫妻共同财产,被告蓝某、梁某各占50%产权份额。

二、分家析产纠纷案例

在分家析产纠纷处理中,很多是以调解方式结案。在有些案例中(涉及个人隐私,案情介绍略),经法院调解,当事人自愿达成协议,对共有房产进行处理。

如案号为(2018)沪0115民初88427号的分家析产纠纷案中,在民事调解书中载明:(1)坐落于上海市浦东新区某处某室房屋归被告顾某、李某1共有,坐落于上海市浦东新区另一处某室归被告李某3所有,坐落于上海市浦东新区川某镇某室房屋归被告李某1所有;(2)被告张某、李某2、顾某、李某1给付原告桂某房屋折价款人民币150万元,原告桂某收到该款之日后协助被告张某、李某2、顾某、李某1、李某3办理上述房屋的产权登记手续。

如案号为(2021)沪0114民初15393号的分家析产、遗嘱继承纠纷案中,在民事调解书中载明:(1)各方当事人一致确认坐落于上海市嘉定区某路某弄某号某室房屋由被告钱某、原告孙某按份共有,其中被告钱某占2/3份额、原告孙某占1/3份额;(2)原告孙某、被告钱某应于2021年11月22日前相互配合办理上述房屋变更登记手续,将上述房屋变更登记至被告钱某、原告孙某名下。

案例五：共有人可以协商确定分割方式。达不成协议的，共有财产可以分割且不会因分割减损价值的，应当对实物予以分割；难以分割或者因分割会减损价值的，应当对折价或者拍卖、变卖取得的价款予以分割。

案号为（2020）浙0106民初5174号的分家析产纠纷案件。案情简介：2020年4月9日，杭州市西湖区人民法院作出民事判决书，判令吴某1、吴某2、吴某3对杭州市西湖区某村某幢某号某室房屋（以下简称案涉房屋）各享有1/3产权份额。现该判决已经生效。原告向法院提出的诉讼请求为：案涉房屋价值约210万元归被告所有；被告补偿原告吴某1、吴某2各70万元。被告辩称，案涉房屋应当归属两原告，由两原告向被告补偿70万元。

杭州市西湖区人民法院审理后认为，两原告吴某1、吴某2与被告吴某3对案涉房屋各享有1/3产权份额的事实已由生效判决书确认。两原告与被告就案涉共有房屋并未约定不得分割，依照法律规定，按份共有人可以随时请求分割，因此，两原告有权要求分割案涉房屋。该案中，共有人无法就分割方式达成一致意见，且共有物无法实物分割，故应当就案涉房屋折价或者拍卖、变卖取得的价款按照各自享有的份额予以分割。因分割案涉房屋产生的费用，应当按照各自享有份额按比例承担。所以，判决：吴某1、吴某2、吴某3均有权就案涉房屋折价或者拍卖、变卖取得的价款按照各享有1/3的份额予以分割；因分割共有物产生的费用，应当由吴某1、吴某2、吴某3按照各自承担1/3的比例负担。

案例六：共同共有人在共有的基础丧失或者有重大理由需要分割时可以请求分割共有财产。夫妻双方离婚，可以认定为共有的基础丧失。房屋不适宜进行实物分割，可以按照评估价值进行货币折价补偿。

案号为（2021）浙1003民初135号的分家析产纠纷案件。案情简介：林父（2005年亡故）、符某（2019年亡故）育有子女林某1、林某2（1993年亡故）、林某3、林某4。原告林某5与前夫林某2生育女儿原告林某6。1993年，林某2因病亡故。后林某5与黄某登记结婚。2010年4月，当地政府批准村民建房用地，其中林某5户分得黄岩区某街道某村某幢某单元某室的房屋（为符某以及该案原、被告共有，以下简称案涉房屋）。2020年11月，原告林某5与被告黄某离婚。林某5、林某6以黄某为被告向法院提起诉讼要求分家析产。第三人林某1、林某3、林某4自愿放弃继承符某所有的份额。

台州市黄岩区人民法院审理后认为，共同共有人在共有的基础丧失或者有重大理由需要分割时可以请求分割，该案中原告林某5与被告黄某已经调解离婚，两原告以共有基础丧失为由提出要求分割共有物,依法应予准许。至于原、被告三人各享有案涉房屋的份额及归属问题,从原、被告对案涉房屋来源的描述以及《黄岩区农村村民住宅用地管理实施意见》第13条关于再申请公寓式住宅的条件看,案涉房屋的来源应是基于人口数,故对案涉房屋的分割应按照人口比例进行,即每个人口本该享有案涉房屋1/5的份额(其中1份为独生子女份额),原符某所享有的份额,除原告林某6外,其余遗产继承人均表示放弃继承,故符某的份额由原告林某6享有;对于独生子女份额,应由原告林某6的父母享有,其父亲已过世,两原告均同意该份额由原告林某6享有,故法院确认原告林某5、林某6、被告黄某所享有的案涉房屋的份额分别为20%、60%、20%。讼争共有物为房产,不适宜进行实物分割,原、被告共同居住亦不具有可能性,因此可按照评估价值进行货币折价补偿,鉴于原告享有的房屋产权份额较多且其诉请中主张案涉房屋的产权,被告则表示其不主张案涉房屋产权,故法院确定案涉房屋产权归原告所有,被告黄某应协助原告完成案涉房屋的产权变更,原告则应按照房产价值的20%给予被告折价补偿。庭后,原、被告均同意案涉房屋按照130万元折价。所以,判决:(1)案涉房屋产权归原告林某5、林某6所有;(2)被告黄某协助原告林某5、林某办理案涉房屋的不动产权登记及过户手续,登记至原告林某5、林某6名下,所涉及的税费及其他费用均由原告林某5、林某6承担;(3)原告林某5、林某6支付被告黄某房产折价款26万元。

三、其他婚姻家庭纠纷案例

涉及共有财产处理的婚姻家庭纠纷除了分家析产纠纷外,主要是离婚纠纷、离婚后财产纠纷、同居关系析产纠纷。需要提醒的是,夫妻一方起诉离婚的,即使离婚案件涉及不动产财产分割,也应根据"原告就被告"的一般原则确定诉讼管辖,即由被告所在地人民法院管辖。如果夫妻双方已经根据法院判决离婚或协议离婚,而仅以案涉房屋分割为诉讼内容,则应适用不动产所在地法院的专属管辖原则。

在离婚纠纷处理中,很多是以调解方式结案。在有些案例中(涉及个人隐私,案情介绍略),经法院调解,双方当事人自愿达成协议,对共有的房产进行处理。如案号为(2022)闽0582民初7937号的离婚纠纷案件,民事调解书中对共有房产的约定有:登记在原、被告名下的房产及56号地下停车位归被告刘某所有,被告刘某应分期补偿给原告罗某70万元;若被告刘某未按期足额履行付款义务,则还应额外支付给原告罗某违约金 20 万元。

一些离婚纠纷案件的判决书中有对共有房产的处理。以下举案例说明。

案例七[①]：虽然案涉房屋属于夫妻共同共有，但并非一律平均分割，法院会根据房屋出资来源、双方在婚姻中是否存在过错、是否共同生活等具体情况进行分割。

案情简介：乔女士、王某经人介绍相识，结婚并育有女儿小王。王某在婚前支付全款买下在杭州的 3 套房屋，一套自住，两套出租。结婚时，王某将妻子的名字都加在了 3 套房屋的房产证上。2020 年时，乔女士向法院提起诉讼要求离婚。

两人都同意离婚，但对房产分割、女儿抚养权各有想法。乔女士认为，3 套房屋属于夫妻共同财产，理应对半分，根据照顾女方和小孩的原则，应依法予以多分，即她应取得其中的 60%。同时，她请求判令女儿归她抚养。王某说，买房时他与妻子还不认识，后办理房产证时，因为政策原因，不能登记在他一人名下，才不得已登记在双方名下，因此认为房产实际上属于他的婚前财产，不同意分割。女儿一直跟着他生活，因此认为法院将女儿抚养权判给他更有利孩子成长。

杭州市西湖区人民法院审理后认为，关于双方争议的 3 套房屋，现登记为双方共有，因此应作为夫妻共同财产依法分割；在具体分割时，需考虑 3 套房屋的合同签订情况、购房款支付情况、税费支付情况等案件事实，比较原、被告双方对 3 套房屋来源的贡献大小，结合"照顾女方权益的原则"等因素，法院酌情确定乔女士可分得约 25% 的份额，王某可分得约 75% 的份额。

乔女士提起上诉。二审法院认为，虽该 3 套房屋在双方婚后登记为共同共有，但这不当然意味着各半共同，也无证据证明王某有将房屋一半份额赠与乔女士的明确意思表示。一审法院判决时，已充分考虑双方对案涉 3 套房屋的贡献大小，并兼顾照顾女方权益的原则，尚属合理范畴。二审判决：驳回上诉，维持原判。

案例八：离婚时，夫妻的共同财产由双方协议处理；协议中未明确或协议不成的，法院可以根据财产的具体情况，按照照顾子女、女方和无过错方权益的原则判决。在共有财产分割中，应体现权利与义务相一致的原则。

案号为 (2022) 沪 0112 民初 6165 号的离婚后财产纠纷案件。案情简介：原告

---

① 参见《【以案普法】男子买了 3 套房屋，婚后加了妻子的名字！离婚时能对半分吗？法院判了!》，载微信公众号"中国普法"2021 年 9 月 28 日，https://mp.weixin.qq.com/s/FDcFoE2iTkSWsY1P4RUlPA。

顾某与被告阮某1原系夫妻,双方生育一女阮某2。2021年2月25日,原、被告离婚。离婚时,原、被告达成离婚协议,其中关于夫妻共同财产的处理约定:案涉房屋归属于女方所有,协议生效后男方应根据女方要求配合将上述房屋产权登记在女方名下。其中关于债务的处理约定为:双方确认在婚姻关系存续期间没有发生任何共同债务,任何一方对外负有债务的,由负债方自行承担。原、被告在离婚协议中就女儿抚养问题没有进行约定。案涉房屋登记的权利人为原、被告及双方之女阮某2,共有方式为共同共有。后因为离婚后的共有财产分割问题,顾某向法院提起诉讼。

审理中查明,案涉房屋系原、被告婚后购买,购房时向银行办理房屋抵押贷款手续,主贷人为顾某,贷款金额为97万元,贷款期限为348个月。至2022年7月1日,该房屋尚剩余贷款本金892,890.92元未还。现案涉房屋除银行按揭贷款抵押外,还于2017年8月28日设定余额抵押,该项抵押尚未涤除。审理中,原、被告确认,双方及女儿阮某2各占案涉房屋1/3的产权份额。原、被告就案涉房屋后续贷款由哪一方负担持有争议。

上海市闵行区人民法院审理后认为,案涉房屋登记在原、被告和双方之女阮某2名下,未约定各自份额,现原、被告确认三人各占该房屋1/3的产权份额,法院予以确认。原告根据与被告离婚时的约定诉请确认被告就案涉房屋享有的产权份额归其所有,被告没有异议,法院亦予确认。至于案涉房屋后续按揭贷款的负担主体,原、被告未作约定。原告主张,其与被告离婚时口头约定,后续按揭贷款及房屋其他抵押借款均由被告承担,在被告清偿后办理房屋产权人变更登记手续,在此前提下双方才在离婚协议中就"债务的处理"一项明确"双方确认在婚姻关系存续期间没有发生任何共同债务"。被告否认双方曾约定案涉房屋按揭贷款由其承担,对此原告也未提供其他证据佐证。法院认为,案涉房屋系原、被告婚姻关系存续期间购买,双方均登记为产权人,双方之女虽登记为产权人之一,但系未成年人,无还款能力,相应的房屋按揭贷款理应为原、被告共同债务。现原、被告确认被告就案涉房屋享有的产权份额归原告所有,根据权利与义务相一致的原则,后续房屋按揭贷款也应由原告承担。所以,判决:(1)案涉房屋产权由原告顾某、阮某2按份共有,其中原告顾某享有该房屋2/3的产权份额,阮某2享有该房屋1/3的产权份额;(2)该房屋自判决生效之日起的房屋按揭贷款本、息由原告顾某负担。

案例九：两人原系夫妻关系，离婚后没有复婚，但在一起生活，属于同居关系。其共有财产分割应被确认为同居关系析产纠纷。双方解除同居关系时，同居期间获得的共有财产应当依法予以分割。

案号为(2022)辽0323民初2069号的同居关系析产纠纷案件。案情简介：何某与高某原系夫妻关系，后于2016年11月办理离婚登记，离婚后保持同居关系。2018年，何某用高某在离婚时给付其的15万元作为首付款，以按揭贷款方式购置某处房屋一套(以下简称案涉房屋)，共有情况为单独所有。2020年11月，原、被告因感情不和决定分居，并签署协议，约定：(1)高某出资30万元给何某，案涉房屋归被告所有。(2)高某于2020年11月30日前给付何某5万元，2021年2月9日前再付10万元，余款于2022年1月28日前付清。(3)高某30万元付清后，何某无条件配合办理过户手续。上述协议签订后，高某按照协议约定给付何某13万元，尚欠17万元至今未给付。因为经济纠纷，何某向法院提起诉讼。

辽宁省岫岩满族自治县人民法院审理后认为，依法成立的合同受法律保护。原、被告于2020年11月30日签订的协议书合法有效。原告请求被告给付17万元房款，有协议书为凭，法院依法予以支持；原告请求被告在每月20日前偿还房屋贷款，被告表示同意，法院依法予以支持。所以，判决：(1)被告高某给付原告何某房款17万元；(2)被告高某于每月20日前偿还案涉房屋的银行贷款。

第十二章
房产继承与遗赠

第一节 房产继承

一、《民法典》对继承的一般规定与继承的基本原则

《民法典》继承编第一章"一般规定"的内容如下:

第一千一百一十九条 本编调整因继承产生的民事关系。

第一千一百二十条 国家保护自然人的继承权。

第一千一百二十一条 继承从被继承人死亡时开始。

相互有继承关系的数人在同一事件中死亡,难以确定死亡时间的,推定没有其他继承人的人先死亡。都有其他继承人,辈份不同的,推定长辈先死亡;辈份相同的,推定同时死亡,相互不发生继承。

第一千一百二十二条 遗产是自然人死亡时遗留的个人合法财产。

依照法律规定或者根据其性质不得继承的遗产,不得继承。

第一千一百二十三条 继承开始后,按照法定继承办理;有遗嘱的,按照遗嘱继承或者遗赠办理;有遗赠扶养协议的,按照协议办理。

第一千一百二十四条 继承开始后,继承人放弃继承的,应当在遗产处理前,以书面形式作出放弃继承的表示;没有表示的,视为接受继承。

受遗赠人应当在知道受遗赠后六十日内,作出接受或者放弃受遗赠的表示;到期没有表示的,视为放弃受遗赠。

第一千一百二十五条 继承人有下列行为之一的,丧失继承权:

(一)故意杀害被继承人;

(二)为争夺遗产而杀害其他继承人;

（三）遗弃被继承人，或者虐待被继承人情节严重；

（四）伪造、篡改、隐匿或者销毁遗嘱，情节严重；

（五）以欺诈、胁迫手段迫使或者妨碍被继承人设立、变更或者撤回遗嘱，情节严重。

继承人有前款第三项至第五项行为，确有悔改表现，被继承人表示宽恕或者事后在遗嘱中将其列为继承人的，该继承人不丧失继承权。

受遗赠人有本条第一款规定行为的，丧失受遗赠权。

一般认为，我国《民法典》继承编主要体现了以下六项基本原则。

1. 保护自然人私有财产权的原则。该原则体现为《民法典》第1120条规定的"国家保护自然人的继承权"。保护自然人的私有财产继承权，既是继承法的基本原则，也是国家对继承立法的目的。

2. 继承权平等的原则。该原则主要体现为《民法典》第1126条规定的"继承权男女平等"。需要注意的是，该条款并不是规定在"一般规定"中，而是规定于"法定继承"中。在我国的一些地区，特别在农村中，女性的继承权还没有得到很好的保障，如出嫁女子的合法继承权受到父母的忽视或家族的剥夺。所以，法律强调"继承权男女平等"。继承权平等的原则还体现为：非婚生子女与婚生子女的继承权平等，养子女、继子女与亲生子女的继承权平等；在法定继承中，同一顺序继承人继承遗产的份额，一般应当均等。

3. 养老育幼、照顾病残原则。这是人类社会延续的自然反映，也是中华民族传统美德和社会主义精神文明建设的反映和要求，更是继承法作为身份法、财产法对家庭相关成员在法律上进行制度安排的逻辑诉求。如遗产分割时，应当保留胎儿的继承份额；遗嘱应当为缺乏劳动能力又没有生活来源的继承人保留必要的遗产份额；对生活有特殊困难又缺乏劳动能力的继承人，分配遗产时，应当予以照顾；对继承人以外的依靠被继承人扶养的人，可以分给适当的遗产。

4. 互谅互让、和睦团结的原则。《民法典》第1132条规定：继承人应当本着互谅互让、和睦团结的精神，协商处理继承问题。遗产分割的时间、办法和份额，由继承人协商确定；协商不成的，可以由人民调解委员会调解或者向人民法院向法院提起诉讼。该条是中华民族传统美德的继承，也是建立社会主义新型家庭关系的基本准则。该原则具体表现为：各继承人要按照家庭身份关系处理继承问题，注意个人的具体情况，对幼弱少助、生活困难、缺乏劳动能力的继承人要体恤、关照，对尽了主要抚养义务的继承人要适当倾斜。同时倡导各继承人要尽可能以协商、友好的方式解决被继承人的身后事宜和继承财产的分割问题,以弘扬中华民族的传统美德和良好社会风尚。

5. 限定继承原则。《民法典》第1161条规定:继承人以所得遗产实际价值为限清偿被继承人依法应当缴纳的税款和债务。超过遗产实际价值部分,继承人自愿偿还的不在此限。继承人放弃继承的,对被继承人依法应当缴纳的税款和债务可以不负清偿责任。限定继承是世界上大多数国家的立法通则。限定继承并不代表凡是被继承人名义或身份所担负的债务全部被限定,如被继承人生前出面、以个人名义欠下的家庭共同债务,继承中其家庭成员需要共同承担,不受限定继承的限制;再如,生前继承人不供养被继承人,被继承人为了正常生活需要欠下的生活费、医疗费也不受限定继承原则的限制。

6. 权利义务相一致的原则。这也是我国宪法的一条重要原则,在《民法典》继承编中也体现得比较充分。该原则体现得较为宽泛,如在确定继承人范围时,要考虑继承人与被继承人之间是否有法定的抚养义务;在确定遗产份额的时候,要考虑继承人尽义务的多寡;在遗产分配时,要考虑继承人是否履行了法定的抚养义务等。该原则体现在《民法典》的多个条款中,如《民法典》第1127条关于法定继承人的范围及继承顺序的规定;第1129条规定,丧偶儿媳对公婆,丧偶女婿对岳父母,尽了主要赡养义务的,作为第一顺序继承人;第1130条第2款、第3款规定:对被继承人尽了主要扶养义务或者与被继承人共同生活的继承人,分配遗产时,可以多分,有扶养能力和有扶养条件的继承人,不尽扶养义务的,分配遗产时,应当不分或者少分。

二、继承的类型与遗嘱的形式

继承分为两种类型:法定继承与遗嘱继承。

(一)法定继承

法定继承,又称无遗嘱继承,是指在被继承人无遗嘱的情况下按照法律规定的继承人范围、继承人顺序、遗产分配原则等进行的遗产继承方式。法定继承主要有两个法律特征:第一,法定继承需满足一定的人身关系。法定继承人要依据继承人和被继承人之间的婚姻关系、血缘关系和家庭关系予以确定。《民法典》第1127条第1款、第2款规定:"遗产按照下列顺序继承:(一)第一顺序:配偶、子女、父母;(二)第二顺序:兄弟姐妹、祖父母、外祖父母。继承开始后,由第一顺序继承人继承,第二顺序继承人不继承;没有第一顺序继承人继承的,由第二顺序继承人继承。"第二,法定继承人的主体范围、继承顺序和遗产分配的原则均由法律明确规定。这些规定属于强制性规范,除可由被继承人生前依法以遗嘱方式自主决定外,任何人都无权改变。

除了被继承人生前没有留下遗嘱对其名下财产予以处分应适用法定继承外,根据《民法典》第1154条的规定,有下列情形之一的,遗产中的有关部分按照法定继承办理:(1)遗嘱继承人放弃继承或者受遗赠人放弃受遗赠;(2)遗嘱继承人丧失继承权或者受遗赠人丧失受遗赠权;(3)遗嘱继承人、受遗赠人先于遗嘱人死亡或者终止;(4)遗嘱无效部分所涉及的遗产;(5)遗嘱未处分的遗产。

需要注意的是,法定继承中还包括代位继承。《民法典》第1128条规定,被继承人的子女先于被继承人死亡的,由被继承人的子女的直系晚辈血亲代位继承。被继承人的兄弟姐妹先于被继承人死亡的,由被继承人的兄弟姐妹的子女代位继承。代位继承人一般只能继承被代位继承人有权继承的遗产份额。

(二)遗嘱继承

遗嘱继承是指继承人按照被继承人生前所立的合法有效的遗嘱进行继承的一种方式。在遗嘱继承中,订立遗嘱的人为遗嘱人,遗嘱指定的继承遗产的人为遗嘱继承人。因遗嘱人在遗嘱中可能指定继承人,指定继承遗产的种类、数额等,所以遗嘱继承又被称为指定继承。

遗嘱继承有两个特点:第一,遗嘱继承的发生必须满足被继承人(遗嘱人)死亡和所立遗嘱合法有效这两个法律事实,缺少任何一项,遗嘱继承即不能发生。相对而言,法定继承只需要被继承人死亡即可发生。第二,遗嘱继承中有关继承人的选择,继承遗产的份额、多少,继承的顺序等都是遗嘱人真实意思的表示,反映了个人意志。这与法定继承的相关内容由法律直接规定,有很大差异。

关于遗嘱继承,需要注意的问题有以下几点:第一,遗嘱继承只能在法定继承人中选择。《民法典》第1133条第2款规定,自然人可以立遗嘱将个人财产指定由法定继承人中的一人或者数人继承。第二,遗嘱继承人为数人的,可以不再受法定继承顺序的限制,即不存在各遗嘱继承人之间继承先后顺序的问题。遗嘱对数人的遗产份额有明确意思表示的,按遗嘱份额继承;没有遗嘱份额的,在遗嘱的财产范围内,各遗嘱继承人均等分配。需要注意的是,如果存在子女等法定继承人,将遗产分配给某个孙辈(不属于法定继承人的范围),不是遗嘱继承,而是作为遗赠处理。第三，如果遗嘱继承人先于遗嘱人死亡，遗嘱又未变更，遗嘱继承人的晚辈直系血亲主张代位继承的，因无法律根据，法院不予支持，即这种情况下遗产只能转为法定继承进行处理。代位继承只发生在法定继承中，不发生在遗嘱继承中。

需要注意的是，无论是法定继承还是遗嘱继承，都存在转继承的情况。《民法典》第1152条规定，继承开始后，继承人于遗产分割前死亡，并没有放弃继承的，该继承人应当继承的遗产转给其继承人，但是遗嘱另有安排的除外。

关于遗嘱的形式，《民法典》继承编第三章"遗嘱继承和遗赠"规定：

第一千一百三十四条　自书遗嘱由遗嘱人亲笔书写，签名，注明年、月、日。

第一千一百三十五条　代书遗嘱应当有两个以上见证人在场见证，由其中一人代书，并由遗嘱人、代书人和其他见证人签名，注明年、月、日。

第一千一百三十六条　打印遗嘱应当有两个以上见证人在场见证。遗嘱人和见证人应当在遗嘱每一页签名，注明年、月、日。

第一千一百三十七条　以录音录像形式立的遗嘱，应当有两个以上见证人在场见证。遗嘱人和见证人应当在录音录像中记录其姓名或者肖像，以及年、月、日。

第一千一百三十八条　遗嘱人在危急情况下，可以立口头遗嘱。口头遗嘱应当有两个以上见证人在场见证。危急情况消除后，遗嘱人能够以书面或者录音录像形式立遗嘱的，所立的口头遗嘱无效。

第一千一百三十九条　公证遗嘱由遗嘱人经公证机构办理。

由上述规定可知，自书遗嘱、代书遗嘱、打印遗嘱属于书面形式，也是继承中常见的遗嘱形式。需要注意以下几点：第一，自书遗嘱需要遗嘱人亲笔将自己的意思用文字表达出来，并签名、注明年、月、日。在打印出来的内容上签名不是自书遗嘱，而是打印遗嘱。第二，遗书中涉及死后个人财产处分的内容视为自书遗嘱。《继承编的解释（一）》第27条规定：自然人在遗书中涉及死后个人财产处分的内容，确为死者的真实意思表示，有本人签名并注明了年、月、日，又无相反证据的，可以按自书遗嘱对待。第三，代书遗嘱、打印遗嘱都应当有两个以上见证人在场见证，法律对遗嘱见证人有一定的资格限制，必须是与继承人、受遗赠人没有利害关系的人。第四，代书遗嘱即由他人代笔书写的遗嘱。除了有两个以上见证人在场见证，还应当由其中一人代书，并由遗嘱人、代书人和其他见证人签名，注明年、月、日。代书遗嘱能否由子女执笔代写？《民法典》第1140条规定，子女作为继承人,与遗产继承有直接的利害关系,不能作为见证人,自然也不能作为代书人。子女代书的遗嘱会因不符合法定要件而被认定为无效。第五,对于打印遗嘱的特殊要求。在现实生活中,将电子编辑的遗嘱内容打印出来让遗嘱人签字是常见的情况。但需要特别注意的是,打印遗嘱除了有两个以上见证人在场见证外,遗嘱人和见证人应当在遗嘱每一页签名,注明年、月、日。如果遗嘱人和见证人只是在最后一页中签名,因无法判断前几页的真假,该遗嘱未签名的部分内容会被认定为无效。

对于录音录像遗嘱,除了有两个以上见证人在场见证外,还要求遗嘱人和见证人应当在录音录像中出镜,记录其姓名或者肖像,以及年月日。需要注意的是,应保证音像资料所录制信息的完整性,不要暂停、中断,整个视频从头到尾应是连贯的。整个视频中,最好将遗嘱人、见证人、周围环境、局部特写等悉数录入,整个视频不要剪辑、修改、编辑,不要使用人脸美化功能,避免难以辨认。

口头遗嘱的内容难以证明,而且容易被其他形式的遗嘱改变,所以经常会被认定为无效,所以涉及房产继承时,尽量不要用口头遗嘱形式。在办理产权转移登记时,口头遗嘱既无法保存也无法提供。

公证遗嘱是指遗嘱人经公证机关办理的遗嘱。公证遗嘱是形式上非常严格的遗嘱方式,经过公证的遗嘱具有很强的证据效力。需要注意的是,此前《继承法》规定,公证遗嘱的证明效力要高于其他遗嘱形式,《民法典》取消了该规定,意味着公证遗嘱的效力与其他遗嘱效力相同。但在司法实践中,其他形式的遗嘱经常会被当事人怀疑其真实性或形式上的瑕疵,但公证遗嘱在遗嘱人的真实意思表示及形式方面,一般不存在问题,更容易被法院认定。

如果外国公民通过订立公证遗嘱的方式处分在境内的不动产,需要办理该公证遗嘱在我国驻该国使领馆的认证手续。涉及港澳台人士的遗产继承,建议提前了解相关法律法规,必要时应向律师咨询订立遗嘱的注意事项,避免出现遗嘱无效的情况。

遗嘱的效力认定一般根据立遗嘱的时间来确定,公证遗嘱没有特殊的证明效力。《民法典》第1142条规定,如果遗嘱内容存在抵触,应以最后一份有效的遗嘱为准。

三、订立一份包括房产继承内容的合法遗嘱

(一)遗嘱的类型与需要注意的事项

遗嘱是遗嘱人生前根据自身真实意愿订立遗嘱处分其个人合法财产,并在其死后发生效力的单方法律行为。《继承编的解释(一)》第26条规定,遗嘱人以遗嘱处分了国家、集体或者他人财产的,应当认定该部分遗嘱无效。

在实践中,除了某一自然人设立遗嘱的常见情况外,还有合立遗嘱这一现象。按照遗嘱人的人数多少,可以分为单立遗嘱与合立遗嘱。

合立遗嘱,又称共同遗嘱,是指两个及两个以上的遗嘱人共同设立一份遗嘱,以处分共同遗嘱人各自所有的或者共同所有的财产。夫妻合立的遗嘱属于典型的合立遗嘱。

在单立遗嘱时,需要注意遗嘱人不能擅自处分夫妻共有或家庭共有的财产。《民法典》第1153条规定:夫妻共同所有的财产,除有约定的外,遗产分割时,应当先将共同所有的财产的一半分出为配偶所有,其余的为被继承人的遗产。遗产在家庭共有财产之中的,遗产分割时,应当先分出他人的财产。

如夫妻共有的一套房产,在立遗嘱的时候首先要"析产",遗嘱人一般只能处分自己在共有房产中的一半份额。如果遗嘱人将共有房产的全部份额都作为遗产进行分配,显然会损害其他共有人的利益。此外,如果没有订立遗嘱或遗嘱无效,在办理法定继承时,应先析产、再继承,夫妻双方之间也发生继承关系。

共同遗嘱因内容不同,可以分为形式意义的共同遗嘱和实质意义的共同遗嘱两大类。形式意义的共同遗嘱是指内容各自独立的两个或两个以上的遗嘱,记载于同一遗嘱书中。这种共同遗嘱在内容上是各遗嘱人独立进行意思表示,并根据各自意思表示产生独立法律效果,相互不存在制约和牵连。一个遗嘱人的表意内容是否有效或生效不影响其他遗嘱人表意内容的效力。实质意义的共同遗嘱是指两个或两个以上的遗嘱人将其共同一致的意思通过一个遗嘱表示出来,形成一个内容共同或相互关联的整体遗嘱。这种共同遗嘱通常有四种表现方式:一是相互指定对方为自己的遗产继承人,并以对方指定自己作遗嘱继承人为前提;二是共同指定第三人为遗产的继承人或受遗赠人,其遗产多为共同财产;三是相互指定对方为继承人,并约定后死者将遗产留给指定的第三人;四是相关的遗嘱,即形式上各自独立、实质上相互以对方的遗嘱内容为条件的遗嘱,一方遗嘱撤回或失效,另一方的遗嘱也归于失效,一方遗嘱执行时,他方遗嘱不得撤回。

《遗嘱公证细则》第15条规定:两个以上的遗嘱人申请办理共同遗嘱公证的,公证处应当引导他们分别设立遗嘱。遗嘱人坚持申请办理共同遗嘱公证的,共同遗嘱中应当明确遗嘱变更、撤销及生效的条件。虽然该规定的立意精神是不提倡设立共同遗嘱,但共同遗嘱因无违反法律规定之处,不能被禁止或认定为无效,现实中也确实存在很多形式的共同遗嘱。

在共同遗嘱中,如果夫妻双方对共有的财产作出处分,视为双方的共同意思表示。如共同遗嘱中明确双方共有的一套房产由3个子女继承,其中甲因赡养父母较多,可以分得50%,乙与丙可以各分得25%。该遗嘱意思的一般理解应是:双方将自己可得的份额部分都按照以上份额比例在3个子女中进行遗产分配;需要等两位老人都去世后,子女再进行遗产分割;如果一方先去世,也不必先析产、再继承,夫妻双方之间不发生继承。

《民法典》第1142条规定,遗嘱人可以撤回、变更自己所立的遗嘱。立遗嘱后,遗嘱人实施与遗嘱内容相反的民事法律行为的,视为对遗嘱相关内容的撤回。所以,即使订立共同遗嘱,如果在遗嘱中没有明确该遗嘱不能撤回或变更,在一方去世后,存活的一方也可以撤回、变更共同遗嘱中自己所立的遗嘱内容。如上述情况中,共同遗嘱中明确甲、乙与丙可以各分得50%、25%、25%。在父亲去世后,母亲由乙为主赡养,于是母亲想改变共同遗嘱中的部分内容,让乙多分得遗产,也是可以变更的。但需要注意的是,父亲所占共有部分的遗产份额分配不能改变,母亲只能改变自己所占共有部分的遗产份额分配。如果三个子女都不孝顺、不愿意承担赡养义务,母亲还可以将自己的遗产遗赠给他人或与第三人签订遗赠扶养协议。

有时候,遗嘱中注明"终生有效、永不反悔"字样,但如果遗嘱人想反悔,另立一份新的遗嘱也是可以的,而且新遗嘱将会取代旧遗嘱。法律充分尊重遗嘱人的真实意愿,赋予其撤回、变更遗嘱的权利,遗嘱人如果立有数份遗嘱,内容相抵触的,以最后一份有效遗嘱为准。

有时候,父母为了避免子女在其死后为了遗产继承发生纠纷,导致家庭不睦。于是,提前订立遗嘱,并要求子女也都在遗嘱上签字。法律规定并不要求订立遗嘱需要子女签字,子女在遗嘱上签字,只能表示子女知晓父母订立遗嘱的内容、尊重父母的意愿。如果子女以遗嘱见证人身份签字,可能会使遗嘱因形式瑕疵被认定为无效。

此外,需要注意《民法典》第1143条的规定,无民事行为能力人或者限制民事行为能力人所立的遗嘱无效。遗嘱必须表示遗嘱人的真实意思,受欺诈、胁迫所立的遗嘱无效。伪造的遗嘱无效。遗嘱被篡改的,篡改的内容无效。

实践中,在继承纠纷中经常出现的是限制民事行为能力人所立的遗嘱无效情况。不能完全辨认自己行为的成年人为限制民事行为能力人,其所立的遗嘱无效。对于患精神疾病、老年痴呆的老年人,确认其是否属于限制民事行为能力人,需要经过医学鉴定才能确认。需要注意《继承编的解释（一）》第 28 条的规定，遗嘱人立遗嘱时必须具有完全民事行为能力。无民事行为能力人或者限制民事行为能力人所立的遗嘱，即使其本人后来具有完全民事行为能力，仍属无效遗嘱。遗嘱人立遗嘱时具有完全民事行为能力，后来成为无民事行为能力人或者限制民事行为能力人的，不影响遗嘱的效力。总之，遗嘱是否有效，与遗嘱人在订立遗嘱时的民事行为能力相关，不受此后是否具有民事行为能力的影响。

（二）有效遗嘱的一般条款

1.首部应该明示这是一份遗嘱，并且将遗嘱人的基本信息和立遗嘱时的精神状况和自主能力进行交代。通常包括：

（1）标题。通常为"遗嘱"两字。

（2）遗嘱人信息。包括遗嘱人姓名、身份证号码、婚姻家庭状况等。

（3）遗嘱人立遗嘱时精神状况。这一点是基于法律规定遗嘱人必须是完全民事行为能力人的考虑。

（4）遗嘱人立遗嘱时的意志自主状况。这一点是基于法律规定遗嘱必须是遗嘱人真实意思表示的考虑。

（5）遗嘱唯一性声明或者与其他遗嘱的关系。以免造成多份遗嘱的烦恼，而且方便以后对遗嘱进行补充或修正。

2.正文是遗嘱的核心。在这部分，遗嘱人要对自己的合法财产进行分配。遗嘱人可以先列明遗产清单，然后再一一分配；也可以不列清单，分项分配。尽量避免出现处分他人财产等导致遗嘱内容部分无效情形的出现。另外，也要确保对财产的处分符合财产的最大效益，并具有可执行性。要照顾各方利益，并且不能违反法律的强制性规定。

3.尾部可以写明如下内容：

（1）可以指定遗嘱保管人。遗嘱最好一式多份，由遗嘱人持有一份，可以交给遗嘱保管人保管一份，这样可以进行对照。遗嘱保管人可以是遗嘱执行人。

（2）可以指定遗嘱执行人。遗嘱执行人应该具有一定的公信力，且与继承人、受遗赠人没有利害关系。

（3）遗嘱人签名。如果遗嘱有多页，最好在每页上都签名。注意是亲笔签名，不要用盖章或捺手指印方式代替签名。如果是代书遗嘱或打印遗嘱，应有两名及以上的见证人（包括代书人）在每页上签名。

(4)如果代书遗嘱,写明代书人信息(姓名、身份证号码、工作单位或住所地等)。

(5)如果财产属于共有性质,最好共有人也在遗嘱上签名,表示认同财产共有情况。

(6)注明签署日期。一般是公历日期,要用年月日的方式。

(7)注明遗嘱订立地点。

4. 附件(属于可有可无)

可将医生的精神见证书或律师的律师见证书作为附件。

(三)一份包括房产继承内容的遗嘱

遗嘱(参考文本)

立遗嘱人(姓名):_____
身份证号码:_____
婚姻家庭状况(如配偶、子女、父母的姓名,是否在世):____

一、声明

1. 订立本遗嘱时,本人身体状况良好、精神状况正常,具有完全民事行为能力,完全理解本遗嘱的含义和法律后果。

2. 本遗嘱中的所有内容均为本人的真实意思表示,未受到任何欺诈、胁迫。

3. 本遗嘱处分的财产均为本人合法取得且有处分权的个人财产。

4. 在本遗嘱订立前,本人未订立其他遗嘱,也未就本遗嘱涉及的财产与他人签订遗赠扶养协议。

二、财产情况

(一)房屋

目前登记在本人名下的房屋共____处,其中:单独所有的有____处、共同所有的有____处。具体情况如下:

1. 单独所有房产

(1)位于:_____。

（如果仅写位置不明确,可以写明房屋四至界线）

（2）不动产权证号：_____。

（或写房屋所有权证、土地使用权证号）

（3）登记的产权人：_____。

（4）登记的建筑面积(或实用面积)为：____平方米。

2. 共有房产

与上类似,除了写明登记的产权人外,应写明遗嘱人所占份额。

（此处最好有共有人签字表示确认）

也可以写上房屋结构、房屋市值估价。

（二）其他财产

如车辆(包括机动车辆、非机动车辆)、银行存款(一般不包括现金部分)、公司股权、股票、债券、基金等,应写明财产名称、数额或财产价值。

三、继承人(或受遗赠人)情况

1. 继承人1姓名：____；性别：____；与本人关系：____。

2. 继承人2姓名：____；性别：____；与本人关系：____。

（可以写上身份证号码与出生日期）

3. 受遗赠人写法类上

……

四、财产分配安排

1. 位于____处房产,由_____继承____%,由_____继承____%,由____继承____%(或由_____全部继承,或全部赠与_____)。

2. 位于____处房产,由_____均等继承。

……

以上继承人于本人去世后从本人处实际继承的财产,以继承时本人实际拥有的财产为准。(可以补充：继承人继承遗产时有配偶的,继承人所继承财产与其配偶无关,均为继承人的个人财产。)

五、遗嘱执行人

1. 遗嘱执行人信息

姓名：_____

身份证号码：_____

(还可以写上联系方式与住所地等)

2.本人去世之后,上述执行人代为执行本遗嘱。执行人应出于诚实、信用、勤勉义务执行本遗嘱。

3.遗嘱执行人的报酬:_____(可以从遗产中支出)。

4.遗嘱执行人先于本人去世的,本人将另行以书面方式变更遗嘱执行人,届时将以新的遗嘱内容为准。

六、其他

本遗嘱一式____份,内容相同。本人保存一份,交由____保管一份,另交_____各保存一份,每份具有同等效力。

(以下无正文)

立遗嘱人(签名):_____

签署时间:_____年____月____日

订立地点:_____

(代书人、见证人、财产共有人、遗嘱保管人、遗嘱执行人等也可以签名)

见证人确认:

上述遗嘱由立遗嘱人签署,立遗嘱人神志清醒且就订立该遗嘱未受到任何胁迫、欺诈,上述遗嘱为立遗嘱人自愿作出。

见证人(签名):_____

身份证号码:_____

工作单位或住所地:_____

签署时间:_____年____月____日

(特别说明:至少需要两名符合资格条件的见证人)

如果是共同遗嘱,应在立遗嘱人信息中分别写明,并说明立遗嘱人之间的关系(一般是夫妻关系)。格式可以参照以上遗嘱(参考文本),但对共有财产的处分建议写法为:

位于_____的房产(写明具体地址,与产权证书上登记的地址应相同;不动产权证号;面积情况),登记在_____名下(应是立遗嘱人之一),实际是_____与_____(两人都是立遗嘱人)共同共有(或按份共有,应写明份额比例)的房产。现明确:无论两人中谁先去世,另一人对该房产都有长期居住权

直至去世。此前,该房产不能转让或进行财产分割。等两人都去世后,作如下遗产分配:

  1. 由_____继承____%,由_____继承____%,由_____继承____%(或由_____全部继承,或全部赠与_____)。

  2. 位于____处房产,由_____均等继承。

四、房产继承中的常见法律问题

(一)对遗嘱见证人的资格限制

  在不同形式的遗嘱中,除了自书遗嘱外,代书遗嘱、打印遗嘱、录音录像遗嘱、口头遗嘱等其他遗嘱的生效条件中都要求"有两个以上见证人在场见证"。即使是公证遗嘱,一般也需要两名见证人。《遗嘱公证细则》第6条第1款规定:遗嘱公证应当由两名公证人员共同办理,由其中一名公证员在公证书上署名。因特殊情况由一名公证员办理时,应当有一名见证人在场,见证人应当在遗嘱和笔录上签名。

  在一些继承纠纷案件中,遗嘱上只有一名见证人签名或见证人不符合资格条件,导致遗嘱被认定为无效的情况很常见。所以,立遗嘱时,如果需要有人见证,对见证人的选择非常重要,这往往是决定遗嘱是否符合生效要件的关键。《民法典》对遗嘱见证人有一定的资格限制,第1140条规定:"下列人员不能作为遗嘱见证人:(一)无民事行为能力人、限制民事行为能力人以及其他不具有见证能力的人;(二)继承人、受遗赠人;(三)与继承人、受遗赠人有利害关系的人。"《继承编的解释(一)》第24条规定:继承人、受遗赠人的债权人、债务人,共同经营的合伙人,也应当视为与继承人、受遗赠人有利害关系,不能作为遗嘱的见证人。按照一般的理解,遗嘱见证人应是与继承人、受遗赠人没有利害关系的人。而我国的传统做法,一般是让亲戚担任见证人,如舅舅、叔伯、姑妈、姨妈、兄弟姐妹等。需要特别注意的是:兄弟姐妹是第二顺序的继承人,如果遗嘱是让第一顺序继承人(配偶、子女、父母)继承遗产,兄弟姐妹可以担任见证人;如果遗嘱将兄弟姐妹也列入遗产继承人的范围,担任见证人会与遗产产生利害关系,这样的见证人不适格;如果遗嘱将担任见证人的亲友列入遗产遗赠人,该亲友担任见证人也不适格,可能会导致遗嘱无效。对于继承人放弃继承权或受遗赠人放弃受遗赠权,其是否可以作为适格的见证人,从而认定该遗嘱有效,现有的司法解释还没有明确。但从《民法典》第1140条规定的立法本意看,应该是不适格的。如果继承人想放弃继承权或受遗赠人想放弃受遗赠权,应在见证立遗嘱时就提出,这样遗嘱人就可以不将其列入遗嘱继承人或受遗赠人的范围。

有些当事人受到影视剧的影响,希望聘请律师作为遗嘱见证人并作为以后的遗嘱执行人。律师参与的遗嘱属于代书遗嘱、打印遗嘱或录音录像遗嘱。因为聘请律师见证需要支付法律服务费,当事人可以根据自己的实际情况决定是否需要请律师参与立遗嘱的事项中。如果想让律师担任遗嘱执行人与遗产管理人,聘请律师担任见证人是比较合适的。

律师如果承接遗嘱见证业务,需要注意按照《律师见证业务工作细则》(中华全国律师协会2007年制定)的规范开展业务。如接受客户委托后,所里应指派两名律师进行见证工作。从事见证工作的律师必须具备律师资格,并持有律师执业证。应遵守回避原则,即律师不得办理与本人、配偶,或本人、配偶的近亲属有利害关系的见证业务。律师对客户申请办理见证的事务,应当保守秘密。

(二)对遗嘱执行人与遗产管理人的资格要求与其主要职责

《民法典》第1133条规定:"自然人可以依照本法规定立遗嘱处分个人财产,并可以指定遗嘱执行人。"对于遗嘱执行人的资格,没有特殊的要求,遗嘱见证人可以担任遗嘱执行人。即使与遗产存在利害关系,也可以担任遗嘱执行人。所以,遗嘱人一般会选择聘请律师或委托亲友担任遗嘱执行人,且该遗嘱执行人应是遗嘱人所信任的人。

遗产管理人制度是我国《民法典》继承编中的新增亮点,其中第1145条至第1149条分别对遗产管理人的确定、争议解决程序、职责、民事责任以及遗产管理人享有报酬的权利五个方面进行规定,初步构建起有一定特色的遗产管理人制度体系。具体内容如下:

第一千一百四十五条　继承开始后,遗嘱执行人为遗产管理人;没有遗嘱执行人的,继承人应当及时推选遗产管理人;继承人未推选的,由继承人共同担任遗产管理人;没有继承人或者继承人均放弃继承的,由被继承人生前住所地的民政部门或者村民委员会担任遗产管理人。

第一千一百四十六条　对遗产管理人的确定有争议的,利害关系人可以向人民法院申请指定遗产管理人。

第一千一百四十七条　遗产管理人应当履行下列职责:

（一）清理遗产并制作遗产清单；

（二）向继承人报告遗产情况；

（三）采取必要措施防止遗产毁损、灭失；

（四）处理被继承人的债权债务；

（五）按照遗嘱或者依照法律规定分割遗产；

（六）实施与管理遗产有关的其他必要行为。

第一千一百四十八条　遗产管理人应当依法履行职责，因故意或者重大过失造成继承人、受遗赠人、债权人损害的，应当承担民事责任。

第一千一百四十九条　遗产管理人可以依照法律规定或者按照约定获得报酬。

《民法典》中并未对遗产管理人作出具体的资格限制。从广义上看，遗产管理人的范围包括自然人、法人及非法人组织。遗产管理人应具有完全民事行为能力，律师、公证员等人员或机构可以担任遗产管理人。

从相关规定可知，遗产管理人可以从以下人员中以以下方式产生：遗嘱执行人担任遗产管理人；继承人推选遗产管理人；继承人共同担任遗产管理人；民政部门或村民委员会担任遗产管理人；申请指定遗产管理人。

一般观点认为，遗产管理人与破产管理人相类似，均具有独立的法律地位，可根据法律规定及约定履行职责，不受继承人等的妨碍。遗产管理人有权就其所管理的遗产权利向债务人向法院提起诉讼，同时有权以独立诉讼主体资格参与遗产管理期间的诉讼。另在执行阶段，可直接变更遗产管理人为被执行人。因遗产管理人的主要职责是处理被继承人的债权债务和分割遗产，因此不能直接执行遗产管理人的自有财产清偿债务，亦不能对遗产管理人采取限制消费措施，遗产管理人在遗产范围内承担责任。

因为遗产管理人制度是新设立的，所以该制度还处于探索阶段。遗产管理人如何"按照遗嘱或者依照法律规定分割遗产"需要在实践中总结经验，如果无法做到公平合理，可能会引起继承人的投诉甚至导致诉讼，因此产生麻烦。

（三）继承人丧失继承权或放弃继承的处理

根据《民法典》第1125条第1款的规定，如果继承人有下列行为之一的，丧失继承权：(1)故意杀害被继承人；(2)为争夺遗产而杀害其他继承人；(3)遗弃被继承人，或者虐待被继承人情节严重；(4)伪造、篡改、隐匿或者销毁遗嘱，情节严重；(5)以欺诈、胁迫手段迫使或者妨碍被继承人设立、变更或者撤回遗嘱，情节严重。

但需要注意的是,丧失继承权,在一定条件下是可以恢复的。因为继承人与被继承人之间存在血缘关系或家庭关系,所以从亲情的角度给了继承人改正错误的机会。该条第 2 款规定:继承人有前款第 3 项至第 5 项行为,确有悔改表现,被继承人表示宽恕或者事后在遗嘱中将其列为继承人的,该继承人不丧失继承权。

《民法典》第 1124 条第 1 款规定,继承开始后,继承人放弃继承的,应当在遗产处理前,以书面形式作出放弃继承的表示;没有表示的,视为接受继承。

根据《民法典》第 1154 条的规定,如果遗嘱继承人放弃继承或丧失继承权,遗产中的有关部分将按照法定继承办理。

对于继承人放弃继承的处理,《继承编的解释(一)》进行详细的规定。具体如下:

第三十二条 继承人因放弃继承权,致其不能履行法定义务的,放弃继承权的行为无效。

第三十三条 继承人放弃继承应当以书面形式向遗产管理人或者其他继承人表示。

第三十四条 在诉讼中,继承人向人民法院以口头方式表示放弃继承的,要制作笔录,由放弃继承的人签名。

第三十五条 继承人放弃继承的意思表示,应当在继承开始后、遗产分割前作出。遗产分割后表示放弃的不再是继承权,而是所有权。

第三十六条 遗产处理前或者在诉讼进行中,继承人对放弃继承反悔的,由人民法院根据其提出的具体理由,决定是否承认。遗产处理后,继承人对放弃继承反悔的,不予承认。

第三十七条 放弃继承的效力,追溯到继承开始的时间。

例如,案号为(2021)粤 0304 民初 23560 号的被继承人债务清偿纠纷案民事判决书中的判决理由载明:在该案中,被告吴某和于某在被继承人死亡后,放弃继承遗产,使得债权人的债权无法正常行使。法院审理后认为,该案中,二被告均表示放弃继承权,但吴某第一顺序法定继承人仅为二被告,二被告放弃继承权致其不能履行法定义务,故二被告放弃继承权的行为无效,二被告应在继承吴某遗产价值范围内承担吴某上述债务的清偿责任。

(四)遗产分配原则与房产分割方法

对于遗产的分配,主要体现了继承权平等的原则,养老育幼、照顾病残原则,与权利义务相一致的原则。以下分法定继承与遗嘱继承进行简单说明。

法定继承的遗产分配主要原则为：同一顺序继承人继承遗产的份额，一般应当均等。但有一定的例外：对生活有特殊困难又缺乏劳动能力的继承人，分配遗产时，应当予以照顾；对被继承人尽了主要扶养义务或者与被继承人共同生活的继承人，分配遗产时，可以多分；有扶养能力和有扶养条件的继承人，不尽扶养义务的，分配遗产时，应当不分或者少分；对继承人以外的依靠被继承人扶养的人，或者继承人以外的对被继承人扶养较多的人，可以分给适当的遗产。此外，继承人协商同意的，也可以不均等。

遗嘱继承的遗产分配主要原则为：自然人可以立遗嘱处分个人财产，指定由法定继承人中的一人或者数人继承。也有一定的例外：遗嘱应当为缺乏劳动能力又没有生活来源的继承人保留必要的遗产份额；附有义务的遗嘱继承，继承人没有正当理由不履行义务的，人民法院可以取消其接受附义务部分遗产的权利。

对于遗产分割的原则与方法，《民法典》第1156条规定，遗产分割应当有利于生产和生活需要，不损害遗产的效用。不宜分割的遗产，可以采取折价、适当补偿或者共有等方法处理。《民法典》第1132条规定：遗产分割的时间、办法和份额，由继承人协商确定；协商不成的，可以由人民调解委员会调解或者向人民法院向法院提起诉讼。《继承编的解释（一）》第42条规定，人民法院在分割遗产中的房屋、生产资料和特定职业所需要的财产时，应当依据有利于发挥其使用效益和继承人的实际需要，兼顾各继承人的利益进行处理。

当继承发生时，需要对共有房产析产，即析出被继承人名下房产份额，然后再继承。有遗嘱或者遗赠的，先按照遗嘱或者遗赠办理，遗嘱或者遗赠无效或者未处理部分房产按照法定继承办理。此外，被继承人的房屋须具有合法产权才能被继承并办理转移登记，如违法建筑物、小产权房等无法办理因继承引起的产权转移登记。但公房承租权的原承租人去世后，其继承人还可以继续承租公房并在被征收时获得拆迁利益，但也不能办理产权转移登记。

房屋遗产分割不同于其他财产的分割，因为房屋是不动产，不能随意移动，或因继承人人数较多不易分割，或因房屋遗产本身的结构也难以分割等，如果强行分开、割断，可能损伤房屋的效用，以致房屋无法正常使用，或给生活带来不便。因此，如果分割房屋遗产在客观上可行，且不损害房屋的效用，不影响生产、生活，可以分割处理。对于不宜分割的房屋，可以采取以下两种方法处理：

1.折价补偿方法。一般是归居住使用者所有，由其按照各个继承人应继承的房屋遗产份额折价补偿。房屋作价标准可以由继承人自行协商确定,也可以由评估机构按市场价格对房屋作出评估,取得房屋所有权的一方应当给予其他方相应的经济补偿。

2. 共有方法。各继承人也可以商定遗产房屋为共同所有,可以是按份共有,也可以是共同共有。在房屋遗产分割中,应尽量采取折价补偿的方法,共有的方法并没有彻底解决纠纷,应视为对第一种方法的补充,如折价一方因经济能力负担不起折价款时,可以暂时采取共有方法,减少矛盾。

(五)被继承人的税款与债务清偿

因为继承采取限定继承原则,所以继承人对被继承人生前所欠的税款和债务,只限于其所继承遗产价值范围内有清偿义务,对超过所继承遗产价值总额的债务,无清偿义务和责任。《民法典》继承编对被继承人税款与债务清偿的相关规定如下:

第一千一百六十一条　继承人以所得遗产实际价值为限清偿被继承人依法应当缴纳的税款和债务。超过遗产实际价值部分,继承人自愿偿还的不在此限。

继承人放弃继承的,对被继承人依法应当缴纳的税款和债务可以不负清偿责任。

第一千一百六十二条　执行遗赠不得妨碍清偿遗赠人依法应当缴纳的税款和债务。

第一千一百六十三条　既有法定继承又有遗嘱继承、遗赠的,由法定继承人清偿被继承人依法应当缴纳的税款和债务;超过法定继承遗产实际价值部分,由遗嘱继承人和受遗赠人按比例以所得遗产清偿。

需要特别注意的是,《民法典》第1159条规定,分割遗产,应当清偿被继承人依法应当缴纳的税款和债务;但是,应当为缺乏劳动能力又没有生活来源的继承人保留必要的遗产。对此条规定的理解为:即使遗产不足以清偿全部债务与依法应当缴纳的税款,也要为缺乏劳动能力又没有生活来源的继承人保留必要的遗产。这条规定很好地体现了我国继承制度的养老育幼、照顾病残原则。

(六)遗嘱中的房屋发生变化后的处理

现实中,可能会出现这样一种情况:遗嘱人在遗嘱中指定给继承人的房屋后来被拆迁征收,此时遗嘱人还没有死亡,并未因此修改遗嘱。等遗嘱人死亡后,遗嘱中确定的原继承人能否以原房屋被拆迁后所得补偿房屋或补偿款为原房屋的变更物主张继承?

对此问题,《民事审判实务问答》第157~158页中指出:遗嘱人在遗嘱中对财产的处分,本质上是遗嘱人基于其对该财产的所有权,在法律允许范围内自由处分其财产的一种表现形式。遗嘱中对财产的处分方式体现了遗嘱人立遗嘱这一时点的内心真意,但不能对遗嘱人随后改变其财产处分方式产生约束。因此,遗嘱人在立遗嘱后,还可通过各种法律允许的方式撤销其在原遗嘱中的财产处分行为。对此,《民法典》第1142条第1款规定,遗嘱人可以撤回、变更自己所立的遗嘱。标的物被拆迁后的对价是由房屋征收部门与被征收人在补偿协议中约定的补偿金或产权调换房屋。也就是说,标的物被拆迁一般是标的物所有权人同意拆迁并与房屋征收部门达成补偿协议引起。因此,标的物所有权人同意标的物被拆迁的行为是导致标的物灭失的重要因素。标的物所有权人在遗嘱中将标的物处分给他人后,又以补偿协议形式同意将标的物拆迁,这应被视为其在立遗嘱后又以行为作出了与立遗嘱时相反的意思表示,并导致了标的物的灭失。根据《民法典》第1142条第2款"立遗嘱后,遗嘱人实施与遗嘱内容相反的民事法律行为的,视为对遗嘱相关内容的撤回"之规定,该遗嘱涉及标的物被拆迁的部分被视为撤销。遗嘱人遗嘱中所涉标的物被拆迁后所获得的补偿金或产权调换房屋与原标的物为不同的物。对于遗嘱人而言,该补偿金或产权调换房屋属于立遗嘱后新获得的财产。由于遗嘱人并未明确表示将标的物被拆迁后的对价——补偿金或产权调换房屋作为遗嘱的组成部分,故不能将补偿金或产权调换房屋作为遗嘱中标的物的变更。

但如果遗嘱人同意由该继承人来处分遗嘱中指定给继承人的房屋,由该继承人与房屋征收部门签订补偿协议,则应视为对该继承人的授权,遗嘱人与被继承人可以协商确定财产的分配处理,包括将拆迁征收获得的补偿金或产权调换房屋全部由其继承。

此外,如果遗嘱中指定给继承人的房屋是在遗嘱人死亡后才被拆迁征收,该继承人与房屋征收部门签订补偿协议,该继承人自然可以取得补偿金或产权调换房屋。

五、房产继承中的办理程序问题

(一)房产继承是否要先办理继承权公证

2016年前,无论是遗嘱继承还是法定继承,在办理产权转移登记时,登记机构会要求当事人先去办理继承权公证。如果是法定继承,一般要求所有法定继承人到场才能办理公证,结果造成了办理公证与产权转移登记的很多不便,往往经过多年还无法解决遗产继承问题。

房产继承前要先办理公证的依据是司法部、建设部《关于房产登记管理中加强公证的联合通知》(司公通字〔1991〕117号,已废止)。该通知规定:(1)继承房产,应当持公证机关出具的"继承权公证书"和房产所有权证、契证到房地产管理机关办理房产所有权转移登记手续。(2)遗嘱人为处分房产而设立的遗嘱,应当办理公证。遗嘱人死亡后,遗嘱受益人须持公证机关出具的"遗嘱公证书"和"遗嘱继承权公证书"或"接受遗赠公证书",以及房产所有权证、契证到房地产管理机关办理房产所有权转移登记手续。

2016年7月5日,司法部发布《关于废止〈司法部、建设部关于房产登记管理中加强公证的联合通知〉的通知》(司发通〔2016〕63号),这意味着伴随房屋遗产继承事项多年的"公证"环节已不再成为必需。因继承、受遗赠取得不动产申请登记的,由申请人选择是否需要办理继承权公证。

当事人可就继承被继承人某项遗产向公证机构申请办理继承公证,也可以就继承被继承人数项遗产一并向公证机构申请办理继承公证。两个以上当事人继承同一遗产的,应当共同向一个公证机构提出公证申请。

办理房产继承公证,当事人应填写公证申请表,并提交下列证明、材料。

法定继承人应提交:(1)申请人的居民身份证或户口簿及其复印件;(2)代理人代为申请的,委托代理人需提交授权委托书和身份证及其复印件,其他代理人需提交有代理权资格的证明;(3)被继承房产的产权证明;(4)被继承人的死亡证明;(5)法定继承人已死亡的,需提交死亡证明及亲属关系证明;(6)被继承人的婚姻、父母、子女情况证明及有关亲属关系证明;(7)公证人员认为应提交的其他证明、材料。

遗嘱继承人应提交:(1)与法定继承人应提交的前4项证明、材料相同;(2)被继承人的遗嘱书;(3)有遗嘱执行人的,提交执行人的身份证件及其复印件;(4)公证人员认为应提交的其他证明、材料。

继承人已死亡的,代位继承人或转继承人可参照上述材料提供。

公证机关经审查确认继承人之间不存在任何争议,且不存在违反法律、行政法规强制性规定的情形,方可办理继承权公证。

(二)办理产权转移登记手续

《不动产登记暂行条例》第14条规定,继承、接受遗赠取得不动产权利的,可以由当事人单方提出申请登记。

《不动产登记暂行条例实施细则》第14条规定：因继承、受遗赠取得不动产，当事人申请登记的，应当提交死亡证明材料、遗嘱或者全部法定继承人关于不动产分配的协议以及与被继承人的亲属关系材料等，也可以提交经公证的材料或者生效的法律文书。第27条规定，因继承、受遗赠导致不动产权利发生转移的，当事人可以向不动产登记机构申请转移登记。第42条规定，因依法继承、分家析产、集体经济组织内部互换房屋等导致宅基地使用权及房屋所有权发生转移申请登记的，申请人应根据不同情况提交：（1）不动产权证书或者其他权属来源材料；（2）依法继承的材料；（3）分家析产的协议或者材料；（4）集体经济组织内部互换房屋的协议；（5）其他必要材料。

《不动产登记操作规范（试行）》中关于继承、受遗赠的不动产登记的内容如下：

因继承、受遗赠取得不动产申请登记的，申请人提交经公证的材料或者生效的法律文书的，按《不动产登记暂行条例》《不动产登记暂行条例实施细则》的相关规定办理登记。申请人不提交经公证的材料或者生效的法律文书，可以按照下列程序办理。

申请人提交的申请材料包括：（1）所有继承人或受遗赠人的身份证、户口簿或其他身份证明；（2）被继承人或遗赠人的死亡证明，包括医疗机构出具的死亡证明，公安机关出具的死亡证明或者注明了死亡日期的注销户口证明，人民法院宣告死亡的判决书，其他能够证明被继承人或受遗赠人死亡的材料等；（3）所有继承人或受遗赠人与被继承人或遗赠人之间的亲属关系证明，包括户口簿、婚姻证明、收养证明、出生医学证明，公安机关以及村委会、居委会、被继承人或继承人单位出具的证明材料，其他能够证明相关亲属关系的材料等；（4）放弃继承的，应当在不动产登记机构办公场所，在不动产登记机构人员的见证下，签署放弃继承权的声明；（5）继承人已死亡的，代位继承人或转继承人可参照上述材料提供；（6）被继承人或遗赠人享有不动产权利的材料；（7）被继承人或遗赠人生前有遗嘱或者遗赠扶养协议的，提交其全部遗嘱或者遗赠扶养协议；（8）被继承人或遗赠人生前与配偶有夫妻财产约定的，提交书面约定协议。

受理登记前应由全部法定继承人或受遗赠人共同到不动产所在地的不动产登记机构进行继承材料查验。不动产登记机构可以要求申请人签署继承（受遗赠）不动产登记具结书。不动产登记机构可以就继承人或受遗赠人是否齐全、是否愿意接受或放弃继承、就不动产继承协议或遗嘱内容及真实性是否有异议、所提交的资料是否真实等内容进行询问,并做好记录,由全部相关人员签字确认。经查验或询问,符合规定的受理条件的,不动产登记机构应当予以受理。

受理后,不动产登记机构应按照审核规则进行审核。认为需要进一步核实情况的,可以发函给出具证明材料的单位,被继承人或遗赠人原所在单位或居住地的村民委员会、居民委员会核实相关情况。

对拟登记的不动产登记事项在不动产登记机构门户网站进行公示,公示期不少于15个工作日。公示期满无异议的,将申请登记事项记载于不动产登记簿。

继承(受遗赠)不动产登记具结书

申请人:＿＿＿＿＿＿＿

身份证号码:＿＿＿＿＿＿＿

被继承人(遗赠人):＿＿＿＿＿＿＿

身份证号码:＿＿＿＿＿＿＿

申请人因继承(受遗赠)被继承人(遗赠人)＿＿＿＿＿＿＿的不动产权,于＿＿＿＿年＿＿月＿＿日向(不动产登记机构)申请办理不动产登记,并提供了＿＿＿＿＿＿＿等申请材料,并保证以下事项的真实性:

一、被继承人(遗赠人)于＿＿＿＿年＿＿月＿＿日死亡。

二、被继承人(遗赠人)的不动产坐落于:＿＿＿＿＿＿＿。

三、被继承人(遗赠人)的不动产权由＿＿＿＿＿＿＿继承(受遗赠)。

四、除第三项列举的继承人(受遗赠人)外,其他继承人放弃继承权或者无其他继承人(受遗赠人)。

以上情况如有不实,本人愿承担一切法律责任,特此具结。

具结人签名(盖章):

＿＿＿＿年＿＿月＿＿日

(三)办理手续所需的税费

1. 办理公证费用

无论是办理遗嘱公证还是继承权公证,公证机构都要收取费用。遗嘱公证是按件收费,一般是每件1000多元,70岁以上的老人办遗嘱公证有一定的优惠。继承权公证采取按照"证明财产继承、遗赠、接受遗赠"来计取费用，按照房产面积计价，城市普通商品住宅的收费标准要比农村集体土地上的房产要高，一般在30～80元/平方米，单套居民房产办理公证的费用一般不超过1万元。如果是非普通商品住宅（如别墅、高档住宅等），以评估价为基数，阶梯收费，以一套评估价值为1000万元以上的高档住宅为例，继承权公证收费要在5万元左右。各地公证机构的收费标准有所区别。

2. 房屋价值评估费用

如果需要办理继承权公证或进行共有房产分割、折价补偿，要委托评估机构对房产进行评估，需要支付房地产价值评估费。资产评估采取"谁委托，谁付费"的原则。

评估费用的收取与房屋价值有紧密关系，一般是采取阶梯收费。房屋评估价值越大，所收取的费用越高，但是费率却随着价值增大而减小。各个评估机构的收费标准有所区别。一套价值100万元左右的房屋，评估费约为4000元；一套价值500万元左右的房屋，评估费约为1万元；一套价值1000万元左右的房屋，评估费约为2万元。

3. 办理产权转移登记时的税费

在房屋继承过程中需要办理产权转移登记，申请人需要缴纳契税、印花税、登记费用等。

按照《契税法》的相关规定，房屋买卖、赠与、互换，承受的单位和个人需要缴纳契税。该法第6条规定，法定继承人通过继承承受土地、房屋权属，可以免征契税。第10条规定，纳税人应当在依法办理土地、房屋权属登记手续前申报缴纳契税。第11条规定，纳税人办理纳税事宜后，税务机关应当开具契税完税凭证。纳税人办理土地、房屋权属登记，不动产登记机构应当查验契税完税、减免税凭证或者有关信息。未按照规定缴纳契税的，不动产登记机构不予办理土地、房屋权属登记。

可见，契税的收取与受益人是否是法定继承人有关。如果是法定继承或遗嘱继承方式，受益人是法定继承人，可以免契税；但如果采取遗赠方式，需要缴纳相当于房产价值3%的契税。

根据《印花税法》的附件"印花税税目税率表"的规定，土地使用权、房屋等建筑物和构筑物所有权转让[包括买卖（出售）、继承、互换、分割]，都需要缴纳"合同（协议）价款的万分之五"的税费。所以，无论是法定继承、遗嘱继承还是遗嘱，都要缴纳印花税。

登记费用主要是办理不动产权证的费用,该费用按照不动产登记机构公布的收费标准收取。

需要提醒的是,继承或赠与、遗赠来的房屋以后再转让时,个人所得税的适用税率为20%。比较而言,房产继承需要缴纳的税费很少,但再转让所需要缴纳的个人所得税较高;赠与、遗赠因为需要缴纳3%的契税,非直系亲属之间的赠与视同销售,需要缴纳增值税,此外受赠方还需缴纳20%的个人所得税。

第二节　房产继承中发生的常见纠纷案例

关于遗产继承纠纷的诉讼管辖问题,根据《民事诉讼法》第34条的规定,因继承遗产纠纷提起的诉讼,由被继承人死亡时住所地或者主要遗产所在地人民法院管辖。也就是说,遗产继承纠纷案件实行的是专属管辖,只有被继承人死亡时住所地或者主要遗产所在地的人民法院有管辖权,其他法院无权管辖。

房产继承、遗产分配过程中的常见纠纷案由有:继承纠纷(二级案由)、遗嘱继承纠纷(三级案由)、法定继承纠纷(三级案由)。下面各举几个案例予以说明。

一、继承纠纷与调解处理

在继承纠纷处理中,很多是以调解方式结案。在有些案例中(涉及个人隐私,案情介绍略),经法院调解,当事人自愿达成协议,对共有房产进行处理。

如案号为(2022)豫1628民初5056号的继承纠纷案,在民事调解书中载明:原、被告之父武某3有一处房屋,由原告武某1继承,原告武某1补偿被告武某2现金3万元,已支付2万元,余下的1万元于2022年8月20日前一次付清。

如案号为(2018)沪0110民初25336号的法定继承、分家析产纠纷案,在民事调解书中载明:(1)上海市杨浦区延吉东路某弄某号某室房屋产权由原告蔡某、程某1、程某2、程某3与被告程某4按份共有,原告蔡某享有3/5产权份额,原告程某1、程某2、程某3、被告程某4各享有1/10产权份额;(2)原告蔡某、程某1、程某2、程某3、被告程某4应于2018年12月31日前共同给付原告董某房屋折价款16.6万元。

如案号为(2019)沪0115民初73900号的法定继承、分家析产纠纷案,在民事调解书中载明:(1)上海市浦东新区某号某室房屋产权由原告王某1与被告黄某按份共有,各占1/2产权份额;(2)被告王某2、王某3、王某4应于2019年9月30日前配合原告王某1、被告黄某办理将上海市浦东新区某号某室房屋产权过户登记至原告王某1、被告黄某名下的手续。

二、法定继承纠纷案例

案例一:被继承人未留有遗嘱或遗赠扶养协议,其遗产应按照法定继承处理。夫妻共同所有的财产,应当先将共同所有的财产的一半析出为配偶所有,其余的为被继承人的遗产。如果当事人明确不要求对共有房产进行分割,可以仅确认对共有房产享有的产权份额。

案号为(2022)鲁0304民初1590号的法定继承纠纷案件。案情简介:被继承人边某3与其妻子崔某共同生育女儿即原告边某1。崔某于2008年死亡。2009年7月,边某3与宋某登记再婚,双方于2010年共同生育儿子即被告边某2。2017年4月,边某3、宋某经法院调解离婚。此后,边某3未再婚。除边某1、边某2外,边某3没有其他子女。边某3于2018年12月16日死亡,边某3的父母均先于边某3死亡。为了遗产分配,边某1向法院提起诉讼。

法院在审理中查明,2011年7月24日,宋某作为买受人、边某2作为共有人,购买了坐落于博山区某小区3号楼3单元7层东户房屋一套(以下简称案涉房屋)。2019年5月20日,案涉房屋办理了不动产权登记,登记权利人为宋某和边某2,共有情况为共同共有。另查明,法院调解离婚时,边某3与宋某未对案涉房屋进行分割。诉讼过程中,原、被告均明确表示,仅要求确认各方对案涉房屋享有的产权份额,不要求对该房产进行实际分割。

山东省淄博市博山区人民法院审理后认为,案涉房屋购买于被继承人边某3与被告宋某婚姻关系存续期间,但基于涉案的商品房买卖合同买受人处所签姓名为宋某和边某2的事实,案涉房屋最终被登记为宋某、边某2共同共有。该案的争议焦点在于在案涉房屋买受合同买受人处签署宋某和边某2姓名的行为应当如何定性。法院认为,夫妻对于婚姻关系存续期间取得的财产归属有法定财产制和约定财产制两种形式。只要没有特别约定,夫妻婚姻关系存续期间购买的房产无论登记为单独所有或夫妻共同所有都应认定为夫妻共同财产。该案中,登记于宋某名下的房产权利应由边某3与宋某共同享有。对于在案涉房屋买受合同买受人处签署边某2姓名的行为,法院认为,在案涉房屋买受合同买受人处签署边某2姓名的行为,应视为对边某2的赠与。综上,在对外效力上,案涉房屋为宋某、边某2的共同财产,但在宋某、边某3之间,登记于宋某名下的权利份额系宋某与边某3的夫妻共同财产。因边某3已经死亡,共有的基础丧失,原告边某1作为边某3的继承人有权要求分割案涉房屋。基于案涉房屋的买受合同签订及产权登记情况,依法确定宋某、边某3对案涉房屋享有1/2的产权份额,边某2对案涉房屋享有1/2的产权份额。边某3死亡后,应先从其与宋某共有的1/2产权份额中析出1/2,即案涉房屋1/4的产权份额为宋某所有,并将剩余的1/2,即案涉房屋1/4的产权份额作为边某3的遗产进行分割。边某3的第一顺序继承人有边某1、边某2两人,法院酌情确定原告边某1及被告边某2各继承边某3对案涉房屋所享产权份额的1/2,即案涉房屋产权份额的1/8。加上自有的1/2产权份额,边某1取得案涉房屋产权份额的5/8。所以,判决:对于案涉房屋,原告边某1享有1/8的产权份额,被告宋某享有1/4的产权份额,被告边某2享有5/8的产权份额。

案例二:在遗产继承中,如果口头遗嘱或录音录像遗嘱不符合法律规定的生效要件,视为无效。遗嘱无效部分所涉及的遗产,应按照法定继承办理。对继承人以外的对被继承人扶养较多的人,可以分给适当的遗产。

案号为(2022)沪0112民初12418号的法定继承纠纷案件。案情简介:案外人陈某4、贡某共生育3个子女,分别为原告陈某1、被告陈某2以及被继承人陈某3。被告潘某1系被告陈某2的儿子。陈某3与案外人荆某2生育一子荆某1。1958年陈某3去世;1979年贡某去世;1997年荆某1去世;2011年荆某2去世;2021年陈某3死亡。另查明,陈某3为肢体三级伤残的残疾人。陈某3去世后,其丧葬等身后事主要由两被告负责料理。后为了遗产分配,陈某1向法院提起诉讼。

审理中查明,案涉房屋登记于2006年2月13日,登记权利人为陈某3一人;双方一致确认案涉房屋的市场价值为220万元。诉讼中,两被告提供当地居委会证明一份,内载:"我居民区居民陈某3……其本人是孤老,自2006年起一直居住在本小区,因陈某3丈夫、儿子均早已过世,因此陈某3平时一直由其妹陈某2及陈某2的儿子潘某1照顾起居。日常看病等事宜由潘某1负责接送、照顾,陈某3去世后的身后事也由陈某2和潘某1为其操办。"

上海市闵行区人民法院审理后认为,根据法律规定,有遗嘱的,按照遗嘱继承或者遗赠办理。该案中,两被告主张存在口头遗嘱,并提供了视频。法院认为,被告提供的视频不符合口头遗嘱的要件,并非口头遗嘱;即便按照录像遗嘱处理,录像遗嘱生效也必须满足相关条件,但两被告提供的录像并未记录见证人的姓名、肖像以及拍摄的年月日,故不符合生效要件。因此,该案应按照法定继承处理。案涉房屋原属于被继承人陈某3与其配偶荆某2的共同财产,荆某2去世后,陈某3继承荆某2的遗产,故案涉房屋属于陈某3的遗产。被继承人陈某3生前患有残疾,行动不便,配偶和子女均早已去世,属于孤老,确实需要有人照顾;即使在陈某3入住康复医院之后,温饱问题可以解决,但亲人的关心和探望更弥足珍贵,也能让陈某3在精神上感到满足和慰藉。根据现有证据,两被告对被继承人关心照顾有加,对被继承人尽了主要抚养义务。鉴于此,法院认为,原告陈某1和被告陈某2作为陈某3的法定继承人,有权继承案涉房屋,但被告陈某2应当予以多分;被告潘某1虽然不属于法定继承人,但也可以适当分得部分财产。被告潘某1在诉讼中表示其自愿将继承的份额赠与被告陈某2,法院予以准许。原告陈某1要求取得继承份额的折价款,法院予以认可。所以,判决:(1)现登记于陈某3名下的案涉房屋继承后归被告陈某2一人所有;(2)被告陈某2支付原告陈某1共66万元,原告陈某1在收到上述折价款后10日内协助被告陈某2办理房屋权利变更登记手续,由此发生的税费各自按国家规定负担。

案例三:夫妻共同所有的财产,除有约定的外,在遗产分割时,应当先将共同所有财产的一半析出为配偶所有,其余的为被继承人的遗产。继承人于遗产分割前死亡的,该继承人应当继承的遗产转给其继承人。

案号为(2022)京0107民初4096号的法定继承纠纷案件。案情简介:被告刘某与陈某1系夫妻关系,陈某2系二人之子。原告薛某与陈某2于2017年4月登记结婚,原告陈某3系二人之女。陈某1于2017年9月死亡,陈某1的父母先于陈某1死亡。陈某2于2021年5月死亡。陈某1和陈某2生前均未留有遗嘱或遗赠扶养协议。1996年,陈某1与北京某单位签订出售公有住房合同,以标准价购买位于北京市石景山区某处的房屋(以下简称案涉房屋)。案涉房屋于2000年9月登记在陈某1名下,房屋登记的建筑面积为66.52平方米。为了遗产分配,薛某、陈某3向法院提起诉讼。

双方当事人认可案涉房屋系陈某1和刘某的夫妻共同财产,并协商确定案涉房屋的单价为4.7万元/平方米。案涉房屋现由刘某居住。

北京市石景山区人民法院审理后认为,遗产是自然人死亡时遗留的个人合法财产。夫妻共同所有的财产,除有约定的外,遗产分割时,应当先将共同所有的财产的一半析出为配偶所有,其余的为被继承人的遗产。继承从被继承人死亡时开始。配偶、子女、父母系遗产继承的第一顺序继承人。继承开始后,继承人于遗产分割前死亡,并没有放弃继承的,该继承人应当继承的遗产转给其继承人,但是遗嘱另有安排的除外。该案中,登记在陈某1名下的案涉房屋系陈某1与刘某的夫妻共同财产,故案涉房屋的一半为刘某所有,其余的一半为陈某1的遗产。因陈某1生前未留遗嘱,且其父母先于其死亡,故属于其遗产的案涉房屋的一半应由其配偶刘某和儿子陈某2各继承1/2。因陈某2在陈某1死亡后、陈某1遗产分割前死亡,生前未留遗嘱,故陈某2应继承案涉房屋的1/4份额属于陈某2和薛某的夫妻共同财产,即1/8份额由薛某所有,其余的1/8系陈某2的遗产应由陈某2的配偶薛某、女儿陈某3、母亲刘某继承。经计算,案涉房屋的19/24份额由刘某继承,4/24份额由薛某继承,1/24份额由陈某3继承。依据案涉房屋的建筑面积和双方当事人确认的单价,案涉房屋的价格为3,126,440元。因该案分割的是陈某1的遗产,综合考虑当事人应继承的遗产份额、当事人关于房屋分割方式的陈述、刘某长期与陈某1共同生活并尽了较多的扶养义务、当事人的实际情况等因素,法院将案涉房屋判归刘某继承,刘某分别向薛某、陈某3支付折价款。所以,判决:被继承人陈某1名下的案涉房屋由刘某继承,刘某分别向薛某、陈某3支付该房屋的折价款50万元和11万元。

三、遗嘱继承纠纷案例

案例四:继承开始后,被继承人立有遗嘱的,应按照遗嘱继承或者遗赠办理。公证遗嘱由遗嘱人经公证机构办理。遗产在家庭共有财产之中的,遗产分割时,应当先析出他人的财产。

案号为(2021)沪0109民初14178号的遗嘱继承纠纷案件。案情简介:被继承人包某5(男)与梁某(女)夫妇育有原、被告4个子女。梁某于2019年5月死亡,包某5于2021年3月死亡,其父母均先于其死亡。2019年10月9日,包某5立下公证遗嘱,言明:其死亡后,位于上海市某处的房屋(以下简称案涉房屋)中属于其名下的产权份额由包某1、包某2平均继承。同年10月12日,该遗嘱经过公证机构公证。案涉房屋权利人原登记为包某3、包某4、包某5、梁某。经法院民事判决书确认,案涉房屋由包某3、包某4、包某5、梁某按份共有,各占1/4份额。梁某死亡后,经法院民事判决书确认,案涉房屋中梁某名下1/4产权份额由原告包某1、包某2各半继承。后因为遗产分配,包某1、包某2向法院提起诉讼。

上海市虹口区人民法院审理后认为,公民合法的继承权受法律保护。继承开始后,按照法定继承办理;有遗嘱的,按照遗嘱继承或者遗赠办理。被继承人包某5

所立公证遗嘱合法有效,其遗产应该按照遗嘱继承。被告包某3主张订立遗嘱时被继承人神志不清、遗嘱非被继承人真实意思表示,遗嘱签名不是被继承人笔迹,均未提供证据证明,法院不予采信。根据生效民事判决书,被继承人包某5享有案涉房屋1/4产权份额,系被继承人遗产,按照遗嘱,由原告包某1、包某2平均继承。所以,判决:(1)案涉房屋中被继承人包某5名下1/4产权份额由原告包某1、包某2各半继承,即两原告各享有1/8的产权份额;房屋过户所产生的相关费用由原告各半负担;(2)被告包某4、包某3配合原告包某1、包某2办理上述房屋产权变更登记手续。

案例五:继承开始后,被继承人立有遗嘱的,应按照遗嘱继承或者遗赠办理。如果被继承人未留有遗嘱或遗嘱中未处分的部分遗产,应按照法定继承。夫妻共同所有的财产,在遗产分割时,应当先将共同所有的财产的一半析出为配偶所有,其余的为被继承人的遗产。

案号为(2021)沪0109民初12807号的遗嘱继承纠纷案件。案情简介:被继承人陈某5(男)、王某(女)夫妇生育4个子女。王某于2013年2月死亡,未留有遗嘱,其父母均先于其死亡。陈某5于2021年1月死亡,其父母均先于其死亡。2018年7月1日,被继承人陈某5立下自书遗嘱,载明位于上海市虹口区某处三层的房屋(以下简称案涉房屋)若在2021年未动迁,则将房屋出售,所得价款由4名子女平分;养老金如有结余,由原告陈某1及被告陈某2两人平分。案涉房屋于2001年取得上海市房地产权证,权利人登记为陈某5。后因为遗产分配问题,陈某1向法院提起诉讼。

审理中,经原告申请,法院委托对案涉房屋价值进行评估,估价结果为533万元。审理中,原、被告一致确认,被告陈某4处有两被继承人存款、白事礼金、抚恤金共724,651.8元,包括被继承人王某存款135,349.36元,白事礼金13,314元,被继承人陈某5抚恤金256,224元,余款为陈某5的存款。

上海市虹口区人民法院审理后认为,公民合法的继承权受法律保护。继承开始后,按照法定继承办理;有遗嘱的,按照遗嘱继承或者遗赠办理。被继承人王某未留有遗嘱,其遗产按照法定继承,由陈某5及原、被告平均继承。被继承人陈某5所立自书遗嘱合法有效,遗嘱中所涉遗产部分按照遗嘱处理。案涉房屋系两被继承人夫妻共同财产,各享有1/2产权份额,被继承人王某享有的产权份额,由陈某5、原、被告平均继承,陈某5享有的产权份额以及其继承的王某遗产部分,按照自书遗嘱,由原、被告平均继承。遗产分割应当有利于生产和生活需要,不损害遗产的效用。不宜分割的遗产,可以采取折价、适当补偿或者共有等方法处理。根据原、被告对案涉房屋处理意见,案涉房屋产权归原告,由原告根据房屋评估价值支付被告房屋折价款。现在被告陈某4处保管的两被继承人存款,其中王某存款按照法定继承,由陈某5及原、被告平均继承,白事礼金虽不属遗产,但为避免诉累,参照遗产分配比例,由陈某5及原、被告均分。被继承人陈某5存款系及养老金账户结余,按照遗嘱,由原告陈某1、被告陈某2平均继承。被继承人陈某5继承取得的王某存款、白事礼金,未在遗嘱中涉及,按法定继承,由原、被告平均继承。所以,判决:(1)上海市虹口区某处三层房屋归原告陈某1所有,原告给付被告陈某2、陈某3、陈某4房屋折价款各133.25万元;(2)被告陈某2、陈某3、陈某4协助原告陈某1办理房屋产权变更登记手续,由此产生的相关费用由原告负担;(3)现在被告陈某4处的被继承人王某、陈某5存款、王某白事礼金归被告陈某4所有,被告陈某4给付原告陈某1、被告陈某2分割款各197,048.6元,给付被告陈某3分割款37,165.84元。

案例六:遗嘱是典型的要式行为、死因行为、无相对人的单方法律行为,对遗嘱解释不同于一般的合同解释,探求遗嘱人的内心真意是遗嘱解释的首要原则。

一审案号为(2014)穗荔法民一初字第1235号,二审案号为(2015)穗中法民一终字第2958号的遗嘱继承纠纷案件(入库案例)。案情简介:罗某于2003年9月12日去世,其父母先于罗某去世。简某1和简某2等四人(以下简称四被告)均为第一顺序法定继承人。2002年8月9日,罗某写下《遗言》一份:"我本人过身后,愿意将现住房屋产权留给四仔简某1,三女简某2有居住权,房屋不能出租或出卖,如有变动需经五儿女签名同意。本人余下现金首饰留给五儿女平分,部分金饰、港币存折系三女简某2所买应归还。我房屋冷气、电视机、衣车系五女所买应归还。"罗某生前一直与简某1一家共同居住在案涉房屋,现简某1仍在该房屋居住。简某1名下没有其他房屋。四被告婚后陆续搬出案涉房屋。后,简某1据《遗言》要求继承案涉房屋所有权时,遭四被告拒绝。简某1向法院提起诉讼,要求明确案涉房屋的全部所有权份额由简某1继承,四被告协助简某1办理上述案涉房产的变更登记手续。

广东省广州市荔湾区人民法院一审判决:(1)被继承人罗某遗下的案涉产权,由原告简某1和四被告各继承1/5的产权;(2)四被告自本判决发生法律效力之日起十日内,协助简某1办理上述房产的变更登记手续;(3)简某2自本判决生效之日起十日内,向简某1支付案件公告费950元;(4)驳回简某1的其余诉讼请求。

简某1提出上诉。广东省广州市中级人民法院审理后认为,遗嘱是典型的要式行为、死因行为、无相对人的单方法律行为,与合同等双方法律行为存在本质区别,故遗嘱解释不同于一般的合同解释。被继承人立遗嘱的本意是希望其所立的遗嘱能够生效,并能够按照遗嘱人的真意来处理遗产。因此,遗嘱的解释应探寻被继承人的内心真意,力求符合遗嘱愿望,而非仅仅因遗嘱存在个别错误或部分歧义而轻易否定其效力。首先,关于《遗言》中"原意"的认定,实际应系"愿意"之义。其次,关于《遗言》中对于案涉房屋的处分。罗某将案涉房屋产权遗留给四儿子简某1的意思表示是清晰明确的,其关于三女简某2有居住权、未经同意不能出租或出售等只是遗嘱附有的义务,系对继承人所有权的限制,而不是对所有权的否定。上诉人简某1上诉主张其应享有案涉房屋的全部所有权份额有理,法院予以支持。需要指出的是,简某1继承案涉房屋的所有权时,需尊重被继承人罗某生前遗愿,履行《遗言》所确定的简某2有居住权及未经简某2等四人同意不得对案涉房屋出租或出售之义务。二审判决:(1)维持原审判决第二、三项。(2)撤销原审判决第四项。(3)变更原审判决第一项为:案涉房屋的全部所有权份额由简某1继承。

第三节 房产遗赠与遗赠扶养协议

一、《民法典》对遗赠的相关规定与理解

(一)《民法典》对遗赠的相关规定

《民法典》对遗赠的规定主要有以下五条:

第一千一百二十三条 继承开始后,按照法定继承办理;有遗嘱的,按照遗嘱继承或者遗赠办理;有遗赠扶养协议的,按照协议办理。

第一千一百二十四条 继承开始后,继承人放弃继承的,应当在遗产处理前,以书面形式作出放弃继承的表示;没有表示的,视为接受继承。

受遗赠人应当在知道受遗赠后六十日内,作出接受或者放弃受遗赠的表示;到期没有表示的,视为放弃受遗赠。

第一千一百四十四条 遗嘱继承或者遗赠附有义务的,继承人或者受遗赠人应当履行义务。没有正当理由不履行义务的,经利害关系人或者有关组织请求,

人民法院可以取消其接受附义务部分遗产的权利。

第一千一百六十二条 执行遗赠不得妨碍清偿遗赠人依法应当缴纳的税款和债务。

第一千一百六十三条 既有法定继承又有遗嘱继承、遗赠的,由法定继承人清偿被继承人依法应当缴纳的税款和债务;超过法定继承遗产实际价值部分,由遗嘱继承人和受遗赠人按比例以所得遗产清偿。

此外,根据《民法典》第1125条第1款的规定,继承人有下列行为之一的,丧失继承权:(1)故意杀害被继承人;(2)为争夺遗产而杀害其他继承人;(3)遗弃被继承人,或者虐待被继承人情节严重;(4)伪造、篡改、隐匿或者销毁遗嘱,情节严重;(5)以欺诈、胁迫手段迫使或者妨碍被继承人设立、变更或者撤回遗嘱,情节严重。受遗赠人有以上行为的,丧失受遗赠权。继承人有特定行为,确有悔改表现,被继承人表示宽恕或者事后在遗嘱中将其列为继承人的,该继承人不丧失继承权。但受遗赠人一旦丧失了受遗赠权,将不可能恢复。

(二)对遗赠的理解与其法律特征

遗赠是指自然人以遗嘱的方式将个人合法财产的一部分或者全部赠送给法定继承人以外的其他人或国家、集体组织的一种遗产处理方式。遗赠和遗嘱继承一样,作为法律行为,都是在自然人死亡后才发生法律效力。在遗赠中,遗嘱人为遗赠人;遗嘱所指定接收遗赠财产的人为受遗赠人,也称遗赠受领人。

遗赠具有以下法律特征:第一,遗赠是单方的、要式的民事法律行为。遗赠人以遗嘱的方式将其个人财产赠送给他人,不需要征得受遗赠人和他人的同意,该法律行为在遗赠人死亡后发生法律效力。遗赠行为必须以遗嘱的方式进行,以及符合遗嘱的法定形式。第二,遗赠是无偿的给予遗产行为。遗赠人通过遗赠给予他人的财产利益往往是无偿的,即使附有某种义务,一般也没有对等性质,遗赠人如果将财产义务(如债务)赠与他人或使受遗赠人所负的义务超过其所享受的权利,则不属于遗赠。作为受遗赠人,可以明确做出不接受遗赠的意思表示,这样也不必承担遗赠所附的义务。第三,遗赠是以遗赠人死亡事实发生为生效要件的法律行为。遗赠虽然是遗赠人生前在遗嘱中所作出的意思表示,但必须在遗赠人死亡后才发生法律效力,故可以可理解为附条件的法律行为。遗赠人做出遗赠以后未死亡之前,其可以随时依法定程序变更或撤销自己的意思表示。第四,如果受遗赠人是自然人,遗赠生效时必须生存。如果受遗赠人先于遗赠死亡,或者与遗赠人同时死亡,则因为遗嘱尚未生效而不能成为受遗赠人。第五,受遗赠人须是法定继承人以外的人。法定继承人不能作为受遗赠人,只能作为遗嘱继承人,也就是说遗赠人只能在法定继承人以外指定。此外,遗赠人必须有具有遗嘱能力,如果遗赠人没有民事行为能力,其所作法律行为无效。

二、房产遗赠需要注意的法律问题

(一)受遗赠人与遗嘱继承人的区分

遗嘱因受益人不同分为两种:一是在遗嘱中指定法定继承人中的一人或几人继承;二是在遗嘱中将自己的遗产赠与给法定继承人之外的组织、个人,也可以是国家、集体。

若遗嘱人的遗产受益对象并非法定继承人,则发生遗赠。即使遗嘱人将遗产分配给其直系后辈血亲,如果不是代位继承的情况,如通过遗嘱将其遗产分配给孙辈,也属于遗赠。

此外,需要注意的是,虽然法律中没有规定遗赠可以发生类似在继承中的代位继承或转继承的制度,但遗赠一旦生效,即使遗产还没有分割,受遗赠人能获得的收益可以转移给其继承人。具体见《继承编的解释(一)》第38条的规定,即继承开始后,受遗赠人表示接受遗赠,并于遗产分割前死亡的,其接受遗赠的权利转移给他的继承人。

另外,根据《民法典》第1145条的规定,受遗赠人一般不能参与推选或共同担任遗产管理人,所以不能直接支配遗产,其享有的是请求遗嘱执行人或继承人给付受遗赠财产请求性质的权利,在本质上是一种债权。

(二)受遗赠人作出接受遗赠或放弃遗赠的意思表示

《民法典》第1124条第2款规定,受遗赠人应当在知道受遗赠后60日内,作出接受或者放弃受遗赠的表示;到期没有表示的,视为放弃受遗赠。

接受遗赠或者放弃遗赠,从性质上来看,属于单方民事法律行为,即只要受遗赠人单方表示就可发生法律效力,产生接受遗产或放弃遗产的后果。需要注意的问题有以下两点。

第一,接受或放弃遗赠的主体。接受遗赠的主体可以是受遗赠人本人,也可以是其代理人。放弃遗赠的主体,一般应为受遗赠人本人,法定代理人对无民事行为能力或限制民事行为能力的人,不能代为放弃。如夫妻离婚后,婴儿由母亲抚养,爷爷奶奶心疼孙子,立下遗嘱将遗产中的一套房子遗赠给孙子,母亲可以作为婴儿的法定代理人作出接受遗赠的意思表示,但无权代其作出放弃遗赠的意思表示,否则会侵害未成年人接受纯受利益的受遗赠权。

第二,接受或放弃遗赠的表示形式。受遗赠人可以当场表示接受、邮寄声明书、办理接受遗赠的公证等形式作出接受遗赠的意思表示,但必须有明确的意思表示,即该表示行为必须能够认为有接受或放弃遗赠的意思表示。对于"作出接受或放弃受遗赠的表示"的形式,可以是书面形式,也可以是其他形式,可以直接表示,也可以间接表示(如收取房屋租金),只要能够达到确定是接受遗赠还是放弃遗赠的程度。在实践中,接受遗赠的意思表示要让遗赠执行人及继承人能够获知。

受遗赠人虽未以书面或口头表示接受,但其特定行为能够反映接受遗赠的,也应予以认定,不能简单以未其作出书面表示即否认其接受遗赠的权利。如案号为(2021)苏02民终6263号的遗嘱纠纷案,民事判决书中的裁判理由载明:该案中,陈某一直占有使用案涉房屋,包括收取租赁收益,无论其何时知晓祖父母的遗嘱,从其持续在行使所有权人的权利就足以认定其以行为表达了接受遗赠的意思表示,办理房产过户或办理接受遗赠的公证并不是判断是否接受遗赠的必要条件或必要形式。

(三)作出接受遗赠意思表示的法定期限

如果受遗赠人想接受遗赠,应当在知道受遗赠后60日作出接受遗赠的表示。到期没有表示的,视为放弃受遗赠。逾期后受遗赠人即使作出明确的接受遗赠的表示,该表示也无效。该60日是法定期限,一般不能中断或延长。如案号为(2022)沪02民终3193号的遗嘱纠纷案中,民事判决书中的裁判理由载明:高某立下遗赠书时,满某1在场并进行了拍摄,满某1、满某2又系父子关系,虽满某2婚后另居他处,但两地相隔很近,且双方关系紧密,事关房屋处理的重大之事,在高某立遗嘱至其去世的长达近两年时间内不告知满某2,这有悖常理……现满某2称其在2021年6月,在一次和父亲满某1的交流中偶然得知遗赠事实,这种解释显然难以让人信服。由于高某明确表示在其死亡后将案涉房屋赠与满某2,满某2应当在高某死亡后60日内作出接受遗赠的意思表示,而满某2于2021年7月才主张要求接受遗赠,已超过法定的期间,应视为放弃接受遗赠。

该60日为接受遗赠的除斥期间,应当从受遗赠人知道遗赠之日起计算。关于受遗赠人"知道受遗赠后六十日内"的起算点问题,《民事审判实务问答》第159

页中指出,继承从被继承人死亡时开始,被继承人活着时,即便作了遗嘱公证,受遗赠人也不宜在其生存时就表示接受遗赠,只能等被继承人死亡后再表示自己愿意接受遗赠的意愿,故60日的最早起算点应是被继承人死亡之日。如果受遗赠人在被继承人死亡前得知遗赠之事,应当在被继承人死亡之日起60日内作出表示;如果受遗赠人在被继承人死亡后才得知遗赠之事,则应当在知道受遗赠后60日内作出接受或放弃受遗赠的表示。

该"知道"应理解为"知道或应该知道"。在实践中,认定"应当知道"必须有充分的证据予以证明,即需严格掌握,否则容易侵害受遗赠人的合法权利。

(四)遗赠所附义务的处理

一般而言,遗赠是无偿的给予遗产行为。遗赠人通过遗赠给予他人的财产利益往往是无偿的,即使附有某种义务,一般也没有对等性质。《民法典》第1144条规定,遗嘱继承或者遗赠附有义务的,继承人或者受遗赠人应当履行义务。没有正当理由不履行义务的,经利害关系人或者有关组织请求,人民法院可以取消其接受附义务部分遗产的权利。《继承编的解释(一)》第29条规定,附义务的遗嘱继承或者遗赠,如义务能够履行,而继承人、受遗赠人无正当理由不履行,经受益人或者其他继承人请求,人民法院可以取消其接受附义务部分遗产的权利,由提出请求的继承人或者受益人负责按遗嘱人的意愿履行义务,接受遗产。

可见,遗嘱中所附的义务不是可有可无的,一旦受遗赠人表示接受,就应该按照诚信原则,全面、恰当地履行义务。如遗嘱中要求,受遗赠人每个月至少要去上门探望遗赠人的配偶并帮助照顾生活,如果受遗赠人接受遗产后,几乎不去探望,遗赠人的配偶可以作为利害关系人要求受遗赠人退还所接受的遗产。

此外,如果受遗赠人放弃遗赠,可以不履行遗嘱所附的义务。《民法典》第1154条规定,受遗赠人放弃受遗赠、丧失受遗赠权,或受遗赠人先于遗嘱人死亡或者终止,遗产中的有关部分按照法定继承办理。

(五)关于遗赠人的税款与债务清偿

因为遗赠是单方民事法律行为,遗赠的内容往往只包括财产利益,而不包括财产义务。但需要注意的是,遗赠人有依法缴纳的税款和债务,遗赠的财产应不超过全部遗产权利和义务相抵后剩余的财产利益。所以,《民法典》第1162条规定,执行遗赠不得妨碍清偿遗赠人依法应当缴纳的税款和债务。这一规定,可以防止遗赠人通过遗赠方式逃避其债务,有效地保护债权人的合法权益。在遗产和清偿债务的顺序上,清偿债务要优先于执行遗赠。只有清偿债务之后,还有剩余遗产时,遗赠才能得到执行。如果遗产已不足清偿债务,则遗赠不能执行。

此外,《民法典》第1163条规定,既有法定继承又有遗嘱继承、遗赠的,由法定继承人清偿被继承人依法应当缴纳的税款和债务;超过法定继承遗产实际价值部分,由遗嘱继承人和受遗赠人按比例以所得遗产清偿。

在房产继承是否要先办理公证、办理房产转移登记手续、办理手续所需的税费等方面,遗赠与继承的情况基本相似,具体内容见本章第一节"房产继承",不再赘述。需要提醒的是,如果采取遗赠方式,在办理房产转移登记手续时,需要缴纳相当于房产价值3%的契税与"价款的万分之五"的印花税。对于继承或赠与、遗赠来的房屋,以后再转让时,个人所得税的适用税率为20%。

三、《民法典》对遗赠扶养协议的相关规定与理解

(一)《民法典》对遗赠扶养协议的相关规定

《民法典》对遗赠扶养协议的规定主要有以下两条:

第一千一百二十三条 继承开始后,按照法定继承办理;有遗嘱的,按照遗嘱继承或者遗赠办理;有遗赠扶养协议的,按照协议办理。

第一千一百五十八条 自然人可以与继承人以外的组织或者个人签订遗赠扶养协议。按照协议,该组织或者个人承担该自然人生养死葬的义务,享有受遗赠的权利。

由上述规定可见,遗赠扶养协议有一定的优先性。继承开始后,遗赠扶养协议、遗嘱继承或遗赠、法定继承,一般按照先后顺序处理遗产,即优先考虑遗赠扶养协议,遗嘱继承或遗赠次之,最后考虑法定继承。

如果遗赠人将遗赠扶养协议中约定的财产列入遗嘱继承或者遗赠的财产范围,这样会发生冲突,对此情况如何处理?《继承编的解释(一)》第3条规定,被继承人生前与他人订有遗赠扶养协议,同时又立有遗嘱的,继承开始后,如果遗赠扶养协议与遗嘱没有抵触,遗产分别按协议和遗嘱处理;如果有抵触,按协议处理,与协议抵触的遗嘱全部或者部分无效。

遗赠扶养协议是一种有偿、双务合同,双方当事人都应遵守诚信原则,全面、适当地履行合同义务。从《民法典》第1158条的规定可见,对于扶养人来说,要履行对遗赠人生养死葬的义务,并享有受遗赠的权利。《继承编的解释(一)》第40

条规定,继承人以外的组织或者个人与自然人签订遗赠扶养协议后,无正当理由不履行,导致协议解除的,不能享有受遗赠的权利,其支付的供养费用一般不予补偿;遗赠人无正当理由不履行,导致协议解除的,则应当偿还继承人以外的组织或者个人已支付的供养费用。

(二)对遗赠扶养协议的理解与其法律特征

遗赠扶养协议是指遗赠人生前与扶养人订立的关于扶养人承担遗赠人生养死葬义务,并于遗赠人死亡后享有按约取得其遗产权利的协议。遗赠扶养协议是一种平等、有偿的民事法律关系。遗赠扶养协议是我国继承立法上一项有特色的制度,也是一项创造,该制度是在我国农村"五保"制度的基础上形成和发展起来的,是我国社会生活和司法实践的总结,符合中国国情,有利于对老人的照顾和抚养。

遗赠扶养协议有以下几项法律特征:第一,遗赠扶养协议的遗赠人是自然人,而扶养人必须是法定继承人以外的自然人或组织。实际生活中,扶养人有的是遗赠人的本族晚辈亲属或者其他亲友,有的与遗赠人根本没有亲友关系。需要注意的是,虽然遗赠扶养的遗赠人多为孤寡老人或没有法定赡养人,但有子女的遗赠人,如其子女不在身边或即使在身边,没有尽到、不能尽到赡养义务时,也可以与法定继承人以外的自然人或组织签订遗赠扶养协议。第二,遗赠扶养协议是双务、有偿的法律行为。遗赠扶养协议是一种民事合同,虽然有偿、双务,但难以衡量是否等价,也并非一种纯粹的交易,所以与商事合同不同。当然,随着养老的产业化,部分机构和组织作为扶养人的遗赠扶养协议,也具有较强的商事性,但因为扶养的情感因素,将该合同作为民事合同予以考量更符合该种合同的性质。作为特殊的民事合同,其特点是:一经签订,任何一方都应当遵守协议的内容,不得单方面解除协议;虽然有偿,但代价不一定能够与遗产的价值相衡量,可能大于、等于或小于所取遗产的价值。同时,扶养义务不能仅理解为物质供养,精神支持也可作为扶养人履行遗赠扶养协议义务的方式,关键看协议如何约定,法定继承人等不能简单以扶养人未尽到物质供养否认遗赠扶养协议中的受遗赠人未尽到扶养义务。如何才能视为尽到扶养义务,需视遗赠人与受遗赠人的约定及义务履行情况等而定。第三,遗赠扶养协议是生前法律行为与死后法律行为的统一。生前法律行为是指双方当事人参与签订协议,并履行协议约定的扶养义务等行为都是在生前进行的,而且在生前就具有法律效力;死后法律行为是指必须等到遗赠人死后才能将遗产转移给扶养人,扶养人在遗赠人生前不得提出取得遗赠财产的要求。

(三)遗赠扶养协议与遗赠的比较

遗赠扶养协议可以看作遗赠的一种特殊形式。遗赠扶养协议与一般遗赠的主要区别在于：一是是否附有义务不同。遗赠扶养协议是附义务的，受遗赠人需要承担该遗赠人生养死葬的义务，这种义务与获得的利益具有一定的对等性。但一般的遗赠可以附义务也可以不附义务，即使附有义务，相较于受遗赠的财产而言，也往往没有对等性。二是是否可以解除或撤销不同。遗赠扶养协议是以协议形式确定双方的权利与义务，如果其中一方不履行义务，另一方可以解除协议，或者双方协商一致解除协议。如果一方不履行义务，另一方可以要求其继续履行或承担违约责任。一般的遗赠是以遗嘱方式明确受遗赠人与遗赠的财产，除非遗赠人撤销或变更遗嘱内容，受遗嘱人无权改变遗嘱。遗赠人去世后，受遗赠人获得遗赠财产但没有正当理由不履行义务的，因为无法改变遗嘱，只能由利害关系人或者有关组织请求，法院可以取消其接受附义务部分遗产的权利。三是受遗赠权是否会丧失或放弃不同。遗赠扶养协议签订后，受遗赠人履行协议约定的义务后，获得受遗赠权，不需要在遗赠人去世后作出接受或者放弃受遗赠的表示。但对于一般的遗赠，受遗赠人应当在知道受遗赠后60日内，作出接受或者放弃受遗赠的表示；到期没有表示的，视为放弃受遗赠。如果受遗赠人有《民法典》第1125条第1款规定的行为之一，将丧失受遗赠权。该规定不仅适用于一般遗赠的受遗赠人，也适用于遗赠扶养协议的受遗赠人。

四、签订一份合法有效的遗赠扶养协议

遗赠扶养协议（参考文本）

甲方(遗赠人)：_____
身份证号码：_____
乙方(受遗赠人)：_____
身份证号码：_____

[如果受遗赠人是法人或非法人组织，需要填写单位名称、地址(住所)、统一社会信用代码、单位法定代表人或负责人(写明职务)、联系人、联系电话等基本信息。]

甲方因年老疾病、身体衰弱,又后继无人(如果有子女,该句不写),长期以来依靠乙方照顾生活,经双方协商后自愿签订本协议,以资共同遵守:

一、甲方单独所有的以下房产,在甲方死后遗赠给乙方。该房产的具体情况:

1. 位于:_____。

(如果仅写位置不明确,可以写明房屋四至界线)

2. 不动产权证号:_____。

(或写房屋所有权证、土地使用权证号)

3. 登记的产权人:_____。

4. 登记的建筑面积为:____平方米。(或实用面积,也可以不写)

二、乙方保证继续悉心照顾甲方,让甲方能安度晚年,至甲方去世之前供给衣、食、住、行等全部费用,保证甲方的生活水平能达到社会的一般生活水平。甲方的饮食起居的一切照顾由乙方承担,甲方去世后由乙方负责送终安葬。

三、甲方将本协议的具体内容告知其继承人,使其继承人不对本协议内容提出异议,对甲方去世后乙方办理房屋所有权转移登记不提出阻挠。(如果甲方没有继承人,本条可以删除)

四、甲方在去世前将本协议第一条中不动产权证原件(或写房屋所有权证、土地使用权证)交给乙方保管,便于乙方以后办理房屋所有权转移登记。

五、甲方承诺不另外订立遗嘱处理该房产,也不对外出租或设立居住权、抵押权。甲方应妥善保管该房产,做好日常维护工作,如果需要维修,甲方应与乙方提前协商。

六、如果甲方擅自处分该房产,导致乙方可能无法办理房屋所有权转移登记,乙方可以提前解除本协议。

七、乙方应每月向甲方支付养老费用____元(大写:____元整)。在每月____日前,乙方以银行转账(或现金及其他方式)形式支付。如果乙方未按时或足额支付,甲方可以要求乙方履行协议,并按照每逾期一天支付____元的违约金。如果乙方逾期支付三次以上,而且不及时补足,甲方有权提前解除本协议,乙方不能享有受遗赠的权利,其支付的供养费用甲方可以不予补偿。

八、甲方的医疗费用承担:_____

(可以协商确定,可以甲方承担或乙方承担,也可以按照一定比例分别承担;还需要根据甲方是否有医疗保险的情况来确定)。

九、如果甲方对乙方提供的照顾不满意,双方可以协商提前解除协议。甲方应偿还乙方已支付的供养费用。

十、本协议自双方签字后生效。本协议一式____份,双方各执一份,交_____保管一份。

(其他约定与附件可以补充)

甲方(签名):

乙方(签名):

签订日期:_____年___月___日

(如果有见证人,也可以在协议上签名)

五、遗赠扶养协议的效力认定与违约责任

(一)遗赠扶养协议的效力认定

根据《民法典》第143条的规定,民事法律行为有效的条件包括:(1)行为人具有相应的民事行为能力;(2)意思表示真实;(3)不违反法律、行政法规的强制性规定,不违背公序良俗。

遗赠扶养协议一般会被认定为有效,但在一些特殊情况下会被认定为无效。如不能辨认自己行为(如患老年痴呆症、精神疾病)的成年人是限制民事行为能力人,其签订的协议需经法定代理人同意或者追认后才能认定为有效,否则无效。老年人在扶养人的逼迫下或在其他人的欺骗下签订内容明显不利于遗赠人的遗赠扶养协议,可以请求法院予以撤销。但需要注意的是行为人行使撤销权的期限,具体见《民法典》第152条的规定。

遗赠扶养协议与一般合同不同,其涉及遗赠人与扶养人的重大利益,且协议履行的时间较长,所以应采用书面形式,这样即使以后产生争议,也有据可依。遗赠的不动产的产权转移登记是在遗赠人死后再办理。如果未采取书面形式订立遗赠扶养协议,不动产登记机构也无法为扶养人办理产权转移登记。如果双方虽然有口头承诺但未采取书面形式订立遗赠扶养协议,此前已经交付了部分动产,应视为赠与行为。即使未采取书面形式订立遗赠扶养协议,或遗赠扶养协议被认

定为无效,如果扶养人能举证说明其对遗赠人生前多有照顾,可以按照《民法典》第1131条的规定,作为"继承人以外的对被继承人扶养较多的人,可以分给适当的遗产"。

(二)与存在法定赡养义务的人签订遗赠扶养协议是否有效

根据《民法典》第1158条的规定,受遗赠人(扶养人)应是法定继承人以外的自然人或组织。如果受遗赠人是对遗赠人有法定扶养或赡养义务的继承人,如父母与子女签订遗赠扶养协议,可能因为受遗赠人身份不符合法律规定的要求而导致遗赠扶养协议无效。但遗赠扶养协议被认定无效,并不代表扶养人可以不承担赡养义务,该协议可以被认定为附义务的遗嘱,仍然适用遗嘱继承。

日常生活中,常见侄子女照顾叔伯姑姑、外甥子女照顾舅舅姨母并为其养老送终的情况。如果双方之间签订遗赠扶养协议,是否应被认定为有效?如甲终身未婚、没有子女,其父母也先于其死亡,其有多个兄弟但也已去世,等甲年老后,其中一个侄子乙夫妇愿意照顾其生活并为其养老送终,双方签订遗赠扶养协议,甲将一套房屋遗赠给乙夫妇。甲死亡后,其他侄子提出:其父亲作为甲的兄弟是第二顺序继承人,按照《民法典》第1128条的规定,侄子可以代位继承,这些侄子(包括乙)都是继承人。所以,甲与乙签订的遗赠扶养协议因为受遗赠人身份不符合法律规定的要求而无效,所以甲的这套房屋作为遗产应采取法定继承方式。笔者认为:一是兄弟姐妹的子女可以代位继承,但只是继承了其父母可以继承的份额部分,但其并不是《民法典》第1127条规定的"法定继承人的范围";二是侄子对叔伯没有法定的赡养义务,所以该遗赠扶养协议应认定为有效。

此外,如果丧偶儿媳与公婆,丧偶女婿与岳父母之间签订遗赠扶养协议,是否应被认定为有效?《民法典》第1129条规定,"丧偶儿媳对公婆,丧偶女婿对岳父母,尽了主要赡养义务的,作为第一顺序继承人"。该规定的主要目的是鼓励丧偶儿媳、丧偶女婿对配偶父母的生活照顾,所以赋予继承权。但丧偶儿媳、丧偶女婿对配偶的父母没有法定赡养义务,其只是代替已去世的配偶来履行义务,而且并不是《民法典》第1127条规定的"法定继承人的范围",所以该遗赠扶养协议是有效的。

总之,对《民法典》第1158条的规定中"继承人"的理解,应是对遗赠人有法定扶养或赡养义务的继承人。这样理解,既可以保护扶养人的合法权益,而且可以起到鼓励敬老养老的作用。

(三)扶养人不履行扶养义务该如何处理

遗赠扶养协议是一种有偿、双务合同,遗赠人与扶养人都应遵守诚信原则,全面、适当地履行合同义务。但在现实中,在签订遗赠扶养协议后,有些扶养人不履行合同义务或者不完全履行合同义务,构成违约。对此,应按照《民法典》的相关规定与遗赠扶养协议的约定,来认定违约方的责任。《继承编的解释(一)》第40条规定,继承人以外的组织或者个人与自然人签订遗赠扶养协议后,无正当理由不履行,导致协议解除的,不能享有受遗赠的权利,其支付的供养费用一般不予补偿;遗赠人无正当理由不履行,导致协议解除的,则应当偿还继承人以外的组织或者个人已支付的供养费用。

是否需要承担违约责任,关键是一方不履行协议有无"正当理由"。对于扶养人而言,所谓的"正当理由",一般是指扶养人本人丧失了扶养他人的能力,如扶养人因患重病而无法扶养遗赠人;扶养人有特殊情况需要移居他处,无法照顾遗赠人的生活;遗赠的财产因为不可抗力或意外事故(如失火)导致毁损、灭失或者严重贬值,且遗赠人不愿意提供新的遗赠财产进行补充的。对于遗赠人而言,所谓的"正当理由",一般是扶养人不愿意继续履行扶养义务,或者扶养人提供的生活照顾无法达到协议约定的标准、不能让遗赠人觉得认可。此外,还有一些特殊情况,如遗赠人要移居他处、扶养人虐待遗赠人、双方关系搞僵无法一起生活等。如果双方同意,可以协商解除合同。

因为遗赠扶养协议具有较强的人身属性,不能要求老年人勉强接受别人的扶养。所以在司法实践中,一般认为遗赠人可以随时解除遗赠扶养协议,做法类似承揽合同。所以,可以参照《民法典》第787条"定作人在承揽人完成工作前可以随时解除合同,造成承揽人损失的,应当赔偿损失"的规定。如果不是扶养人不履行协议且有过错,而是其他情形的,遗赠人应当偿还扶养人已支付的供养费用。

第四节 房产遗赠中发生的常见纠纷案例

与房产遗赠相关的常见纠纷案由有:遗赠纠纷、遗赠扶养协议纠纷,下面举例予以说明。

一、遗赠纠纷案例

案例七：自然人可以立遗嘱将包括房屋在内的个人财产赠与法定继承人以外的个人。但丧葬费、抚恤金不属于遗产，不能遗赠。

案号为(2021)辽1002民初1132号的遗赠纠纷案件。案情简介：遗赠人陈某4与郭某原系夫妻关系，两人生育3个子女，即被告陈某1、陈某2、陈某3。陈某4与郭某于2002年协议离婚，离婚协议约定案涉房屋(位于白塔区中华大街某号，面积80平方米)归陈某4所有。原告张某与陈某4为同居关系。2018年10月3日，陈某4留有自书遗嘱一份，内容中有："因张某对我多年照顾，我离世后愿将本人中华大街某号80平米住房给予张某。"陈某4于2019年7月5日死亡。陈某4的遗产有位于白塔区中华大街某号私产住宅一处。后因为遗产归属问题，张某向法院提起诉讼。

辽宁省辽阳市白塔区人民法院审理后认为，该案争议房屋系被继承人陈某4的遗产，其立自书遗嘱将该房产赠与原告张某，结合原告张某照顾被继承人陈某4生活起居多年的实际情况，法院认为该遗嘱合法有效，案涉房屋归原告张某所有。对于原告张某主张的丧葬费、抚恤金，因丧葬费、抚恤金不属于遗产，且被继承人陈某4遗嘱中未表明丧葬费、抚恤金如何分割，故原告张某主张丧葬费、抚恤金的请求，法院不予支持。所以，判决：(1)位于白塔区中华大街某号私产住宅(房屋所有权人：陈某4)一处归原告张某所有；(2)驳回原告张某的其他诉讼请求。

案例八：自然人可以立遗嘱将个人财产遗赠给法定继承人以外的个人，受遗赠人应当在知道受遗赠后60日内，作出接受或者放弃受遗赠的表示；到期没有表示的，视为放弃受遗赠。

案号为(2022)鲁0402民初2501号的遗赠纠纷案件。案情简介：遗赠人王某5与陈某系夫妻。两人育有子女3人，分别是王某2、王某3、王某4。王某1系王某2的儿子，张某系王某4的女儿。王某5于2020年1月26日死亡，王某4于2021年2月15日死亡。2017年6月，陈某与当地某房产公司签订了《新建商品房买卖合同(预售)》，陈某购买了位于市中区某小区某号楼某单元201室房屋(以下简称案涉房屋)。2019年3月1日，陈某立下遗嘱。遗嘱中记载，陈某自愿将案涉房屋权益属于其本人的份额(全部产权的50%)在其去世后由孙子王某1继承。当地公证处对该遗嘱进行了公证。陈某于2022年3月24日死亡。2022年4月11日，王某1作出声明，自愿接受陈某的遗赠，并于当日当地公证处对该声明进行了公证。案涉房屋还没有办理所有权登记,后因为遗产归属问题,王某1向法院提起诉讼。

山东省枣庄市市中区人民法院审理后认为,遗赠是指自然人以遗嘱的方式将其个人财产赠与国家、集体或者法定继承人以外的人,并于死亡后生效的民事法律行为。该案中,陈某于2019年3月1日立下遗嘱并进行了公证,自愿将案涉房屋权益属于其本人的份额在其去世后由孙子王某1继承。2022年3月24日陈某死亡,此时遗嘱发生法律效力。王某1在2022年4月11日,即陈某死亡后的60日内作出声明表示自愿接受陈某的遗赠,同时也对声明进行了公证。据此,王某1继承案涉房屋属于陈某的份额有事实和法律依据。所以,判决:(1)确认陈某于2019年3月1日所立遗嘱有效。(2)王某1享有案涉房屋应属于陈某的50%的产权份额。

二、遗赠扶养协议纠纷案例

案例九:自然人可以与法定继承人以外的组织或者个人签订遗赠扶养协议。按照协议,该组织或者个人承担该自然人生养死葬的义务,享有受遗赠的权利。

案号为(2021)苏0206民初5689号的遗赠扶养协议纠纷案件。案情简介:遗赠人冯某5于2021年5月5日去世,其生前无配偶、子女,父母已过世,兄弟姐妹也均已过世。冯某5的哥哥育有三子一女,分别为冯某1、冯某2、冯某3、冯某4;原告冯某1与王某系夫妻关系。2018年12月5日,冯某5取得无锡市惠山区某小区某号903室房屋(以下简称案涉房屋)不动产权证。后因遗产归属问题,冯某1与王某向法院提起诉讼。

审理中查明:冯某5生前留有遗嘱。该遗嘱中记载:"经过深思熟虑加上平时冯某1和王某对我的关心照顾,对我一片真心,所以我死后的房屋和钱都遗给冯某1和王某,其他人不得干涉和参与,特此立此遗嘱。遗嘱上还盖有当地村委会公章。"冯某1、王某另行提交协议书一份。其中约定:冯某5的终身事情,由冯某1全家承担,冯某5的财产由冯某1全家继承,冯某5的日常生活,包括养老终身全部由冯某1全家承担;协议对冯某5的居住、照料进行了约定。该协议由他人代书,落款日期为2017年2月4日,落款处有冯某5、冯某1、冯某2、冯某3、冯某4、王某等人捺印,并有其他人见证。当地村委会向法院提交证明,证明冯某5在拆迁后获得案涉房屋,其生前遗嘱由冯某1承担平时生活及后事,冯某5的生老病死均由冯某1照料和承担等事实。

江苏省无锡市惠山区人民法院审理后认为,有遗赠扶养协议的,应按照协议办理。案涉房屋不动产权证记载,冯某5系房屋所有权人,有权对其本人财产做出处置。协议书的内容符合遗赠扶养协议的形式要件,协议书形成于遗嘱后,二者内容并无冲突。该协议书有两个无利害关系见证人在场见证,另由一人代书,上述人员均已出庭作证。结合当地村委会的证明,可以证明协议书所约定的冯某5生前照料及身后财产处置的内容系冯某5的真实意思表示。根据村委会证明,冯某1、王某也已尽到生养死葬的义务,故法院对冯某1、王某主张903室的房屋归其所有的诉讼请求予以支持。所以,判决:案涉房屋归冯某1、王某所有。

案例十:遗赠扶养协议设定的扶养义务具有较强的人身属性,不宜强制履行。如果一方不愿意继续履行合同,导致合同目的不能实现,应解除遗赠扶养协议。

一审案号为(2021)京0117民初4985号,二审案号为(2021)京03民终17177号的遗赠扶养协议纠纷案件。案情简介:2020年1月20日,常某、刘某作为遗赠人与作为扶养人的蔡某签订遗赠扶养协议,协议主要内容:常某年岁已高,其父母、配偶均已去世,常某只有刘某一个子女,刘某身患疾病,需要人照顾,刘某无力赡养常某并照顾常某的晚年生活。常某、刘某愿意将二人共有的坐落于北京市平谷区某小区某号的房屋赠与蔡某。蔡某对常某、刘某的全部生活负责照顾和料理,尽到养老送终义务,并承诺绝不虐待和遗弃。协议签订后,蔡某未依约履行扶养义务。后常某、刘某向法院提起诉讼,要求蔡某继续履行遗赠扶养协议并要求蔡某赔偿。蔡某提起反诉,要求解除该协议。

北京市平谷区人民法院审理后认为,自然人可以与继承人以外的组织或者个人签订遗赠扶养协议。蔡某于2021年3月便与常某、刘某不再联系,且明确表示不愿继续履行双方签订的遗赠扶养协议,鉴于该协议设定的扶养义务具有较强的人身属性,不宜强制履行,遗赠扶养协议的目的已不能实现,故该协议应予解除。所以,判决:(1)解除常某、刘某与蔡某于2020年1月20日签订的遗赠扶养协议;(2)驳回常某、刘某的全部诉讼请求。

刘某提起上诉。北京市第三中级人民法院二审判决:驳回上诉,维持原判。

主要参考文献

1. 最高人民法院民法典贯彻实施工作领导小组主编:《中华人民共和国民法典物权编理解与适用》,人民法院出版社2020年版。
2. 最高人民法院民法典贯彻实施工作领导小组主编:《中华人民共和国民法典合同编理解与适用》,人民法院出版社2020年版。
3. 最高人民法院民法典贯彻实施工作领导小组主编:《中华人民共和国民法典婚姻家庭编继承编理解与适用》,人民法院出版社2020年版。
4. 最高人民法院民法典贯彻实施工作领导小组主编:《中华人民共和国民法典总则编理解与适用》,人民法院出版社2020年版。
5. 最高人民法院民法典贯彻实施工作领导小组主编:《中华人民共和国民法典侵权责任编理解与适用》,人民法院出版社2020年版。
6. 最高人民法院民法典贯彻实施工作领导小组编著:《中国民法典适用大全(物权卷)》,人民法院出版社2022年版。
7. 最高人民法院民法典贯彻实施工作领导小组编著:《中国民法典适用大全(合同卷)》,人民法院出版社2022年版。
8. 最高人民法院民法典贯彻实施工作领导小组编著:《中国民法典适用大全(继承卷)》,人民法院出版社2022年版。
9. 最高人民法院民法典贯彻实施工作领导小组编著:《中国民法典适用大全(婚姻家庭卷)》,人民法院出版社2022年版。
10. 最高人民法院民法典贯彻实施工作领导小组编著:《中国民法典适用大全(侵权责任卷)》,人民法院出版社2022年版。
11. 杜万华主编:《中华人民共和国民法典实施精要》,法律出版社2021年版。
12. 杨立新主编:《中华人民共和国民法典释义与案例评注》,中国法制出版社2020年版。
13. 最高人民法院民事审判第一庭编:《民事审判实务问答》,法律出版社2021年版。
14. 最高人民法院民事审判第一庭编:《房屋买卖租赁案件审判指导》,法律出版社2022年版。

15. 最高人民法院民事审判第一庭编著:《最高人民法院建筑物区分所有权、物业服务司法解释理解与适用》,人民法院出版社 2009 年版。
16. 王勇:《房地产纠纷诉讼指引与实务解析》,法律出版社 2022 年版。
17. 李霄然:《土地及房产交易重点实务法律问题分析》,法律出版社 2022 年版。
18. 林巧财编:《商品房买卖纠纷裁判规范》,人民法院出版社 2020 年版。
19. 张永民主编:《房屋买卖租赁纠纷实务指引与参考》,中国政法大学出版社 2021 年版。
20. 安凤德主编:《房屋买卖案件疑难问题裁判精要》,法律出版社 2021 年版。
21. 安凤德主编:《租赁合同纠纷案件疑难问题裁判精要》,法律出版社 2021 年版。
22. 鲁桂华编:《房屋买卖纠纷案例典型解析》,中国法制出版社 2022 年版。
23. 娄宇红主编:《商品房、存量房及农村房屋买卖纠纷典型案例解析》,中国法制出版社 2022 年版。
24. 李艳红主编:《继承纠纷典型案例解析》,中国法制出版社 2021 年版。
25. 贾国昌、谭朋涛:《房屋征收、征地补偿法律问题一本通》,中国法制出版社 2022 年版。
26. 邵明艳主编:《搬迁补偿纠纷典型案例解析》,中国法制出版社 2021 年版。
27. 张春光:《〈民法典〉背景下房产纠纷与执行异议之诉》,法律出版社 2022 年版。
28. 张春光:《二手房买卖疑难问题全解与典型案例裁判规则》,法律出版社 2018 年版。
29. 杨奕主编:《房屋买卖合同纠纷案件裁判规则》,法律出版社 2020 年版。
30. 王怡红编著:《物业管理法律法规》(第 2 版),清华大学出版社 2021 年版。
31. 张西恒编:《物业纠纷调解理论与实务》,法律出版社 2022 年版。
32. 程磊、周滨:《律师说法:业主委员会及物业服务纠纷案例评析》,法律出版社 2020 年版。
33. 刘卓研、林立成:《爱问法律百科:商品房、二手房买卖必知 200 问》,中国法制出版社 2020 年版。
34. 申屠良瑜:《爱问法律百科:房屋征收与补偿必知 130 问》,中国法制出版社 2020 年版。
35. 刘纪伟主编:《律师来了:房产纠纷律师答疑》(第 2 辑),法律出版社 2018 年版。
36. 赵星海主编:《律师来了:物业服务纠纷律师答疑》(第 8 辑),法律出版社 2018 年版。
37. 黄山编著:《律师来了:房屋、土地征收纠纷律师答疑》(第 13 辑),法律出版社 2018 年版。
38. 曹文衔、谭波主编:《民法典背景下财产继承实操指引》,法律出版社 2021 年版。
39. 刘俊、钟俊芳:《商品房销售疑难法律问题与案例裁判观点》,法律出版社 2020 年版。
40. 中房经联主编:《当二手房遇上法律》,中国建筑工业出版社 2016 年版。
41. 谭波、黄献、张乐编著:《中国合同库:房屋买卖、租赁》(第 6 辑),法律出版社 2018 年版。
42. 王冠舜主编:《中国合同库:商业地产》,法律出版社 2020 年版。
43. 高益民主编:《房屋租赁合同纠纷诉讼指引与实务问题解答》,法律出版社 2012 年版。
44. 何晓航主编:《房地产纠纷裁判依据新释新解》,人民法院出版社 2014 年版。

45. 杨明:《房产纠纷的法律对策》,法律出版社2013年版。
46. 本书编委会编:《二手房买卖纠纷处理》,法律出版社2012年版。
47. 俞建伟:《民法典居住权制度的理论与实践》,法律出版社2022年版。

后　　记

《民法典》的颁布实施，是我国经济社会生活中的一件大事，也是我们法治建设取得重大成就的标志。《民法典》颁布后，我对《民法典》进行了仔细、认真的学习。在学习过程中，我对居住权制度产生了兴趣。通过一年多的努力，我撰写了《民法典居住权制度的理论与实践》一书，后由法律出版社出版。但我感觉意犹未尽，因为我对不动产法律相关制度产生了浓厚的兴趣，想深入地进行学习，于是找了一些关于民法典的与研究房屋法律问题的书籍阅读，发现了一些遗憾与不足。如最高人民法院组织民法典贯彻实施工作领导小组主编的"民法典理解与适用丛书"内容全且有一定的理论性，但不适合作为普法书，只能作为法律专业人士的工具书。其他关于《民法典》的书籍也较多，但主要介绍的是对条文的理解与解释，内容较杂，对普通人来说看起来也比较费劲；有些介绍《民法典》的普法书，没有结合实例进行分析，或者没有将《民法典》的规范与相关法律、法规、规章、司法解释的内容结合起来介绍，所以显得有些"呆板"，让人没有把全书读完的兴趣。

虽然此前有较多研究房屋法律问题的普法书，但大多局限于某个领域，如房屋买卖、房屋租赁、物业服务、房屋征收与补偿等，很少将这些内容集中于一本书中，读者需要找不同的书阅读才能掌握这些法律知识。多数普法书着重于纠纷发生后的处理，但没有介绍签约前需要注意的事项或提示可能发生的风险，书中也没有合同的示范文本或参考文本，普通读者读后还是无法解决签约中存在的问题，会产生"不实用"的感觉。此外，2020年前出版的普法书，因为《民法典》的颁布实施，此前的有些法律已废止，加上相关司法解释的修订，《城市房地产管理法》《城乡规划法》《农村土地承包法》《土地管理法》及其实施条例的最新修正，有些内容已不再适用，可能会误导读者。

基于上述这些原因，我想牵头写一本关于不动产法律实务问题的普法书，虽然不能弥补现有普法书中存在的全部不足，但尽量避免上述存在的主要问题。经过征询、协商，我们确定了写作成员与写作提纲。我们想依照城市与农村分别成书,因为两种情况有较大的区别,主要读者群体也有明显不同。我们确定下来的基本思路为:(一)定位于普法书。所以重点是"介绍"而不是"研究"相关法律实务问题,主要介绍法律法规的规范与通常的观点,也有些内容是作者的个人观点。(二)书中内容应包含不动产法律的各个方面但应有所取舍。考虑到本书主要读者群体为普通人,所以介绍的城市不动产以普通房屋为主,以住宅作为主要分析对象,不包括商铺、办公用房、厂房等其他建筑物。主要是已建造好的房屋转让、装修、利用与物业服务等内容,一般不包括国有土地使用权出让、房地产开发、建筑工程领域的内容。(三)每章的前面部分以"非诉讼"为主。书中介绍了法律法规中相关规范与该领域的基本知识、流程步骤,便于读者理解;书中还介绍相关法律问题分析,并提出律师的建议与注意事项,提供相关的合同示范文本或参考文本,有较好的实用性。(四)每章中至少有一节内容介绍相关典型案例。通过"以案说法"方式进行普法并增强可读性,结合案例进行简单说明,便于读者理解。

在基本确定以上的写作思路与提纲后,我们向宁波市律师协会的徐立华会长、徐衍修监事长、邬辉林副会长、朱益峰秘书长等汇报了写作想法,得到他们的鼓励与支持。我们还向浙江省律师协会民商专业委员会主任陈勇律师、宁波市律师协会民商专业委员会主任胡志明律师等请教。虽然是几位律师一起合作完成此书,但其实刚开始时大家心中都没有把握,只能边写边完善,摸着石头过河。所幸我们最终坚持下来,完成了本书。

本书完成后,得到了宁波市律师协会给予的出版经费的大力支持。全国律师协会监事长吕红兵、全国律师协会副会长郑金都为本书作序,增光添彩。我们还得到了浙江省律师协会监事长叶明、原副会长唐国华的鼓励。在本书出版过程中,得到了法律出版社章雯、慕雪丹编辑的大力帮助与支持。在本书写作过程中,我们还得到了很多法学专家的鼓励与律师同行的帮助,在此表示诚挚的感谢!

本书共分十二章,分别是:第一章"新建商品房购置",由浙江合创律师事务所俞建伟律师执笔;第二章"二手房买卖",由浙江红邦律师事务所俞乾文律师执笔;第三章"购房办理抵押贷款",由俞建伟律师执笔;第四章"住宅装修",由俞建伟律师执笔;第五章"物业服务",由浙江共业律师事务所兰军华律师执笔;第六章"老旧小区住宅加装电梯",由俞建伟律师执笔;第七章"房屋租赁",由浙江京衡(宁波)律师事务所王榕律师执笔;第八章"城市住宅设立居住权",由俞建伟律师执笔;第九章"房屋征收与补偿",由浙江合创律师事务所周龙飞律师执笔;第十章"房产赠与与房屋互换",由俞建伟律师执笔;第十一章"共有房产处理",由俞建伟律师执笔；第十二章"房产继承与遗赠"，由北京天驰君泰（宁波）律师事务所嵇思涛律师执笔。全书由俞建伟律师修改并统稿完成。

  本书完稿后，我们认为基本上达到原来的预期。本书是一本较全面介绍城市房屋法律问题并具有一定创新性的普法书。不仅适合普通读者阅读，而且可以作为法官、律师、基层法律工作者、人民调解员等的工具书，也可以作为法学专业学生的参考书。

  在写书过程中，从2022年8月开始，我开始运营名为"不动产法律"的微信公众号，作为与律师同行及其他感兴趣者交流关于不动产（包括房屋与土地）法律问题的平台。作者已将书中部分内容发在该微信公众号上，累计共300多篇文章，以后还会陆续将书中内容以普法文章或案例介绍的方式进行发布。

  此外，结合本书的写作，我们还做了一些有意义的事情。如我关注并积极推动既有住宅加装电梯工作，曾于2022年初通过宁波市人大代表提出"关于制定《宁波市老旧小区住宅加装电梯管理办法》的建议"，该建议被宁波市人大常委会评为2022年度优秀建议。另外，我还深入开展与加装电梯相关其他法律问题的研究，所撰写的论文《既有住宅加装电梯情形下相邻业主的权利保护与利益平衡》在2022年宁波市律师论坛上获奖并发表在《中国律师》2022年第11期上。2022年11月，《老旧小区住宅加装电梯过程中的法律服务》在宁波市"法治惠企"法律服务产品大赛上获奖。后，我有幸被评为2023年度宁波市既有住宅加装电梯"最美加梯人"的荣誉，是获得表彰人员中惟一的律师。2024年，经过我的牵线联系，宁波市住建部门与宁波市律师协会开展合作并成立了宁波市既有住宅加装电梯法律服务团。

  2023年1月，浙江省住房和城乡建设厅就修订的合同示范文本向社会公开征求意见。我对征求意见稿曾提出过5条建议，其中有4条建议被吸纳，并在2023版《浙江省存量房买卖合同》《浙江省房屋租赁合同》示范文本中有体现。2023年4月，最高人民法院发布了《关于适用〈中华人民共和国民法典〉侵权责任编的解释（一）（征求意见稿）》，我对高空抛坠物案件中物业服务企业的责任问题提出6条建议。在2023年宁波市律师论坛上，论文《高空抛坠物案件中物业服务企业的责任承担——基于物业服务企业的安全保障义务进行分析》获得二等奖。2023年4月，宁波市司法局发布"关于征求《宁波市租赁住房安全管理条例（草案征求意见稿）》的公告"，我提出共14条修改建议，对照后来的公布稿，发现有7条建议被不同程度地采纳。此外，我还对《宁波市征收集体所有土地房屋补偿条例（草案）》两次提出修改建议，共计20多条。2024年1月，我对《农村集体经济组织法（草案二次公开审议稿）》提出10条修改建议。2024年4月，我对《最高人民法院关于适用〈中华人民共和国民法典〉婚姻家庭编的解释（二）（征求意见稿）》提出在婚姻家庭纠纷与继承纠纷中涉及居住权的处理的相关建议。期间，我还被相关政府部门聘为宁波市农业农村普法讲师团成员、宁波市既有住宅加装电梯专家、宁波市行政合法性审查服务研究中心实务专家等。

我们在选用案例时，尽量选择近年来各级法院判决的案例，尤其是最高人民法院判决或裁定的案例。在本书即将付印时，突然出现一个新情况：2024年2月27日，最高人民法院举行人民法院案例库建设工作新闻发布会。人民法院案例库收录经最高人民法院审核认为对类案具有参考示范价值的案例。我查询后发现案例库中有很多关于不动产的纠纷案例，于是抓紧时间收集与整理了40余个案例，对本书中原来的部分案例进行替换或新增。尤其是房屋买卖、物业服务、加装电梯、房屋征收与补偿等领域中，半数以上案例采用的是入库案例。入库案例经过最高人民法院统一审核把关，显然更有典型性与指导意义。

由于作者的水平有限，书中难免会有一些差错或遗憾。如果有些内容有不同的观点，我们一般采用通常的观点。虽然本书的文字已经很多，但也无法将城市房屋中的法律问题都包括在内，只能选择部分比较常见的法律问题与典型案例进行介绍。欢迎读者提出批评意见，在本书有机会再版时，我们争取将一些内容进行修改完善。

人生很短，我们希望能做一些自己力所能及、对社会有贡献的事情，希望本书的出版能帮助到普通读者，对社会大众有益！

俞建伟 执笔

2024年6月